A. BEAUNÉE

OFFICIER D'ADMINISTRATION DE L'INTENDANCE MILITAIRE DES TROUPES COLONIALES

TROUPES COLONIALES

VADE-MECUM

ANALYTIQUE ET ALPHABÉTIQUE

DE LA RÉGLEMENTATION APPLICABLE AUX ÉTATS-MAJORS, CORPS DE TROUPE ET SERVICES DE L'ARMÉE COLONIALE EN FRANCE ET AUX COLONIES

(Lois, Décrets, Décisions, Circulaires, etc.)

2e ÉDITION

A JOUR JUSQU'EN JUIN 1908

(B. G., jusqu'au n° 20; B. C., jusqu'au n° 3 inclus)

Ouvrage honoré d'une souscription des ministères de la Guerre, de la Marine et des Colonies.

PARIS

HENRI CHARLES-LAVAUZELLE

ÉDITEUR MILITAIRE

10, rue Danton, boulevard Saint-Germain, 118

(MÊME MAISON A LIMOGES)

VADE-MECUM

DES TROUPES COLONIALES

A. BEAUNÉE
OFFICIER D'ADMINISTRATION DE L'INTENDANCE MILITAIRE DES TROUPES COLONIALES

TROUPES COLONIALES

VADE-MECUM

ANALYTIQUE ET ALPHABÉTIQUE

DE LA RÉGLEMENTATION APPLICABLE AUX ÉTATS-MAJORS, CORPS DE TROUPE ET SERVICES DE L'ARMÉE COLONIALE EN FRANCE ET AUX COLONIES

(Lois, Décrets, Décisions, Circulaires, etc.)

2e ÉDITION

A JOUR JUSQU'EN JUIN 1908

(B. G., jusqu'au n° 20; B. C., jusqu'au n° 3 inclus)

Ouvrage honoré d'une souscription des ministères de la Guerre, de la Marine et des Colonies.

PARIS
HENRI CHARLES-LAVAUZELLE
ÉDITEUR MILITAIRE
10, rue Danton, boulevard Saint-Germain, 113
(MÊME MAISON A LIMOGES)

ABRÉVIATIONS

B. G.	*Bulletin officiel du Ministère de la guerre*, partie réglementaire.
B. G., P. S.	*Bulletin officiel du Ministère de la guerre*, partie supplémentaire.
B. G., E. R., vol. , p. .	*Bulletin officiel du Ministère de la guerre*, édition refondue, volume n° , page (couverture bleue).
B. G., E. M., vol. , p. .	*Bulletin officiel du Ministère de la guerre*, édition méthodique, volume n° , page (couverture jaune).
B. G., E. M. T. C. vol. p.	*Bulletin officiel du Ministère de la guerre*, édition méthodique, troupes coloniales, volume n° , page (couverture grise, nouvelle édition).
B. G., vol. spl. T. C. p. .	*Bulletin officiel du Ministère de la guerre*, volume spécial aux troupes coloniales, page (couverture grise, ancienne édition).
B. C.	*Bulletin officiel du Ministère des colonies.*
B. M.	*Bulletin officiel du Ministère de la marine.*
B. M., R.	*Bulletin officiel du Ministère de la marine*, édition refondue.
J. O.	*Journal officiel.*
J. M.	*Journal militaire.*
A. M.	*Annales maritimes.*
Vol. spl.	Volume spécial.
Arr.	Arrêté.
Circ.	Circulaire.
Déc.	Décision ministérielle.
Déc. prés.	Décision présidentielle.
Déc. imp.	Décision impériale.
Déc. roy.	Décision royale.
Dép.	Dépêche ministérielle.
Inst.	Instruction.
Ord.	Ordonnance royale.
Règl.	Règlement.
Mod.	Modèle.
Modif.	Modifié.
Err.	Erratum.
T. C.	Troupes coloniales.
T. M.	Troupes métropolitaines.

VADE-MECUM

DES TROUPES COLONIALES

A

Abatage des chevaux.

oct. 1892 Service intérieur : Inf., art. 254 ; Artil., art. 80, *B. G.*, E. R., vol. 78 ; modif. 10 février 1901, *B. G.*, 229.

août 1904 Inst. sur le service de la remonte aux colonies, modèles 4 et 5, *B. C.*, p. 955.

Abondements.

sept. 1892 Circ. Mode de versement au Trésor des abondements de 3 et 5 p. 100 se rapportant à la solde des employés militaires et des officiers, établissement des relevés trimestriels de mandats, *B. C.*, p. 647 ; complétée circ. 19 septembre 1898, *B. C.*, p. 652, et 19 octobre 1905, *B. C.*, p. 1094.

sept. 1901 Circ. Versement au Trésor des abondements concernant la solde payée aux militaires de la gendarmerie, *B. C.*, p. 863.

Abonnements téléphoniques.

1° *Guerre.*

mars 1904 Circ. Abonnements téléphoniques concédés aux autorités ou services militaires, *B. G.*, p. 379.

2° *Colonies.*

juill. 1905 Inst. sur le service des loyers de l'ameublement, etc., art. 35, *B. C.*, p. 764.

Abreuvage des chevaux.

nov. 1902 Circ. relative à l'abreuvage des chevaux, *B. G.*, p. 2107.

Abreuvoirs.

21 mars 1896 Note. Mesures à prendre pour parer aux dangers que peuvent présenter, pour les chevaux de l'armée, les fontaines et abreuvoirs publics, *B. G.*, E. R., vol. 84, p. 139.

Absence illégale.

21 mars 1906 Inst. relative à la désertion : art. 5, hommes; art. 23, officiers, *B. G.*, E. M., vol. 59-1, p. 63 et 77.

Accidents.

4 nov. 1897 Mesures à prendre en cas d'accidents occasionnés aux militaires par des personnes etrangères à l'armée et *vice versa*, *B. G.*, E. R., vol. 58, p. 56; complétée : 12 mars 1902, *B. G.*, p. 265; 25 février 1905, *B. G.*, p. 143.

19 juill. 1890 Transport des chevaux de la garnison de Paris gravement blessés sur la voie publique, *B. G.*, E. R., vol. 84, p. 301.

1er déc. 1899 Justification des demandes d'indemnités en cas de maladies ou d'accidents survenus dans le service, *B. G.*, E. R., vol. 65, p. 186.

9 avril 1898 Loi concernant les responsabilités des accidents dont les ouvriers sont victimes dans leur travail, *B. M.*, 1900, p. 997; modifiée : 22 mars 1902, *B. M.*, p. 14, 2e sem.; *B. G.*, p. 449; 31 mars 1905, *B. G.*, p. 819; *B. G.*, E. M., vol. 65, p. 127.

12 avril 1906 Inst. Accidents survenus aux militaires mis à la disposition d'œuvres ou d'entreprises civiles, *B. G.*, E. M., vol. 31, p. 9.

Achat de chevaux.

(Voir : *Remonte.*)

Achat sur facture.

(Voir : *Marchés.*)

18 nov. 1882 Décret, art. 22, maximum 1.500 francs, *B. C.*, 1899, p. 1149; *B. G.*, E. M., vol. 25.

7 juill. 1899 Conditions générales des marchés. Colonies, art. 1er § 2°, 36° et 37°, *B. C.*, p. 1113.

6 déc. 1903 Décret sur l'administration et la comptabilité des troupes coloniales en France, art. 12 et annexe C, § 3°, *B. G.*, vol. spl, T. C.

10 juill. 1906 Circ. autorisant dans tous les services de la guerre les achats sur facture par conversion de vieilles matières, *B. G.*, p. 884, et circ. du 29 novembre 1899, *B. G.*, E. M., vol. 25, p. 230.

Acide phénique.

6 déc. 1903 Annexe F, achat au compte de la masse générale d'entretien, *B. G.*, vol. spl., T. C., p. 224.

Acte de disparition.

(Voir : *Disparition.*)

31 oct. 1892 Service de santé en campagne, notice 13.

23 juill. 1894 Modèle 10, *B. G.*, E. R., vol. 28, p. 93.

26 juill. 1894 Inst. sur les actes de l'état civil aux armées aux colonies, *B. C.*, p. 724; modèle du procès-verbal, *B. C.*, p. 744.

Actes conservatoires.

(Voir : *Etat civil.*)

Actes de l'état civil.

(Voir : *Etat civil.*)

Action d'éclat.

28 mai 1895 Service en campagne, art. 141, *B. G.*, E. M., vol. 76.
6 déc. 1903 Décret, annexe D. Inscription sur les registres et relevés des services, *B. G.*, vol. spl., T. C., p. 159.
23 déc. 1903 Arr. Art. 38. Inscription sur les registres et états de services, *B. G.*, p. 1948; *B. G.*, E. M., vol. 10, p. 71; modif. 11 juill. 1907, *B. G.*, p. 905.

Adjoint au trésorier.

20 oct. 1892 Service intérieur : Inf., art. 59; Artil., art. 54, *B. G.*, E. R., vol. 78.
6 déc. 1903 Décret, art. 58, *B. G.*, vol. spl., T. C., p. 22.

Adjudants.

(Voir : *Avancement.*)

20 oct. 1892 Service intérieur : Inf., art. 116 à 134; Artil., art. 141 à 152, *B. G.*, E. R., vol. 78.
6 févr. 1897 Loi rétablissant les adjudants de bataillon, *B. G.*, p. 187.

Adjudants chargés de l'armement et du harnachement.

20 oct. 1892 Service intérieur, Artil., art. 157, *B. G.*, E. R., vol. 78.
9 déc. 1904 Inst. sur la masse de ferrage et de harnachement aux colonies, art. 27, *B. C.*, p. 1263.
28 déc. 1905 Règl. sur l'armement aux colonies, art. 20.

Adjudants chefs de fanfare.

(Voir : *Musiciens.*)

Adjudants de casernement.

20 oct. 1892 Service intérieur : Artil., art. 153, *B. G.*, E. R., vol. 78.
3 mars 1899 Règl. sur le casernement en France, art. 11, *B. G.*, E. R., vol. 51.
16 oct. 1903 Règl. sur le casernement aux colonies, art. 11, *B. C.*, vol. spl., p. 887, et inst. du 20 janvier 1907, art. 17; *B. C.*, n° 1 *bis*.

Adjudants de garnison.

4 oct. 1891 Service des places, art. 29, *B. G.*, E. R., vol. 75.

Adjudants de réserve.

11 févr. 1898 Propositions et nominations, *B. G.*, E. R., vol. 71, p. 368.
28 déc. 1898 Inst., art. 6, nominations, *B. G.*, E. R., vol. 72, p. 72.

Adjudants gardiens de batteries aux colonies.

(Voir : *Gardiens de batteries coloniaux.* — *Passages.*)

19 sept. 1903 Décret réorganisant l'artillerie coloniale, art. 8, § 2. Les adjudants gardiens de batteries aux colonies sont rétablis; leur effectif est déterminé chaque année, *B. C.*, p. 845; *B. G.*, p. 1443; *B. G.*, E. M., T. C., vol. 1, p. 90.

16 oct. 1903 Règl. sur les directions d'artillerie coloniales, art. 18, attributions, *B. C.*, vol. spl., p. 48.

16 oct. 1903 Règl. sur le service des adjudants gardiens de batteries coloniaux, *B. C.*, vol. spl., p. 475.

28 nov. 1903 Inst. sur la garde des batteries aux colonies : organisation, effectif, recrutement, stages d'instruction professionnelle, service colonial, fonctions, subordination, instruction, solde et accessoires, indemnités, tenue, armement, équipement, proposition pour l'emploi de gardien de batterie métropolitain, *B. C.*, p. 1148; *B. G.*, p. 1787; *B. G.*, E. M., T. C., vol. 1, p. 124.

Adjudants indigènes.

14 nov. 1904 Décr. Organisation du recrutement indigène en Afrique occidentale, art. 9 et 10, mode de nomination, *B. C.*, p. 1092; *B. G.*, E. M., T. C., vol. 2, p. 78.

Adjudants majors.

20 oct. 1892 Service intérieur : Inf., art. 45 à 54; Artil., art. 113 à 118, *B. G.*, E. R., vol. 78.

Adjudants vaguemestres.

(Voir : *Vaguemestres.*)

Adjudications.

(Voir : *Marchés.*)

18 nov. 1882 Décr., art. 2 à 17, *B. C.*, 1899, p. 1149; *B. G.*, E. M., vol. 25, p. 5.

7 juill. 1899 Conditions générales des marchés. Colonies, art. 18 à 34, *B. C.*, p. 1113.

16 févr. 1903 Cahier des clauses et conditions générales des marchés. Guerre, art. 2 à 6, *B. G.*, E. M., vol. 25, p. 67.

15 juin 1903 Inst. pour la passation des marchés. Guerre, art. 2 à 34, *B. G.*, E. M., vol. 25, p. 92.

10 févr. 1906 Circ. Dépôt dans les adjudications publiques de soumissions remises par des mandataires. Guerre, *B. G.*, p. 153.

12 juill. 1907 Inst. sur la publicité des adjudications publiques du département de la guerre, *B. G.*, p. 908

27 févr. 1908 Circ. Mesures à prendre en vue de simplifier les formalités exigées des candidats aux adjudications de toute nature, *B. G.*, p. 251.

Administrateurs coloniaux.

6 avril 1900 Décr. Réorganisation, *B. C.*, p. 289; modifié : 19 septembre 1903, *B. C.*, p. 811; 27 juin 1905, *B. C.*, p. 729; 10 décembre 1905, *B. C.*, p. 1281.

6 sept. 1905 Arr. Conditions exigées des fonctionnaires, officiers, agents ou explorateurs non munis du brevet de l'école coloniale qui sollicitent leur admission dans le cadre des administrateurs coloniaux, *B. C.*, p. 981.

Administrations centrales.

(Voir : *Ministère de la guerre. — Ministère des colonies.*)

30 mars 1902 Loi de finances, art. 79; fixation des cadres, imputation de la solde du personnel des administrations centrales, *B. G.*, E. M., vol. 23, p. 137; *B. C.*, p. 305.

22 avril 1905 Loi de fin., art. 43; imputation de la solde et des accessoires du personnel employé dans les administrations centrales des ministères, *B. C.*, p. 532.

Administration des troupes coloniales.

24 oct. 1889 Il appartient au commandement seul de notifier aux corps de troupe les décisions administratives, *B. G.*, E. R., vol. 62, p. 135.

28 févr. 1903 Circ. Transmission en copie conforme des prescriptions ministérielles d'ordre administratif, *B. G.*, p. 222.

12 nov. 1904 Circ. Attributions respectives des commandants supérieurs des troupes, des commandants de l'artillerie et des directeurs de service, *B. C.*, p. 1090.

21 juin 1906 Décr. sur l'administration des troupes coloniales, *B. C.*, p. 579; *B. G.*, p. 803; *B. G.*, E. M., T. C., vol. 1, p. 136.

Art. 1 Principes généraux de l'administration.
2 Services aux colonies.
3 Services en France, en Algérie et en Tunisie.
4 Etablissements et services spéciaux en France, en Algérie et en Tunisie, relevant du ministère des colonies.
5 Attributions des directeurs. Ordonnateurs. Sous-ordonnateurs.
6-7 Autorité et attributions du commandant supérieur.
8 Responsabilité des administrateurs et ordonnateurs.
9 Attributions du gouverneur de la colonie principale d'un groupe.

Administration des officiers de réserve.

(Voir : *Officiers de réserve, etc.*, *B. G.*, E. R., vol. 72.)

Administration et comptabilité des corps de troupe.

(Voir : *Comptabilité des corps de troupe en campagne. — Matériel d'artillerie.*)

1° *Métropole.*

6 déc. 1903 Règl. provisoire sur l'administration, la comptabilité et l'habillement des troupes coloniales stationnées dans la métropole, *B. G.*, vol. spl., T. C.; modif. décret du 11 juin 1905, *B. G.*, p. 744; modif. 20 septembre 1906, *B. G.*, p. 1567; modif. 30 nov. 1906, *B. G.*, p. 1540.

Art. 1 à 3. Administration des corps.
4 à 9. Composition du conseil d'administration.
10 à 21. Attributions.
22 à 34. Séances du conseil.
35 - 36. Responsabilité.
37 - 38. Chef de corps.
39 à 49. Major.
50 à 59. Trésorier.
60 à 68. Officier d'habillement.
69 - 70. Officier de casernement.
71 - 72. Officier directeur du parc.
73. Agents du conseil autres que les officiers comptables.
74 à 79. Commandants d'unités administratives.
80 à 86. Administration des détachements.
87 - 88. Corps organisés sous le nom de compagnie, section ou dépôt.
89 à 92. Valeurs en caisse.

Administration et comptabilité des corps de troupe (*suite*).

Art. 93 à 101. Dépôts au Trésor et versements à la Caisse des dépôts et consignations.
102 à 105. Avances faites par les corps pour l'exécution de divers services.
106 - 107. Remboursement de matières et effets cédés par le corps.
108 à 110. Envoi de fonds, art. 108, modif. 20 septembre 1906.
111 - 112. Recouvrement des imputations.
113. Pertes ou déficits de fonds.
114 à 120. Registres tenus dans le corps.
121 à 130. Traitement des officiers et payement des sous-officiers rengagés ou commissionnés, art. 130, modif. : 20 septembre 1906; 30 novembre 1906.
131 à 139. Prêt, art. 131-136, modif. 20 septembre 1906.
140. Dispositions particulières aux détachements.
141 - 142. Régularisation des perceptions en nature.
143 à 149. Généralités sur les masses.
150 à 156. Masse générale d'entretien.
157 à 171. Masse de harnachement.
172 à 175. Masse des écoles.
176. Masses de casernement, de couchage et d'ameublement, de chauffage et d'éclairage.
177 à 179. Masse individuelle.
180 à 187. Première mise et supplément de première mise, art. 187, modif. 20 septembre 1906.
188 à 195. Primes journalières et recettes diverses, art. 189, modif. 20 septembre 1906.
196. Mise en subsistance.
197 à 201. Feuilles de décompte et payements.
202 à 208. Masse des hommes faisant mutation.
209 à 211. Perception et régularisation des sommes acquises à la masse individuelle.
212 à 215. Distribution d'effets au compte de la masse individuelle.
216 à 223. Imputations au compte de la masse individuelle.
224 à 239. Matériel. Dispositions générales.
240 à 245. Comptabilité du matériel.
246 à 259. Dispositions spéciales au matériel au compte de l'Etat.
260 à 268. Matériel appartenant aux masses.
269 à 274. Administration des militaires de la réserve de l'armée active et de la disponibilité.
275 à 283. Vérification et régularisation des dépenses.
284 - 285. Formation et dissolution des corps.
286 à 288. Destination à donner aux registres et documents qui cessent d'être utiles.
289 à 295. Dispositions concernant les troupes en campagne.

Annexe A. Organisation des ateliers régimentaires.
— B. Instruction sur la réception des matières et objets.
— C. Dispositions relatives à la passation des marchés.
— D. Instruction pour la tenue des registres.
— E. Instruction pour l'établissement des pièces justificatives à mettre à l'appui des dépenses et le remboursement des avances faites par les corps de troupe pour l'exécution des différents services de matériel.
— F. Nomenclature des dépenses de la masse générale; modif. 11 juin 1905.
— G. Dispositions relatives à la masse de harnachement; modif. 11 juin 1905.
— H. Dispositions spéciales au service de l'habillement.
— I. Dispositions relatives au matériel de campement; modif. 11 juin 1905.
— J. Dispositions relatives aux cessions au ministère des colonies.
— K. Formation et dissolution des corps de troupe.
— L. Cession à titre remboursable de drap et effets aux officiers, adjudants et assimilés et aux sous-officiers s'habillant à leurs frais.
— M. Instruction sur les attributions, l'organisation et l'administration intérieure du dépôt des isolés des troupes coloniales.
4 déc. 1907 — N. Instruction sur l'administration intérieure des dépôts des sections de commis et ouvriers d'administration et d'infirmiers des T. C., *B. G.*, p. 1800.

Administration et comptabilité des corps de troupe (*suite*).

Tarif 1. Masse individuelle.
— 2. Masse générale d'entretien.
— 3. Masse de harnachement.

Modèles. *B. G.*, vol. spécial; modif.: 11 juin 1905; *B. G.*, p. 744; 20 septembre 1906, *B. G.*, p. 1673.

30 oct. 1904 Inst. pour l'application du décret du 6 décembre 1903, *B. G.*, p. s., p. 986; modif. 11 juin 1905, *B. G.*, p. 744.

4 déc. 1907 Circ. Les dépôts des sections fonctionneront à compter du 1er janvier 1908; emplacement de leur portion centrale et de leurs détachements, *B. G.*, p. 1803.

2° *Colonies.*

(Voir : *Revues de liquidation.*)

22 juin 1847 Ord. sur l'administration et la comptabilité des corps de troupe de la marine (colonies); modif.: 14 janvier 1879; 25 févr. 1889, *B. M.*, p. 372, etc.; vol. spécial; et circ. du 1er juillet 1847, *B. M.*, R., p. 645.

23 janv. 1888 Décret. Groupement des bataillons de marche d'infanterie de marine en Indo-Chine en trois régiments ayant chacun son conseil d'administration central, *B. C.*, p. 313; *B. M.*, p. 254; et circ. du 12 mars 1888, *B. C.*, p. 309; *B. M.*, p. 251.

12 nov. 1889 Circ. Administration des troupes d'infanterie et d'artillerie de marine des garnisons coloniales; *B. M.*, p. 802.

Adresses des établissements militaires et des officiers comptables des corps et services.

14 déc. 1901 Envoi à la direction du contrôle (Guerre) des états indiquant l'emplacement des divers établissements militaires ainsi que les adresses des trésoriers, officiers payeurs, etc., *B. G.*, p. 1439.

Adresses des familles des militaires en service aux colonies.

29 nov. 1895 Circ. Les militaires appelés à servir aux colonies doivent laisser au corps avant leur départ l'adresse de leur famille, *B. C.*, p. 870; *B. M.*, p. 854.

6 juill. 1905 Circ. Envoi à l'administration centrale de la guerre de l'adresse de la famille de tout officier employé aux colonies, *B. G.*, p. 1037.

1er mai 1906 Inst. sur les successions des militaires aux colonies, art. 4, *B. C.*, p. 424.

Affaires militaires.

22 févr. 1878 Inst. des affaires pouvant intéresser plusieurs services du Département de la guerre, *B. G.*, E. R., vol. 48, p. 81; modif. 25 septembre 1887, *B. G.*, E. R., vol. 48, p. 83.

24 mai 1878 Circ. Communications d'affaires entre les autorités militaires et les autorités préfectorales ou municipales; *B. G.*, E. M., vol. 31, p. 72.

18 nov. 1888 Note. Examen de certaines affaires pouvant être traitées sur place au moyen d'un accord entre les différents chefs des services militaires locaux, *B. G.*, E. R., vol. 48, p. 83.

Affectation.

28 déc. 1895 Art. 73 à 94, 150 à 155. Affectation des sous-officiers retraités, *B. G.*, E. R, vol. 71; modif. 8 février 1903, *B. G.*, p. 93.
Art. 96. Affectation des hommes des armées de terre et de mer des diffé-

Affectation (*suite*).

rentes catégories de réserve, en résidence dans les colonies françaises ou dans les pays de protectorat de l'Extrême-Orient, aux corps de troupe en garnison dans ces possessions, *B. G.*, E. R., vol. 71; et inst. du 7 avril 1906, art. 22.

4 nov. 1896 Affectation des militaires de tous grades des différentes catégories de réserve fixés dans les colonies ou pays de protectorat de l'Extrême-Orient et qui se trouveraient en France au moment d'une mobilisation, *B. G.*, E. R., vol. 71, p. 348.

6 nov. 1899 Affectation à donner aux jeunes gens du contingent de La Réunion qui, lors de l'appel de leur classe, résident en France, aux colonies ou dans les pays de protectorat, *B. G.*, E. R., vol. 68, p. 432.

29 juill. 1901 Circ. Affectation des stagiaires et ouvriers d'état de l'artillerie coloniale, démissionnaires, *B. G.*, p. 540.

8 févr. 1903 Affectation à donner en cas de mobilisation aux hommes des réserves en résidence dans certaines colonies, *B. G.*, p. 93.

10 avril 1906 Circ. Affectations et mutations des officiers en ce qui concerne les garnisons où ils peuvent avoir des attaches de famille ou d'intérêts, *B. G.*, p. 488.

21 juill. 1906 Inst. relative à l'affectation et à l'appel des jeunes soldats, *B. G.*, p. 926, modif. 28 mars 1908, *B. G.*, p. 431.

Affectation spéciale.

(Voir : *Réserves.*)

1er oct. 1902 Administration dans leurs foyers des hommes classés dans l'affectation spéciale, non affectés, non disponibles, ou maintenus provisoirement dans leur emploi du temps de paix en cas de mobilisation, et inst. du 7 avril 1906, art. 31.

Affiches dans les casernements.

3 mars 1899 Règl. sur le casernement en France, art. 63, *B. G.*, E. R., vol. 51.

16 oct. 1903 Règl. sur le casernement aux colonies, art. 63, *B. C.*, vol. spl., p. 908.

Affiches militaires.

18 mars 1895 Reproduction du drapeau national sur les affiches militaires, *B. G.*, E. M., vol. 85, p. 283.

Affrètements.

(Voir : *Transports maritimes.*)

Afrique occidentale française.

15 oct. 1902 Décret réorganisant le conseil privé du Sénégal, *B. C.*, p. 1062.

4 mars 1903 Décret fixant la composition des conseils d'administration de la Guinée, de la Côte d'Ivoire et du Dahomey, *B. C.*, p. 176.

13 juin 1903 Décret fixant la composition du conseil privé du Sénégal, *B. C.*, p. 553.

30 juin 1903 Décret. Le gouverneur général de l'Afrique occidentale est chargé de la gestion des terrains cédés à bail sur le Niger par l'Angleterre, *B. C.*, p. 613.

18 oct. 1904 Décret. Réorganisation du gouvernement général de l'Afrique occidentale, *B. C.*, p. 1033.

18 oct. 1904 Décret. Réorganisation du conseil de gouvernement, *B. C.*, p. 1040.

18 oct. 1904 Décret. Création du conseil d'administration du Haut-Sénégal et du Niger, *B. C.*, p. 1044.

5 avril 1905 Décret modifiant la composition du conseil de gouvernement, *B. C.*, p. 480.

2 mars 1907 Décret rattachant à la colonie du Haut-Sénégal et Niger les cercles de Fada N'Gourma et de Say, *B. C.*, p. 162.

22 mars 1907 Décret instituant un contrôleur financier auprès du gouverneur général de l'Afrique occidentale française, *B. C.*, p. 187.

Age des chevaux.

18 févr. 1895 Titre 3, art. 40. Défense d'emmener aux manœuvres des chevaux ayant moins de 7 ans, *B. G.*, E. M., vol. 55-3, p. 55.
3 août 1904 Inst. sur le service de la remonte aux colonies, art. 26, *B. C.*, p. 943.

Agence judiciaire du Trésor.

14 janv. 1869 Règl. financier (colonies), art. 156 et 157. Dispositions relatives aux débets, vol. spécial.
3 avril 1869 Règl. financier (Guerre), art. 262 à 266. Dispositions relatives aux débets, *B. G.*, E. M., vol. 24.
5 août 1882 Décret concernant l'agence judiciaire du Trésor (extrait), *B. G.*, E. M., vol. 23, p. 104.

Agents civils du commissariat.

(Voir : *Non disponibles, Officiers d'administration de l'intendance.*)

11 juin 1901 Décret, art. 28. Les commis du commissariat et les magasiniers seront supprimés par voie d'extinction, *B. M.*, 2e 1901, p. 659; *B. C.*, p. 511; *B. G.*, p. 1025; *B. G.*, E. M., T. C., vol. 1, p. 134.
3 déc. 1902 Circ. Tenue de la matricule et des feuillets de notes des agents du commissariat et des magasiniers de l'ancienne organisation, *B. G.*, p. 2387.
28 janv. 1903 Décret réorganisant les personnels des agents civils du commissariat et des comptables des matières des colonies, *B. C.*, p. 107, *B. G.*, p. 117; modif.: décret du 30 mars 1904, *B. C.*, p. 315; *B. G.*, p. 424; *B. G.*, E. M., T. C., vol. 1, p. 149
10 juill. 1905 Inst. Procédure à suivre par les commissions d'enquête d'agents civils du commissariat et du corps des comptables des colonies, *B. C.*, p. 795, *B. G.*, p. 1070.
18 janv. 1906 Inst. réglant les conditions d'admission au concours pour l'emploi de sous-agent du commissariat. Programme du concours, *B. G.*, P. S., p. 37; modif. 26 février 1908, err., *B. G.*, p. 430.
18 janv. 1906 Inst. réglant les conditions d'admission au concours pour l'emploi de sous-agent comptable des matières. Programme du concours, *B. G.*, P. S., p. 43.
4 mars 1908 Arr. Cadres pour 1908. Agents de 2e classe, 5; sous-agents, 25; commis de 1re classe, 30; *B. G.*, P. S., p. 427.

Agents des conseils d'administration.

Colonies.

22 juin 1847 Art. 615 à 657. Modif. 14 janvier 1879, vol. spl.

Métropole.

6 déc. 1903 Art. 2, 50 et suivants, *B. G.*, vol. spl., T. C.

Agents ne faisant pas partie des conseils d'administration.

Colonies.

22 juin 1847 Art. 652 à 657, vol. spl.

Métropole.

6 déc. 1903 Art. 73, *B. G.*, vol. spl., T. C.

Aiguillettes.

30 sept. 1903 Description des uniformes, art. 1, *B. G.*, vol. spl., T. C., p. 1.

Ajournements.

(Voir : *Appel.*)

23 déc. 1903 Arr., art. 35. Inscription sur les matricules des hommes des réserves, *B. G.*, E. M., vol. 10, p. 74, et inst. du 15 septembre 1906, *B. G.*, E. M., vol. 10, p. 86.

21 mars 1905 Loi sur le recrutement, art. 18, 19; jeunes soldats, *B. G.*, p. 263; *B. C.* p. 359; *B. G.*, E. M., vol. 68-1, et inst. du 29 décembre 1905, art. 66 à 69, *B. G.*, E. M., vol. 68-1, p. 153.

7 avril 1906 Inst. Art. 11 et 12. Décompte des services des ajournés.

14 avril 1908 Loi modifiant les art. 41 et 64 de la loi du 21 mars 1905. Ajournement des périodes des hommes des réserves, *B. G.*, p. 484, et inst. du 22 avril 1908, *B. G.*, p. 545.

Alcool. — Alcoolisme.

(Voir : *Boissons alcooliques. Conférences. Ouvrages.*)

Aliénés.

30 juin 1838 Loi sur les aliénés, *B. G.*, E. M., vol. 80, p. 382.

22 sept. 1851 Les frais de traitement des aliénés et incurables des divers services de la marine sont mis à la charge des communes où ils ont leur domicile de secours, *B. M.*, p. 248; *B. M.*, R., p. 690.

Alimentation des troupes.

(Voir : *Eau. — Infirmiers militaires des T. C. — Masse d'alimentation et de ravitaillement. — Officiers d'approvisionnement. — Ordinaires. — Service des subsistances. — Subsistances.*)

22 juin 1847 Art. 241 à 258 des subsistances, vol. spl.

20 oct. 1892 Service intérieur, inf., art., 387 à 397; artill., art. 405 à 416, *B. G.*, E. R., vol. 78.

18 févr. 1895 Art. 71 à 79. Alimentation pendant les manœuvres; *B. G.*, E. M., vol. 55-3, p. 69; modif. 29 mars 1906, *B. G.*, p. 441.

28 mai 1895 Service en campagne, art. 96 et suiv., *B. G.*, E. M., vol. 76.

20 déc. 1899 Art. 30 à 33. Alimentation des troupes en marche, isolés et détachements. Décret, *B. G.*, p. 1480; *B. G.*, E. M., 100-1, p. 28.

30 déc. 1899 Art. 30 à 33. Alimentation des troupes en marche, isolés et détachements. Inst., *B. G.*, E. M., vol. 100-1, p. 45.

18 août 1902 Inst. sur l'alimentation pendant les transports en chemin de fer et le fonctionnement des stations haltes-repas, *B. G.*, E. M., vol. 100-6 *bis*, p. 107.

6 juill. 1903 Circ. Remise entre les mains des officiers commandants de détachements de troupes coloniales qui voyagent par voies ferrées pendant la saison d'hiver d'une certaine somme leur permettant en cours de route d'assurer à leur troupe des distributions de potages ou de boissons hygiéniques, *B. G.*, p. 1061.

11 juin 1905 Décret. Dispositions relatives au service d'alimentation dans les corps de troupe en France, et instr. d'application du même jour, *B. G.*, p. 744. modif. 20 septembre 1906, *B. G.*, p. 1567. Tarif des primes, 18 mars 1908, *B. G.*, p. 453.

29 oct. 1907 Circ. Renseignements à fournir sur les accidents d'intoxication alimentaire, *B. G.*, p. 1643.

Allumettes.

16 mars 1876 Note. Emploi exclusif des allumettes amorphes dans les établissements militaires de toute nature, *B. G.*, E. M., vol. 85, p. 57.

10 mai 1894 Décret concédant aux services administratifs de l'Etat la faculté d'acheter au prix du gros des allumettes par caisses entières sans condition de poids minimum pour les commandes, *B. M.*, p. 635.

Aluminium.

(Voir : *Ustensiles en aluminium.*)

Ambulances.

(Voir : *Service de santé colonial.*)

31 oct. 1892 Service de santé en campagne, art. 52 à 66, *B. G.*, vol. spl.

Amendes.

19 mai 1903 Circ. Non-application de décimes additionnels aux amendes prononcées par les conseils de guerre aux colonies, *B. G.*, p. 706.

Ameublement.

(Voir : *Masse de couchage et d'ameublement.*)

1° *Métropole.*

18 déc. 1884 Inst. sur l'ameublement des bureaux des états-majors et de l'intendance; modif. : 24 mars 1902, *B. G.*, p. 346; 29 octobre 1903; *B. G.*, p. 1738; 24 mars 1906, *B. G.*, p. 438; *B. G.*, E. M., vol. 9, p. 259; err. devis, *B. G.* 1907, p. 1837.

4 janv. 1892 Décret et Inst. Ameublement des hôtels affectés aux officiers généraux, *B. G.*, E. M., vol. 9, p. 243.

3 mars 1899 Règl. sur le casernement, art. 27; logements et accessoires de casernement, et annexe 1, *B. G.*, E. R., vol. 51.

7 mars 1899 Art. 3. Ameublement des bibliothèques militaires, *B. G.*, E. M., vol. 53-2, p. 165.

26 févr. 1901 Circ. L'ameublement des bureaux du service administratif des troupes coloniales sera constitué comme celui d'une sous-intendance conformément à l'inst. du 18 décembre 1884, *B. G.*, vol. spl., T. C., p. 100.

26 déc. 1902 Décret sur la comptabilité-matières, art. 76. Ameublement des hôtels, pavillons et bâtiments militaires, *B. G.*, E. M., vol. 27.

10 sept. 1904 Nomenclature de l'ameublement des bureaux des états-majors et de l'intendance.

5 nov. 1904 Inst. provisoire sur le service du couchage et de l'ameublement dans les troupes coloniales, art. 1 à 3, 32 à 39, 52, *B. G.*, vol. spl., T. C., err. *B. G.*, P. S., 2e 1904, p. 1121; err. *B. G.*, 1905, p. 817.

Notice D. Tableau des objets d'ameublement à la charge de la masse.
— E. Objets d'ameublement entretenus et remplacés au compte de la masse de casernement.
— F. Matériel appartenant au service du génie.
— G. — — à la masse générale d'entretien.
— H. Mobilier affecté au cabinet de travail du chef de corps.
— I. Ameublement de chambre d'officier.
— K. — — d'adjudant.
— L. Description des objets composant l'ameublement de chambre de sous-officier rengagé ou commissionné non adjudant.
— Q. Marquages des effets et objets du service de l'ameublement.

2° *Colonies.*

16 oct. 1903 Règl. sur le casernement, *B. C.*, vol. spl., p. 883.

Art. 25 à 33. Organisation et ameublement des logements et des accessoires de casernement.
65 à 70. Dégradations et pertes.
71 à 77. Etablissements et bureaux divers autres que ceux des corps de troupe.
98 à 109. Entretien du casernement par les corps ou services occupants.

Notice 2. Ameublement des pavillons, casernes et quartiers. Nomenclature des objets d'ameublement fournis par le service de l'artillerie.
— 5. Description des objets mobiliers.

4 juill. 1905 Inst. sur le service de l'ameublement des services militaires aux colonies, *B. C.*, p. 764.

Ameublement (*suite*).

Art. 3. Droit aux hôtels.
4. Ameublement des hôtels.
5 - 6. Composition du mobilier.
8 à 10. Crédits pour l'achat et l'entretien du mobilier.
11 à 13. Remplacement des meubles.
14 à 16. Achats.
17 à 19. Payement. Comptabilité. Inventaires.
20 - 21. Dispositions transitoires.
22 - 23. Immeubles autres que les hôtels, meublés au compte de l'Etat.
24 - 25. Composition des mobiliers.
26 à 28. Ameublement des bureaux.
29 à 31. Composition du mobilier.
32 à 34. Achats. Comptabilité.
52. Compte d'opérations.

18 janv. 1907 Décret créant une masse de casernement aux colonies, art. 1, *B. C.*, p. 14, et inst. du 20 janvier 1907, *B. C.*, n° 1 *bis*.

Analyses chimiques.

(Voir : *Ordinaires*, 16 mars 1906.)

25 oct. 1906 Inst. sur les analyses chimiques exécutées à la section technique de l'artillerie, *B. G.*, p. 1376.

Anarchistes.

(Voir : *Presse. — Provocation à l'indiscipline.*)

28 juill. 1894 Loi ayant pour objet de réprimer les menées anarchistes, *B. lois*.

Ancienneté.

(Voir : *Congés.*)

16 mars 1838 Ord. sur l'avancement, art. 3 à 8, 22 à 24, 55-56, 36 à 128, *B. G.*, E. R., vol. 22, p. 10.

31 août 1840 Déc. Gradés rendant leurs galons pour passer dans un corps sur le pied de guerre, *B. G.*, E. R., vol. 22, p. 88.

15 oct. 1853 Déc. relative aux capitaines et lieutenants de 1re classe suspendus de leur emploi pour moins d'un an, *B. G.*, E. R., vol. 22, p. 72.

18 janv. 1882 Décret. Rang assigné aux sous-lieutenants sortant des écoles, *B. G.*, E. R.. vol. 22, p. 13.

26 nov. 1888 Décret. Décompte de l'ancienneté des sous-officiers provenant des officiers démissionnaires, *B. G.*, E. R., vol. 22, p. 82.

27 mars 1902 Circ. L'officier du cadre étranger admis dans le cadre français perd son ancienneté de grade pour prendre rang à la date du décret du nomination, *B. G.*, p. 536.

30 mars 1902 Loi de finances, art. 80. Décompte des services militaires des agents de l'Etat dans le calcul de l'ancienneté pour l'avancement, *B. C.*, p. 305.

20 mai 1903 Décret, art. 48. Les lieutenants et capitaines qui passent dans la gendarmerie ne comptent leur ancienneté de grade dans ce corps pour le commandement et l'avancement que de la date du décret d'admission dans la gendarmerie, *B. G.*, E. M., vol. 39.

24 févr. 1906 Décret. Manière de décompter l'ancienneté des anciens gradés des troupes métropolitaines passés dans les T. C. comme soldats ou dans un grade ou un emploi inférieur à celui qu'ils avaient dans les T. M. et qui ont été renommés à leur grade ou à leur emploi précédent, *B. G.*, p. 323; *B. G.*, E. M., T. C., vol. 3, p. 15, et circ. du 19 octobre 1907; *B. G.*, p. 1715.

10 déc. 1907 Décret. Avancement des officiers de réserve et de l'armée territoriale, *B. G.*, p. 1755.

Anneaux de passage.

6 juill. 1899 Description, *B. G.*, E. R., vol. 51 *bis*, p. 40.
16 oct. 1903 Description, *B. C.*, vol. spl., p. 980.

Annonces officielles dans les journaux.

(Voir : *Marchés.*)

Annuaire officiel de l'armée française.

26 mars 1906 Circ. Conditions de vente à l'armée pendant les années 1906 à 1915 inclus, *B. G.*, p. 439; *B. G.*, E. M., vol. 10, p. 149.

Annulation de jugement.

9 juin 1857 Code de justice militaire, art. 181, *B. G.*, E. R., vol. 56.

Appareils à copier.

7 févr. 1900 Appareils à employer par les états-majors pour la reproduction des ordres et autres documents, *B. G.*, E. M., vol. 55-2, p. 230, et circ. du 11 novembre 1907, *B. G*, p. 1658.

Appareils à vapeur.

30 avril 1880 Décret sur les appareils à vapeur, *B. lois.*

Appareil Castaing.

6 juill. 1899 Description, *B. G.*, E. R., vol. 51 *bis*, p. 41.

Appareil Renard.

6 juill. 1899 Description, *B. G.*, E. R., vol. 51 *bis*, p. 40.

Appel.

(Voir : *Réserves.* — *Revues d'appel.*)

28 déc. 1895 Inst. sur l'administration des réserves, art. 182 à 252, *B. G.*, E. R., vol. 71, et inst. du 7 avril 1906, art. 32 à 37; modif. 20 novembre 1906, *B. G.*, p. 1444.
26 févr. 1901 Les demandes d'ajournement, de dispense, etc., formées par les réservistes des troupes coloniales sont instruites dans les mêmes formes que pour les troupes métropolitaines, *B. G.*, p. 268; complétée 23 avril 1901, *B. G.*, p. 629.
18 juill. 1901 Loi garantissant leur travail et leur emploi aux réservistes et aux territoriaux appelés à faire leur période d'instruction militaire, *J. O.*, 19 juillet 1901.
27 nov. 1901 Inst. relative aux convocations et aux appels en temps de paix, *B. G.*, p. 1343; modifiée 2 mars 1903, *B. G.*, p. 278.
4 oct. 1904 Périodes à accomplir par les hommes des réserves rentrant des colonies ou de l'étranger ou rayés des contrôles de la non-affectation et de la non-disponibilité, *B. G.*, p. 1517.

Appel (*suite*).

15 mai 1906 Circ. Proportion des ajournements à accorder aux réservistes et territoriaux, *B. G.*, p. 611.
21 juill. 1906 Inst. relative à l'affectation et à l'appel des jeunes soldats, *B. G.*, p. 926; modif. 28 mars 1908, *B. G.*, p. 431.
22 avril 1908 Inst. relative aux appels périodiques en temps de paix des hommes des réserves, *B. G.*, p. 545.

Appellations.

(Voir : *Correspondance.* — *Officiers d'administration.*)

20 oct. 1892. Service intérieur : Inf., art. 222; Artil., art. 257, *B. G.*, E. R., vol. 78.

Approvisionnements.

Colonies.

26 févr. 1892 Circ. Les frais de transport des vivres et du matériel sont à la charge du chapitre qui supporte l'achat, *B. C.*, p. 190.
27 mai 1895 Circ. Le matériel et les vivres destinés aux colonies doivent toujours être expédiés dans les plus courts délais possibles, *B. C.*, p. 486.
16 juill. 1895 Circ. Les demandes de vivres et de matériel doivent être adressées au département des colonies au moins six mois à l'avance, *B. C.*, p. 639.
17 juin 1896 Circ. Observations sur le service des approvisionnements et travaux aux colonies, *B. C.*, p. 356.
7 juill. 1896 Circ. Recommandations en vue d'éviter les pertes et les condamnations d'approvisionnements, *B. C.*, p. 421.
14 avril 1897 Circ. Dispositions relatives à l'établissement des demandes d'approvisionnements, *B. C.*, p. 331.
23 juill. 1900 Circ. Rappel de la circ. du 14 avril 1897. Interdiction aux services coloniaux de faire directement des commandes en France, *B. C.*, p. 649.
20 févr. 1901 Circ. Mesures arrêtées en vue de l'approvisionnement des troupes en service aux colonies, en effets d'habillement, de grand et de petit équipement et de matériel de campement et d'outillage, *B. C.*, p. 130.
30 mai 1902 Circ. Les demandes de vivres et de matériel doivent être adressées aux bureaux administrateurs des crédits, *B. C.*, p. 509.
6 août 1902 Circ. Achat sur place des approvisionnements nécessaires au service des constructions militaires, *B. C.*, p. 697.

Approvisionnements de guerre.

Colonies.

3 juin 1899 Décret fixant les règles à suivre pour la constitution, la conservation et l'emploi des approvisionnements de réserve dans les colonies, *B. C.*, p. 635.
12 juill. 1905 Inst. relative à la constitution des approvisionnements de guerre, *B. C.*, p. 802.

Art. 1 à 3. Nature, importance et services chargés des approvisionnements.
4 à 8. Approvisionnements ressortissant au service de l'artillerie.
9. Approvisionnements ressortissant au service du commissariat.
10 à 15. Vivres et fourrages.
16 à 18. Habillement, équipement, campement.
19. Couchage.
20 à 23. Approvisionnements ressortissant au service de santé.
24 à 26. Vivres destinés à la population civile.
27 à 31. Transport des approvisionnements militaires en temps de guerre.

Approvisionnements de guerre (*suite*).

Art. 32 à 34. Dispositions spéciales au passage du pied de paix au pied de guerre en ce qui concerne le matériel de toute nature acquis au compte des masses.
35 - 36. Utilisation des ressources de chaque colonie pour le ravitaillement, en temps de guerre, des troupes et de la population civile.
37. Magasins du temps de paix.
38. Magasins du temps de guerre.
39. Instructions du commandant supérieur des troupes.

12 juill. 1905 Circ. Notification de l'instruction qui précède, *B. C.*, p. 801.

Aptitude physique au service militaire.

20 avril 1905 Arr. Conditions d'aptitude à exiger des jeunes gens qui désirent servir dans les troupes coloniales. Denture, *B. G.*, p. 447.
22 oct. 1905 Inst. sur l'aptitude physique au service militaire, *B. G.*, E. M., vol. 68 *bis*.
13 janv. 1908 Circ. Elimination des hommes physiquement impropres au service militaire, *B. G.*, p. 32.

Arbitrage.

17 avril 1906 Loi de finances, art. 69. L'Etat, les départements et les communes peuvent recourir à l'arbitrage pour la liquidation de leurs dépenses de travaux publics et de fournitures, *B. C.*, p. 355; *B. G.*, p. 589.

Arbitres.

18 févr. 1895 Inst. sur les manœuvres d'automne, art. 29, *B. G.*, E. M., 55-3, p. 48.

Archives.

(Voir : *Revue d'Histoire et Revue militaire des Armées étrangères.*)

5 nov. 1863 Déc. Conservation des collections officielles, *B. G.*, E. M., vol. 10, p. 16.
18 déc. 1864 Circ. Conservation des archives des établissements militaires et des corps. Responsabilité des détenteurs, *B. G.*, E. M., vol. 10, p. 11.
25 nov. 1889 Règl., art. 80. Archives des infirmeries régimentaires, *B. G.*, E. M., vol. 80.
4 oct. 1891 Service des places, art. 14 à 30. Archives des places de guerre, *B. G.*, *E. R.*, vol. 75.
23 janv. 1899 Règl. pour la communication des archives administratives du ministère de la guerre, modif. 4 juin 1903, *B. G.*, E. M., vol. 10, p. 9; modif. 8 novembre 1906, *B. G.*, p. 1428.
26 janv. 1899 Règl. pour la communication des archives historiques du ministère de la guerre, *B. G.*, E. M., vol. 10, p. 7; modif. 8 novembre 1906, *B. G.*, p. 1428.
15 juin 1899 Inst. relative à la constitution des archives du ministère de la guerre, *B. G.*, E. M., vol. 10, p. 3.
20 févr. 1900 Inst., art. 18 à 20, et 46. Archives des état-majors, *B. G.*, p. 214.
16 oct. 1903 Inst. Composition et classement des archives des directions d'artillerie coloniales, *B. C.*, vol. spl., p. 497.
2 oct. 1905 Inst. sur la rédaction, la publication, la conservation et la destruction des documents de la correspondance collective permanente ou semi-permanente, non confidentielle, *B. G.*, p. 1474; *B. G.*, E. M., vol. 10, p. 25.
2 oct. 1906 Circ. Etablissement d'inventaires sommaires des archives, *B. G.*, p. 1302.

Archives (*suite*).

19 avril 1907 Circ. prescrivant aux services de l'administration centrale de ne plus envoyer de circulaires manuscrites aux autorités militaires, *B. G.*, p. 454.
18 janv. 1908 Circ. Durée de la conservation, dans les divers services et établissements, des registres et des pièces de comptabilité, *B. G.*, p. 56.
10 févr. 1908 Service courant, art. 61. Archives de campagne, *B. G.*, E. M., vol. 74.

Archives coloniales.

juin 1776 Edit portant établissement à Versailles d'un dépôt des chartes et papiers publics des colonies

Armée territoriale.

24 juill. 1873 Loi sur l'organisation générale de l'armée, art. 32, *B. G.*, E. R., vol. 62, p. 3.
13 mars 1875 Loi des cadres, *B. G.*, E. R., vol. 63, p. 3.
28 déc. 1895 Inst. relative à l'administration des hommes des réserves dans leurs foyers, *B. G.*, E. R., vol. 71.

Armement

(Voir : *Armes.* — *Capitaine inspecteur d'armes.* — *Revolver.* — *Sabre. Tir réduit.* — *Tir.*)

1° *Guerre.* — *Dispositions générales.*

30 août 1884 Instruction sur le service de l'armement, *B. G.*, E. R., vol. 19, p. 17; errata et rectif., *B. G.*, p. 2013; modif., 15 janvier 1902, *B. G.*, p. 39; modif., 3 février 1903, *B. G.*, p. 65; modif. 2 décembre 1904, *B. G.*, p. 1715; erratum, *B. G.*, p. 1866; modif. : 4 juin 1907, *B. G.*, p. 716; 10 août 1907, *B. G.*, p. 1110.

Art. 1 à 10. Attributions générales des officiers dans les corps. Responsabilités.
11 - 12. / 24 à 32. Chefs armuriers.
33 à 43. Ouvriers armuriers, art. 35, modif. 4 avril 1907, *B. G.*, p. 437.
44 à 48. Dotation des corps.
49. Comptabilité-matières.
50. Situation annuelle de l'armement.
51 à 57. Mise en service temporaire d'armes de réserve, mouvements d'armes appartenant à la dotation d'un corps de troupe.
58 à 63. Règles à suivre pour prendre des armes ou des caisses d'armes dans les magasins de l'artillerie.
64 à 75. Versement d'armes et de caisses d'armes à l'artillerie.
76 à 80. Versement d'armes et de caisses d'armes à un autre corps.
81 à 88. Marques et numéros des armes.
89. Contrôle général des armes.
90 à 94. Mutations.
95. Armes des hommes absents.
96. Armes des déserteurs et des hommes isolés.
97 à 99. Pertes d'armes.
100 à 101. Armes hors d'état d'être réparées.
102. Remplacement des armes perdues ou hors d'état d'être réparées.
103 à 121. Entretien des armes entre les mains des troupes et en magasin.
122 à 140. Réparations.
141 à 160. Recettes et consommations de pièces d'armes.
161 - 174 / à 180. Régime pour l'entretien des armes.

Armement (*suite*).

Art. 185 à 200. Relevé annuel des dépenses de l'armement. Comptabilité, art. 187; modif. 29 février 1908, *B. G.*, p. 265.
271 à 322. Visite annuelle des armes.
330 - 331. Travail d'inspection des armes d'un corps de troupe.
333 à 366. Service de l'armement en temps de guerre, art. 361, modif. 30 septembre 1907, *B. G.*, p. 1481.

3 mars 1897 Note. Acquisition par les sous-officiers rengagés admis à la retraite de l'épée ou du sabre dont ils étaient détenteurs, *B. G.*, p. 305; *B. G.*, E. R., vol. 19, p. 208; appliquée aux troupes coloniales par circ. du 16 décembre 1901, *B. G.*, vol. spl., T. C., p. 260.

10 mars 1897 Circ. Procédé à employer pour réparer en manufacture les fusils mod. 86 M. 93, dont la chambre est fortement dégradée par la ficelle de nettoyage, *B. G.*, E. R., vol. 19, p. 282.

23 févr. 1898 Circ. Interdiction aux corps de troupe de toutes armes de faire usage de gaines en étoffe ou en cuir pour protéger certaines parties des armes portatives, *B. G.*, E. R., vol. 19, p. 283.

11 nov. 1898 Inst. sur les accessoires d'entretien des armes à feu portatives. Appliquée aux troupes coloniales, circ. du 6 mai 1899, *B. M.*, p. 735.

30 mai 1899 Circ. Inconvénients que présente l'échange des têtes mobiles des armes de 8mm, *B. G.*, E. R., vol. 19, p. 262.

13 oct. 1899 Circ. Transport des pièces d'armes de rechange, en campagne, par les corps de troupe et les parcs, *B. G.*, E. R., vol. 19, p. 262.

15 oct. 1899 Tarif des réparations aux armes portatives, à jour au 1er septembre 1907, *B. G.*, E. M., vol. 15.

11 avril 1900 Circ. Les acquisitions prévues par la note du 3 mars 1897, ci-dessus, seront autorisées par les généraux commandant les corps d'armée, *B. G.*, p. 536.

12 avril 1900 Circ. Prêt de sabres ou d'épées aux officiers et assimilés de la réserve et de la territoriale, *B. G.*, p. 536; modif. 31 juillet 1904, *B. G.*, p. 1380.

5 déc. 1901 Circ. Réparation des crosses de carabine de cavalerie mod. 90, au moyen d'une grande pièce en bois en queue d'aronde au talon, *B. G.*, p. 1412.

19 déc. 1901 Circ. Tubage des cylindres des armes à feu de 8mm, *B. G.*, p. 1496; erratum, *B. G.*, p. 1586.

29 juill. 1902 Circ. Adoption d'un nouveau piston de magasin pour le fusil mod. 86, M. 93, *B. G.*, p. 1613.

15 déc. 1902 Circ. Entretien et réparation du système de percussion des armes à feu de 8mm, *B. G.*, p. 2428.

24 déc. 1902 Suppression du cran de sûreté du chien sur diverses catégories de fusils mod. 86 M. 93, *B. G.*, p. 2579.

1er févr. 1903 Fourniture des armes blanches et des éléments d'armes blanches aux officiers et assimilés de toutes armes et de tous services, *B. G.*, p. 60; addition 23 mars 1903, *B. G.*, p. 272; modifié 12 août 1903, *B. G.*, p. 1170.

17 avril 1903 Circ. Vérification des ressorts de percuteur des armes à feu de 8mm, *B. G.*, p. 555.

8 juin 1903 Ajustage de la cuvette sur le fourreau de l'épée-baïonnette mod. 86, *B. G.*, p. 855.

19 nov. 1904 Circ. Réparation des bois de montures des armes à feu de 8mm, fendus au logement de la vis inférieure de la plaque de couche, *B. G.*, p. 1741.

4 août 1905 Circ. Les officiers et assimilés de la réserve et de l'armée territoriale en résidence aux colonies ne doivent pas recevoir de sabre ou d'épée à titre de prêt, *B. G.*, p. 1180.

19 sept. 1905 Circ. Réparation en manufacture des lames faussantes des sabres de cavalerie de tous modèles, *B. G.*, p. 1441.

29 oct. 1905 Circ. Réparation des fûts de fusils mod. 86 M. 93, fendus à l'extrémité antérieure dans l'encastrement du canon, *B. G.*, p. 1717.

29 oct. 1905 Inst. sur les armes et les munitions en service.

4 avril 1907 Circ. Remplacement et ajustage des planches de hausse des armes de 8mm, *B. G.*, p. 381.

30 sept. 1907 Circ. Adoption d'une tête mobile de ressource. Ajustage de cette tête mobile sur les armes de 8mm, *B. G.*, p. 1585; appliqué aux T. C. en France, 3 février 1908, *B. G.*, p. 124.

23 nov. 1907 Circ. Réparation de la monture du mousqueton modèle 92 muni de l'embouchoir à quillon pour supprimer le jeu pris par cette pièce, *B. G.*, p. 1867.

12 déc. 1907 Circ. Prix de remboursement, en 1908, des armes des modèles réglementaires, *B. G.*, p. s., p. 1282.

Armement (*suite*).

2° *Dispositions particulières aux troupes coloniales en France.*

3 févr. 1899 Armement et désarmement des militaires détachés à Paris comme secrétaires, plantons et ordonnances, *B. M.*, p. 238.

25 mars 1901 Circ. Les versements d'armes aux directions d'artillerie de terre se font dans les mêmes conditions que pour les troupes métropolitaines, *B. G.*, vol. spl., T. C., p. 108.

14 oct. 1902 Inst. pour l'application aux troupes coloniales de l'inst. du 30 août 1884, *B. G.*, p. 2039; modif. 14 janvier 1903, *B. G.*, p. 26; erratum, *B. G.*, 1903, p. 1624.

12 déc. 1907 Circ. Application aux T. C. de la circ. du 4 juin 1907 modifiant l'inst. du 30 août 1884, *B. G.*, p. 1764.

3° *Dispositions particulières aux troupes coloniales aux colonies.*

(Voir : *Compagnies de discipline.* — *Garde indigène*, 4 avril 1907. — *Masse d'entretien de l'armement.*)

26 oct. 1896 Délivrance de la carabine de gendarmerie et du revolver mod. 92 à la gendarmerie coloniale, *B. M.*, p. 560.

18 déc. 1897 Les cadres d'escorte des détachements de disciplinaires coloniaux ne seront plus armés du sabre-baïonnette Z, *B. M.*, p. 705.

28 déc. 1905 Règl. sur le service de l'armement dans les corps de troupe aux colonies; modif. : art. 10, 11, 13, 78; 11 mai 1907, *B. C.*, p. 326; 20 janvier 1908, *B. C.*, p. 147.

Art. 15 à 18. Attributions et responsabilité des officiers.
19 à 21. Personnel de surveillance et d'exécution.
22 à 28. Armement des corps.
29 à 42. Comptabilité-matières de l'armement des corps.
43 à 49. Conservation des armes dans les corps de troupe.
50 à 57. Entretien des armes dans les corps de troupe.
58 à 81. Ateliers d'armurerie. Réparations des armes des corps.
82 à 94. Munitions pour armes portatives.
95 à 131. Visite annuelle des armes et des munitions.
132. Temps de guerre.

15 janv. 1906 Circ. Armement des gradés chargés d'escorter les hommes dirigés des colonies sur les compagnies de discipline d'Afrique. Revolver mod. 1873 et 12 cartouches.

16 oct. 1906 Circ. Tenue de la comptabilité des armes portatives et des munitions, modif. 11 mars 1907.

Armes.

(Voir : *Armement.*)

14 août 1885 Loi sur la fabrication et le commerce des armes, *B. G.*, E. M., vol. 20, p. 35.

6 juin 1896 Décret réglementant l'importation et le commerce des armes à Madagascar, *B. C.*, p. 341; modif. art. 4, décret du 15 mars 1899, *B. C.*, p. 300.

4 mai 1903 Décret réglementant la vente des armes et des munitions dans les colonies de l'Afrique occidentale, *B. C.*, p. 388.

Armoires.

6 juill. 1899 et 16 oct. 1903 Armoire étagère pour sous-officier; armoire pour bibliothèque; armoire à médicaments, description, *B. G.*, E. R., vol. 51 *bis*, p. 38; *B. C.*, vol. spl., p. 979.

15 févr. 1907 Circ. Utilisation par les corps de troupe, pour la confection d'armoires destinées à conserver le pain, des planches à pain devenues sans emploi, *B. G.*, p. 125.

Armuriers.

30 août 1884 Règl. sur l'armement : art. 11-12, 25 à 32, chefs armuriers; art. 33 à 43, ouvriers armuriers, *B. G.*, E. R., vol. 19, art. 35; modif. 4 avril 1907, *B. G.*, p. 437.

20 oct. 1892 Service intérieur : Inf., art. 209; Artil., art. 158, *B. G.*, E. R., vol. 78.

14 déc. 1899 Nombre d'ouvriers armuriers à employer dans les corps de troupe, *B. G.*, E. R., vol. 19, p. 204.

14 oct. 1902 Inst. pour l'application aux troupes coloniales en France du règl. du 30 août 1884, *B. G.*, p. 2039.

28 déc. 1905 Règl. sur l'armement aux colonies. Art. 21-58-59, armuriers et chef armurier.

14 déc. 1906 Circ. Solde et indemnités des armuriers en service dans les établissements de l'artillerie et les corps de troupe aux colonies, *B. C.*, p. 1192, et dép. minist. à l'Indo-Chine du 30 décembre 1907.

28 janv. 1908 Inst. Indemnité de travail aux armuriers des T. C., *B. C.*, p. 57; *B. G.*, p. 348.

Armuriers de la marine.

(Voir : *Armement.* — *Armuriers.* — *Délégations.* — *Prolongation de séjour colonial.* — *Tour de service colonial.*)

28 oct. 1891 Décr. Réorganisation du corps des armuriers de la marine, *B. M.*, p. 868; modif. : art. 17, 7 avril 1894, *B. M.*, p. 396; *B. C.*, p. 348; art. 15, 28 mai 1894, *B. M.*, p. 637; *B. C.*, p. 466; art. 16, 22 août 1896; *B. M.*, p. 342.

28 oct. 1891 Arr. relatif à la réorganisation, *B. M.*, p. 877.

28 oct. 1891 Décr. relatif aux engagements et rengagements, *B. M.*, p. 901.

4 avril 1892 Circ. Solutions de diverses questions relatives à l'application du décret du 28 octobre 1891, réorganisant le corps des armuriers, *B. M.*, p. 351.

7 févr. 1893 Concession de congés aux armuriers après rengagement, *B. M.*, p. 221; *B. C.*, p. 159.

30 juin 1897 Déc. présidentielle accordant aux armuriers de la marine le bénéfice de la haute paie après vingt ans de services, *B. M.*, p. 58; *B. C.*, p. 650.

3 sept. 1897 Circ. Les armuriers de toutes provenances, en position de convalescence, ont droit au minimum de la solde de travail. La même allocation doit être payée pendant les journées d'exercice, *B. M.*, p. 294.

19 févr. 1898 Circ. Les armuriers titulaires de congés de fin de campagne ont droit au minimum de la solde de travail, *B. M.*, p. 299.

22 déc. 1900 Circ. Les armuriers titulaires d'un congé de rengagement ont droit au minimum de la solde de travail, *B. M.*, p. 1039.

28 nov. 1903 Circ. Répartition des armuriers de la marine en service aux colonies, *B. C.*, 1904, p. 295.

Arrestation.

(Voir : *Justice militaire.*)

9 juin 1857 Code de justice militaire, art. 87 à 89. Arrestation des militaires, *B. G.*, E. R., vol. 56.

4 oct. 1891 Service des places : art. 76, arrestation d'un homme de garde; art. 173, arrestation sur le terrain et dans les bâtiments ou établissements militaires, *B. G.*, E. R., vol. 75.

20 mai 1903 Règl. sur l'organisation et le service de la gendarmerie, art. 176 et 304, *B. G.*, E. R., vol. 39, p. 57 et 90.

Arrêts.

(Voir : *Inspection des colonies*, 19 octobre 1906.)

20 nov. 1879 Compte rendu à transmettre au Ministre avec le rapport mensuel, *B. G.*, E. R., vol. 62, p. 103.

30 juin 1885 Compte rendu à transmettre au Ministre avec le rapport mensuel, *B. G.*, E. R., vol. 62, p. 109.

21 janv. 1889 Modèle des comptes rendus, *B. G.*, E. R., vol. 62, p. 110.

20 oct. 1892 Service intérieur : Inf., art. 305 à 311; Artil., art. 323 à 329, *B. G.*, E. R., vol. 78.

21 août 1905 Circ. La limite des arrêts de rigueur est 30 jours, *B. G.*, p. 1253.

Arrosoirs.

6 déc. 1903 Achat au compte de la masse générale d'entretien, *B. G.*, vol. spl., T. C., p. 226.

Arsenaux de chirurgie.

12 févr. 1889 Entretien dans les hôpitaux coloniaux, *B. C.*, p. 117.

Artifices.

(Voir : *Munitions.*)

Artificiers.

(Voir : *Compagnie d'artificiers.*)

11 févr. 1891 Programme des cours d'artifice à faire chaque années aux artificiers et aux candidats à ce grade, *B. G.*, 1902, p. 155; *B. G.*, E. M., T. C., vol. 1, p. 109.

20 oct. 1892 Service intérieur : Artil., art. 244, *B. G.*, E. R., vol. 78.

10 janv. 1902 Circ. Mode de recrutement et d'instruction des artificiers des régiments d'artillerie coloniale, *B. G.*, p. 155; *B. G.*, E. M., T. C., vol. 1, p. 110.

31 mai 1904 Circ. Conditions d'application aux colonies de la circ. du 10 janvier 1902, *B. G.*, p. 813; *B. G.*, E. M., T. C., vol. 1, p. 111.

Artillerie coloniale.

(Voir : *Directions d'artillerie.*)

7 juill. 1900 Loi organisant les troupes coloniales, art. 5, *B. C.*, p. 594; *B. G.*, E. M., T. C., vol. 1, p. 5.

26 janv. 1901 Circ. Les officiers d'administration et stagiaires d'artillerie coloniale (conducteurs de travaux) sont mis à la disposition des directions du génie pendant leur séjour en France, *B. G.*, p. 204.

19 sept. 1903 Décr. réorganisant l'artillerie coloniale : composition, attributions, effectifs, *B. C.*, p. 842; *B. G.*, p. 1443; modif. 29 mai 1906, *B. C.*, p. 510; *B. G.*, p. 782; 23 mars 1907, *B. G.*, p. 417; *B. G.*, E. M., T. C., vol. 1, p. 86; err. *B. G.*, 1908, p. 481.

16 nov. 1903 Circ. Personnel à placer hors cadres en exécution du décret du 19 septembre 1903, *B. C.*, p. 975.

23 nov. 1903 Inst. pour la mise en application du décret du 19 septembre 1903, *B. C.*, p. 984.

28 nov. 1903 Circ. Répartition du personnel de l'état-major particulier, des compagnies d'ouvriers et d'artificiers et du personnel de l'artillerie navale, *B. C.*, 1904, p. 295.

25 déc. 1903 Circ. Répartition de l'état-major particulier aux colonies, *B. C.*, p. 1239.

4 janv. 1904 Circ. Numérotage des régiments stationnés aux colonies, *B. G.*, p. 61, et 24 février 1904, *B. G.*, E. M., T. C., vol. 1, p. 109.

14 janv. 1904 Inst. Application au Congo du décret du 19 septembre 1903, *B. C.*, p. 29.

9 sept. 1905 Décr. Création de 4 batteries montées en Indo-Chine, *B. C.*, p. 988; *B. G.*, p. 1417; erratum, *B. G.*, p. 1817; *B. G.*, E. M., T. C., vol. 1, p. 86.

21 juin 1906 Décr. sur l'administration des T. C., art. 2, 3, 5, service de l'artillerie et du génie, *B. C.*, p. 577; *B. G.*, p. 803; *B. G.*, E. M., T. C., vol. 1, p. 136.

25 août 1906 Décr. Attributions du titre de maréchal des logis fourrier à certains maréchaux des logis secrétaires, *B. G.*, p. 1227; B. C., p. 797.

Artillerie coloniale (*suite*).

Personnel détaché à la marine.

7 juill. 1900 Loi organisant les troupes coloniales, art. 22, *B. C.*, p. 594; *B. G.*, E. M., T. C., vol. 1, p. 10, et inst. du 29 décembre 1900, p. 12.

28 déc. 1900 Décr. Organisation du personnel de l'artillerie coloniale détaché au département de la marine pour assurer les services en France, *B. M.*, 1901, 2e vol., p. 499; *B. C.*, p. 1145; *B. G.*, p. 2087; modifié : art. 5, décret du 25 septembre 1904, *B. C.*, p. 982; *B. G.*, p. 1524; modifié : art. 9, décret du 3 décembre 1904, *B. C.*, p. 1235; *B. G.*, p. 1871; modifié : art. 9, décr. du 26 juillet 1905, *B. G.*, p. 1179; art. 1 du décret du 3 décembre 1904; modif. 29 décembre 1906, *B. G.*, p. 1811; *B. G.*, E. M., T. C., vol. 1, p. 79.

Asiles de Vincennes et du Vésinet.

8 mars 1855 Décr., art. 5. Prélèvement de 1 p. 100 sur les travaux publics adjugés dans la ville de Paris et sa banlieue, *B. G.*, E. M., vol. 25, p. 170.

30 juill. 1905 Inst. pour l'application du règlement financier du 3 avril 1869, art. 93, *B. G.*, E. M., vol. 24, p. 135.

Assainissement des casernes.

(Voir : *Désinfections. — Hygiène.*)

20 oct. 1892 Service intérieur : Inf., art. 355-356; Artil., art. 373-374, *B. G.*, E. R., vol. 78.

Assauts d'escrime.

12 avril 1906 Inst. Participation des militaires. Interdiction de recevoir des prix en nature, *B. G.*, p. 524; *B. G.*, E. M., vol. 31, p. 18.

Assiette du casernement

3 mars 1899 Règl. sur le casernement en France, art. 17 à 24, *B. G.*, E. R., vol. 51.

16 oct. 1903 Règl. sur le casernement aux colonies, art 17 à 24, *B. C.*, vol. spl., p. 891.

Assimilation des grades.

(Voir : *Officiers d'administration.*)

Assistance judiciaire.

22 janv. 1851 Loi sur l'assistance judiciaire, *B. lois*; modif. loi du 11 juillet 1901, *B. lois*, p. 3; modif. loi du 31 mars 1903, *B. lois*.

Associations.

(Voir : *Sociétés.*)

Associations des Dames françaises.

(Voir : *Sociétés d'assistance aux blessés et malades.*)

23 oct. 1894 Circ. Propagation aux colonies, *B. C.*, p. 784.

Assurances.

26 janv. 1908 Circ. engageant les groupements d'hommes de troupe installés dans les bâtiments militaires (cercles, mess de sous-officiers, salles de réunion) à contracter des assurances pour garantir leur matériel contre l'incendie, *B. G.*, p. 163.

Ateliers régimentaires.

6 déc. 1903 Annexe A. Organisation des ateliers régimentaires des troupes coloniales, *B. G.*, vol. spl., p. 127.
28 déc. 1905 Règl., art. 58 à 60. Organisation des ateliers d'armurerie dans les corps aux colonies.
10 févr. 1908 Service courant, art. 30. Suspension du travail le dimanche à moins de nécessité absolue, *B. G.*, E. M., vol. 74.

Atlas des constructions militaires.

16 oct. 1903 Règl. sur les directions d'artillerie aux colonies, art. 41, *B. C.*, vol. spl., p. 62.

Attaches militaires à l'étranger.

17 nov. 1885 Recrutement, *B. G.*, E. R., vol. 61, p. 42.

Atténuation et aggravation des peines.

(Voir : *Justice militaire.*)

26 mars 1891 Loi sur l'atténuation et l'aggravation des peines, *B. C.*, p. 261; modif.: loi du 28 juin 1904, *B. C.*, p. 671; *B. G.*, p. 956; *B. G.*, E. M., vol. 56 *bis*, p. 103.

Attestation de repentir.

(Voir : *Rengagements*, 4 mai 1903.)

Audiences du Ministre.

13 sept. 1893 Les demandes doivent être motivées et adressées par la voie hiérarchique, *B. G.*, E. R., vol. 22, p. 85.

Autopsies.

31 mars 1875 Circ. Pratique des autopsies dans les hôpitaux maritimes, *B. M.*, p. 610; *B. M.*, R., p. 611; *B. C.*, 1893, p. 425.
13 juin 1893 Circ. Pratique des autopsies dans les hôpitaux coloniaux, *B. C.*, p. 424.

Autorisation de loger en ville.

(Voir : *Indemnité de logement.*)

Autorisation d'emmener un cheval.

(Voir : *Remonte.*)

Autorisation maritale.

23 juill. 1894 Inst. pour l'exécution des dispositions du Code civil aux armées, *B. G.*, E. R., vol. 28, p. 73.
26 juill. 1894 Inst. pour l'exécution des dispositions du Code civil aux armées aux colonies, *B. C.*, p. 718.

Auxiliaires indigènes.

(Voir : *Gendarmerie.*)

Avancement.

1° *Dispositions générales.*

14 avril 1832 Loi sur l'avancement dans l'armée, *A. M.*, p. 274; *B. M.*, R., p. 103; *B. G.*, E. R., vol. 22, p. 3; modifiée 8 avril 1903; modif. art. 2, 16 juillet 1906, *B. G.*, p. 1161 (1)

16 mars 1838 Ord. portant règlement pour l'application de la loi du 14 avril 1832, *B. G.*, E. R., vol. 22, p. 10; modif. 22 novembre 1904, *B. G.*, p. 1745.

Art. 1 à 9. De la hiérarchie militaire.
10. Avancement. Dispositions générales.
11. Passage des soldats à la 1re classe.
12 à 26. Avancement au grade de caporal ou de brigadier et aux emplois du grade de sous-officier.
28 à 51. Avancement aux différents grades d'officier.
52 à 58. Changement de fonctions dans le même corps; changement de corps ou d'arme.
59. Officiers d'ordonnance.
61 à 65. Officiers en mission.
69. Capitaines et chefs de bataillon ou d'escadrons employés au recrutement.
70 - 71. Officiers généraux et maréchaux de France.
74 à 75. Règles générales pour la formation des tableaux d'avancement, listes d'ancienneté et d'aptitude aux fonctions spéciales.
78 à 81. Tableau d'avancement au grade de caporal ou de brigadier et aux emplois du grade de sous-officier.
82 à 89. Tableau d'avancement aux différents grades d'officiers et listes d'aptitude aux fonctions spéciales.
91. Liste d'ancienneté.
92 à 107. Avancement en campagne.
108 à 112. Prisonniers de guerre.
113 à 128. Avancement dans les places de guerre.
159 à 165. Officiers en non-activité.
166-169 - 170. Dispositions spéciales à l'infanterie.
223 à 299. Dispositions spéciales à l'artillerie.

31 août 1840 Déc. roy. relative aux sous-officiers, caporaux et brigadiers qui feront l'abandon de leurs galons pour passer dans un corps sur le pied de guerre, *B. G.*, E. R., vol. 22, p. 88.

23 juill. 1847 Loi relative à l'avancement des officiers nommés à des fonctions spéciales dans les corps de troupe (adjudant-major, trésorier, officier d'habillement, officier instructeur), à défaut de capitaines, *B. M.*, R., p. 693; *B. G.*, E. R., vol. 22, p. 6.

30 juill. 1888 Décr. Nomination au grade de sous-lieutenant des sous-officiers qui ont déjà été officiers sans qu'ils soient astreints à suivre les cours d'une école militaire, *B. G.*, E. R., vol. 22, p. 85.

14 janv. 1889 Arr. relatif aux nominations de soldats de 1re classe dans les corps de troupes de toutes armes, *B. G.*, E. R., vol. 22, p. 86.

27 avril 1889 Note. Port du galon de soldat de 1re classe par les soldats musiciens, *B. G.*, E. R., vol. 22, p. 87.

26 mars 1891 Loi relative à l'avancement des sous-lieutenants dans l'infanterie, la cavalerie et le train des équipages, *B. C.*, p. 340; *B. M.*, p. 503; *B. G.*, E. R., vol. 22, p. 8.

28 déc. 1895 Art. 135 et suiv. Avancement des hommes des cadres inférieurs des réserves. *B. G.*, E. R., vol. 71.

29 sept. 1899 Décr. Etablissement des propositions pour l'avancement concernant les officiers généraux, colonels et assimilés, *B. G.*, E. R., vol. 22, p. 182.

9 janv. 1900 Décr. relatif à l'établissement annuel des tableaux d'avancement, *B. G.*, p. 12; modif. 3 octobre 1900, *B. G.*, p. 1585.

15 mars 1901 Décr. relatif à l'établissement annuel des tableaux d'avancement, *B. G.*, p. 376.

1er juil. 1901 Inst. relative à l'établissement des tableaux d'avancement, à jour au 25 août 1907, *B. G.* 1907, p. 1203.

8 avril 1903 Loi modifiant celle du 14 avril 1832, art. 1er, en ce qui concerne la nomination au grade de caporal ou de brigadier après quatre mois de service, des militaires ayant justifié avant leur incorporation de certaines aptitudes, *B. G.*, p. 1201, et inst. du 17 août 1903, *B. G.*, p. 1202.

---

(1) La loi du 16 juillet 1906 n'a pas d'application en ce qui concerne les T. C., circ. du 11 octobre 1906; *B. G.*, p. 1813.

Avancement (*suite*).

18 juin 1904 Décr. Nomination au grade de sous-lieutenant dans l'armée active des adjudants ayant au moins dix ans de services effectifs, *B. G.*, p. 903, et inst. du 16 août 1904, *B. G.*, p. 1322, complétée 9 décembre 1904, *B. G.*, p. 1810.

9 nov. 1905 Circ. Propositions pour l'avancement concernant les officiers généraux, colonels et lieutenants-colonels, *B. G.*, p. 1689.

17 avril 1906 Loi de finances, art. 41. Avancement des chefs de bataillon ou d'escadrons, capitaines, lieutenants; doivent figurer dans la 1re moitié de la liste d'ancienneté au 1er janvier de l'année de la proposition pour être inscrits au tableau d'avancement. Temps de commandement des capitaines, commandants et colonels brevetés, *B. C.*, p. 347; *B. G.*, p. 585.

1er oct. 1906 Inst., art. 1, § 9. Les militaires en instance d'emplois civils maintenus au corps par application des art. 72 et 74 de la loi du 21 mars 1905 ne peuvent pas obtenir d'avancement, *B. G.*, E. M., vol. 36, p. 54.

2° *Dispositions spéciales aux troupes coloniales.*

(Voir : *Ancienneté*, 24 février 1906. — *Commis et ouvriers militaires d'administration.* — *Enfants de troupe.* — *Infirmiers militaires.* — *Mutations.* — *Secrétaires d'état-major.* — *Télégraphistes coloniaux.*)

A. — Dispositions générales.

7 juin 1900 Circ. Communications télégraphiques à adresser aux colonies pour les promotions intéressant les officiers généraux, les colonels promus généraux et les militaires de tous grades promus ou décorés. Possibilité pour les familles de faire insérer ces nouvelles dans les télégrammes du ministère des colonies contre remboursement, *B. M.*, 2e sem., p. 708.

20 juin 1900 Circ. Communications télégraphiques à adresser aux colonies pour les promotions intéressant les officiers généraux, les colonels promus généraux et les militaires de tous grades promus ou décorés à titre exceptionnel pour faits de guerre, *B. C.*, p. 509.

11 oct. 1900 Circ. Instructions concernant l'établissement et la transmission des mémoires de proposition pour l'avancement et les distinctions honorifiques en faveur du personnel militaire des missions, *B. M.*, p. 726; *B. C.*, p. 947.

28 mai 1901 Circ. Dispositions nouvelles concernant les nominations au grade de sous-officier et aux emplois de ce grade, *B. G.*, p. 887; modif. 3 mai 1902, *B. G.*, p. 897.

19 juin 1902 Circ. Application aux sous-officiers des T. C. provenant des agents et agents comptables du service de santé du décret du 30 juillet 1888 relatif à la nomination au grade de sous-lieutenant des sous-officiers qui ont déjà été officiers, *B. G.*, p. 1290; *B. G.*, E. M., T. C., vol. 3, p. 5.

23 juill. 1902 Circ. Avancement des hommes de troupe dans les T. C., *B. G.*, p. 1627.

1er mai 1903 Circ. Temps de commandement à accomplir par les officiers non brevetés des T. C. pour pouvoir être promus au choix, *B. G.*, p. 645; complétée 3 avril 1905, *B. G.*, p. 435; 31 août 1905, *B. G.*, p. 1366; et inst. du 12 juin 1903, *B. G.*, p. 924.

14 sept. 1903 Circ. La décision du 31 août 1840, relative aux gradés qui remettent leurs galons pour servir dans une colonie en guerre, n'est pas applicable aux militaires des T. C., *B. G.*, p. 1397; *B. G.*, E. M., T. C., vol. 3, p. 7.

8 déc. 1903 Circ. Nomination des clairons et trompettes aux colonies, *B. G.*, p. 1827; *B. G.*, E. M., T. C., vol. 3, p. 70.

9 nov. 1904 Circ. Avancement des hommes de troupe placés hors cadres aux colonies, *B. C.*, p. 1088.

19 déc. 1904 Circ. Mesures à prendre pour sauvegarder les intérêts des militaires proposés pour l'avancement ou des décorations et qui changent de corps, *B. G.*, p. 1873; *B. G.*, E. M., T. C., vol. 3, p. 8.

29 avril 1905 Circ. Avancement aux divers grades de clairon et de trompette, *B. G.*, p. 583; addition 25 avril 1906, *B. G.*, p. 517.

26 mai 1905 Inst. relative à l'avancement au grade de caporal, caporal fourrier, brigadier et brigadier fourrier, dans l'infanterie et l'artillerie coloniale, *B. G.*, p. 691; modif. 26 juillet 1906, *B. G.*, p. 1084; *B. G.*, E. M., T. C., vol. 3, p. 57.

Avancement (*suite*).

22 août 1906 Circ. relative à l'établissement, en 1906, des travaux de propositions concernant les personnels de toutes armes (active, réserve et territoriale) en garnison outre-mer, *B. G.*, P. S., p. 845; err., *B. G.*, P. S. 1907, p. 215.

10 janv. 1907 Circ. Interprétation de l'art. 41 de la loi de finances du 17 avril 1906. Décompte du temps de commandement, *B. G.*, p. 61.

5 juill. 1907 Décret relatif à l'avancement et la nomination aux emplois du grade de sous-officier dans les troupes coloniales, *B. G.*, p. 1029; *B. G.*, E. M., T. C., vol. 3, p. 17.

5 juill. 1907 Inst. pour l'application du décret du 5 juillet 1907, *B. G.*, E. M., T. C., vol. 3, p. 20.

B. — Infanterie coloniale (dispositions particulières).

22 juill. 1870 Décr. rendant applicable aux régiments d'infanterie de marine la loi du 14 avril 1832, avancement en campagne, *B. M.*, p. 85; *B. M.*, R., p. 650.

22 avril 1891 Circ. Mesures relatives à l'application de la loi du 26 mars 1891, *B. C.*, p. 345.

1er déc. 1897 Déc. prés. Application à l'infanterie de marine des règles en usage dans l'armée de terre pour les nominations aux emplois de major, *B. C.*, p. 1135; *B. M.*, p. 657.

21 févr. 1904 Décr. supprimant la division en 2 classes des capitaines d'infanterie coloniale, *B. G.*, p. 225.

9 juin 1904 Circ. Les dispositions de l'art. 88, alinéa 7 de l'inst. du 21 octobre 1901, relatives à la nomination des anciens enfants de troupe au grade de caporal ne sont pas applicables aux T. C., *B. G.*, p. 819; *B. G.*, E. M., T. C., vol. 3, p. 7.

C. — Artillerie coloniale.

(Voir : *Officiers d'administration.* — *Ouvriers d'état.* — *Stagiaires officiers d'administration.*)

5 févr. 1902 Inst. sur le fonctionnement des pelotons d'instruction et l'établissement des tableaux d'avancement aux grades de sous-officier et de brigadier dans les troupes d'artillerie coloniale, *B. G.*, p. 174; modif. 5 septembre 1902, *B. G.*, p. 1841; 11 mars 1903, *B. G.*, p. 356; 1er juillet 1903, *B. G.*, p. 1015; err., *B. G.* 1905, p. 1056. (Voir § A, 5 juillet 1907.)

5 août 1902 Circ. Propositions pour l'avancement des hommes de troupe des compagnies d'ouvriers et d'artificiers, *B. G.*, p. 1658; modif. 3 septembre 1903, *B. G.*, p. 1308.

D. — Corps de santé des troupes coloniales.

(Voir : *Campagnes*, 23 *juillet* 1902. — *Officiers d'administration.*)

Décr. du 21 juin 1906, art. 3-4, 11-12, *B. C.*, p. 593; *B. G.*, p. 820; *B. G.*, E. M., T. C., vol. 1, p. 217.

E. — Intendance des troupes coloniales.

(Voir : *Campagnes*, 23 *juillet* 1902. — *Officiers d'administration.*)

Décr. du 21 juin 1906, art. 13, 19, 20, *B. C.*, p. 583; *B. G.*, p. 810; *B. G.*, E. M., T. C., vol. 1, p. 180.

F. — Agents civils du commissariat.

Décr. du 28 janvier 1903, *B. C.*, p. 107; *B. G.*, p. 117; *B. G.*, E. M., T. C., vol. 1, p. 149.

Avancement (*suite*).

G. — **Cavalerie coloniale.**

8 mai 1901 Décr. étendant le bénéfice des dispositions du décret du 23 novembre 1899 aux sous-officiers français des escadrons de spahis sénégalais et soudanais et aux sous-officiers de cavalerie en service dans l'Afrique occidentale (nomination au grade d'adjudant), *B. G.*, p. 721.

3° *Officiers de réserve et de l'armée territoriale.*

16 juin 1897 Inst. Etablissement des propositions. Programme des connaissances exigées, *B. G.*, E. R., vol. 72, p. 69; circ. du 27 octobre 1902, *B. G.*, p. 2078.

10 déc. 1907 Décr. sur l'avancement, *B. G.*, p. 1755.

Avances.

(Voir : *Pensions.*)

1° *Dispositions générales.*

31 mai 1862 Décr. sur la comptabilité publique, art. 10, 50, 94, *B. G.*, E. M., vol. 23.

2 déc. 1901 Décr. modif. l'art. 50 du décret du 31 mai 1862. Avances entre les divers ministères. Provisions, *B. G.*, E. M., vol. 23, p. 14.

2° *Guerre.*

3 avril 1869 Règl. financier, art. 142, 169 à 178, 185, et instruction du 30 juillet 1903, *B. G.*, E. M., vol. 24.

15 avril 1901 Circ. Tenue du compte des avances de fonds reçues par les gestionnaires des établissements régis par économie, *B. G.*, p. 604.

14 mai 1902 Mesures à observer en ce qui concerne les avances faites aux militaires de la marine et des colonies, *B. G.*, p. 994.

31 déc. 1902 Circ. Distinctions à observer dans l'établissement des pièces justificatives des avances faites par le ministère de la guerre aux diverses catégories de personnel ressortissant soit au département de la marine, soit à celui des colonies. Imputation des allocations du personnel des troupes métropolitaines et coloniales rapatriées des colonies, *B. G.*, p. 2554.

23 oct. 1903 Circ. Les sommes dues au personnel de l'armée métropolitaine partant aux colonies ou rapatriés d'outre-mer, pour solde, indemnités, frais de route, etc., et imputables au budget colonial, doivent toujours être ordonnancées par les fonctionnaires de l'intendance à titre d'avances remboursables, *B. G.*, p. 1524.

14 nov. 1903 Circ. Mode de justification des avances faites sur les crédits de la solde des troupes métropolitaines en ce qui concerne les subsistants des troupes coloniales, *B. G.*, p. 1589.

6 déc. 1903 Décr., art. 15. Avances aux corps de troupe en cas de déplacement. Maximum : 20.000 francs.
Art. 102 à 107. Avances faites par les corps pour l'exécution de divers services.
Annexe E. Instruction pour le remboursement des avances faites par les corps de troupe pour l'exécution des différents services du matériel, *B. G.*, vol. spl., T. C.

12 sept. 1906 Circ. Création de caisses de fonds d'avances pour l'exploitation du service administratif des T. C., *B. G.*, p. 1267.

3° *Colonies.*

(Voir : *Caisses de menues dépenses.*)

14 janv. 1869 Règl. financier, art. 23, 24, 62, 120, 133, 148 à 151, vol. spl.

28 févr. 1902 Circ. Retards apportés à la production des justifications d'avances faites aux colonies à des officiers ou fonctionnaires chargés de missions, *B. C.*, p. 179.

Avances (*suite*).

16 oct. 1903 Règl. sur les directions d'artillerie coloniales, art. 162 à 170, *B. C.*, vol. spl., p. 134; modif. 2 octobre 1905, *B. C.*, p. 1056.

14 avril 1904 Décr. Maximum des avances à faire à l'agent spécial de Fort-Lamy-Tchad, 100.000 francs; délai de justification : neuf mois, *B. C.*, p. 337.

18 déc. 1904 Décr. autorisant sur les fonds du budget colonial la concession d'une avance de 35.000 francs au 4e régiment de tirailleurs tonkinois pour le paiement de la solde des détachements éloignés, *B. C.*, 1905, p. 3; délai de justification, 90 jours; décret du 31 juillet 1907, *B. C.*, p. 608.

13 janv. 1907 Décret fixant à trois mois le délai de justification des avances faites par les directions d'artillerie de Madagascar au service des constructions militaires dans les cercles et provinces de cette colonie, *B. C.*, p. 5.

31 juill. 1907 Décret fixant les avances à faire à certains corps de troupes de l'Indo-Chine et fixant le délai de justification de ces avances, *B. C.*, p. 608.

Avances à régulariser pour le compte des divers ministères.

20 nov. 1882 Régime financier des colonies, art. 36, *B. M.*, p. 866.

31 oct. 1901 Circ. Les dépenses faites aux colonies pour le compte du budget de la guerre doivent être acquittées en vertu d'ordres de paiement délivrés par les ordonnateurs secondaires de la colonie à titre d'avances à régulariser, *B. C.*, p. 985.

10 oct. 1904 Circ. Toutes les dépenses faites aux colonies pour le compte du budget de la guerre (solde de congé, cessions d'armes, etc.) doivent être acquittées sur place à titre d'avances à régulariser, *B. C.*, p. 1021.

Avances de solde.

(Voir : *Gendarmerie*, 6 mars 1906.)

13 févr. 1895 Règl. sur les manœuvres, art. 65.
Avances de solde aux officiers et assimilés prenant part aux manœuvres d'automne, *B. G.*, E. M., vol. 55-3; et décret du 3 avril 1869, art. 169-5, *B. G.*, E. M., vol. 24, p. 74.

29 déc. 1903 Décr. sur la solde, art. 12. Tout paiement à titre d'avance de solde est formellement interdit, *B. C.*, 1904, p. 372, et circulaire du 21 avril 1904, *B. C.*, p. 350.

25 févr. 1908 Circ. interdisant le paiement d'avances de solde aux officiers et sous-officiers rengagés des T. M. mis à la disposition du Ministre des colonies, *B. C.*, p. 248.

Avis à donner en cas d'évènements graves.

(Voir : *Décès*. — *Evénements graves.*)

Avis de décès.

(Voir : *Décès.*)

Avis de mutation.

(Voir : *Mutations.*)

Avis de vacances.

(Voir : *Bulletin des emplois vacants.*)

2 juill. 1839 Avis à donner des vacances qui surviennent parmi les officiers des corps de troupe, *B. G.*, E. R., vol. 22, p. 63.

B

Bagages.

(Voir : *Transports maritimes.*)

1° *Guerre.*

15 juill. 1891 Traité avec les compagnies de chemins de fer pour l'exécution des transports ordinaires, art. 2, *B. G.*, E. M., vol. 100-4, p. 31.
28 mai 1895 Inst. pour l'application du traité du 15 juillet 1891, *B. G.*, E. M., vol. 100-4, p. 105.
18 mars 1901 Règl. sur le service des frais de route, *B. G.*, E. R., vol. 37.
11 déc. 1903 Inst. Transport par chemin de fer, *B. G.*, E. M., vol. 100-3, p. 113.

2° *Colonies.*

4 août 1894 Circ. Payement des excédents de bagages, *B. C.*, p. 607.
25 juin 1895 Allocation de 150 kilogr. de bagages aux militaires de la gendarmerie mariés et voyageant par ordre, *B. C.*, p. 546.
1er oct. 1902 Circ. Contrôle des bagages des passagers réquisitionnaires avant l'embarquement, *B. C.*, p. 1042.
6 juill. 1904 Décr., art. 5. Quotité des bagages transportés au compte de l'Etat, *B. C.*, p. 773.

Bains.

25 mai 1839 Mesures de précaution à prendre au sujet des militaires qui se baignent, *B. G.*, E. R., vol. 78, p. 686.
25 nov. 1889 Règl. sur le service de santé, art. 114. Notice 26, bains pris dans les hôpitaux à charge de remboursement, *B. G.*, E. M., vol. 80.
17 juill. 1890 Nouvelles recommandations au sujet des militaires qui se baignent, *B. G.*, E. R., vol. 78, p. 791.
5 févr. 1894 Inst. sur la tenue et l'hygiène des casernements. Installation des bains-douches, *B. G.*, E. R., vol. 62, p. 137.
11 août 1902 Circ. rappelant l'interdiction faite aux militaires de se baigner isolément, *B. G.*, p. 1719.
6 déc. 1903 Annexe F. Achat et entretien au compte de la masse générale d'entretien des appareils et du matériel des bains de propreté, *B. G.*, vol. spl., T. C., p. 229.
8 févr. 1907 Tarifs 4 et 5. Tarif des allocations de combustible pour le service des bains-douches, *B. G.*, E. M., vol. 5, p. 69 et 71.

Bains de mer.

25 nov. 1889 Règl. sur le service de santé, art. 354. Notice 18, *B. G.*, E. M., vol. 80.
18 mars 1901 Règl. sur le service des frais de route, position 78, *B. G.*, E. R., vol. 37.

Balai. — Balai-brosse.

6 déc. 1903 Annexe F. Achat au compte de la masse générale d'entretien, *B. G.*, vol. spl., T. C., p. 226 et 229.

Balayage.

5 août 1903 Interdiction du balayage à sec sur les surfaces imperméables, *B. G.*, p. 1151.

Ballots.

14 avril 1883 Circ. Confection des ballots contenant les effets que les militaires des corps de troupe ne doivent pas emporter en campagne, *B. M.*, p. 607.
8 déc. 1899 Inst. relative à la fixation et à l'emploi des effets d'habillement, art. 10 et annexe 3.
6 déc. 1903 Annexe F. Achat au compte de la masse générale des objets pour la confection des ballots, *B. G.*, vol. spl., T. C., p. 229.

Bancs de caserne.

6 juill. 1899 Description, *B. G.*, E. R., vol. 51 *bis*, p. 41.
16 oct. 1903 Description, *B. C.*, vol. spl., p. 980.

Bancs de réfectoire.

6 juill. 1899 Description, *B. G.*, E. R., vol. 51 *bis*, p. 41.
16 oct. 1903 Description, *B. C.*, vol. spl., p. 980.

Banderoles de drapeaux et étendards.

(Voir : *Drapeaux et étendards.*)

Bandes molletières.

30 sept. 1903 Description des uniformes, art. 24, *B. G.*, vol. spl., T. C., p. 26.

Banquets.

(Voir : *Discipline générale.*)

Baquets de propreté.

6 juill. 1899 Description, *B. G.*, E. R., vol. 51 *bis*, p. 42.
16 oct. 1903 Description, *B. C.*, vol. spl., p. 981.

Baraquements.

(Voir : *Camps provisoires.*)

Barèmes.

18 mars 1901 Règl. sur le service des frais de route, art. 38, *B. G.*, E. R., vol. 37.
27 nov. 1906 Instr. sur le service des frais de route aux colonies, art. 34 à 36, *B. C.*, p. 1089.

Barre d'appui.

20 févr. 1901 Circ. Installation d'une barre d'appui aux fenêtres des étages des casernes, *B. G.*, p. 247.

Barres doubles.

22 déc. 1902 Description, *B. G.*, E. M., vol. 55-2, p. 134.

Bascules et accessoires.

6 déc. 1903 Annexe F. Achat au compte de la masse générale d'entretien, *B. G.*, vol. spl., T. C., p. 226.

Bataillons d'infanterie légère d'Afrique.

(Voir : *Justice militaire*, 27 juin 1907. — *Troupes coloniales*, 7 juillet 1900.)

13 mars 1875 Loi des cadres, art. 3, *B. G.*, E. R., vol. 63, p. 5.
27 févr. 1889 Loi. Création de 2 bataillons, *B. G.*, E. R., vol. 63, p. 144.
1er mars 1889 Décr. relatif à la création de 2 bataillons, *B. G.*, E. R., vol. 63, p. 144.
8 sept. 1899 Décr. Recrutement des bataillons d'infanterie légère d'Afrique, *B. M.*, 1er sem. 1900, p. 68; *B. G.*, p. 1223; *B. G.*, E. R., vol. 63, p. 350; modif. 2 novembre 1902, *B. G.*, p. 2259; *B. C.*, p. 1136.
19 déc. 1899 Inst. relative aux bataillons d'infanterie légère d'Afrique, *B. M.*, 1er sem. 1900, p. 70; *B. G.*, E. R., vol. 63, p. 352; err., *B. G.*, p. 1450 et *B. G.*, 1900, 2e sem., p. 1588; modif. 21 mai 1901, *B. G.*, p. 834; modif. 12 novembre 1902, *B. G.*, p. 2264; modif. 2 mars 1904, *B. G.*, p. 244; modif. 15 mars 1907, *B. G.*, p. 300.
29 janv. 1900 Circ. Application aux troupes de la marine du décret du 8 septembre 1899 et de l'inst. du 19 décembre 1899, *B. M.*, p. 67.
12 nov. 1902 Circ. Répartition des hommes des bataillons d'Afrique à réintégrer dans les corps de troupe, *B. G.*, p. 2290.
21 mars 1905 Loi sur le recrutement, art. 5, 6 et 66, *B. G.*, p. 263; *B. C.*, p. 359.

Bat-flanc.

6 juill. 1899 Description, *B. G.*, E. R., vol. 51 *bis*, p. 42.
16 oct. 1903 Description, *B. C.*, vol. spl., p. 981.

Baux.

(Voir : *Enregistrement*.)

1° *Guerre*.

3 mars 1899 Règl. sur le casernement, art. 79 à 90. Locations, dispositions relatives à la passation des baux, *B. G.*, E. R., vol. 51, p. 35.
29 mai 1899 Circ. Renseignements que doivent fournir les procès-verbaux de convenance précédant la passation des baux, *B. G.*, E. R., vol. 51, p. 177.

2° *Colonies*.

16 oct. 1903 Règl. sur le casernement, art. 78 à 88. Locations, dispositions relatives à la passation des baux, *B. C.*, vol. spl., p. 913.
4 juill. 1905 Inst., art. 2. Autorisation du Ministre, *B. C.*, p. 764.

Bêches.

(Voir : *Outillage*.)

Belligérants.

29 juill. 1899 Convention de La Haye, art. 1 à 3. Promulguée par décret du 28 novembre 1900, *B. G.*, E. M., vol. 76, p. 121.

Béret.

30 sept. 1903 Description des uniformes, art. 20, *B. G.*, vol. spl., T. C., p. 23.

Bibliothèques militaires.

(Voir : *Cercles et bibliothèques militaires. — Union des Femmes de France.*)

25 avril 1885 Arr. Composition des bibliothèques des hôpitaux militaires aux colonies, *B. M.*, p. 824; *B. C.*, 1887, p. 553.

9 déc. 1885 Catalogue général des ouvrages de lecture susceptibles d'être admis dans les bibliothèques des corps de troupe de la marine et des hôpitaux aux colonies, *B. M.*, p. 1142; *B. C.*, 1887, p. 554.

22 févr. 1886 Circ. Prescriptions relatives à la composition des bibliothèques des hôpitaux militaires aux colonies, *B. C.*, 1888, p. 598.

30 juin 1887	1er supplément,		*B. M.*, p. 849; *B. C.*, 1888, p. 598.
2 août 1888	2e	Id.	*B. M.*, p. 122; *B. C.*, p. 617.
18 oct. 1889	3e	Id.	*B. M.*, p. 671; *B. C.*, p. 1553.
6 oct. 1890	4e	Id.	*B. M.*, p. 508; *B. C.*, p. 1165.
3 janv. 1892	5e	Id.	*B. M.*, p. 107; *B. C.*, p. 250.
31 janv. 1893	6e	Id.	*B. M.*, p. 371; *B. C.*, p. 317.
24 févr. 1894	7e	Id.	*B. M.*, p. 209
19 sept. 1895	8e	Id.	*B. M.*, p. 543.
26 févr. 1897	9e	Id.	*B. M.*, p. 226.
25 janv. 1899	10e	Id.	*B. M.*, p. 179.
12 nov. 1900	11e	Id.	*B. M.*, p. 870.

7 août 1902 Circ. Suppression de l'envoi des rapports trimestriels sur le fonctionnement des bibliothèques militaires prescrit par la circ. du 6 novembre 1886, qui est abrogée.

8 févr. 1907 Inst., art. 90. Chauffage et éclairage des bibliothèques de garnison, *B. G.*, E. M., vol. 5, p. 179.

30 janv. 1908 Dépenses des bibliothèques régimentaires à la charge de la masse d'entretien aux colonies.

Bibliothèques municipales.

(Voir : *Cours du soir.*)

Bicyclettes.

(Voir : *Service vélocipédique. — Vélocipèdes.*)

24 mai 1895 Circ. Conditions dans lesquelles les officiers peuvent monter à bicyclette, *B. G.*, p. 612; appliquée aux troupes de la marine par circ. du 13 juillet 1895, *B. M.*, p. 64; *B. C.*, p. 638.

24 févr. 1897 Circ. Adoption d'une plaque indicatrice du corps détenteur pour les bicyclettes en service dans les corps de troupe de la marine. Application de la décision (guerre) du 6 août 1896, *B. M.*, p. 223.

9 déc. 1904 Décr., art. 1er. Aux colonies la masse de harnachement pourvoit aux dépenses d'entretien et de renouvellement des bicyclettes, et inst. du même jour, art. 1er, § 7 et art. 62, *B. C.*, p. 1250.

29 août 1907 Circ. Taux des abonnements à la masse de ferrage pour l'entretien des bicyclettes aux colonies, *B. C.*, p. 637.

Bidon.

8 oct. 1901 Prix de revient des couvertures de petits bidons confectionnées dans les troupes coloniales avec du drap neuf, *B. G.*, vol. spl., T. C., p. 237.

15 janv. 1905 Description : petit bidon de 1 litre, art. 33, *B. G.*, E. M., vol. 53, p. 47; petit bidon de 2 litres, art. 34, *B. G.*, E. M., vol. 53, p. 49; petit bidon de cavalerie avec quart adhérent, art. 35, *B. G.*, E. M., vol. 53, p. 51.
Réparations à faire, *B. G.*, E. M., vol. 53, p. 178.
Nettoyage, *B. G.*, E. M., vol. 53, p. 187.
Prix des réparations, *B. G.*, E. M., vol. 53, p. 195.

Bière.

14 juin 1900 Art. 236. Substitution au vin, *B. G.*, E. R., vol. 91.

Bivouacs.

18 févr. 1895 Inst. sur les manœuvres. Allocations aux troupes bivouaquées, *B. G.*, E. M., 55-3, p. 70.

28 mai 1895 Service en campagne, art. 79 et suiv., *B. G.*, E. M., vol. 76.

Blanc de zinc.

21 oct. 1901 Circ. Substitution du blanc de zinc au blanc de céruse, *B. G.*, p. 990; *B. G.*, E. M., vol. 53, p. 263.

26 avril 1902 Inst. technique sur l'emploi des peintures à base de blanc de zinc, *B. G.*, p. 1129.

Blanchissage des chambres.

20 oct. 1892 Service intérieur : Inf., art. 355; Artil., art. 373, *B. G.*, E. R., vol. 78.

3 mars 1899 Règl. sur le casernement en France, art. 98, *B. G.*, E. R., vol. 51.

16 oct. 1903 Règl. sur le casernement aux colonies, art. 94, *B. C.*, vol. spl., p. 918.

Blanchissage du linge.

6 déc. 1903 Annexe F, modif. 11 juin 1905. Blanchissage du linge de corps et des effets de cuisine au compte de la masse générale, *B. G.*, vol. spl., T. C., et *B. G.*, 1905, p. 744; modif. 10 oct. 1907, *B. G.*, p. 1599.

31 mai 1906 Notification relative aux mesures à prendre pour assurer l'exécution du blanchissage du linge des corps de troupe, *B. G.*, p. 698.

11 mars 1907 Circ. Emploi d'appareils Geneste Kerscher pour le lessivage et la désinfection du linge dans les hôpitaux et les buanderies militaires aux colonies.

30 janv. 1908 Le blanchissage du linge de corps de la troupe est à la charge de la masse d'entretien aux colonies.

Blessures ou infirmités.

(Voir : *Certificat d'origine de blessure ou de maladie. — Certificats médicaux. — Pensions.*)

23 juill. 1887 Classification des blessures ou infirmités ouvrant des droits à pension, *B. G.*, E. R., vol. 66, p. 194.

6 déc. 1903 Annexe D. Inscription sur les registres matricules, vol. spl., T. C., p. 158.

23 déc. 1903 Arr., art. 32. Inscription sur les états de services, matricules, etc., *B. G.*, p. 1960; *B. G.*, E. M., vol. 10, p. 70.

Bois.

6 juill. 1899 Qualités et défauts, classification, essences, bois débités, *B. G.*, E. R., vol. 51 *bis*, p. 33.

16 oct. 1903 Qualités et défauts, classification, essences, bois débités, *B. C.*, vol. spl., p. 974.

Bois d'allumage.

8 févr. 1907 Tarif des allocations pour le chauffage au charbon de terre et au coke dans les corps, *B. G.*, E. M., vol. 5, p. 70.

Boissons.

23 avril 1877 Circ. Défense de distribuer des boissons aux détachements, *B. M.*, p. 438; *B. M.*, R., p. 201.

Boissons alcooliques.

21 mars 1901 Circ. Interdiction de vendre des boissons alcooliques dans les cantines des casernes et établissements militaires des troupes coloniales, *B. G.*, p. 439.

Boissons hygiéniques.

9 juin 1894 Note. Cession à titre remboursable des quantités de glyzine nécessaires aux corps de troupe pour préparer une boisson hygiénique pendant les chaleurs, *B. G.*, E. M., vol. 83, p. 64.

Boite à imprimés et à cartes.

15 janv. 1905 Art. 69. Description, boîte pour officier d'approvisionnements, *B. G.*, E. M., vol. 53, p. 128.

Boite à livrets matricules.

6 déc. 1903 Achat au compte de la masse générale d'entretien, *B. G.*, vol. spl., T. C., p. 226.

15 janv. 1905 Description, art. 66, boite; art. 67, demi-boîte, *B. G.*, E. M., vol., 53, p. 125.

Boite à marques.

6 déc. 1903 Description, *B. G.*, vol. spl., T. C., p. 137.
Achat au compte de la masse générale d'entretien, *B. G.*, vol. spl., T. C., p. 226.

9 avril 1908 Description de la boite à marques contenant les timbres et poinçons destinés au marquage des effets ou objets dans les T. C., *B. G.*, p. 477.

Boite à plaques d'identité.

6 déc. 1903 Achat au compte de la masse générale d'entretien, *B. G.*, vol. spl., T. C., p. 227.

15 janv. 1905 Art. 68. Description, *B. G.*, E. M., vol. 53, p. 127.

Boîte aux lettres.

6 juill. 1899 Description, *B. G.*, E. R., vol. 51 *bis*, p. 42.
16 oct. 1903 Description, *B. C.*, vol. spl., p. 981.

Boîte double à graisse et à cirage.

30 sept. 1903 Description des uniformes, art. 456. *B. G.*, vol. spl., T. C., p. 279.

Boni.

(Voir : *Masse d'alimentation et de ravitaillement. — Ordinaires.*)

8 juill. 1905 Inst. sur le fonctionnement administratif du service de santé colonial, art. 40, bonis de l'ordinaire des infirmeries-ambulances et ambulances soumises au régime de l'ordinaire, *B. C.*, p. 1356.

Bonnet de police.

23 avril 1901 Circ. Le bonnet de police doit entrer dans la composition du stock de mobilisation en remplacement de la calotte de coton, *B. G.*, vol. spl., T. C., p. 112.
30 sept. 1903 Description des uniformes, art. 19, 241, 292, *B. G.*, vol. spl., T. C.
6 nov. 1905 Circ. Port et confection, *B. G.*, p. 1680.

Bons de chemin de fer.

4 juin 1902 Art. 20. Etablissement, *B. G.*, E. M., vol. 100-3, p. 22.
11 déc. 1903 Inst. pour l'application du règl. du 4 juin 1902, *B. G.*, E. M., vol. 100-3, p. 117.

Bons de distribution.

20 oct. 1892 Service intérieur : Inf., art. 57; Artil., art. 52, *B. G.*, E. R., vol. 78.
14 juin 1900 Art. 81 à 91, *B. G.*, E. R., vol. 91.

Bons de poste.

29 nov. 1889 Circ. Paiement des bons de poste aux militaires, marins et assimilés aux colonies et dans les pays de protectorat par les agents des finances, *B. C.*, p. 1498; *B. M.*, p. 908, et circulaires finances, 18 février 1890, *B. C.*, p. 516; colonies, 26 mars 1890, *B. C.*, p. 515; marine, 27 mars 1890, *B. M.*, p. 321.

Bons de tabac.

29 juin 1853 Décr. portant qu'il sera livré aux troupes du tabac de cantine à fumer au prix de 1 fr. 50 le kilogr., *B. G.*, E. M., vol. 86, p. 141.
10 août 1853 Décr. relatif à la vente du tabac aux militaires de la marine, *B. M.*, p. 521; *B. M.*, R., p. 1081.
21 janv. 1854 Inst. (douanes et contributions). Exécution des décrets relatifs à la livraison aux troupes de terre et de mer du tabac *dit* de cantine, *B. M.*, p. 291; *B. M.*, R. p. 26.
16 juin 1854 Circ. Approvisionnement du tabac de cantine à délivrer aux troupes et détachements appelés à faire mouvement, *B. G.*, E. M., vol. 86, p. 143.
9 janv. 1862 Circ. relative aux plaintes contre la qualité du tabac de cantine et aux abus révélés sur son emploi, *B. G.*, E. M., vol. 86, p. 144.

Bons de tabac (*suite*).

1er juil. 1867 Déc. Les militaires admis dans les hôpitaux jouiront du bénéfice du décret du 29 juin 1853, *B. G.*, E. M., vol. 86, p. 142.

29 sept. 1879 Circ. Etablissement des demandes de bons de tabac et perception de ces bons, *B. M.*, p. 507; *B. M.*, R., p. 679.

26 avril 1883 Notification d'une circulaire du Ministre des finances du 13 février 1883 relative à la délivrance des bons de tabac aux militaires en traitement dans les hôpitaux militaires ou dans les hospices civils, *B. G.*, E. M., vol. 86, p. 148; appliquée aux troupes de la marine, circ. du 30 avril 1900, *B. C.*, p. 393; *B. M.*, p. 755.

21 oct. 1898 Note. Délivrance de tabac de troupe aux réservistes et aux hommes de l'armée territoriale, *B. G.*, E. M., vol. 86, p. 145.

31 juill. 1899 Circ. Distribution des paquets de tabac à la troupe, *B. G.*, E. M., vol. 86, p. 149.

12 mars 1900 Circ. de la direction générale des contributions indirectes. Extension aux troupes de la marine des dispositions relatives à la délivrance du tabac de cantine aux troupes et réservistes de la guerre, *B. M.*, p. 612, et circ. marine du 29 mars 1900, *B. M.*, p. 612.

Bordereaux.

(Voir : *Comptabilité-finances.*)

17 mars 1904 Art. 4. Bordereaux trimestriels, *B. G.*, E. M., vol. 26 *bis*, p. 12.

Bottes.

30 sept. 1903 Art. 25. Description, *B. G.*, vol. spl., T. C., p. 26.

Bottines.

30 sept. 1903 Art. 26, 113, 421. Description. *B. G.*, vol. spl., T. C.

Bougies.

8 févr. 1907 Inst., art. 34. Cession aux corps de troupe, services et parties prenantes isolées, *B. G.*, E. M., vol. 5, p. 128.

Boulets pour exercices physiques.

22 déc. 1902 Description, *B. G.*, E. M., vol. 55-2, p. 134.

Bourgeron.

30 sept. 1903 Art. 213. Description, *B. G.*, vol. spl., T. C., p. 95.

Bourgeron-blouse.

30 sept. 1903 Art. 265. Description, *B. G.*, vol. spl., T. C., p. 131.

Bourreliers.

(Voir : *Habillement. — Instruction.*)

20 oct. 1892 Service intérieur : Artil., art. 247, service des bourreliers, *B. G.*, E. R., vol. 78.

Boussole directrice.

29 mars 1894 Circ. Emploi, *B. G.*, E. M., vol. 55-1, p. 142; appliquée aux troupes de la marine, circ. du 27 avril 1894, *B. M.*, p. 496.

Boutons d'uniforme.

30 sept. 1903 Description, art. 214; infanterie coloniale, art. 266; artillerie coloniale, art. 8, 176, 185; intendance, art. 197-207; corps de santé, *B. G.*, vol. spl., T. C.

Brancardiers.

27 sept. 1895 Circ. Application des règlements de la guerre en ce qui concerne les infirmiers et brancardiers régimentaires de l'infanterie de marine, *B. M.*, p. 556; *B. C.*, p. 773.

7 juin 1907 Service de santé à l'intérieur. Notice 6.
Recrutement et instruction des brancardiers régimentaires et d'ambulance, *B. G.*, p. 730.

Brassards.

18 févr. 1895 Inst. sur les manœuvres, art. 67. Brassards des arbitres, *B. G.*, E. M., vol. 55-3.

30 sept. 1903 Description des uniformes, *B. G.*, vol. spl., T. C.

Art. 53. Brassard des officiers d'état-major.
372. — des vélocipédistes.
406. — des conducteurs de caissons à munitions, de voitures régimentaires, de voitures de compagnie, de bataillon, de chevaux haut le pied et de mulets.
407. Brassard de brancardier régimentaire.
408. — des conducteurs d'animaux réquisitionnés et des hommes du service d'alimentation.
409. Brassard des hommes préposés au service des voies et communications.

Bretelles de pantalon.

30 sept. 1903 Description, art. 422, bretelles pour homme à pied; art. 423, bretelles pour homme à cheval, *B. G.*, vol. spl., T. C.

Brevet d'état-major.

(Voir : *Ecole supérieure de guerre. — Etat-major.*)

5 mars 1907 Inst. déterminant les conditions dans lesquelles devront avoir lieu les examens qu'auront à subir les officiers supérieurs et les capitaines de toutes armes candidats au brevet d'état-major, *B. G.*, p. 239.

Brevet de maître maréchal ferrant.

(Voir : *Maréchaux ferrants.*)

Brevets d'invention.

(Voir : *Inventions.*)

5 juill. 1844 Loi sur les brevets d'invention, *B. M.*, R., p. 104; modif. loi du 7 avril 1902, *J. O.* du 9 avril 1902.

Brigadiers.

20 oct. 1892 Service intérieur. Artillerie, *B. G.*, E. R., vol. 78.
Art. 156. Trompette.
219. Brigadiers. Fonctions.
220 à 224. Brigadier de pièce.
225 à 231. — de chambrée.
232 à 239. — de semaine.
240 à 243. — d'ordinaire.

Brigadier maréchal ferrant. Voir maréchaux ferrants.

22 avril 1905 Règl. sur les ordinaires. (Guerre.)
Art. 8. Brigadier d'ordinaire.
9. — de planton aux cuisines, *B. G.*, E. M., vol. 7, p. 12.

11 déc. 1906 Règl. sur les ordinaires (colonies), *B. C.*, p. 1160.
Art. 8. Brigadier d'ordinaire.
9. — de planton aux cuisines.

Brimades.

4 sept. 1888 Circ. Interdiction d'une façon absolue dans l'armée, *B. G.*, E. M., vol. 31, p. 78.

Brodequins.

(Voir : *Chaussures.* — *Remontage des brodequins.*)

30 sept. 1903 Description.
Art. 79, 116, 301, brodequins des officiers et adjudants; art. 424, brodequins des troupes à pied; art. 425, brodequins des troupes à cheval, *B. G.*, vol. spl., T. C.

Brosses.

30 sept. 1903 Description.
Art. 456, brosses à boutons, à reluire, pour armes, à dents, à tête, à habits, à laver, double à chaussures, *B. G.*, vol. spl., T. C., p. 279.

Brouettes.

6 juill. 1899 Description, *B. G.*, E. R., vol. 51 *bis*, p. 43.

16 oct. 1903 Description, *B. C.*, vol. spl., p. 982.

14 juin 1905 Circ. Les corps de troupe de toutes armes sont autorisés à acheter au compte de la masse de harnachement des brouettes pour le transport des fumiers, *B. G.*, p. 840.

8 févr. 1907 Inst., art. 7. Achat au compte de la masse d'éclairage et de chauffage de brouettes pour le transport du charbon de terre, *B. G.*, E. M., vol. 5, p. 109.

Budget.

(Voir : *Comptabilité finances.*)

7 juill. 1900 Loi organisant les troupes coloniales, art. 2. Budget des troupes coloniales. Guerre et colonies, *B. C.*, p. 594; *B. G.*, E. M., T. C., vol. 1, p. 4.

15 févr. 1902 Circ. Envoi à la direction de la comptabilité, 1er bureau, d'une expédition de tous les documents relatifs au budget, *B. C.*, p. 137.

Budgets locaux.

20 nov. 1882 Régime financier des colonies, art. 37 à 113, *B. M.*, p. 866; modif. loi de finances du 13 avril 1900, art. 33, *B. C.*, p. 315; modif. loi de finances du 30 décembre 1903, art. 23, *B. C.*, p. 1261.

Budgets locaux (*suite*).

31 janv. 1898 Circ. Délai pour le mandatement et le paiement des dépenses faites en France pour le compte des services locaux des colonies et pays de protectorat. Le mandatement cesse le 15 mars de la deuxième année de l'exercice, le paiement le 31 du même mois, *B. C.*, p. 80.

21 mars 1898 Circ. Transmission au département des colonies d'un bordereau journalier des ordres de paiement délivrés sur les budgets locaux par les ordonnateurs des ports de commerce, *B. C.*, p. 164.

22 févr. 1900 Le timbre de quittance de 0 fr. 10 apposé sur les ordres de paiement émis au titre des budgets locaux est à la charge de ces budgets, *B. C.*, p. 131.

21 juin 1900 Circ. Versement aux produits divers du budget local des retenues à exercer sur le montant des travaux ou des fournitures, *B. C.*, p. 510.

31 mai 1902 Arr. Payement des dépenses à effectuer en France et aux colonies pour le compte des budgets de l'Indo-Chine, *B. C.*, p. 517.

14 mai 1903 Arr. Payements à effectuer en France, en Algérie et aux colonies, pour le compte des services locaux des colonies, *B. C.*, p. 453.

30 déc. 1903 Loi de finances, art. 23. Mise à la charge des budgets locaux des dépenses des missions mobiles de l'inspection des colonies, *B. C.*, p. 1261.

Bulletin des emplois vacants.

2 juill. 1839 Avis à donner des vacances qui surviennent parmi les officiers des corps de troupe, *B. G.*, E. R., vol. 22, p. 63.

20 oct. 1892 Service intérieur : Inf. et Artil., art. 2; avis à donner au Ministre et modèle 2, *B. G.*, E. R., vol. 78.

28 déc. 1898 Inst. sur l'administration des officiers de réserve et de l'armée territoriale, art. 33 et modèle 6, *B. G.*, E. R., vol. 72.

Bulletin des lois.

6 janv. 1842 Arr. Répartition des exemplaires et conservation, *B. G.*, E. M., vol. 10, p. 15.

4 déc. 1849 Loi. Insertion des nominations et promotions dans la Légion d'honneur, *J. M.*, p. 51.

5 nov. 1863 Déc. minist. Conservation des collections. Reliure au compte des frais de service, *B. G.*, E. M., vol. 10, p. 16.

23 déc. 1907 Avis relatif à la suppression de l'envoi de la partie supplémentaire à un certain nombre de parties prenantes, *B. G.*, P. S., p. 1303.

Bulletin individuel d'embarquement et de débarquement.

10 févr. 1908 Service courant, art. 221. Envoi à l'administration centrale de la guerre en ce qui concerne les officiers et assimilés et les sous-officiers stagiaires du génie, *B. G.*, E. M., vol. 74, p. 187.

Bulletin officiel du ministère de la guerre.

(Voir : *Archives, 2 octobre* 1905.)

7 août 1873 Division du Journal militaire en deux parties, *B. G.*, E. M., vol. 10, p. 18.

26 nov. 1886 Décr. créant le *Bulletin officiel* du ministère de la guerre, *B. G.*, E. M., vol. 10, p. 19.

11 juin 1887 Suppression de l'insertion des promotions d'officiers, *B. G.*, E. M., vol. 10, p. 21.

18 août 1899 Circ. résumant les dispositions qui régissent la conservation du *B. O.*, complétée 19 janv. 1901 (envoi des volumes de l'édition méthodique), *B. G.*, p. 103, err. 1er sem. 1902, p. 100. Substitution du brochage à la reliure pour les volumes de l'édition chronologique courante, *B. G.*, E. M., vol. 10, p. 22.

Bulletin officiel du ministère des colonies.

30 nov. 1886 Création, *B. C.*, 1887, p. 3.
9 avril 1894 Arr. Cette publication portera le titre de *Bulletin officiel* du ministère des colonies, *B. C.*, p. 349.

Bureaux de comptabilité.

(Voir : *Décès.*)

10 juin 1889 Décr. sur la comptabilité des corps de troupe en temps de guerre. Art. 7 à 10. Organisation, fonctionnement et instruction du 10 juin 1889, *B. G.*, E. M., vol. 8.

10 févr. 1908 Service courant, art. 66.

Attributions de l'inspecteur en ce qui concerne l'instruction et les dispositions prises pour la constitution des bureaux, *B. G.*, E. M., vol. 74.

Bureaux de mobilisation.

6 déc. 1903 Imputation à la masse générale des dépenses occasionnées par le fonctionnement des bureaux de mobilisation, *B. G.*, vol. spl., T. C., p. 229.

Bureaux de recrutement.

22 sept. 1892 Note relative à la conservation des archives des bureaux de recrutement, *B. G.*, E. M., vol. 10, p. 13.
24 sept. 1895 Décr. Organisation du service du recrutement à La Réunion, *B. C.*, p. 753.
3 févr. 1899 Décr. Organisation du service du recrutement à La Martinique et à La Guadeloupe, *B. G.*, E. R., vol. 68.
8 mars 1901 Circ. Organisation des bureaux de recrutement aux colonies, *B. C.*, p. 202.
10 févr. 1908 Service courant, art. 69 à 73. Inspection.

Art. 147. Propositions pour le service du recrutement, *B. G.*, E. M., vol. 74, p. 56 et 125.

Bureaux des états-majors.

(Voir : *Ameublement.* — *Casernement.* — *Etat-major.*)

C

Câblogrammes.

(Voir : *Avancement. — Décès.*)

30 mars 1894 Dép. min. colonies. Le prix d'un câblogramme entre la France et les colonies doit, lorsqu'il est relatif à ces colonies, être imputé au budget colonial pour ceux envoyés de France, aux budgets locaux pour ceux envoyés des colonies en France.

Cachets.

(Voir : *Timbres et cachets.*)

Cadre de réserve.

(Voir : *Inspection des colonies.*)

13 mars 1875 Loi, art. 8 et 37. Cadre de réserve de l'état-major général de l'armée, *B. G.*, E. R., vol. 63, p. 20.

20 avril 1875 Décr. concernant les constatations à faire pour l'admission anticipée des généraux et fonctionnaires assimilés dans la section de réserve, *B. G.*, E. R., vol. 63, p. 299.

Cadres et effectifs.

(Voir : *Artillerie coloniale. — Corps de santé des troupes coloniales. Infanterie coloniale. — Intendance. — Officiers d'administration.*)

13 mars 1875 Loi sur la constitution des cadres et des effectifs de l'armée active et de l'armée territoriale, *B. M.*, p. 879; *B. M.*, R., p. 575; B. G., E. R., vol. 63.

Café.

20 oct. 1892 Service intérieur : Inf., art. 386; Artil., art. 404. Caractère distinctif des denrées, *B. G.*, E. R., vol. 78.

18 août 1902 Annexe 3. Mode de préparation du café dans le percolateur, *B. G.*, E. M., vol. 97, p. 67.

22 mars 1907 Circ. Moyens à employer pour conserver chaud dans les camps et cantonnements le café préparé la veille, *B. G.*, p. 323.

Cafetière filtre.

15 janv. 1905 Description, *B. G.*, E. M., vol. 53, p. 87; modif. 2 avril 1908, *B. G.*, p. 751.

Caisse à archives.

15 janv. 1905 Description. Caisse pour le transport des archives des états-majors et des services administratifs, art. 53, *B. G.*, E. M., vol. 53, p. 114.

Caisse à bagages.

(Voir : *Equipages régimentaires.*)

23 févr. 1886 Note. Les sous-officiers rengagés sont autorisés à se procurer à leurs frais une caisse à bagages, *B. G.*, E. R., vol. 78, p. 653.

15 janv. 1905 Art. 48. Description, *B. G.*, E. M., vol. 53, p. 62.

Caisse à charbon.

6 juill. 1899 Description, *B. G.*, E. R., vol. 51 *bis*, p. 44.

16 oct. 1903 Description, *B. C.*, vol. spl., p. 983.

Caisse à outils et matières pour ouvriers des corps en campagne.

(Voir : *Equipages régimentaires.*)

8 janv. 1902 Notice 2. Composition, *B. G.*, E. M., vol. 8, p. 123; modif. circ. 28 janv. 1907.

15 janv. 1905 Description, *B. G.*, E. M., vol. 53, p. 120.

Caisse à outils pour maréchaux ferrants.

6 déc. 1903 Art. 169. Constitution de l'outillage nécessaire à la mobilisation, *B. G.*, vol. spl., T. C., p. 69.

Caisse à poudre et à munitions.

(Voir : *Munitions.*)

12 déc. 1904 Règl. sur le service des munitions aux colonies, art. 44 à 50, *B. C.*, pagin. spéc.

Caisse d'armes.

30 août 1884 Art. 73 à 75 et 80, *B. G.*, E. R., vol. 19.

Caisse de fonds.

15 janv. 1905 Description : art. 52, petit modèle; art. 53, grand modèle, *B. G.* E. M., vol. 53, p. 89.

Caisse de médicaments vétérinaires.

6 janv. 1900 Circ. Application aux troupes d'infanterie de marine de la circ. (guerre) du 25 mai 1898, *B. G.*, E. R., vol. 84, dotant les corps d'infanterie en campagne d'une caisse de médicaments vétérinaires, *B. M.*, p. 53.

Caisse pour approvisionnements de réserve.

15 janv. 1905 Description, art. 57. Caisse pour les approvisionnements de réserve des quartiers généraux. Art. 58 et 59. Caisse pour les approvisionnements de réserve des corps de troupe, nos 1 et 2, *B. G.*, E. M., vol. 53, p. 117.

Caisses de menues dépenses.

(Voir : *Avances.*)

1er févr. 1904 Décret. Le maximum des avances à faire au gérant de la caisse centrale de Cao-Bang (Tonkin) est fixé à 50.000 francs, délai de justification, 60 jours, *B. C.*, p. 114.

8 juill. 1905 Inst. sur le fonctionnement administratif du service de santé colonial, art. 26, *B. C.*, p. 1356.

Caisses d'épargne.

29 févr. 1836 Avis relatif aux fonds déposés dans les caisses d'épargne par les militaires qui changent de garnison ou de résidence. Transferts, et circulaire du 28 juillet 1838, intérêts, *B. G.*, E. M., vol. 85, p. 16.

25 févr. 1884 Note. Remboursement dans les bureaux de poste aux intéressés des fonds déposés à la Caisse nationale d'épargne par des militaires en activité de service, *B. G.*, E. M., vol. 85, p. 21.

12 sept. 1888 Note. Versements ou retraits de fonds à la Caisse d'épargne postale par des militaires en traitement dans les hôpitaux ou en détention, par l'intermédiaire des vaguemestres, *B. G.*, E. M., vol. 85, p. 21.

19 juill. 1895 Note. Destination à donner aux livrets de Caisse d'épargne laissés par des militaires dont les héritiers sont inconnus ou refusent d'appréhender la succession, *B. G.*, E. M., vol. 85, p. 22.

6 avril 1905 Décret instituant des succursales régimentaires de la Caisse nationale d'épargne dans les corps des troupes coloniales stationnés aux colonies, *B. G.*, p. 575, *B. C.*, p. 481.

1er mai 1905 Inst. pour l'application du décret du 6 avril 1905, fonctionnement, comptabilité, art. 60 *bis*, nouveau, 23 mars 1908, *B. C.*, p. 238; modif. art. 125, 27 mars 1908, *B. C.*, p. 262.

1er juin 1906 Circ. Inscription des fonds de la Caisse d'épargne dans les écritures des corps, *B. C.*, p. 536; complétée 25 juillet 1907, *B. C.*, p. 548.

5 juill. 1906 Circ. Dépenses concernant le fonctionnement de la Caisse d'épargne. L'administration fournit seulement les imprimés et carnets réglementaires. La masse d'entretien supporte les autres dépenses, *B. C.*, p. 632.

23 mars 1908 Circ. Remboursements à effectuer par les succursales régimentaires de la Caisse d'épargne aux militaires éloignés de leur corps, *B. C.*, p. 238.

Caisse des dépôts et consignations.

(Voir : *Cautionnements.* — *Comptabilité publique.* — *Oppositions. Successions.*)

28 nivôse an XIII (18 janvier 1805) Loi relative aux consignations, *B. M.*, 2e sem. 1863, p. 225.

28 avril 1816 Loi. Art. 110-111. Création de la Caisse des dépôts et consignations, *B. M.*, 2e sem. 1863, p. 229.

3 juill. 1816 Ord. relative aux attributions de la Caisse des dépôts et consignations, *B. des lois*, p. 9; *B. M.*, 2e sem. 1863, p. 230.

16 sept. 1837 Ord. qui détermine les cas et les formes dans lesquels les payeurs ou préposés chargés d'effectuer des paiements à la décharge de l'Etat peuvent se libérer en versant à la Caisse des dépôts les sommes saisies et arrêtées entre leurs mains, *B. M.*, R., p. 349.

31 mai 1862 Décret sur la comptabilité publique, art. 823 à 860, *B. G.*, E. M., vol. 23.

6 août 1863 Décret promulguant aux colonies divers actes métropolitains concernant le service de la Caisse des dépôts et consignations, *B. M.*, p. 223.

14 janv. 1869 Décret, art. 167. Versement à la Caisse des dépôts et consignations des créances frappées d'opposition, vol. spécial.

3 avril 1869 Décret, art. 193. Versement à la Caisse des dépôts et consignations des créances frappées d'opposition et des produits des successions des militaires décédés, *B. G.*, E. M., vol. 24.

Caisse des dépôts et consignations (*suite*).

16 avril 1895 Loi de finances, art. 43. Prescription trentenaire, *B. C.*, p. 360.
6 déc. 1903 Décret, art. 101. Versement de fonds à la Caisse des dépôts et consignations, *B. G.*, vol. spécial, T. C., p. 36.
5 juin 1906 Circ. relative aux versements à effectuer à la Caisse des dépôts et consignations, *B. C.*, p. 553.

Caisse des offrandes nationales.

9 janv. 1873 Décret. Réorganisation, *B. G.*, E. M., vol. 85, p. 68.
3 avril 1873 Déc. présid. approuvant les résolutions adoptées par le comité supérieur de la Caisse des offrandes, *B. G.*, E. M., vol. 85, p. 70.
5 sept. 1883 Inst. pour le paiement des compléments de pension sur la Caisse des offrandes, *B. M.*, p. 311.
2 mars 1889 Inst. pour l'établissement des propositions de secours, *B. M.*, p. 405.
26 janv. 1891 Circ. relative aux propositions de secours à présenter, *B. M.*, p. 77.
3 juin 1892 Circ. Propositions de secours à établir en faveur des frères et sœurs de marins et de militaires tués à l'ennemi, *B. M.*, p. 725, *B. C.*, p. 455.
30 nov. 1899 Circ. Renseignements à produire à l'appui des propositions de renouvellement de secours, *B. M.*, p. 793.

Caisse nationale des retraites pour la vieillesse.

20 juill. 1886 Loi relative à la Caisse nationale des retraites pour la vieillesse, *B. des lois.*
9 juin 1901 Décret rendant applicable aux colonies soumises au régime monétaire métropolitain la loi du 20 juillet 1886, *B. C.*, p. 503.
27 nov. 1903 Circ. Vulgarisation dans l'armée des avantages offerts par la Caisse nationale des retraites pour la vieillesse, *B. G.*, p. 1755; *B. G.*, E. M., vol. 85, p. 284.

Caleçon.

30 sept. 1903 Description des uniformes, art. 426, *B. G.*, vol. spéc., T. C., p. 254.

Caleçon de bains.

30 sept. 1903 Art. 378. Description, *B. G.*, vol. spéc., T. C., p. 211.
6 déc. 1903 Achat au compte de la masse générale d'entretien, *B. G.*, vol. spéc., T. C., p. 226.

Calotte de coton.

30 sept. 1903 Art. 427. Description, *B. G.*, vol. spéc., T. C., p. 255.

Campagnes.

11 avril 1831 Loi sur les pensions de l'armée de terre, art. 7 et 8, *B. G.*, E. R., vol. 66, *B. M.* R., p. 45; modifié 15 mars 1904, ci-après.
18 avril 1831 Loi sur les pensions de l'armée de mer, art. 7 et 8, *B. G.*, E. R., vol. 66, *B. M.* R., p. 71; modifiée 25 février 1901 ci-après.
5 déc. 1851 Décret. Lorsqu'une troupe organisée aura contribué par des combats à rétablir l'ordre sur un point du territoire, ce service sera compté comme campagne, *B. M.*, p. 925; *B. M.* R., p. 727; *B. G.*, E. R., vol. 66, p. 48.
3 juin 1864 Les services des troupes de la garnison de Cochinchine compteront désormais comme services coloniaux, *B. M.*, p. 373; *B. M.* R., p. 524.

Campagnes (*suite*).

29 mai 1866 Bénéfice de campagne de guerre : Nouvelle-Calédonie, 1863-1864, *B. M.*, p. 360.

23 oct. 1866 Bénéfice de campagne de guerre : garnison du Sénégal, *B. M.*, p. 342, *B. M.* R., p. 102.

11 mai 1867 Bénéfice de campagne de guerre et de service colonial : Cochinchine, 25 juin 1862 - 1er juillet 1867, *B. M.*, p. 431, *B. M.*, R., p. 186.

18 mai 1867 Le bénéfice de campagne de guerre a cessé au Sénégal le 6 novembre 1866, *B. M.*, p. 438, *B. M.* R., p. 190.

12 oct. 1869 Bénéfice de campagne de guerre : Cochinchine, insurrection de 1868, *B. M.*, p. 258.

14 avril 1871 Arr. Toute opération militaire ayant pour objet le rétablissement de l'ordre et la défense de la société sera décomptée comme campagne de guerre, *B. M.*, 1er sem. 1873, p. 366; *B. M.* R., p. 665.

17 juill. 1871 Bénéfice de campagne de guerre : Opérations contre la Prusse et répression de l'insurrection de Paris, *B. M.*, p. 42. *B. M.* R., p. 672.

8 sept. 1871 Indications à porter sur les matricules en ce qui concerne la campagne contre l'Allemagne et l'insurrection de Paris, *B. M.*, p. 157; *B. M.* R., p. 701.

5 janv. 1872 Circ. (guerre). Dispositions relatives à l'application du bénéfice de campagne contre l'Allemagne aux militaires et assimilés, *B. M.*, p. 367, 1er sem. 1873.

20 avril 1872 Note (guerre). Application de la circ. du 5 janvier 1872, *B. M.*, 1er sem. 1873, p. 368.

5 sept. 1873 Supputation des bénéfices de campagne pour la guerre de 1870-71 et pour la campagne de 1871 à l'intérieur, *B. M.*, p. 289; *B. M.* R., p. 358.

16 mai 1874 Catégories de personnel qui ont droit au bénéfice de la campagne de 1871 à l'intérieur, *B. M.*, p. 550; *B. M.* R., p. 476.

20 oct. 1875 Bénéfice de campagne de guerre : Sénégal, du 4 au 27 février 1875, *B. M.*, p. 322.

31 janv. 1876 Bénéfice de campagne de guerre : Sénégal, 1869-1870, *B. M.*, p. 118.

29 août 1878 Bénéfice de campagne de guerre : Tonkin, 20 novembre au 29 décembre 1873, *B. M.*, p. 375; *B. M.* R., p. 477.

8 févr. 1879 Bénéfice de campagne de guerre : Sénégal, 10 septembre au 6 octobre 1878, *B. M.*, p. 91; *B. M.* R., p. 523.

9 juin 1879 Bénéfice de campagne de guerre : Nouvelle-Calédonie, 25 juin 1878 au 12 mars 1879, *B. M.*, p. 1133; *B. M.* R., p. 620.

22 nov. 1880 Dates d'après lesquelles doit être décompté le temps de service de guerre pour les bénéfices de campagne résultant des événements militaires de 1870-1871, 19 juillet 1870 - 7 mars 1871; *B. M.*, p. 776; erratum, 30 décembre 1880, *B. M.*, p. 943.

20 août 1881 Note (guerre). Nouveau mode de supputation des campagnes hors d'Europe, *B. M.*, p. 1076; *B. G.*, E. R., vol. 66, p. 159.

17 nov. 1881 Bénéfice de campagne de guerre : Sénégal, expédition du Haut-Fleuve et du Fouta, 11 octobre 1880 au 1er juillet 1881, *B. M.*, p. 1031.

29 juin 1882 Bénéfice de campagne de guerre : Reconnaissance du Niger, 17 février au 11 mars 1882, *B. M.*, p. 838.

15 juill. 1882 Bénéfice de campagne de guerre : Expédition de la Haute-Casamance, 8 février au 20 avril 1882, *B. M.*, p. 76.

18 mai 1883 Bénéfice de campagne de guerre : Expédition du Cayor (Sénégal), 24 décembre 1882 au 16 février 1883, *B. M.*, p. 729.

23 mai 1883 Bénéfice de campagne de guerre : Tonkin, à partir du 1er mars 1883, *B. M.*, p. 739.

6 août 1883 Décret (guerre), admettant les militaires indigènes à compter comme campagne leur temps de présence sous les drapeaux en Afrique, *B. M.*, 1er sem. 1884, p. 374, *B. G.*, E. R., vol. 66, p. 178.

12 sept. 1883 Bénéfice de campagne de guerre accordé aux militaires, marins, fonctionnaires et agents, Madagascar, à compter du 8 mai 1883, *B. M.*, p. 336.

5 déc. 1883 Bénéfice de campagne de guerre : Haut-Sénégal et Niger, 1er décembre 1882 au 25 mai 1883, *B. M.*, p. 805.

6 mars 1884 Circ. Application aux militaires indigènes employés dans les possessions africaines dépendant du département de la marine et des colonies du décret du 6 août 1883 ci-dessus, *B. M.*, p. 373.

26 mars 1884 Bénéfice de campagne de guerre au personnel servant au Tonkin et à Madagascar, *B. M.*, p. 486.

16 sept. 1884 Bénéfice de campagne de guerre : Tonkin, personnel de l'armée de terre, *B. M.*, p. 588.

Campagnes (*suite*).

25 juin 1885 Notification de l'avis du Conseil d'Etat du 10 juin 1885, *B. M.*, p. 1269. Supputation des services accomplis au Tonkin et à Formose. Le Tonkin compte comme service aux colonies, mais non Formose, *B. M.*, p. 1268.

14 sept. 1885 Bénéfice de campagne de guerre accordé au personnel qui a servi dans les mers de Chine et du Japon, du 1er juillet 1884 au 25 juillet 1885, *B. M.*, p. 595.

9 déc. 1885 Bénéfice de campagne de guerre accordé aux militaires, marins, fonctionnaires et agents : Cambodge à compter du 8 janvier 1885, *B. M.*, p. 1082.

27 déc. 1885 Circ. Le droit au bénéfice de campagne de guerre au titre du Tonkin compte du 1er janvier 1883 au lieu du 1er mars, *B. M.*, p. 1228.

15 mai 1886 Le bénéfice de campagne de guerre a cessé à Madagascar le 13 mars 1886, *B. M.*, p. 870.

23 sept. 1886 Bénéfice de campagne de guerre : Cochinchine et Cambodge à compter du 8 janvier 1885, *B. M.*, p. 379.

18 nov. 1886 Le bénéfice de campagne de guerre au titre du Cambodge a cessé le 3 août 1886, *B. M.*, p. 746.

18 janv. 1887 Bénéfice de campagne de guerre : Colonnes expéditionnaires qui ont opéré de 1883 à 1886 dans la région du Haut-Sénégal et du Niger, *B. M.*, p. 49; *B. C.*, 1888, p. 482.

30 mars 1887 La décision du 12 juillet 1886 faisant cesser le bénéfice de campagne de guerre pour l'expédition du Tonkin est rapportée, *B. M.*, p. 410; *B. C.*, 1888, p. 490.

28 sept. 1887 Dates auxquelles doit commencer et prendre fin le bénéfice de campagne de guerre accordé aux colonnes expéditionnaires qui ont opéré de 1883 à 1886 dans la région du Haut-Sénégal et du Niger, *B. M.*, p. 278; *B. C.*, p. 752.

29 mai 1888 Bénéfice de campagne de guerre : colonne expéditionnaire du Soudan français, 12 décembre 1886 au 6 mai 1887, *B. M.*, p. 854; *B. C.*, p. 387.

24 juin 1888 Bénéfice de campagne de guerre : Soudan, 15 décembre 1887 - 27 avril 1888, *B. M.*, p. 1072; *B. C.*, p. 392.

5 juill. 1888 Bénéfice de campagne de guerre : Colonne expéditionnaire du Saloum (Sénégal), 4 avril au 30 mai 1887, *B. M.*, p. 4; *B. C.*, p. 442.

30 sept. 1889 Bénéfice de campagne de guerre : Soudan, 10 février au 12 juin 1889, *B. M.*, p. 510; *B. C.*, p. 913.

28 nov. 1890 Bénéfice de campagne de guerre : Soudan, 15 février au 2 juillet 1890, *B. M.*, p. 686; *B. C.*, p. 1225.

3 déc. 1890 Circ. Le bénéfice de la circulaire du 28 novembre 1890 est accordé au personnel colonial de tous grades détaché au Dahomey, du 21 février au 3 octobre 1890, *B. C.*, p. 1224.

31 mars 1891 Bénéfice de campagne de guerre : Soudan, 15 février au 2 juillet 1890, *B. M.*, p. 462; *B. C.*, p. 244.

6 janv. 1892 Bénéfice de campagne de guerre : Expédition des Comores, 23 avril au 16 juillet 1891, *B. M.*, p. 25; *B. C.*, p. 40.

9 avril 1892 Bénéfice de campagne de guerre : Soudan, 10 décembre 1890 au 26 juin 1891, *B. M.*, p. 359; *B. C.*, p. 307.

1er juin 1892 Bénéfice de campagne de guerre : Grande-Comore, 16 août au 19 novembre 1891, *B. M.*, p. 724; *B. C.*, p. 451.

3 sept. 1892 Bénéfice de campagne de guerre : Soudan, 21 novembre 1891 au 22 mai 1892, *B. M.*, p. 262; *B. C.*, p. 631.

28 déc. 1892 Bénéfice de campagne de guerre : Dahomey, à compter du 27 mars 1892, *B. M.*, p. 734; *B. C.*, p. 868.

8 janv. 1894 Bénéfice de campagne de guerre : Haut-Mékong et Siam, 1893, *B. M.*, p. 61; *B. C.*, p. 49.

5 mai 1894 Bénéfice de campagne de guerre : Dahomey, jusqu'au 1er mars 1894, *B. M.*, p. 585; *B. C.*, p. 447.

2 juin 1894 Bénéfice de campagne de guerre : Soudan, du 11 novembre 1892 au 11 juillet 1893, *B. M.*, p. 688; *B. C.*, p. 483.

8 juill. 1894 Bénéfice de campagne de guerre : Expédition Monteil, du Soudan à la Tripolitaine par le Tchad, *B. M.*, p. 185; *B. C.*, p. 600.

0 févr. 1895 Bénéfice de campagne de guerre : Soudan, 1er novembre 1893 au 1er juin 1894, *B. M.*, p. 307; *B. C.*, p. 151.

7 févr. 1895 Bénéfice de campagne de guerre : Madagascar, à compter du 12 décembre 1894, *B. M.*, p. 320; *B. C.*, p. 227.

7 mars 1895 Bénéfice de campagne de guerre : Détachement de Tananarive du 26 octobre au 21 novembre 1894, *B. M.*, p. 460; *B. C.*, p. 858.

Campagnes (*suite*).

28 août 1895 Tout le personnel en service à Madagascar, y compris Diégo-Suarez, a droit au bénéfice de campagne accordé par la circulaire du 27 février 1895, *B. M.*, p. 450; *B. C.*, p. 719.

4 oct. 1895 Bénéfice de campagne de guerre : Guyane-Mapa (territoire contesté), 11 au 17 mai 1895; Soudan, 1er juin au 21 novembre 1894; Sénégal (Casamance), 3 janvier au 7 mars 1895; Côte d'Ivoire (colonne de Kong), 9 novembre 1894 au 28 mars 1895; *B. M.*, p. 575; *B. C.*, p. 780.

21 oct. 1895 Bénéfice de campagne de guerre : Haut-Mékong, à compter du 5 octobre 1893, *B. M.*, p. 625; *B. C.*, p. 790.

20 déc. 1895 Bénéfice de campagne de guerre accordé à la 1re compagnie de tirailleurs auxiliaires détachés du Soudan dans la Haute-Guinée, du 1er novembre 1893 au 1er juin 1894; *B. M.*, p. 1149; *B. C.*, 1896, p. 4.

12 févr. 1896 Bénéfice de campagne de guerre : Mission Baud, Côte d'Ivoire, 26 mars au 15 juin 1895; Haut-Oubanghi, 1er janvier 1894 au 1er juin 1895, *B. M.*, p. 288; *B. C.*, p. 102.

4 mars 1896 Bénéfice de campagne de guerre : Mission Toutée, Moyen-Niger, 23 janvier au 2 août 1895, *B. M.*, p. 499; *B. C.*, p. 151.

25 avril 1896 Bénéfice de campagne de guerre : Soudan, 21 novembre 1894 au 31 décembre 1895, *B. M.*, p. 799; *B. C.*, p. 233.

19 févr. 1897 Bénéfice de campagne de guerre : Mission Hourst, Soudan et territoires du Niger, 6 octobre 1895 au 23 octobre 1896; *B. M.*, p. 217; *B. C.*, p. 157.

23 mars 1897 Bénéfice de campagne de guerre : Guinée, opérations du 1er mars au 31 décembre 1896, *B. C.*, p. 298.

5 avril 1897 Bénéfice de campagne de guerre : Haut-Oubanghi, 1er juin 1895 au 31 décembre 1896, *B. M.*, p. 417; *B. C.*, p. 311.

5 juin 1897 Bénéfice de campagne de guerre : Iles-sous-le-Vent, opérations effectuées à Raïatea-Tahaa, du 1er janvier au 18 février 1897, *B. M.*, p. 750; *B. C.*, p. 554.

24 juin 1897 Bénéfice de campagne de guerre : Soudan, année 1896, *B. M.*, p. 836; *B. C.*, p. 602.

15 févr. 1898 Bénéfice de campagne de guerre : Soudan, année 1897, *B. C.*, p. 80.

4 mars 1898 Bénéfice de campagne de guerre : Haut-Oubanghi, année 1897, *B. C.*, p. 143.

18 nov. 1898 Bénéfice de campagne de guerre : Au titre du Tonkin, Quang-Tchéou-Wan, à compter du 22 avril 1898; *B. M.*, p. 690; *B. C.*, p. 853.

17 févr. 1899 Bénéfice de campagne de guerre : Opérations dirigées par le capitaine Baud et le lieutenant de vaisseau Bretonnet dans le Haut-Dahomey, du 1er décembre 1896 au 1er janvier 1898, *B. M.*, p. 317; *B. C.*, p. 413.

4 mai 1899 Bénéfice de campagne de guerre : Soudan, année 1898, *B. C.*, p. 531.

23 juin 1899 Bénéfice de campagne de guerre : Haut-Oubanghi, année 1898, *B. C.*, p. 694.

30 août 1899 Bénéfice de campagne de guerre : Côte d'Ivoire, opérations du 1er mai au 25 septembre 1898, *B. C.*, p. 1189.

19 févr. 1900 Bénéfice de campagne de guerre : Personnel européen et indigène ayant pris part aux opérations effectuées sous la direction du commandant Ricour, dans le Haut-Dahomey, du 8 novembre 1897 au 5 février 1899; *B. C.*, p. 169.

23 juill. 1900 Bénéfice de campagne de guerre : Territoires de l'ancien Soudan, année 1899, *B. C.*, p. 745.

10 août 1900 Bénéfice de campagne de guerre : Mission Marchand (Congo-Nil), 23 mai 1896, 19 mai 1899, *B. C.*, p. 790.

25 févr. 1901 Loi de finances, art. 47. Modifiant l'article 7 de la loi du 18 avril 1831, *B. C.*, p. 177.

4 mai 1901 Circ. relative au bénéfice de campagne de guerre accordé pour les opérations de Chine à compter du 30 mai 1900. Inscription de cette campagne sur les registres, livrets, etc., *B. G.*, p. 704.

10 mai 1901 Bénéfice de campagne de guerre : Chine, à compter du 30 mai 1900, *B. M.*, p. 679.

15 mai 1901 Bénéfice de campagne de guerre : Haut-Oubanghi, années 1899 et 1900, *B. G.*, p. 794.

10 juin 1901 Circ. Décompte des campagnes des militaires rapatriés des colonies par un itinéraire anormal, *B. G.*, p. 1019; modifiée circ. 15 septembre 1902, *B. G.*, p. 1370; complétée circ. 9 décembre 1902 ci-après.

4 août 1901 Bénéfice de campagne de guerre : Afrique occidentale, 1900; opérations contre les Tomas (Haute-Guinée), en 1900, *B. G.*, p. 597.

Campagnes (*suite*).

5 mars 1902 Bénéfice de campagne de guerre : Opérations dans le bassin du Chari en 1899, 1900, 1901, *B. G.*, p. 247.

30 avril 1902 Bénéfice de campagne de guerre : Mission franco-marocaine de délimitation en 1902, *B. G.*, p. 763.

23 juill. 1902 Décompte des campagnes du personnel du commissariat et du corps de santé des T. C., *B. G.*, p. s., p. 786.

12 sept. 1902 Bénéfice de campagne de guerre : Côte d'Ivoire, 1900 et 1901. — Territoires militaires de l'Afrique occidentale, en 1901, *B. G.*, p. 1861.

27 sept. 1902 Circ. relative au bénéfice de campagne de guerre accordé aux militaires qui ont participé à la mission de délimitation du golfe de Guinée en 1901, *B. G.*, p. 1906.

9 déc. 1902 Circ. Compte rendu à envoyer au département de la guerre en ce qui concerne les officiers et assimilés rapatriés des colonies et autorisés à modifier l'itinéraire réglementaire, *B. G.*, p. 2426.

13 févr. 1903 Bénéfice de campagne de guerre : Troupes ayant opéré sur la frontière du Siam, à partir de 1902, *B. G.*, p. 106.

10 mars 1903 Bénéfice de campagne de guerre : Afrique occidentale (Haut-Dahomey et Côte d'Ivoire), 1902, et territoire militaire de la Haute-Guinée, *B. G.*, p. 322.

13 mars 1903 Bénéfice de campagne de guerre : Territoires du Haut-Oubanghi, du Tchad, de la Sangha, de l'Ogoué et région nord de Libreville, 1902, *B. G.*, p. 483.

25 sept. 1903 Bénéfice de campagne de guerre : Médecins et personnel de l'ambulance de Khong (Siam), à partir de 1902, *B. G.*, p. 1412.

23 nov. 1903 Bénéfice de campagne de guerre : Militaires de la gendarmerie qui ont opéré à partir de 1902 sur la frontière du Siam, *B. G.*, p. 1753.

6 déc. 1903 Règl. sur l'administration des troupes coloniales, annexe D. Inscription sur les matricules, *B. G.*, vol. spéc., T. C., p. 155.

15 déc. 1903 Bénéfice de campagne de guerre : Régions de Gaya (Niger oriental), en 1899, 1900, 1901, *B. G.*, p. 1818.

23 déc. 1903 Arr., art. 27 à 29. Inscription sur les matricules, certificats et relevés de services, *B. G.*, p. 1958; *B. G.*, E. M., vol. 10, p. 68.

15 mars 1904 Loi modifiant l'art. 8 de la loi du 11 avril 1831. Supputation des bénéfices de campagne, *B. G.*, p. 387; *B. C.*, p. 314.

21 avril 1904 Bénéfice de campagne de guerre : Haut-Dahomey, Haute-Guinée, Côte d'Ivoire, pays Trarzas, territoires militaires de l'Afrique occidentale, année 1903, *B. G.*, p. 496.

6 juin 1904 Bénéfice de campagne de guerre : Territoire de la Haute-Mana (Guyane), 6 novembre 1903 au 9 janvier 1904, *B. G.*, p. 794.

4 août 1904 Bénéfice de campagne de guerre. Territoires et pays de protectorat du Tchad, 1903, *B. G.*, p. 131.

0 août 1904 Bénéfice de campagne de guerre. Médecin chef et personnel de l'ambulance de Pak-Hin-Boun, à partir du 25 avril 1902, *B. G.*, p. 1374.

2 sept. 1904 Bénéfice de campagne de guerre. Pays Trarza (Mauritanie), année 1902, *B. G.*, p. 1483.

1 oct. 1904 Bénéfice de campagne de guerre. Pays Brakna et le Tagant (Mauritanie), année 1903, *B. G.*, p. 1581.

1 nov. 1904 Bénéfice de campagne de guerre. Militaires de la gendarmerie qui ont fait partie d'une mission sur le territoire de la Haute-Mana (Guyane), du 20 août au 20 octobre 1903, *B. G.*, p. 1605.

25 nov. 1904 Bénéfice de campagne de guerre. Opérations contre les Coniaguis (Guinée), du 24 mars au 25 avril 1904, *B. G.*, p. 1757.

4 févr. 1905 Circ. fixant la dénomination des campagnes faites hors d'Europe en temps de guerre, *B. G.*, p. 167.

9 juin 1905 Bénéfice de campagne de guerre accordé aux militaires européens et indigènes en 1904 : pays Trarza, Mauritanie, territoires militaires de l'Afrique occidentale, Haut-Dahomey, Côte d'Ivoire, Haute-Guinée (frontière libérienne), Congo français dans toute son étendue, *B. G.*, p. 832.

5 sept. 1905 Décr. sur les pensions des militaires indigènes, art. 3, *B. G.*, p. 1510; *B. C.*, p. 1028.

1 déc. 1905 Bénéfice de campagne de guerre : Colonnes du Djoloff, du 7 mai au 11 juin 1890, et du Fouta, du 2 janvier au 29 mars 1891, *B. G.*, p. 1841.

7 août 1906 Bénéfice de la campagne double aux troupes qui ont servi au Cambodge à partir de 1902, circ., *B. G.*, p. 1139.

Campagnes (*suite*).

20 sept. 1906 Circ. Bénéfice de campagne double accordé aux militaires de tous grades (Européens et indigènes), qui ont servi en 1905 dans le territoire civil de la Mauritanie, le territoire militaire du Niger, à la Côte d'Ivoire et au Congo, *B. G.*, p. 1273.

18 mars 1907 Circ. relative à l'interruption des campagnes. Bulletin individuel à fournir, *B. G.*, p. 304.

31 mai 1907 Circ. Inscription sur les pièces matricules des militaires qui ont pris part au combat livré au puits d'Orida (Afrique occidentale), le 13 septembre 1906, *B. G.*, p. 710.

16 août 1907 Circ. Bénéfice de campagne double aux militaires en service dans la colonie du Haut-Sénégal-Niger pendant le 2e semestre 1906, *B. G.*, p. 1143.

16 janv. 1908 Circ. Bénéfice de campagne accordé au personnel militaire qui a pris part aux opérations de la commission de délimitation de la frontière franco-siamoise en 1904, 1905, 1906, 1907, *B. G.*, p. 84; *B. C.*, p. 161.

Campement.

(Voir : *Approvisionnements de guerre. — Couvertures de campement Etamage.*)

1° *Guerre.*

6 déc. 1903 Règl. sur l'administration et la comptabilité des troupes coloniales, art. 250 à 252, dispositions spéciales au matériel de campement et annexe I, *B. G.*, vol. spl., T. C.

15 janv. 1905 Description du matériel de campement en usage dans l'armée, *B. G.*, E. M., vol. 53; modif. 2 avril 1908, *B. G.*, p. 751.

Notice 1. Bases d'allocation des effets de campement, *B. G.*, E. M., vol. 53, p. 137.

— 5. Instruction sur le lavage et les réparations des effets de campement, *B. G.*, E. M., vol. 53, p. 174.

Tarif des réparations, *B. G.*, E. M., vol. 53, p. 189.

— 6. Emballage des principaux effets, *B. G.*, E. M., vol. 53, p. 203.

— 7. Chargement des voitures du train, *B. G.*, E. M., vol. 53, p. 208.

— 8. Données sur le mode de pliage et d'arrimage de chacun des principaux effets de campement, *B. G.*, E. M., vol. 53, p. 209.

— 9. Instruction pour la vérification de l'étanchéité des ustensiles de campement, *B. G.*, E. M., vol. 53, p. 220.

20 déc. 1907 Nomenclature H I des matières et effets du service du campement, vol. spl.

2° *Colonies.*

14 sept. 1880 Nouveau modèle de l'état de situation des objets de campement, *B. M.*, p. 450.

20 févr. 1901 Circ. Approvisionnement des corps de troupe aux colonies, *B. C.*, p. 130.

29 avril 1904 Circ. Les demandes semestrielles de matériel doivent parvenir au département des colonies le 15 avril et le 15 octobre, *B. C.*, p. 437.

28 sept. 1904 Circ. Renseignements à porter sur les demandes de matériel. Référence à la nomenclature (guerre) H I, *B. C.*, p. 983.

Camphre.

6 déc. 1903 Annexe F. Achat au compte de la masse générale d'entretien, *B. G.*, vol. spl., T. C., p. 225.

Camps provisoires.

18 janv. 1907 Décret créant une masse de casernement aux colonies, art. 1, *B. C.*, p. 14 et inst. du 20 janvier 1907, *B. C.*, n° 1 *bis*.

Canonniers de 1re classe.

20 oct. 1892 Service intérieur : Artil, art. 250; admission, service, *B. G.*, E. R, vol. 78.

Cantines.

(Voir : *Boissons alcooliques.* — *Repos hebdomadaire.* — *Vin.*)

29 juin 1906 Circ. relative à la réduction des cantines, *B. G.*, p. 857.

Cantines à vivres.

(Voir : *Equipages régimentaires.*)

15 janv. 1905 Art. 49. Nomenclature des ustensiles qu'elles doivent contenir. Description des ustensiles, *B. G*, E. M., vol. 53, p. 65 et 78; modif. 2 avril 1908, *B. G.*, p. 751.

Cantiniers. — Cantinières.

(Voir : *Cantines.*)

22 juill. 1875 Arr. relatif aux cantinières-vivandières des corps de troupe, *B. G*, E. R., vol. 64, p. 345.

3 août 1890 Tenue des cantiniers commissionnés non militaires et des cantinières-vivandières, note *B. G.*, p. 167; *B. C.*, p. 1209; *B. M.*, p. 676; *B. G.*, E. R., vol. 64, p. 349.

29 nov. 1890 Application aux troupes de la marine de la note du 3 août 1890 ci-dessus, *B. C.*, p. 1209; *B. M.*, p. 676.

20 oct. 1892 Service intérieur : Inf., art. 215; Artil., art. 172. Devoirs généraux, *B. G.*, E. R., vol. 78.

23 févr. 1905 Circ. Il est interdit aux cantiniers de prendre part aux adjudications, *B. G.*, p. 142.

1 oct. 1906 Circ. indiquant la règle qui sera appliquée à l'avenir pour la nomination des cantiniers, *B. G.*, p. 1348.

Cantonnement.

28 mai 1895 Service en campagne, art. 74 et suiv., *B. G.*, E. M., vol. 76.

Capitaine.

(Voir : *Masse d'alimentation et de ravitaillement.*)

22 juin 1847 Ord., art. 652 à 657. Commandant de compagnie ou de batterie, attributions administratives (colonies), vol. spl.

0 oct. 1892 Service intérieur.
Inf., art. 80 à 95; Artil., art. 92 à 111, fonctions et attributions des capitaines commandants de compagnie ou de batterie.
Artil., art. 112, capitaine en second, fonctions.
Inf., art. 97; Artil., art. 119, service de semaine, *B. G.*, E. R., vol. 78.

6 déc. 1908 Décr., art. 74 à 79. Attributions des commandants d'unités administratives (métropole), *B. G.*, vol. spl., T. C., p. 26.

Capitaine (*suite*).

22 avril 1905 Règl. sur les ordinaires, art. 5. Gestion par le capitaine, *B. G*,. E. M., vol. 7, p. 10.
28 déc. 1905 Règl. sur l'armement aux colonies, art. 17. Attributions et responsabilité des commandants d'unités.
11 déc. 1906 Règl. sur les ordinaires (colonies), art. 5. Gestion par le capitaine, *B. C.*, p. 1158.
8 févr. 1907 Inst., art. 100. Attributions en ce qui concerne le chauffage et l'éclairage, *B. G.*, E. M., vol. 5, p. 185.

Capitaine adjudant-major.

(Voir : *Adjudants-majors.*)

Capitaine de tir.

(Voir : *Indemnités.*)

30 août 1884 Règl. sur l'armement, art. 10. Attributions, *B. G.*, E. R., vol. 19.
28 déc. 1905 Règl. sur l'armement aux colonies, art. 18. Attributions.

Capitaine directeur du parc.

20 oct. 1892 Service intérieur : Artill., art. 120. Fonctions, attributions, *B. G.*, E. R., vol. 78.
4 nov. 1902 Inst. relative au fonctionnement et à l'organisation du service régimentaire du parc dans les corps d'artillerie coloniale de la métropole, art. 5, *B. G.*, p. 2124; *B. G.*, E. M., T. C., vol. 3, p. 116.
6 déc. 1903 Règl. sur l'administration et la comptabilité, art. 71 et 72, *B. G.*, vol. spl., T. C., p. 25.

Capitaine inspecteur d'armes.

30 août 1884 Inst. sur l'armement (métropole), art. 271 à 331. Attributions, *B. G.*, E. R., vol. 19.
8 févr. 1899 Inst. sur le service des capitaines inspecteurs d'armes, feuille rectif. du 3 juillet 1901.
Appliquée aux troupes de la marine, circ. du 24 avril 1900, *B. M.*, p. 1215.
28 déc. 1905 Inst. sur l'armement aux colonies, art. 95 à 131.

Capitaine instructeur.

20 oct. 1892 Service intérieur : Artil., art. 41 à 49. Fonctions, attributions, *B. G.*, E. R., vol. 78.

Capitaine trésorier.

(Voir : *Trésorier.*)

Capitulations.

4 oct. 1891 Service des places, art. 196, *B. G.*, E. R., vol. 75.
29 juill. 1899 Convention de La Haye, art. 35, *B. G.*, E. M., vol. 76, p. 128.

Caporal.

20 oct. 1892 Service intérieur : Inf.
Art. 169. Fonction.
170 à 176. Caporal d'escouade.
177 à 183. — de chambrée.
184 à 186. — de semaine.
187 à 190. — d'ordinaire.
201 — sapeur.
212. — chargé des détails de l'infirmerie.
213. — conducteur des équipages régimentaires.
214. Caporaux premiers ouvriers, *B. G.*, E. R., vol. 78.

22 avril 1905 Règl. sur les ordinaires.
Art. 8. Caporal d'ordinaire.
— 9. — de planton aux cuisines, *B. G.*, E. M., vol. 7.

11 déc. 1906 Règl. sur les ordinaires (colonies), *B. C.*, p. 1160.
Art. 8. Caporal d'ordinaire.
— 9. — de planton aux cuisines.

Capote.

30 sept. 1903 Description des uniformes, *B. G.*, vol. spl. T. C.
Art. 2. Capote en drap avec pèlerine mobile à capuchon pour officier.
3. Capote en caoutchouc pour officier.
215. — de troupe, infanterie.
216. — des adjudants et chefs de fanfare d'artillerie coloniale.
267. — de troupe, artillerie.

Captivité.

6 déc. 1903 Annexe D. Inscription sur les matricules, *B. G.*, vol. spl., T. C., p. 155.

23 déc. 1903 Arr., art. 31. Inscription sur les matricules, relevés et certificats de service, *B. G.*, p. 1960; *B. G.*, E. M., vol. 10, p. 70.

Carabines.

(Voir : *Armement.*)

Carbonylisation.

(Voir : *Casernement.*)

Carnet de comptabilité de campagne.

10 juin 1889 Décr. et inst. sur la comptabilité des corps de troupe en campagne, art. 4 et 5, modèle I, *B. G.*, E. M., vol. 8; modèle modif. 9 février 1903, *B. G.*, p. 99.

Carnet de mobilisation.

6 déc. 1903 Achat au compte de la masse générale d'entretien, *B. G.*, vol. spl., T. C.

Carnet de munitions.

30 août 1884 Règl. sur l'armement, art. 209, *B. G.*, E. R., vol. 19.

Carnet de notes.

20 juin 1903 Tenue d'un carnet de notes pour les sous-officiers, adjonction d'un feuillet de notes au livret matricule des caporaux, brigadiers ou soldats des troupes coloniales, *B. G.*, p. 996.

6 déc. 1903 Achat au compte de la masse générale d'entretien, *B. G.*, vol. spl., T. C., p. 227.

Carnet des échantillons et modèles types.

6 déc. 1903 Annexe D. Tenue, *B. G.*, vol. spl., T. C., p. 207.

Carnet d'ordinaire.

(Voir : *Ordinaires.*)

Carreaux.

6 juil. 1899 Description, *B. G.*, E. R., vol. 51 *bis*, p. 7.

16 oct. 1903 Description, *B. C.*, vol. spl., p. 952.

Carte permanente des colonies.

15 oct. 1906 Circ. Etablissement d'une carte permanente des colonies françaises, tenue à jour par le service géographique du département des colonies à l'aide de documents fournis par les services techniques locaux, *B. C.*, p. 903.

Cartes de circulation sur les voies ferrées.

8 févr. 1894 Emploi des cartes de circulation gratuites délivrées par une compagnie de chemin de fer, *B. M.*, p. 200; *B. G.*, E. R., vol. 62, p. 112; appliquée aux troupes de la marine, circ. du 9 mars 1894, *B. M.*, p. 200.

Cartes d'identité.

(Voir : *Congés*, 4 novembre 1902).

11 déc. 1903 Inst. annexe 3. Délivrance et retrait, *B. G.*, p. 1927; *B. G.*, E. M., vol. 100-3; modif. 26 et 31 janvier 1905, *B. G.*, p. 72 et 75.

Cartes géographiques.

7 mars 1892 Cartes des environs de la garnison à affecter aux écoles régimentaires, *B. G.*, E. M., vol. 55-2, p. 5.

18 févr. 1895 Inst. sur les manœuvres, art. 19, titre Ier; art. 65, titre 3; annexes 6 et 7, *B. G.*, E. M., vol. 55-3.

20 févr. 1895 Inst. sur les travaux et exercices des officiers d'état-major, art. 50, *B. G.*, E. M., vol. 55-1, p. 196.

30 avril 1900 Circ. Exercices sur la carte à exécuter dans les garnisons et à l'intérieur des corps de troupe par les officiers de toutes armes, *B. G.*, E. M., vol. 55-3, p. 14.

13 juin 1901 Circ. Envoi du catalogue des publications du service géographique. Conditions de vente, *B. G.*, E. M., vol. 55-2, p. 195.

Cartouches.

(Voir : *Munitions.*)

30 août 1884 Règl. sur l'armement, art. 219. Délivrance de cartouches de revolver aux officiers — 20 à 0 fr. 01 l'une — 90 au prix d'inventaire de l'artillerie.

Art. 204. Cartouches de sûreté, *B. G.*, E. R., vol. 19.

16 oct. 1903 Règl. sur les directions d'artillerie coloniales, art. 66. Cession aux officiers et assimilés de 120 cartouches par an au prix réel du magasin sans majoration, *B. C.*, vol. spl., p. 84, et règl. du 28 décembre 1905, art. 90.

28 déc. 1905 Règl. sur l'armement aux colonies, art. 82 à 94.

Cartouchières.

(Voir : *Faux paquet de cartouches.*)

30 sept. 1903 Description des uniformes. Troupes coloniales, art. 129 et 173; application des descriptifs métropolitains, *B. G.*, vol. spl., T. C.

3 oct. 1903 Port et chargement des cartouchières et du havresac (infanterie), *B. G.*, E. M., 55-1, p. 230; § 2 modif. 24 octobre 1906, *B. G.*, p. 1393.

1er juil. 1907 Description des uniformes, art. 879. Cartouchières des hommes non montés de l'artillerie, *B. G.*, E. M., vol. 105-3, p. 175.

1er juil. 1907 Description des uniformes, art. 20. Cartouchières mod. 1905 pour troupes à pied; art. 22. Cartouchière d'infanterie mod. 1905, pour sous-officier, *B. G.*, E. M., vol. 105-1, p. 66 et suiv.

Casernement.

(Voir : *Hygiène.*)

1° *Guerre.*

10 juill. 1791 Loi sur la conservation et le classement des places de guerre et postes militaires, sur les rapports du pouvoir civil avec l'autorité militaire dans les places, sur la conservation et la manutention des établissements et bâtiments, sur le logement des troupes et l'administration des travaux et la police des fortifications (extrait), *B. G.*, E. R., vol. 48, p. 129.

7 mars 1874 Note relative au collage des placards sur les murs dans l'intérieur des casernes, *B. G.*, E. R., vol. 78, p. 659.

31 janv. 1887 Note relative à l'emploi dans les régiments d'infanterie des sapeurs ouvriers d'art pour l'exécution de certains travaux, *B. G.*, E. R., vol. 63, p. 109.

4 oct. 1891 Service des places, art. 21, 34, 38, 129 à 134. Attributions des commandants d'armes; art. 161. Visite des casernes après le départ d'une troupe, *B. G.*, E. R., vol. 75.

20 janv. 1892 Mode d'achat par les corps de troupe des matériaux et fournitures nécessaires à l'exécution des travaux confiés aux sapeurs ouvriers d'art, *B. G.*, E. R., vol. 63, p. 110.

20 oct. 1892 Service intérieur, Inf., art. 333 à 342. Artil., art. 351 à 360. Dispositions relatives au casernement, *B. G.*, E. R., vol. 78.

5 févr. 1894 Circ. Tenue et hygiène des casernements, *B. G.*, E. R., vol. 62, p. 137.

14 août 1895 Note. Appareils à employer pour l'aération des chambres, *B. G.*, E. R., vol. 48, p. 28.

29 juin 1898 Inst. Tenue par les médecins chefs des hôpitaux et des corps de troupe d'un registre médical du casernement, *B. G.*, E. M., vol. 83, p. 206.

3 mars 1899 Décret portant règlement sur le service du casernement, *B. G.*, E. R., vol. 51; modifié décret du 12 février 1900, *B. G.*, p. 201; modifié décret du 24 mars 1901, *B. G.*, p. 880; modifié décret du 12 janvier 1902, *B. G.*, p. 35; circ. d'envoi du règl. du 3 mars 1899, *B. G.*, E. R., vol. 51, p. 3.

Art. 1. Objet du service.
2. Etablissements affectés au service du casernement.
3. Etablissements non compris dans le service du casernement.

Casernement (*suite*).

Art. 4. Bâtiments et terrains pris à loyer ou mis à la disposition du service militaire.
5. Exécution du service du casernement.
6. Attributions réservées au Ministre.
7. Attributions des commandants de corps d'armée.
8. Attributions des généraux de division, de brigade et des directeurs de service.
9. Attributions des généraux commandant le territoire.
10. Attributions des commandants d'armes.
11. Attributions des chefs de corps ou de service.
12. Attributions du chef du génie et du personnel en sous-ordre.
13. Attributions des fonctionnaires de l'intendance.
14. Attributions des médecins militaires.
15. Commission de casernement.
16. Garde et conservation des établissements du casernement.
17 à 24. Assiette du casernement.
25 à 33. Organisation et ameublement des logements et accessoires de casernement.
34 à 41. Alimentation en eau; éclairage et chauffage.
42 à 56. Occupation et évacuation du casernement.
57 à 65. Police des bâtiments militaires occupés par les troupes.
66 à 71. Pertes et dégradations.
72 à 78. Etablissements des services administratifs, de santé, de la remonte, de la justice militaire, bureaux divers.
79 à 90. Locations.
91 à 93. Bâtiments et terrains mis temporairement à la disposition du service du casernement par les administrations publiques et les particuliers.
94 à 101. Travaux concernant les établissements du casernement.
102 à 122. Entretien du casernement par les corps occupants. Masse de casernement.

Annexe 1. Organisation des logements et accessoires du casernement.
— 2. Ameublement des pavillons, casernes et quartiers; modif. 28 mai 1901, *B. G.*, p. 898.
— 3. Nomenclature des travaux de réparation et d'entretien qui sont exécutés par les corps occupants dans les casernes, quartiers et accessoires du casernement.
— 4. Tarif des primes trimestrielles à la masse de casernement.
— 5. Ecritures à tenir pour l'exécution du service d'entretien et la comptabilité de la masse et du matériel de casernement.

6 juill. 1899 Inst. technique sur l'exécution des travaux de réparation et d'entretien du casernement par les corps occupants, *B. G.*, E. R., vol. 51 *bis*; modif. 30 novembre 1900, *B. G.*, p. 1909.

9 janv. 1900 Achat de l'instruction du 6 juillet 1899 au compte de la masse de casernement, *B. G.*, p. 26.

12 févr. 1900 Solutions de différentes questions relatives à l'application du règlement du 3 mars 1899, *B. G.*, p. 204.

2 mars 1900 Peinture et blanchiment des murs à l'intérieur des casernements, *B. G.*, p. 281; complétée 19 mai 1904, *B. G.*, p. 628.

29 déc. 1900 Emplacement spécial à assigner aux cruches à eau dans les casernements, *B. G.*, E. M., vol. 83, p. 262.

20 févr. 1901 Installation d'une barre d'appui aux fenêtres des étages des casernes, *B. G.*, p. 248.

4 juill. 1901 Inst. provisoire sur l'entretien des casernements occupés par les troupes coloniales en France, *B. G.*, p. 254; modif. 26 janvier 1903, *B. G.*, p. 74; modif. 30 octobre 1903, *B. G.*, p. 1549.

6 juill. 1901 Circ. Limitation de l'emploi de la main-d'œuvre militaire dans les travaux que les corps de troupe sont appelés à effectuer sur les fonds des différentes masses, *B. G.*, p. 392.

13 mai 1902 Modif. des modèles 10 et 11 du règl. du 3 mars 1899, *B. G.*, p. 991; erratum, *B. G.*, 1905, p. 1393.

30 juin 1902 Instruction pratique des officiers et adjudants de casernement, *B. G.*, p. 1428.

14 oct. 1902 Remplacement par des rouleaux métalliques des rouleaux en bois des chaînes de suspension de bat-flanc, *B. G.*, p. 1992.

Casernement (*suite*).

9 avril 1903 Mesures à prendre en vue du desserrement du casernement, *B. G.*, E. M., vol. 83, p. 222.

31 mars 1904 Organisation dans les casernes de locaux spéciaux pour les malades à la chambre et les convalescents, *B. G.*, p. 414.

18 avril 1904 Destruction des rongeurs dans les casernements par l'emploi du virus contagieux n° 2, préparé par l'institut Pasteur, *B. G.*, p. 465.

25 mai 1904 La circ. du 28 janvier 1904, *B. G.*, p. 57, relative à la réduction du nombre des cellules de punitions nécessaires dans les casernements n'est pas applicable aux casernements des troupes coloniales, *B. G.*, 640.

10 oct. 1905 Circ. Emploi de pulvérisateurs pour le blanchiment des locaux du casernement, *B. G.*, p. 1537.

12 avril 1906 Inst. Prêt de locaux pour des services ou œuvres civiles, *B. G.*, p. 524; *B. G.*, E. M., vol. 31, p. 23.

23 avril 1906 Circ. et inst. relatives à la carbonylisation des planchers et des soubassements dans les casernements, *B. G.*, p. 550; modif. 30 avril 1907, *B. G.*, p. 492.

16 juin 1906 Description d'un dispositif de sûreté susceptible d'empêcher la soustraction des revolvers aux râteliers d'armes, *B. G.*, p. 829.

2° *Colonies.*

(Voir : *Masse de casernement.*)

16 oct. 1903 Règl. sur le casernement aux colonies, *B. C.*, vol. spl., p. 883; modif. 2 octobre 1905, *B. C.*, p. 1056; 20 janvier 1908, *B. C.*, p. 147.

Art. 1. Objet du service.
2. Etablissements affectés au service du casernement.
3. Etablissements militaires non compris dans le service du casernement.
4. Bâtiments et terrains pris à loyer par l'autorité militaire ou mis à sa disposition.
5. Exécution du service.
6 à 14. Attributions des différentes autorités.
15. Commission de casernement.
16. Garde et conservation des établissements du casernement.
17 à 24. Assiette du casernement.
25 à 33. Organisation et ameublement des logements et des accessoires de casernement.
34 à 41. Alimentation en eau. Eclairage et chauffage.
42 à 56. Occupation et évacuation du casernement.
57 à 64. Police des bâtiments militaires occupés par les troupes.
65 à 70. Dégradations et pertes.
71 à 77. Etablissements des services du commissariat, de santé, de la remonte, de la justice militaire et bureaux (autres que ceux des corps de troupe).
78 à 89. Locations.
90 à 92. Bâtiments et terrains mis temporairement à la disposition du service du casernement par les administrations publiques et les particuliers.
93 à 97. Travaux concernant les établissements du casernement.
98 à 110. Entretien du casernement par les corps ou services occupants.

Notice 1. Organisation des logements et accessoires du casernement, *B. C.*; vol. spl., p. 927.
— 2. Ameublement des pavillons, casernes et quartiers, objets d'ameublement fournis par le service de l'artillerie, *B. C.*, vol. spl., p. 935.
— 3. Nomenclature des travaux de réparation et d'entretien qui sont exécutés par les corps occupants dans les casernes, quartiers et accessoires du casernement, sur l'allocation pour réparations locatives et entretien du mobilier de casernement, *B. C.*, vol. spl., p. 945.
— 4. Ecritures à tenir pour l'exécution du service et la comptabilité de l'allocation pour réparations locatives et entretien du mobilier de casernement, *B. C.*, vol. spl., p. 947.
— 5. Inst. technique pour l'exécution des travaux de réparation et d'entretien du casernement par les corps ou services occupants, *B. C.*, vol. spl., p. 949.

8 juill. 1905 Inst. sur le fonctionnement administratif du service de santé colonial, art. 49, *B. C.*, p. 1356.

Casernets des ouvriers.

16 oct. 1903 Règl. sur les directions d'artillerie coloniale, art. 112, *B. C.*, vol. spl., p. 105.
16 janv. 1905 Inst. sur la comptabilité-matières (colonies), art. 334-335, *B. C.*, p. 217.

Casier électoral.

(Voir : *Incapacité électorale.*)

Casier judiciaire.

5 août 1899 Loi sur le casier judiciaire et la réhabilitation de droit, *B. M.*, p. 7; *B. G.*, E. M., vol. 59-2, p. 6; modifiée loi du 11 juillet 1900, *B. M.*, p. 66; *B. G.*, E. M., vol. 59-2.
12 déc. 1899 Décret pour l'application de la loi du 5 août 1899, *B. M.*, p. 11; *B. G.*, E. M., vol. 59-2, p. 14; modif. 7 juin 1900, *B. G.*, E. M., vol. 59-2, p. 40; modif. 13 novembre 1900, *B. M.*, p. 1091; *B. G.*, E. M., vol. 59-2, p. 46.
15 déc. 1899 Circ. du Ministre de la justice, *B. M.*, p. 16; *B. G.*, E. M., vol. 59-2, p. 24.
30 nov. 1900 Circ. du Ministre de la justice, *B. M.*, p. 1093; *B. G.*, E. M., vol. 59-2, p. 49.
22 déc. 1900 Circ. Application à l'armée de la circulaire du 30 novembre 1900 ci-dessus, *B. G.*, E. M., vol. 59-2, p. 58.
26 mars 1903 Décret. Application, aux colonies et pays de protectorat autres que la Tunisie, des dispositions législatives et réglementaires sur le casier judiciaire et la réhabilitation de droit; dispositions spéciales; *B. C.*, p. 236.
16 juin 1903 Arr. fixant : 1° le mode de délivrance des bulletins n° 2 (extrait du casier judiciaire) aux autorités militaires; 2° paiement de ces bulletins, *B. G.*, p. 937; erratum, *B. G.*, p. 1059; et circ. du 4 septembre 1903, *B. G.*, p. 1318.
18 nov. 1904 Production du bulletin n° 2 pour les hommes de la disponibilité et de la réserve qui demandent à contracter un rengagement dans les troupes coloniales, circ., *B. G.*, p. 1263.
31 déc. 1906 Notification d'une circulaire du Ministre de la justice (27 déc. 1906) relative à l'interdiction de lire à l'audience les bulletins n° 2 des accusés ou prévenus, *B. G.*, p. 1798.
9 janv. 1908 Circ. prescrivant de ne plus adresser les duplicata de bulletins n° 1 dont l'envoi est prévu par l'art. 4, alinéa 2 de l'instr. du 21 déc. 1899 pour les individus nés dans les pays avec lesquels se pratique l'échange international, *B. G.*, p. 8.

Casiers à serviettes.

6 juill. 1899 Description, *B. G.*, E. R., vol. 51 *bis*, p. 45.
16 oct. 1903 Description, *B. C.*, vol. spl., p. 983.

Casiers pour ferrures.

6 juill. 1899 Description, *B. G.*, E. R., vol. 51 *bis*, p. 45.
16 oct. 1903 Description, B. C., vol. spl., p. 983.

Casiers pour registres.

6 juill. 1899 Description, *B. G.*, E. R., vol. 51 *bis*, p. 44.
16 oct. 1903 Description, B. C., vol. spl., p. 983.

Casque colonial.

30 sept. 1903 Description des uniformes, art. 242, *B. G.*, vol. spl., T. C., p. 119.

6 déc. 1904 Circ. Remplacement des casques perdus en cours de traversée; approvisionnement à embarquer, *B. C.*, p. 1238.

30 déc. 1904 Circ. Délivrance de casques hors de service aux hommes de troupe voyageant à bord des paquebots, *B. G.*, p. 1921.

Cassation.

(Voir : *Conseils d'enquête. — Mutations.*)

25 mars 1838 La cassation des sous-officiers, caporaux ou brigadiers prévenus de crimes ou de délits ne doit pas avoir lieu préalablement à leur mise en jugement, *B. G.*, E. M., vol. 59-4, p. 51; et circ. 25 mai 1838, *B. G.*, E. R., vol. 78, p. 671.

18 nov. 1890 Circ. Tout gradé ou assimilé (clairons) qui s'est mis dans le cas de se voir refuser le certificat de bonne conduite doit être préalablement puni par la cassation, *B. C.*, p. 1204.

20 oct. 1892 Service intérieur. Inf., art. 318 à 322. Artill., art. 336 à 340. Cassation des militaires gradés, *B. G.*, E. R., vol. 78; complété par le décret du 26 novembre 1898, en ce qui concerne Madagascar et l'Indo-Chine, *B. M.*, p. 786; *B. C.*, p. 777; *B. G.*, E. R., vol. 78, p. 764.

9 oct. 1893 Renvoi à la 2e classe des soldats de 1re classe jugés indignes de conserver leurs galons, *B. G.*, E. R., vol. 78, p. 684.

28 déc. 1895 Art. 143 à 149. Cassation des gradés de la réserve et de l'armée territoriale, *B. G.*, E. R., vol. 71; et inst. du 7 avril 1906, art. 24; modif. 20 nov. 1906, *B. G.*, p. 1444.

26 avril 1898 Circ. Renvoi en France des sous-officiers en service aux colonies susceptibles d'être cassés ou rétrogradés par décision spéciale du Ministre, *B. M.*, p. 613; *B. C.*, p. 335.

12 mai 1902 Circ. Changement de corps des sous-officiers, caporaux ou brigadiers cassés étant en service à la Martinique, à la Guadeloupe ou à la Guyane, *B. G.*, p. 1002.

30 nov. 1903 Décret. Pouvoirs disciplinaires du commandant supérieur des troupes du groupe du Pacifique pour la cassation des caporaux ou brigadiers rengagés, *B. G.*, p. 1769; *B. C.*, p. 1153.

19 févr. 1904 Décret. Cassation et rétrogradation des militaires indigènes des troupes coloniales, *B. G.*, p. 223; *B. C.*, p. 176.

28 mars 1904 Circ. relative à la notification des décisions prononçant la cassation ou la rétrogradation des sous-officiers rengagés ou commissionnés; *B. G.*, p. 398.

4 oct. 1904 Circ. Mention à porter sur le livret individuel des hommes de troupe en ce qui concerne la cassation, *B. G.*, p. 1515.

21 mars 1905 Loi sur le recrutement, art. 68, cassation des sous-officiers, brigadiers ou caporaux rengagés, *B. G.*, p. 263; *B. C.*, p. 359; *B. G.*, E. M., vol. 68-1, p. 37.

5 juill. 1905 Circ. déterminant les formes à employer pour la cassation des caporaux ou brigadiers rengagés, *B. G.*, p. 1035.

0 févr. 1908 Service courant, art. 134 à 136. Cassation et rétrogradation, *B. G.*, E. M., vol. 74.

Catalogue des publications du service géographique.

(Voir : *Cartes géographiques.*)

Cautionnements.

(Voir : *Marchés.*)

1° *Dispositions générales.*

2 août 1808 Décret qui prescrit les formalités pour l'acquisition d'un privilège de la part des bailleurs de fonds pour cautionnements, *B. G.*, E. M., vol. 23, p. 3.

22 déc. 1812 Décret relatif aux déclarations à faire par les titulaires de cautionnements en faveur de leurs bailleurs de fonds pour leur faire acquérir le privilège de second ordre, *B. G.*, E. M., vol. 23, p. 3.

Cautionnements (*suite*).

9 juill. 1836 Loi de règlement de l'exercice 1833. Art. 16. Versement à la Caisse des dépôts et consignations des cautionnements non remboursés un an après la cessation des fonctions ou la réception des fournitures et travaux, *B. M.*, p. 701; *B. M. R.*, p. 311.

18 nov. 1882 Décret relatif aux adjudications et marchés passés au nom de l'Etat, *B. C.*, 1899, p. 1149; *B. G.*, E. M., vol. 25; art. 5 à 12.

21 déc. 1882 Circ. du directeur général de la Caisse des dépôts et consignations aux trésoriers-payeurs; fonctionnement du service des cautionnements; *B. C.*, 1889, p. 1048; *B. M.*, 1er sem. 1883, p. 214.

13 avril 1898 Loi de finances. Art. 56. Constitution des cautionnements des comptables de deniers publics et autres fonctionnaires, en rentes sur l'Etat, *B. C.*, p. 242.

2 juill. 1898 Décret pour l'application de l'art. 56 de la loi du 13 avril 1898, *B. G.*, E. M., vol. 23, p. 117; et circ. (finances), du 15 juillet 1898.

2° *Guerre.*

3 avril 1869 Règl. sur la comptabilité des dépenses, art. 37 et 181, et inst. d'application du 30 juillet 1903, *B. G.*, E. M., vol. 24.

25 févr. 1886 Circ. (finances). Certificats de réalisation de cautionnement à mettre à l'appui du premier mandat délivré aux entrepreneurs et fournisseurs, *B. G.*, E. M., vol. 25, p. 217; et circ. (guerre), du 25 décembre 1886, *B. G.*, E. M., vol. 25, p. 218.

29 août 1893 Circ. Fixation du taux de l'intérêt à servir aux ayants droit des sommes déposées à la Caisse des dépôts et consignations, *B. G.*, E. M., vol. 25, p. 216.

16 juin 1903 Inst. relative aux cautionnements et aux garanties exigées des soumissionnaires aux adjudications et des titulaires des marchés du département de la guerre, *B. G.*, E. M., vol. 25, p. 195; modif. 27 juin 1907, *B. G.*, p. 803.

6 déc. 1903 Annexe G. Cautionnement des adjudicataires des fumiers, *B. G.*, vol. spl., T. C., p. 237.

3° *Colonies.*

14 janv. 1869 Règlement financier, vol. spl.

Art. 33. Cautionnements pour la garantie des fonctions publiques.
57. Dépôts de garantie des soumissionnaires.
153. Réalisation du cautionnement des fournisseurs.

1er mai 1888 Circ. Les cautionnements du personnel, inscrits au Trésor, ne peuvent être remboursés que sur l'ordre du Ministre des finances, *B. C.*, p. 350.

27 avril 1896 Circ. Service des cautionnements du personnel employé aux colonies, *B. C.*, p. 234.

7 juill. 1899 Conditions générales des marchés, art. 6, 21, 33, 52, 71, 74, *B. C.*, p. 1113.

21 avril 1906 Inst. relative aux marchés passés par les corps de troupe aux colonies, *B. C.*, p. 384.

Cavalerie.

(Voir : *Spahis sénégalais.*)

6 déc. 1903 Décret réorganisant l'escadron de cavalerie indigène du Congo, cadres et effectifs, *B. G.*, p. 1807; *B. C.*, p. 1158.

10 déc. 1903 Décret. Création de l'escadron de cavalerie indigène de l'Indo-Chine, *B. G.*, p. 1841; *B. C.*, p. 1203; *B. G.*, E. M., T. C., vol. 1, p. 72.

28 nov. 1904 Inst. fixant les conditions des propositions et des désignations du personnel de la cavalerie appelé à servir dans les colonies et protectorats (Algérie et Tunisie exceptées) et les dispositions à prendre pour la relève de ce personnel, *B. G.*, p. 1709; *B. G.*, E. M., vol. 85, p. 31.

Cavaliers de remonte.

10 déc. 1903 Décret. Création d'un peloton de cavaliers de remonte en Indo-Chine; effectifs, *B. G.*, p. 1845; *B. C.*, p. 1206; *B. G.*, E. M., T. C., vol. 1, p. 76.

Ceinture de flanelle.

30 sept. 1903 Art. 217. Description, *B. G.*, vol. spl., T. C., p. 101.

Ceinture de gymnastique.

30 sept. 1903 Art. 375. Description, *B. G.*, vol. spl., T. C., p. 210.
6 déc. 1903 Achat au compte de la masse générale, *B. G.*, vol. spl., T. C., p. 226.

Ceinture de laine.

6 févr. 1900 La ceinture de laine ne devra être retirée aux militaires rapatriés des colonies qu'après avis du directeur du service de santé, *B. G.*, E. M., vol. 83, p. 260.

Ceinture de natation.

30 sept. 1903 Art. 379. Description, *B. G.*, vol. spl., T. C., p. 211.
6 déc. 1903 Achat au compte de la masse générale d'entretien, *B. G.*, vol. spl., T. C., p. 226.

Ceinture des officiers généraux et assimilés.

4 juin 1907 Suppression de la ceinture dans la tenue des officiers généraux, *B. G.*, p. 762.

Ceinturon.

sept. 1903 Description des uniformes.

Art. 28. Ceinturon de sabre ou d'épée des officiers de tous grades.
Art. 250. Ceinturon de l'infanterie coloniale.
Art. 345. Ceinturon de sous-officier rengagé (infanterie), *B. G.*, vol. spl., T. C.
(Artillerie coloniale, voir descriptif du 1er juillet 1907 ci-après.)

6 déc. 1903 Achat au compte de la masse générale d'entretien, *B. G.*, vol. spl., T. C., p. 224.
1er déc. 1906 Description des uniformes, art. 37 et 78. Ceinturon d'épée des officiers généraux et assimilés, *B. G.*, E. M., vol. 104, p. 58 et 99.
1er juil. 1907 Description des uniformes.
Art. 881. Ceinturon des hommes montés de l'artillerie, *B. G.*, E. M., vol. 105-3, p. 182.
Art. 882. Ceinturon des hommes non montés de l'artillerie, *B. G.*, E. M., vol. 105-3, p. 182.

Centimes.

déc. 1857 Recommandation de forcer d'un centime lorsque, dans les opérations d'évaluation, le calcul donne 5 millimes et au-dessus, *B. M.*, p. 1815; *B. M.*, R., p. 186.

Centralisation des corps de troupe.

(Voir : *Registres.*)

4 mai 1897 Circ. Envoi au département des colonies d'une copie du relevé sommaire du registre de centralisation des recettes et des dépenses de chaque corps de troupe stationné aux colonies, *B. C.*, p. 524.

Cercles et bibliothèques militaires.

(Voir : *Assurances.* — *Bibliothèques militaires.* — *Mess.*)

12 juill. 1886 Décr. Organisation des cercles et bibliothèques militaires, *B. G.*, E. R., vol. 75, p. 251.

12 juill. 1886 Décr. Retenue à exercer sur la solde des officiers, *B. G.*, E. R., vol. 75, p. 252.

5 févr. 1887 Décr. Organisation du Cercle national des armées de terre et de mer, *B. G.*, E. R., vol. 75, p. 254.

24 juin 1889 Admission des officiers de réserve et de l'armée territoriale dans les cercles militaires, *B. G.*, E. M., vol. 31, p. 68.

17 mars 1891 Décr. qui reconnaît comme établissements d'utilité publique l'œuvre des cercles-bibliothèques des sous-officiers et soldats, *B. G.*, E. M., vol. 85, p. 280.

7 mars 1899 Inst. sur l'organisation des bibliothèques militaires, *B. G.*, E. M., vol. 55-2, p. 163; modif. art. 3, 13 octobre 1906, *B. G.*, p. 1338.

8 oct. 1900 Circ. relative à l'introduction des journaux dans les cercles militaires, *B. G.*, E. M., vol. 31, p. 42.

19 déc. 1904 Circ. Les cercles des sous-officiers et les salles de récréation des hommes de troupe pourront s'abonner à la publication hebdomadaire *L'Armée et la Nation*, *B. G.*, E. M., vol. 31, p. 45.

30 janv. 1905 Circ. Perception à titre remboursable du café destiné à la consommation des cercles de sous-officiers, *B. G.*, p. 73.

21 févr. 1905 Circ. relative à la création dans les corps de troupe de mess et de cercles pour les sous-officiers, *B. G.*, p. 134.

29 janv. 1906 Circ. Fonctionnement aux colonies des cercles et bibliothèques d'officiers, *B. C.*, p. 38.

4 juill. 1906 Circ. Organisation de mess et de cercles pour les sous-officiers, *B. G.*, p. 872.

14 sept. 1906 Circ. relative à l'organisation des bibliothèques à l'usage des hommes de troupe; catalogues des ouvrages, *B. G.*, p. 1241.

18 oct. 1906 Inst. sur l'organisation et le fonctionnement des bibliothèques de troupe, *B. G.*, p. 1355.

15 févr. 1907 Circ. interprétative de l'inst. du 18 octobre 1906, relative aux bibliothèques de troupe, *B. G.*, p. 124.

Certificats.

2 juill. 1878 Circ. Interdiction de délivrer aux entrepreneurs, fournisseurs, etc., des certificats de bon service, insertion autorisée le 31 décembre 1904, *B. G.*, p. 1910; *B. G.*, E. M., vol. 31, p. 73.

20 oct. 1892 Service intérieur : Inf., art. 327; Artil., art. 345. Interdiction de délivrer aucune autre attestation de bons services ou de moralité que le certificat de bonne conduite, *B. G.*, E. R., vol. 78.

Certificat d'aptitude aux emplois civils et militaires.

(Voir : *Emplois civils et militaires.*)

Certificat de bien vivre.

4 oct. 1891 Service des places, art. 162, *B. G.*, E. R., vol. 75.

Certificat de bonne conduite.

20 oct. 1892 Service intérieur : Inf., art. 327; Artil., art. 345, *B. G.*, E. R., vol. 78; modif. 26 juin 1901, *B. G.*, p. 141, 2e sem.; modif. 20 février 1903 (suppression de l'inscription des punitions), *B. G.*, p. 173.

23 déc. 1897 Circ. Délivrance, aux militaires libérables rentrant des colonies, d'une attestation qu'ils n'ont pu être mis en possession de leur livret et d'un certificat de bonne conduite, *B. M.*, p. 711.

23 mai 1903 Circ. autorisant les chefs de corps ou de service à délivrer à des sociétés industrielles des certificats mensuels constatant que les militaires sous leurs ordres ont une bonne conduite, *B. G.*, E. M., vol. 31, p. 87.

Certificat de bonne conduite (*suite*).

4 août 1903 Application, sur leur demande, aux hommes libérés du service actif, du décret du 20 février 1903 relatif à la suppression de l'indication des punitions de prison et de cellule encourues, sur le certificat de bonne conduite, *B. G.*, p. 1150.

23 déc. 1903 Arr., art. 23. Mention sur les matricules, relevés et certificats de services, *B. G.*, E. M., vol. 10, p. 66.

11 janv. 1908 Circ. Interdiction de faire connaître aux particuliers si les hommes ont ou non obtenu le certificat de bonne conduite et de refuser tous renseignements sur la conduite des hommes sous les drapeaux, *B. G.*, p. 34.

Certificat de bonnes vie et mœurs.

(Voir : *Engagements volontaires.*)

Certificat de cessation de paiement.

(Voir : *Légion d'honneur*, 24 octobre 1872.)

22 juin 1847 Art. 707. vol. spl.

29 mai 1889 Indications à porter sur les certificats de cessation de paiement délivrés par les fonctionnaires de l'intendance aux militaires admis à la retraite, *B. G.*, E. R., vol. 66, p. 209.

24 juin 1902 Certificats de cessation de paiement à délivrer pour les premiers arrérages des pensions des troupes coloniales, *B. G.*, p. 1381.

6 déc. 1903 Art. 128, *B. G.*, vol. spl., T. C., p. 50.

15 avril 1908 Circ. Etablissement des certificats délivrés par les fonctionnaires de l'intendance aux militaires admis à la retraite, *B. G.*, p. 489.

Certificat de mariage.

(Voir : *Mariage.*)

Certificat de position militaire.

23 déc. 1903 Arr., art. 26. Délivrance dans certains cas d'un certificat de position militaire en remplacement de l'état signalétique des services, *B. G.*, p. 1958; *B. G.*, E. M., vol. 10, p. 68.

Certificat de services.

23 déc. 1903 Arr., art. 2 et 24. Certificats de services délivrés par le Ministre de la guerre, *B. G.*, p. 1956; modif. 13 février 1905, *B. G.*, p. 114; *B. G.*, E. M., vol. 10, p. 67; modif. 28 juin 1907, *B. G.*, p. 1309.

Certificat de vie.

15 mai 1861 Certificats de vie établis par les fonctionnaires de l'intendance pour le paiement des traitements de la Légion d'honneur et de la médaille militaire aux officiers sans troupe, aux militaires de tous grades détachés des corps, aux fonctionnaires et employés militaires, *B. G.*, E. R., vol. 30, p. 27.

28 mai 1861 Transmission en franchise, *B. G.*, E. R., vol. 38, p. 25.

25 mars 1880 Circ. Les certificats de vie des pensionnaires doivent être datés en toutes lettres, *B. M.*, p. 110.

23 mars 1891 Circ. Date des certificats de vie, *B. M.*, p. 415; *B. C.*, p. 241.

31 mars 1906 Inst., art. 11. Certificat de vie des titulaires de gratifications de réforme, *B. G.*, E. M., vol. 66-2, p. 20.

Certificat d'origine de blessure ou de maladie.

(Voir : *Blessures ou infirmités. — Certificats médicaux.*)

2 juill. 1831 Ord. sur les justifications à faire en matière de pensions, art. 5 et 6, *B. G.*, E. R., vol. 66, p. 30.

19 mars 1902 Circ. Tenue d'un registre des certificats d'origine de blessure ou de maladie, *B. G.*, E. M., vol. 83, p. 50.

8 sept. 1902 Application aux colonies de la circ. du 19 mars 1902, *B. G.*, p. 1909.

9 sept. 1903 Etablissement des certificats d'origine de blessure ou de maladie pour les militaires isolés, *B. G.*, p. 1320; complétée 16 avril 1904, *B. G.*, p. 464.

10 nov. 1904 Circ. Les militaires dirigés sur les hôpitaux de la métropole doivent toujours être porteurs des pièces prévues par les art. 204 et 209 du règl. sur le service de santé à l'intérieur et du certificat d'origine de maladie, *B. C.*, p. 1089.

Certificats médicaux.

(Voir : *Blessures ou infirmités. — Certificat d'origine de blessure ou de maladie. — Pensions.*)

8 avril 1864 Les certificats de genre de mort des militaires de la marine décédés au service doivent être transmis sans retard, *B. M.*, p. 279; *B. M.*, R., p. 517.

24 mai 1886 Circ. Légalisation des certificats médicaux établis pour les pensions, *B. M.*, p. 937.

25 nov. 1889 Service de santé à l'intérieur.

Art. 143. Certificat de visite et de contre-visite et mod. 35.
275. Constatation de l'incurabilité.

Notice 5, sur les divers certificats que les médecins militaires sont appelés à établir, *B. G.*, E. M., vol. 80.

24 févr. 1897 Libellé des certificats de visite et de contre-visite du personnel colonial, *B. G.*, E. M., vol. 83, p. 48.

23 mars 1897 Inst. générale pour l'établissement des demandes et propositions de pensions, *B. G.*, E. R., vol. 66.

28 avril 1902 Circ. Non-délivrance aux personnels des troupes coloniales du certificat d'incurabilité dans le cas de maladies déclarées incurables aux colonies, mais susceptibles de guérison en France, *B. G.*, p. 773.

8 oct. 1904 Inst. pour la rédaction des certificats médicaux en matière de pensions et de gratifications de réforme, *B. G.*, p. 1521.

5 déc. 1904 Circ. Les certificats médicaux concernant les militaires des troupes coloniales doivent être établis conformément aux modèles fixés par le règl. du 25 novembre 1889 sur le service de santé à l'intérieur et par le décret du 9 février 1902 sur les congés. Rédaction des certificats, *B. G.*, p. 1820

24 août 1905 Circ. Dossier médical des militaires rapatriés des colonies pour raisons de santé, *B. G.*, p. 1260.

31 mars 1906 Inst., art. 30. Etablissement des certificats médicaux en vue de l'attribution des gratifications de réforme, *B. G.*, E. M., vol. 66-2, p. 29.

1er mai 1906 Inst. sur les successions des militaires aux colonies, art. 7. Certificat de genre de mort, *B. C.*, p. 424.

Cessions.

(Voir : *Cartouches. — Comptabilité finances* (3 juin 1902). — *Ferrure. Matériel d'artillerie. — Médicaments. — Remonte.*)

1° *Guerre.*

20 mai 1896 Note interdisant aux officiers de participer aux fournitures faites à la troupe, *B. G.*, E. M., vol. 31, p. 84.

14 juin 1900 Inst. sur le service des subsistances, art. 537 à 539. Cession des matières et denrées du service des subsistances, *B. G.*, E. R., vol. 91.

Cessions (*suite*).

27 oct. 1902 Circ. Pièces à établir par les corps des troupes coloniales en France pour permettre les remboursements entre les ministères de la guerre et des colonies de la valeur des effets et objets emportés et rapportés par les militaires dirigés sur une colonie ou rapatriés en France, *B. G.*, p. 2081.

26 déc. 1902 Décr. sur la comptabilité-matières, art. 13, et inst. du 30 décembre 1902, *B. G.*, E. M., vol. 27, p. 16 et 55.

6 déc. 1903 Annexe J. Dispositions relatives aux cessions au ministère des colonies, *B. G.*, vol. spl., T. C., p. 262

8 févr. 1907 Inst., art. 33 à 39. Cessions de combustibles de chauffage et d'éclairage à titre remboursable, *B. G.*, E. M., vol. 5, p. 128 et suiv.

3 oct. 1907 Circ. Suppression de la faculté, pour les coopératives militaires, d'acheter du vin à l'administration, *B. G.*, p. 1500.

2° *Colonies.*

22 juin 1847 Inst. relative au remboursement des cessions, *B. M.*, R., p. 681.

8 juin 1848 Circ. Mode de régularisation des cessions qui peuvent avoir lieu entre les services de l'habillement et du petit équipement dans les corps de troupe, *B. M.*, R., p. 62.

11 janv. 1855 Circ. Les cessions de chapitre à chapitre seront remboursées au moyen de virements de crédits. Ces remboursements ne seront pas notifiés aux ports et aux colonies et les écritures centrales seules en feront mention, *B. M.*, p. 12.

30 juin 1883 Inst. relative à la régularisation des cessions de chapitre à chapitre, *B. M.*, p. 951.

19 nov. 1888 Circ. Régularisation des cessions de chapitre à chapitre, *B. M.*, p. 579.

2 juill. 1901 Circ. Taux de remboursement des cessions de petit équipement et d'objets divers aux masses des corps de troupe, *B. C.*, p. 638.

6 nov. 1901 Circ. Remboursement des cessions de vivres, fourrages et médicaments. Versement préalable au Trésor. Transmission des récépissés, *B. C.*, p. 1021.

17 déc. 1902 Circ. Les cessions d'effets d'habillement et de petit équipement faites aux corps de troupe européens et indigènes par la métropole doivent être remboursées dès la réception des états de cession, *B. C.*, p. 1286.

16 oct. 1903 Règl. sur les directions d'artillerie, art. 65 et 66, *B. C.*, vol. spl., p. 82; modif. 2 octobre 1905, *B. C.*, p. 1056.

16 janv. 1905 Inst. sur la comptabilité-matières, art. 58 à 62, 155 à 163, 275, 297, *B. C.*, p. 154 et suiv.

24 avril 1907 Circ. Conditions des cessions réciproques entre le service marine et les services coloniaux ou locaux. Remboursement sans majoration.

Chaines d'attache.

6 juill. 1899 Description, *B. G.*, E. R., vol. 51 *bis*, p. 45.

16 oct. 1903 Description, *B. C.*, vol. spl., p. 983.

Chaises de caserne.

6 juill. 1899 Achat dans le commerce, *B. G.*, E. R., vol. 51 *bis*, p. 46.

16 oct. 1903 Achat dans le commerce, *B. C.*, vol. spl., p. 984.

Championnat du cheval d'armes.

4 juill. 1903 Circ. fixant les conditions d'un concours annuel pour le championnat du cheval d'armes, *B. G.*, E. M., vol. 55-1, p. 60; modif. 24 février 1905, *B. G.*, p. 156.

Changements de corps et d'arme.

(Voir : *Gendarmerie*. — *Permutations*.)

21 nov. 1891 Envoi d'un extrait du registre médical d'incorporation pour chaque homme changeant de corps, *B. G.*, E. M., vol. 83, p. 383.
17 janv. 1895 Circ. Les demandes de passage des militaires rengagés des troupes métropolitaines pour les escadrons de spahis ne doivent être acceptées que dans la dernière année de rengagement, *B. M.*, p. 25; *B. C.*, p. 69.
29 oct. 1896 Circ. Les demandes de passage dans l'armée de terre formulées par les militaires des troupes de la marine ne sont susceptibles d'être accueillies que dans la dernière année de rengagement, sauf permutation, *B. M.*, p. 562; *B. C.*, p. 649.
1er oct. 1901 Circ. Changement de corps ou de résidence pour convenances personnelles des officiers et assimilés, sous-officiers rengagés de toutes armes, employés militaires de l'artillerie et du génie après 4 ans de séjour dans la résidence ou de présence au corps, *B. G.*, p. 912.
12 mai 1902 Circ. Changement de corps des sous-officiers, caporaux ou brigadiers cassés étant en service à la Martinique, à la Guadeloupe et à la Guyane, *B. G.*, p. 1002.
12 nov. 1903 Arr. Changement de corps des militaires non gradés, mariés ou veufs avec enfant, *B. G.*, P. S., p. 1013.
22 nov. 1904 Décr. modifiant l'ord. du 16 mars 1838 en ce qui concerne les changements de corps pour convenances personnelles, *B. G.*, p. 1745.
22 nov. 1904 Inst. pour l'application du décret du 22 novembre 1904, *B. G.*, p. 1748.
21 mars 1905 Loi sur le recrutement, art. 56. Passage des militaires des T. M. dans les T. C., *B. G.*, p. 263; *B. C.*, p. 359; *B. G.*, E. M., vol. 68-1, p. 31.
14 sept. 1905 Interprétation de l'arr. du 12 novembre 1903 ci-dessus, *B. G.*, p. 1391; erratum, *B. G.*, p. 1672.
8 nov. 1905 Circ. Application de l'inst. du 22 novembre 1904, indication de la garnison à rejoindre par l'officier changé de corps ou de service, *B. G.*, p. 1683.
25 avril 1906 Circ. relative au passage dans les T. C. des militaires des T. M. ayant moins d'un an de service et n'étant pas liés au service pour deux ans et trois mois au delà de 21 ans révolus, *B. G.*, p. 518; *B. G.*, E. M., T. C., vol. 2, p. 48.
19 juill. 1906 Décr. autorisant les officiers des réserves et assimilés à changer d'arme ou de service, *B. G.*, p. 911.
8 avril 1907 Arr. Formes dans lesquelles les officiers des réserves demandant à changer d'arme ou de service doivent justifier qu'ils remplissent les conditions d'aptitude nécessaires, *B. G.*, p. 430.
6 juin 1907 Circ. relative au passage des militaires des troupes métropolitaines dans les troupes coloniales, *B. G.*, p. 812; *B. G.*, E. M., T. C., vol. 2, p. 49.
10 févr. 1908 Service courant, *B. G.*, E. M., vol. 74.

A) Changement de corps des officiers et employés militaires.

Art. 219. Transmission des lettres de service. Sursis.
220. Mutations. Gouvernements militaires et corps d'armée.
221. Mutations. Tunisie et colonies.
223. Changement de corps ou de résidence des officiers pour convenances personnelles.
224. Changement de corps ou de résidence des sous-officiers rengagés, pour convenances personnelles.
230. Dispositions spéciales aux troupes coloniales.
234. Officiers et sous-officiers qui demandent à servir aux colonies et dans les pays de protectorat.

B) Changement de corps et d'arme des hommes de troupe.

Art. 236. Changement de corps pour convenances personnelles et pour raisons de santé.
237. Permutations entre les sous-officiers non rengagés et les caporaux ou brigadiers.
238. Changement de corps ou d'arme des soldats ordonnances.
239. Changement de corps ou d'arme d'office des ouvriers militaires des corps de troupe.

Changements de corps et d'arme (*suite*).

240. Changement de corps ou d'arme par mesure de discipline.
241-242. Passage par voie de changement de corps ou d'arme des troupes métropolitaines dans les troupes coloniales et *vice versa*.
243-244. Passage dans les équipages de la flotte et *vice versa*.
245. Changements de corps aux colonies.
246. Passage des corps de troupes coloniaux dans certains corps spéciaux des mêmes troupes.
247. Changement d'arme pour inaptitude physique ; modif. 5 mars 1908, *B. G.*, p. 587.

Changement de domicile et de résidence.

(Voir : *Changements de corps et d'arme.* — *Congés* (4 novembre 1902). *Non-activité.*)

28 déc. 1895 Art. 110 à 133. Changement de domicile, de résidence et d'adresse des hommes des réserves, *B. G.*, E. R., vol. 71, et inst. du 7 avril 1906, art. 23.

21 mars 1905 Loi sur le recrutement, art. 45. Obligations des hommes des réserves en cas de déplacement, *B. G.*, p. 263 ; *B. C.*, p. 359 ; *B. G.*, E. M., vol. 68-1, p. 26.

31 mars 1906 Inst., art. 22 et 23. Changement de domicile et de résidence des titulaires de gratifications de réforme, *B. G.*, E. M., vol. 66-2, p. 25.

Chant.

30 sept. 1867 Enseignement du chant dans l'infanterie de marine, *B. M.*, p. 321 ; *B. M.*, R., p. 236.

30 janv. 1908 Dépenses à la charge de la masse d'entretien aux colonies.

Chantiers pour magasins aux munitions.

6 juill. 1899 Description, *B. G.*, E. R., vol. 51 *bis*, p. 46.

16 oct. 1903 Description, *B. C.*, vol. spl., p. 985.

Chapeau des officiers généraux.

1er déc. 1906 Description des uniformes, art. 28 et 73, *B. G.*, E. M., vol. 104, p. 49 et 97. Plume frisée, p. 97.

Charbon de terre.

(Voir : *Cessions.*)

Charrettes à bras.

8 févr. 1907 Inst., art. 7. Achat au compte de la masse de chauffage et d'éclairage de charrettes pour le transport du combustible, *B. G.*, E. M., vol. 5, p. 109.

Charte-partie.

(Voir : *Transports maritimes.*)

Chasse.

28 mai 1895 Service en campagne, art. 127. Interdiction de la chasse en campagne. Surveillance de la gendarmerie, *B. G.*, E. M.. vol. 76.

Chauffage.

(Voir : *Casernement. — Eclairage. — Masse de casernement.*)

1° *Guerre.*

28 nov. 1906 Inst. relative à la passation des marchés régionaux par le service de l'intendance pour la fourniture des combustibles minéraux nécessaires aux corps de troupe, et éventuellement à des établissements militaires, *B. G.*, E. M., vol. 5 *bis.*

28 nov. 1906 Cahier des charges générales pour la fourniture des combustibles minéraux nécessaires aux corps de troupe et, éventuellement, à des établissements militaires; modif 14 février 1908, *B. G.*, p. 223.

27 déc. 1906 Circ. Mesures à prendre pour l'entretien et la conduite des poêles dans les chambres, *B. G.*, p. 1763.

8 févr. 1907 Règl. sur le service du chauffage et de l'éclairage dans les corps de troupe, *B. G.*, E. M., vol. 5; err. (modèles), *B. G.*, 1907, p. 576; err., p. 989; corrections, p. 1199; err., tarif 3 et mod. 4, *B. G.*, 1908, p. 187.

Art. 1 à 7. Masse d'éclairage et de chauffage.
8 à 11. Bases des allocations. — Combustible.
12. Bases des allocations. — Matériel.
13. Exécution du service en cas de mobilisation et en temps de guerre.
15. Dispositions spéciales aux troupes coloniales.
16. Etablissements auxquels le décret n'est pas applicable.
Tarif 1. Allocation de combustibles pour la préparation du café.
2. Durée du chauffage d'hiver.
3. Chauffage d'hiver. — Bases des allocations.
— 2. Durée du chauffage d'hiver.
— 3. Chauffage d'hiver. — Bases des allocations.
— 4. Allocations spéciales pour le service des bains et des douches et pour la préparation des médicaments et des boissons hygiéniques.
— 5. Bois d'allumage pour le chauffage au charbon de terre et au coke.
— 6. Achat, renouvellement et entretien du matériel de chauffage. — Frais accessoires.
Annexe A. Nomenclature des dépenses incombant à la masse de chauffage et d'éclairage.
— B. Allocations supplémentaires de chauffage attribuées aux troupes stationnées dans certaines places et dans divers ouvrages, complétée 13 mars 1908, *B. G.*, p. 391.

8 févr. 1907 Inst. pour l'application du règlement sur le service du chauffage et de l'éclairage dans les corps de troupe, *B. G.*, E. M., vol. 5, p. 102.

Annexe 1. Tableau de classification du matériel au point de vue des règles d'achat ou d'exécution des travaux.
— 2. Appareils de cuisine.
Notice 1. Matériel pour la préparation des aliments.
— 2. Matériel de chauffage d'hiver.
— 3. Matériel de chauffage et d'éclairage des corps de garde.

8 févr. 1907 Nomenclature E du matériel du service du chauffage et de l'éclairage; err., 8 juillet 1907, *B. G.*, p. 879.

11 sept. 1907 Inst. pour l'application aux troupes coloniales du règlement du 8 février 1907, *B. G.*, p. 1405.

11 déc. 1907 Circ. Fourniture du charbon de terre nécessaire aux corps de troupe pendant leur séjour dans les camps d'instruction, *B. G.*, p. 1821.

15 avril 1908 Circ. Imputation à la masse de chauffage des dépenses d'achat, d'entretien et de renouvellement des moulins à café nécessaires aux corps de troupe, *B. G.*, p. 511.

Chauffage (*suite*).

2° *Colonies*.

8 nov. 1847 Inst., titre II, § 1 à 68, 69, 71. Chauffage des troupes aux colonies, *B. M.*, R., p. 737; complétée 18 novembre 1847, *B. M.*, R., p. 789.
18 janv. 1907 Décret créant une masse de casernement aux colonies, *B. C.*, p. 5, et inst. du 20 janvier 1907, fourniture des appareils de chauffage dans les corps de troupe au compte de la masse, *B. C.*, p. 10.
30 janv. 1908 Chauffage des bureaux à la charge de la masse d'entretien dans les corps de troupe aux colonies.

Chaussons.

6 déc. 1903 Frais de confection au compte de la masse générale d'entretien, *B. G.*, vol. spl., T. C., p. 225.

Chaussures.

(Voir : *Bottines*. — *Brodequins*. — *Souliers*.)

21 déc. 1885 Inst. relative au nettoyage des chaussures ayant servi et réintégrées en magasin, *B. G.*, E. M., vol. 4, p. 15; modif. 2 avril 1908, *B. G.*, p. 466.
21 juill. 1893 Circ. Port des brodequins et de la chaussure de repos, *B. G.*, E. M., vol. 4, p. 46.
30 sept. 1903 Description des uniformes, art. 425. Inst. pour le clouage des chaussures dans les corps de troupe, *B. G.*, vol. spl., T. C.
2 mai 1908 Circ. Manière de faire sécher les chaussures mouillées, *B. G.*, p. 683.

Chaux.

6 juill. 1899 Qualité de la chaux à employer, *B. G.*, E. R., vol. 51 *bis*, p. 4.
16 oct. 1903 Qualité de la chaux à employer, *B. C.*, vol. spl., p. 949.

Chefs armuriers.

(Voir : *Armuriers*.)

Chef de bataillon.

8 févr. 1907 Inst., art. 98. Action en ce qui concerne le chauffage et l'éclairage, *B. G.*, E. M., vol. 5, p. 184.

Chef de corps.

(Voir : *Différentes masses*.)

ATTRIBUTIONS ET RESPONSABILITÉ.

Administration et comptabilité en France, 6 décembre 1903, art. 37, 38, 87, 88, *B. G.*, vol. spl., T. C., p. 15 et 31; aux colonies, ord. du 22 juin 1847, art. 609, 614, 650, vol. spl. — Armement, 30 août 1884 (France), *B. G.*, E. R., vol. 19; (colonies), 28 décembre 1905, art. 15. — Casernement (France), 3 mars 1899, *B. G.*, E. R., vol. 51; (colonies), 16 octobre 1903, art. 11 et 58, *B. C.*, vol. spl., p. 887 et 906, et inst. du 20 janvier 1907, art. 15, *B. C.*, n° 1 *bis*. — Ordinaires (France), 22 avril 1905 *B. G.*, E. M., vol. 7; (colonies), 11 décembre 1906, *B. C.*, p. 1158. — Service intérieur, *B. G.*, E. R., vol. 78. — Chauffage et éclairage, 8 février 1907, art. 96, *B. G.*, E. M., vol. 5, p. 184.

Chevalet de pointage.

29 oct. 1897 Note. Emploi du chevalet de pointage Benuraud. Achat au compte de la masse des écoles, *B. G.*, E. M., vol. 55-2, p. 101.

Chevalet pour scier le bois.

6 juill. 1899 Description, *B. G.*, E. R., vol. 51 *bis*, p. 47.
16 oct. 1903 Description, *B. C.*, vol. spl., p. 985.

Chevalet pour tableau noir.

6 juill. 1899 Description, *B. G*, E. R., vol. 51 *bis*, p. 46.
16 oct. 1903 Description, *B. C.*, vol. spl., p. 984.

Chevaux.

(Voir : *Abatage des chevaux.* — *Abreuvage des chevaux.* — *Accidents. Age des chevaux.* — *Remonte.*)

20 oct. 1892 Service intérieur : Inf., art. 265. Promenade des chevaux, *B. G.*, E. R., vol. 78, p. 108.
25 mai 1898 Circ. Promenades isolées des chevaux d'officiers montés, *B. G.*, E. R., vol. 75, p. 261.
31 mai 1899 Inst. Noms à conserver aux chevaux achetés par la remonte. Papiers d'origine à faire suivre en cas de mutations, *B. G.*, E. M., vol. 69, p. 238.

Chiens.

16 avril 1888 Circ. interdisant de tolérer ou de laisser pénétrer des chiens dans les casernes et autres établissements militaires, *B. G.*, E. R., vol. 78, p. 658.
20 oct. 1892 Service intérieur : Inf., art. 243; Artil., art. 278. Les sentinelles ne laissent entrer aucun chien dans les casernes, *B. G.*, E. R., vol. 78.

Chine.

11 févr. 1901 Relève des militaires du corps expéditionnaire, *B. G.*, P. S., p. 271.
11 mars 1901 Circ. Délivrance de congés de convalescence ou de fin de campagne aux militaires rapatriés, *B. G.*, P. S., p. 473.
5 juill. 1901 Circ. Congés de fin de campagne, *B. G.*, P. S., p. 23.
13 juill. 1901 Indemnité spéciale de frais de bureau aux trésoriers des troupes coloniales chargés de la tenue de la matricule des militaires rapatriés de Chine, *B. G.*, P. S., p. 46.
7 nov. 1901 Circ. Libération des engagés volontaires pour la durée de l'expédition de Chine, *B. G.*, p. 1064; modif. 24 avril 1902, *B. G.*, p. 665.
19 déc. 1901 Décr. plaçant, à compter du 1er janvier 1902, la brigade d'occupation de Chine et la réserve stationnée au Tonkin sous l'autorité du Ministre de la guerre, *B. G.*, p. 1495; *B. G.*, E. M., T. C., vol. 1, p. 26.
10 févr. 1902 Circ. Suppression des concessions de secours au titre de l'expédition de Chine, *B. G.*, p. 191.
16 juin 1902 Déc. prés. Traitement des agents du commissariat et des comptables des matières des colonies appelés à servir en Chine, *B. G.*, p. 1285.
7 oct. 1902 Déc. accordant aux officiers subalternes et aux services du corps d'occupation de Chine et de la brigade de réserve au Tonkin, une indemnité en remplacement des ordonnances et des plantons français qui seront supprimés dans ces corps et services, *B. G.*, p. 1971.
31 mars 1903 Loi de finances, art. 62. La Caisse des dépôts et consignations est chargée du paiement des pensions et secours attribués au titre de l'expédition de Chine, *B. C.*, p. 261.
26 juin 1903 Décr. Suppression des franchises postales accordées aux militaires de la brigade d'occupation de Chine, *B. G.*, P. S., p. 693.

Ciments.

5 juill. 1899 Qualité, *B. G.*, E. R., vol. 51 *bis*, p. 4.
3 oct. 1903 Qualité, *B. C.*, vol. spl., p. 949.

Cipahis de l'Inde.

7 mars 1907 Décret supprimant le corps des cipahis. Pensions et soldes de réforme à allouer; *B. G.*, p. 318; *B. C.*, p. 178.
2 mai 1908 Décret créant une force de police locale destinée à remplacer les cipahis dans les établissements de l'Inde.

Circonstances atténuantes.

(Voir : *Justice militaire.*)

Cisaille portative à main.

5 mai 1906 Note sur la cisaille portative à main (modèle 1905).

Ciseaux.

) sept. 1903 Art. 456. Ciseaux du sac de petite monture, *B. G.*, vol. spl., T. C., p. 283.

Citations.

3 mai 1895 Service en campagne, art. 141, *B. G.*, E. M., vol. 76.
3 janv. 1898 Circ. Nouvelles dispositions concernant les citations à l'ordre du jour *B. M.*, p. 107.
3 déc. 1903 Annexe D. Inscription sur les matricules et les livrets, *B. G.*, vol. spl., T. C., p. 155.
3 déc. 1903 Arr., art. 33. Inscription sur les matricules, livrets, certificats et relevés de services, *B. G.*, p. 1948; *B. G.*, E. M., vol. 10, p. 71; modif. 11 juillet 1907, *B. G.*, p. 905.
) févr. 1908 Service courant, art. 277. Mode d'accorder les citations, *B. G.*, E. M., vol. 74.

Citations devant les tribunaux.

) juin 1857 Code de justice militaire, art. 103, *B. G.*, E. R., vol. 56.
5 janv. 1901 Notification aux militaires présents sous les drapeaux des citations à comparaître, *B. G.*, p. 282.

Civière pour magasin à munitions.

6 juill. 1899 Description, *B. G.*, E. R., vol. 51 *bis*, p. 47.
6 oct. 1903 Description, *B. C.*, vol. spl., p. 985.

Clairons.

(Voir : *Avancement.*)

0 oct. 1892 Service intérieur : Inf., art. 193 à 196. Instruction. Nominations. Service, *B. G.*, E. R., vol. 78.
6 mars 1898 Circ. Clairons faisant partie des détachements de relève allant aux colonies ou en revenant, instruments à délivrer, un par 30 hommes, *B. M.*, p. 400; *B. C.*, p. 204.
6 déc. 1903 Achat au compte de la masse générale d'entretien dans la métropole, *B. G.*, vol. spl., T. C., p. 226.
0 janv. 1908 Achat au compte de la masse d'entretien aux colonies.

Classement des passagers.

(Voir : *Commandant des troupes passagères.* — *Passages.*)

Classement des tireurs.

(Voir : *Tir.*)

Classification des blessures ou infirmités.

(Voir : *Blessures ou infirmités.*)

Clichés photographiques.

(Voir : *Franchises postales, etc.*)

Clientèle civile.

(Voir : *Exercice de la médecine.*)

13 sept. 1886 Interdiction aux maîtres ouvriers d'avoir une clientèle civile, *B. G.*, E. M., vol. 4, p. 17.

30 mars 1893 Circ. relative à l'exercice de la médecine civile par les médecins militaires, *B. G.*, E. M., vol. 83, p. 354.

14 mars 1896 Décr., art. 8. La clientèle civile est interdite à tous les vétérinaires de l'armée, *B. G.*, E. R., vol. 84, p. 6.

12 avril 1906 Inst. Exercice de la clientèle civile par les médecins et vétérinaires, *B. G.*, p. 524; *B. G.*, E. M., vol. 31, p. 19.

Clouage des chaussures.

(Voir : *Chaussures.*)

Coaltarisation.

(Voir : *Casernement.*)

Code de justice militaire.

(Voir : *Justice militaire.*)

Coffre à avoine.

6 juill. 1899 Description, *B. G.*, E. R., vol. 51 *bis*, p. 47.

16 oct. 1903 Description, *B. C.*, vol. spl., p. 985.

Coffres à charbon.

8 févr. 1907 Inst., art. 108. Construction par les corps au compte de la masse de chauffage et d'éclairage, *B. G.*, E. M., vol. 5, p. 189.

Coffre-fort.

6 déc. 1903 Achat au compte de la masse générale d'entretien, *B. G.*, vol. spl., T. C., p. 228.

30 janv. 1908 Achat au compte de la masse d'entretien aux colonies.

Col.

30 sept. 1903 Art. 430. Description, *B. G.*, vol. spl., T. C., p. 257.

Colis postaux.

27 juin 1892 Décr. fixant les taxes et conditions d'envoi, *B. G.*, E. M., vol. 100-4, p. 99.
5 sept. 1897 Décr. relatif au service des colis postaux de 5 à 10 kilos, *B. G.*, E. M., vol. 100-4, p. 159.

Collections officielles.

(Voir : *Archives.* — *Bulletin des lois.* — *B. O. C.* — *B. O. C.* — *J. O.*)

Collet à capuchon.

20 sept. 1903 Description des uniformes, art. 218. Collet à capuchon pour le service des plantons et des vélocipédistes, *B. G.*, vol. spl., T. C., p. 102.
6 déc. 1903 Achat au compte de la masse générale d'entretien, *B. G.*, vol. spl. T. C., p. 226.
30 janv. 1908 Achat au compte de la masse d'entretien aux colonies.

Colonel.

(Voir : *Chef de corps.*)

Comité consultatif de défense des colonies.

29 juill. 1902 Décret. Création, composition, attributions, section d'études, *B. C.*, p. 674.
3 nov. 1902 Arr. Fonctionnement, *B. C.*, p. 1154.
7 avril 1903 Décret. L'inspecteur général des travaux publics des colonies prend part aux réunions du comité, avec voix délibérative pour les questions intéressant son service, *B. C.*, p. 348.

Comités d'achat de la remonte.

3 août 1904 Inst. sur le service de la remonte aux colonies, art. 21 à 35, *B. C.*, p. 936.

Comité du contentieux et de la justice militaire.

31 janv. 1899 Décret. Composition et fonctionnement, *B. G.*, E. R., vol. 61, p. 161; modif. : 8 mai 1907, *B. G.*, p. 785; 15 juin 1907, *B. G.*, p. 788; 24 mars 1908, *B. G.*, p. 462.

Comité du service géographique des colonies.

16 janv. 1908 Arr. Création, *B. C.*, p. 14.

Comités techniques.

31 juill. 1888 Décret réglant la composition et les attributions des comités et sections techniques, *B. G.*, E. R., vol. 61, p. 93.

21 janv. 1901 Décret, art. 3. Création du comité et de la section technique des troupes coloniales, *B. C.*, p. 41.

22 mars 1901 Décret modifiant celui du 31 juillet 1888 et relatif à la création du comité et de la section techniques des troupes coloniales, et à l'admission des officiers des troupes coloniales dans les comités des troupes métropolitaines, *B. G.*, p. 523.

25 janv. 1902 Décret modifiant l'article 2 du décret du 31 juillet 1888 : représentant de l'artillerie de la marine au comité de l'artillerie, *B. G.*, p. 73.

Commandant d'armes.

4 oct. 1891 Service des places, art. 16 à 23. Attributions dans les places, art. 164 à 174. Rapports avec l'autorité civile, *B. G.*, E. R., vol. 75.

3 mars 1899 Règl. sur le casernement en France, art. 10. Attribution des commandants d'armes. Art. 57. Surveillance, *B. G.*, E. R., vol. 51.

16 oct. 1903 Règl. sur le casernement aux colonies, art. 10. Attributions des commandants d'armes. Art. 57. Surveillance, *B. C.*, vol. spl., p. 886 et 907.

5 juin 1905 Circ. Imputation au chapitre Loyers et ameublement des salaires des manœuvres mis à la disposition des commandants d'armes pour les corvées trop pénibles, *B. C.*, p. 664.

Commandant de la marine.

3 nov. 1905 Décret relatif aux attributions des commandants de la marine aux colonies, *B. C.*, p. 1146.

3 nov. 1905 Décret relatif aux points d'appui de la flotte, *B. C.*, p. 1144.

3 nov. 1905 Circ. marine et colonies notifiant les décrets ci-dessus, *B. C.*, p. 1141 et 1140.

Commandants des détachements.

23 févr. 1895 Circ. Le commandement des détachements venant d'outre-mer et la gestion des fonds destinés au paiement de la solde de traversée doivent être confiés à des officiers passagers ; ils ne seront confiés à des sous-officiers que quand il n'y aura pas d'officiers à bord, *B. M.*, p. 318.

31 juill. 1899 Circ. Pouvoirs disciplinaires du commandant des troupes à Tahiti, *B. C.*, p. 808 ; *B. M.*, p. 204.

5 août 1899 Circ. Pouvoirs disciplinaires du commandant des troupes à La Réunion, *B. C.*, p. 811 ; *B. M.*, p. 157.

30 mai 1903 Décret, art. 7. Commandement des détachements dans les colonies secondaires, *B. G.*, p. 754.

8 févr. 1907 Inst., art. 103. Attributions et responsabilité en ce qui concerne le chauffage et l'éclairage, *B. G.*, E. M., vol. 5, p. 186.

23 juill. 1907 Circ. Contrôles nominatifs à tenir par les chefs des détachements embarqués, *B. C.*, p. 546.

Commandants des troupes passagères.

8 juin 1905 Inst. pour les commandants des troupes passagères de toutes armes et les chefs de détachement à bord des navires de commerce, à jour au 1er novembre 1907, *B. G.*, p. 1721.

Commandants supérieurs des troupes aux colonies.

(Voir : *Groupement des forces militaires aux colonies.*)

4 avril 1896 Circ. Pouvoirs des commandants des troupes aux colonies en matière de punitions et de concession de permission, *B. M.*, p. 795; *B. C.*, p. 229.

7 juill. 1900 Loi, art. 3. Sous la haute autorité du gouverneur et vis-à-vis de lui, le commandant supérieur des troupes est responsable de la préparation des opérations militaires, de leur conduite et de tout ce qui est relatif à la défense de la colonie, *B. C.*, p. 594; *B. G.*, E. M., T. C., vol. 1, p. 4.

8 mai 1901 Circ. Dénomination unique des commandants supérieurs des troupes, *B. G.*, p. 886; *B. G.*, E. M., T. C., vol. 1, p. 25.

9 nov. 1901 Décret réglant les relations entre les gouverneurs et les commandants supérieurs des troupes aux colonies, *B. G.*, p. 1111; *B. C.*, p. 1026; *B. G.*, E. M., T. C., vol. 1, p. 247.

Attributions des commandants supérieurs.
Conseils dont ils font partie; rang.
Entrée des directeurs des services militaires dans ces conseils.
Conduite et exécution des opérations militaires.
Création ou suppression de postes militaires.
Correspondance.
Répartition du personnel.
Notes du commandant supérieur.

nov. 1901 Circ. Application du décret du 9 novembre 1901, *B. C.*, 1902, p. 213.

nov. 1903 Décret. Pouvoirs disciplinaires du commandant supérieur des troupes du groupe du Pacifique, *B. G.*, p. 1769.

juill. 1905 Inst. sur le fonctionnement administratif du service de santé colonial, art. 48. Attributions au point de vue administratif, *B. C.*, p. 1356.

juin 1906 Décret sur l'administration des troupes coloniales, art. 6 à 8. Attributions, responsabilité, *B. C.*, p. 577; *B. G.*, p. 803; *B. G.*, E. M., T. C., vol. 1, p. 140.

Commandement.

(Voir : *Casernement. — Commandants des détachements. — Commandants des troupes passagères. — Commandants supérieurs des troupes. — Groupement des forces militaires. — Points d'appui de la flotte. — Préfets maritimes.*)

févr. 1844 Ord. Droit au commandement des officiers étrangers, *B. G.*, E. M., vol. 76, p. 111.

mai 1885 Arr. Rapports de service entre le commandant des troupes et les chefs d'arrondissements ou de pénitenciers en Nouvelle-Calédonie, *B. M.*, p. 879.

avril 1889 Décret relatif à l'exécution du commandement provisoire et du commandement par intérim, *B. G.*, E. R., vol. 62, p. 90.

oct. 1889 Note. La notification des décisions administratives est faite aux corps de troupe par le commandement, *B. G.*, E. R., vol. 62, p. 135.

oct. 1891 Service des places, art. 2, 7, 8, 10 à 12, 191, 195. Commandement dans les places de guerre et villes ouvertes. Art. 219. Commandement dans les ports militaires, *B. G.*, E. R., vol. 75.

oct. 1892 Service intérieur, chapitre préliminaire, *B. G.*, E. R., vol. 78.

mai 1895 Service en campagne, art. 2 et 4, *B. G.*, E. M., vol. 76.

avril 1898 Décret relatif aux attributions des commandants supérieurs de la défense, *B. G.*, E. R., vol. 62, p. 287; modif.: 31 juillet 1902, *B. G.*, p. 1641; 12 septembre 1902, *B. G.*, p. 1856.

mai 1898 Inst. pour l'application du décret du 22 avril 1898, *B. G.*, E. R., vol. 62, p. 290; modif. 9 octobre 1902, *B. G.*, p. 1981.

déc. 1898 Inst., art. 8. Droit au commandement des officiers de la réserve et de l'armée territoriale, *B. G.*, E. R., vol. 72.

sept. 1900 Circ. Les actes du commandement doivent être strictement limités à l'exercice du devoir professionnel, *B. M.*, p. 604; *B. C.*, p. 923.

juin 1901 Décret constituant un corps d'armée des troupes coloniales, *B. G.*, p. 1023; *B. G.*, E. M., T. C., vol. 1, p. 18, et 19 septembre 1903, p. 28.

Commandement (*suite*).

20 mars 1902 Circ. Les batteries stationnées à Toulon relèvent du général commandant la brigade d'artillerie coloniale, *B. G.*, p. 342.

27 mars 1902 Circ. réglant le droit au commandement des officiers servant au titre étranger, admis dans le cadre français, *B. G.*, p. 536; erratum, *B. G.*, 1er sem. 1902, p. 770.

14 oct. 1902 Circ. relative au commandement des troupes de l'artillerie et au commandement de l'artillerie aux colonies, *B. G.*, p. 2007; *B. G.*, E. M., T. C., vol. 1, p. 85.

26 mai 1904 Décret sur la solde en France, art. 127. Responsabilité pécuniaire des généraux, directeurs et chefs de service, *B. G.*, vol. spl., T. C., p. 136.

13 janv. 1905 Circ. Attributions des autorités civiles en vue de l'emploi des forces militaires aux colonies, *B. C.*, p. 10.

1er avril 1905 Circ. Répartition des troupes et rôle des postes militaires aux colonies, *B. C.*, p. 472.

23 oct. 1906 Circ. relative au temps de commandement des officiers généraux, *B. G.*, p. 1367.

18 janv. 1907 Inst. réglant les rapports de service et de commandement des troupes coloniales avec le commandant du corps d'armée des troupes coloniales et avec les gouverneurs militaires ou commandants de corps d'armée sur le territoire desquels elles sont stationnées, *B. G.*, p. 68; *B. G.*, E. M., T. C., vol. 1, p. 263.

8 févr. 1907 Inst., art. 92. Action en ce qui concerne le chauffage et l'éclairage, *B. G.*, E. M., vol. 5, p. 181.

2 mai 1907 Circ. Conditions de désignation des officiers d'infanterie pour le commandement des unités, *B. G.*, p. 495.

23 oct. 1907 Décret. Temps de commandement auquel sont astreints les colonels, commandants et capitaines, *B. G.*, p. 1629.

10 févr. 1908 Service courant, art. 1 à 3. Devoirs et rapports du commandement, *B. G.*, E. M., vol. 74.

Commerce.

(Voir : *Congés et permissions*, 4 novembre 1902. — *Gendarmerie*.)

4 mai 1897 Circ. Les fonctionnaires ne peuvent se livrer à des opérations commerciales soit ouvertement, soit sous le couvert de prête-noms, *B. C.*, p. 463, et 15 septembre 1904.

Commis et ouvriers militaires d'administration.

(Voir : *Administration et comptabilité des corps de troupe*, 4 déc. 1907. *Gratifications*. — *Primes de travail*.)

19 sept. 1903 Décret réorganisant l'infanterie coloniale, art. 4. Effectifs, tableau 6, *B. C.*, p. 820; *B. G.*, E. M., T. C., vol. 1, p. 28.

21 juin 1906 Décret organisant l'intendance militaire des T. C., art. 16 et 17, *B. C.*, p. 583; *B. G.*, p. 810; *B. G.*, E. M., T. C., vol. 1, p. 180.

16 janv. 1907 Décret. Organisation de la section de commis et ouvriers d'administration des T. C., *B. G.*, p. 64; *B. G.*, E. M., T. C., vol. 1, p. 207.

4 déc. 1907 Inst. Organisation, cadres, recrutement, permutations, organisation du dépôt; attributions du sous-intendant, de l'officier d'administration commandant, des chefs de détachement; relève, mutations, habillement, équipement, armement; discipline, instruction militaire et professionnelle, avancement, *B. G.*, p. 1772.

Commission centrale des bibliothèques.

7 mars 1899 Inst. sur l'organisation des bibliothèques militaires, art. 5, *B. G.*, E. M., vol. 55-2, p. 166.

Commission centrale des travaux géographiques.

10 juin 1891 Décret constituant au ministère de la guerre une commission centrale des travaux géographiques, *B. G.*, E. R., vol. 61, p. 109.

3 juill. 1891 Circ. (colonies), relative à la commission créée par le décret du 10 juin 1891, *B. C.*, p. 497.

Commission d'adjudication.

15 juin 1903 Inst. sur la passation des marchés, art. 3. Composition, *B. G.*, E. M., vol. 25, p. 93.

Commission d'admission aux adjudications de la guerre.

15 juin 1903 Inst. sur la passation des marchés, art. 25 et 26. Composition, fonctionnement, *B. G.*, E. M., vol. 25, p. 113.

Commission d'ameublement.

4 janv. 1892 Décret relatif à l'ameublement des hôtels affectés aux officiers généraux, art. 3, *B. G.*, E. M., vol. 9, p. 244.

4 janv. 1892 Inst. pour l'exécution du décret du 4 janvier 1892, art. 3 et 4, *B. G.*, E. M., vol. 9, p. 246.

Commission d'appel.

7 avril 1894 Inst. sur la vérification des matières et effets du service de l'habillement, art. 51; *B. G.*, E. R., vol. 52.

4 juill. 1903 Inst. sur l'organisation et le fonctionnement des commissions d'appel, *B. G.*, E. M., vol. 25, p. 252.; modif. 17 mars 1906, *B. G.*, p. 381.

Commission de casernement.

3 mars 1899 Art. 15. Composition, attributions en France, *B. G.*, E. R., vol. 51; modif. 24 mai 1901, *B. G.*, p. 880.

6 oct. 1903 Art. 15. Composition, attributions aux colonies, *B. C.*, vol. spl., p. 889.

Commission de classement des militaires proposés pour des emplois civils et militaires.

1 mars 1905 Loi sur le recrutement, art. 70, 72, 76, *B. G.*, p. 263; *B. C.*, p. 391; *B. G.*, E. M., vol. 68-1, p. 39.

6 août 1905 Décret, *B. G.*, E. M., vol. 36, p. 3, et inst. du 1er octobre 1906, art. 10, *B. G.*, E. M., vol. 36, p. 62.

Commission de défense.

4 oct. 1891 Service des places. Art. 13. Commission de défense dans les places. Art. 221. Commission de défense dans les ports militaires, *B. G.*, E. R., vol. 75.

Commission d'enquête.

(Voir : *Agents civils du commissariat.* — *Conseils d'enquête.*)

Commission de rapatriement.

(Voir : *Conseils de santé aux colonies.*)

Commission de réception des combustibles.

8 févr. 1907 Inst., art. 26. Commission de réception dans les corps de troupe, *B. G.*, E. M., vol. 5, p. 124.

Commission de réception des denrées.

20 oct. 1892 Service intérieur. Inf., art. 383-384. Artil., art. 401-402. Commission dans les places où il est fourni des approvisionnements ou fait des distributions, *B. G.*, E. R., vol. 78.

20 déc. 1899 Décret sur les mouvements de troupe à l'intérieur, art. 32, *B. G.*, E. M., vol. 100-1, p. 29.

Commission de recette d'effets.

27 avril 1894 Inst. sur la vérification des matières et effets du service de l'habillement, art. 40 à 50, *B. G.*, E. R., vol. 52.

18 févr. 1901 Circ. Substitution des commissions spéciales de la guerre à celles de la marine pour la réception des matières nécessaires aux confections des effets des troupes coloniales, *B. G.*, vol. spl., T. C., p. 95.

6 déc. 1903 Annexe B. Inst. sur la réception des matières et objets.
Annexe F. Achat au compte de la masse générale d'entretien des objets divers nécessaires aux commissions, *B. G.*, vol. spl., T. C., p. 134 et 226.

Commission de remonte.

20 oct. 1892 Service intérieur, Artil., art. 425; *B. G.*, E. R., vol. 78; modif. 20 avril 1900, *B. G.*, p. 560.

3 août 1904 Inst. sur le service de la remonte aux colonies : art. 4 à 7. Corps de troupe; art. 21. Dépôts de remonte, *B. C.*, p. 936.

Commission des bibliothèques.

7 mars 1899 Inst. sur l'organisation des bibliothèques militaires, art. 2, *B. G.*, E. M., vol. 55-2, p. 165.

Commission des cahiers des charges et marchés.

15 mars 1907 Inst. sur l'organisation et le fonctionnement de la commission des cahiers des charges et marchés, *B. G.*, p. 331.

Commission des ordinaires.

22 avril 1905 Règl. sur les ordinaires, art. 15 à 23. Composition, attributions, fonctionnement, *B. G.*, E. M., vol. 7, p. 20.

11 juin 1905 Dépenses à la charge de la masse générale, *B. G.*, p. 744.

Commission d'études pratiques de tir.

(Voir : *Cours pratique de tir.*)

30 déc. 1900 Inst. sur la composition et le fonctionnement des commissions d'études pratiques et des cours pratiques de tir de l'artillerie, *B. G.*, E. M., vol. 55-1, p. 161; modif. 20 mars 1907, *B. G.*, p. 428.

Commission d'examen des inventions.

7 juin 1894 Décret instituant à Paris une commission d'examen des inventions intéressant les armées de terre et de mer, *B. M.*, p. 663; *B. G.*, E. R., vol. 61, p. 113; règlement relatif au fonctionnement, *B. G.*, E. R., vol. 61, p. 115.

Commission d'expériences.

24 févr. 1902 Décret organisant des commissions d'expériences d'artillerie à Bourges, Calais et Gavres, *B. G.*, E. M., vol. 20, p. 13.
24 avril 1907 Décret réorganisant l'école normale de tir; art. 3, commission d'expériences, *B. G.*, p. 474, et inst. du 16 mai 1907, *B. G.*, p. 559.

Commission de vaguemestre.

20 oct. 1892 Service intérieur, Inf., art. 203; Artil., art. 160. Modèle X, *B. G.*, E. R., vol. 78.

Commission mixte des travaux publics.

(Voir : *Conseils de défense aux colonies.*)

16 août 1853 Décret. Attributions, *B. M.*, p. 655; *B. M.*, R., p. 1101; *B. G.*, E. R., vol. 48, p. 228.

Commission permanente des marchés pour les approvisionnements des colonies.

8 nov. 1887 Arr. Constitution, *B. C.*, p. 949; *B. M.*, p. 595.
16 mai 1889 Arr. modifiant la composition, *B. C.*, p. 534.

Commission rogatoire.

9 juin 1857 Code de justice militaire, art. 102, *B. G.*, E. R., vol. 56.
6 nov. 1868 Les commissions rogatoires concernant des officiers doivent être autant que possible exécutées par des militaires du même grade, *B. G.*, E. M., vol. 59-4, p. 60.

Commissions spéciales de réforme.

(Voir : *Gratifications de réforme*, 31 mars 1906.)

19 févr. 1906 Inst. sur la réforme des hommes de troupe, art. 5 à 27, *B. G.*, p. 219; modif. 19 février 1908 ci-après.
20 sept. 1906 Inst. relative à la réforme des militaires des troupes coloniales. Fonctionnement, composition, attributions, tableau des commissions, *B. G.*, p. 1268; modif. 20 novembre 1906, *B. G.*, p. 1538; 30 novembre 1907, *B. G.*, p. 1707.
19 févr. 1908 Circ. Réorganisation des commissions dans le département de la Seine, *B. G.*, p. 212.

Commissionnés.

(Voir: *Avancement. — Livret individuel. — Révocation. — Tour de service colonial*, 26 mars 1904.)

18 sept. 1876 Note. Réadmission des militaires commissionnés démissionnaires, *B. G.*, E. R., vol. 68, p. 374.
19 déc. 1882 Note relative aux militaires titulaires d'une pension proportionnelle ou pour ancienneté réadmis dans l'armée en qualité de commissionnés, *B. G.*, E. R., vol. 68, p. 375; complétée 4 août 1905, *B. G.*, p. 1174.
29 sept. 1902 Circ. Limite d'âge des militaires commissionnés, *B. G.*, p. 1921.
9 juin 1904 Circ. Modèle du titre à délivrer aux militaires des T. C. maintenus ou réadmis sous les drapeaux en qualité de commissionnés, *B. G.*, p. 892; err. *B. G.*, p. 1528.
14 nov. 1904 Décret Organisation du recrutement indigène en Afrique occidentale, art. 3, *B. C.*, p. 1092; *B. G.*, E. M., T. C., vol. 2, p. 78.
21 mars 1905 Loi sur le recrutement, art. 58, 67, 72, 74, *B. C.*, p. 359; *B. G.*, p. 263; *B. G.*, E. M., vol. 68-1, p. 32 et suiv.

Commissionnés (*suite*).

25 août 1905 Décret sur les rengagements dans les T. C., art. 28, *B. C.*, p. 916; *B. G.*, p. 1395; *B. G.*, E. M., T. C., vol. 2, p. 17.

10 oct. 1905 Circ. Application des art. 58, 67, 72, 74, de la loi du 21 mars 1905, relatifs aux militaires commissionnés, *B. G.*, p. 1528; err., *B. G.*, 1906, p. 190; modif. 31 juillet 1906, *B. G.*, p. 1055.

29 nov. 1905 Circ. Délivrance des titres de commission. Titres qui doivent être signés par le Ministre, *B. G.*, p. 1736.

3 sept. 1907 Circ. Application du § 2 de l'art. 9 de la loi du 10 juillet 1907 relatif aux militaires commissionnés, *B. G.*, p. 1387.

Commutation de peine.

14 juin 1813 Décret. Mode d'exécution des décisions portant grâce ou commutation de peine en faveur des condamnés pour crime de désertion ou pour tout autre délit militaire, *B. M.* R., p. 308; *B. G.*, E. M., vol. 59-2, p. 59.

10 juill. 1852 Décret. Mode de présentation des rapports sur les commutations de peines par suite de condamnations prononcées par les juridictions militaires ou maritimes, *B. G.*, E. M., vol. 59-2, p. 61.

7 juin 1898 Mode de transmission des recours à la clémence du chef de l'Etat formés par les membres des conseils de guerre, *B. G.*, E. M., vol. 59-2, p. 62.

Compagnies d'artificiers.

15 août 1902 Décret. Organisation de la compagnie mixte d'ouvriers et d'artificiers d'artillerie coloniale au Tonkin, *B. G.*, p. 1768; *B. C.*, p. 705.

24 août 1902 Inst. pour l'application du décret du 15 août 1902, *B. G.*, p. 1772; *B. G.*, E. M., T. C., vol. 1, p. 111.

19 sept. 1903 Décret, art. 4. Tableau 4, effectifs, *B. C.*, p. 842; modif. 23 mars 1907, *B. G.*, p. 417; *B. G.*, E. M., T. C., vol. 1, p. 86; 11 août 1907 ci-après.

28 nov. 1903 Circ. Répartition du personnel en service aux colonies, *B. C.*, 1904, p. 295.

11 août 1907 Décret fixant l'effectif du détachement d'artificiers d'artillerie coloniale en France, *B. G.*, p. 1307.

Compagnies de disciplinaires des colonies.

26 sept. 1902 Décret. Suppression, *B. G.*, p. 1935; *B. C.*, p. 954.

Compagnies de discipline.

(Voir : *Hautes payes.*)

12 mai 1896 Circ. Armement des compagnies de discipline. Cadres fusiliers et pionniers, *B. M.*, p. 846.

19 mai 1896 Décret. Création d'une compagnie de discipline indigène en Indo-Chine rattachée au 3e tonkinois; *B. M.*, p. 1041; *B. C.*, p. 329.

29 mai 1896 Circ. Application du décret du 19 mai 1896, *B. M.*, p. 1040; *B. C.*, p. 328.

22 déc. 1897 Décret autorisant l'envoi à la compagnie indigène de discipline de l'Indo-Chine des tirailleurs tonkinois et annamites ayant encouru des condamnations, *B. M.*, p. 709; *B. C.*, p. 1225.

18 mai 1899 Décret. Création à Madagascar d'une compagnie de discipline indigène; mode d'envoi des militaires indigènes à cette compagnie, *B. M.*, p. 1874; *B. C.*, p. 647; modifié 24 mars 1902, ci-après.

24 mars 1902 Décret. Transformation en section de la compagnie indigène de Madagascar (rattachée au 1er malgaches). Création d'une section indigène de discipline au 3e sénégalais à Madagascar, *B. G.*, p. 351; *B. C.*, p. 267.

7 avril 1902 Inst. relative au service, au régime disciplinaire, au service intérieur, à l'armement, à l'équipement et à l'habillement des sections de discipline prévues par le décret du 24 mars 1902, *B. G.*, p. 485.

Compagnies de discipline (*suite*).

2 nov. 1902 Décret portant réorganisation des compagnies de discipline, *B. G.*, p. 229; *B. C.*, p. 1126.

Art. 1 à 4. Organisation, recrutement.
5. Recrutement des cadres.
6. Durée des services des disciplinaires.
7 - 8. Envoi aux compagnies de discipline.
9 à 11. Réadmission dans les corps de troupe et passage des pionniers dans les fusiliers.
12. Congés, permissions, sorties.
13. Exercices; emploi en dehors des exercices.
14 - 15. Punitions.
16. Administration des compagnies.
17. Versement des centimes de poche et allocations à la Caisse d'épargne.
18. Armement.
19. Tenue, habillement, couchage.
20. Nourriture.

2 nov. 1902 Décret modifiant le service intérieur. Droit de punir et punitions dans les compagnies de discipline. Envoi aux compagnies de discipline. Fonctionnement des conseils de discipline, *B. C.*, p. 1140; *B. G.*, p. 2269; application aux colonies, circ. du 11 mars 1903, *B. G.*, p. 334.

2 nov. 1902 Inst. morale pour les gradés des corps de discipline et établissements pénitentiaires, *B. C.*, p. 1151; *B. G.*, p. 2296.

12 nov. 1902 Inst. pour l'application du décret du 2 novembre 1902, réorganisant les compagnies de discipline, *B. G.*, p. 2231; (dispositions spéciales aux troupes coloniales, p. 2248); erratum, *B. G.*, 1902, p. 2401 et 2483; modif. 22 avril 1903, *B. G.*, p. 588; 26 novembre 1903, *B. G.*, p. 1763; art. 17, modif. 10 février 1908, *B. G.*, p. 180.

12 nov. 1902 Inst. relative aux sections de discipline des corps spéciaux (art. 7, application aux régiments indigènes des troupes coloniales), *B. G.*, p. 2255; modif. 10 août 1904; *B. G.*, p. 1315; 13 décembre 1904, *B. G.*, p. 1828; 31 août 1905, *B. G.*, p. 1366.

12 nov. 1902 Circ. Répartition des hommes des compagnies de discipline à réintégrer dans les corps de troupe, *B. G.*, p. 2290.

19 sept. 1903 Décret réorganisant l'infanterie coloniale, art. 7. Sections indigènes de discipline, *B. C.*, p. 820; *B. G.*, E. M., T. C., vol. 1, p. 28.

26 mai 1904 Interprétation de l'art. 13 du décret du 2 novembre 1902, réorganisant les compagnies de discipline, *B. G.*, p. 714.

20 juill. 1905 Décret supprimant les unités de discipline des troupes coloniales; organisation de sections de discipline dans un régiment d'infanterie coloniale au Tonkin, en Cochinchine et à Madagascar. Envoi aux compagnies de discipline des troupes métropolitaines, *B. G.*, p. 1083; *B. C.*, p. 819.

20 juill. 1905 Inst. pour l'application du décret du 20 juillet 1905, *B. G.*, p. 1086; *B. C.*, p. 822; modif. 20 août 1906, *B. G.*, p. 1158; addition à l'art. 5, 22 novembre 1906, *B. G.*, p. 1539.

3 oct. 1905 Circ. Mise en route sur les unités de discipline et les bataillons d'Afrique, des hommes des équipages de la flotte et des corps assimilés de la marine. Affectation aux sections des colonies, *B. G.*, p. 1498.

Compagnies et pelotons d'instruction.

5 févr. 1902 Fonctionnement des pelotons d'instruction dans l'artillerie coloniale, *B. G.*, E. M., T. C., vol. 3, p. 106.

22 mai 1905 Inst. Fonctionnement dans l'infanterie coloniale, *B. G.*, p. 682; *B. G.*, E. M., T. C., vol. 3, p. 100.

Compagnies d'ouvriers.

15 août 1902 Décret. Organisation de la compagnie mixte d'ouvriers et d'artificiers d'artillerie coloniale du Tonkin, *B. G.*, p. 1768; *B. C.*, p. 705.

20 août 1902 Inst. relative à l'organisation et au fonctionnement de la compagnie mixte d'ouvriers et d'artificiers du Tonkin: Personnel français. Personnel indigène. Recrutement, incorporation et immatriculation. Solde et revues. Uniforme. Armement. Avancement des indigènes et distinctions honorifiques. Police. Discipline. Justice militaire. Pensions et secours. Solde. Hautes payes. Primes de rengagement. Masse individuelle. Indemnité aux interprètes, *B. G.*, p. 1772; *B. G.*, E. M., T. C., vol. 1, p. 111.

Compagnies d'ouvriers (*suite*).

19 sept. 1903 Décret réorganisant l'artillerie coloniale, art. 4 et 5. Tableau 3, effectifs, *B. C.*, p. 842; modif. 29 mai 1906; *B. C.*, p. 510; *B. G.*, p. 782; modif.: 23 mars 1907, *B. G.*, p. 417; *B. G.*, E. M., T. C., n° 1, p. 86.

28 nov. 1903 Circ. Répartition du personnel en service aux colonies; *B. C.*, 1904, p. 295.

Compagnie générale transatlantique.

3 juill. 1901 Convention pour le transport des passagers et du matériel à bord des paquebots des lignes des Antilles et de la Guyane, *B. M.*, p. 371; *B. C.*, 1902, p. 120.

Comptabilité des corps de troupe en campagne.

(Voir : *Habillement. — Harnachement.*)

10 juin 1889 Décret sur la comptabilité des corps de troupe en campagne, *B. G.*, E. M., vol. 8; et instruction pour l'application de ce décret; modifié : décret 14 fév. 1905, *B. G.*, p. 44; circ. du 6 août 1906, *B. G.*, p. 1097.

15 mars 1895 Circ. Interprétation à donner à la circulaire du 30 novembre 1894, relative à l'application dans les corps de troupe aux colonies d'une comptabilité simplifiée pour le cas de guerre (décret, guerre, du 10 juin 1889), *B. C.*, p. 254.

Comptabilité des dépenses engagées.

(Voir : *Dépenses engagées.*)

Comptabilité intérieure des corps de troupe.

(Voir : *Administration et comptabilité des corps de troupe.*)

Comptabilité publique.

31 mai 1862 Décret portant règlement général sur la comptabilité publique, *B. G.*, E. M., vol. 23, p. 5.

Art. 1. Définition des deniers publics.
2 à 29. Dispositions générales applicables aux divers services
30 à 33. Budget général de l'Etat.
34 à 38. Budget des recettes.
39 à 61. Budget des dépenses.
62 à 67. Liquidation des dépenses.
82 à 89. Ordonnancement des dépenses.
90 à 106. Paiement des dépenses.
107 à 151. Règlement définitif du budget.
152 à 160. Comptes des Ministres.
172 à 188. Documents spéciaux à publier par les Ministres.
189 - 190. Services spéciaux rattachés pour ordre au budgat de l'Etat.
191 à 195. Examen et contrôle administratif des comptes ministériels.
196 à 295. Dette inscrite et dette flottante.
296 à 305. Comptabilité des ordonnateurs.
306 à 371. Comptabilité des préposés comptables de la recette et de la dépense et du service de trésorerie.
372 à 374. Comptabilité générale des finances.
375 à 426. Cour des Comptes.
427. Conseils de préfecture.

Comptabilité publique (*suite*).

435 à 447. Contrôle public des comptes des Ministres.
716. Comptabilité de la Légion d'honneur.
823 à 836. Caisse des dépôts et consignations.
861 à 880. Comptabilité des matières.

9 juin 1836 Loi de règlement de l'exercice 1833.

Art. 11. Comptes définitifs.
— 12. Versement à la Caisse des dépôts des créances portant intérêts.
Art. 13 à 15. Oppositions et saisies-arrêts sur les sommes dues par l'Etat, *A. M.*, p. 701; *B. M.* R., p. 311.

16 sept. 1871 Loi. Art. 30. Vote du budget par chapitre; interdiction des virements. Art. 31 et 32. Crédits supplémentaires, *B. M.* R., p. 714; *B. des lois*, p. 265.

14 déc. 1879 Loi sur les crédits supplémentaires et extraordinaires à ouvrir par décret pendant la prorogation des Chambres, *B. des lois*, p. 907; *B. G.*, E. M., vol. 23, p. 103.

29 avril 1884 Décret (finances), concernant les dépenses d'exercices clos et périmés en matière de budget extraordinaire, *B. M.*, p. 948.

25 janv. 1889 Loi relative à l'exercice financier, *B. M.*, p. 611; *B. G.*, E. M., vol. 23, p. 107.

28 déc. 1895 Loi de finances, art. 53. Le budget des dépenses est présenté à la Chambre des députés avec ses divisions par chapitre, par articles et s'il y a lieu par paragraphe. Les comptes définitifs des dépenses de chaque ministère doivent être établis dans la même forme, *B. C.*, p. 921.

30 mars 1902 Loi de finances, art. 77. Les demandes de crédits spéciaux sur exercices clos ou périmés doivent faire l'objet de projets de loi distincts, *B. C.*, p. 305.

A). Comptabilité-finances.

1° *Guerre*.

(Voir : *Dépenses engagées*. — *Liquidation des dépenses*. — *Ordonnateurs secondaires*.)

3 avril 1869 Règl. sur la comptabilité des dépenses du Département de la guerre, *B. G.*, E. M., vol. 24; erratum *B. G.*, 1903, p. 1382.

Art. 1 à 33. Des crédits du budget.
34 à 69. De l'exécution des services.
70 à 95. De la liquidation des dépenses.
96 à 157. De l'ordonnancement des dépenses.
158 à 204. Du paiement des dépenses.
205 à 218. Dépenses des exercices clos et périmés.
219 à 231 *bis*. Des écritures de l'administration centrale et des ordonnateurs secondaires.
232 à 238. Des comptes.
239 à 267. Dispositions spéciales.

Modèles, *B. G.*, E. M., vol. 24 *bis*; erratum *B. G.*, 1903, p. 1823; modif. 27 mai 1905, *B. G.*, p. 671; 20 juin 1905, *B. G.*, p. 1882.

Nomenclature des pièces à joindre à l'appui des ordonnances ou mandats, *B. G.*, E. M., vol. 24 *ter*.

23 janv. 1899 Circ. Les dépenses ne doivent jamais dépasser les crédits budgétaires et elles ne doivent jamais être engagées avant le vote des crédits par le Parlement, *B. G.*, E. M., vol. 26, p. 7.

24 janv. 1899 Note. Circ. même sujet que ci-dessus, *B. G.*, E. M., vol. 26, p. 9.

2 févr. 1901 Circ. Application aux troupes coloniales du règl. du 3 avril 1869, *B. G.*, p. 390.

27 juill. 1901 Circ. Paiement des différentes masses (habillement, harnachement, etc.), le dernier jour du mois, en même temps que la solde. Les versements et retraits de fonds devront être opérés par les trésoriers le 16 et le dernier jour du mois, jours où ils se déplacent obligatoirement pour percevoir la solde, *B. G.*, p. 429.

30 août 1901 Circ. Réordonnancement au titre des exercices clos des créances ayant déjà fait l'objet de mandats restés impayés, *B. G.*, p. 749.

18 oct. 1901 Circ. Apposition d'un timbre sec sur les déclarations d'émission de mandats sur le Trésor, *B. G.*, p. 981.

A). Comptabilité finances (*suite*).

15 avril 1902 Décret autorisant les conseils d'administration des corps de troupe à recevoir en cas de déplacement des avances proportionnelles à leurs besoins, mais ne pouvant dépasser 20.000 francs, *B. G.*, p. 779.

3 juin 1902 Convention ayant pour objet : de fixer les dépenses incombant pour l'entretien des troupes coloniales, ou métropolitaines, au budget de la guerre, au budget des colonies ou au budget de la marine; de préciser les bases devant servir à la préparation de ces budgets; de définir le mode de règlement de ces dépenses au cours de l'exercice, *B. C.*, p. 579; *B. G.*, p. 1191.

20 août 1902 Circ. Ordonnancement des dépenses de la 2ᵉ section du budget de la guerre; attributions du directeur du commissariat et des chefs de service, *B. G.*, p. 1778.

30 juill. 1903 Inst. pour l'application du règlement du 3 avril 1869, *B. G.*, E. M., vol. 24, p. 123; addition, 27 mai 1905, *B. G.*, p. 670; modif., art. 23, 25 juillet 1906, *B. G.*, p. 951; art. 183, 30 janvier 1907, *B. G.*, p. 86; art. 158, 2 mai 1907, *B. G.*, p. 492; art. 245, 30 mai 1907, *B. G.*, p. 679; art. 124, 11 décembre 1907, *B. G.*, p. 1857.

27 mai 1905 Circ. Tenue d'un carnet des ordonnancements (avances, acomptes, etc.), et des droits constatés, *B. G.*, p. 671.

21 mai 1906 Circ. relative à l'envoi des récépissés concernant les reversements effectués aux colonies au profit du département de la guerre, *B. C.*, p. 499.

30 janv. 1907 Circ. Délivrance de réquisitions collectives pour les mandats émis au cours d'une journée et au titre d'un même chapitre du budget, *B. G.*, p. 89.

9 févr. 1907. Circ. relative à l'emploi des crédits budgétaires, *B. G.*, p. 101.

30 mai 1907 Circ. Visa de conformité à apposer sur les situations trimestrielles des comptes courants des corps de troupe avec le Trésor, établies par les agents des finances, *B. G.*, p. 679.

5 oct. 1907 Circ. Etablissement des demandes de fonds et compte rendu des réquisitions de paiement, *B. G.*, p. 1544.

2° *Colonies.*

(Voir : *Avances à régulariser. — Dépenses engagées. — Exercices clos et périmés. — Ordonnateurs secondaires. — Payements sur revues. — Pièces périodiques. — Régime financier des colonies. — Relevés de mandats.*)

21 mai 1845 Circ. relative aux virements, *A. M.*, p. 281; *B. M.* R., p. 186.

26 avril 1847 Les ordonnateurs secondaires de la marine doivent notifier aux payeurs pendant la durée de l'exercice toutes les modifications que subiront les crédits et même les dépenses payables dans les ports par l'effet de virements ou d'annulations, *A. M.*, p. 452; *B. M.* R., p. 363.

18 nov. 1847 Arr. prescrivant d'établir dans les directions administratives du département de la marine et des colonies une comptabilité spéciale des droits constatés qui doit être tenue par chapitres et par articles du budget, *A. M.*, p. 1716; *B. M.* R., p. 788.

31 déc. 1847 Inst. relative à l'acquittement des créances portant sur les exercices clos dans les colonies, *A. M.*, p. 1692; *B. M.* R., p. 824.

31 déc. 1847 Inst. pour la tenue des écritures de la comptabilité des droits constatés, *B. M.* R., p. 829 et 835.

25 juin 1850 Dép. Marche à suivre en matière de restitution de sommes indûment reversées, *B. M.*, p. 533; *B. M.* R., p. 361.

12 janv. 1853 Modif. aux documents composant la comptabilité des droits constatés (relevés de mandats et certificats comptables), *B. M.*, p. 34; *B. M.* R., p. 461.

6 oct. 1854 Les parties appelées à se libérer de dettes envers la marine ne produiront qu'exceptionnellement la déclaration de versement au lieu et place des récépissés à talon délivrés par les comptables des finances. Les comptables ne sauraient refuser la délivrance, quel qu'en soit le nombre, de déclarations de versement, *B. M.*, p. 617; *B. M.* R., p. 509.

23 juin 1863 La liquidation et le paiement des dépenses résultant de transports et de cessions de matériel effectués par la Compagnie des services maritimes des messageries impériales et la Compagnie générale transatlantique auront lieu à Paris, *B. M.*, 2ᵉ sem., p. 2; *B. M.* R., p. 423.

A). **Comptabilité-finances** (*suite*).

12 oct. 1864 Les certificats comptables relatifs aux fournitures faites par des sociétés ou compagnies doivent être établis au nom même de ces sociétés ou compagnies et non à celui de leurs directeurs, gérants ou représentants, *B. M.*, p. 293; *B. M.* R., p. 561.

25 avril 1865 Les bordereaux de reversement dans les caisses du Trésor doivent être établis par exercice, par chapitre et par gestion, *B. M.*, p. 242; *B. M.* R., p. 647.

28 juin 1865 Modif. des états et bordereaux de reversements de fonds, *B. M.*, p. 394; *B. M.* R., p. 675.

6 sept. 1865 Modif. des documents composant la comptabilité des droits constatés, *B. M.*, p. 145; *B. M.* R., p. 722.

20 juill. 1866 Explications sur les modifications apportées dans les documents de la comptabilité des droits constatés, *B. M.*, p. 46; *B. M.* R., p. 76.

14 janv. 1869 Règl. sur la comptabilité des dépenses du Département de la marine et des colonies, vol. spl.; modif. art. 246 (paiement en monnaies étrangères); décret du 11 août 1886, *B. M.*, p. 244; modif. art. 101 et 111. Décret du 7 janvier 1887, *B. M.*, p. 11.

Circulaire d'application, 25 février 1869; vol. spl.

Art. 1 à 29. Des crédits du budget.
30 à 65. De l'exécution des services.
66 à 83. De la liquidation des dépenses.
84 à 137. De l'ordonnancement des dépenses.
138 à 173. Du payement des dépenses.
174 à 187. Des dépenses des exercices clos et périmés.
188 à 203. Ecritures de l'administration centrale et des ordonnateurs secondaires.
204 à 210. Des comptes.
211 à 221. Dispositions spéciales. (Ventes, échanges, cessions, état des logements concédés; inventaire du mobilier fourni aux fonctionnaires; fonds de masse.)
222 à 255. Comptabilité des bâtiments armés. Service des traites de la marine.
256 à 312. Voir: Régime financier des colonies (20 novembre 1882).
313 à 355. Comptabilité de l'établissement des invalides de la marine.

1er oct. 1873 Reversements de fonds faits au Trésor pour le compte du Département de la marine et des colonies, *B. M.*, p. 353; *B. M.* R., p. 373.

15 févr. 1877 Interprétation de l'art. 11 du règl. du 14 janvier 1869, *B. M.*, p. 209; *B. M.* R., p. 142.

9 mai 1882 Circ. Adoption d'une formule unique comprenant la liquidation, la prise en charge et l'ordonnancement des dépenses de matériel (mandat de paiement sur liquidation de fourniture), *B. M.*, p. 616.

17 janv. 1887 Circ. Application aux colonies de la circ. du 9 mai 1882 ci-dessus, *B. C.*, p. 53.

20 févr. 1889 Circ. Exécution de la loi du 25 janvier 1889 relative à l'exercice financier, *B. C.*, p. 151.

17 août 1892 Circ. Retards et irrégularités dans la production des documents financiers concernant le budget colonial, *B. C.*, p. 594.

11 janv. 1893 Circ. Responsabilités et obligations respectives des trésoriers payeurs et des ordonnateurs dans l'exécution des ordres de recette et de reversement, mentions à porter en conséquence par l'ordonnateur sur les ordres de paiement, *B. C.*, p. 30.

21 févr. 1895 Circ. Disposition concernant la transmission par les ports à l'administration centrale des pièces nécessaires pour la liquidation des marchés dont le montant est payable à Paris, *B. C.*, p. 153.

2 juill. 1895 Circ. Production des documents financiers des colonies : Bordereau des opérations financières. Bordereau des paiements effectués. Bordereau par subdivision d'articles. Etat des restes à payer. Etat de développement des dépenses, *B. C.*, p. 609.

11 juill. 1895 Circ. Engagement des dépenses aux colonies, mesures à prendre pour éviter les dépassements de crédits, *B. C.*, p. 635.

30 déc. 1895 Circ. Emploi des crédits; diminution des dépenses, *B. C.*, p. 946.

31 janv. 1897 Circ. notifiant la décision du Ministre des finances du 31 décembre 1896, relative au paiement des sommes inférieures à 150 francs, dues aux héritiers des créanciers de l'Etat, des départements, des communes et des établissements publics, *B. M.*, p. 63.

20 juill. 1897 Déc. Versement aux produits divers du budget du montant des retenues à exercer envers les entrepreneurs pour retards dans l'exécution des travaux ou dans la livraison des fournitures, *B. C.*, 1900, p. 512.

A). **Comptabilité finances** (*suite*).

31 janv. 1898 Circ. Interprétation du décret du 16 mai 1891, en ce qui concerne certaines dépenses urgentes; paiements sur réquisitions, *B. C.*, p. 30.

24 mai 1898 Décret. Paiements par anticipation sur les crédits de l'exercice suivant de tout ou partie des achats effectués pour les services des subsistances militaires des colonies, *B. C.*, p. 383.

27 juill. 1898 Circ. Enregistrement des droits constatés au profit des créanciers de l'Etat. Demandes de délégations de crédits sur le budget colonial (ports), *B. C.*, p. 519.

27 juill. 1898 Circ. Enregistrement des droits constatés au profit des créanciers de l'Etat. Demandes de délégations de crédits en fin d'exercice (colonies), *B. C.*, p. 527.

20 oct. 1898 Circ. Justifications à fournir à l'appui des marchés de fournitures transmis au Département en vue de paiements à effectuer en France. Indications que doivent porter les exemplaires des marchés, *B. C.*, p. 713.

27 mars 1899 Circ. Demandes de délégations de crédits en fin d'exercice, *B. C.*, p. 335.

16 oct. 1903 Règl. sur les directions d'artillerie coloniales, *B. C.*, vol. spl., p. 67 et suiv.; modif. 2 octobre 1905, *B. C.*, p. 1056.

Art. 46. Budget de la direction.
47 - 48. Plan de campagne.
56 à 58. Emploi des crédits.
59 à 73. Gestion des crédits. Comptabilité financière.

19 oct. 1903 Décret modifiant le décret du 20 novembre 1882, art. 160, paiements à faire aux illettrés, *B. C.*, p. 879.

3 nov. 1903 Inst. pour l'application du décret du 26 mai 1903 (groupement des forces militaires aux colonies), ordonnancement des dépenses dans les colonies autres que la colonie principale, *B. C.*, p. 923.

19 nov. 1903 Circ. Les câblogrammes annonçant l'envoi de délégations de crédits doivent être considérés comme des autorisations d'ouvrir des crédits provisoires.

28 nov. 1903 Circ. Unité d'ordonnancement des dépenses militaires dans les colonies faisant partie d'un même groupe, *B. C.*, p. 1006.

3 févr. 1904 Circ. Envoi au Bureau militaire d'un extrait du bordereau des opérations financières.

12 déc. 1904 Circ. Envoi aux chefs des services coloniaux en France d'un état des paiements qu'ils auront à faire pour des dépenses engagées dans les colonies (transports et fournitures), *B. C.*, p. 1304.

8 juill. 1905 Inst. sur le fonctionnement administratif du service de santé colonial, *B. C.*, p. 1356.

Art. 4 - 5. Projet de budget.
6 à 9. Plan de campagne.
15 - 16. Emploi des crédits.
17 - 18. Surveillance du directeur du service.
19 - 21. Comptes rendus au Ministre.
22. Décompte du prix de revient de la journée de traitement.
25 - 26. Comptabilité des crédits.
43 à 47. Remboursement des frais de traitement des malades traités à charge de remboursement.

13 avril 1906 Circ. La possibilité de proroger l'exercice pour l'exécution des services du matériel s'applique à tous les services militaires aux colonies, *B. C.*, p. 332.

8 nov. 1906 Circ. (ports et Paris). Production d'une situation mensuelle des dépenses du chapitre « Frais de route et de passage du personnel militaire », *B. C.*, p. 1068.

8 nov. 1906 Circ. (colonies). Production d'une situation mensuelle des dépenses du chapitre « Frais de route et de passage du personnel militaire », *B. C.*, p. 1072; err., *B. C.* 1907, p. 213.

5 mars 1907 Arr. La comptabilité des crédits doit être tenue par articles, et circ. du 19 mars 1907.

13 sept. 1907 Circ. Observations relatives à l'établissement des revues de liquidation et des comptes de développement, *B. C.*, p. 671.

3 déc. 1907 Circ. Payement des fournitures ou entreprises embrassant plusieurs années, *B. C.*, p. 788.

9 déc. 1907 Inst. concernant la comptabilité à tenir par les chargés de mission en ce qui concerne les avances qui leur sont faites, *B. C.*, p. 806.

30 janv. 1908 Circ. Virements de crédits d'article à article demandés par les colonies, *B. C.*, p. 115.

B). Comptabilité-matières.

1° *Dispositions générales.*

avril 1833 Loi, art. 10. Les comptes des matières appartenant à l'Etat sont chaque année imprimés et soumis au Sénat et au Corps législatif, *B. G.*, E. M., vol. 27, p. 3.

juin 1843 Loi, art. 14. Les comptes matières sont soumis au contrôle de la Cour des comptes, *B. G.*, E. M., vol. 27, p. 3; *B. M.*, R., p. 699.

août 1844 Ord. sur la comptabilité des matières appartenant à l'Etat, *A. M.*, p. 929; *B. M.* R., p. 121.

mai 1862 Décr. sur la comptabilité publique, art. 861 à 880, *B. G.*, E. M., vol. 23.

août 1876 Loi, art. 6. Vérification sur place et sur pièces de l'état du matériel par deux membres des commissions des finances des deux Chambres, *B. G.*, E. M., vol. 27, p. 3.

2° *Guerre.*

juin 1888 Loi, art. 8 et 9. Réserve de guerre. Contrôle, *B. G.*, E. M., vol. 27, p. 3.

févr. 1901 Circ. Application aux troupes coloniales en France des règlements en vigueur au Département de la guerre pour la comptabilité matières, *B. G.*, p. 390.

déc. 1902 Loi relative à la comptabilité du matériel classé à la réserve de guerre, *B. G.*, p. 2424; *B. G.*, E. M., vol. 27, p. 3.

déc. 1902 Décr. sur la comptabilité des matières appartenant au Département de la guerre, *B. G.*, E. M., vol. 27, p. 5.

Art. 1 à 4. Matériel. Nomenclatures. Classement.
5. Approvisionnements. Leur division.
6 à 10. Dispositions spéciales à la réserve de guerre.
11 à 16. Dispositions spéciales au service courant.
17 à 18. Direction. Surveillance. Inspection.
19 à 25. Gestion des services du matériel.
26. Contrôle des services du matériel.
27 à 39. Responsabilité des agents ayant charge de matériel.
40 à 46. Des remises et reprises de service.
47 à 50. Des entrées, des sorties et de leur justification.
51 à 56. Emmagasinement et recensement du matériel.
57 à 73. Des livres, des écritures et des comptes.
74. Comptabilité de l'emploi des matières de transformation.
75. Matériel appartenant à l'Etat dans les corps de troupe.
76. Ameublement des hôtels, pavillons et bureaux militaires.
77. Prêts.
78. Grandes manœuvres et état de guerre.

Nomenclature des pièces à produire à l'appui des comptes de gestion pour la justification des opérations à charge et à décharge.
Modèles, *B. G.*, E. M., vol. 27 *bis*.

déc. 1902 Inst. pour l'application du décret du 26 décembre 1902, *B. G.*, E. M., vol. 27, p. 40; erratum, *B. G.*, 1903, p. 1779; modif. 2 octobre 1905, *B. G.*, p. 1122 et 1125.

déc. 1903 Règl. sur l'administration et la comptabilité des troupes coloniales dans la métropole, art. 240 à 245. Comptabilité du matériel, *B. G.*, vol. spl., T. C., p. 103.

déc. 1903 Etablissement des états descriptifs des locaux, *B. G.*, p. 1819.

août 1905 Circ. sur l'application de l'inst. du 30 décembre 1902. Commentaire général, *B. G.*, p 1127.

3° *Colonies.*

févr. 1896 Inst. pour la suite à donner aux notes d'observations sur la comptabilité-matières, *B. C.*, p. 79.

oct. 1898 Décr. modif. l'art. 879 du décret du 31 mai 1862. Les comptes matières du Département des colonies sont soumis au contrôle de la Cour des comptes, *B. C.*, p. 691.

déc. 1904 Décret sur la comptabilité des matières appartenant à l'Etat au compte du Département des colonies, *B. C.*, 1905, p. 130.

B). Comptabilité-matières (*suite*).

Principes généraux.

Art. 1. Classification du matériel.
2 à 11. Approvisionnements en magasin.
12. Matériel en service.
13. Matériel et objets mis en consommation ou en cours de transformation.
14. Propriétés immobilières bâties et non bâties.

Responsabilité des agents ayant charge de matériel.

Art. 15 à 21. Comptables gestionnaires.
22. Dépositaires comptables.
23. Mutations de comptables.

Surveillance et contrôle.

Art. 24. Autorités chargées de la surveillance et du contrôle.
25 à 27. Surveillance des directeurs de service. Ordonnateurs en matières.
28. Contrôle du corps de l'inspection des colonies.
29 - 30. Contrôle de l'administration centrale.
31 à 36. Contrôle de la Cour des comptes (en ce qui concerne les approvisionnements en magasin).
37 à 40. Application et mise en vigueur du décret.

16 janv. 1905 Inst. générale sur la comptabilité des matières appartenant à l'Etat au compte du département des colonies, *B. C.*, p. 141; art. 287, modif. 13 octobre 1906, *B. C.*, p. 902.

Annexe 1. Nomenclature sommaire du matériel.
— 2. Matières et objets consommables nécessaires à la propreté et à l'entretien du matériel en service.

16 janv. 1905 Circ. Commentaires du décret du 22 décembre 1904 et de l'inst. du 16 janvier 1905, *B. C.*, p. 114.

3 juill. 1905 Circ. relative aux déclarations de versement au Trésor à joindre aux ordres de sortie à titre de cession, *B. C.*, p. 761.

8 juill. 1905 Inst. sur le fonctionnement administratif du service de santé colonial, art. 27 à 32, *B. C.*, p. 1356.

4 déc. 1905 Inst. pour la tenue de la comptabilité du matériel du service local des colonies dans les ports de la métropole, *B. C.*, p. 1226.

4 déc. 1905 Circ. Les certificats de réception établis au titre du service local seront transmis au port qui aura effectué l'envoi du matériel, *B. C.*, p. 1241.

7 déc. 1905 Circ. Renseignements à fournir au département sur le nombre de comptables gestionnaires et sur celui des comptabilités à établir par direction au titre des chapitres du budget colonial, *B. C.*, p. 1262.

28 déc. 1905 Règl. sur l'armement aux colonies, art. 29 à 42. Comptabilité-matières de l'armement des corps, art. 87. Comptabilité-matières des munitions délivrées aux corps de troupe.

Comptables.

(Voir : *Dépositaires comptables.*)

5 sept. 1807 Loi relative aux droits du Trésor sur les biens des comptables, *B. lois*.

31 mai 1862 Décr. sur la comptabilité publique, *B. G.*, E. M., vol. 23.

Art. 14, 17 à 29. Comptables de deniers publics.
94. Agents spéciaux des services régis par économie.
366. Comptable des virements de comptes.
861 à 876. Comptables du matériel.

14 janv. 1869 Règl. sur la comptabilité des dépenses (marine et colonies), vol. spl.

Art. 139. Agents du service des paiements. Incompatibilité des fonctions de comptable et d'ordonnateur.
141. Comptables chargés du paiement des dépenses du Trésor.
142. Comptables chargés du paiement des dépenses pour le compte des trésoriers payeurs.
143. Agent comptable des virements de comptes.

3 avril 1869 Règl. sur la comptabilité des dépenses (guerre), *B. G.*, E. M., vol. 24.

Comptables (*suite*).

Art. 161. Payeurs du Trésor.
162. Comptables chargés du paiement des dépenses pour le compte des trésoriers-payeurs généraux.
162 bis. Agents du Trésor chargés du paiement des dépenses pour le compte des payeurs généraux aux armées.
163. Agent spécial des virements de comptes.

4 avril 1882 Circ. notifiant l'arrêt du conseil d'Etat du 31 mars 1882 relatif aux dettes des comptables envers l'Etat, *B. M.*, p. 486.

0 nov. 1882 Régime financier des colonies.
Art. 154 à 218. Service des comptables de deniers publics aux colonies, *B. M.*, p. 856.

5 mai 1897 Décr. Promulgation aux colonies de la loi du 5 septembre 1807 ci-dessus, *B. C.*, p. 473.

6 janv. 1905 Inst. sur la comptabilité matières (colonies), art. 10 à 24, *B. C.*, p. 143.

Comptables des matières des colonies.

(Voir : *Agents civils du commissariat.*)

4 mars 1908 Arr. Cadres pour 1908 : agents de 2e classe, 4; sous-agents, 20; magasiniers de 1re classe, 40; de 2e classe, 60; de 3e classe, 22, *B. G.*, p. s., p 427.

Comptes d'emploi.

8 févr. 1907 Inst. sur le service du chauffage et de l'éclairage, art. 115; *B. G.*, E. M., vol. 5, p. 192.

Comptes de fabrication.

6 oct. 1903 Règl. sur les directions d'artillerie coloniales, art. 96, *B. C.*, vol. spl., p. 97

6 janv. 1905 Inst sur la comptabilité matières (colonies), art 333, *B. C.*, p. 217.

Concessions de terre aux colonies.

1 mars 1905 Loi sur le recrutement, art. 77. Concessions de terre aux colonies et en Algérie aux sous-officiers qui se retirent après huit ans de service aux caporaux et soldats après quinze ans de service dont dix aux colonies (mariés ou veufs avec enfants), *B. C.*, p. 359; *B. G.*, p. 263; *B. G.*, E. M., vol. 68-1, p. 41.

5 mars 1906 Circ. Conditions d'application de la loi du 21 mars 1905, art. 77, *B. C.*, p. 221

er oct. 1906 Inst., art. 21. *B. G.*, E. M., vol. 36, p. 70.

Concours de tir.

avril 1906 Inst. Participation des militaires, *B. G.*, p. 524; *B. G.*, E. M., vol. 31, p. 19.

8 mars 1907 Circ. relative à l'attribution d'un prix (médaille en vermeil) au concours annuel de tir des officiers des corps d'infanterie, *B. G.*, p. 265.

Concours hippiques.

nov. 1903 Inst. sur la participation des officiers aux concours hippiques, *B. G.*, E. M., vol. 55-1, p. 31.

juin 1906 Circ. Participation des officiers à des concours hippiques militaires à l'étranger, *B. G.*, p. 833.

Condamnations.

(Voir : *Atténuation et aggravation des peines.* — *Réhabilitation.*)

28 déc. 1895 Inst. sur l'administration des hommes des réserves, *B. G.*, E. R., vol. 71.

Art. 34 et 35. Inscription sur les pièces matriculaires, modif. 30 janvier 1900, *B. G.*, p. 115.

13 mars 1900 Tenue des matricules et livrets des militaires ayant subi des condamnations effacées par la réhabilitation de droit, *B. G.*, E. M., vol. 59-2, p. 37.

2 mai 1902 Circ. Notification par les corps ou services au ministère de la guerre des condamnations prononcées par les conseils de guerre à l'égard des officiers, *B. G.*, p. 768; *B. G.*, E. M., vol. 56 *bis*, p. 32.

6 déc. 1903 Annexe D. Inscription sur les feuillets ou livrets matricules, *B. G.*, vol. spl., T. C., p. 171.

23 déc. 1903 Arr., art. 20 et 21. Inscription sur les matricules, certificats et relevés de services, *B. G.*, p. 1955; *B. G.*, E. M., vol. 10, p. 64.

7 avril 1906 Inst., art. 18. Réduction à opérer sur la durée du service militaire par suite de condamnations.

9 janv. 1907 Circ. fixant le point de départ de l'exécution des condamnations contre lesquelles il a été formé un pourvoi en cassation suivi d'un arrêt de rejet, *B. G.*, p. 23.

Condamnés.

(Voir : *Commandant des troupes passagères.* — *Exécution des peines.*)

30 avril 1895 Circ. Escorte des condamnés militaires voyageant par paquebots ou bâtiments de commerce, *B. C.*, p. 420; *B. G.*, 1905, p. 1812.

6 janv. 1898 Sursis à l'exécution par les condamnés présents sous les drapeaux des jugements ou arrêts prononcés avant leur incorporation, *B. G.*, E. M., 59-4, p. 40, et circ. du 31 mai 1900, *B. G.*, p. 809; *B. G.*, E. M., vol. 59-4, p. 41.

26 juill. 1901 Circ. Mode de transport des condamnés devant subir la peine d'emprisonnement dans les établissements pénitentiaires de la métropole, *B. G.*, p. 424; modif. 21 septembre 1903, *B. G.*, p. 1387.

7 déc. 1905 Inst. relative à la conduite et au transfèrement des prévenus ou condamnés militaires entre les colonies (Algérie et Tunisie exceptés) et la France, *B. G.*, p. 1810.

Condition civile et politique des militaires.

(Voir : *B. G.*, E. R., vol. 28.)

Conducteurs de voitures, de caissons et de mulets.

18 mai 1897 Circ. Stage des soldats conducteurs au train des équipages, désignation de 18 soldats par régiment d'infanterie coloniale, *B. M.*, p. 636.

22 juill. 1905 Circ. Désignation et instruction : 1° des conducteurs de voitures régimentaires, de voitures de compagnie, de caissons à munitions, de mulets; 2° des soldats ordonnances des officiers montés d'infanterie, stages à accomplir, *B. G.*, p. 112; modif. 28 mars 1908, *B. G.*, p. 431.

Conférence de La Haye.

29 juill. 1899 Conventions et déclarations, *B. G.*, E. M., vol. 76, p. 118.

28 nov. 1900 Décr. Promulgation des actes internationaux du 29 juillet 1899, *B. G.*, E. M., vol. 76, p. 117.

16 juill. 1901 Notif. relative à l'exécution des actes internationaux du 29 juillet 1899, *B. G.*, E. M., vol. 76, p. 120.

Conférences.

0 oct. 1892 Service intérieur : Inf., art. 268. Conférences dans les corps, *B. G.*, E. R., vol. 78.

15 janv. 1901 Circ. prescrivant de faire dans les corps de troupe des conférences sur les dangers de l'alcoolisme. Programme des conférences, *B. G.*, p. 99; *B. G.*, E. M., vol. 83, p. 141.

8 juin 1901 Circ. Envoi aux corps de troupe de collections de vues pour illustrer les conférences, *B. G.*, 2e sem., p. 54.

3 févr. 1902 Circ. Conférences que les médecins sont autorisés à faire aux membres des sociétés d'assistance aux malades et blessés de l'armée de terre et de mer, *B. G.*, p. 95; *B. G.*, E. M,. vol. 83, p. 357.

9 avril 1902 Circ. Conférences agricoles à faire dans les casernes, *B. G.*, p. 608.

3 nov. 1902 Circ. Conférences de garnison, *B. G.*, p. 2157; *B. G.*, E. M., vol. 55-1, p. 26.

3 août 1904 Thèmes à développer dans les conférences régimentaires, *B. G.*, P. S., p. 733.

2 oct. 1904 Conditions dans lesquelles la Ligue française de l'enseignement peut prêter son concours aux conférences régimentaires, *B. G.*, p. 1550.

7 déc. 1904 Circ. Cours et conférences organisés dans les corps de troupe par la Société républicaine des Conférences populaires, *B. G.*, p. 1886; *B. G.*, E. M., vol. 31, p. 30, et circ. du 22 mars 1905, *B. G.*, p. 350; *B. G.*, E. M., vol. 31, p. 31.

1 déc. 1904 Les officiers sont autorisés à recevoir de la Société de propagande coloniale des textes de conférences sur des questions coloniales et géographiques, *B. G.*, p. 1908; *B. G.*, E. M., vol. 31, p. 30.

mai 1906 Circ. Organisation de conférences à faire par des officiers sur des sujets militaires aux étudiants des universités et aux élèves des établissements primaires et secondaires, *B. G.*, p. 602.

2 avril 1906 Inst. Conférences que peuvent faire les officiers en dehors du service militaire. Demandes d'autorisation, *B. G.*, p. 524; *B. G.*, E. M., vol. 31, p. 16.

Congés et permissions.

(Voir : *Armuriers de la marine.* — *Haute paye.* — *Permissions.*)

A) Dispositions générales.

août 1881 Circ. Application de la circ. (guerre), du 9 juin 1881, *B. G.*, E. M., vol. 31, p. 74; militaires et marins se rendant à l'étranger, *B. M.*, p. 204.

juin 1884 Circ. Tenue des militaires en congé, *B. M.*, p. 258.

févr. 1888 Circ. Conditions dans lesquelles pourront être accordées les permissions d'absence; permission de quarante-huit heures aux époques des fêtes, *B. G.*, E. M., vol. 86, p. 53.

déc. 1888 Circ. Permissions à accorder à l'occasion des fêtes légales, *B. G.*, E. M., vol. 86, p. 55.

r mars 1890 Décr. portant règlement sur la concession des congés et permissions, modif. décret du 9 février 1902, application aux troupes coloniales, *B. G.*, p. 180; *B. C.*, p. 215; décret 1er octobre 1902, *B. G.*, p. 1924; décret du 6 février 1903, *B. G.*, p. 89; décret du 7 août 1903, *B. G.*, p. 1161; modif. mod. I, circ. du 9 février 1904, *B. G.*, p. 95; *B. G.*, E. M., vol. 86, p. 3; nouvel art. 14, 9 juillet 1906, *B. G.*, p. 880; modif.: art. 30; décret 21 septembre 1906, *B. G.*, p. 1274; art. 32, nouveau décret, 24 août 1907, *B. G.*, p. 1348; err. art. 30 et 34, *B. G.*, 1907, p. 923; art. 15 nouveau, décret 18 mai 1908, *B. G.*, p. 776.

Art. 1 à 10. Principes généraux.
11. Congés ou permissions à passer à l'étranger.
12 - 13. Congés ou permissions aux hommes de troupe pour en jouir dans les départements de la Seine et de la Seine-et-Oise.
14 - 15. Dispositions spéciales aux militaires employés en Afrique, aux colonies ou dans une armée en campagne hors du territoire français.
16 - 17. Permissions.
18 à 20. Autorités qui les concèdent.
21 à 23. Dispositions spéciales aux écoles.

Congés et permissions (*suite*).

Art. 24 à 26. Prolongations de permission.
27 à 29. Congés et prolongations.
30 à 33. — pour affaires personnelles et prolongations.
34 à 38. — de convalescence et prolongations.
39 à 41. — à titre de soutien de famille.
42 - 43. — pour aller faire usage des eaux.
44. — pour aller à l'étranger.
51. Permissions aux militaires désignés pour servir aux colonies (décret du 9 février 1902, complété 1er octobre 1902).
52. Congés provisoires d'un mois.
53. — de convalescence.
54. — de fin de campagne (modif 6 février 1904, *B. G.*, p. 89).
55. Maintien dans leurs foyers des hommes libérables dans les trois mois.
56. Indemnité kilométrique pour transport par chemin de fer en 2e classe des militaires convalescents quand leur état de santé ne permettra pas de les faire voyager en 3e classe.
57. Passage entre la Corse, l'Algérie, la Tunisie et la métropole aux militaires titulaires d'un congé de fin de campagne.
58. Bulletin d'avis de congé ou de prolongation à envoyer à la direction des troupes coloniales.
59. Solde à allouer pendant les congés.
60. Congé administratif de six mois.
61. Attribution des préfets maritimes à l'égard du personnel de l'artillerie coloniale mis à la disposition de la marine.
62. Concession aux officiers des troupes coloniales de la faculté de choisir le lieu de leur résidence temporaire.
63 à 65. Résidence libre.

25 avril 1891 Circ. Port de l'uniforme à l'étranger, *B. G.*, E. R., vol. 31, p. 23.

2 juin 1891 Circ. Les militaires envoyés en congé de convalescence signalés comme ayant une inconduite caractérisée doivent être rappelés sous les drapeaux avant l'expiration de ce congé, *B. G.*, E. M., vol. 86, p. 36.

20 oct. 1892 Service intérieur : Inf., art. 290 à 300; Artil., art. 308 à 318. Permissions, *B. G.*, E. R., vol. 78.

28 févr. 1893 Note. Les officiers ou assimilés qui demandent des congés pour l'étranger doivent, autant que possible, faire connaître dans leur demande les itinéraires qu'ils ont l'intention de suivre à l'étranger, *B. G.*, E. M., vol. 86, p. 51; appliqué aux troupes de la marine par circ. du 25 mars 1893, *B. M.*, p. 414.

30 mars 1893 Mesures à prendre pour prévenir les abus de la permission permanente de 1 heure du matin, *B. G.*, E. R., vol. 78, p. 668; complétée 26 décembre 1905, *B. G.*, p. 1851.

7 mars 1895 Décr. Avis à donner par les officiers et militaires en congé ou en permission à leur arrivée dans les places où ils doivent passer ces congés ou permissions, *B. G.*, E. R., vol. 60, p. 111.

15 janv. 1901 Circ. relative aux officiers qui se rendent en Allemagne, formalités à remplir à leur arrivée, *B. G.*, p. 540; *B. G.*, E. M., vol. 86, p. 51.

24 avril 1901 Inst. sur l'application aux troupes coloniales du règl. du 25 novembre 1889 (service de santé) en ce qui concerne la délivrance de congés de convalescence ou de fin de campagne aux militaires rentrant des colonies, *B. G.*, p. 629.

2 juill. 1901 Circ. Mention à porter sur les titres de congé délivrés aux officiers se rendant à l'étranger. Visite aux attachés militaires, *B. G.*, p. 209; *B. G.*, E. M., vol. 86, p. 26.

24 oct. 1901 Circ. Permission de la nuit pour la troupe, *B. G.*, p. 1008.

30 mars 1902 Loi de finances, art. 64. Congés de longue durée sans solde aux officiers, *B. C.*, p. 302.

11 avril 1902 Décr. modifiant le modèle du titre de congé ou de permission pour les hommes de troupe, *B. G.*, p. 590; *B. G.*, E. M., vol. 86, p. 27.

26 juin 1902 Circ. réglant les détails d'application aux troupes coloniales des art. 39 à 41 du décret du 1er mars 1890, modif. le 9 février 1902 (congés à titre de soutien de famille), *B. G.*, p. 1510.

2 août 1902 Les prolongations de congé demandées par les officiers, assimilés et les hommes de troupe des troupes coloniales ne doivent être accordées qu'avec la plus extrême réserve et seulement lorsque l'état de santé des intéressés rend cette mesure indispensable, *B. G.*, p. 1657.

Congés et permissions (*suite*).

2 oct. 1902 Circ. relative aux officiers voyageant en Alsace-Lorraine et en Allemagne.

8 nov. 1902 Circ. relative aux congés pour voyager à l'étranger.

4 nov. 1902 Circ. relative aux dispositions applicables aux titulaires des congés de longue durée sans solde, interrupteurs de l'ancienneté, institués par l'art. 64 de la loi du 30 mars 1902, *B. G.*, p. 2108; complétée 17 juin 1903, *B. G.*, p. 943; modif. 31 janvier 1905, *B. G.*, p. 75; 17 juin 1905, *B. G.*, p. 846; *B. G.*, E. M., vol. 86, p. 41.

1. Dispositions maintenues de la circ. du 5 mai 1902.
2. Dénomination : congés de trois ans.
3. Officiers et assimilés en non-activité, § 2, modif. 17 juin 1905, *B. G.*, p. 846.
4. Tableaux d'avancement et de concours pour la Légion d'honneur.
5. Propositions.
6. Changement de corps ou de service.
7. Demandes, avis ou réclamations.
8. Port de l'uniforme, add. 17 février 1906, *B. G.*, p. 186.
9. Qualité d'officier.
10. Chevaux et fourrages.
11. Changement de résidence.
12. Inspection annuelle.

12 *bis*. Transport sur les voies ferrées. Cartes d'identité. Modification du 31 janvier 1905, *B. G.*, p. 75; add. 11 mars 1908, *B. G.*, p. 311.

13. Frais de route.
14. Demandes de réintégration dans les cadres.
15. Dossier général de l'officier.
16. Mariage.
17. Commerce.
18. Marchés.
19. Inventions.
20. Associations. Sociétés.
21. Droit d'écrire.
22. Souscriptions.
23. Contributions.
24. Procès engagés.
25. Juridictions.
26. Dispositions générales.

avril 1903 Circ. Prescriptions à observer par les militaires qui désirent se rendre en Alsace-Lorraine, *B. G.*, p. 613; *B. G.*, E. M., vol. 86, p. 52.

déc. 1903 Décr., art. 8 et 17. Congés de six mois à solde d'Europe au personnel ayant prolongé d'un an son séjour aux colonies, *B. C.*, p. 1284.

mars 1904 Circ. Concession de congés de convalescence aux militaires de l'armée métropolitaine à la disposition du Ministre des colonies et rentrant des colonies, *B. G.*, p. 276.

mai 1904 Inst., art. 13 et 22. Application du décret du 30 décembre 1903, *B. C.*, p. 611.

nov. 1904 Circ. Les congés de convalescence à accorder au personnel des troupes coloniales hors cadres ne peuvent être accordés que par l'autorité militaire du port de débarquement.

mai 1905 Circ. Prolongation de congé ou permissions pour raisons de santé, *B. G.*, p. 707.

6 juin 1905 Circ. Concession aux militaires des troupes coloniales de congés pour affaires personnelles d'une durée de trois à six mois, *B. G.*, p. 1051.

0 juill. 1905 Echelonnement des permissions des officiers, *B. G.*, p. 1078; *B. G.*, E. M., vol. 86, p. 57.

9 oct. 1905 Circ. Le séjour à l'hôpital au cours d'un congé ou d'une permission n'a pas pour effet de prolonger de plein droit la période d'absence, *B. G.*, p. 1564; *B. G.*, E. M., vol. 86, p. 4.

juin 1906 Circ. étendant aux militaires des régiments étrangers les dispositions de la circ. du 6 juin 1905 ci-dessus, *B. G.*, p. 838.

oct. 1906 Circ. concernant les congés pour les possessions françaises, *B. G.*, p. 1340.

7 juin 1907 Circ. Reprise de l'ancienneté et rentrée en solde des officiers titulaires d'un congé de trois ans, *B. G.*, p. 743.

évr. 1908 Service courant, *B. G.*, E. M., vol. 74.

Art. 260. Congés aux officiers proposés pour quitter leur corps.

261. — aux sous-officiers, caporaux ou brigadiers et soldats en instance pour la retraite ou la pension proportionnelle.

Congés et permissions *(suite)*.

Art. 265. Congés à destination de l'étranger.
266. — de 3 ans.

B) Dispositions particulières aux troupes coloniales en France.

23 déc. 1901 Circ. Fourniture gratuite sur les fonds de la masse des écoles des titres de permission de courte durée, *B. G.*, p. 1523.

30 mai 1904 Décret sur la solde des troupes coloniales. Art. 10, positions 18 et 45, droits à la solde, *B. G.*, vol. spl., T. C.

15 déc. 1905 Circ. Les demandes de prolongation de congés de convalescence faites par les officiers, assimilés, agents et hommes de troupe des troupes coloniales doivent être accompagnées de l'autorisation de leur chef de corps ou de service, *B. G.*, P. s., p. 915.

22 oct. 1907 Application, art. 54, décret du 1er mars 1890. Les prolongations de congé de fin de campagne sont accordées aux militaires qui ont séjourné aux colonies au delà de la période réglementaire par l'autorité qui a accordé le congé lui-même, *B. G.*, p. 1651.

C) Dispositions particulières aux troupes coloniales aux colonies et aux fonctionnaires coloniaux.

11 févr. 1889 Circ. Les conseils de santé ne peuvent refuser un congé de convalescence par mesure disciplinaire, *B. C.*, p. 177.

11 mai 1895 Circ. Règles à suivre pour l'envoi en congé de convalescence. Intervention du chef de corps ou de service, *B. C.*, p. 440.

23 déc. 1897 Décret sur la solde du personnel colonial, *B. C.*, 1898, p. 17.

Art. 23 à 28. Permissions.
29 à 31. Congés. Dispositions générales.
32 à 33. — pour affaires personnelles.
35 à 40. — administratifs.
41 - 42. — pour examens.
43 à 64. — de convalescence.
Art. 65 à 67. — pour faire usage des eaux.
68 - 69. — pour servir au commerce, à l'industrie ou auprès d'une puissance étrangère.
71 à 81. Dispositions communes.

7 févr. 1898 Circ. Notification du décret du 23 décembre 1897. Commentaires, *B. C.*, p. 3.

13 oct. 1898 Déc. Époque à laquelle doivent prendre date les congés de convalescence à passer en France, accordés au personnel colonial : lendemain du jour du débarquement, *B. C.*, p. 698.

2 sept. 1899 Circ. Application des articles 35 et 36 du décret du 23 décembre 1897, *B. C.*, p. 1214.

20 sept. 1899 Circ. Les employés auxiliaires des services administratifs et de santé n'ont pas droit aux congés, *B. C.*, p. 1260.

1er nov. 1899 Décr. Mode de délivrance des congés aux fonctionnaires coloniaux, *B. C.*, p. 1480.

12 janv. 1900 Circ. Les prolongations de congé aux militaires de l'armée de terre se rendant aux colonies pour affaires personnelles sont accordées par le Ministre de la guerre, *B. C.*, p. 19.

1er mars 1900 Décr. modifiant la réglementation des congés administratifs au personnel créole ou indigène, *B. C.*, p. 205; interprétation, circ. du 7 février 1906, *B. C.*, p. 128.

25 juill. 1902 Déc. prés. Les décrets des 23 décembre 1897, 1er novembre 1899, 1er mars 1900 pour les congés sont applicables aux gardes auxiliaires d'artillerie, *B. C.*, p. 671.

22 déc. 1902 Circ. relative à la réglementation des congés administratifs. Le séjour consécutif doit s'entendre : présence effective à son poste, *B. C.*, p. 1292.

21 oct. 1903 Décr. modif celui du 1er novembre 1899. Art. 2, congés dont la concession est réservée au Ministre, *B. C.*, p. 1221.

6 déc. 1903 Décr. Concession de congés sans solde aux colonies aux militaires désirant s'établir colons ou qui sont demandés comme employés par des chefs d'établissements, *B. C.*, p. 1160; *B. G.*, p. 1801, et inst. du 6 décembre 1903, *B. C.*, p. 1162; *B. G.*, p. 1803; *B. G.*, E. M., vol. 86, p. 32; add., 14 mai 1907, *B. G.*, p. 603.

Congés et permissions (*suite*).

déc. 1903 Décr. sur la solde des troupes coloniales, art. 12, positions 21 et 47, *B. C.*, 1904, p. 372.

févr. 1905 Décr. Concession des congés administratifs. Durée du séjour exigé, *B. C.*, p. 273.

oct. 1905 Circ. Visite médicale des fonctionnaires et agents qui demandent un congé de convalescence. Visite au départ de la colonie, *B. C.*, p. 1103.

nov. 1906 Déc. prés. fixant à vingt mois la durée du séjour en Mauritanie et en Casamance, du personnel civil, pour l'obtention d'un congé administratif, *B. C.*, p. 1113.

D) Dispositions spéciales à la gendarmerie coloniale.

mars 1899 Décr. Règlement sur la concession des congés au personnel de la gendarmerie coloniale, *B. C.*, p. 380; *B. G.*, E. M., vol. 86, p. 57.

mars 1899 Circ. Application du décret ci-dessus, *B. C.*, p. 379.

août 1900 Déc. prés. Les blessures reçues en service commandé donnent droit à la solde entière après six mois de congé, *B. C.*, p. 750.

juill. 1901 Circ. Congés des officiers et militaires de la gendarmerie coloniale replacés dans la métropole, *B. C.*, p. 734, et circ. du 3 septembre 1901, *B. G.*, p. 775; *B. G.*, E. M., vol. 86, p. 64.

Congo.

oct. 1902 Décr. Organisation des troupes du Congo, *B. G.*, p. 963; modif. décret du 6 décembre 1903, voir Cavalerie.

janv. 1904 Inst. pour l'application au Congo du décret du 26 mai 1903 relatif au groupement des forces militaires et des décrets du 19 septembre 1903 réorganisant l'infanterie et l'artillerie coloniale, *B. C.*, p. 29.

févr. 1906 Décr. réorganisant le Congo français, *B. C.*, p. 133; art. 2 et 12 modif., 11 décembre 1906 ci-après.

mars 1906 Décr. Organisation du conseil du gouvernement et des conseils d'administration du Congo français, *B. C.*, p. 217.

déc. 1906 Décret maintenant Bangui comme siège du gouvernement de l'Oubanghi-Chari-Tchad, *B. C.*, p. 1141.

Connaissement.

(Voir : *Transports maritimes.*)

janv. 1905 Inst. sur la comptabilité matières, art. 185 et mod. 27, *B. C.*, p. 182.

Conseils d'administration.

1° *Guerre.*

déc. 1903 Décr. sur l'administration des corps de troupe en France. Art. 1 à 36. Composition, attributions, séances, responsabilité, *B. G.*, vol. spl., T. C.

févr. 1907 Inst., art. 95. Attributions, action, responsabilité en ce qui concerne le chauffage et l'éclairage. Fonds de réserve mis à leur disposition, *B. G.*, E. M., vol. 5, p. 183.

2° *Colonies.*

juin 1847 Ord., art. 562 à 569. Administration des corps.
570 à 576. Conseils d'administration.
577 à 579. Installation
580 à 592. Attributions.
593 à 610. Séances.
611 à 614. Responsabilité.
615 à 657. Agents des conseils, vol. spl.

Conseils d'administration (*suite*).

18 mars 1848 Circ. Réunion des conseils. Avis à donner aux officiers du commissariat, *B. M.*, R., p. 35.

23 janv. 1888 Décr. Groupement des bataillons de marche d'infanterie de marine en Indo-Chine en 3 régiments ayant chacun un conseil d'administration central, *B. C.*, p. 313; *B. M.*, p. 254.

22 oct. 1889 Décr. Création de conseils d'administration spéciaux pour les corps de troupe stationnés aux colonies, *B. C.*, p. 974; *B. M.*, p. 770.

27 févr. 1892 Déc. prés. Modification à la composition du conseil d'administration du détachement d'infanterie de marine de la Martinique, *B. C.*, p. 199; *B. M.*, p. 250.

10 janv. 1899 Circ. Constitution du conseil d'administration des batteries de la Martinique, *B. C.*, p. 97; *B. M.*, p. 14.

Conseils d'administration des compagnies financières.

9 déc. 1878 Interdiction aux officiers de l'armée active d'en faire partie. Les officiers de réserve ou de l'armée territoriale peuvent en faire partie, mais sans faire usage de leur titre militaire. Les officiers retraités ou réformés peuvent faire usage de leur titre accompagné des mots en retraite ou réformé, *B. G.*, E. M., vol. 31, p. 49.

26 déc. 1905 Circ. Les officiers généraux du cadre de réserve sont autorisés à faire partie des conseils d'administration des sociétés financières, *B. G.*, p. 1852; *B. G.*, E. M., vol. 31, p. 56.

Conseils de défense aux colonies.

(Voir : *Groupement des forces militaires aux colonies.*)

31 oct. 1902 Décr. Réorganisation, composition, attributions, *B. C.*, p. 1094; *B. G.*, E. M., T. C., vol. 1, p. 253.

3 nov. 1902 Arr. réglant leur fonctionnement, *B. C.*, p. 1154.

6 avril 1903 Arr. modif. celui du 3 novembre 1902. Fonctionnement comme commission mixte des travaux publics. Composition, *B. C.*, p. 345.

4 avril 1905 Circ. Etude des projets de travaux publics intéressant la défense, *B. C.*, p. 476.

Conseils de défense dans les places fortes.

4 oct. 1891 Service des places, art. 198, 199. Composition. Réunion, *B. G.*, E. R., vol. 75.

Conseils de discipline.

20 oct. 1892 Service intérieur : Inf., art. 325; Artil., art. 343. Conseil de discipline pour les soldats, *B. G.*, E. R., vol. 78; modif. 2 novembre 1902, *B. G.*, p. 2269; *B. C.*, p. 1140; err., *B. G.*, 1903, p. 1760; modif. 13 août 1904, *B. G.*, p. 1319.

25 janv. 1896 Arr. relatif au conseil de discipline pour les caporaux ou brigadiers et soldats commissionnés et pour les militaires susceptibles d'être maintenus sous les drapeaux en vertu de certaines dispositions de la loi sur le recrutement, *B. G.*, E. R., vol. 78, p. 685.

Conseils de guerre.

(Voir : *Justice militaire.*)

23 oct. 1903 Décr. Tableau des conseils de guerre et de revision permanents établis dans les colonies, *B. C.*, p. 1172; *B. G.*, p. 1601; *B. G.*, E. M., vol. 56 *bis*, p. 65.

Conseils d'enquête.

(Voir : *Agents civils du commissariat.* — *Inspection des colonies.*)

9 mai 1834 Loi sur l'état des officiers, art. 13. Conseils d'enquête pour la mise en réforme par mesure de discipline, *B. G.*, E. R., vol. 22.

8 nov. 1903 Décr. sur les conseils d'enquête d'officiers, *B. G.*, p. 1651; *B. C.*, p. 1060.

Constitution des conseils. Formes de l'enquête. Dispositions spéciales aux corps d'opérations. Dispositions spéciales aux colonies. Tableau A. B. C. Composition des conseils, et inst. du 8 novembre 1903, *B. C.*, p. 1083; *B. G.*, p. 1674; erratum, *B. G.*, p. 1805.

nov. 1903 Décr. relatif aux conseils d'enquête des officiers de réserve et de l'armée territoriale, *B. G.*, p. 1701; *B. C.*, p. 1108, et inst. du 8 novembre 1903, *B. C.*, p. 1110; *B. G.*, p. 1703.

8 nov. 1903 Décr. sur les conseils d'enquête des sous-officiers rengagés ou commissionnés, *B. C.*, p. 1705; *B. C.*, p. 1112.

Constitution des conseils. Formes de l'enquête. Dispositions spéciales aux corps d'opérations. Dispositions spéciales aux colonies. Composition des conseils, et inst. du 8 novembre 1903, *B. G.*, p. 1718; *B. C.*, p. 1124; modif.: 25 juillet 1906, *B. G.*, p. 1427; art. 4 nouveau, 14 août 1907, *B. G.*, p. 1386.

janv. 1904 Inst. pour l'application aux colonies des décrets du 8 novembre 1903 sur les conseils d'enquête, *B. G.*, p. 99; *B. C.*, p. 108.

mars 1904 Notification des décisions prononçant la cassation et la rétrogradation des sous-officiers rengagés ou commissionnés. Mention du délai de pourvoi de deux mois, *B. G.*, p. 398.

2 juin 1904 Circ. Présidence des conseils d'enquête de sous-officiers, *B. G.*, p. 666; *B. C.*, p. 541.

0 janv. 1906 Circ. Les sous-officiers, caporaux, brigadiers rengagés ou commissionnés en instance de comparution devant un conseil d'enquête seront laissés libres pendant les délais de procédure, *B. G.*, p. 128.

9 mars 1906 Circ. relative aux conseils d'enquête d'officiers et de militaires rengagés. Situation des officiers en instance de conseil d'enquête. Formes de l'enquête. Vote du conseil d'enquête et rédaction du procès-verbal, *B. G.*, p. 381.

6 nov. 1906 Inst. relative aux conseils d'enquête des sous-officiers, caporaux et brigadiers rengagés ou commissionnés des troupes coloniales, *B. G.*, p. 1537.

2 sept. 1907 Circ. Application de l'art. 10 du décret du 8 novembre 1903 (officiers), *B. G.*, p. 1451, et circ. 10 avril 1908, *B. G.*, p. 483.

Conseils de régiment.

juin 1903 Circ. Conseils de régiment des troupes d'artillerie aux colonies, *B. G.*, p. 1014.

mars 1905 Loi sur le recrutement, art. 54. Consentement du conseil de régiment pour les rengagements; art. 69. Examen des demandes d'emplois, *B. C.*, p. 359; *B. G.*, p. 263; *B. G.*, E. M., vol. 68-1, p. 30.

avril 1906 Loi fixant la composition des conseils de régiment, *B. G.*, 1907, p. 443.

févr. 1907 Décret fixant la composition des conseils de régiment, *B. G.*, p. 118.

oct. 1907 Circ. Composition des conseils de régiment appelés à émettre un avis sur les demandes d'emplois civils des employés militaires de l'artillerie coloniale ayant rang de sous-officier, *B. G.*, p. 1598.

févr. 1908 Circ. Interprétation du décret du 8 février 1907, *B. G.*, p. 181.

Conseils de revision.

(Voir: *Conseils de guerre.* — *Cour de cassation*, 17 avril 1906. *Justice militaire.*)

Conseils de revision pour la formation des classes.

mars 1905 Loi sur le recrutement, art. 16 à 30, *B. C.*, p. 364; *B. G.*, p. 263; *B. G.*, E. M., vol. 68-1, p. 9.

déc. 1905 Inst. relative aux opérations des conseils de revision pour la formation des classes, *B. G.*, p. 1854; *B. G.*, E. M., vol. 68-1, p. 133; modif. 6 juin 1906, *B. G.*, p. 700.

Conseils de santé aux colonies.

4 nov. 1903 Décr. organisant le service de santé colonial, art. 8. Fonctionnement. Composition. Attributions des conseils de santé des colonies et des commissions de rapatriement, *B. C.*, p. 927; *B. C.*; p. 1627; *B. G.*, E. M., T. C., vol. 1, p. 214.

Conseil d'Etat.

(Voir : *Pensions.*)

22 juill. 1806 Décr. Règlement sur les affaires contentieuses portées au Conseil d'Etat, *B. lois*, p. 337; *B. G.*, E. R., vol. 66, p. 3.

30 janv. 1852 Décr. portant règlement intérieur pour le Conseil d'Etat en ce qui concerne la revision des liquidations de pensions, *B. G.*, E. R., vol. 66, p. 49.

8 juin 1852 Décr. Revision des pensions liquidées par les Ministres de la guerre et de la marine, *B. G.*, E. R., vol. 66, p. 51.

24 mai 1872 Loi. Réorganisation du Conseil d'Etat, *B. lois*, p. 505.

2 août 1879 Décr. sur le fonctionnement du Conseil d'Etat, *B. lois*.

19 oct. 1898 Procédure des pourvois au Conseil d'Etat, *B. C.*, p. 712.

13 avril 1900 Loi de finances, art. 24. Le délai de recours au Conseil d'Etat est réduit à deux mois, *B. C.*, p. 313.

20 mai 1903 Mention sur les décisions contentieuses du délai de pourvoi de deux mois, *B. G.*, p. 710.

17 avril 1906 Loi de finances, art. 4. Enregistrement en débet des pourvois et jugements sans autres frais de timbre; des recours contre les autorités administratives pour incompétence ou abus de pouvoir et des récours contre les décisions relatives aux pensions, *B. C.*, p. 339; *B. G*, p. 583.

Conseils du contentieux administratif aux colonies.

(Voir : *Contentieux administratif.*)

Conseils privés.

25 août 1904 Inst. Mode de participation aux travaux du conseil privé d'une colonie, autre que la colonie principale d'un groupe, du commandant des détachements et des représentants des services administratifs (artillerie, commissariat, service de santé) de cette colonie, *B. C.*, p. 811.

Conseil supérieur de la défense nationale.

3 avril 1906 Décr. Création, *B. C.*, p. 319; *B. G.*, p. 1411.

Conseil supérieur de la guerre.

23 mars 1899 Décr. Intervention du conseil supérieur de la guerre pour la mise en disponibilité des officiers généraux, *B. G.*, E. R., vol. 63, p. 398.

15 févr. 1903 Décr. réorganisant le conseil supérieur de la guerre, *B. G.*, p. 164.

Conseil supérieur de santé du département des colonies.

(Voir : *Pensions.*)

7 janv. 1890 Décr., art. 15 à 17. Attributions, *B. C.*, p. 90.

16 nov. 1894 Décr. Composition, *B. C.*, p. 852.

4 nov. 1903 Décr. organisant le service de santé colonial, art. 5; *B. C.*, p. 927; *B. G.*, p. 1627; *B. G.*, E. M., T. C., vol. 1, p. 212.

Conseil supérieur des colonies.

19 oct. 1883 Décret. Création, *B. M.*, p. 493; art. 4, modif. 3 février 1906, *B. C.*, p. 90.
29 mai 1890 Décret. Réorganisation, *B. C.*, p. 771; modif. 19 septembre 1896, *B. C.*, p. 608; 17 octobre 1896, *B. C.*, p. 698.
19 sept. 1896 Décret instituant une commission permanente, *B. C.*, p. 610; complété 1er juin 1899, *B. C.*, p. 689.

Conserves.

1 juill. 1906 Loi relative à la protection des conserves de sardines, de légumes et de prunes contre la fraude étrangère, *B. C.*, p. 655.

Conserves de viande.

2 avril 1905 Inst. sur la distribution, la préparation et la consommation des conserves de viande, *B. G.*, E. M., vol. 7, p. 93.
7 juill. 1906 Circ. relative aux approvisionnements de conserve de viande, *B. C.*, p. 665.

Consoles en fonte pour planches à bagages et râteliers d'armes.

6 juill. 1899 Description, *B. G.*, E. R., vol. 51 *bis*, p. 49.
6 oct. 1903 Description, *B. C.*, vol. spl., p. 986.

Constitution.

5 févr. 1875 Loi relative à l'organisation des pouvoirs publics, *B. M.*, p. 262; *B. M.* R., p. 568.
6 juill. 1875 Loi constitutionnelle sur les rapports des pouvoirs publics, *B. M.*, p. 53, *B. M.* R., p. 632.
2 juill. 1879 Loi. Le siège du pouvoir exécutif et des Chambres est à Paris, *J. M.*, p. 17.
4 août 1884 Loi. Révision partielle des lois constitutionnelles, *J. M.*, p. 135.
6 déc. 1887 Loi sur les incompatibilités parlementaires, *B. G.*, p. 1122.

Constructions militaires.

9 sept. 1903 Décret réorganisant l'artillerie coloniale, art. 1, § 3, *B. C.*, p. 842; *B. G.*, E. M., T. C., vol. 1, p. 88.
6 oct. 1903 Règl. sur le service des directions d'artillerie aux colonies, art. 1, 8, 10, 26 à 30, *B. C.*, vol. spl.

Contentieux administratif.

(Voir : *Conseil d'Etat. — Décisions judiciaires.*)

janv. 1869 Art. 82. Décisions ministérielles en matière contentieuse, vol. spl.
avril 1869 Art. 184. Refus de reversement, constatation et poursuite du débet, *B. G.*, E. M., vol. 24.
août 1881 Décret. Organisation et compétence des conseils du contentieux administratif à La Martinique, à La Guadeloupe et à La Réunion, *B. M.*, p. 431.
sept. 1881 Décret. Application à toutes les colonies du décret du 5 août 1881, *B. M.*, p. 703.
oct. 1881 Inst. pour l'application du décret du 5 août 1881, *B. M.*, p. 885.
janv. 1890 Décret relatif aux délais d'opposition et d'appel en matière de contentieux administratif, *B. C.*, p. 103.

Contentieux administratif (*suite*),

24 févr. 1890 Circ. Notification de deux arrêts du Conseil d'Etat des 17 mai et 27 décembre 1889. Incompétence des conseils du contentieux administratif des colonies pour déclarer l'Etat pécuniairement responsable des fautes de ses agents et connaître des difficultés relatives à l'exécution de certains contrats, *B. M.*, p. 191; *B. C.*, p. 429.

Contrainte par corps.

22 juill. 1867 Loi relative à la contrainte par corps, *B. lois.*

19 déc. 1871 Loi. Contrainte par corps en matière de frais de justice criminelle, *B. lois.*

27 juin 1891 Décret. Application à La Guadeloupe, La Martinique et La Réunion, des deux lois ci-dessus, *B. C.*, p. 439.

12 août 1891 Décret. Application aux autres colonies, *B. C.*, p. 545.

Contributions.

(Voir: *Congés et permissions*, 4 novembre 1902, art. 23.)

21 avril 1832 Extrait de la loi relative aux contributions (personnelle et mobilière) en ce qui concerne l'armée, *B. G.*, E. R., vol. 28, p. 136.

26 nov. 1901 Circ. Détermination des bases de la contribution mobilière des officiers avec troupe et des sous-officiers de troupe non casernés par application du décret du 3 mars 1899 sur le casernement, *B. G.*, p. 1341.

7 déc. 1904 Circ. Contributions des sous-officiers mariés des troupes coloniales en service outre-mer, *B. G.*, p. 1821; et circ. (colonies) du 21 décembre 1904, *B. C.*, p. 1314.

Contrôle de l'administration de l'armée.

20 oct. 1892 Service intérieur. Inf., art. 287. Artill., art. 304, revue d'effectif des fonctionnaires du contrôle, *B. G.*, E. R., vol. 78.

29 avril 1901 Inst. réglant les conditions du concours à subir par les officiers ou fonctionnaires candidats au grade de contrôleur adjoint, *B. G.*, p. 650; modif. 28 juillet 1902, *B. G.*, p. 1611; 17 février 1908, *B. G.*, p. 186.

17 juin 1901 Circ. Admission des oficiers des troupes coloniales dans le corps du contrôle au même titre que les officiers de toutes armes des troupes métropolitaines, *B. G.*, 2e sem., p. 47; *B. G.*, E. M., T. C., vol. 1, p. 245.

14 déc. 1901 Envoi à la direction du contrôle des états indiquant l'emplacement des divers établissements militaires ainsi que les adresses des trésoriers, officiers payeurs, etc. (T. M. et T. C.), *B. G.*, p. 1439.

30 avril 1906 Décret relatif aux nominations dans le corps du contrôle, *B. G.*, p. 568.

21 juin 1906 Décret sur l'administration des troupes coloniales, art. 1er. Contrôle en France, *B. C.*, p. 577; *B. G.*, p. 803; *B. G.*, E. M., T. C., vol. 1, p. 138.

10 févr. 1908 Service courant. Art. 145, propositions pour le contrôle, *B. G.*, E. M., vol. 74.

Contrôle des travaux de défense et des services techniques de l'artillerie aux colonies.

31 oct. 1902 Décret. Création d'un service du contrôle des travaux de défense, etc. Attributions de l'inspecteur général permanent, *B. C.*, p. 1097.

19 déc. 1903 Arr. Fonctionnement du service, *B. C.*, p. 1230.

Contrôles.

(Voir : *Commandants des détachements*, 23 juillet 1907.)

juin 1847 Ordonnance, vol. spl.

Art. 403 à 409. Contrôles des officiers sans troupe et employés militaires.
410 à 431. Contrôles des corps de troupe à tenir dans les corps.
432 à 441. — — par les commissaires aux revues.
692. Contrôle général des effets de la 1re catégorie.
693 - 694. — — 2e catégorie (supprimé 28 août 1883, *B. M.*, p. 280), des effets de harnachement, des armes, des instruments de musique et des outils portatifs.

mars 1862 Contrôle signalétique et registre matricule des chevaux, *B. M.*, p. 272; *B. M.* R., p. 252.

déc. 1898 Inst. sur l'administration des officiers de réserve et de l'armée territoriale, *B. G.*, E. R., vol. 72.

Art. 19. Contrôle général.
20. Contrôle spécial des officiers retraités.

déc. 1903 Décret sur l'administration des T. C. en France, *B. G.*, vol. spl., T. C., p. 206.

Annexe D. § 28. Contrôle des instruments de musique.
§ 29. — des effets de harnachement.
§ 30. — général des armes.
§ 31. — — des outils portatifs.
§ 32. — des équipages régimentaires et d'état-major.

mai 1904 Décret sur la solde des T. C. en France, *B. G.*, vol. spl., T. C.

Art. 87. Contrôles des officiers sans troupe et employés militaires.
88. — des corps de troupe et établissements considérés comme tels.
89. Inscription sur les contrôles des subsistants du corps.
90. — — — d'autres corps et de réservistes.
91. Inscription des chevaux sur les contrôles.
92. Contrôles des fractions d'unités administratives détachées.
93. — tenus dans les dépôts d'isolés, de convalescents, de prisonniers de guerre et de déserteurs.
94. Militaires rayés des contrôles et militaires réadmis.

déc. 1904 Inst. sur la masse de ferrage et de harnachement aux colonies. Art. 17. Contrôle des effets de harnachement, *B. C.*, p. 1259.

déc. 1905 Règl. sur l'armement aux colonies. Art. 44. Contrôle général de répartition de l'armement du corps.

avril 1906 Inst. Art. 20. Contrôle spécial des hommes des réserves.

mars 1906 Inst., art. 10. Contrôle des gratifications de réforme, *B. G.*, E. M., vol. 66-2, p. 18.

Contumace.

juin 1857 Code de justice militaire, art. 175 à 178, *B. G.*, E. R., vol. 56.

Convalescents.

(Voir : *Casernement*. — *Congés et permissions*. — *Couvertures*.)

nov. 1889 Service de santé à l'intérieur.

Art. 35. Admission dans les infirmeries régimentaires. Art. 272 à 274. Sortie des hôpitaux par convalescence, *B. G.*, E. M., vol. 80.

Convention de Genève.

22 août 1864 Convention, *B. G.*, E. M., vol. 76, p. 113, et notice 1, annexée au règl. du 31 octobre 1892 sur le service de santé en campagne.

Convention de La Haye.

(Voir : *Conférence de La Haye.*)

Convois.

27 févr. 1894 Règl. sur le service des convois militaires à l'intérieur, *B. G.*, E. M., vol. 100-1, p. 3; appliqué aux troupes de la marine, circ. du 22 janvier 1898, *B. M.*, p. 74.

28 mai 1895 Service en campagne, art. 115 et suiv., *B. G.*, E. M., vol. 76.

Coopératives.

(Voir : *Cessions.*)

23 juin 1907 Circ. Etablissement d'une statistique des coopératives de consommation existant dans l'armée (et circ. du Ministre du travail, etc., du 29 déc. 1906), *B. G.*, p. 770.

26 janv. 1908 Circ. relative aux coopératives dans les corps de troupe, *B. G.*, p. 69.

Copies de documents.

9 févr. 1874 Décis. minist. Certification des copies de documents délivrés par le Ministre de la guerre ou les autorités militaires, *B. G.*, E. M., vol. 10, p. 146.

Corde à fourrages.

30 sept. 1903 Description des uniformes, art. 431, *B. G.*, vol. spl., T. C., p. 258.

Corde de natation.

30 sept. 1903 Description des uniformes, art. 380, *B. G.*, vol. spl., T. C., p. 212.

Cordon de clairon et de trompette.

6 déc. 1903 Achat au compte de la masse générale d'entretien, *B. G.*, vol. spl., T. C., p. 226.

30 janv. 1908 Achat au compte de la masse d'entretien aux colonies.

Cordon de sifflet de signal.

6 déc. 1903 Achat au compte de la masse générale d'entretien, *B. G.*, vol. spl., T. C., p. 227.

Cordon pour plaque d'identité.

6 déc. 1903 Achat au compte de la masse générale d'entretien, *B. G.*, vol. spl., T. C., p. 226.

15 janv. 1905 Description, art. 45, *B. G.*, E. M., vol. 53, p. 125.

Corps de garde.

(Voir : *Hygiène.* — *Masse de casernement.*)

4 oct. 1891 Service des places, art. 132-133. Surveillance du commandant d'armes, *B. G.*, E. R., vol. 75.

3 mars 1899 Règl. sur le casernement en France.

Art. 56. Réception des corps de garde. Responsabilité des chefs de poste, *B. G.*, E. R., vol. 51.

6 oct. 1903 Règl. sur le casernement aux colonies.

Art. 56. Réception des corps de garde. Responsabilité des chefs de poste, *B. C.*, vol. spl., p. 906.

8 févr. 1907 Inst., art. 84 à 86. Chauffage et éclairage, *B. G.*, E. M., vol. 5, p. 175; notice 3. Matériel de chauffage et d'éclairage des corps de garde, *B. G.*, E. M., vol. 5, p. 252.

Corps d'occupation de Chine.

(Voir : *Chine.*)

Corps de santé des troupes coloniales.

(Voir : *Casernement.* — *Clientèle civile.* — *Ecole d'application du service de santé des troupes coloniales.*)

7 juill. 1900 Loi sur l'organisation des troupes coloniales, art. 11, *B. C.*, p. 594; *B. G.*, E. M., T. C., vol. 1, p. 7.

1 juin 1906 Décret organisant le corps de santé des troupes coloniales, *B. C.*, p. 593; *B. G.*, p. 820; *B. G.*, E. M., T. C., vol. 1, p. 217.

Art. 1. Attributions.
2. Hiérarchie.
3-4. Recrutement et avancement.
5-6. Officiers d'administration.
7. Médecins auxiliaires indigènes.
8-9. Section d'infirmiers militaires.
10. Répartition du personnel.
11. Propositions pour l'avancement et la Légion d'honneur.
12. Etablissement des tableaux d'avancement et de concours pour la Légion d'honneur et la médaille militaire.
13. Discipline.
14. Rang.
15. Personnel mis hors cadres.

8 juill. 1906 Inst. relative aux concours pour les emplois de médecin et de pharmacien aides-majors.

Composition des jurys. Opérations du jury, *B. G.*, p. 863.

sept. 1906 Décret fixant les effectifs : médecins principaux : 1re classe, 12; 2e classe, 18; médecins-majors, 1re classe, 88; 2e classe, 175; médecins aides-majors :1re classe et 2e classe, 141; pharmaciens principaux : 1re classe, 1; 2e classe, 2; pharmaciens-majors : 1re classe, 5; 2e classe, 19; pharmaciens aides-majors : 1re et 2e classes, 19, *B. G.*, p. 1233; *B. G.*, E. M., T. C., vol. 1, p. 224.

Correspondance.

1° *Correspondance officielle.*

(Voir : *Archives. Franchises postales et télégraphiques.*)

oct. 1836 Note. Marche à suivre par les généraux commandant les divisions lorsqu'ils reçoivent des dépêches ministérielles concernant des officiers qui ne sont plus dans leur division, *B. G.*, E. R., vol. 38, p. 225.

déc. 1840 Invitation de ne pas confondre dans la correspondance des objets ressortissant à plusieurs bureaux, *A. M.*, p. 1325; *B. M.* R., p. 528.

Correspondance (*suite*).

23 févr. 1858 Déc. Notification des dépêches ministérielles aux sous-officiers et soldats ayant fait mutation, *B. G.*, E. R., vol. 38, p. 225.

28 mai 1880 Circ. Suppression des formules de salutation, *B. M.*, 1895, p. 790; *B. C.*, 1895, p. 841; *B. G.*, E. R., vol. 38, p. 174; appliquée aux troupes de la marine par circ. du 30 novembre 1895, *B. M.*, p 789; *B C.*, p 840.

28 juin 1886 Nomenclature des pièces qui peuvent être échangées directement entre le Ministre de la guerre et les chefs de service sans passer par les commandants de corps d'armée, *B. G.*, E. R., vol. 38, p. 216.

30 sept. 1886 Circ. Inscription en tête des pièces officielles des mots : République française — Liberté — Egalité — Fraternité, *B. C.*, 1887, p. 65.

22 déc. 1888 Règles à suivre pour l'échange de la correspondance entre l'administration centrale et les divers services et établissements militaires, *B. G.*, E. R., vol. 38, p. 180.

18 nov. 1889 Circ. Envoi de pièces à la grande Chancellerie de la Légion d'honneur, *B. C.*, p. 1462; *B. M.*, p. 816.

20 oct. 1892 Service intérieur Inf., art. 223. Artill., art. 258. Modèles à employer dans les corps, *B. G.*, E. R., vol. 78.

7 mars 1897 Interdiction de correspondre directement avec des personnes résidant à l'étranger, *B. G.*, E. R., vol. 38, p. 207.

23 sept. 1898 Transmission par bordereau d'envoi distinct de chaque affaire de correspondance, *B. G.*, E. R., vol. 38, p. 206.

7 juill. 1900 Loi, art. 3, § 2. Le commandant supérieur des troupes aux colonies correspond avec le Ministre de la guerre par l'intermédiaire du gouverneur et du Ministre des colonies, *B. C.*, p. 594; *B. G.*, E. M., T. C., vol. 1, p. 4.

6 déc. 1900 Circ. Transmission de la correspondance des ports de commerce, *B. C.*, p. 1116.

21 mars 1901 Circ. Désignation des sous-officiers, caporaux, brigadiers et soldats dans la correspondance et les pièces officielles, *B. G.*, p. 439.

25 juin 1901 Circ. Envoi à la direction des troupes coloniales de deux exemplaires des ordres généraux, circulaires, notes circulaires, décisions, émanant des commandants supérieurs des troupes aux colonies, *B. G.*, 2e sem., p. 138.

9 nov. 1901 Décret. Art. 7. Transmission par les gouverneurs de la correspondance des commandants supérieurs des troupes aux colonies, *B. G.*, p. 1111; *B. C.*, p. 1026; *B. G.*, E. M., T. C., vol. 1, p. 249.

17 déc. 1901 Circ. Correspondance confidentielle entre le département de la guerre et les commandants supérieurs des troupes aux colonies. Mentions à porter sur les plis, *B. G.*, p. 1491.

20 sept. 1902 Inst. relative au mode d'expédition et de transmission de la correspondance entre les Ministres de la guerre et des colonies et les commandants supérieurs des troupes, *B. G.*, p. 1911; *B. C.*, 1903, p. 71; *B. G.*, E. M., T. C., vol. 1, p. 251.

19 janv. 1903 Circ. Application de l'inst. du 20 septembre 1902. Correspondance des chefs de service, *B. C.*, p. 69.

28 févr. 1903 Circ. Transmission en copie conforme des prescriptions ministérielles d'ordre administratif, *B. G.*, p. 222.

21 févr. 1903 Circ. Suppression des formules de salutation dans la correspondance officielle, *B. C.*, p. 354.

25 avril 1903 Circ. Suppression des formules initiales de politesse et des formules de salutation dans la correspondance échangée entre les autorités militaires et les fonctionnaires des divers départements ministériels, *B. G.*, p. 598.

27 avril 1903 Circ. relative à l'expédition des dépêches émanant ou à destination du ministère de la guerre, *B. G.*, p. 612.

16 juin 1903 Circ. Indications à donner sur les documents visés dans la correspondance, *B. G.*, p. 936.

18 janv. 1904 Circ. Introduction d'une indication numérique dans les dépêches et télégrammes émanant ou à destination de l'administration centrale de la guerre, *B. G.*, p. 31; modif. 6 nov. 1907, *B. G.*, p. 1655.

1er févr. 1904 Circ. Prescrivant l'emploi d'enveloppes résistantes pour la correspondance officielle des autorités militaires, *B. G.*, p. 70.

15 févr. 1904 Circ. Forme à donner aux rapports ou lettres provoquant décision, soumis au Ministre de la guerre et à la procédure à suivre pour notifier la décision prise aux autorités militaires intéressées, *B. G.*, p. 109.

28 oct. 1904 Circ. Transmission de la correspondance confidentielle des commandants supérieurs des troupes aux colonies, destinée à d'autres départements ministériels, *B. C.*, p. 1057.

Correspondance (*suite*).

20 oct. 1905 Circ. Suscription des plis et paquets concernant le service militaire, *B. G.*, p. 1663.

19 déc. 1905 Circ. Les autorités militaires ne doivent poser au Ministre de la guerre que des questions qui ne peuvent être résolues à l'aide des textes réglementaires en vigueur ou de leur propre initiative, *B. G.*, p. 1830.

14 avril 1906 Circ. relative à l'affranchissement de la correspondance commerciale des services et établissements militaires, *B. G.*, p. 511.

21 juin 1906 Circ. Interdiction de la voie télégraphique pour des communications non urgentes. (Levées d'interdictions de permissions), *B. G.*, p. 836

21 juin 1906 Décret sur l'administration des troupes coloniales, art. 6. Correspondance des commandants supérieurs. Directeurs et chefs de service, *B. C.*, p. 577; *B. G.*, p. 803; *B. G.*, E. M., T. C., vol. 1, p. 140.

25 mai 1907 Circ. relative aux transmissions de rapports. Faire suivre du nom l'indication du grade de l'autorité qui émet son avis, *B. G.*, p. 655.

2° *Correspondance privée.*

(Voir : *Franchises postales et télégraphiques*, 2°.)

5 mars 1885 Circ. Mode de renvoi en cas de décès des lettres adressées aux militaires des troupes de la marine, *B. M.*, p. 579.

20 oct. 1892 Service intérieur : Inf., art. 207; Artil. art. 164. Destination à donner à la correspondance des militaires décédés, *B. G.*, E. R., vol. 78.

20 juill. 1893 Circ. Mode de renvoi à l'expéditeur des lettres adressées à des militaires décédés aux colonies, *B. C.*, p. 696; *B. M.*, p. 617.

2 févr. 1894 Circ. Les correspondances chargées et les colis postaux destinés à des militaires décédés aux colonies doivent être remis au commissaire aux revues chargé d'en faire retour à l'expéditeur, *B. C.*, p. 169.

28 oct. 1898 Note. Distribution postale par exprès des correspondances dans les casernes, *B. G.*, p. 245; *B. G.*, E. R., vol. 78, p. 792; appliquée aux troupes de la marine, circ. du 23 novembre 1899, *B. M.*, p. 725.

11 avril 1900 Décr. relatif à la taxe des lettres adressées aux militaires et marins à l'étranger, *B. C.*, p. 384; et circ. (marine), du 22 mai 1900, *B. M.*, p. 881.

19 sept. 1903 Circ. Réexpédition des lettres arrivant dans une colonie après le rapatriement des destinataires, *B. G.*, p. 1399.

23 avril 1906 Décr. fixant la taxe des correspondances dans les relations inter-coloniales, *B. C.*, p. 391.

26 juill. 1906 Décr. Réduction du minimum de taxe applicable aux papiers d'affaires dans les relations de la France avec ses colonies et *vice versa*, *B. C.*, p. 725.

Couchage.

(Voir : *Approvisionnements de guerre. — Lits militaires. — Masse de couchage et d'ameublement.*)

20 oct. 1892 Service intérieur : Inf., art. 343 à 352; Artil., art. 361 à 370, *B. G.*, E. R., vol. 78.

5 oct. 1904 Cahier des charges relatif aux entreprises du blanchissage, des confections, démolitions, réfection et réparation des divers objets de couchage à l'usage des T. C.; modif. 16 avril 1905, *B. G.*, r. s., p. 473; 1er novembre 1905; 9 août 1907, *B. G.*, r. s., p. 945.

5 nov. 1904 Inst. prov. sur le service du couchage et de l'ameublement dans les troupes coloniales en France; art. 1 à 3, et 16 à 31; *B. G.*, vol. spl., T. C.; errata, *B. G.*, 1905, p. 817; *B. G.*, r. s., 1904, p. 1121.

Tarif 2. Imputations et réparations à la charge du corps. Tarif des réparations aux couchettes en usage dans les T. C.
Notice J. Description de la fourniture de lit d'officier.
— M. — — de soldat et d'infirmerie.
— N. — — de salle de discipline.
— O. — — de lit de détenu.
— P. — — auxiliaire de couchage de réserviste.
— Q. Forme des marques et nature des encres qui doivent être employées pour le marquage des effets et objets du service du couchage.

15 janv. 1905 Notice 3. Dispositions relatives aux fournitures de couchage auxiliaire, *B. G.*, E. M., vol. 53, p. 144.

Cour de cassation.

1er avril 1837 Loi relative à l'autorité des arrêts rendus après deux pourvois, *B. lois*, p. 223.

17 avril 1906 Loi de finances, art. 44. La Cour de cassation prononcera au lieu et place des conseils de revision sur les recours formés contre les jugements des tribunaux maritimes et des conseils de guerre siégeant à l'intérieur, en Algérie et en Tunisie, *B. C.*, p. 348; *B. G.*, p. 586.

Cour des comptes.

(Voir : *Comptabilité matières.*)

31 mai 1862 Décr., art. 375 à 447. Attributions, *B. G.*, E. M., vol. 23.

20 nov. 1882 Décr. sur le régime financier des colonies, art. 143 à 147. Contrôle judiciaire de la Cour des comptes, *B. M.*, p. 856.

Courroie de capote ou de sautoir.

30 sept. 1903 Description des uniformes, art. 433, *B. G.*, vol. spl., T. C., p. 258.

Courroie de manteau.

30 sept. 1903 Description des uniformes, art. 432, *B. G*, vol. spl., T. C., p. 258.

Courroies d'ustensiles de campement.

15 janv. 1905 Description : art. 37 à 39, courroie de petit bidon; art. 40, courroie de peau de bouc; art. 41, courroie d'ustensiles, *B. G.*, E. M., vol. 53, p. 54.

Cours abrégé d'hippologie.

30 avril 1906 Cours abrégé d'hippologie à l'usage des sous-officiers, des brigadiers et élèves brigadiers des corps de troupe à cheval.

Cours de l'École d'administration militaire.

26 mai 1905 Cession aux officiers et assimilés, *B. G.*, p. 703; modif. 18 nov. 1907, *B. G.*, p. 1702.

Cours de l'École d'application de l'artillerie et du génie.

3 août 1907 Cession aux officiers et assimilés, remboursement à la masse d'instruction de l'école, *B. G.*, p. 1071.

Cours de l'École supérieure de guerre.

22 janv. 1907 Cession aux officiers et assimilés, corps de troupe, services, bibliothèques de garnison, établissements militaires, *B. G.*, p. 57; add. 4 février 1908, *B. G.*, p. 126.

Cours des facultés.

0 juill. 1906 Circ. relative aux cours créés à la faculté des lettres de Nancy pour les officiers, *B. G.*, p. 906.

Cours du soir.

0 avril 1906 Circ. relative à la fréquentation par les jeunes soldats des cours du soir et des bibliothèques municipales, *B. G.*, p. 565.

Courses militaires.

2 nov. 1903 Inst. sur les courses militaires, *B. G.*, E. M., vol. 55-1, p. 33; modif. 24 février 1908, *B. G.*, p. 245.

4 déc. 1906 Inst. Création de steeple-chases cross-country militaires, *B. G.*, p. 1801; modif. 24 février 1908, *B. G.*, p. 245, et circ. du 16 mars 1908, *B. G.*, p. 393.

Cours pratique de tir.

er juin 1906 Circ. Chevaux mis à la disposition des officiers généraux désignés pour assister au cours, *B. G.*, p. 700.

1 juin 1906 Circ. relative à la désignation des officiers généraux et supérieurs pour le cours pratique de tir de l'artillerie de campagne de Poitiers, *B. G.*, p. 762; modif. 3 avril 1907, *B. G.*, p. 377.

Cours supérieur technique de l'artillerie.

8 août 1907 Décret transférant à Bourges, sous le nom de « Cours supérieur technique de l'artillerie », la division technique de l'artillerie de l'École d'application de l'artillerie et du génie, *B. G.*, p. 1125.

8 sept. 1907 Circ. Désignation d'officiers d'artillerie coloniale pour le cours supérieur technique, *B. G.*, p. 1512.

Couvertures de campement.

(Voir : *Marquage*.)

déc. 1903 Annexe M, art. 38. Délivrance par les dépôts des isolés d'une couverture de campement aux militaires dirigés sur les colonies ou rapatriés, *B. G.*, vol. spl., T. C., p. 289; modif. 27 avril 1907 ci-après.

nov. 1904 Inst. sur le service du couchage dans les T. C., art. 28 et 47. Couvertures remises aux hommes voyageant en chemin de fer, *B. G.*, vol. spl., T. C., p. 12 et 18.

janv. 1905 Description : art. 1, grande couverture en laine; art. 2, petite couverture en laine, *B. G.*, E. M., vol. 53, p. 3; art. 1er, modif. 2 avril 1908, *B. G.*, p. 751.

avr. 1907 Circ. Suppression des couvertures de bord, *B. C.*, p. 275.

Couvertures de livrets.

(Voir : *Livrets matricules et individuels*.)

Crachoirs.

déc. 1903 Achat au compte de la masse générale d'entretien, *B. G.*, vol. spl., T. C., p. 229.

janv. 1908 Achat au compte de la masse d'entretien aux colonies.

Cravate.

30 sept. 1903 Description des uniformes, art. 434, cravate bleue; art. 435, cravate noire, *B. G.*, vol. spl., T. C., p. 259.

Crêpes et serges.

6 déc. 1903 Achat au compte de la masse générale d'entretien, *B. G.*, vol. spl. T. C., p. 228.

20 janv. 1908 Achat au compte de la masse d'entretien aux colonies.

Cruches à eau.

6 déc. 1903 Achat au compte de la masse générale d'entretien, *B. G.*, vol. spl., T. C., p. 228.

20 janv. 1908 Achat au compte de la masse d'entretien aux colonies.

Cuiller.

30 sept. 1903 Art. 456. Description, *B. G.*, vol. spl., T. C., p. 282.

Cuirs.

(Voir : *Habillement*, 30 janv. 1892. — *Harnachement.*)

10 mai 1880 Inst. sur le mode d'emploi de l'huile Bourgeois pour la conservation et l'entretien des chaussures et effets en cuir noir, *B. M.*, p. 961.

31 mai 1882 L'huile pénétrante Thésée est substituée à la nourriture Mironde pour l'entretien des opjets en cuir. Inst. sur la manière de s'en servir, *B. M.*, p. 720.

27 avril 1894 Inst. sur la fabrication des cuirs, *B. G.*, E. R., vol. 52.

Cuisines.

20 oct. 1892 Service intérieur : Inf., art. 189; Artil., art. 242. Surveillance par le caporal ou brigadier d'ordinaire, *B. G.*, E. R., vol. 78.

22 avril 1905 Règl. sur les ordinaires, art. 4, 6, 9, 10, 50, *B. G.*, E. M., vol. 7.

11 juin 1905 Dépenses à la charge de la masse générale, *B. G.*, p. 744.

11 déc. 1906 Règl. sur les ordinaires (colonies), art. 4, 6, 9, 10, *B. C.*, p. 1157.

22 avril 1908 Circ. sur les cuisines régimentaires. Choix des cuisiniers, propreté des cuisines, préparation des aliments, *B. G.*, p. 542.

Cuisiniers.

10 oct. 1900 Circ. Formation dans les régiments de soldats cuisiniers destinés au service colonial, *B. M.*, p. 725.

6 déc. 1903 Achat et entretien des effets des cuisiniers et aides cuisiniers au compte de la masse générale, *B. G.*, vol. spl., T. C., p. 226.

22 avril 1905 Règl. sur les ordinaires, art. 10, *B. G.*, E. M., vol. 7.

11 déc. 1906 Règl. sur les ordinaires (colonies), art. 10, *B. C.*, p. 1161.

Culotte.

30 sept. 1903 Description des uniformes.

Art. 4. Culotte dite hongroise.
5. — en toile blanche ou kaki.
269. — des hommes de troupe d'artillerie coloniale, *B. G.*, vol. spl., T. C., p. 5, 6, 139.

1er déc. 1906 Art. 6. Culotte blanche des officiers généraux, *B. G.*, E. M., vol. 104, p. 9.

Cumul.

(Voir : *Gratifications de réforme.* — *Pensions.*)

31 mai 1862 Décr. sur la comptabilité publique, *B. G.*, E. M., vol. 23.

Cumul des traitements, art. 65 à 67.
Cumul des pensions, art. 269 à 277.
Cumul des indemnités législatives, art. 274.

14 janv. 1869 Règl. financier (colonies), art. 38 à 43. Cumul des traitements et des pensions, prohibitions, vol. spl.

3 avril 1869 Règl. sur la comptabilité des dépenses du ministère de la guerre, art. 42 à 47, *B. G.*, E. M., vol. 24, p. 23, et inst. du 30 juillet 1903, *B. G.*, E. M., vol. 24, p. 132.

16 févr. 1892 Loi qui règle au point de vue de l'indemnité législative, la situation des fonctionnaires nommés députés, *B. G.*, E. M., vol. 23, p. 91.

24 mai 1873 Loi réorganisant le Conseil d'Etat, art. 7, *B. G.*, E. M., vol. 23, p. 93.

18 janv. 1884 Déc. du Conseil d'Etat relative au cumul d'une pension militaire, avec un traitement d'activité, *B. M.*, p. 621; et circ. du 2 avril 1884, *B. M.*, p. 619.

12 avril 1886 Circ. Règles relatives au cumul d'une pension avec un traitement d'activité, *B. M.*, p. 730.

26 déc. 1890 Loi de finances, art. 31. Cumul des pensions militaires avec les traitements civils, *B. C.*, p. 1255; *B. G.*, E. R., vol. 66, p. 238.

28 mars 1891 Circ. Application des mesures sur la limitation du cumul des pensions d'officiers et assimilés avec un traitement civil. Indication de la dernière solde d'activité sur les mémoires de proposition de pensions, *B. C.*, p. 242, et circ. (marine), du 12 février 1891, *B. M.*, p. 205.

16 avril 1891 Note relative à l'application de l'art. 31 de la loi du 26 décembre 1890, *B. G.*, E. R., vol. 66, p. 239.

16 mai 1891 Circ. (finances). Application de la loi du 26 décembre 1890. Nouvelle formule de déclaration de non-cumul. Pensions de veuves de militaires de la marine.. Cumul de deux pensions interdit par la loi du 5 août 1879, *B. C.*, p. 537; *B. M.*, p. 870, et circ. (colonies), du 4 août 1891, *B. C.*, p. 537.

26 août 1892 Note relative à l'application de l'art. 31 de la loi du 26 décembre 1890, *B. G.*, E. R., vol. 66, p. 239.

27 mai 1895 Circ. Distinction entre les pensions et les soldes de réforme au point de vue du cumul avec un traitement civil, *B. C.*, p. 517; *B. M.*, p. 920.

1 déc. 1897 Loi concernant le cumul des pensions concédées à des officiers et assimilés avec des traitements civils, *B. C.*, p. 1266; *B. G.*, p. 709.

1 mars 1903 Loi de finances, art. 56. Cumul du traitement civil et de la pension militaire des officiers retraités, membres du bureau des longitudes, *B. C.*, p. 259; *B. G.*, E. M., vol. 23, p. 138.

9 déc. 1903 Décr. sur la solde des T. C. aux colonies, art. 14, *B. C.*, 1904, p. 390.

6 mai 1904 Décr. sur la solde des T. C. en France, art. 13, *B. G.*, vol. spl., T. C., p. 39.

D

Dame ronde.

6 juill. 1899 Description, *B. G.*, E. R., vol. 51 *bis*, p. 50.
16 oct. 1903 Description, *B. C.*, vol. spl., p. 987.

Débets.

(Voir : *Dettes.* — *Retenues* (4°).

14 janv. 1869 Règl. sur la comptabilité des dépenses de la marine, art. 156 et 157, vol. spl.
3 avril 1869 Règl. sur la comptabilité des dépenses de la guerre, art. 262 à 266, et inst. du 30 juillet 1903, *B. G.*, E. M., vol. 24.

Décès.

(Voir : *Correspondance.* — *Etat civil.* — *Livret individuel.* — *Malades. Successions.* — *Transports des restes mortels.*)

24 juin 1844 Recommandations pour les soins à apporter dans l'annonce des décès des officiers et militaires, *B. M.*, p. 881; *B. M.*, R., p. 117.
23 nov. 1878 Circ. Envoi en France des actes de décès des militaires et autres décédés aux colonies. Etat à faire parvenir au Ministre, *B. M.*, p. 838, rappelée par circ. du 27 octobre 1887, *B. M.*, p. 391.
5 déc. 1884 Circ. Déclaration judiciaire du décès des hommes disparus. Pièces à fournir. Application de ces règles aux corps expéditionnaires, *B. M.*, p. 953.
18 mars 1887 Circ. Transmission au département des colonies des actes de décès et certificats de genre de mort concernant les officiers, fonctionnaires et agents décédés aux colonies, *B. C.*, p. 140.
25 nov. 1889 Service de santé à l'intérieur, *B. G.*, E. M., vol. 80.

Art. 66. Décès au corps.
294. Dépôt et inhumation des corps des militaires décédés hors des hôpitaux.

31 oct. 1892 Service de santé en campagne, notice 13. Formalités à remplir en cas de décès.
23 juill. 1894 Inst. (guerre) pour l'application de la loi du 8 juin 1893, titre IV, *B. G.*, E. R., vol. 28, p. 35.
26 juill. 1894 Inst. (marine) pour l'application de la loi du 8 juin 1893, titre IV, *B. C.*, p. 718.
2 oct. 1895 Circ. La notification des avis de décès des militaires en service aux colonies doit être faite au Ministre et aux familles par la voie la plus directe, *B. M.*, p. 573; *B. C.*, p. 777.
13 mars 1896 Circ. Notification télégraphique des décès des militaires aux colonies. Dépense imputable au chapitre « Troupes », *B. C.*, p. 163.
24 avril 1897 Avis de décès des militaires en campagne, à envoyer aux familles par le bureau de comptabilité, *B. G.*, E. R., vol. 28, p. 127; *B. G.*, E. M., vol. 8, p. 68.
10 avril 1899 Circ. Envoi en France des actes de décès, *B. C.*, p. 454.
20 déc. 1900 Inst. Notification des décès ou disparitions des officiers, fonctionnaires, agents divers, marins de l'Etat et militaires. Dispositions complémentaires concernant la rédaction et la transmission des actes de décès et certificats de cause de décès, *B. M.*, p. 1141.

Décès (*suite*).

26 déc. 1900 Circ. Frais d'avis télégraphiques des décès des militaires des troupes de la marine et des officiers placés hors cadres aux colonies, survenus en cours de route, *B. C.*, p. 1097.

10 mai 1902 Circ. Rapport à adresser au Ministre de la guerre lors du décès d'un militaire aux colonies, *B. G.*, p. 1001; modif. 15 octobre 1903, *B. G.*, p. 1547.

4 sept. 1903 Circ. Indications à donner dans les cablogrammes annonçant le décès des militaires ayant fait l'objet de mutations depuis moins de 3 mois. Indication du corps auquel ils comptaient précédemment, *B. G.*, p. 1309; erratum, *B. G.*, p. 1400.

8 juin 1905 Inst. pour les commandants des troupes passagères, à jour au 1er nov. 1907, art. 31, décès à bord, *B. G.*, p. 1721.

25 mars 1906 Circ. Mesures à prendre pour le transport des corps des militaires décédés hors et à proximité des hôpitaux et reçus à titre de dépôt par ces établissements, *B. G.*, p. 438.

15 janv. 1908 Inst. relative à la notification au Ministre de la guerre et aux familles du décès des militaires des T. M., *B. G.*, p. 49.

Décisions judiciaires.

21 janv. 1904 Circ. Notification à l'administration de la guerre des décisions judiciaires rendues par un tribunal quelconque ou un conseil de préfecture, *B. G.*, p. 40; *B. G.*, E. M., vol. 86, p. 154.

Déclaration de Saint-Pétersbourg.

11 déc. 1868 Déclaration à l'effet d'interdire l'usage de certains projectiles en temps de guerre, approuvée par décret du 30 décembre 1868, *B. G.*, E. M., vol. 76, p. 115.

Décorations.

(Voir: *Légion d'honneur et médaille militaire.* — *Médailles commémoratives.* — *Médaille coloniale.* — *Médailles d'honneur.*)

10 juin 1853 Décr. et déc. imp. relatifs aux ordres étrangers, *B. G.*, E. R., vol. 30, p. 95 et 98; *B. M.*, p. 431 et 434; *B. M.*, R., p. 612 et 615.

23 juin 1853 Inst. (Légion d'honneur). Demandes d'autorisation d'accepter et de porter des ordres ou décorations étrangères, *B. M.*, p. 436; *B. M.*, R., p. 623; *B. G.*, E. R., vol. 30, p. 99.

17 oct. 1853 Transmission des demandes d'autorisation formées par des militaires décorés d'ordres étrangers, *B. G.*, E. R., vol. 30, p. 100.

18 nov. 1853 Circ. Dispositions relatives aux décorations ou médailles militaires des hommes nouvellement décorés et décédés, *B. M.*, p. 833; *B. M.*, R., p. 1172.

16 janv. 1854 Les titulaires de décorations étrangères promus à un nouveau grade dans un ordre étranger doivent demander une nouvelle autorisation, *B. G.*, E. R., vol. 30, p. 101.

13 mars 1855 Circ. Les décorations ou médailles renvoyées à la grande Chancellerie doivent être placées dans des boîtes, *B. M.*, p. 153; *B. M.*, R., p. 636, et note (guerre) du 18 janvier 1858, *B. G.*, E. R., vol. 30, p. 13.

26 avril 1856 Décr. relatif au port de la médaille militaire instituée par la reine d'Angleterre en commémoration de la campagne de Crimée, *B. M.*, p. 556; *B. G.*, E. R., vol. 30, p. 60, et circ. (marine), du 24 juin 1856, *B. M.*, p. 549.

15 nov. 1856 Circ. Agrafes qui accompagnent, dans certains cas, la médaille d'Angleterre, *B. M.*, p. 1000.

9 juill. 1868 La médaille du Mérite militaire du Mexique ne pourra être portée qu'avec un ruban composé de 5 bandes, deux rouges sur les côtés, deux blanches de 6mm chacune séparées par une bande rouge au fond, *B. M.*, R., p. 352; *B. M.*, p. 146.

14 avril 1869 Note relative aux décorations étrangères conférées à des militaires, *B. G.*, E. R., vol. 30, p. 102.

Décorations (*suite*).

9 mai 1874 Décr. Application aux titulaires de décorations et de médailles commémoratives, du décret du 14 avril 1874 sur la discipline des membres de la Légion d'honneur, *B. M.*, p. 638; *B. M.*, R., p. 470; *B. G.*, E. R., vol. 30, p. 12.

22 mars 1875 Décr. élevant les droits de chancellerie en ce qui concerne la Légion d'honneur et les ordres étrangers, *B. M.*, p. 326; *B. M.*, R., p. 579; *B. G.*, E. R., vol. 30, p. 3.

8 nov. 1883 Décr. fixant les droits à acquitter pour le port des ordres ou des décorations étrangères par les officiers en activité de service jusques et y compris le grade de capitaine, *B. M.*, p. 726; *B. G.*, E. R., vol. 30, p. 97.

10 mars 1891 Décr. réglementant le port des décorations et médailles françaises et étrangères, *B. C.*, p. 338; *B. M.*, p. 499; *B. G.*, E. R., vol. 30, p. 5.

26 mars 1896 Circ. Retrait provisoire des brevets aux militaires et marins privés temporairement du droit de porter des décorations ou médailles commémoratives, *B. M.*, p. 575.

9 juin 1898 Circ. Conséquence de l'amnistie au point de vue des déchéances honorifiques pouvant résulter de condamnations pour désertion ou insoumission, *B. C.*, p. 460.

27 janv. 1899 Décr. autorisant les généraux commandants en chef en Indo-Chine et à Madagascar à suspendre provisoirement de leurs droits et prérogatives les sous-officiers cassés de leur grade et les soldats renvoyés, titulaires de la Légion d'honneur ou de la médaille militaire.

18 mars 1899 Décr. Application du décret ci-dessus aux titulaires de médailles commémoratives ou décorés d'ordres coloniaux ou étrangers, *B. C.*, p. 510.

21 mars 1900 Circ. Règles à suivre pour assurer la transmission à la grande chancellerie de la Légion d'honneur des pièces concernant les militaires susceptibles, par suite de condamnation ou d'indignité, d'être déchus du droit de porter les distinctions honorifiques dont ils peuvent être titulaires, *B. M.*, p. 568.

23 déc. 1903 Arr., art. 34. Inscription des décorations sur les matricules, livrets, certificats et relevés de services, *B. G.*, p. 1948; *B. G.*, E. M., vol. 10, p. 72; modif. 19 février 1907, *B. G.*, p. 156.

Défense des colonies.

17 avril 1906 Loi de finances, art. 58. Etablissement par le Ministre des colonies d'un rapport annuel sur l'emploi des crédits accordés par la loi du 20 juillet 1900, *B. C.*, p. 353.

Défenseur.

(Voir: *Justice militaire*, 15 juin 1899-13 novembre 1902.)

9 juin 1857 Code de justice militaire, art. 109 à 112, *B. G.*, E. R., vol. 56.

Défilés.

15 avril 1905 Inst. sur les revues et défilés des troupes de toutes armes.

Dégâts aux propriétés.

17 août 1907 Inst. sur le mode de règlement des dégâts causés par les manœuvres et exercices, *B. G.*, p. 1144.

Dégradation.

9 juin 1857 Code pénal, art. 34. Dégradation civique, *B. G.*, E. R., vol. 56, p. 75.
Code de justice militaire, art. 190 et 191. Dégradation militaire, *B. G.*, E. R., vol. 56.

4 oct. 1891 Service des places, art. 128, *B. G.*, E. R., vol. 75.

Dégradations au casernement.

8 mars 1899 Règl. sur le casernement en France, art. 66 à 71. Constatation. Imputation, *B. G.*, E. R., vol. 51.
16 oct. 1903 Règl. sur le casernement aux colonies, art. 65 à 70. Constatation. Imputation, *B. C.*, vol. spl., p. 908.

Délais de repentir.

(Voir : *Désertion.*)

Délégations.

29 oct. 1898 Décr. Mode de paiement des délégations souscrites par le personnel civil et militaire aux colonies, *B. G.*, p. 285; *B. C.*, p. 738; *B. M.*, p. 1005.
30 oct. 1898 Circ. Application du décret du 29 octobre 1898, *B. C.*, p. 736; *B. M.*, p. 1003.
5 janv. 1899 Circ. Transmission au Département des colonies des mandats de délégations (ne concerne plus que les délégations d'office).
31 mai 1899 Circ. Application du décret du 29 octobre 1898, *B. C.*, p. 619.
20 juill. 1899 Circ. Mode d'encaissement des retenues pour délégations, *B. C.*, p. 737.
25 sept. 1900 Circ. Etablissement des mandats de délégation. Adresse des délégataires. Période que le mandat concerne, *B. C.*, p. 909.
18 sept. 1902 Circ. Les mandats de délégations seront remis aux délégants qui les transmettront eux-mêmes à leurs délégataires, sauf pour les délégations d'office, *B. C.*, p. 926.
26 mai 1904 Décr. sur la solde des T. C. dans la métropole, art. 83 à 86, *B. G.*, vol. spl., T. C., p. 109.

Demandes.

(Voir : *Réclamations.*)

Demandes de matériel et d'approvisionnements.

(Voir : *Approvisionnements.*)

16 oct. 1903 Règl. sur les directions d'artillerie coloniales, art. 49 à 55, *B. C.*, vol. spl., p. 72; modif. 2 octobre 1905, *B. C.*, p. 1056.
8 juill. 1905 Inst. sur le fonctionnement administratif du service de santé colonial, art. 10 à 14, *B. C.*, p. 1356.

Démission.

(Voir : *Officiers de réserve. — Pensions, 28 décembre* 1886.)

28 mars 1872 Décr. portant rejet d'une requête présentée à la commission chargée de remplacer le Conseil d'Etat, tendant à faire décider que le Ministre a excédé ses pouvoirs en refusant d'accepter la démission d'un officier en service aux colonies, *B. M.*, p. 416; *B. M.*, R., p. 22.
28 déc. 1886 Circ. au sujet des offres de démission ou demandes de retraite par des officiers qui ont reçu un ordre de départ, *B. M.*, p. 963.
29 août 1889 Circ. Les officiers des troupes de la marine qui seront pourvus d'un emploi dans les services civils aux colonies devront immédiatement après leur nomination offrir la démission de leur grade, *B. C.*, p. 1423; *B. M.*, p. 435.
8 mai 1891 Circ. notifiant un arrêt du Conseil d'Etat en date du 20 février 1891 rejetant le recours d'un médecin militaire contre la décision par laquelle le Ministre de la guerre avait refusé d'accepter sa démission, *B. C.*, p. 378; *B. M.*, p. 731.

Démission (*suite*).

5 oct. 1903 Circ. Situation des sous-lieutenants d'artillerie coloniale sortant de l'Ecole polytechnique qui offrent leur démission après avoir accompli leur troisième année dans un corps de troupe, *B. G.*, p. 1474; *B. G.*, E. M., vol. 32, p. 136; modif. 22 oct. 1906, *B. G.*, p. 1365.
10 févr. 1908 Service courant, art. 249, *B. G.*, E. M., vol. 74.

Demoiselle.

6 juill. 1899 Description, *B. G.*, F. R., vol. 51 *bis*, p. 50.
16 oct. 1903 Description, *B. C.*, vol. spl., p. 987.

Dépenses engagées.

1° *Dispositions générales.*

26 déc. 1890 Loi de finances, art. 59. Création de la comptabilité des dépenses engagées, *B. G.*, E. M., vol. 26, p. 3; *B. C.*, p. 1256.
14 mars 1893 Décr. Formes de la comptabilité des ministères pour les dépenses engagées, *B. C.*, p. 469; *B. M.*, p. 798; *B. G.*, E. M., vol. 26, p. 4.
28 déc. 1895 Loi de finances, art. 52. L'état de situation des dépenses engagées de la dernière année expirée sera distribué aux Chambres en même temps que le projet de loi de finances, *B. C.*, p. 920.
31 mars 1903 Loi de finances, art. 53. Contrôleur des dépenses engagées dans chaque ministère. Nomination. Attributions, *B. C.*, p. 258; *B. G.*, E. M., vol. 26, p. 10.

2° *Guerre.*

2 févr. 1901 Circ. Application aux T. C. de la réglementation en vigueur au Département de la guerre, *B. G.*, p. 390.
10 mai 1902 Circ. relative à la comptabilité des dépenses engagées sur les crédits de la 2e section du budget (T. C.), *B. G.*, p. 1002.
15 sept. 1904 Inst. sur la comptabilité des dépenses engagées, *B. G.*, E. M., vol. 26, p. 10.

3° *Colonies.*

14 janv. 1898 Déc. Instructions relatives à la tenue de la comptabilité des dépenses engagées à l'administration centrale, *B. C.*, p. 7.
14 janv. 1898 Circ. Tenue de la comptabilité dans les ports et aux colonies, *B. C.*, p. 11.
19 avril 1899 Circ. Dépenses à porter sur les carnets tenus par les chefs de service. *B. C.*, p. 465.

Déportation.

25 mars 1873 Loi sur la déportation, *B. lois*, p. 213.

Dépositaires comptables.

16 janv. 1905 Inst. sur la comptabilité-matières (colonies), art. 258 à 262, *B. C.*, p. 199.

Dépôts de remonte.

3 août 1904 Décr. organisant le service de la remonte aux colonies, art. 2, *B. C.*, p. 926, et inst. du 3 août 1904, art. 18 à 20, *B. C.*, p. 936.

Dépôts des isolés.

13 mars 1901 Rattachement du dépôt des isolés de l'infanterie coloniale au 8e régiment, *B. G.*, p. 375; *B. G.*, vol. spl., T. C., p. 103.

19 sept. 1903 Décr. réorganisant l'infanterie coloniale, art. 4 et tableau 5, *B. C.*, p. 820; *B. G.*, p. 1417; *B. G.*, E. M., T. C., vol. 1, p. 28.

9 nov. 1903 Circ. Pièces à fournir aux chefs du service colonial des ports de commerce de la métropole pour la vérification du dépôt des isolés, *B. C.*, p. 942.

6 déc. 1903 Annexe M. Inst. sur les attributions, l'organisation et l'administration intérieure du dépôt des isolés des T. C. et de ses annexes, *B. G.*, vol. spl., T. C., p. 272.

Dépouilles des chevaux et mulets.

23 nov. 1883 Déc. relative à la vente des dépouilles de chevaux morts de maladie réputée contagieuse, *B. G.*, vol. spl., T. C., p. 240; *B. G.*, E. R., vol. 6, p. 134

14 avril 1892 Note. Vente des dépouilles des chevaux ou mulets morts ou abattus à la suite d'accident, *B. G.*, E. R., vol. 6, p. 134; *B. G.*, vol. spl., T. C., p 241

6 déc. 1903 Décr. sur l'administration des T. C. en France, art. 158. Le produit de la vente profite à la masse de harnachement, *B. G.*, vol. spl., T. C., p. 63.

9 déc. 1903 Inst. sur la masse de harnachement aux colonies, art. 2. Le produit de la vente profite à la masse de harnachement, *B. C.*, p. 1254.

Députés.

16 févr. 1872 Loi. Situation au point de vue de l'indemnité législative des fonctionnaires nommés députés, *B. G.*, E. M., vol. 23, p. 91.

30 nov. 1875 Loi organique sur l'élection des députés; modif. 16 juin 1885, 14 février et 18 juillet 1889, *B. lois*.

20 juill. 1895 Loi. Obligations militaires des membres du Parlement, *B. C.*, p. 644; *B. G.*, p. 17.

Déserteurs.

9 juin 1857 Code de justice militaire, *B. G.*, E. R., vol. 56.

Art. 231 à 234. Désertion à l'intérieur.
235 à 237. — à l'étranger.
238 - 239. — à l'ennemi ou en présence de l'ennemi.

28 juin 1882 Lorsqu'il n'y a pas eu de déclaration de guerre la désertion sur le territoire où les hostilités s'accomplissent doit être considérée comme simple désertion à l'étranger, *B. G.*, E. M., vol. 59-1, p. 89.

5 oct. 1888 Un homme dont l'acte d'engagement a été annulé ne peut être poursuivi pour la désertion commise antérieurement à cette annulation, *B. G.*, E. M., vol. 59-1, p. 91.

28 févr. 1899 Situation des militaires déserteurs poursuivis au cours de leur désertion. Destination à donner après condamnation, *B. G.*, E. M., vol. 59-1, p. 92.

20 mai 1903 Art. 216. Recherches à faire par la gendarmerie, *B. G.*, E. M., vol. 39.

4 janv. 1906 Circ. Le jeune soldat ou l'engagé volontaire qui, après avoir été mis en subsistance dans un corps de troupe, ne rejoint pas sa destination, est déserteur et non insoumis, *B. G.*, p. 4; *B. G.*, E. M., vol. 59-1, p. 94.

1 mars 1906 Inst. relative à la désertion, *B. G.*, E. M., vol. 59-1, p. 61; err., *B. G.*, p. 772; art. 8, modif. 18 février 1908, *B. G.*, p. 218.

Désinfections.

10 mai 1883 Circ. Désinfection périodique des écuries et infirmeries des corps de troupe. Application circ. (guerre), du 2 mars 1883 (*B. M.*, p. 704, et *B. G.*, E. R., vol. 84, p. 144), *B. M.*, p. 704.

30 janv. 1892 Inst. pour la désinfection et le nettoyage des instruments de musique à vent, en cuivre et en bois, *B. G.*, E. M., vol. 4, p. 35, et 23 juillet 1890, *B. G.*, E. M., vol. 83, p. 151.

30 janv. 1892 Inst. sur les procédés à employer pour la désinfection des effets des hommes atteints de pelade, *B. G.*, E. M., vol. 4, p. 45, et circ. (marine), du 22 janvier 1898, *B. M.*, p. 74.

30 avril 1906 Circ. Désinfection par les vapeurs de formol des effets d'habillement usagés avant leur réintégration en magasin, *B. G.*, p. 572; modif. 16 sept. 1907, *B. G.*, p. 1430.

18 janv. 1907 Dépenses à la charge de la masse de casernement aux colonies. Inst., art. 2, *B. C.*, n° 1 *bis*.

11 déc. 1907 Circ. Désinfection des vêtements, *B. G.*, p. 1827.

Destitution.

9 juin 1857 Code de justice militaire, art. 192, *B. G.*, E. R., vol. 56.

Détachements.

(Voir : *Commandants des détachements.*)

20 oct. 1892 Service intérieur : Inf., art. 441 à 445; Artil., art. 469 à 478, *B. G.*, E. R., vol. 78.

28 mai 1895 Service en campagne, art. 105 à 108. Constitution. Commandement. Opérations. Conduite, *B. G.*, E. M., vol. 76.

Dettes.

28 sept. 1847 Circ. Dettes contractées par les officiers, *B. M.*, R., p. 716; *B. G.*, E. M., vol. 31, p. 69, et circ. (marine), du 16 novembre 1847, *A. M.*, p. 1529; *B. M.*, R., p. 788.

21 juill. 1880 Circ. relative aux officiers qui négligent d'acquitter leurs dettes, *B. M.*, p. 117.

10 mars 1884 Circ. Mode de procéder en cas de réclamations pécuniaires formulées contre les officiers et fonctionnaires, *B. M.*, p. 383.

4 oct. 1891 Service des places, art. 172. Dettes des sous-officiers et soldats, *B. G.*, E. R., vol 75.

20 oct. 1892 Service intérieur, *B. G.*, E. R., vol. 78.

Inf., art. 401 et 402; Artil., art. 420 et 421. Dettes des officiers.
Inf., art. 403 et 404; Artil., art. 422 et 423. Dettes des sous-officiers et soldats. Les créanciers sont sans recours sur leur solde; modif. 26 janvier 1908, *B. G.*, p. 86.

29 déc. 1903 Décr. sur la solde des T. C. aux colonies, *B. C.*, 1904, p. 405.

Art. 24 et 25. Retenues pour dettes envers l'Etat.
26 et 27. Retenues au profit des tiers.

26 mai 1904 Décret sur la solde des T. C. en France, *B. G.*, vol. spl., T. C., p. 138.

Art. 133. Retenues pour dettes.

Deuil.

4 oct. 1891 Service des places, *B. G.*, E. R., vol. 75.

Art. 330. Deuil du drapeau ou de l'étendard.
331. Décès du chef de corps.
332. Port du deuil militaire et du deuil de famille.

Directions d'artillerie.

(Voir : *Adjudants gardiens de batterie aux colonies. — Approvisionnements. — Approvisionnements de guerre. — Archives. — Avances. — Casernement. — Domaine militaire. — Marchés. — Matériel d'artillerie. — Outillage. — Prêt de matériel. — Travail.*)

5 mars 1894 Circ. Concours prêté par la marine aux travaux de défense des colonies. Remboursement des frais, *B. C.*, p. 307 ; *B. M.*, p. 353.

0 sept. 1903 Décr. réorganisant l'artillerie coloniale, art. 1, § 3, *B. C.*, p. 842 ; *B. G.*, E. M., T. C., vol. 1, p. 88..

6 oct. 1903 Inst. sur le service et l'administration des directions et établissements d'artillerie aux colonies, *B. C.*, vol. spl., p. 39 ; modifié : circ. du 2 octobre 1905, *B. C.*, p. 1056 ; 11 mai 1907, *B. C.*, p. 326 ; voir 22 mai 1907, ci-après ; modif. 20 janvier 1908, *B. C.*, p. 147.

Art. 1 - 2. Organisation générale et attributions des directions.
3. Contrôle.
4 à 7. Organisation territoriale des directions.
8 à 11. Répartition du service dans les directions.
12 à 19. Attributions du personnel.
20. Directions assurant le service d'un groupe de colonies.
21 à 25. Service de l'artillerie. Organisation. Fonctionnement.
26 à 30. Service des constructions. Organisation. Fonctionnement.
31 à 34. Organisation des ateliers ; art. 31 modif. 11 mai 1907.
35 à 41. Etablissement et transmission des projets.
42 à 44. Organisation administrative des directions.
45. Administration générale des crédits.
46. Budget de la direction ; modif. 11 mai 1907.
47 - 48. Plan de campagne.
49 à 54. Etats de demandes d'approvisionnements ; art. 49 modif. 11 mai 1907.
55. Achats sur place.
56 à 58. Emploi des crédits.
59 à 73. Comptabilité financière.
74 à 105. Comptabilité des travaux ; modif. 11 mai 1907.
106 à 118. Administration des salaires, art. 117, modif. par circ. du 8 février 1905, *B. C.*, p. 242 ; art. 114 et 117 modif. 11 mai 1907.
119 à 120. Transports.
121. Personnel des bureaux ou services communs des directions.
122 à 124. Situations techniques.
125 à 154. Comptabilité du matériel en approvisionnements.
155 à 160. Comptabilité du matériel en service ; art. 156 modif. 11 mai 1907.
161. Immeubles et propriétés immobilières.
162 à 170. Avances.
171. Dépôts de la marine.
172. Sous-directions temporaires.
173. Etablissements de l'artillerie autres que les directions.

Tableau des pièces périodiques à établir par les directions ; modif. 11 mai 1907.

6 oct. 1903 Circ. Commentaires de l'inst. du même jour, *B. C.*, vol. spl., p. 1.

6 oct. 1903 Inst. relative à la comptabilité des travaux des ateliers et chantiers éloignés du chef-lieu de la sous-direction, *B. C.*, vol. spl., p. 371 ; modif. 2 octobre 1905, *B. C.*, p. 1056.

6 oct. 1903 Inst. relative aux salaires des ouvriers malades, *B. C.*, vol. spl., p. 433.

6 oct. 1903 Inst. sur le fonctionnement des établissements temporaires, *B. C.*, vol. spl., p. 509.

6 oct. 1903 Tarif des indemnités et primes de travail du personnel militaire, *B. C.*, vol. spl., p. 493.

6 oct. 1903 Inst. sur la comptabilité des travaux à l'entreprise, *B. C.*, vol. spl., p. 637.

6 oct. 1903 Inst. sur le fonctionnement des équipes côtières et sur l'organisation du service photo-électrique dans les points d'appui de la flotte, *B. C.*, vol. spl., p. 1271.

3 nov. 1903 Inst. pour l'application du décret du 26 mai 1903 (groupement des forces militaires). Fonctionnement du service de l'artillerie dans les colonies autres que les colonies principales, *B. C.*, p. 923.

Directions d'artillerie (*suite*).

14 janv. 1904 Inst. pour l'application du décret du 26 mai 1903 au Congo, *B. C.*, p. 29.

6 févr. 1904 Circ. Suppression des allocations de vin aux ouvriers, *B. C.*, p. 148.

9 juin 1904 Services de l'artillerie navale assurés par les directions d'artillerie aux colonies.

17 déc. 1904 Tableau des directions et sous-directions d'artillerie dans les divers groupes de colonies.

8 févr. 1905 Circ. Destination à donner au montant des salaires non réclamés, modif. art. 117, inst. du 16 octobre 1903, *B. C.*, p. 242.

13 févr. 1905 Circ. Le matériel déjà accordé par le Département, mais non parvenu, ne doit pas être reproduit sur les demandes ultérieures, *B. C.*, p. 250.

22 mai 1907 Circ. Tenue de la comptabilité des crédits par articles dans les directions d'artillerie.

15 juin 1907 Circ. Indemnité de travail des sous-officiers comptables des compagnies d'ouvriers, *B. C.*, p. 435; err. 30 sept. 1907, *B. C.*, p. 696.

Direction des troupes coloniales.

7 juill. 1900 Loi, art. 2. Création d'une direction chargée de ce qui concerne le personnel, l'instruction, le commandement des T. C. et de l'emploi de la partie de ces troupes entretenue sur le budget de la guerre, *B. C.*, p. 594; *B. G.*, T. C., vol. 1, p. 4 et inst. du 29 déc. 1900, art. 2, § 12.

21 janv. 1901 Décrets modifiant l'organisation de l'administration centrale de la guerre et la répartition du personnel supérieur, *B. C.*, p. 35 et 37; *B. G.*, p. 133 et 135.

21 janv. 1901 Décret. Attributions, *B. C.*, p. 41; *B. G.*, p. 138; *B. G.*, E. M., T. C., vol. 1, p. 14.

10 août 1901 Inst. pour l'application du décret du 21 janvier 1901. Relations avec les autres directions du département de la guerre, *B. G.*, p. 784; *B. G.*, vol. spl, T. C., p. 210.

5 mars 1903 Le 3e bureau de la direction des troupes coloniales sera dénommé 3e bureau, personnels de l'artillerie coloniale, du commissariat et du service de santé des T. C., *B. G.*, p. 333.

Discipline des membres de la Légion d'honneur.

(Voir : *Légion d'honneur.*)

Discipline des passagers.

(Voir : *Commandant des troupes passagères.*)

Discipline générale.

(Voir : *Congés et permissions. — Conseils d'administration des compagnies financières. — Essais. — Inspection des colonies. — Inventions. — Jury. — Marchés. — Publications. — Réclamations. — Service intérieur. — Sociétés. — Souscriptions.*)

10 juill. 1816 Ord. Aucun corps civil ou militaire ne pourra décerner, voter ou offrir comme témoignage de la reconnaissance publique aucun don, hommage ou récompense sans l'autorisation préalable du roi, *B. lois*, p. 43; et circ. du 30 septembre 1839, *B. G.*, E. M., vol. 31, p. 59.

17 juill. 1835 Il est interdit aux militaires de tous grades d'exposer leurs réclamations par la voie des journaux sans l'approbation de l'autorité supérieure, *B. G.*, E. M., vol. 31, p. 32.

19 avril 1853 Aucun don ou hommage ne peut être offert ou accepté dans l'armée sans l'autorisation du chef de l'État, *B. G.*, E. M., vol. 31, p. 61.

12 nov. 1882 Circ. Relative à la tenue et à la discipline, *B. M.*, p. 1010; *B. G.*, E. R., vol. 31, p. 5; et circ. (marine), du 18 décembre 1882, *B. M.*, p. 1010.

Discipline générale (*suite*).

3 nov. 1871 Interdiction aux officiers de fournir en dehors de leurs chefs hiérarchiques des renseignements concernant l'armée, *B. G.*, E. M., vol. 31, p. 72.

0 déc. 1873 Les militaires doivent s'abstenir de toute démonstration politique, *B. M.*, p. 716; *B. M.* R., p. 407.

0 nov. 1902 Circ. Les autorités militaires ne doivent en aucun cas accepter des punchs ou banquets de leurs subordonnés, *B. G.*, p. 2307; *B. G.*, E. M., vol 31, p. 62, et circ. du 30 décembre 1902, *B. G.*, 1908, p. 195.

7 déc. 1904 Circ. interdisant de faire emploi de certains procédés d'instruction pour obtenir des aveux ou des déclarations sur des sujets d'ordre privé et de faire dans ce but un usage abusif du drapeau, *B. G.*, p. 1917; *B. G.*, E. M., vol. 31, p. 90.

2 avril 1906 Inst. fixant les conditions dans lesquelles l'armée ou ses membres peuvent prêter un concours effectif à des œuvres ou entreprises civiles ou se livrer individuellement à des occupations non militaires, *B. G.*, p. 524; modif. 16 juillet 1906, *B. G.*, p. 893; modif.: 11 août 1906, *B. G.*, p. 1105; err., *B. G.*, p. 1150; *B. G.*, E. M., vol. 31, p. 7; 19 février 1907, *B. G.*, p. 321; 26 avril 1907, *B. G.*, p. 551.

9 juin 1906 Circ. Destination à donner aux sommes d'argent offertes à la troupe, *B. G.*, p. 840; err., *B. G.*, p. 1225; *B. G.*, E. M., vol. 31, p. 28.

8 déc. 1906 Circ. relative à l'abus des chevaux, voitures, breacks, etc., appartenant à l'Etat, *B. G.*, p. 1756.

8 déc. 1906 Circ. relative aux abus susceptibles de se produire dans l'emploi du matériel, *B. G.*, p. 1804.

1 déc. 1906 Circ. Droit de poursuite et de réponse en matière de presse, *B. G.*, p. 1716.

Discours.

2 avril 1906 Inst. Conditions dans lesquelles les officiers représentant le Ministre à une cérémonie publique peuvent prendre la parole, *B. G.*, E. M., vol. 31, p. 17.

Disparition.

3 déc. 1903 Arr., art. 31. Inscription sur les matricules, relevés et certificats de services, *B. G.*, E. M., vol. 10, p. 31.

Dispenses.

23 déc. 1903 Arr., art. 35. Inscription sur les matricules des hommes des réserves, *B. G.*, E. M., vol. 10, p. 74, et inst. du 15 septembre 1906, *B. G.*, E. M., vol. 10, p. 86.

Disponibilité.

19 mai 1834 Loi, art. 3. Position de l'officier général ou d'état-major sans emploi, *B. G.*, E. R., vol. 22, p. 101.

23 mars 1899 Décret relatif à la mise en disponibilité des officiers généraux, *B. G.*, E. R., vol. 63, p. 398.

7 avril 1906 Inst. sur l'administration des réserves, art. 1er.

Dissolution des corps de troupe.

(Voir : *Formation et dissolution des corps de troupe.*)

Distributions.

4 oct. 1891 Service des places, art. 117. Tour de distribution réglé par le commandant d'armes, *B. G.*, E. R., vol. 75.

20 oct. 1892 Service intérieur, *B. G.*, E. R., vol. 78.

Vivres : Inf., art. 164; Artill., art. 215. Attributions du fourrier. — Inf., art. 377 à 386; Artill., art. 396 à 404; Prescriptions relatives aux distributions. — Inf., art. 426; Artill., art. 453. Distributions pendant les routes.

Effets et armes : Inf., art. 61-86; Artill., art. 56-98. Distribution d'effets et d'armes. — Inf., art. 135; Artill., art. 182. Surveillance du sergent-major et du maréchal des logis chef.

Fourrages : Inf., art. 54. Distribution en présence de l'adjudant-major de semaine. — Artill., art. 135. Surveillance des distributions par les lieutenants de grande semaine. — Artill., art. 206. Surveillance par les maréchaux des logis de semaine des distributions d'avoine. — Artill., art. 235. Distribution de l'avoine et du fourrage par le brigadier de semaine.

Inf., art. 344; Artill., art. 362. Distribution des effets de couchage.

14 juin 1900 Service des subsistances, art. 78 à 97, *B. G.*, E. R., vol. 91, p. 33.

25 déc. 1906 Circ. rappelant que les officiers de distribution doivent assister régulièrement aux livraisons de denrées destinées aux corps de troupe, *B. G.*, p. 1761.

8 févr. 1907 Inst., art. 110-111. Distributions de combustibles et de matériel de chauffage et d'éclairage dans les corps de troupe, *B. G.*, E. M., vol. 5, p. 190. Art. 36. Distributions remboursables, p. 130.

Divertissements.

(Voir : *Salles de récréation, de lecture et de correspondance.*)

Divorce.

(Voir : *Pensions*, 10 août, 16 octobre 1893.)

27 juill. 1884 Loi sur le divorce, *B. lois*.

25 août 1884 Décret. Application aux colonies de la loi du 27 juillet 1884, *B. M.*, p. 552.

17 avril 1886 Avis à donner au Ministre de la guerre des divorces prononcés à l'égard des officiers et assimilés, *B. G.*, E. R., vol. 28, p. 123.

27 avril 1893 Production des extraits des actes de l'état civil constatant les divorces prononcés à l'égard des officiers et assimilés, *B. G.*, E. R., vol. 28, p. 123; et circ. (marine), du 22 janvier 1898, *B. M.*, p. 74.

23 déc. 1903 Arr., art. 7. Mention sur les relevés des services, matricules, etc., *B. G.*, E. M., vol. 10, p. 59.

Documents confidentiels.

20 févr. 1904 Caractère confidentiel des pièces militaires (registres matricules, folios de punitions, etc.), *B. G.*, p. 139; *B. G.*, E. M., vol. 10, p. 146.

Dolman.

30 sept. 1903 Description des uniformes, art. 95. Dolman des officiers. Art. 270. Dolman des hommes de troupe, *B. G.*, vol. spl, T. C.

30 juill. 1904 Circ. Suppression du dolman dans les troupes d'artillerie coloniale, *B. G.*, P. S., p. 673.

Domaine.

28 déc. 1895 Loi de finances, art. 57. Publication au *Journal officiel* des décrets ayant pour objet d'affecter un immeuble domanial à un service public de l'Etat, *B. C.*, p. 921.

Domaine militaire.

9 mars 1806 Loi. Répression des délits commis sur le domaine militaire, *B. des lois.*

7 août 1825 Ord. qui fait abandon aux colonies de la Guyane, du Sénégal, de l'Inde, des établissements publics de toute nature et des propriétés domaniales appartenant à l'Etat, excepté les bâtiments militaires et ouvrages de défense, *A. M.*, p. 469; *B. M.* R., p. 51.

5 mars 1834 Autorisation de ne pas donner suite aux citations en justice lorsque les propriétaires de fonds, qui exerçaient des servitudes continues sur le domaine militaire, consentent à reconnaître les droits de l'Etat par acte notarié, *A. M.*, p. 383; *B. M.* R., p. 227; *B. G.*, E. R., vol. 48, p. 541.

2 avril 1905 Loi de finances, art. 60. Mode de cession aux services locaux des immeubles militaires situés aux colonies et désaffectés, *B. C.*, p. 537.

9 août 1905 Loi n'autorisant toute vente d'îles, îlots, châteaux forts, batteries ou forts du littoral déclassés que par une loi (après avis du comité consultatif de défense des colonies, pour les colonies et pays de protectorat), *B. C.*, p. 936.

5 juill. 1907 Circ. Les actes administratifs concernant l'achat d'immeubles destinés aux services militaires aux colonies sont passés par le service de l'artillerie, *B. C.*, p. 549.

Dons et legs.

(Voir : *Discipline générale.*)

5 avril 1886 Décret acceptant le legs Vidal, *B. M.*, p. 824; *B. G.*, E. M., vol. 85 *bis*, p. 194.

2 janv. 1888 Décret. Acceptation du legs Larmée, *B. M.*, p. 139; *B. G.*, E. M., vol. 85 *bis*, p. 116.

3 août 1893 Circ. (marine) relative à l'application du décret du 2 janvier 1888, *B. C.*, p. 680; *B. M.*, p. 289.

8 avril 1894 Circ. Propositions à établir en faveur des candidats au prix Alcide Larmée, *B. C.*, p. 392; *B. M.*, p. 498.

9 janv. 1898 Circ. Etablissement des propositions de secours sur le legs Rouillé, *B. M.*, p. 67.

1 oct. 1901 Décret. Acceptation du legs Linsolas en faveur du sous-officier ayant séjourné le plus longtemps aux colonies, *B. G.*, p. 931; *B. G.*, E. M., vol. 85 *bis*, p. 125.

1 nov. 1901 Circ. relative à la répartition du legs Rouillé, *B. G.*, P. S., p. 426.

9 déc. 1901 Circ. Conditions auxquelles doivent satisfaire les veuves et orphelins d'officiers d'infanterie coloniale pour prétendre à l'attribution d'un secours sur les fonds du legs Rouillé, *B. G.*, p. 1422.

3 mai 1902 Loi. Entrée en franchise des dons et secours destinés aux prisonniers de guerre, *B. C.*, p. 471.

6 juin 1902 Inst. Etablissement des propositions pour le legs Linsolas, *B. G.*, p. 1393; *B. G.*, E. M., vol. 85 *bis*, p. 125; addition, 1er août 1906, *B. G.*, p. 1060.

1 déc. 1907 Loi de finances, art. 33. Application aux produits des legs et donations, de l'art. 13 de la loi du 13 juin 1843 et de l'art. 52 du décret du 31 mai 1862, concernant les fonds de concours, *B. G.*, p. 1966; *B. C.*, p. 853.

Dossiers de mobilisation.

6 déc. 1903 Dépenses de réfection à la charge de la masse générale d'entretien, *B. G.*, vol. spl, T C., p. 227.

Dossiers du personnel.

(Voir : *Documents confidentiels. — Notes.*)

10 févr. 1908 Service courant, art. 96 à 109, *B. G.*, E. M., vol. 74.

Douanes.

(Voir : *Dons et legs.*)

18 juill. 1843 Lettre (douanes). Facilités accordées pour les marchandises expédiées pour le compte des administrations publiques et particulièrement celles de la guerre et de la marine, *A. M.*, p. 691; *B. M.* R., p. 700.

14 avril 1849 Lettre (finances). Effets destinés aux troupes de la marine aux colonies, dirigés d'un port de France sur un autre pour y être embarqués. Mode d'expédition par la douane dans l'un et l'autre port, *B. M.*, p. 264; *B. M.* R., p. 196.

25 janv. 1851 Circ. (douanes). Facilités accordées à l'égard des denrées et autres objets d'approvisionnement expédiés pour le compte des administrations de la guerre et de la marine, *B. G.*, E. R., vol. 85, p. 151.

27 janv. 1851 Circ. (douanes). Dispositions spéciales aux opérations de cabotage et expéditions à destination des colonies, qui s'effectuent pour le compte du département de la marine. Plombage des colis par la douane, *B. G.*, E. R., vol. 85, p. 152.

Dragonne.

30 sept. 1903 Description.

Art. 29. Dragonne des officiers.
252. Dragonne de sabre des adjudants et chefs de fanfare.
253. Dragonne de sergent-major, *B. G.*, vol. spl, T. C.

6 déc. 1903 Achat au compte de la masse générale d'entretien des dragonnes pour sergent-major, maréchal des logis chef et adjudant, *B. G.*, vol. spl, T. C., p. 224.

Drapeaux et étendards.

21 mars 1854 Circ. Le millésime 1853 sera inscrit sur le drapeau du 3e régiment d'infanterie de marine pour rappeler l'expédition de Grand-Bassam, *B. M.*, p. 337; *B. M.* R., p. 74.

3 nov. 1854 Circ. Inscription du siège de Bomarsund et de la bataille de l'Alma sur les drapeaux des régiments d'infanterie de marine, *B. M.*, p. 667; *B. M.* R., p. 523.

28 nov. 1854 Circ. Inscription de la campagne de la Baltique et du siège de Bomarsund sur l'étendard du régiment d'artillerie de la marine, *B. M.*, p. 758; *B. M.* R., p. 572.

1er avril 1865 Circ. Les drapeaux ne doivent être arborés sur les édifices militaires que les jours de fête publique, *J. M.* refondu, p. 37.

22 mai 1867 Déc. imp. Nouvelles inscriptions à porter sur les drapeaux des quatre régiments d'infanterie de marine, *B. M.*, p. 440; *B. M.* R., p. 192.

2 déc. 1881 Entretien et remplacement des banderoles et étuis, *B. G.*, E. R., vol. 19, p. 274.

17 avril 1887 Circ. Liste des nouveaux noms de batailles à inscrire sur l'étendard et les drapeaux des corps de la marine, *B. M.*, p. 515.

4 oct. 1891 Service des places, art. 279. Honneurs à rendre aux drapeaux et étendards, *B. G.*, E. R., vol. 75.

5 mai 1898 Note relative à la garde des drapeaux et étendards, *B. G.*, E. M., vol. 85, p. 47.

10 juin 1898 Circ. Inscription à ajouter sur les étendards des régiments d'artillerie de marine : 1er régiment « Dahomey — Madagascar »; 2e régiment « Madagascar », *B M.*, p. 840.

2 oct. 1905 Circ. Désignation des édifices militaires qui doivent être pourvus d'un pavillon aux colonies, *B. C.*, p. 1056.

Draps de lit.

20 oct. 1892 Service intérieur. Inf., art. 347. Artill., art. 365. Echange, *B. G.*, E. R., vol. 78.

Droit.

(Voir : *Etudes de droit.*)

Duel.

0 mai 1907 Circ. relative au duel dans l'armée, *B. G.*, p. 678.

Dynamite.

8 mars 1875 Loi sur la dynamite, *B. des lois*, p. 401.

E

Eau.

(Voir : *Casernement.* — *Filtres.* — *Hygiène.*)

3 mars 1899 Règl. sur le casernement en France, art. 34 à 36, 38 à 41. Alimentation en eau, *B. G.*, E. R., vol. 51.

14 juin 1900 Inst. sur le service des subsistances, art. 248 à 253. Fourniture de l'eau, *B. G.*, E. R., vol. 91, p. 76.

16 oct. 1903 Règl. sur le casernement aux colonies, art. 34 à 36. Alimentation en eau, *B. C.*, vol. spl, p. 897.

11 déc. 1907 Circ. prescrivant de faire pratiquer tous les quinze jours l'analyse bactériologique des eaux de boisson, *B. G.*, p. 1763.

24 déc. 1907 Circ. Mesures spéciales à prendre en vue d'assurer une surveillance plus rigoureuse des eaux utilisées pour l'alimentation de l'armée, *B. G.*, p. 1942.

Eau-de-vie.

13 nov. 1892 Les allocations extraordinaires à titre hygiénique, en raison d'épidémies, sont demandées au Ministre qui autorise seul, *B. G.*, E. M., vol. 83, p. 143.

14 juin 1900 Service des subsistances, art. 236 à 239, 242 à 247, *B. G.*, E. R., vol. 91.

Eaux minérales.

1° *Guerre.*

12 juill. 1873 Loi. Envoi et traitement aux frais de l'Etat dans les établissements d'eaux minérales des anciens militaires et marins blessés ou infirmes, *B. G.*, E. M., vol. 80, notice 20.

25 nov. 1889 Service de santé à l'intérieur, art. 332 à 351, *B. G.*, E. M., vol. 80; et notice 18, usage des eaux minérales, modif. 8 février 1906, *B. G.*, p. 146.

7 avril 1891 Note. Usage gratuit des eaux d'Aix-les-Bains accordé aux officiers subalternes et à leur famille, *B. G.*, p. 523.

11 oct. 1895 Circ. Pièces dont doivent être porteurs les militaires en activité ou en retraite envoyés aux eaux, *B. G.*, E. M., vol. 83, p. 82.

27 nov. 1897 Note. Demi-tarif accordé aux militaires de tous grades et à leur famille aux établissements d'Eaux-Bonnes et d'Eaux-Chaudes (Basses-Pyrénées), *B. G.*, p. 581.

20 déc. 1901 Circ. Envoi des malades dans les établissements d'eaux minérales. Visite rigoureuse, *B. G.*, p. 1506; *B. G.*, E. M., vol. 83, p. 84.

1er févr. 1904 Circ. Observation des prescriptions réglementaires pour le départ des malades à destination des établissements thermaux, *B. G.*, p. 71.

22 févr. 1904 Prescriptions réglementaires à observer pour l'envoi des malades aux hôpitaux d'eaux minérales, *B. G.*, p. 142.

19 août 1905 Demi-tarif accordé aux officiers subalternes dans les établissements de la Société des eaux minérales de Châtel-Guyon, *B. G.*, P. S., p. 780.

2° *Colonies.*

10 oct. 1864 Circ. Les militaires se rendant aux eaux peuvent emporter le manteau ou la capote, suivant le corps auquel ils appartiennent, *B. M. R.*, p. 557.

Eaux minérales (*suite*).

er sept. 1890 Circ. Remise de 50 p. 100 sur les boissons, bains et douches au personnel colonial appelé à suivre un traitement à Cauterets, *B. C.*, p. 978.

4 oct. 1890 Circ. Contrat pour l'admission du personnel colonial à l'établissement de la Preste, *B. C.*, p. 1174.

2 juin 1891 Notif. d'un règlement du Ministre de l'intérieur, du 15 juin 1890, relatif à l'établissement d'Aix-les-Bains. Gratuité pour les officiers, fonctionnaires et agents dont le traitement ou la pension est inférieur à 3.600 francs, *B. C.*, p. 418.

3 juin 1896 Circ. Conditions d'hospitalisation du personnel colonial à Vals-les-Bains et au Boulou, *B. C.*, p. 368.

2 juill. 1896 Notif. (guerre). Envoi aux eaux thermales des agents coloniaux, *B. G.*, E. M., vol 83, p. 82.

4 mai 1901 Circ. Hospitalisation dans les établissements thermaux militaires des fonctionnaires ou agents locaux, *B. C.*, p. 444.

4 nov. 1901 Décret modif. celui du 3 juillet 1897, art. 12, positions 5 et 6. Envoi aux eaux thermales ou minérales. Liste des stations. Durée du traitement, *B. C.*, p. 1036.

0 avril 1902 Déc. prés. Envoi à Bagnères-de-Bigorre, *B. C.*, p. 399.

2 mai 1902 Circ. Envoi des fonctionnaires coloniaux dans les établissements d'eaux minérales, *B. C.*, p. 487.

3 mai 1902 Circ. (guerre). Visite des fonctionnaires et agents coloniaux qui sollicitent l'usage des eaux thermales, *B. G.*, p. 1016; *B. G.*, E. M., vol. 83, p. 83.

5 sept. 1903 Déc. prés. Envoi à Pioule (Var), *B. C.*, p. 801.

6 mars 1905 Circ. Eaux minérales de Châtel-Guyon. Gratuité du traitement pour les soldats, sous-officiers et fonctionnaires assimilés en mai, juin, septembre et octobre. Demi-tarif pour les officiers subalternes et fonctionnaires assimilés du 1er mai au 31 octobre, *B. C.*, p. 315.

3 juill. 1906 Déc. prés. Durée du traitement à Amélie-les-Bains, *B. C.*, p. 625.

6 nov. 1907 Déc. prés. Application de l'art. 11 du décret du 3 juillet 1897 au personnel féminin envoyé dans les stations thermales ou minérales possédant un hôpital militaire, *B. C.*, p. 787.

Echantillons.

(Voir : *Habillement*, 15 février 1902.)

2 mars 1897 Circ. L'expérimentation des appareils, produits, médicaments envoyés comme échantillons aux colonies doit être faite rapidement et avec soin. Rapports détaillés à transmettre au département, *B. C.*, p. 230.

3 oct. 1906 Circ. Envoi d'échantillons scientifiques à l'Ecole d'application du service de santé des T. C., *B. C.*, p. 903.

Echelles.

6 juill. 1899 Description : échelles ordinaire, simple, double, *B. G.*, E. R., vol. 51 *bis*, p. 49.

6 oct. 1903 Description : échelles ordinaire, simple, double, *B. C.*, vol. spl, p. 987.

Eclairage.

1° *Guerre.*

(Voir : *Chauffage.*)

3 mars 1899 Règl. sur le casernement, art. 34, 35, 37 à 41, *B. G.*, E. R., vol 51.

4 mai 1901 Circ. Interdiction de l'emploi de lampes à essence dans les locaux du casernement, *B. G.*, p. 698, et inst. du 8 février 1907, art. 76, *B. G.*, E. M., vol. 5, p. 167.

18 déc. 1903 Eclairage au gaz ou à l'électricité des locaux occupés dans les bâtiments militaires par les parties prenantes isolées, *B. G.*, p. 1822.

Eclairage (*suite*).

5 mai 1904 Substitution du pétrole à l'huile végétale pour l'éclairage des magasins d'habillement des corps de troupe, *B. G.*, p. 588; *B. G.*, E. M., vol. 4, p. 135.

8 févr. 1907 Décret portant règlement sur le service du chauffage et de l'éclairage dans les corps de troupe, *B. G.*, E. M., vol. 5; err. (modèles), *B. G.*, 1907, p. 576; err., p. 989; corrections, p. 1199.

Tarif 7. Durée de l'éclairage des bâtiments militaires.
— 8. Intensité des sources lumineuses à employer pour l'éclairage des différents locaux des casernements, nombre et consommation horaire des appareils devant servir de base aux allocations.
— 9. Achat, renouvellement et entretien du matériel d'éclairage. Frais accessoires.

8 févr. 1907 Inst. pour l'application du règlement du 8 février 1907 ci-dessus, *B. G.*, E. M., vol. 5, p. 102.

Annexe 1. Tableau de classification du matériel au point de vue des — règles d'achat ou d'exécution des travaux.
— 3. Prescriptions relatives aux pertes de gaz par suite de fuites dans la canalisation ou de toute autre cause.
— 4. Formule de traité-type pour la fourniture du gaz destiné à l'éclairage des casernes, quartiers et autres bâtiments militaires.

Notice 3. Matériel d'éclairage des corps de garde.

8 févr. 1907 Nomenclature E du matériel du service du chauffage et de l'éclairage; err., 8 juillet 1907, *B. G.*, p. 879.

11 sept. 1907 Inst. pour l'application aux troupes coloniales du règlement du 8 février 1907, *B. G.*, p. 1405.

2° *Colonies.*

4 mars 1892 Circ. Eclairage au pétrole des bâtiments militaires, *B. C.*, p. 247.

16 oct. 1903 Règl. sur le casernement aux colonies, art. 34, 35, 37 à 41, *B. C.*, vol. spl., p. 897.

4 juill. 1905 Inst. sur le service des loyers de l'ameublement et de l'éclairage aux colonies, *B. C.*, p. 764.

Art. 36 - 37. Hôtels.
38 à 41. Dépenses d'installation.
42 - 43. Eclairage des casernements.
44. Illuminations.
52. Compte d'opérations.

18 janv. 1907 Décret créant une masse de casernement aux colonies.
Art. 1er. Achat du matériel d'éclairage intérieur et extérieur et consommations à la charge de la masse, *B. C.*, p. 14, et inst. du 20 janvier 1907, *B. C.*, n° 1 *bis*.

Eclaireurs.

24 janv. 1908 Inst. prov. sur l'emploi des éclaireurs de terrain montés d'infanterie.

Ecoles à feu.

11 juin 1906 Circ. relative aux écoles à feu. Désignation des officiers, généraux et supérieurs, qui doivent y assister, *B. G.*, p. 762; modif. 3 avril 1907, *B. G.*, p. 377.

Ecole coloniale.

17 juill. 1889 Loi de finances, art. 57. Droits d'examens et d'inscription, *B. C.*, p. 1404.

23 nov. 1889 Décret. Organisation, *B. C.*, p. 1254; modif., 4 août 1906, *B. C.*, p. 755.

26 janv. 1899 Décret. Création d'un conseil de perfectionnement.

22 févr. 1902 Décret relatif au fonctionnement de l'école coloniale; modif. 28 mai 1904, *B. C.*, p. 502.

4 août 1906 Décret. Règlement sur la comptabilité de l'Ecole, *B. C.*, p. 756.

Ecole d'administration militaire.

(Voir : *Cours de l'Ecole d'administration militaire.*)

30 mars 1903 Décret. Règl. sur l'organisation de l'école d'administration militaire, *B. G.*, p. 486; *B. G.*, E. M., vol. 32-1, p. 334; modif. 2 novembre 1905, *B. G.*, p. 1699.

30 mars 1903 Inst. pour l'application du décret du même jour, *B. G.*, p. 494; *B. G.*, E. M., vol. 32-1, p. 342. Recrutement, personnel de l'école, enseignement, service intérieur, discipline, examen de sortie, classement, programme des connaissances exigées des candidats; art. 2 et 3 modif. 29 juin 1905, *B. G.*, p. 964.

Ecole d'application de cavalerie.

(Voir : *Ecoles de sous-officiers élèves officiers.*)

10 févr. 1908 Service courant, art. 203. Désignation des officiers de l'artillerie coloniale pour l'école d'application de cavalerie, *B. G.*, E. M., vol. 74.

Ecole d'application de l'artillerie et du génie.

(Voir : *Cours de l'école d'application de l'artillerie et du génie.*)

13 juill. 1903 Décret. Réorganisation de l'Ecole, *B. G.*, p. 1073; *B. G.*, E. M., vol. 32-1, p. 122; modif. 8 août 1907. (Voir *Cours supérieur technique de l'artillerie.*)

8 août 1905 Circ. Les officiers élèves de l'artillerie coloniale ayant terminé leur 2e année de sous-lieutenant à l'école doivent prendre leur service dans les corps de troupe à la date du 5 octobre, *B. G.*, p. 1214.

10 févr. 1908 Service courant, art. 200. Propositions pour suivre les cours en faveur des lieutenants en second et des sous-lieutenants ne sortant pas de l'Ecole polytechnique, *B. G.*, E. M., vol. 74.

Ecole d'application du service de santé des troupes coloniales.

3 oct. 1905 Décret. Création et organisation, *B. G.*, p. 1543; *B. G.*, E. M., T. C., vol. 3, p. 75.

12 janv. 1906 Programme des connaissances exigées pour les emplois de chef de clinique et de chef de travaux, *B. G.*, r. s., p. 23.

18 oct. 1906 Circ. Envoi d'échantillons scientifiques à l'Ecole d'application du service de santé des T. C., *B. C.*, p. 903.

22 nov. 1906 Inst. sur l'organisation et le service intérieur de l'Ecole, *B. G.*, p. 1767.

Ecoles d'artillerie.

(Voir : *Parcs d'artillerie.*)

0 janv. 1908 Dépenses à la charge de la masse d'entretien aux colonies.

Ecoles de musique.

(Voir : *Fanfares.*)

2 avril 1861 Arr. créant des écoles de musique régimentaires, *B. G.*, E. R., vol. 64, p. 338.

6 déc. 1903 Dépenses à la charge de la masse générale d'entretien, *B. G.*, vol. spl, T. C., p. 224.

0 janv. 1908 Dépenses à la charge de la masse d'entretien aux colonies.

Ecoles de natation.

(Voir : *Gymnastique.*)

30 mai 1903 Inst. relative aux dépenses des écoles de natation, *B. G.*, E. M., vol. 2, p. 27; modif. 13 juin 1905, *B. G.*, p. 838.
30 janv. 1908 Dépenses à la charge de la masse d'entretien aux colonies.

Ecole des sous-officiers de gendarmerie.

22 juin 1905 Inst. pour l'admission, art. 21. Dispositions spéciales à la gendarmerie coloniale, *B. G.*, p. 887.

Ecoles de sous-officiers élèves officiers.

30 juill. 1907 Décret portant réorganisation des écoles de sous-officiers élèves officiers, *B. G.*, p. 1116.
17 août 1907 Inst. pour l'admission dans les écoles de sous-officiers élèves officiers, art. 29, dispositions spéciales à l'armée coloniale, *B. G.*, p. 1314; modif. 4 février 1908, *B. G.*, p. 126; err., *B. G.*, 1908, p. 149.
17 août 1907 Inst. sur les examens et le classement de sortie dans les écoles de sous-officiers élèves officiers, *B. G.*, p. 1337.
17 août 1907 Inst. relative aux dispositions transitoires pour l'application du décret du 30 juillet 1907, *B. G.*, p. 1345.
27 janv. 1908 Circ. relative aux programmes des examens d'admission dans les écoles de sous-officiers élèves officiers, *B. G.*, p. 90.
2 mai 1908 Circ. Ouvrages d'enseignement qui peuvent être utilisés pour la préparation des candidats aux écoles de sous-officiers élèves officiers, *B. G.*, p. 633.

Ecole des tambours, clairons et trompettes.

29 mai 1903 Dépenses à la charge de la masse des écoles, *B. G.*, E. M., vol. 2, p. 5.
30 janv. 1908 Dépenses à la charge de la masse d'entretien aux colonies.

Ecole des travaux de campagne.

29 mai 1903 Dépenses à la charge de la masse des écoles, *B. G.*, E. M., vol. 2, p. 6.
24 juill. 1906 Circ. Organisation de l'école des travaux de campagne, *B. G.*, p. 1046; err., *B. G.*, p. 1225.
30 janv. 1908 Dépenses à la charge de la masse d'entretien aux colonies.
10 févr. 1908 Service courant, art. 208. Désignations, *B. G.*, E. M., vol. 74.

Ecoles de tir.

(Voir : *Ecoles régimentaires de tir. — Tir.*)

24 avril 1907 Décret. Réorganisation de l'école normale de tir et des écoles d'application pour le tir de l'infanterie, *B. G.*, p. 473.
16 mai 1907 Inst. pour l'application du décret du 24 avril 1907, *B. G.*, p. 559.
10 févr. 1908 Service courant, art. 205. Désignations pour les écoles de tir, *B. G.*, E. M., vol. 74.

Ecole militaire de l'artillerie et du génie.

(Voir : *Ecoles régimentaires. — Ecoles de sous-officiers élèves officiers.*)

20 avril 1903 Inst. relative aux conditions de préparation et d'admission des sous-officiers de l'artillerie coloniale, *B. G.*, p. 603; modif. 22 mai 1905, *B. G.*, p. 688; err., *B. G.*, 1905, p. 1818.
8 juin 1904 Circ. Préparation des sous-officiers candidats (division de l'artillerie), *B. G.*, p. 807.
8 juill. 1905 Circ. Il ne sera plus présenté dans l'artillerie coloniale comme candidats que des sous-officiers ayant déjà rempli les fonctions d'instructeur dans un des pelotons d'instruction de l'arme, *B. G.*, p. 1056.

Ecole militaire de l'infanterie.

(Voir : *Ecoles régimentaires.* — *Ecoles de sous-officiers élèves officiers.*)

9 févr. 1901 Circ. Les sous-officiers d'infanterie coloniale admis à l'école de Saint-Maixent seront placés à la suite du 1er régiment, *B. G.*, p. 219; *B. G.*, E. M., T. C., vol. 3, p. 84.

9 juill. 1901 Circ. Admission des sous-officiers d'infanterie coloniale, *B. G.*, p. 294; modif.: 1er novembre 1902, *B. G.*, p. 2159; 22 mai 1905, *B. G.*, p. 688.

Ecoles militaires préparatoires.

(Voir : *Enfants de troupe.* — *Orphelinat Hériot.*)

19 juill. 1884 Loi supprimant les enfants de troupe dans les régiments et créant six écoles militaires préparatoires, *B. M.*, p. 1010; *B. G.*, E. M., vol. 32-2, p. 3.

3 mars 1885 Décret. Application de la loi du 19 juillet 1884, *B. M.*, p. 1002; *B. G.*, E. M., vol. 32-2, p. 6; art. 7 modif. 27 avril 1906, *B. G.*, p. 559.

5 mars 1899 Inst. sur les soins que doivent apporter les médecins militaires dans l'examen des enfants de troupe candidats aux écoles militaires préparatoires, *B. G.*, 2e sem., 1901, p. 1026; *B. G.*, E. M., vol. 32-2, p. 396.

15 mars 1901 Circ. Remboursement à effectuer par les parents dont les enfants quittent, avant de s'engager, les écoles militaires préparatoires ou refusent d'entrer dans ces écoles, *B. G.*, p. 425; *B. G.*, E. M., vol. 32-2, p. 58.

10 oct. 1901 Inst. *B. G.*, p. 1014 et *B. G.*, E. M., vol. 32-2, p. 20; modif. le 26 décembre 1901, *B. G.*, p. 1557; *B. G.*, E. M., T. C., vol. 3, p. 85, pour son application aux troupes coloniales.

Admission dans les écoles militaires préparatoires et à l'orphelinat Hériot :

Art. 23 - 24. Enfants de troupe atteignant l'âge fixé pour entrer dans les écoles.
25 à 28. Admission des fils de militaires, non enfants de troupe.
29. Répartition des enfants de troupe entre les différentes écoles.
30 à 32. Mise en route.

20 janv. 1904 Renseignements à fournir par les corps sur les anciens élèves des écoles militaires préparatoires, *B. G.*, p. 35.

Ecole normale de gymnastique et d'escrime.

22 sept. 1904 Inst. relative à la désignation et à l'envoi des officiers, sous-officiers, caporaux et soldats aux cours de l'école normale de gymnastique et d'escrime, *B. G.*, p. 1698; err., *B. G.*, p. 1866.

2 févr. 1906 Circ. Conditions d'achat des cours professés à l'école, *B. G.*, P. S., p. 63.

Ecole polytechnique.

(Voir : *Instruction.*)

7 juin 1902 Décret. Envoi pendant un an dans les corps de troupe des sous-lieutenants de l'artillerie coloniale à leur sortie de l'Ecole, *B. G.*, p. 1275; *B. G.*, E. M., vol. 32-1, p. 120.

1 juill. 1902 Circ. Application de l'art. 1er du décret du 17 juin 1902, *B. G.*, E. M., vol. 32-1, p. 122; modif. 8 août 1905, *B. G.*, p. 1214.

Ecoles régimentaires.

(Voir : *Cartes géographiques.* — *Masse des écoles.*)

1er sept. 1888 Règl. sur le service des écoles régimentaires des corps de troupe de l'artillerie, *B. G.*, E. M., vol. 55-2, p. 73.

20 oct. 1892 Service intérieur. Inf., art. 275. Artill., art. 292, *B. G.*, E. R., vol. 78.

6 août 1901 Inst. sur le service des écoles régimentaires des corps de troupe d'infanterie et sur la préparation des candidats à l'école militaire d'infanterie, *B. G.*, p. 636; *B. G.*, E. M., vol. 55-2, p. 6.

Annexe 1. Programmes d'enseignement.
— 2. Matériel.

6 août 1901 Circ. Achat des ouvrages nécessaires aux cours des écoles régimentaires des corps d'infanterie, *B. G.*, p. 819; *B. G.*, E. M., vol. 55-2, p. 44.

7 nov. 1901 Circ. Application aux troupes d'infanterie coloniale en France et aux colonies de l'inst. du 6 août 1901, *B. G.*, p. 1065; modif. 11 novembre 1902, *B. G.*, p. 2164.

30 janv. 1908 Dépenses à la charge de la masse d'entretien aux colonies.

Ecoles régimentaires de gymnastique.

(Voir : *Gymnastique.*)

29 mai 1903 Les dépenses des gymnases sont à la charge de la masse des écoles, *B. G.*, E. M., vol. 2, p. 10.

30 mai 1903 Inst. concernant le remplacement du matériel fixe des gymnases régimentaires, *B. G.*, E. M., vol. 2, p. 25.

30 janv. 1908 Dépenses à la charge de la masse d'entretien aux colonies.

Ecoles régimentaires de tir.

(Voir : *Ecoles de tir.* — *Tir.*)

29 mai 1903 Dépenses à la charge de la masse des écoles, *B. G.*, E. M., vol. 2, p. 5 et 11.

30 janv. 1908 Dépenses à la charge de la masse d'entretien aux colonies.

Ecole supérieure de guerre.

(Voir : *Cours de l'Ecole supérieure de guerre.* — *Stages.*)

31 mars 1898 Circ. Maintien en France des officiers des T. C. candidats, *B. M.*, p. 472.

19 juill. 1906 Circ. Désignation de stagiaires à l'Ecole supérieure de guerre, *B. G.*, p. 902.

5 mars 1907 Inst. pour l'admission à l'Ecole supérieure de guerre, *B. G.*, p. 217; modif. 12 nov. 1907, *B. G.*, p. 1665.

10 févr. 1908 Service courant, art. 199. Admission à l'école. Officiers qui ne possèdent pas le brevet d'état-major, *B. G.*, E. M., vol. 74.

Ecuries.

(Voir : *Casernement.* — *Désinfections.* — *Eclairage.*)

Effets de pansage.

6 déc. 1903 Achat au compte de la masse de harnachement, *B. G.*, vol. spl., T. C., p. 231.

Elèves officiers de réserve.

(Voir : *Solde*, 27 septembre 1907.)

juin 1907 Décret réglementant les conditions du concours pour l'obtention du titre d'élève officier de réserve, *B. G.*, p. 758, et inst. du 24 février 1908, *B. G.*, p. 227.

févr. 1908 Circ. Situation militaire des élèves officiers de réserve, *B. G.*, p. 124.

Emballages.

nov. 1847 Inst., titre V. Emballage des différents effets, *B. M.* R., p. 771.

avril 1849 Plombage des caisses et colis employés au transport des effets nécessaires aux troupes de la marine, *B. M.*, p. 203; *B. M.* R., p. 204.

nov. 1874 Inst. pour la mise en bottes des futailles vides à renvoyer en France, *B. M.*, p. 344.

oct. 1883 Circ. modif. inst. du 8 novembre 1847. Procès-verbaux de déballage dressés par les corps de troupe, *B. M.*, p. 549.

janv. 1893 Circ. Nouveau système de plombage des fûts d'habillement, *B. M.*, p. 175.

mai 1893 Circ. Renvoi en France des fûts et caisses métalliques ayant contenu des matières ou effets expédiés aux colonies, *B. M.*, p. 658.

févr. 1895 Circ. Ne renvoyer en France que des fûts, caisses métalliques et futailles vides en bon état et susceptibles d'être réemployés, *B. C.*, p. 132; *B. M.*, p. 124.

mai 1900 Circ. Renvoi en France des fûts d'habillement, *B. C.*, p. 396.

juin 1901 Circ. Imputation des dépenses relatives aux emballages des effets d'habillement et d'équipement. La masse générale d'entretien supporte les frais d'achat d'instruments nécessaires au plombage des caisses et fûts, des outils d'emballage ainsi que les réparations de ce matériel; les autres dépenses incombent au budget, *B. C.*, p. 527.

déc. 1903 Annexe J. Dispositions relatives aux cessions au ministère des colonies. Art. 2 et 3. Dépenses d'emballage, conditionnement des colis. Transport, *B. G.*, vol. spl., T. C., p. 264.

juin 1906 Arr. art. 25 à 32. Emballage du matériel, des munitions et matières d'artillerie cédés par le département de la guerre à celui des colonies, *B. C.*, p. 611.

janv. 1908 Dépenses à la charge de la masse d'entretien aux colonies.

Embarquement.

(Voir : *Bulletin individuel d'embarquement et de débarquement.* — *Tour de service colonial.* — *Transports maritimes.*)

janv. 1892 Circ. Les officiers, employés militaires et hommes de troupe d'artillerie et d'infanterie de marine doivent se présenter la veille au chef du service colonial du port d'embarquement, *B. C.*, p. 43.

mai 1897 Inst. sur l'embarquement et le débarquement des troupes transportées par navires de commerce, *B. G.*, E. M., vol. 101, p. 99.

Emplois civils.

(Voir : *Démission.*)

juin 1880 Les officiers de tous grades ne peuvent solliciter des emplois civils en dehors de la voie hiérarchique, *B. G.*, E. M., vol. 31, p. 34.

Emplois civils et militaires réservés aux engagés et rengagés.

(Voir : *Conseils de régiment.*)

mars 1905 Loi sur le recrutement de l'armée, art. 69 à 78, *B. G.*, p. 263; *B. C.*, p. 359; *B. G.*, E. M., vol. 68-1, p. 37; modif. 10 juillet 1907, *B. G.*, p. 874.

Emplois civils et militaires réservés aux engagés et rengagés (*suite*).

26 août 1905 Décret sur la répartition en catégories des emplois réservés aux sous-officiers, caporaux ou brigadiers et soldats par la loi du 21 mars 1905. Mode d'obtention du certificat d'aptitude professionnelle pour chacune de ces catégories, modif. 10 août 1906, *B. G.*, E. M., vol. 36, p. 4. Tableaux E et G., modif.: 27 janvier 1907, *B. G.*, p. 274, et 28 septembre 1907, *B. G.*, p. 1581.

18 nov. 1905 Arr. (travaux publics). Programme des examens à subir par les candidats aux emplois de 1re et 2e catégories, *B. G.*, E. M., vol. 36, p. 123.

21 nov. 1905 Arr. (intérieur et guerre). Epreuves à subir par les candidats aux emplois de 1re et 2e catégories ressortissant à la préfecture de police, *B. G.*, E. M., vol. 36, p. 108.

29 nov. 1905 Arr. (agriculture et guerre). Epreuves à subir par les candidats aux emplois de la 2e catégorie, *B. G.*, E. M., vol. 36, p. 79.

29 nov. 1905 Arr. (colonies et guerre). Epreuves à subir par les candidats aux emplois de la 2e catégorie, *B. G.*, E. M., vol. 36, p. 81.

29 nov. 1905 Arr. (commerce et guerre). Epreuves à subir par les candidats aux emplois de 1re et 2e catégories, *B. G.*, E. M., vol. 36, p. 84; modif. 22 octobre 1907 ci-après.

29 nov. 1905 Arr. (finances et guerre). Epreuves à subir par les candidats aux emplois de 1re catégorie, *B. G.*, E. M., vol. 36, p. 88.

29 nov. 1905 Arr. (guerre). Epreuves à subir par les candidats aux emplois de 1re et 2e catégories, *B. G.*, E. M., vol. 36, p. 90.

29 nov. 1905 Arr. (instruction publique et guerre). Epreuves à subir par les candidats aux emplois de 1re et 2e catégories, *B. G.*, E. M., vol. 36, p. 94.

29 nov. 1905 Arr. (intérieur et guerre). Epreuves à subir par les candidats aux emplois de capitaine et de lieutenant de santé, *B. G.*, E. M., vol. 36, p. 100.

29 nov. 1905 Arr. (intérieur et guerre). Epreuves à subir par les candidats aux emplois de 1re et 2e catégories ressortissant au ministère de l'intérieur (administration pénitentiaire), *B. G.*, E. M., vol. 36, p. 102.

29 nov. 1905 Arr. (intérieur et guerre). Epreuves à subir par les candidats aux emplois de la 2e catégorie ressortissant à la préfecture de la Seine, *B. G.*, E. M., vol. 36, p. 104.

29 nov. 1905 Arr. (intérieur et guerre). Epreuves à subir par les candidats aux emplois de 1re et 2e catégories ressortissant au gouvernement général de l'Algérie, *B. G.*, E. M., vol. 36, p. 111.

29 nov. 1905 Arr. (justice et guerre). Epreuves à subir par les candidats aux emplois de 2e catégorie, *B. G.*, E. M., vol. 36, p. 118.

29 nov. 1905 Arr. (travaux publics et guerre). Epreuves à subir par les candidats aux emplois de 1re et 2e catégories, *B. G.*, E. M., vol. 36, p. 120.

29 nov. 1905 Arr. (travaux publics et guerre). Epreuves à subir par les candidats aux emplois de 2e catégorie ressortissant à l'administration des chemins de fer de l'Etat, *B. G.*, E. M., vol. 36, p. 130.

29 nov. 1905 Arr. (travaux publics et guerre) déterminant les conditions d'aptitude physique exigées de tous les candidats aux emplois ressortissant à générale des chemins de fer économiques, *B. G.*, E. M., vol. 36, p. 133.

16 juill. 1906 Convention avec le Crédit foncier de France relativement aux emplois réservés aux sous-officiers de l'armée de terre, *B. G.*, E. M., vol. 36, p. 240.

20 août 1906 Circ. Relevés de notes à joindre aux dossiers des caporaux, brigadiers et soldats des T. C., candidats à des emplois civils, *B. G.*, p. 1159.

22 août 1906 Circ. Examen médical des candidats aux emplois d'inspecteurs des pêches et de gardes-pêches maritimes, *B. G.*, p. 1163.

1er oct. 1906 Inst. pour l'application du chapitre IV du titre IV de la loi du 21 mars 1905 et des règlements d'administration publique des 26 août 1905 et 10 août 1906, relatifs aux emplois civils et militaires réservés aux engagés et rengagés, *B. G.*, E. M., vol. 36, p. 50.

6 oct. 1906 Convention entre le Ministre de la guerre et le Directeur de la Société générale des Chemins de fer économiques, *B. G.*, E. M., vol. 36, p. 233.

8 oct. 1906 Inst. pour l'attribution des emplois réservés par les entreprises industrielles et commerciales aux anciens militaires remplissant les conditions prévues à l'article 69 de la loi du 21 mars 1905, *B. G.*, E. M., vol. 36, p. 221.

12 oct. 1907 Arr. (intérieur et guerre). Epreuves à subir par les candidats aux emplois de commissaire de police dans les départements et d'inspecteur spécial de la police des chemins de fer, *B. G.*, p. 1609.

Emplois civils et militaires réservés aux engagés et rengagés (*suite*).

14 oct. 1907 Arr. (finances et guerre). Délivrance du certificat d'aptitude professionnelle aux militaires candidats aux postes d'ouvriers titulaires des manufactures de l'Etat (tabacs et allumettes), *B. G.*, p. 1675.

22 oct. 1907 Arr. (commerce et guerre). Epreuves à subir en vue de l'obtention du certificat d'aptitude aux emplois de vérificateur adjoint des poids et mesures en France et de vérificateur des poids et mesures en Algérie, *B. G.*, p. 1679.

30 oct. 1907 Circ. relative aux emplois réservés pour lesquels le nombre de candidats est insuffisant, *B. G.*, p. 1652.

16 déc. 1907 Notification des décisions prises par la commission de classement au cours de la session du 3e trimestre 1907 de cette commission, *B. G.*, p. 1859.

7 janv. 1908 Arr. (travaux publics et guerre). Epreuves à subir par les candidats à l'emploi de commis d'exploitation des postes et télégraphes en vue de l'obtention du certificat d'aptitude professionnelle à cet emploi, *B. G.*, p. 101.

22 févr. 1908 Circ. relative aux éléments numériques de l'ordre de mérite fixé par la commission de classement des candidats aux emplois réservés, *B. G.*, p. 274.

22 févr. 1908 Arr. (guerre). Epreuves écrites et orales à subir par les candidats à certains emplois de la 2e catégorie, *B. G.*, p. 282.

Emplois spéciaux.

10 févr. 1908 Service courant, *B. G.*, E. M., vol. 74.

Art. 222. Les emplois spéciaux ne seront jamais confiés aux sous-lieutenants. Sauf à ceux provenant des adjudants et nommés par application du décret du 18 juin 1904.

Art. 154 à 159. Propositions pour les emplois spéciaux.

Emporte-pièce.

6 déc. 1903 Achat au compte de la masse générale d'entretien des emporte-pièces pour attributs divers, *B. G.*, vol. spl., T. C., p. 226.

Encre pour le marquage des effets.

(Voir : *Marquage*.)

28 juill. 1886 Circ. Emploi de l'encre Dagron pour le marquage des effets, *B. M.*, p. 89.

10 août 1894 Circ. Emploi de l'encre Marrot pour le marquage des effets d'habillement, *B. C.*, p. 617; *B. M.*, p. 239.

13 févr. 1896 Notice pour l'emploi des encres Dagron et Marrot, *B. G.*, E. M., vol. 4, p. 31; modif. 20 juin 1906, *B. G.*, p. 832.

6 déc. 1903 Achat au compte de la masse générale d'entretien, *B. G.*, vol. spl., T. C., p. 225.

20 sept. 1904 Emploi de l'encre Moreau, *B. G.*, p. 1471; modif. 4 janvier 1905, *B. G.*, p. 3; devient encre J.-M. Paillard.

Enfants de troupe.

(Voir : *Gendarmerie*.)

19 juill. 1884 Loi supprimant les enfants de troupe dans les régiments, *B. M.*, p. 1010; *B. G.*, E. M., vol. 32-2, p. 6.

3 mars 1885 Décret. Application de la loi du 19 juillet 1884, *B. M.*, p. 1002; *B. G.*, E. M., vol. 32-2, p. 14; art. 7 modif. 27 avril 1906, *B. G.*, p. 559.

10 oct. 1901 Inst. pour les nominations aux places d'enfant de troupe et l'admission dans les écoles militaires préparatoires et à l'orphelinat Hériot, *B. G.*, p. 1014; *B. G.*, E. M., vol. 32-2, p. 20; modif. : 26 décembre 1901, *B. G.*, p. 1557; *B. G.*, E. M., T. C., vol. 3, p. 85, pour son application aux T. C.

Admission aux places d'enfants de troupe :

Art. 2. Conditions d'admissibilité.
3 - 4. Transmission des demandes.
5 - 6. Instruction des demandes.

Enfants de troupe (*suite*).

Art. 7 à 9. Classement des demandes par la commission régionale.
10 à 12. Nominations.
Administration des enfants de troupe laissés dans leur famille :
13 à 15. Payement de l'indemnité.
16. Voyage en chemin de fer.
17. Hospitalisation des enfants de troupe.
18 à 22. Mutations, radiations. Situations.

7 mars 1902 Circ. relative aux enfants de troupe à inscrire sur le carnet spécial prévu par la circ. du 24 septembre 1901, *B. G.*, p. 252.

26 mai 1904 Décret sur la solde des T. C. en France. Art. 14, position 15. Indemnité aux enfants de troupe laissés dans leur famille, *B. G.*, vol. spl., T. C., p. 54.

Engagements et rengagements pour une colonie ou un groupe de colonies déterminé.

7 juill. 1900 Loi organisant l'armée coloniale, art. 15, § 6, *B. C.*, p. 594; *B. G.*, E. M., T. C., vol. 1, p. 8.

1er mars 1904 Décret. Colonies et groupes de colonies pour lesquels peuvent être contractés les engagements et rengagements spéciaux prévus par la loi du 7 juillet 1900, *B. C.*, p. 252; *B. G.*, p. 267; *B. G.*, E. M., T. C., vol. 2, p. 40.

30 avril 1904 Inst. pour l'application du décret du 1er mars 1904. Engagements. Consentement du chef de corps. Rengagement. Commission. Libération. Perte des droits. Renonciation, *B. C.*, p. 532; *B. G.*, p. 581; err., *B. G.*, p. 653; modif. art. 11 (renonciation), 28 février 1905, *B. G.*, p. 353; art. 1er, 26 mai 1905, *B. G.*, p. 690; *B. C.*, p. 625; modif. art. 1, 3, 4, 5, 10, 14 décembre 1906, *B. G.*, p. 1693; *B. G.*, E. M., T. C., vol. 2, p. 42.

18 mars 1905 Circ. relative aux rengagements pour une colonie déterminée, souscrits par les militaires du corps d'occupation de Chine, *B. G.*, p. 362; *B. G.*, E. M., T. C., vol. 2, p. 47.

5 mai 1908 Nombre d'engagements et de rengagements ou commissions qui peuvent être reçus dans les corps des T. C., du 1er juillet 1908 au 1er juillet 1909, *B. G.*, r. s., p. 540.

Engagements volontaires.

(Voir : *Aptitude physique. — Armuriers de la marine. — Hautes payes. Légion étrangère. — Primes d'engagement. — Tirailleurs malgaches.*)

16 janv. 1899 Inst. relative aux engagements volontaires (troupes métropolitaines), *B. G.*, E. R., vol. 68, p. 352; modif. 4 avril 1901, *B. G.*, p. 555; 27 juin 1905, *B. G.*, p. 941 ci-après.

18 nov. 1899 Circ. Destination à donner aux engagés volontaires au titre de l'artillerie coloniale, *B. G.*, E. R., vol. 68, p. 574.

28 nov. 1902 Circ. Engagements contractés pour les régiments d'infanterie coloniale stationnés dans le gouvernement militaire de Paris, *B. G.*, p. 2318.

30 juill. 1904 Circ. Tenue d'un registre à souche des autorisations d'engagement et de rengagements données par les chefs de corps des T. C., *B. G.*, p. 1257; modèle, *B. G.*, p. 1325.

1er nov. 1904 Décret. Mode de recrutement des militaires indigènes de race annamite au Tonkin et en Annam, art. 11 à 13, *B. C.*, p. 1072; *B. G.*, E. M., T. C., vol. 2, p. 74.

14 nov. 1904 Décret. Recrutement indigène en Afrique occidentale, art. 1 et 2, *B. C.*, p. 1092; *B. G.*, E. M., T. C., vol. 2, p. 77.

21 mars 1905 Loi sur le recrutement, art. 23, 50 et 51. Art. 52. Engagements pour la durée de la guerre. Art. 53. Réception des engagements, *B. G.*, p. 263; *B. C.*, p. 359; *B. G.*, E. M., vol. 68-1.

27 juin 1905 Décret relatif aux engagements volontaires dans les troupes métropolitaines, *B. G.*, p. 922; err., *B. G.*, 1906, p. 843; modif. art. 1, 11 septembre 1906, *B. G.*, p. 1235.

27 juin 1905 Arr. relatif à l'application du décret du 27 juin 1905, *B. G.*, p. 941; modif. 22 février 1907, *B. G.*, p. 162; 19 février 1908, *B. G.*, p. 211.

25 août 1905 Décret relatif aux engagements et rengagements dans les T. C., *B. G.*, p. 1395; *B. C.*, p. 916; modif. 21 juin 1906; *B. G.*, p. 845; *B. C.*, p. 598; *B. G.*, E. M., T. C., vol. 2, p. 5; art. 3 modif. 28 septembre 1907, *B. G.*, p. 1595.

Engagements volontaires (*suite*).

Art. 1 à 5. Dispositions générales. Nature des engagements et rengagements, err. à l'art. 1er, *B. G.*, 1906, p. 520.
6 à 13. Engagements volontaires.
29. Avantages pécuniaires aux engagés.

Tableau indiquant la taille à exiger des engagés volontaires.
Modèles. Acte d'engagement, err. *B. G.*, 1906, p. 520.
Certificat d'aptitude.
Certificat de bonnes vie et mœurs.
Attestation.
Consentement du chef de corps.

4 janv. 1906 Arr. Mise en route des engagés. Application de l'art. 53 de la loi du 21 mars 1905, *B. G.*, p. 13; modif. 19 février 1908, *B. G.*, p. 211.

13 août 1906 Arr. Engagements spéciaux dits de devancement d'appel dans les colonies et pays de protectorat. Programme d'examen pour l'obtention du brevet spécial d'aptitude militaire, *B. G.*, p. 1154; *B. C.*, p. 781; *B. G.*, E. M., T. C., vol. 2, p. 35.

22 oct. 1906 Solutions à différentes questions relatives à l'application de l'erratum du 30 avril 1906 et des articles 10 et 11 du décret du 20 septembre 1906. Engagements résiliables, transformation en contrats à terme fixe, *B. G.*, p. 1387; *B. G.*, E. M., T. C., vol. 2, p. 28.

4 mars 1907 Circ. Indications que doivent donner le certificat d'aptitude et le consentement du chef de corps prévus par le décret du 25 août 1905, *B. G.*, p. 316; *B. G.*, E. M., T. C., vol. 2, p. 34.

28 mai 1907 Circ. Avantages matériels et moraux à attribuer aux engagés volontaires, *B. G.*, p. 695; add. 10 avril 1908, *B. G.*, p. 510.

22 avril 1908 Circ. Conditions dans lesquelles doivent être reçus les engagements pour les T. C., *B. G.*, p. 738.

19 mai 1908 Circ. relative à l'immatriculation des engagés volontaires, *B. G.*, p. 782.

Enquêtes.

13 avril 1899 Circ. Recommandation de faire parvenir sans retard le résultat des enquêtes prescrites par l'administration centrale, *B. G.*, E. M., vol. 31, p. 86.

Enregistrement.

(Voir : *Marchés.*)

22 frimaire an VII (12 déc. 1798) Loi sur l'enregistrement, *B. M. R.*, p. 136.

3 mars 1899 Règl. sur le casernement en France, art. 82. Enregistrement des baux, *B. G.*, E. R., vol. 51.

3 mars 1903 Loi relative à l'enregistrement des marchés passés par le Ministère des colonies pour le compte des budgets locaux, *B. C.*, p. 191.

6 oct. 1903 Règl. sur le casernement aux colonies, art. 81. Enregistrement des baux, *B. C.*, vol. spl., p. 915.

Enseignement professionnel à la caserne

8 juill. 1906 Circ. relative à l'organisation de l'enseignement professionnel à la caserne, *B. G.*, p. 1051.

Enveloppes.

(Voir : *Correspondance. — Bidon.*)

5 janv. 1905 Description. Art. 3. Enveloppe de paillasse. Art. 4. Enveloppe de traversin. Art. 42 et 43. Enveloppes mobiles de petit bidon de 1 et 2 litres. Art. 44. Enveloppe mobile de petit bidon de cavalerie, *B. G.*, E. M., vol. 58; art. 42, modif. 2 avril 1908, *B. G.*, p. 751.

Envois de fonds.

22 juill. 1880 Dispositions relatives aux envois de fonds par les corps de troupe. Surveillance du commissaire aux revues. Paiement par le Trésor, *B. M.*, p. 120; rappelée circ. 11 décembre 1900, *B. C.*, p. 1068.

Epaulettes.

30 sept. 1903 Description des uniformes. Art. 59. Officiers d'infanterie coloniale. Art. 220. Adjudants et chefs de fanfare d'infanterie coloniale. Art. 341. Sous-officier rengagé d'infanterie coloniale. Art. 437. Hommes de troupe, *B. G.*, vol. spl., T. C.

6 déc. 1903 Achat de jaune pour épaulettes au compte de la masse générale d'entretien, *B. G.*, vol. spl., T. C., p. 226.

1er déc. 1906 Art. 69. Epaulettes des officiers généraux, *B. G.*, E. M., vol. 14, p. 94.

Epée.

30 sept. 1903 Description des uniformes. Art. 37. Epée à ciselures. Art. 38. Epée sans ciselures. Art. 347. Epée de sous-officier rengagé, mod. 1887, *B. G.*, vol. spl., T. C.

1er déc. 1906 Art. 86. Epée des officiers généraux, *B. G.*, E. M., vol. 104, p. 100.

Eperons.

30 sept. 1903 Description des uniformes. Art. 30. Eperons à la chevalière. Art. 31. Eperons d'ordonnance. Art. 269. Eperons à la chevalière (troupes), *B. G.*, vol. spl., T. C.

Epidémies.

(Voir : *Médaille des épidémies.*)

4 oct. 1895 Circ. Informations à fournir aux autorités civiles au sujet des militaires envoyés en congé et atteints de dysenterie, *B. M.*, p. 574.

2 mars 1900 Circ. Destruction des effets d'habillement et de literie des militaires atteints du choléra ou de la peste, *B. C.*, p. 177.

7 janv. 1902 Arr. Liste des maladies dont la déclaration est obligatoire aux colonies et mode de déclaration, *B. C.*, p. 17; et circ. d'application du même jour, *B. C.*, p. 16.

26 août 1902 Circ. Les déclarations seront faites par cartes-lettres, *B. C.*, p. 743.

12 avril 1904 Circ. Mesures prophylactiques contre le paludisme et la fièvre jaune, *B. C.*, p. 324.

Epinglettes de tir.

(Voir : *Tir.*)

27 déc. 1905 Circ. relative au marché passé pour la fourniture de 1906 à 1908 des cors de chasse, épinglettes, prix de tir, *B. G.*, P. S., p. 941.

Equipages régimentaires.

(Voir : *Trains régimentaires.* — *Voitures.*)

3 juill. 1883 Note relative au matériel des équipages des corps de troupe changeant de garnison, *B. G.*, E. M., vol. 86, p. 65.

9 juill. 1887 Déc. Mode de chargement des fourgons à bagages dans les régiments d'infanterie, modif. 25 septembre 1888; *B. G.*, E. M., vol. 86, p. 82; modif. 28 janvier 1907, en ce qui concerne les caisses d'outils pour ouvriers tailleurs et cordonniers des corps d'infanterie.

er fév. 1888 Matériel de corvée des corps de troupe d'infanterie, *B. G.*, E. M., vol. 86, p. 88.

4 juin 1890 Note. Place à assigner aux caisses des ouvriers tailleurs, cordonniers ou bourreliers sur les voitures régimentaires des corps d'infanterie, *B. G.*, E. M., vol. 86, p. 87.

3 juin 1901 Circ. Entretien et remplacement du matériel et du harnachement du service de l'artillerie entrant dans la composition des équipages régimentaires des corps de troupe ou formant la dotation en matériel de corvée desdits corps (infanterie, cavalerie, génie), *B. G.*, 2e sem., p. 56; *B. G.*, E. M., vol. 86, p. 73; complétée 20 février 1902, *B. G.*, p. 120; *B. G.*, E. M., vol. 86, p. 79; modif. 30 mai 1906, *B. G.*, p. 697.

6 déc. 1903 Les frais d'entretien et de réparation des voitures en service ou en dépôt dans les corps de troupes coloniales sont à la charge de la masse de harnachement, *B. G.*, vol. spl., T. C., p. 232.

6 déc. 1906 Circ. Exécution des réparations au matériel des équipages régimentaires et au harnachement y afférent en service dans les régiments d'infanterie coloniale par les établissements d'artillerie métropolitaine; remboursement par la masse de harnachement, *B. G.*, p. 1763.

Equipement.

(Voir : *Approvisionnements de guerre.* — *Cessions.* — *Emballages.* — *Habillement.*)

0 oct. 1899 Circ. Mesures à prendre lors du déballage des effets de petit équipement expédiés aux corps coloniaux par les régiments de la métropole, *B. C.*, p. 1307.

0 févr. 1901 Circ. Approvisionnement des corps de troupe aux colonies en effets de grand et de petit équipement, *B. C.*, p. 130.

3 avril 1904 Dép. Nomenclature des effets de petit équipement des troupes indigènes de l'Afrique occidentale, *B. C.*, p. 325; err., *B. C.*, 1906, p. 515.

8 sept. 1904 Circ. Renseignements à porter sur les demandes de matériel d'équipement, habillement, etc., référence à la nomenclature H I (guerre), *B. C.*, p. 983.

7 mars 1906 Dép. Nomenclature des effets de petit équipement des troupes de l'Afrique orientale, *B. C.*, p. 293.

Escabeaux.

6 juill. 1899 Description des escabeaux pour magasins d'habillement, *B. G.*, E. R., vol. 51 *bis*, p. 53.

6 oct. 1903 Description des escabeaux pour magasins d'habillement, *B. C.*, vol. spl., p. 989.

Escortes de prévenus ou de prisonniers.

(Voir : *Condamnés.*)

4 oct. 1891 Service des places, art. 66 à 70, *B. G.*, E. R., vol. 75.

Escortes d'honneur.

(Voir : *Honneurs.*)

Escrime.

20 oct. 1892 Service intérieur. Inf., art. 210; Artill., art. 159. Fonctions du maître d'escrime et du caporal ou brigadier moniteur, *B. G.*, E. R., vol. 78.
29 janv. 1895 Inst. Organisation de l'enseignement de l'escrime dans les corps de troupe de la marine, *B. C.*, p. 94; *B. M.*, p. 62; modif. 7 septembre 1896, *B. M.*, p. 385.
6 nov. 1902 Décret. Suppression de l'enseignement de l'escrime dans les troupes de l'infanterie coloniale, *B. C.*, p. 1156; *B. G.*, p. 2160.
28 août 1903 Circ. relative à l'enseignement de l'escrime. Groupement dans une même salle d'armes de troupes d'armes différentes, *B. G.*, p. 1291; *B. G.*, E. M., vol. 55-2, p. 122.

Espionnage.

18 avril 1886 Loi établissant des pénalités contre l'espionnage, *B. C.*, 1894, p. 254; *B. M.*, p. 815; *B. G.*, E. M., vol. 59-4, p. 5.
4 oct. 1891 Service des places, art. 156, *B. G.*, E. R., vol. 75.
19 févr. 1894 Décret rendant applicable aux colonies la loi du 18 avril 1886, *B. C.*, p. 253; et circ. du 6 mars 1894, *B. C.*, p. 252.
29 juill. 1899 Convention de La Haye. Annexe, art. 29 à 31, *B. G.*, E. M., vol. 76, p. 127.

Essais.

(Voir : *Echantillons.*)

23 juill. 1888 Aucun essai ne doit avoir lieu dans l'armée sans l'autorisation du Ministre, *B. G.*, E. M., vol. 31, p. 77.
16 mars 1907 Circ. rappelant l'interdiction pour les corps de troupe d'acheter des effets ou objets non réglementaires, *B. G.*, p. 303.

Essence de térébenthine.

6 déc. 1903 Achat au compte de la masse générale, *B. G.*, vol. spl., T. C., p. 225.

Estrade pour salle d'école.

6 juill. 1899 Description, *B. G.*, E. R., vol. 51 *bis*, p. 54.
16 oct. 1903 Description, *B. C.*, vol. spl., p. 990.

Etablis d'armurier et de tailleur.

6 juill. 1899 Description, *B. G.*, E. R., vol. 51 *bis*, p. 51.
16 oct. 1903 Description, *B. C.*, vol. spl., p. 988.

Etablissements hospitaliers du service général.

(*Hôpitaux coloniaux.*)

4 nov. 1903 Décret organisant le service de santé colonial, art. 14. Fonctionnement et organisation, *B. C.*, p. 927; *B. G.*, p. 1627; *B. G.*, E. M., T. C., vol. 1, p. 216.

Etablissements militaires.

(Voir : *Travail.* — *Visite des établissements militaires.*)

25 mai 1895 Note. Entrée de certains agents des contributions indirectes dans les établissements militaires, *B. G.*, E. M., vol. 31, p. 82.

3 mars 1899 Règl. sur le casernement en France, art. 60. Formalités exigées pour entrer dans les bâtiments militaires, *B. G.*, E. R., vol. 51.

10 oct. 1903 Règl. sur le casernement aux colonies, art. 60. Formalités exigées pour entrer dans les bâtiments militaires, *B. C.*, vol. spl., p. 907.

Etablissements pénitentiaires militaires.

(Voir : *Condamnés.* — *Prisons.*)

26 févr. 1900 Décret sur le régime et la police des établissements pénitentiaires militaires, *B. G.*, E. R., vol. 57, p. 3; modif. 2 novembre 1902, *B. G.*, p. 2279; *B. C.*, p. 1148.

10 déc. 1900 Inst. sur les établissements pénitentiaires militaires, *B. G.*, E. R., vol. 57; modif. 29 avril 1902, *B. G.*, p. 877; 28 octobre 1902; *B. G.*, p. 2098; 12 et 17 novembre 1902, *B. G.*, p. 2180 et 2283; 18 décembre 1902; *B. G.*, p. 2341; 29 et 31 août 1903, *B. G.*, p. 1292 et 1301; 15 octobre 1903, *B. G.*, p. 1506; 13 juillet 1904, *B. G.*, p. 1070; 13 juin 1905, *B. G.*, p. 834.

2 nov. 1902 Inst. morale pour les gradés des établissements pénitentiaires et circ. du même jour, *B. G.*, p. 2296; *B. C.*, p. 1151.

2 nov. 1902 Circ. Répartition des hommes des établissements pénitentiaires d'Algérie et de Tunisie à réintégrer dans les corps de troupe, *B. G.*, p. 2290.

29 août 1903 Circ. Affectation à donner à leur sortie des établissements pénitentiaires aux militaires des T. C. condamnés, qui ne sont pas dans le cas d'être dirigés sur les bataillons d'Afrique, *B. G.*, p. 1292.

Etagères pour magasins.

6 juill. 1899 Description, *B. G.*, E. R., vol. 51 *bis*, p. 52.

6 oct. 1903 Description, *B. C.*, vol. spl., p. 989.

Etamage.

(Voir : *Campement.*)

1 août 1890 Les médecins militaires doivent vérifier l'étamage des ustensiles de cuisine, *B. G.*, E. M., vol. 83, p. 255.

9 avril 1900 Circ. Prix d'étamage des ustensiles de campement. Application de la note (guerre), du 21 septembre 1899, *B. G.*, P. S., p. 787; *B. M.*, p. 672; *B. C.*, p. 388.

5 janv. 1905 Etamage des ustensiles de campement et tarifs, *B. G.*, E. M., vol. 53, p. 179 et 192; modification au tarif, 9 juillet 1906, *B. G.*, p. 882; modif. 2 avril 1908, *B. G.*, p. 751.

Etat civil.

(Voir : *Décès.* — *Divorce.* — *Mariage.* — *Scellés.* — *Successions.*)

oct. 1836 Arr. Signature des actes de l'état civil des militaires par le chef du service intérieur au ministère de la guerre, *B. G.*, E. M., vol. 10, p. 145.

mai 1865 Circ. Les prénoms des officiers doivent être mentionnés sur les états de mouvement, lettres et autres documents, *B. M.*, p. 278; *B. M. R.*, p. 650.

Etat civil (*suite*).

19 avril 1881 Circ. Interdiction de l'usage du K/ pour l'orthographe des noms propres dans la correspondance officielle, *B. M.*, p. 580.

20 nov. 1884 Circ. Recommandations relatives aux actes de décès, *B. M.*, p. 909.

18 mars 1887 Circ. Transmission au département des colonies des actes de décès et certificats de genre de mort concernant les officiers, fonctionnaires et agents décédés aux colonies, *B. C.*, p. 140.

21 août 1889 Circ. Les actes et certificats de décès des marins morts aux colonies doivent être transmis à l'administration des colonies, *B. C.*, p. 826.

31 oct. 1889 Circ. Régularisation de l'état civil des marins et militaires décédés à bord ou aux colonies, *B. M.*, p. 699; *B. C.*, p. 1453.

2 déc. 1889 Circ. Etablissement des actes de l'état civil aux colonies. Régularité de ces actes en vue d'éviter les jugements, *B. C.*, p. 1500.

8 juin 1893 Loi modifiant les dispositions du Code civil relatives à certains actes de l'état civil et aux testaments faits soit aux armées, soit au cours d'un voyage maritime, *B. M.*, 2e sem., p. 7; *B. C.*, p. 524; *B. G.*, E. R., vol. 28, p. 14; complétée 17 mai 1900, *B. G.*, p. 774.

8 juill. 1893 Circ. Notification des lois du 8 juin 1893. Mesures d'application, *B. M.*, 2e sem., p. 4; *B. C.*, p. 521.

3 oct. 1893 Inst. relative aux actes de l'état civil, de procuration, de consentement et d'autorisation ainsi qu'aux procès-verbaux de testament à dresser pendant un voyage maritime à bord des navires de commerce, *B. M.*, p. 981; *B. C.*, 1894, p. 71.

20 janv. 1894 Circ. Application de la loi du 8 juin 1893 en ce qui concerne la constatation judiciaire du décès des individus disparus en mer ou présumés avoir péri, étant embarqués sur des navires de commerce, *B. C.*, p. 45.

23 juill. 1894 Inst. (guerre) pour l'établissement des actes de l'état civil aux armées, *B. G.*, E. R., vol. 28, p. 35.

26 juill. 1894 Inst. (marine) pour application des lois du 8 juin 1893, aux armées et à bord, *B. M.*, p. 430; *B. C.*, p. 718.

17 août 1897 Loi modifiant le Code civil. Mentions à porter sur les actes. Délivrance, *B. C.*, p. 1110; et circ. (justice), du 1er octobre 1897, *B. C.*, p. 1112.

27 nov. 1897 Inst. pour l'application aux colonies de la loi du 17 août 1897, *B. C.*, p. 1108.

10 avril 1899 Circ. Envoi en France des actes de décès, *B. C.*, p. 454.

27 févr. 1902 Circ. prescrivant d'informer le Ministre de l'ouverture de tout registre d'état civil aux armées, *B. G.*, p. 153.

6 déc. 1903 Inscription sur les registres, livrets, etc., *B. G.*, vol. spl., T. C., p. 155.

23 déc. 1903 Arr. Inscription sur les matricules, relevés et états de services, *B. G.*, p. 1948; err., *B. G.*, 1904, p. 399, 416; err., art. 3, *B. G.*, 1906, p. 1449; *B. G.*, E. M., vol. 10, p. 57; add., 13 janvier 1908, *B. G.*, p. 24.

10 mars 1904 Circ. Les officiers doivent dans tous les actes de la vie militaire être désignés par leur nom exact et complet tel qu'il résulte des actes de l'état civil, *B. G.*, p. 262; *B. G.*, E. M., vol. 31, p. 4.

Etat de siège.

9 août 1849 Loi sur l'état de siège, *B. G.*, E. R., vol. 75, p. 200.

3 avril 1878 Loi relative à la déclaration de l'état de siège, *B. G.*, E. R., vol. 75, p. 202.

4 oct. 1891 Service des places, art. 189 à 218, *B. G.*, E. R., vol. 75.

Etat des officiers.

(Voir : *Conseils d'enquête. — Conseil supérieur de la guerre. — Officiers de réserve, etc. — Pensions de réforme.*)

19 mai 1834 Loi sur l'état des officiers, *A. M.*, p. 438; *B. M. R.*, p. 231; *B. G.*, E. R., vol. 22, p. 101.

Art. 1. Du grade.
2. Des positions de l'officier.
3. De l'activité.
4 à 8. De la non-activité.
9 à 13. De la réforme.
14. De la retraite.
15 à 21. De la solde.
24 à 25. Application à l'armée de mer.
26 à 28. Dispositions générales.

8 août 1888 Arrêt du Conseil d'Etat déclarant que la réhabilitation d'un officier destitué ne peut lui rendre la propriété de son grade, *B. M.*, p. 169.

Etat-major.

(Voir : *Brevet d'état-major.* — *Ecole supérieure de guerre.*)

4 août 1839 Loi. Organisation de l'état-major général de l'armée, *B. M.*, R., p. 490; *B. G.*, E. R., vol. 62, p. 89.

13 mars 1875 Loi des cadres : art. 8, état-major général; art. 9, service d'état-major; art. 37, cadre de réserve. *B. G.*, E. R., vol. 63, p. 3.

20 mars 1880 Loi relative au service d'état-major, *B. G.*, E. R., vol. 62, p. 157.

26 nov. 1888 Arr. Titres sous lesquels doivent servir les officiers détachés auprès des gouverneurs des colonies, *B. M.*, p. 797.

10 nov. 1888 Arr. fixant à deux années la durée maxima des fonctions des officiers des troupes de la marine détachés auprès des gouverneurs et autres hauts fonctionnaires civils des colonies, *B. C.*, p. 711; *B. M.*, p. 519.

3 janv. 1891 Décr. sur l'organisation du service dans les états-majors, *B. G.*, E. R., vol. 62, p. 260; modif. 15 février 1900, *B. G.*, p. 209; 24 juillet 1905, *B. G.*, p. 1115; 14 mai 1906, *B. G.*, p. 652; modif. art. 4, § 10, 17 novembre 1906, *B. G.*, p. 1439.

17 oct. 1891 Circ. Désignation des officiers détachés auprès des gouverneurs ou mis momentanément à leur disposition, *B. C.*, p. 700, et circ. (marine), du 29 octobre 1891, *B. M.*, p. 737.

20 févr. 1895 Inst. concernant les travaux et exercices des officiers du service d'état-major, *B. G.*, E. M., vol. 55-1, p. 176.

20 févr. 1900 Inst. sur le service des états-majors en temps de paix et en temps de guerre, *B. G.*, p. 214; modif. 14 août 1903, *B. G.*, p. 1215.

7 juill. 1900 Loi sur l'armée coloniale, art. 9. Etat-major général. Composition. Emploi des officiers généraux de l'armée de terre dans l'armée coloniale. Emploi des officiers généraux des T. C. dans l'armée de terre. Art. 10. Service d'état-major, *B. C.*, p. 594; *B. G.*, E. M., T. C., vol. 1, p. 6.

27 juill. 1901 Composition de l'état-major du corps d'armée des T. C. : 1 chef d'état-major (colonel, exceptionnellement général de brigade; 1 sous-chef d'état-major, lieutenant-colonel ou colonel; 3 capitaines, *B. G.*, p. 355; *B. G.*, E. M., T. C., vol. 1, p. 20.

6 déc. 1902 Etablissement, pour les officiers généraux et assimilés au moment de leur passage dans le cadre de réserve ou de leur admission à la retraite, d'un rapport analogue à celui prescrit par l'inst. du 28 décembre 1898, art. 2 et 5, pour les officiers retraités ou démissionnaires, *B. G.*, p. 2386.

7 déc. 1906 Circ. relative à l'emploi dans le service d'état-major d'officiers appartenant à des corps de troupe, *B. G.*, p. 1795.

0 févr. 1908 Service courant, art. 139 à 144. Propositions pour les états-majors, *B. G.*, E. M., vol. 74.

30 mars 1908 Circ. relative à la simplification des écritures et au fonctionnement du service dans les états-majors, *B. G.*, r. s., p. 399; err., *B. G.*, r. s., 1908, p. 461, 491, 538, 554.

Etat signalétique et des services.

(Voir : *Certificat de position militaire.*)

23 déc. 1903 Arr., art. 2 et 25. Délivrance, *B. G.*, p. 1957; *B. G.*, E. M., vol. 10, p. 67; modif. 28 juin 1907, *B. G.*, p. 1309.

Etiquettes pour planches à bagages et râteliers d'armes.

6 déc. 1903 Achat au compte de la masse générale d'entretien, *B. G.*, vol. spl., T. C., p. 227.

Etriers.

28 déc. 1907 Circ. Adoption d'un nouveau modèle d'étrier en acier doux, mod. 1908, *B. G.*, p. 1961.

Etudes de droit.

26 déc. 1888 Circ. Les fonctionnaires des colonies candidats à la licence en droit sont autorisés à faire une déclaration d'études dans la colonie où ils sont en service, *B. C.*, p. 761.

Etudes de droit (*suite*).

27 mars 1890 Circ. Les candidats au doctorat en droit sont appelés à bénéficier des dispositions de la circulaire du 26 décembre 1888, *B. C.*, p. 530.
29 juin 1901 Circ. Rappel des prescriptions de la circ. du 26 décembre 1888. Dates des déclarations. Formes. Pièces à joindre. Déclarations de continuation d'études, *B. C.*, p. 565.

Etudes préliminaires.

11 mai 1875 Décret. Bénéfice de deux ans à titre d'études préliminaires aux aides commissaires provenant des licenciés en droit, *B. M.*, p. 505.
23 déc. 1903 Arr., art. 12. Décompte des services à titre de bénéfice d'études préliminaires, *B. G.*, E. M., vol. 10, p. 62.

Etui de revolver.

30 sept. 1903 Description des uniformes, art. 32, *B. G.*, vol. spl., T. C., p. 35.
6 déc. 1903 Achat au compte de la masse générale d'entretien des étuis pour sergent-major, maréchal des logis chef et adjudant, *B. G.*, vol. spl., T. C., p.224.

Etui-musette.

30 sept. 1903 Art. 439. Description, *B. G.*, vol. spl., T. C., p. 262.

Etuis des drapeaux et étendards.

(Voir : *Drapeaux et étendards.*)

Etuis d'ustensiles de campement.

15 janv. 1905 Description. Art. 45 à 47, étuis de gamelle et de marmite, *B. G.*, E. M., vol. 53, p. 60.

Evacuations.

20 mars 1897 Règl. sur le fonctionnement des hôpitaux coloniaux, art. 48, *B. C.*, p. 190.

Evénements graves.

(Voir : *Décès.*)

30 avril 1893 Avis officiel à donner par télégramme en cas d'événements graves ou de faits importants intéressant l'armée, *B. G.*, E. R., vol. 38, p. 205.
25 mai 1893 Avis à adresser en cas de décès, événements, accidents ou maladies graves concernant les officiers supérieurs et généraux et assimilés, *B. G.*, E. R., vol. 38, p. 206.
19 sept. 1899 Circ. prescrivant d'informer télégraphiquement le Ministre de tout événement ou incident de quelque importance intéressant l'armée, *B. G.*, E. R., vol. 38, p. 214, et circ. du 5 octobre 1905, *B. G.*, p. 1501.
5 oct. 1905 Circ. Avis télégraphiques à donner au Ministre des événements ou incidents importants intéressant l'armée, *B. G.*, p. 1501.
31 mars 1906 Circ. Avis télégraphiques à donner au Ministre des événements ou incidents importants intéressant l'armée.
30 mai 1906 Circ. relative aux informations de presse. Avis télégraphique au Ministre.

Exclus de l'armée.

7 juill. 1900 Loi, art. 21. Les exclus sont mis à la disposition des départements de la guerre et des colonies, *B. C.*, p. 594; *B. G.*, E. M., T. C., vol. 1, p. 10.
28 déc. 1900 Décr. relatif aux hommes exclus de l'armée, *B. C.*, p. 462; *B. G.*, E. M., vol. 57-4, p. 3.
21 mars 1905 Loi, art. 4, *B. C.*, p. 359; *B. G.*, p. 263; *B. G.*, E. M., vol. 68-1, p. 4.
10 juill. 1906 Décr. appliquant aux relégués individuels comme aux relégués collectifs le décret du 28 décembre 1900 ci-dessus, *B. G.*, p. 887.

Exécution capitale.

2 sept. 1831 Décr. roy. prescrivant de surseoir à l'exécution de tous les jugements portant condamnation à mort jusqu'à décision du Roi, *A. M.*, p. 568; *B. M.*, R., p. 89, et circ. (guerre), du 7 septembre 1831, *B. G.*, E. M., vol. 59-2, p. 60.
4 oct. 1891 Service des places, art. 127, *B. G.*, E. R., vol. 75.

Exécution des jugements.

9 juin 1857 Code de justice militaire, art. 148, 150, 151, *B. G.*, E. R., vol. 56.
28 déc. 1877 Circ. Exécution d'un jugement à une peine afflictive et infamante prononcée contre un militaire par une cour d'assises, *B. G.*, E. M., vol. 59-4, p. 24.
4 oct. 1891 Service des places, art. 126 à 128. Exécution des jugements prononcés par les conseils de guerre, *B. G.*, E. R., vol. 75.

Exécution des peines.

(Voir : *Justice militaire*.)

31 mai 1900 Mode d'exécution des peines d'emprisonnement prononcées dans certains cas par des tribunaux de droit commun contre des militaires, circ., *B. G.*, E. M., vol. 59-4, p. 41.
23 avril 1902 Circ. Les condamnés qui n'auront pas au jour où le transport devrait être effectué un mois d'emprisonnement à subir devront être maintenus à la prison du siège du conseil de guerre, *B. G.*, p. 653.
13 nov. 1903 Inst. sur le mode d'exécution des peines prononcées contre les militaires appartenant à des corps stationnés aux colonies, *B. C.*, 1904, p. 289; *B. G.*, p. 1792; *B. G.*, E. M., vol. 56 *bis*, p. 93.

Art. 1 - 2. Destination et répartition des condamnés.
3 - 4. Transport.
5. Pièces qui doivent accompagner les condamnés.
6. Renseignements sur ceux détenus aux colonies.
7. Propositions pour les mesures de clémence.
8 - 9. Affectation des détenus libérés.

Addition à l'art. 2, § 4, 8 août 1905, *B. G.*, p. 1215; *B. G.*, E. M., vol. 56 *bis*, p. 112.
Addition à l'art. 7, 6 juin 1906, *B. G.*, p. 709.
27 sept. 1907 Circ. fixant la répartition dans les établissements pénitentiaires militaires, des condamnés à l'emprisonnement, *B. G.*, p. 1462; modif. 7 décembre 1907, *B. G.*, p. 1751.

Exercices clos et périmés.

(Voir : *Comptabilité finances*.)

6 juin 1839 Circ. Nouveaux modèles à transmettre pour les demandes d'ordonnancement sur exercices clos et périmés, *B. M.*, R., p. 488.
2 avril 1841 Circ. Les demandes relatives aux exercices clos et périmés seront établies sur des états distincts suivant que les décomptes dont on réclame le paiement auront été ou non compris dans les tableaux des restes à payer des exercices, *B. M.*, R., p. 539.
18 avril 1907 Circ. Les dossiers de créances sur exercices clos doivent être envoyés au département des colonies au mois de juillet de chaque année.

Exercice de la médecine.

(Voir : *Clientèle civile.*)

1er juin 1893 Circ. Réglementation de l'exercice de la médecine dans les possessions d'outre-mer par les officiers du corps de santé des colonies, *B. C.*, p. 412.

Exercices de nuit.

9 févr. 1906 Circ. relative aux exercices de nuit.

8 févr. 1907 Inst., art. 81 à 83. Matériel et combustible d'éclairage pour les marches et exercices de nuit, *B. G.*, E. M., vol. 5, p. 174.

Exercices physiques.

11 juill. 1904 Circ. Participation de l'armée aux épreuves athlétiques, *B. G.*, E. M., vol. 31, p. 88.

12 avril 1906 Inst. Conditions dans lesquelles les militaires peuvent prendre part à des exercices physiques, *B. G.*, E. M., vol. 31, p. 7; modif., 19 février 1907, *B. G.*, p. 321.

11 oct. 1907 Circ. autorisant les militaires de tous grades à prendre part aux championnats organisés par la Fédération française des sociétés de boxe, *B. G.*, p. 1588.

Expédition de Chine.

(Voir : *Chine.*)

Expertises.

25 janv. 1907 Circ. Les réquisitions adressées par des juges d'instruction à des officiers pour des expertises ne peuvent être exécutées qu'avec l'autorisation de l'autorité militaire (commandant de corps d'armée, ou par délégation, commandant d'armes), *B. G.*, p. 83.

Exploitations privées.

12 avril 1906 Inst. Emploi des militaires dans les exploitations privées, *B. G.*, p. 524; *B. G.*, E. M., vol. 31, p. 7.

Explosifs.

(Voir : *Conférence de La Haye. — Dynamite. — Masse des écoles. — Munitions. — Transports par chemins de fer.*)

Expositions à l'étranger.

7 juin 1890 Note. Concours personnel des officiers et fonctionnaires relevant du département de la guerre aux expositions à l'étranger et aux comités qui les patronnent, *B. G.*, E. M., vol. 31, p. 4.

Expropriation.

30 mars 1831 Loi relative à l'expropriation et à l'occupation temporaire, en cas d'urgence, des propriétés privées nécessaires aux travaux des fortifications, *B. G.*, E. R., vol. 48, p. 231.

3 mai 1841 Loi sur l'expropriation pour cause d'utilité publique, *A. M.*, p. 814; *B. M.*, R., p. 554.

Extradition.

(Voir : *Justice militaire.*)

15 déc. 1877 Circ. Le mandat d'arrêt doit être accompagné de l'exposé des faits incriminés, *B. G.*, E. M., vol. 59-4, p. 8.

21 mars 1906 Inst., art. 20. Extradition des déserteurs pour crime ou délit, *B. G.*, E. M., vol. 59-1, p. 75.

F

Falots de ronde.

6 déc. 1903 Achat des falots de ronde pour les gardes d'écuries et les sous-officiers de ronde au compte de la masse de harnachement, *B. G.*, vol. spl., T. C., p. 231.

Falsifications.

(Voir : *Fraudes*).

Fanfares.

(Voir : *Musiciens.* — *Musiques militaires.*)

4 juin 1904 Inst. relative aux fanfares de l'infanterie coloniale, *B. G.*, p. 816; addition 13 juillet 1906, *B. G.*, p. 1081; *B. G.*, E. M., T. C., vol. 1, p. 70.

20 août 1907 Dép. minist. à l'Indo-Chine. Les sous-chefs de fanfare remplissant l'emploi de chef de fanfare ont droit à la prime prévue pour ces derniers par l'inst. du 4 juin 1904. La prime ne se cumule pas avec celle de sous-chef. Les caporaux et soldats remplissant les fonctions de chef de fanfare n'ont pas droit à la prime.

30 janv. 1908 Dépenses à la charge de la masse d'entretien, aux colonies.

Fanions et lanternes.

6 déc. 1903 Achat au compte de la masse générale des fanions d'alignement, *B. G.*, vol. spl., T. C., p. 228.

15 janv. 1905 Description des fanions, lanternes et accessoires pour les quartiers généraux, art. 70 et notice 10, *B. G.*, E. M., vol. 53, p. 128 et 222.
Fanions des arbitres. Fourniture des fanions et accessoires, *B. G.*, E. M., vol. 53, p. 225 et 226.

30 janv. 1908 Achat des fanions au compte de la masse d'entretien aux colonies.

Farines.

26 août 1847 Inst. sur la recherche des farines et du pain falsifiés, *B. M.*, R., p. 700.

10 juill. 1899 Circ. Procédé de recherche du gluten des farines délivrées au service colonial. Etamage et soudure des caisses métalliques destinées au logement desdites farines, *B. C.*, p. 717.

Faux paquet de cartouches.

2 oct. 1906 Description et mode d'emploi d'un faux paquet de cartouches pour le chargement des cartouchières des troupes d'infanterie, *B. G.*, p. 1294.

Ferrure.

(Voir : *Masse de ferrage et de harnachement.*)

oct. 1892 Service intérieur : Inf., art. 255, ferrure des animaux; Artil., art. 84, maréchalerie, *B. G.*, E. R., vol. 78.

sept. 1894 Circ. Adoption du crampon à vis pour la ferrure à glace des chevaux et mulets des corps de troupe d'infanterie de marine; *B. M.*, p. 388. Application de la décision (guerre), du 11 août 1894, *B. G.*, E. R., vol. 84, p. 241; modifiée le 15 janvier 1903, *B. G.*, p. 13.

3 nov. 1894 Circ. Application à l'artillerie de marine de la circulaire du 27 septembre 1894, ci-dessus, *B. M.*, p. 546.

4 août 1896 Décr., art. 73, 74. Ferrure des chevaux des officiers, *B. G.*, E. R., vol. 69.

5 oct. 1903 Règl. sur les directions d'artillerie aux colonies, art. 66. Exonération de la majoration pour le ferrage à titre de cession des chevaux des officiers montés, *B. C.*, vol. spl., p. 83.

3 déc. 1903 Décr. Administration et comptabilité des T. C. en France, art. 168 à 170, *B. G.*, vol. spl, T. C., p. 68.

Dépenses à la charge de la masse de harnachement, *B. G.*, vol. spl., T. C., p. 230.
Tarif maximum d'abonnement pour l'entretien de la ferrure, *B. G.*, vol. spl., p. 242.
Modèle de marché d'abonnement pour la ferrure, *B. G.*. vol. spl., T. C., p. 243.

2 nov. 1904 Circ. Constitution de ferrures de réserve pour les chevaux d'officiers sans troupe, *B. G.*, 1905, p. 1617.

9 déc. 1904 Inst., art. 34. Entretien de la ferrure dans les corps de troupe et dépôts de remonte aux colonies, *B. C.*, p. 1253.

Fêtes et cérémonies.

(Voir : *Discipline générale.* — *Honneurs.* — *Monuments commémoratifs.* — *Tenue.*)

2 juill. 1898 Circ. Conditions dans lesquelles les officiers peuvent accepter la présidence des distributions de prix ou autres solennités, *B. G.*, E. M., vol. 31, p. 5.

2 avril 1906 Inst. Conditions dans lesquelles l'armée et ses membres peuvent prêter un concours effectif à des œuvres ou entreprises civiles, ou se livrer individuellement à des occupations non militaires, *B. G.*, p. 524; *B. G.*, E. M., vol. 31, p. 7.
Fêtes et cérémonies. Consultation des autorités civiles. Décision de l'autorité militaire. Officiers représentant le Ministre à une cérémonie. Discours. Assauts d'armes, courses vélocipédiques et à pied, fêtes ou réunions ayant pour objet la pratique d'exercices physiques.

Fêtes légales.

8 mars 1886 Loi déclarant jours fériés légaux le lundi de Pâques et le lundi de Pentecôte, *B. lois*.

9 sept. 1886 Décr. Application aux colonies de la loi du 8 mars 1886, *B. M.*, p. 503.

Fête nationale.

15 juin 1893 Inst. générales (marine), relatives aux honneurs à rendre dans les ports militaires et à la célébration de la Fête nationale, *B. M.*, p. 729.

6 juin 1895 Déc. relative à la célébration de la Fête nationale par l'armée, *B. G.*, E. R., vol. 62, p. 113.

Fêtes régimentaires.

16 juill. 1892 Règles à observer pour l'organisation et la célébration des fêtes régimentaires, *B. G.*, E. R., vol. 62, p. 114.

22 nov. 1901 Circ. Suppression de la célébration de la fête de la Sainte-Barbe dans les corps de troupe d'artillerie, *B. G.*, p. 1224; *B. G.*, E. M., vol. 31, p. 86.

12 sept. 1905 Circ. relative aux fêtes annuelles organisées dans les régiments, *B. G.*, p. 1390.

Feuilles de journées.

22 juin 1847 Ord., art. 473 à 496, et inst. du 14 janvier 1879, vol. spl.

6 déc. 1903 Décret sur la solde des T. C. en France, *B. G.*, vol. spl., T. C., p. 122.

29 janv. 1908 Circ. Etablissement des feuilles de journées, *B. C.*, p. 64.

Feuille de prêt.

(Voir : *Prêt.*)

Feuille de route.

4 mars 1892 Circ. Formalités relatives au visa à apposer sur les feuilles ou ordres de route des officiers, *B. C.*, p. 248.

3 juill. 1897 Décret (colonies) sur les indemnités de route et de séjour en France, art. 19 à 23; aux colonies, art. 74 à 81, *B. C.*, p. 902 et 925; art. 74, modif. 20 octobre 1906, *B. C.*, p. 1046.

18 mars 1901 Règl. (guerre) sur le service des frais de route, art. 26 à 34, *B. G.*, E. R., vol. 37.

27 nov. 1906 Inst. sur le service des frais de route aux colonies, art. 14 à 31, *B. C.*, p. 1084; mod. p. 1097.

Feuilles d'ouvrage.

16 oct. 1903 Règl. sur les directions d'artillerie coloniales, art. 67, 80, 85, 92, à 95, *B. C.*, vol. spl., p. 84, et suiv.; modif. 2 octobre 1905, *B. C.*, p. 1056.

16 janv. 1905 Inst. sur la comptabilité-matières (colonies), art. 332, *B. C.*, p. 217.

8 juill. 1905 Inst. sur le fonctionnement administratif du service de santé colonial, art. 28, 29, 30, 31, 32, 41, *B. C.*, p. 1356.

28 déc. 1905 Règl. sur l'armement aux colonies, art. 76. Feuilles d'ouvrages tenues par le chef armurier.

Feuilles de notes.

(Voir : *Agents civils du commissariat. — Carnet de notes. — Notes.*)

7 juill. 1902 Circ. Tenue d'un feuillet de notes pour les employés militaires d'artillerie coloniale; application de l'arrêté du 14 avril 1898, *B. G.*, p. 1587.

Feuillets de punitions.

(Voir : *Documents confidentiels. — Punitions.*)

7 août 1906 Circ. Remplacement des livrets matricules et feuillets de punitions, portant trace d'une plainte en conseil de guerre, qui a été suivie d'un acquittement ou d'une ordonnance de non-lieu, *B. G.*, p. 1153.

Feuillets du personnel.

(Voir : *Dossiers du personnel.*)

28 mai 1903 Circ. Etablissement du feuillet du personnel par le corps que l'officier quitte par mutation, *B. G.*, p. 742.

Fiches sanitaires.

oct. 1904 Inst. sur la pesée régulière et périodique des hommes de troupe; établissement de fiches sanitaires, *B. G.*, 1609.

Fièvre typhoïde.

janv. 1908 Circ. Prophylaxie de la fièvre typhoïde, *B. G.*, p. 26.

Filtres.

mai 1892 Circ. Application aux colonies des instructions de la guerre relatives à l'installation des filtres à nettoyeur du système André, dans les établissements militaires, *B. C.*, p. 416.

avril 1893 Circ. Emploi des filtres Chamberland dans les casernements des troupes aux colonies, *B. C.*, p. 358.

janv. 1895 Circ. Application aux colonies des instructions de la guerre pour l'emploi du bisulfite de soude comme régénérateur du filtre Chamberland, muni du nettoyeur André, *B. C.*, p. 37.

janv. 1901 Inst. relative à l'installation et à l'entretien des filtres Chamberland, système Pasteur, dans les établissements militaires, *B. G.*, p. 71; *B. G.*, E. M., vol. 83, p. 173.

Notice à l'usage du personnel chargé de l'entretien des filtres Chamberland du modèle à nettoyeur André, *B. G.*, p. 94; *B. G.*, E. M., vol. 83, p. 198.

juin 1905 Modification à l'annexe F du décret du 6 décembre 1903. Les frais de remplacement du sable et des bougies destinés au filtre Chamberland, les frais d'emploi, de nettoyage et de stérilisation des filtres à nettoyeur André sont à la charge de la masse générale en France, *B. G.*, p. 744.

Fonctionnaires.

sept. 1870 Décret qui abroge l'art. 75 de la Constitution de l'an VIII, *B. M.*, p. 266; *B. M.* R., p. 657; poursuites contre les fonctionnaires publics de tout ordre.

déc. 1880 Décret relatif aux poursuites à exercer contre les fonctionnaires dans les colonies de la Martinique, de la Guadeloupe et de la Réunion, *B. M.*, p. 1055.

déc. 1880 Décret. Poursuites à exercer contre les fonctionnaires à la Guyane, dans l'Inde, au Sénégal, à Saint-Pierre et Miquelon et à la Nouvelle-Calédonie, *B. M.*, p. 1058.

déc. 1880 Décret. Poursuites à exercer contre les fonctionnaires en Cochinchine, dans les établissements de l'Océanie, à Mayotte, à Nossi-Bé et au Gabon, *B. M.*, p. 1061.

juill. 1889 Loi complétant l'art. 177 du Code pénal relatif à la corruption des fonctionnaires publics, *B. des lois*.

3 mai 1897 Décret rendant applicable en Indo-Chine la loi du 4 juillet 1889, *B. C.*, p. 478.

5 févr. 1901 Loi de finances, art. 55. L'augmentation du nombre ou du traitement des fonctionnaires ou agents rémunérés sur le budget de l'Etat devra faire l'objet d'un décret contresigné par le Ministre des finances. Les conditions d'admission à la retraite et le taux des pensions ne peuvent être modifiés que par une loi, *B. C.*, p. 181.

9 oct. 1905 Décret rendant applicable aux colonies autres que les Antilles, la Réunion et l'Indo-Chine, la loi du 4 juillet 1889, *B. C.*, p. 1090.

Fonds.

(Voir : *Comptabilité publique et comptabilité-finances.*)

floréal an X (28 avril 1802) Arr. consulaire sur les précautions à prendre par les dépositaires de deniers publics pour la conservation de leurs fonds, *B. M.* R., p. 191.

2 juin 1847 Ord., art. 658 à 677. Valeurs en caisse dans les corps de troupe. Dépôts au Trésor. Recouvrement des imputations. Pertes ou déficits, vol. spl.

Fonds (*suite*).

22 juill. 1880 Circ. Ecritures à tenir en ce qui concerne les fonds mis à la disposition des corps de troupe de la marine, *B. M.*, p. 120.

23 févr. 1895 Circ. Le commandement des détachements de relève et la gestion des fonds destinés au paiement de la solde de traversée ne doivent être confiés à des sous-officiers que quand il n'y a pas d'officiers à bord, *B. C.*, p. 224; *B. M.*, p. 318.

24 déc .1902 Circ. déterminant les conditions dans lesquelles les détenteurs de fonds du département de la guerre sont autorisés à conserver en caisse des fonds étrangers à l'administration des corps de troupe ou des établissements militaires, *B. G.*, p. 2473.

6 déc. 1903 Décret. Administration et comptabilité des T. C. en France, art. 89 à 113. Valeurs en caisse. Dépôts au Trésor et versements à la Caisse des dépôts. Avances faites par les corps. Remboursement des cessions faites par les corps. Recouvrements et imputations. Pertes ou déficits, *B. G.*, vol. spl., T. C., p. 32.

28 févr. 1906 Circ. autorisant les trésoriers et officiers payeurs des corps de troupe à recevoir par versements mensuels de 1 franc le montant des cotisations annuelles des membres de l'association « la Saint-Cyrienne », *B. G.*, p. 307.

Fonds éventuels.

6 déc. 1903 Décret. Administration des T. C. en France, art. 154 et tarif, *B. G.*, vol. spl., T. C., p. 61 et 224.

Formation et dissolution des corps de troupe.

6 déc. 1903 Décret, art. 284 et 285, et annexe K, *B. G.*, vol. spl., T. C., p. 121 et 267.

17 déc. 1903 Circ. Formalités à observer aux colonies, *B. C.*, p. 1228.

Formules de salutation.

(Voir : *Correspondance.*)

Fortifications.

19 sept. 1903 Décret réorganisant l'artillerie coloniale, art. 1er, *B. C.*, p. 842; *B. G.*, E. M., T. C., vol. 1, p. 88.

16 oct. 1903 Règl. sur les directions d'artillerie coloniales, art. 1, 26, 36 à 41, *B. C.* vol. spl.

Fouet.

30 sept. 1903 Art. 440. Description, *B. G.*, vol. spl., T. C., p. 263.

Fourchette.

30 sept. 1903 Art. 456. Description, *B. G.*, vol. spl., T. C., p. 282.

Fourneaux de cuisine.

8 févr. 1907 Inst., art. 54 à 56. Conduite et entretien ; emploi du coke, *B. G.*, E. M., vol. 5, p. 143. Notice 1, description et caractéristiques, p. 222 et suiv.

Fourneaux d'infirmeries.

8 févr. 1907 Notice 1. Fourneaux d'infirmeries régimentaires et vétérinaires, *B. G.*, E. M., vol. 5, p. 242.

Fournitures de bureau.

(Voir : *Frais de bureau.*)

Fourrages.

(Voir : *Approvisionnements de guerre. — Gendarmerie. — Masse de ravitaillement. — Remonte.*)

0 oct. 1892 Service intérieur. Inf., art. 361 ; Artill., art. 379. Composition de la ration du cheval, *B. G.*, E. R., vol. 78.

4 juin 1900 Service des subsistances, art. 299 à 341, *B. G.*, E. R., vol. 91.

2 avril 1901 Mode de décompte de la valeur des denrées fourragères à rembourser par le Ministère des colonies pour la nourriture des animaux cédés par la guerre, *B. G.*, p. 617.

6 mai 1904 Décret sur la solde et les revues des T. C., en France, art. 18. Prestations 8 et 9. Droits aux fourrages. Pied de paix. Pied de guerre, *B. G.*, vol. spl., T. C., p. 73.

8 mai 1906 Circ. Les rations de fourrages accordées à titre gratuit aux généraux du cadre de réserve ou en retraite et aux colonels en retraite pourvus d'un commandement actif en cas de mobilisation ne sont attribuées que si ces officiers possèdent réellement une monture, *B. G.*, p. 703.

8 févr. 1907 Notice 1. Description, *B. G*, E. M., vol. 5, p. 235 et suiv.

Fours à rôtir.

4 févr. 1908 Circ. autorisant les corps de troupe à faire emploi des fours de campagne inventés par le lieutenant Marcy, *B. G.*, p. 457.

Frais de bureau.

1° *Ministère de la guerre.*

(Voir : *Imprimés.*)

6 sept. 1901 Circ. rendant applicables aux T. C. les dispositions de l'article 14, tableau 2, du décret du 29 mai 1890, et les fixations du tarif 18 du décret du 27 décembre 1890. Frais de bureau aux commandants d'armes et aux majors de garnison, *B. G.*, p. 801.

mai 1904 Décret sur la solde, art. 14, indemnité 5, tarif 15 et nomenclature des dépenses à la charge des abonnements pour frais de bureau alloués dans les corps de troupe, *B. G.*, vol. spl., T. C. ; modif. 11 juin 1905, *B. C.*, p. 744 ; modif. 1er février 1908, *B. G.*, p. 191.

nov. 1905 Circ. La dépense résultant de la fourniture des imprimés du rapport modèle A visé par l'art. 75 du décret du 4 octobre 1891 (service des places), incombe aux majors de garnison ou, à défaut, aux commandants d'armes, *B. G.*, p. 1679.

2° *Ministère des colonies.*

déc. 1903 Décret sur la solde, art. 15, indemnité 5 et tarif 13, *B. C.*, 1904, p. 392 et 419 ; et circ. du 21 avril 1904, *B. C.*, p. 357.

déc. 1903 Déc. prés., tableau C. Répartition par catégories des divers commandements ou emplois au titre desquels il est prévu une indemnité pour frais de bureau, *B. C.*, 1904, p. 430.

mars 1904 Déc. prés. Frais de bureau du service de l'inscription maritime, *B. C.*, p. 435.

mai 1904 Déc. prés. Frais de bureau au compte du budegt colonial aux chefs du service administratif des T. C. à Paris et dans les ports de guerre : Toulon, 270 fr. ; Brest, Cherbourg, Rochefort, Paris, 180 fr. ; Lorient 120 fr. par an, *B. C.*, p. 477.

Frais de bureau (*suite*).

30 sept. 1904 Circ. Les frais de bureau accordés par la décision du 5 mai 1904, incombent au chapitre « Personnel du commissariat », *B. C.*, p. 991.

8 sept. 1905 Inst. relative au mode d'allocation des fournitures de bureau, imprimés, publications dans les corps et services militaires aux colonies, *B. C.*, p. 982; modif., 23 août 1906, *B. C.*, p. 793.

30 août 1907 Circ. Payement dans la colonie des frais de transport maritimes des fournitures de bureau achetées directement dans la métropole par les corps et services militaires.

30 janv. 1908 Dépenses des corps à la charge de la masse d'entretien aux colonies.

Frais de justice.

22 janv. 1820 La grâce accordée à un condamné n'emporte jamais la remise des frais de procédure, *A. M.*, p. 314; *B. M.* R., p. 421.

20 mars 1876 Circ. (justice). Recouvrement en cas de grâce, *B. M.*, p. 768; *B. M.* R., p. 34.

25 sept. 1900 Circ. La solidarité s'étend aux frais occasionnés par l'établissement des bulletins n° 1 et duplicata de bulletins relatifs à tous les individus condamnés par un même jugement, *B. M.*, p. 644.

2 févr. 1907 Circ. relative à la perception des frais de procédure relatifs aux jugements rendus à la suite des pourvois soumis à la Cour de cassation, en exécution du décret du 6 juin 1906, *B. G.*, p. 96.

Frais d'escorte des hommes ramenés à leur corps.

20 juin 1906 Circ. Imputation à la masse individuelle (Européens et indigènes), à défaut au fonds qui en tient lieu (généralement masse de petit équipement), *B. C.*, p. 573.

Frais de traitement dans les hôpitaux.

(Voir : *Service de santé à l'intérieur. — Service de santé colonial. Retenues d'hôpital.*)

8 juill. 1905 Inst., art. 43 à 47. Remboursement des frais de traitement des malades traités à charge de remboursement dans les hôpitaux coloniaux, *B. C.*, p. 1356.

Franchises postales et télégraphiques.

1° *Dispositions relatives aux divers corps et services.*

17 nov. 1844 Ord. concernant les franchises, *B. G.*, E. R., vol. 38, p. 3.

27 nov. 1845 Ord. Ouverture et vérification des dépêches non contresignées qui auront été refusées par des fonctionnaires à cause de la taxe, *A. M.*, p. 965; *B. M.* R., p. 224; *B. G.*, E. R., vol. 38, p. 23.

17 janv. 1855 Circulation en franchise des brevets délivrés par le grand chancelier de la Légion d'honneur, *B. G.*, E. R., vol. 38, p. 25.

28 mai 1861 Transmission en franchise des certificats de vie et d'inscription des membres de la Légion d'honneur et de la médaille militaire, *B. G.*, E. R., vol. 38, p. 25.

1er juill. 1875 Arr. (intérieur), concernant les franchises télégraphiques, *B. M.*, p. 303; *B. M.* R., p. 621; *B. G.*, E. R., vol. 38, p. 147.

1er juill. 1875 Inst. sur les franchises télégraphiques, *B. M.*, p. 304; *B. M.* R., p. 622; *B. G.*, E. R., vol. 38, p. 148.

Etat général des fonctionnaires ayant droit à la franchise télégraphique; *B. G.*, E. R., vol. 38; modif., 23 novembre 1896, 28 avril 1897; *B. G.*, E. R., vol. 38, p. 192 et 193; 3 juillet 1897, 14 décembre 1897, 8 septembre 1898, 24 novembre 1898, 3 janvier 1899, *B. G.*, E. R., vol. 38, p. 193, 199, 201, 202, 214; 10 septembre 1900, 12 et 30 octobre 1903, 18 mai 1904, *B. G.*, p. 1518, 1504, 1543, 655; 20 février 1906, B. *G.*, p. 350.

Franchises postales et télégraphiques (*suite*).

80 nov. 1877 Circulation en franchise de la correspondance de service aux armées en campagne, *B. G.*, E. R., vol. 38, p. 26.

7 déc. 1877 Les lettres et dépêches contenant des documents importants et confidentiels de service doivent être chargées, *B. G.*, E. R., vol. 38, p. 146.

20 déc. 1878 Manuel des franchises postales du service militaire, *B. G.*, E. R., vol. 38, p. 32.

19 août 1879 Circ. Le poids des correspondances admises en franchise ne doit pas excéder 5 kilos, *B. M.*, p. 167; *B. M.* R., p. 670; et note (guerre), du 20 août 1879, *B. G.*, E. R., vol. 38, p. 27.

10 janv. 1880 Arr. désignant les officiers et fonctionnaires autorisés à correspondre en franchise par la voie des câbles transatlantiques français, *B. M.*, p. 173.

7 août 1883 Expédition des dépêches officielles à destination de l'étranger, *B. G.*, E. R., vol. 38, p. 28.

2 juill. 1885 Note relative à une décision du Ministre des postes et télégraphes, assimilant à la correspondance de service les livrets individuels et matricules et les plaques d'identité jointes aux livrets, etc., *B. G.*, E. R., vol. 38, p. 29.

0 avril 1886 Note relative à l'envoi en franchise du *Bulletin officiel* de la guerre, *B. G.*, E. R., vol. 38, p. 30.

0 sept. 1888 Décret. Franchise postale entre les commandants des bureaux de recrutement et les gouverneurs des colonies, *B. C.*, p. 629; *B. M.*, p. 811.

18 juin 1889 Décrets. Droits de franchise postale du sous-secrétaire d'Etat des colonies, *B. C.*, p. 623.

8 juill. 1889 Décret. Franchise du sous-secrétaire d'Etat des colonies avec les chefs des services coloniaux des ports de commerce, *B. C.*, p. 755.

9 juill. 1889 Décret. Franchise du sous-secrétaire d'Etat des colonies avec le chef du service colonial à Nantes, *B. C.*, p. 802.

24 oct. 1896 Note rappelant à la stricte observation des règlements en matière de franchises postales, *B. G.*, E. R., vol. 38, p. 186.

0 avril 1899 Décret. Franchise postale entre les commandants de recrutement et les maires, *B. G.*, E. R., vol. 38, p. 208.

9 mai 1899 Extension des franchises postales en ce qui concerne l'armée, *B. G.*, E. R., vol. 38, p. 209.

er juill. 1899 Décret. Droits de franchise et de contreseing des commandants des bureaux de recrutement dans les colonies, *B. G.*, E. R., vol. 38, p. 213.

0 juill. 1899 Décret. Circulation en franchise de la correspondance relative au service militaire entre les commandants des bureaux de recrutement et de mobilisation et les agents diplomatiques et consulaires de France à l'étranger, *B. G.*, E. R., vol. 38, p. 211.

er avril 1900 Décret. Correspondance en franchise entre les commandants de recrutement et les procureurs de la République, *B. G.*, p. 552.

9 févr. 1902 Décret. Franchise postale du directeur du commissariat du corps d'armée des troupes coloniales à Paris, des chefs de service dans les ports militaires et des chefs du service colonial dans les ports de commerce, *B. G.*, p. 337; *B. C.*, p. 226.

4 sept. 1902 Circ. concernant les abus qui se produisent en matière de franchises postales et télégraphiques, *B. G.*, p. 1820.

9 déc. 1902 Modif. à l'état des franchises télégraphiques en ce qui concerne le commissariat des troupes coloniales, *B. G.*, p. 2534.

1 févr. 1903 Suscription à porter sur les télégrammes adressés au Ministre de la guerre, *B. G.*, p. 101.

3 mai 1903 Décr. supprimant les franchises concédées au chef d'état-major général de l'armée, *B. G.*, p. 733.

5 mai 1903 Circ. interdisant l'usage de la franchise télégraphique pour la réclamation de documents non parvenus dans les délais réglementaires, *B. G.*, p. 682.

2 janv. 1904 Décr. relatif à l'envoi en franchise des clichés photographiques pour projections, destinés aux chefs de corps et de détachements, *B. G.*, p. 77; modifie le décret du 8 mars 1902, *B. G.*, p. 447.

3 nov. 1904 Echange en franchise des avis télégraphiques de mise en route et d'embarquement de troupes ainsi que des correspondances nécessités par le service des transports maritimes, *B. G.*, p. 1625.

2 juill. 1905 Circ. relative à l'abus des communications télégraphiques particulièrement pendant la nuit, *B. G.*, p. 1169.

0 nov. 1906 Circ. relative à l'usage de la franchise télégraphique (correspondance avec des autorités pour lesquelles la franchise n'est pas accordée), *B. G.*, p. 1443.

Franchises postales et télégraphiques (*suite*).

2° Dispositions particulières au personnel militaire.

30 mai 1871 Loi relative à la franchise des lettres à destination des militaires faisant partie des corps des armées de terre et de mer en campagne.

11 avril 1900 Décr. Taxe des lettres adressées aux militaires et marins à l'étranger, *B. C.*, p. 384.

29 déc. 1900 Loi accordant aux sous-officiers et soldats en activité la franchise postale pour deux lettres simples par mois, *J. O.*, du 31 décembre 1900.

23 mars 1901 Décr. pour l'application de la loi du 29 décembre 1900, *B. G.*, p. 905; *B. M.*, p. 1007.

18 juin 1901 Circ. Inst. concernant le fonctionnement de la franchise postale accordée par la loi du 29 décembre 1900, *B. C.*, p. 848.

1er juill. 1901 Circ. Fourniture des registres et imprimés nécessaires pour le service de la franchise militaire. Imputation, *B. G.*, p. 170.

23 oct. 1901 Circ. Application de la loi du 29 décembre 1900. Fractions de mois. Militaires rentrant de congé. Réservistes. Territoriaux, *B. C.*, p. 982.

3 mai 1902 Inst. (guerre), pour l'application de la loi du 29 décembre 1900, et le décret du 23 mars 1901, *B. G.*, p. 932; art. 33, modif. 7 août 1902, *B. G.*, p. 1654; mod. 4, modif. 22 juin 1905, *B. G.*, p. 913; erratum, *B. G.*, p. 1118; addition, 23 avril 1906, *B. G.*, p. 546 (dispositions spéciales aux hommes embarqués).

25 oct. 1903 Décr. Suppression de la franchise aux troupes de Madagascar *B. G.*, p. 1565; *B. C.*, p. 889.

6 févr. 1904 Décr. Suppression des franchises du corps expéditionnaire du Tonkin, *B. G.*, p. 1308.

7 déc. 1904 Circ. Les timbres F. M. ne peuvent servir à affranchir les lettres destinées à l'étranger, *B. G.*, p. 1823.

23 déc. 1904 Décr. Suppression de la franchise postale dans les régions suivantes : pays et protectorats du lac Tchad (région du Chari); Haut-Oubanghi et pays de Kong; établissements du Bénin; Soudan français, *B. G.*, p. 1915.

16 avril 1908 Circ. Les sous-officiers à solde mensuelle ont droit à la franchise postale, *B. G.*, p. 515.

Fraudes.

16 avril 1895 Loi de finances, art. 60. Insertion aux frais des condamnés au *Journal officiel*, des jugements condamnant à la prison pour fraudes dans les fournitures faites à l'Etat au compte des budgets de la guerre, de la marine et des colonies, *B. C.*, p. 366.

1er août 1905 Loi sur la répression des fraudes dans la vente des marchandises et des falsifications des denrées alimentaires et des produits agricoles, *B. G.*, 1907, p. 608.

31 juill. 1906 Décret pour l'application de la loi du 1er août 1905, *B. G.*, 1907, p. 614.

17 mai 1907 Circ. Application de la loi du 1er août 1905 et du décret du 31 juillet 1906, *B. G.*, p. 606.

3 déc. 1907 Circ. rappelant les dispositions à prendre en exécution de la circulaire du 17 mai 1907, *B. G.*, p. 1709.

3 déc. 1907 Circ. Répression des fraudes dans la fourniture des denrées, *B. G.*, p. 1710.

21 déc. 1907 Circ. Sanctions administratives à prendre contre les fournisseurs de denrées en cas de fraudes, *B. G.*, p. 1866.

Fumiers.

6 déc. 1903 Art. 158. La vente des fumiers profite à la masse de harnachement. Modèle de cahier des charges pour la vente des fumiers, *B. G.*, vol. spl., T. C., p. 63 et 233.

9 déc. 1904 Décr. sur la masse de harnachement aux colonies, art. 3, et inst. du même jour, art. 2 et 4, *B. C.*, p. 1252 et suiv., modèle de cahier des charges, *B. C.*, p. 1283.

31 juill. 1907 Circ. Communication préalable, aux personnes désirant acquérir les fumiers, des modifications apportées dans l'alimentation des chevaux de l'armée, *B. G.*, p. 1016.

Funérailles.

(Voir : *Honneurs.*)

Fusil.

(Voir : *Armement.* — *Tir.*)

G

Galons.

30 sept. 1903 Description des uniformes, art. 410 et 411, *B .G.*, vol. spl., T. C., p. 220.
6 déc. 1903 Frais de pose à la charge de la masse générale d'entretien, *B. G.*, vol. spl., T. C., p. 225.

Gamelle de campement.

15 janv. 1905 Art. 28. Description : gamelle pour 4 hommes, *B. G.*, E. M., vol. 53, p. 35.

Gamelle individuelle.

30 sept. 1903 Art. 441. Description, *B. G.*, vol. spl., T. C., p. 263.

Gants.

30 sept. 1903 Description des uniformes.

Art. 33. Gants de France; art. 34, gants coloniaux, officiers; art. 36, gants des officiers d'infanterie coloniale, port; art. 442, gants de peau pour sous-officiers rengagés, *B. G.*, vol. spl., T. C.

Gardes auxiliaires d'artillerie.

(Voir : *Congés.* — *Passages.*)

26 juin 1880 Décr., art. 6. Création, *B. M.*, p. 129.
3 oct. 1883 Les gardes auxiliaires ont droit au salut de la part des militaires des corps de troupe; mais ils ne peuvent infliger directement des punitions, *B. M.*, p. 396.
21 déc. 1886 Arr., art. 16 à 44. Organisation, *B. M.*, p. 1000.
6 mars 1899 Circ. Situation au point de vue des honneurs et de la discipline, *B. C.*, p. 421; *B. M.*, p. 336.
19 sept. 1903 Décr., art. 7. Les gardes auxiliaires conserveront leurs fonctions actuelles et seront supprimés par voie d'extinction, *B. C.*, p. 842; *B. G.*, E. M., T. C., vol. I, p. 90.
1er mai 1905 Décr. Le décret du 29 décembre 1903 sur la solde est rendu applicable aux gardes auxiliaires, *B. C.*, p. 584.

Gardes d'écurie.

20 oct. 1892 Service intérieur : Inf., art. 249; Artil., art. 283 à 288, *B. G.*, E. R., vol. 78.

Garde de police.

) oct. 1892 Service intérieur Inf., art. 229 et 230; Artil., art. 264 et 265, *B. G.*, E. R., vol. 78.

Gardes d'honneur.

4 oct. 1891 Service des places, art. 263 à 268, gardes d'honneur; art. 288, consignes des gardes d'honneur, *B. G.*, E. R., vol. 75.

7 oct. 1891 Diminution du nombre des hommes distraits du service régimentaire. Suppression de certaines gardes d'honneur, *B. G.*, E. R., vol. 62, p. 121, et circ. du 16 août 1894, *B. G.*, E. R., vol. 62, p. 131.

Garde indigène.

7 juill. 1900 Loi, art. 19. Emploi des milices indigènes, *B. C.*, p. 594; *B. G.*, E. M., T. C., vol. 1, p. 9.

1 déc. 1904 Décr. Organisation en Indo-Chine.
Art. 1 à 9, organisation; art. 10 à 28, personnel européen; art. 29 à 33, personnel indigène; art. 34 à 41, passage sous le commandement de l'autorité militaire, *B. C.*, p. 1335.

8 juill. 1906 Décr. Organisation de la garde indigène de Madagascar, *B. G.*, p. 1064; *B. C.*, p. 638; err., *B. C.*, 1906, p. 953; modif 18 février 1908, *B. C.*, p. 188.

avril 1907 Dép. minist. La visite des armes de la garde indigène et de la milice en Indo-Chine est passée annuellement dans les mêmes conditions que celle des corps de troupe. Les dépenses de réparations ou de remplacements sont à la charge du budget local.

Gardes stagiaires d'artillerie.

(Voir : *Stagiaires officiers d'administration d'artillerie.*)

Gardiens concierges des bâtiments militaires aux colonies.

2 août 1884 Décr. Organisation, *B. M.*, p. 250.

9 févr. 1889 Déc. prés. allouant aux gardiens concierges, non titulaires d'une pension de retraite, l'intégralité de leur solde budgétaire pendant la durée des congés de convalescence qu'ils peuvent être appelés à passer en France, *B. C.*, p. 90.

Gardiens de batterie.

4 avril 1902 Circ. Nouvelles conditions exigées des sous-officiers d'artillerie coloniale candidats à l'emploi de gardien de batterie dans la métropole, *B. G.*, p. 615; *B. G.*, E. M., T. C., vol. 1, p. 122.

Gardiens de batterie coloniaux.

(Voir : *Adjudants gardiens de batterie aux colonies.*)

9 sept. 1903 Décr., art. 8. Les gardiens de batterie coloniaux conservent leurs fonctions actuelles et seront supprimés par voie d'extinction, *B. C.*, p. 842; *B. G.*, E. M., T. C., vol. 1, p. 90.

Gaz.

8 févr. 1907 Inst., art. 16. Marchés spéciaux pour la fourniture aux corps et établissements militaires, *B. G.*, E. M., vol. 5, p. 115. Annexe IV, modèle de traité, p. 213. Art. 37. Consommations remboursables, p. 130. Annexe 3. Instruction relative aux pertes de gaz, p. 208.

Gendarmerie.

(Voir : *Armement*. — *Congés*. — *Ecole des sous-officiers de gendarmerie*. — *Emplois civils et militaires*. — *Gratifications de réforme*.)

1° *Dispositions générales et diverses.*

23 mars 1883 Circ. Délivrance des autorisations de mariage aux gendarmes coloniaux présents en France, *B. M.*, p. 526.

12 juin 1886 Note. Envoi devant les commissions de réforme des militaires de la gendarmerie coloniale proposés pour être replacés dans la gendarmerie métropolitaine, *B. G.*, E. R., vol. 60, p. 162.

7 févr. 1887 Les femmes des militaires de la gendarmerie ne peuvent plus tenir un commerce dans la circonscription de la brigade de leur mari, *B. G.*, E. R., vol. 40, p. 146.

21 mars 1887 Circ. Application à la gendarmerie coloniale de la déc. prés. du 6 décembre 1885 supprimant des pièces et documents périodiques dont la production a été reconnue inutile, *B. C.*, p. 188.

3 mars 1888 Circ. Changement de résidence dans l'intérêt du service. Secours à accorder, *B. C.*, p. 306.

10 mars 1890 Circ. Rapports de la gendarmerie coloniale avec les commandants des troupes aux colonies, *B. M.*, p. 278.

4 oct. 1891 Service des places, art. 119 à 122. Service de la gendarmerie dans les places, *B. G.*, E. R., vol. 75.

20 nov. 1891 Circ. Envoi de l'état descriptif du casernement de la gendarmerie aux colonies, *B. C.*, p. 744.

28 sept. 1893 Circ. Possibilité de confier, dans les colonies, les fonctions de ministère public aux militaires de la gendarmerie, *B. C.*, p. 813; *B. M.*, p. 460.

28 mai 1895 Service en campagne, art. 122 et suiv. Service de la gendarmerie aux armées, *B. G.*, E. M., vol. 76.

10 févr. 1896 Circ. Suppression des dépôts de la gendarmerie coloniale en France, *B. C.*, p. 101.

6 mars 1896 Circ. Changement de colonie des militaires de la gendarmerie, *B. C*, p. 152.

31 mars 1897 Circ. Les transports de grains et fourrages nécessaires à l'alimentation des chevaux de la gendarmerie seront toujours exécutés par les soins de l'administration militaire, *B. C.*, p. 289.

14 déc. 1898 Circ. Radiation des contrôles des hommes de troupe de la gendarmerie coloniale démissionnaires ou en instance de retraite, qui demandent à se retirer dans les colonies, *B. C.*, p. 875, et circ. marine, du 14 janvier 1899, *B. M.*, p. 17; *B. C.*, p. 98.

24 févr. 1899 Circ. Composition des conseils de discipline dans les détachements de gendarmerie coloniale, *B. C.*, p. 280.

29 mai 1899 Circ. Gendarmes coloniaux proposés pour l'avancement ou la médaille militaire, placés dans la gendarmerie métropolitaine. Renseignements à fournir, *B. C.*, p. 555.

13 avril 1900 Loi de finances, art. 33. Mise à la charge des budgets locaux des dépenses de la gendarmerie coloniale, *B .C.*, p. 314.

7 juill. 1900 Loi, art. 11, § 6. Le service de la gendarmerie aux colonies continuera à être assuré par le personnel métropolitain complété au besoin par des auxiliaires indigènes, *B. C.*, p. 594; *B. G.*, p. 1176; *B. G.*, E. M., T. C., vol. 1, p. 7.

23 nov. 1900 Circ. Règles à observer en ce qui concerne le mode de liquidation et d'ordonnancement des dépenses de la gendarmerie coloniale à partir de l'exercice 1901, *B. C.*, p. 1007.

21 mars 1902 Inst. relative : à l'établissement des propositions pour l'admission des anciens militaires dans la gendarmerie; à la rentrée en France des officiers et militaires de tous grades de la gendarmerie coloniale; à la répartition des dons et legs institués en faveur de la gendarmerie, *B. G.*, p. 492; erratum, *B. G.*, p. 1017.

24 mars 1902 Circ. Les demandes formulées par les militaires de la gendarmerie coloniale momentanément en France doivent toujours être transmises au ministère des colonies, *B. C.*, p. 270.

10 sept. 1902 Circ. Mode d'envoi des pièces de la gendarmerie coloniale, *B. C.*, p. 911.

20 mai 1903 Décr. sur l'organisation et le service de la gendarmerie, *B. G.*, E. M., vol. 39; err., *B. G.*, 1903, p. 1059, 1092, 1153; modif. 23 octobre 1903, *B. G.*, p. 1528; 19 juillet 1905, *B. G.*, p. 1099; 2 septembre 1906, *B. G.*, p. 1208 (recrutement); 4 février 1907, *B. G.*, p. 136; modif. 1er août 1907, *B. G.*, p. 1060; art. 110, 14 janvier 1908, *B. G.*, p. 55.

Gendarmerie (*suite*).

20 mai 1903 Inst. pour l'application du décret du 20 mai 1903, *B. G.*, E. M., vol. 39, p. 99; modif.: 4 février 1907, *B. G.*, p. 140; (art. 23 à 31); 1er août 1907, voir § 7, 1er octobre 1907, *B. G.*, p. 1483.
Modèles, *B. G.*, E. R., vol. 41.

1er févr. 1905 Circ. Témoignages de satisfaction accordés par les gouverneurs aux militaires de la gendarmerie coloniale, *B. C.*, p. 237.

2° *Administration et comptabilité.*

5 déc. 1902 Règl. sur l'administration et la comptabilité des corps de la gendarmerie, *B. G.*, E. M., vol. 42; modif. 27 mars 1903, *B. G.*, p. 385; 21 janvier 1904, *B. G.*, p. 49; 28 mars 1905, *B. G.*, p. 374; annexes 1 et 3, modif. 4 février 1907; *B. G.*, p. 138.
Modèles, *B. G.*, E. M., vol. 42 *bis*; err., *B. G.*, 1904, p. 849.
Suppression des modèles 100 et 101, 4 février 1907, *B. G.*, p. 139; modif. mod. 102, 22 juillet 1907, *B. G.*, p. 983.

0 déc. 1904 Circ. Mode d'administration pendant leur séjour en France des officiers et militaires de la gendarmerie coloniale, *B. C.*, p. 1333.

3° *Enfants de troupe.*

3 déc. 1898 Circ. Situation des enfants de troupe de la gendarmerie coloniale.

4 févr. 1902 Circ. Production des situations nominatives des enfants de troupe de la gendarmerie en service aux colonies, *B. C.*, p. 136.

4° *Habillement. — Equipement. — Harnachement. — Tenue.*

(Voir : *Harnachement*, 13 octobre 1886.)

4 nov. 1881 Circ. Les compagnies de gendarmerie achèteront directement au commerce les objets de harnachement qui leur sont nécessaires, *B. M.*, p. 1034.

3 nov. 1888 Circ. Modification à la tenue de la gendarmerie coloniale, *B. C.*, p. 712.

0 oct. 1894 Description détaillée du harnachement des chevaux de la gendarmerie (troupe), *B. G.*, E. M., vol. 54 *quater*.

8 août 1895 Déc. Adoption d'un bonnet de police pour le détachement de gendarmerie de Saint-Pierre et Miquelon. Description, *B. C.*, p. 682.

0 avril 1896 Circ. Application à la gendarmerie coloniale de l'inst. (guerre) du 10 octobre 1894, sur le harnachement et le paquetage des chevaux de la gendarmerie, *B. C.*, p. 235; et circ. (marine), du 11 mai 1896, *B. M.*, p. 826.

6 juin 1902 Circ. Modifications à la tenue de la gendarmerie, *B. G.*, p. 1220; appliquée à la gendarmerie coloniale, circ. du 12 juillet 1902, *B. C.*, p. 660.

0 janv. 1903 Circ. Habillement et équipement des gendarmes réservistes et territoriaux; effets composant la tenue, *B. G.*, p. 5; complétée 4 juin 1903, *B. G.*, p. 870.

9 juin 1903 Circ. Effets d'habillement à délivrer aux militaires de la gendarmerie coloniale passant dans la réserve ou l'armée territoriale, *B. C.*, p. 559.

0 avril 1904 Circ. Application à la gendarmerie coloniale de la circ. (guerre) du 21 mars 1904, *B. G.*, p. 372; modifiant la tenue de la gendarmerie, *B. C.*, p. 438.

4 oct. 1905 Notice relative à la tenue et aux divers paquetages de la gendarmerie, *B. G.*, E. M., vol. 40; modif. 23 mai 1907, *B. G.*, p. 653.

5 sept. 1907 Description des uniformes (officiers et troupe), *B. G.*, E. M., vol. 106.

5° *Instruction.*

15 mars 1905 Règl. sur les exercices de la gendarmerie à pied.

15 mars 1905 Règl. sur les exercices de la gendarmerie à cheval.

6° *Passages. — Rapatriements.*

23 juill. 1881 Circ. Rapatriement des gendarmes coloniaux démissionnaires, *B. M.*, p. 89.

Gendarmerie (*suite*).

8 août 1896 Note. Mesures arrêtées pour l'embarquement à destination d'outre-mer des militaires de la gendarmerie coloniale, *B. G.*, E. R., vol. 60, p. 160.

29 avril 1901 Circ. Rapatriement des militaires de la gendarmerie démissionnaires, *B. C.*, p. 355.

20 mai 1901 Circ. Pièces devant accompagner les gendarmes rentrant des colonies susceptibles d'être admis à la retraite, *B. C.*, p. 452.

7° *Recrutement de la gendarmerie.*

5 juill. 1899 Circ. Les demandes d'admission dans la gendarmerie formulées par des rengagés ne doivent être acceptées que dans la dernière année de rengagement des intéressés, *B. C.*, p. 526, et 10 février 1908, service courant, art. 242, *B. G.*, E. M., vol. 74.

17 juin 1901 Circ. Admission des officiers et hommes de troupe des T. C. dans la gendarmerie dans les mêmes conditions que ceux des T. M., *B. G.*, p. 47, 2e sem.; *B. G.*, E. M., T. C., vol. 1, p. 245.

15 avril 1906 Circ. relative aux propositions d'admission dans la gendarmerie et la garde républicaine, *B. G.*, p. 496.

3 janv. 1907 Circ. Etablissement et envoi des dossiers des militaires en activité candidats à la gendarmerie, *B. G.*, p. 16.

1er août 1907 Inst. relative aux examens d'aptitude à subir par les officiers des corps de troupe proposés pour la gendarmerie, *B. G.*, p. 1063, p. 153.

10 févr. 1908 Service courant, art. 229. Propositions pour la gendarmerie, *B. G*, E. M., vol. 74.

8° *Réserves.*

28 déc. 1895 Inst., art. 295 à 310. Dispositions spéciales à la gendarmerie. Art. 311. Gendarmes coloniaux, *B. G.*, E. R., vol. 71.

9° *Service intérieur.*

14 oct. 1905 Service intérieur de la gendarmerie, *B. G.*, E. M., vol. 40; modif.: 4 février 1907, *B. G.*, p. 136; 13 février 1907, *B. G.*, p. 144; 10 février 1908, *B. G.*, p. 216.
Modèles, *B. G.*, E. M., vol. 40 *bis*; modif. 13 février 1907, *B. G.*, p. 144.

4 févr. 1907 Circ. prescrivant de ne plus adresser au Ministre les certificats de mariage et de divorce des hommes de troupe, ainsi que les certificats de prestation de serment, et modifiant la formule du modèle de bail des casernes, *B. G.*, p. 140.

10° *Solde et indemnités. — Revues.*

26 août 1880 Déc. prés. fixant les tarifs de solde, indemnités et masses de la gendarmerie coloniale, *B. M.*, p. 434; et circ. du 10 septembre 1880, *B. M.*, p. 433.

2 nov. 1883 Déc. prés. fixant la solde d'hôpital aux colonies des sous-officiers, brigadiers et gendarmes coloniaux, *B. M.*, p. 598.

29 mars 1884 Circ. Les militaires de la gendarmerie passant directement dans la gendarmerie coloniale n'ont droit qu'à la demi-première mise d'équipement, *B. M.*, p. 502.

22 avril 1884 Circ. Les militaires de la gendarmerie coloniale ont droit à la nouvelle solde fixée par les tarifs du 11 janvier 1884, *B. M.*, p. 778.

13 mars 1888 Circ. Avances mises à la disposition des militaires passant dans la gendarmerie coloniale, *B. C.*, p. 315.

12 févr. 1889 Circ. Droit à la solde des militaires de la gendarmerie coloniale promus étant en congé ou à l'hôpital, *B. C.*, p. 123.

19 sept. 1890 Circ. Le complément de 1re mise alloué aux gendarmes nommés aux colonies leur est acquis lorsqu'ils ont plus de quatre ans de services dans la gendarmerie tant en France qu'aux colonies, *B. C.*, p. 986.

23 déc. 1890 Déc. prés. Solde coloniale des adjudants de gendarmerie, *B. M.*, 1891, p. 6; *B. C.*, 1891, p. 21; nette, 3.052 fr. 80 par an, 254 fr. 40 par mois, 8 fr. 48 par jour. Solde d'absence, 6 fr. 08; errata, *B. C.*, 1891, p. 514.

Gendarmerie (*suite*).

mars 1891 Circ. Taux de la première mise d'équipement à payer aux sous-officiers promus officiers et appelés à servir en France, *B. C.*, p. 243.

juin 1891 Circ. Les gendarmes coloniaux ont droit aux hautes payes fixées par le tarif 4 annexé à la loi du 18 mars 1889, doublées aux colonies, *B. C.*, p. 439; *B. M.*, p. 3.

sept. 1896 Déc. prés. modifiant le tarif 7 de la décision du 26 août 1880 (nota). Tournées et visites des commandants d'arrondissement, *B. C.*, p. 549.

mars 1900 Circ. Application à la gendarmerie coloniale de la décision présidentielle du 21 décembre 1899, *B. G.*, p. 368. Le complet de la masse individuelle est réduit de 850 fr. à 500 fr. pour l'arme à cheval, et de 250 fr. à 150 fr. pour l'arme à pied, *B. C.*, p. 211.

nov. 1900 Déc. prés. accordant l'indemnité de route aux sous-officiers, brigadiers et gendarmes coloniaux rentrant en France en congé, *B. C.*, p. 1093; *B. G.*, 1901, 1er sem., p. 122; et circ. (guerre) du 23 janvier 1901, *B. G.*, p. 122.

févr. 1901 Déc. prés. Epoque à partir de laquelle les militaires de la gendarmerie peuvent prétendre à la 2e et à la 3e haute paye, *B. C.*, p. 354; et circ. du 25 avril 1901, *B. C.*, p. 353.

mai 1901 Circ. Payement de la solde de congé des militaires de la gendarmerie coloniale pendant la durée de leur congé, *B. C.*, p. 453.

sept. 1901 Circ. Versement au Trésor des abondements 3 et 5 p. 100 sur la solde payée aux militaires de la gendarmerie coloniale, *B. C.*, p. 863.

avril 1902 Circ. Remboursement par le budget colonial des parts proportionnelles de premières mises d'équipement allouées aux militaires de la gendarmerie métropolitaine désignés ensuite pour servir aux colonies, *B. G.*, p. 714.

juin 1902 Circ. Contribution des colonies aux dépenses de première mise des militaires de la gendarmerie passant aux colonies, *B. C.*, p. 606.

janv. 1903 Décret portant règlement sur la solde et les revues de la gendarmerie, *B. G.*, E. M., vol. 43; err., *B. G.*, 1903, p. 972; *B. G.*, 1904, p. 673 et 1473; modif. 26 janvier 1904, *B. G.*, p. 50; 26 mars 1904, *B. G.*, p. 397; 7 juin 1904, *B. G.*, p. 803; 27 août 1904, *B. G.*, p. 1387; modif. tarif 18, 2 mai 1906, *B. G.*, p. 580; modif. art. 4, tarif 14, 15 octobre 1906, *B. G.*, p. 1352; art. 15, tableau 4, 10 avril 1907, *B. G.*, p. 408; tarifs 2 et 3, 9 juillet 1907, *B. G.*, p. 872.

Modèles. 20 novembre 1903, *B. G.*, E. M., vol. 44; err., *B. G.*, 1904, p. 848.

mai 1903 Circ. Remboursement des parts proportionnelles de premières mises d'équipement allouées aux militaires de la gendarmerie passant aux colonies avant de compter quatre ans de services; mentions à porter sur la matricule et le livret, *B. G.*, p. 709; *B. C.*, p. 461.

août 1903 Circ. Indemnité à allouer aux militaires de la gendarmerie coloniale chargés d'assurer à bord la surveillance des prisonniers provenant des colonies, *B. C.*, p. 735; *B. G.*, p. 1553.

oct. 1903 Circ. Indemnités de déplacement à payer aux militaires de la gendarmerie coloniale voyageant en France, *B. C.*, p. 1059.

mars 1906 Circ. Paiement par le service colonial des ports de commerce des avances de solde aux militaires de la gendarmerie partant pour les colonies, *B. G.*, p. 314.

mars 1906 Dép. à l'Indo-Chine. Les militaires de la gendarmerie voyageant en détachement ont droit à l'indemnité de service extraordinaire prévue par le tarif 5 du décret du 18 février 1863.

déc. 1906 Notification d'une circ. (colonies) portant concession d'indemnités pour changement d'uniforme aux militaires de la gendarmerie coloniale réintégrés dans la gendarmerie métropolitaine par suite de suppression ou de réduction d'effectif, *B. G.*, p. 175.

11° *Dispositions spéciales à chaque colonie.*

(Voir : *Cipahis de l'Inde.*)

A) Guadeloupe.

avril 1900 Décret. Modification de l'organisation de la compagnie, *B. C.*, p. 382.

mai 1906 Décret. Réorganisation de la compagnie. Effectif, *B. C.*, p. 487; *B. G.*, p. 603.

B) Guinée.

mai 1907 Décret. Création d'un détachement, *B. C.*, p. 338; *B. G.*, p. 651.

Gendarmerie (*suite*).

C) Guyane.

23 mai 1897 Décret. Assiette des brigades de la compagnie, *B. C.*, p. 523; *B. G.*, p. 773.
13 févr. 1899 Dép. Composition du conseil de discipline du détachement de la Guyane, *B. C.*, p. 281.
11 août 1904 Décret. Réduction de l'effectif du détachement de la Guyane, *B. C.*, p. 800; *B. G.*, p. 1316.
13 janv. 1908 Décret. Création d'un emploi d'adjudant, *B. G.*, p. 54; *B. C.*, p. 146.

D) Indo-Chine.

24 août 1899 Décret. Organisation en compagnie du détachement de l'Indo-Chine. Effectifs, *B. C.*, p. 856; *B. G.*, E. R., vol. 64, p. 438.
5 mai 1901 Décret attribuant aux sous-officiers et commandants de brigades et de postes de gendarmerie en Indo-Chine les fonctions d'officier de police judiciaire, *B. C.*, p. 436.
6 janv. 1902 Décret augmentant l'effectif de la compagnie, *B. C.*, p. 14; *B. G.*, p. 11.
18 sept. 1902 Décret augmentant le cadre et l'effectif de la compagnie, *B. C.*, p. 925; *B. G.*, p. 1900.
11 mai 1903 Décret. Création d'auxiliaires indigènes de la gendarmerie, *B. C.*, p. 441; *B. G.*, p. 724.
9 juin 1903 Décret. Dédoublement de l'arrondissement de gendarmerie du Tonkin et de l'Annam, *B. C.*, p. 548; *B. G.*, p. 873.

E) Madagascar.

13 janv. 1904 Décret. Suppression de la compagnie, *B. C.*, p. 28; *B. G.*, p. 23.

F) Martinique.

12 juill. 1903 Décret. Organisation de la compagnie, *B. C.*, p. 633; *B. G.*, p. 1072.
11 août 1904 Décret. Transformation en détachement, *B. C.*, p. 800; *B. G.*, p. 1316.
13 janv. 1908 Décret. Création d'un emploi d'adjudant, *B. G.*, p. 54; *B. C.*, p. 146.

G) Nouvelle-Calédonie.

7 juill. 1904 Décret. Réduction de l'effectif de la compagnie. Suppression de l'arrondissement de la Foa, *B. C.*, p. 663; *B. G.*, p. 968.
23 avril 1906 Décret. Nouveaux effectifs, *B. C.*, p. 390; *B. G.*, p. 547.
13 janv. 1908 Décret. Création d'un emploi d'adjudant, *B. G.*, p. 54; *B. C.*, p. 146.

H) Réunion.

25 juin 1906 Décret. Transformation en détachement de la compagnie, *B. G.*, p. 855; *B. C.*, p. 604.
17 nov. 1907 Décret attribuant les fonctions d'officier de police judiciaire aux brigadiers et gendarmes chefs de poste de gendarmerie à la Réunion, *B. C.*, p. 758; et décret du 14 janvier 1908, *B. G.*, p. 55.
13 janv. 1908 Décret. Création d'un emploi d'adjudant, *B. G.*, p. 54; *B. C.*, p. 146.

I) Saint-Pierre et Miquelon.

28 sept. 1906 Décret. Réduction de l'effectif du détachement, *B. G.*, p. 1347; *B. C.*, p. 871.

J) Sénégal.

10 juin 1899 Décret. Création d'un détachement, *B. C.*, p. 639; *B. G.*, E. R., vol. 64, p. 440.
5 mai 1904 Décret. Création d'auxiliaires indigènes, *B. C.*, p. 468; *B. G.*, p. 568.

K) Tahiti.

9 janv. 1904 Décret. Diminution de l'effectif du détachement, *B. C.*, p. 25; *B. G.*, p. 10.
7 févr. 1905 Décret. Nouvelle réduction de l'effectif, *B. C.*, p. 241; *B. G.*, p. 153.
5 avril 1906 Décret. Suppression de l'emploi de lieutenant ou sous-lieutenant commandant, *B. C.*, p. 329; *B. G.*, p. 523.

Génie.

20 avril 1899 Décret. Conditions dans lesquelles le personnel du génie sera mis à la disposition du Département des colonies pour le service des travaux publics outre-mer, *B. C.*, p. 520; *B. G.*, E. R., vol. 48; p. 545.

30 juin 1901 Arr. Effectif du personnel du génie affecté au service des travaux militaires aux colonies, 1re formation, *B. C.*, p. 636; *B. G.*, 2e sem., p. 250.

3 août 1901 Circ. Mode de désignation des officiers d'administration et stagiaires du génie à mettre à la disposition du Département des colonies pour le service des constructions militaires, *B. G.*, p. 440, modifiée et complétée, 6 janvier 1902, *B. G.*, p. 12.

23 sept. 1901 Arr. Effectif du personnel du génie affecté au service des travaux publics aux colonies, *B. C.*, p. 965; *B. G.*, p. 900; et circ. (colonies), du 8 octobre 1901, *B. C.*, p. 964.

5 nov. 1904 Décret créant en Indo-Chine des compagnies indigènes du génie, *B. C.*, p. 1083; *B. G.*, p. 1619; *B. G.*, E. M., T. C., vol. 1, p. 127.

11 avril 1906 Inst. pratique sur le service du génie dans la guerre de siège.

9 mai 1906 Décret créant une section indigène en Afrique occidentale, *B. C.*, p. 513; *B. G.*, p. 785; *B. G.*, E. M., T. C., vol. 1, p. 130.

0 oct. 1906 Nomenclature P du matériel du génie; 9 déc. 1907, feuille rectificative n° 1.

8 févr. 1907 Inst., art. 94. Action des chefs du génie en ce qui concerne l'éclairage et le chauffage, *B. G.*, E. M., vol. 5, p. 182.

9 août 1907 Circ. relative aux fournitures de matériel par les établissements centraux du génie, *B. G.*, p. 1126.

Gens de service.

4 juill. 1905 Inst. sur le service des loyers, de l'ameublement, etc., aux colonies, *B. C.*, p. 764.
Art. 45 à 48. Jardiniers, concierges. Art. 49. Garçons de bureau et plantons. Art. 50. Coolies pankas et coolies pousse-pousse. Art. 52. Compte d'opérations.

Gilet de travail.

sept. 1903 Art. 7. Description, *B. G.*, vol. spl., T. C., p. 6.

Gouverneurs des colonies.

mars 1896 Circ. Les gouverneurs ne peuvent donner à leurs décisions le titre d'ordre, *B. C.*, p. 174.

avril 1900 Décret. Réorganisation du personnel des gouverneurs des colonies, *B. C.*, p. 287.

7 juill. 1900 Loi, art. 3. Attributions militaires, *B. C.*, p. 594; *B. G.*, E. M., T. C., vol. 1, p. 4.

nov. 1901 Décret réglant les relations entre les gouverneurs et les commandants supérieurs des troupes aux colonies, *B. G.*, p. 1111; *B. G.*, E. M., T. C., vol. 1, p. 247; *B. C.*, p. 1026; et circ. du 19 novembre 1901, *B. C.*, 1902, p. 213.

sept. 1902 Circ. Rôle des gouverneurs vis-à-vis de l'administration centrale des colonies, *B. C.*, p. 1905.

oct. 1905 Arr. fixant le costume des gouverneurs généraux, *B. C.*, p. 1086.

juin 1906 Décret sur l'administration des troupes coloniales, art. 6 et 9. Autorité, *B. C.*, p. 577; *B. G.*, p. 803; *B. G.*, E. M., T. C., vol. 1, p. 140.

Grâces, réductions et commutations de peines.

(Voir : *Déserteurs. — Frais de justice. — Justice militaire.*)

juin 1813 Décret. Mode d'exécution des décisions portant commutation de peine en faveur de condamnés pour crime de désertion ou pour tout autre délit militaire, *B. M. R.*, p. 308; *B. G.*, E. M., vol. 59-2, p. 59.

Grâces, réductions et commutations de peines (*suite*).

10 juill. 1852 Décret relatif au mode de présentation des rapports sur les commutations de peine par suite de condamnations prononcées par les juridictions militaires, *B. M.* R., p. 339; *B. G.*, E. M., vol. 59-2, p. 61.

8 août 1893 Circ. Notification d'une décision du Conseil d'Etat du 30 juin 1893, *B. M.*, p. 184; portant rejet d'une requête formulée par un transporté en vue d'obtenir l'annulation d'une décision présidentielle commuant en travaux forcés la peine capitale prononcée contre lui pour voie de fait envers un supérieur. Les actes du chef de l'Etat dans l'exécution du droit de grâce ne sont pas susceptibles d'être déférés au Conseil d'Etat par la voie contentieuse, *B. M.*, p. 183.

Graisses.

25 oct. 1899 Circ. Fourniture des huiles et graisses minérales destinées à l'entretien des armes portatives dans les corps de troupe et les établissements de l'artillerie, *B. G.*, E. R., vol. 19, p. 266; modif. *B. G.*, 2e sem., 1900, p. 2020.

Gratification annuelle aux rengagés.

(Voir : *Rengagements.*)

23 oct. 1891 Circ. Les gratifications sont payables par trimestre seulement, il ne doit pas être fait de paiements partiels, *B. C.*, p. 703.

24 sept. 1900 Circ. Après trois ans de service, les engagés volontaires provenant des écoles préparatoires, nommés sous-officiers, ont droit à la haute paye et à la gratification annuelle prévue par le décret du 4 août 1894, art. 23, pour les engagés volontaires de quatre et cinq ans, *B. C.*, p. 924; *B. M.*, p. 644.

29 déc. 1903 Décr. sur la solde (colonies), tarifs 5 et 18, *B. C.*, 1904, p. 412 et 423.

28 mai 1904 Décr. sur la solde (France), art. 15, règles d'allocation, *B. G.*, vol. spl., T. C., p. 60 et 61.

Gratifications.

(Voir: *Directions d'artillerie. — Prime de travail. — Secrétaires d'état-major.*)

19 nov. 1896 Suppression des primes de travail aux ouvriers militaires. Allocation d'une gratification mensuelle aux ouvriers les plus méritants, *B. G.*, E. M., vol. 86, p. 129; modif. 25 avril 1902, *B. G.*, p. 757; *B. G.*, E. M., vol. 86, p. 132.

3 mars 1899 Règl. sur le casernement en France, art. 117. Gratifications aux ouvriers d'art sur les fonds de la masse de casernement, *B. G.*, E. R., vol. 51.

19 nov. 1902 Inst., art. 7. Gratifications aux infirmiers des troupes coloniales, *B. C.*, p. 1298; *B. G.*, E. M., T. C., vol. 1, p. 236.

22 déc. 1902 Suppression d'indemnités et de gratifications allouées à divers personnels des troupes coloniales. Réduction des primes allouées aux chefs armuriers des troupes coloniales, *B. G.*, p. 2482.

17 févr. 1903 Inst., art. 7. Gratifications mensuelles aux militaires de la section de secrétaires et ouvriers du commissariat, *B. C.*, p. 291; *B. G.*, E. M., T. C., vol. 1, p. 201.

14 mars 1903 Solutions relatives aux catégories de personnel auxquelles doit être appliquée la circ. du 25 avril 1902, portant suppression de gratifications aux ouvriers militaires, *B. G.*, p. 328.

16 oct. 1903 Règl. sur les directions d'artillerie, art. 110. Gratifications au personnel militaire des directions. Annexe A, n° 10, tarif des gratifications, *B. C.*, vol. spl., p. 104 et 493.

Gratifications (*suite*).

6 oct. 1903 Règl. sur le casernement aux colonies, art. 105. Gratifications aux ouvriers d'art sur les fonds de l'allocation pour réparations locatives, *B. C.*, vol. spl., p. 922; et inst. du 20 janvier 1907, art. 2, *B. C.*, n° 1 *bis*.

6 déc. 1903 Annexe G. Gratifications exceptionnelles aux ouvriers selliers et maréchaux ferrants. Imputation à la masse de harnachement, *B. G.*, vol. spl., T. C., p. 230.

1 avril 1904 Circ. pour l'application du décret du 29 décembre 1903 sur la solde. Gratifications aux ouvriers des sections du commissariat, d'infirmiers et de télégraphistes aux colonies, *B. C.*, p. 355.

0 déc. 1904 Inst. sur la masse de harnachement, art. 35. Gratifications aux ouvriers, *B. C.*, p. 1267.

3 janv. 1908 Circ. Règles d'allocation des gratifications aux militaires des sections de commis et ouvriers d'administration et d'infirmiers, *B. C.*, p. 21.

janv. 1908 Imputation à la masse d'entretien aux colonies des gratifications accordées : au personnel enseignant des diverses écoles régimentaires; aux secrétaires, aux militaires employés dans les magasins.

3 mars 1908 Tarif des primes et gratifications mensuelles du personnel de l'intendance.

Gratifications de réforme.

(Voir : *Certificats médicaux. — Réforme.*)

oct. 1852 Déc. prés. réglementaire sur les gratifications temporaires de réforme à accorder aux militaires de la gendarmerie réformés pour cause d'infirmités, *B. G.*, E. M., vol. 66-2, p. 3.

janv. 1857 Déc. imp. instituant les gratifications renouvelables, *B. G.*, E. M., vol. 66-2, p. 6.

juin 1883 Déc. revisant le taux de la gratification temporaire spéciale aux militaires réformés de la gendarmerie, *B. G.*, E. M., vol. 66-2, p. 9.

avril 1899 Circ. réservant au Ministre le droit de statuer sur la délivrance des congés de réforme n° 1, *B. G.*, E. M., vol. 66-2, p. 10.

févr. 1901 Circ. Organisation du service des gratifications de réforme pour les T. C., *B. G.*, p. 230.

févr. 1906 Décr. modifiant la réglementation des gratifications de réforme, *B. G.*, p. 163; *B. C.*, p. 212; *B. G.*, E. M., vol. 66-2, p. 11.

avril 1906 Circ. Application du décret du 13 février 1906 en ce qui concerne les militaires indigènes.

mars 1906 Inst. sur les gratifications renouvelables et permanentes, *B. G.*, p. 461; modif.: art. 23, 28 août 1907, *B. G.*, p. 1375; *B. G.*, E. M., vol. 66-2, p. 14.

Art. 1 - 2. Objet et division de la gratification renouvelable.
3 à 6. Instruction des demandes et propositions.
7 à 9. Concessions.
10. Inscription aux contrôles.
11 à 18. Payements.
19 à 21. Suspension de paiement et suppression de la gratification pour indignité.
22 à 24. Changement de domicile. Résidence à l'étranger. Cas de décès.
25 à 32. Constatation bisannuelle de l'invalidité.
33 à 38. Changement de catégorie. Maintien ou suppression de la gratification.
39 à 41. Réadmissions.

Tarif des gratifications renouvelables.

Griffes.

juill. 1866 Note interdisant l'usage de griffes pour remplacer les signatures, *B. G.*, E. M., vol. 10, p. 139.

Groupement des forces militaires aux colonies.

26 mai 1903 Décr. Organisation du groupement des forces militaires aux colonies, *B. C.*, p. 465; *B. G.*, p. 754; *B. G.*, E. M., T. C., vol. 1, p. 20.

Répartition en cinq groupes : Indo-Chine, Afrique occidentale, Afrique orientale, Antilles, Pacifique.
Conseil de défense dans chaque groupe.
Organisation et composition des forces militaires des groupes.
Attributions du commandant supérieur des troupes.
Commandants de l'artillerie et directeurs des services militaires des groupes.
Commandement des détachements dans les colonies autres que les colonies principales.
Emploi des troupes en temps de guerre.

23 sept. 1903 Inst. Application du décret du 26 mai 1903 en ce qui concerne les questions relatives au commandement et à la discipline. Dispositions spéciales aux colonies autres que les colonies principales. Affectation du personnel militaire. Discipline. Instruction. Avancement. Mobilisation. Emploi des troupes, *B. C.*, p. 875.

3 nov. 1903 Inst. Application du décret du 26 mai 1903 en ce qui concerne l'administration des détachements et services dans les colonies autres que les colonies principales, *B. C.*, p. 923.

14 janv. 1904 Inst. Application au Congo du décret du 26 mai 1904 et des décrets du 19 septembre 1903 réorganisant l'artillerie et l'infanterie coloniale, *B. C.*, p. 29.

Guadeloupe.

31 mars 1903 Loi de finances, art. 82. Indemnité de change à attribuer aux militaires de tous grades et aux pensionnaires et rentiers de l'Etat domiciliés à la Guadeloupe, *B. C.*, p. 266.

Guérite.

6 juill. 1899 Description, *B. G.*, E. R., vol. 51 *bis*, p. 54.

16 oct. 1903 Description, *B. C.*, vol. spl., p. 990.

Guêtres.

(Voir : *Jambières.*)

30 sept. 1903 Description des uniformes, art. 444. Guêtres de toile, *B. G.*, vol. spl., T. C., p. 265.

Gymnastique.

(Voir : *Ecoles régimentaires de gymnastique.*)

15 avril 1902 Circ. limitant les autorisations pour exercices volontaires d'entraînement, *B. G.*, E. M., vol. 55-2, p. 131.

22 oct. 1902 Règl. sur l'instruction de la gymnastique; modif, art. 210, 1er avril 1905, *B. G.*, p. 406; erratum, à l'annexe 3, *B. G.*, 1905, p. 434; art. 29 et annexe 1, modif. 16 août 1907, *B. G.*, p. 1143; err., art. 207 à 210, 1907; err., art. 211, *B. G.*, p. 671.

22 déc. 1902 Inst. pour l'application du règlement du 22 octobre 1902, *B. G.*, p. 2457; *B. G.*, E. M., vol. 55-2, p. 132.

29 nov. 1903 Circ. Pratique des exercices physiques dans les corps de troupe d'infanterie, *B. G.*, E. M., vol. 55-2, p. 143.

6 déc. 1903 Achat des effets de gymnase au compte de la masse générale d'entretien, *B. G.*, vol. spl., T. C., p. 226.

30 janv. 1908 Dépenses des gymnases à la charge de la masse d'entretien aux colonies.

H

Habillement.

(Voir: *Approvisionnements de guerre.* — *Cessions.* — *Comptabilité finances,* 3 juin 1902. — *Emballages.* — *Epidémies.* — *Masse générale d'entretien.* — *Masse individuelle.* — *Tarifs de réparations et de confections.*)

8 nov. 1847 Inst. relative à la fourniture des effets et objets nécessaires aux troupes de la marine, § 1 à 28, *B. M.*, R., p. 737.

2 juin 1875 Situations du service de l'habillement à fournir par les corps de troupe aux colonies, *B. M.*, p. 867.

7 nov. 1889 Approvisionnement des corps de troupe aux colonies en habillement, équipement, campement et outillage, *B. M.*, p. 890; *B. C.*, p. 1494.

0 juin 1890 Circ. Mode de transmission des demandes d'effets d'habillement des corps de troupe aux colonies. Indication des prix, *B. C.*, p. 973.

0 janv. 1892 Inst. sur la manière de manutentionner et d'entretenir les effets dans les magasins, *B. G.*, E. M., vol. 4, p. 18; add., 21 octobre 1907 (graisse Thomas pour l'entretien des cuirs), *B. G.*, p. 1618.

7 avril 1894 Inst. sur la vérification et la réception des matières et effets nécessaires pour l'exécution du service de l'habillement (guerre), *B. G.*, E. R., vol. 52; modifié 14 avril 1900, *B. G.*, p. 556; 1er décembre 1900, *B. G.*, p. 1927; err., p. 414; modif. 26 novembre 1902, *B. G.*, p. 2375; addition, 5 juin 1903, *B. G.*, p. 871; modif.: 14 mars 1904, *B. G.*, p. 365; 27 août 1904, *B. G.*, p. 1367; 18 octobre 1904, *B. G.*, p. 1553; 17 décembre 1904, *B. G.*, p. 1835.

Art. 1 à 3. Organisation du service.
4 à 25. Experts commissionnés.
26 à 39. Vérificateurs civils.
40 à 50. Commissions de réception.
51. Commissions d'appel.
52 à 55. Officier d'administration comptable.

Appliqué aux T. C. en France. Décret du 6 décembre 1903. Annexe B, *B. G.*, vol. spl., T. C., p. 135.

8 juin 1898 Circ. Adoption d'une nouvelle tenue pour les troupes indigènes d'Afrique. Tirailleurs sénégalais et malgaches, *B. C.*, p. 468; *B. M.*, p. 862.

1 janv. 1900 Circ. Le paletot de molleton n° 1 sera retiré avant leur rapatriement aux militaires des corps de troupe stationnés aux colonies, *B. C.*, p. 24.

3 févr. 1900 Circ. Application à l'artillerie de marine de la circ. (guerre), du 29 mai 1899, *B. G.*, E. M., vol. 55-1, p. 243, relative à l'habillement des bourreliers, *B. C.*, p. 101; *B. M.*, p. 295.

23 avril 1900 Circ. Destruction des effets ayant appartenu à des militaires atteints de maladies contagieuses, *B. M.*, p. 712.

25 mai 1900 Circ. Modif. à la tenue des troupes indigènes d'Afrique, *B. C.*, p. 487; *B. M.*, p. 964.

20 févr. 1901 Circ. Approvisionnement des corps de troupes aux colonies en effets d'habillement, *B. C.*, p. 130.

2 mars 1901 Circ. Cessions d'effets divers aux compagnies d'ouvriers et d'artificiers coloniaux, *B. G.*, vol. spl., T. C., p. 100.

10 juin 1901 Circ. Remplacement du 2e paletot de molleton par un 2e paletot de toile blanche pour les militaires de la Cochinchine, *B. C.*, p. 508; *B. G.*, p. 1020.

15 févr. 1902 Prélèvement et envoi d'échantillons d'effets confectionnés et d'accessoires d'effets provenant des ateliers des entrepreneurs civils et des ateliers régimentaires, *B. G.*, p. 114; erratum, *B. G.*, p. 414.

Habillement (*suite*).

27 mars 1902 Circ. Remboursement par le Département de la guerre à celui des colonies, de la valeur des effets du service de l'habillement rapportés par les troupes métropolitaines rentrant des colonies, *B. G.*, p. 360; erratum, *B. G.*, p. 577; et circ. du 28 mars 1902, *B. G.*, p. 416.

8 nov. 1902 Inst. sur le service de l'habillement dans les corps de troupe de toutes armes en temps de guerre, *B. G.*, E. M., vol. 8; modif. 6 mars 1903, *B. G.*, p. 283; err., *B. G.*, 1904, p. 1552.

10 déc. 1902 Circ. Adoption d'une agrafe destinée à fixer exactement l'écusson au collet du paletot de toile en usage dans les T. C. aux colonies. Agrafe Duthoit, *B. G.*, p. 2436.

6 déc. 1903 Annexe B. Instruction sur la réception des matières et objets dans les T. C. en France.

Annexe H. Dispositions spéciales au service de l'habillement, *B. G.*, vol. spl., T. C., p. 132 et 251.

12 déc. 1903 Circ. Application aux troupes d'artillerie coloniale aux colonies de la circ. (guerre), du 5 mai 1903, relative au remplacement du pantalon de cheval par une culotte et des jambières dans les régiments de l'arme tenant garnison en France, *B. C.*, p. 1211.

13 avril 1904 Dép. Nomenclature des effets d'habillement et de petit équipement des troupes indigènes du groupe de l'Afrique occidentale, *B. C.*, p. 325; add. 27 décembre 1907, *B. C.*, p. 835.

29 avril 1904 Circ. Les demandes semestrielles d'effets et de matériel du service de l'habillement et du campement faites par les corps de troupe ou pour les magasins centraux doivent parvenir au Département des colonies le 15 avril et le 15 octobre, *B. C.*, p. 437.

28 sept. 1904 Circ. Les demandes de matériel du service de l'habillement doivent porter les numéros de la nomenclature H I (guerre), *B. C.*; p. 983.

22 oct. 1904 Circ. Les situations périodiques de l'habillement ne seront plus fournies que semestriellement par les corps qui s'approvisionnent normalement auprès des magasins centraux installés dans certaines colonies, *B. C.*, p. 1048.

31 oct. 1904 Inst. pour l'application du règl. du 6 décembre 1903, *B. G.*, p. s., p. 986; modif. 11 juin 1905, *B. G.*, p. 744.

21 déc. 1904 Circ. Suppression d'un paletot de molleton aux militaires désignés pour servir dans les colonies du groupe des Antilles. Délivrance d'un deuxième paletot de toile blanche, *B. C.*, p. 1315; *B. G.*, p. 1879.

23 févr. 1905 Circ. Les tailles et pointures des effets d'habillement demandés en France seront fixées en conformité de l'annexe H (modèles) du règl. guerre, du 6 décembre 1903, *B. C.*, p. 277.

15 juin 1905 Nomenclature des effets à emporter par les troupes métropolitaines envoyées en Extrême-Orient et à Madagascar, *B. G.*, p. 841.

21 juin 1905 Circ. Application de la circ. du 23 février 1905. Indication des tailles des effets de toile, *B. C.*, p. 726.

6 juill. 1905 Inst. relative à l'achat, à la vérification et à la réception de divers accessoires d'effets d'habillement et de képis, *B. G.*, p. 1038; err., *B. G.*, p. 1375.

5 août 1905 Circ. relative aux commandes d'effets nécessaires aux T. C. à faire aux ateliers régimentaires des corps coloniaux en France, *B. C.*, p. 891.

18 oct. 1905 Circ. Adoption d'un emporte-pièce destiné à indiquer les tares des draps, *B. G.*, p. 1561.

17 mars 1906 Dép. Fixation de la nomenclature des effets d'habillement et de petit équipement des troupes indigènes du groupe de l'Afrique orientale, *B. C.*, p. 293.

31 mai 1906 Nomenclature des effets à emporter par les militaires des T. M. désignés pour servir à l'escadron de spahis du Tchad, *B. G.*, p. 707.

5 juin 1906 Circ. Délivrance aux corps de troupe par les magasins centraux de l'habillement d'effets et objets imputables à la masse individuelle, *B. C.*, p. 549.

7 déc. 1907 Circ. : 1° Mettant en vigueur un modèle de convention entre les conseils d'administration et leurs maîtres tailleurs pour les réparations à effectuer aux effets d'habillement au titre de l'abonnement et à la fixation des prix maxima à consentir dans lesdites conventions; 2° Notification d'une addition à la circ. du 22 mai 1907, relative à la révision des tarifs de réparation des effets de chaussures et de grand équipement, *B. G.*, p. 1804.

20 déc. 1907 Nomenclature H I des matières et effets du service de l'habillement, vol. spl., modif. 21 janvier 1908, *B. G.*, p. 120.

Habits bourgeois.

20 oct. 1892 Service intérieur : Inf., art. 279; Artil., art. 296.
Port d'habits bourgeois par les officiers, les sous-officiers, les caporaux, brigadiers et soldats en permission ou en congé, les chefs ouvriers, *B. G.*, E. R., vol. 78.

Hachette de campement.

15 janv. 1905 Art. 27. Description, *B. G.*, E. M., vol. 53, p. 33; modif. 2 avril 1908, *B. G.*, p. 751.

Haricots.

3 janv. 1907 Circ. relative à l'achat des haricots dans le commerce par l'administration militaire et par les corps de troupe. Notice sur les haricots doués de propriétés vénéneuses dues à l'acide cyanhydrique, *B. G.*, p. 3; modif. 11 décembre 1907, *B. G.*, p. 1761.

Harnachement.

(Voir : *Approvisionnements de guerre. — Gendarmerie. — Masse de ferrage et de harnachement.*)

13 oct. 1886 Déc. qui fixe le harnachement des chevaux d'officiers montés de toutes armes et des différents services. Description, *B. G.*, E. M., vol. 54 *ter*, p. 10; appliquée aux troupes de la marine, circ. du 31 juillet 1890, *B. M.*, p. 134, et 14 mai 1895, *B. M.*, p. 906.

12 avril 1892 Description du harnachement des chevaux d'officiers généraux et assimilés, *B. G.*, E. M., vol. 54 *ter*, p. 3.

28 oct. 1901 Inst. Marquage des effets de harnachement, *B. G.*, p. 1078; err., *B. G.*, 1906, p. 1687.

15 févr. 1902 Circ. Répartition entre les officiers, la masse de harnachement et l'Etat des dépenses de harnachement dans les corps d'infanterie coloniale, *B. C.*, p. 191.

8 nov. 1902 Inst. sur le service du harnachement dans les corps de troupe de toutes armes en temps de guerre, *B. G.*, E. M., vol. 8; modif. 6 mars 1903, *B. G.*, p. 283; err., *B. G.*, 1904, p. 1552.

28 sept. 1904 Circ. Renseignements à porter sur les demandes de matériel de harnachement faites par les colonies. Référence à la nomenclature du matériel d'artillerie (guerre), *B. C.*, p. 983.

9 déc. 1904 Inst., art. 11 à 35. Fonctionnement du service du harnachement et de la ferrure dans les corps de troupe aux colonies.

Notice 4. Effets et objets que les corps doivent recevoir des établissements de l'Etat ou confectionner eux-mêmes, *B. C.*, p. 1253; et circ. du 9 décembre 1904, *B. C.*, p. 1249.

31 juill. 1905 Circ. Mode d'entretien du matériel de harnachement aux colonies, *B. C.*, p. 864.

28 déc. 1905 Règl. sur l'armement aux colonies, art. 128. Visite du harnachement des corps par l'inspecteur d'armes.

12 juill. 1907 Cahier des charges générales provisoire relatif aux fournitures à faire aux divers services du département de la guerre : 1° des effets et accessoires de harnachement; 2° des matières diverses entrant dans la confection des effets et accessoires de harnachement.

Hautes payes.

(Voir : *Armuriers de la marine. — Gendarmerie. — Infirmiers militaires.*)

26 janv. 1877 Les réservistes appelés pour effectuer une période d'exercices n'ont pas droit à la haute paye, *B. M.*, p. 114; *B. M.*, R., p. 136.

Hautes payes (*suite*).

29 déc. 1903 Décr. sur la solde (colonies), tarifs 5 et 18, *B. C.*, 1904, p. 412 et 423.

19 janv. 1904 Circ. Les sous-officiers de la section d'infirmiers provenant de l'ancien corps et ayant opté pour le nouveau statut doivent toucher les hautes payes en rapport avec leur ancienneté de service bien que les primes et premières mises déterminées pour un premier rengagement leur aient été allouées, *B. C.*, p. 55.

26 mai 1904 Décr. sur la solde (France), art. 16. Règles d'allocation et tarif 7, *B. G.*, vol. spl., T. C., p. 63 et 174; modif. 20 septembre 1906 ci-après.

29 oct. 1904 Circ. Les militaires punis de prison et graciés recouvrent immédiatement le droit à la haute paye qui leur est retenue conformément à la déc. prés. du 28 février 1904, *B. C.*, p. 1057.

21 mars 1905 Loi sur le recrutement, *B. G.*, p. 263; *B. C.*, p. 359.
Art. 60. Hautes payes après deux ans de service. Suspension pendant le cours des punitions supérieures à huit jours de prison et des punitions de cellule.
Art. 66. Suspension du droit à la haute paye par suite de condamnation.

3 juill. 1906 Circ. Les militaires des T. M., provenant des colonies, ont droit pendant la durée des congés qu'ils obtiennent à leur retour en France à la haute paye attribuée aux troupes coloniales, *B. G.*, p. 861.

20 sept. 1906 Décr., art. 7 et tarif 7, hautes payes nouvelles et hautes payes transitoires (France), art. 11, indemnité journalière en cas d'engagement ou de rengagement résiliable, *B. G.*, p. 1567.

22 oct. 1906 Solutions relatives à l'application de l'art. 11 du décret du 20 septembre 1906, *B. G.*, p. 1387; *B. G.*, E. M., T. C., vol. 2, p. 28.

25 janv. 1907 Circ. Les militaires en congé, aux colonies, avec solde d'Europe et sans solde, ne peuvent percevoir la haute paye que sur le pied d'Europe, *B. C.*, p. 24.

14 févr. 1907 Circ. Haute paye des militaires amnistiés par la loi du 4 avril 1904, *B. C.*, p. 118.

15 mars 1907 Circ. Application aux militaires des T. M., ayant servi au corps d'occupation de Chine et à la brigade de réserve de la circ. du 3 juillet 1906, ci-dessus, *B. G.*, p. 317.

27 mars 1907 Décret déterminant le tarif des hautes payes des militaires sénégalais des corps et services de l'Afrique occidentale française, *B. C.*, p. 198; *B. G.*, p. 809.

16 mai 1907 Circ. Solution à diverses questions posées pour l'application du décret du 20 septembre 1906, *B. G.*, p. 579.

28 janv. 1908 Décret, art. 4, 19, tarif 4. Hautes payes aux colonies. Application de la loi du 21 mars 1905, *B. C.*, p. 27; *B. G.*, p. 315.

Havresac.

30 sept. 1903 Description des uniformes des T. C., *B. G.*, vol. spl., T. C., p. 129.

3 oct. 1903 Instruction sur le port et le chargement du havresac, *B. G.*, E. M., vol. 55-1, p. 230; § 2 modif. 24 octobre 1906, *B. G.*, p. 1393.

1er juill. 1907 Description des uniformes, art. 775. Havresac mod. 1882, art. 777. Havresac d'infanterie, mod. 1893, art. 886. Havresac mod. 1883 des hommes à pied de l'artillerie, E. M., vol. 105-3, p. 40, 50, 190.

Historique des troupes coloniales.

3 juin 1872 Circ. Etablissement des historiques des corps de troupe, *B. G.*, E. M., vol. 10, p. 151.

5 déc. 1874 Inst. pour la rédaction des historiques des corps de troupe, *B. G.*, E. M., vol. 76, p. 137; appliquée aux troupes de la marine, 24 février 1875, *B. M.*, p. 216.

29 déc. 1900 Circ. Rédaction d'un historique général des troupes de la marine; application de la circ. (guerre), du 3 juin 1872, *B. C.*, 1901, p. 7; *B. M.*, p. 1158.

15 sept. 1906 Inst. sur la tenue des registres, historique sommaire des corps, *B. G.*, E. M., vol. 10, p. 85.

Honneurs.

(Voir : *Inspection des colonies.*)

6 frimaire an XIII (27 nov. 1804) Décr. relatif aux honneurs militaires dans les ports et arsenaux de la marine, *B. M.*, R., p. 251.

11 avril 1809 Décr. concernant la place des membres de la Légion d'honneur dans les cérémonies publiques, civiles et religieuses, *B. M.* R., p. 302.

28 déc. 1875 Décr. portant règlement sur les rangs, préséances et honneurs des autorités militaires dans les cérémonies publiques et les réunions officielles, *B. G.*, E. R., vol. 75, p. 240.

31 déc. 1875 Circ. relative à l'application du décret du 28 décembre 1875, *B. G.*, E. R., vol. 75, p. 244.

29 sept. 1876 Décr. relatif aux honneurs civils attribués aux officiers généraux dénommés à l'art. 8 du décret du 28 décembre 1875 (gouverneurs de Paris et de Lyon; commandants de corps d'armée; préfets maritimes), *B. G.*, E. R., vol. 75, p. 248.

7 déc. 1883 Honneurs militaires funèbres à rendre aux militaires et marins décédés en activité, *B. G.*, E. R., vol. 75, p. 182.

22 juin 1886 Circ. (affaires étrangères). Honneurs, *B. M.*, 2e sem., p. 13.

24 juin 1886 Décr. Honneurs militaires attribués aux fonctionnaires des résidences, *B. G.*, E. R., vol. 75, p. 188; *B. M.*, 2e sem., p. 5.

31 janv. 1887 Décr. Honneurs militaires attribués aux fonctionnaires des résidences, *B. C.*, p. 485; *B. M.*, p. 86.

14 janv. 1889 Décr. Honneurs et visites aux autorités coloniales et au personnel des protectorats. Honneurs funèbres. Visites des gouverneurs intérimaires, *B. C.*, p. 64; *B. M.*, p. 15; modifié 8 novembre 1895, *B. M.*, p. 703.

27 août 1889 Décr. Honneurs militaires attribués au lieutenant gouverneur de la Cochinchine et aux résidents supérieurs de l'Annam, du Tonkin et du Cambodge, *B. C.*, p. 835.

4 août 1890 Circ. Honneurs militaires dus aux gouverneurs des colonies à l'occasion de la Fête nationale, *B. C.*, p. 920; et circ. (marine), du 12 août 1890, *B. M.*, p. 214.

4 oct. 1891 Service des places, *B. G.*, E. R., vol. 75; modif. 19 juillet 1906, *B. G.*, p. 909 (art. 246, 247, 253, 260, 277, 293).

Art. 246 à 251. Rangs et préséances dans les armées de terre et de mer.
252 à 295. Honneurs militaires.
296 à 300. Escortes d'honneur.
301 à 305. Salves d'artillerie.
306. Mot d'ordre.
307 à 309. Visites individuelles et salut.
310 à 337. Honneurs funèbres.
338 à 348. Prescriptions spéciales et principes relatifs aux honneurs.

20 janv. 1892 Circ. Honneurs à rendre au gouverneur de la Guinée et au lieutenant gouverneur du Bénin, *B. M.*, p. 30; *B. C.*, p. 167.

15 juin 1893 Inst. générales relatives aux honneurs à rendre dans les ports militaires et à la célébration de la Fête nationale, *B. M.*, p. 729.

13 févr. 1894 Circ. Honneurs à rendre aux gouverneurs des colonies et visites à échanger entre les officiers généraux commandant à la mer et les autorités coloniales, *B. C.*, p. 181; *B. M.*, p. 174.

28 sept. 1895 Circ. Il ne doit plus être fait de salves ni de saluts par les batteries des colonies sur les points où ne se trouvent pas d'artilleurs, *B. C.*, p. 774; *B. M.*, p. 568.

10 janv. 1896 Honneurs à rendre aux membres du conseil supérieur de la guerre lorsqu'ils sont chargés d'une inspection générale de corps d'armée, *B. M.*, p. 21; *B. G.*, E. R., vol. 75, p. 268.

10 janv. 1896 Honneurs à rendre aux préfets maritimes dans les localités où s'exerce leur autorité autres que le chef-lieu de l'arrondissement maritime, *B. M.*, p. 19.

21 janv. 1896 Circ. (marine). Notification des circulaires du 10 janvier 1896 ci-dessus, *B. M.*, p. 19.

6 juin 1896 Circ. Il pourra être fait des salves d'artillerie et des saluts à Pondichéry, *B. C.*, p. 343; *B. M.*, p. 938.

22 juill. 1896 Décr. Préséance entre les officiers combattants et non combattants, *B. C.*, p. 445; *B. M.*, p. 184.

9 août 1902 Décr. réglant la situation hiérarchique du général de division commandant supérieur des troupes de l'Indo-Chine et du président du comité technique des troupes coloniales, *B. G.*, p. 1716.

Honneurs (*suite*).

11 mai 1903 Circ. rendant applicables aux colonies les prescriptions des circulaires nos 146 et 147 du 26 décembre 1902 relatives aux mouvements à exécuter par les troupes en armes lorsqu'elles rendent les honneurs militaires, *B. G.*, p. 751.
18 juill. 1904 Circ. Honneurs à rendre par les troupes, *B. G.*, p. 1168.
4 oct. 1904 Circ. Mouvements à exécuter pour rendre les honneurs, *B. G.*, p. 1516.
2 mars 1907 Circ. Les administrateurs de l'inscription maritime ont droit aux honneurs funèbres, *B. G.*, p. 212.
12 juin 1907 Circ. Le service d'honneur ne donne lieu à aucun déplacement de troupe, sauf pour les brigades de gendarmerie et les autres troupes nécessaires pour assurer le service d'ordre ou d'escorte, *B. G.*, p. 743.
16 juin 1907 Décret relatif aux cérémonies publiques, préséances, honneurs civils et militaires, *B. G.*, p. 882.
21 août 1907 Arr. Rang des autorités et fonctionnaires relevant du département de la guerre dans les cérémonies publiques, *B. G.*, p. 1192.
5 oct. 1907 Décret. Ordre des corps et autorités dans les cérémonies publiques en Algérie, *B. G.*, p. 1525.

Hôpitaux maritimes.

19 mai 1901 Inst. relative à l'admission, dans les hôpitaux maritimes, des retraités, réformés, etc., de la guerre, des colonies et de la marine, *B. M.*, p. 869.

Hôpitaux militaires.

(Voir : *Service de santé.*)

25 févr. 1901 Circ. Mode de remboursement des dépenses résultant du traitement dans les établissements hospitaliers de la guerre, des militaires des T. C., et des cessions faites à ces troupes par le service de santé, *B. G.*, E. M., vol. 83, p. 65.
4 nov. 1903 Décr. organisant le service de santé colonial, art. 13. Organisation des hôpitaux militaires aux colonies, *B. C.*, p. 927; *B. G.*, p. 1627; *B. G.*, E. M., T. C., vol. 1, p. 215.

Hôtels.

(Voir : *Ameublement.* — *Eclairage.*)

Huile autoxyde.

6 déc. 1903 Achat au compte de la masse générale d'entretien, *B. G.*, vol. spl., T. C., p. 225.

Huiles minérales.

25 oct. 1899 Fourniture des huiles et graisses minérales destinées à l'entretien des armes portatives dans les corps de troupe et les établissements de l'artillerie, *B. G.*, E. R., vol. 19, p. 266; modif. *B. G.*, 1900, 2e sem., p. 2020.

Hygiène.

(Voir : *Balayage.* — *Boissons hygiéniques.* — *Stomatologie.* — *Travail.*)

1° *Des casernements.*

5 févr. 1894 Circ. relative à la tenue et à l'hygiène des casernements, *B. G.*, E. M., vol. 83, p. 201.

5 sept. 1901 Inst. sur l'hygiène des corps de garde, *B. G.*, E. M., vol. 83, p. 229.

juin 1905 Modification à l'annexe F du décret du 6 décembre 1903. Dépenses d'hygiène à la charge de la masse générale en France, *B. G.*, p. 744.

2° *Des hommes.*

oct. 1892 Service intérieur : Inf., art. 353 à 360; Artil., art. 371 à 378, *B. G.*, E. R., vol. 78.

mars 1895 Inst. relative à la nécessité de l'initiative pour assurer le maintien de la santé des troupes, *B. G.*, E. M., vol. 83, p. 237.
Appliquée aux troupes de la marine, circ. du 22 janvier 1898, *B. M.*, p. 74.

mars 1903 Circ. Marche progressive de l'instruction et précautions à prendre pour sauvegarder la santé des hommes, *B. G.*, E. M., vol. 55-1, p. 9.

oct. 1904 Inst. sur la pesée régulière et périodique des hommes de troupe, *B. G.*, p. 1609.

oct. 1907 Circ. Règles d'hygiène à observer au moment de l'arrivée des recrues, *B. G.*, p. 1545.

oct. 1907 Circ. Précautions à prendre au moment de l'incorporation des jeunes soldats, *B. G.*, p. 1548.

3° *Des chevaux.*

oct. 1892 Service intérieur : Inf., art. 361 à 376; Artil., art. 379 à 395, *B. G.*, E. R., vol. 78.

Hypnotisme.

janv. 1890 Interdiction aux médecins pour le traitement des malades, *B. G.*, E M., vol. 83, p. 394.

févr. 1890 Circ. (marine). Interdiction de la pratique de l'hypnotisme dans les hôpitaux, *B. C.*, p. 304; *B. M.*, p. 124.

I

Ifs pour illuminations.

6 juill. 1899 Description, *B. G.*, E. R., vol. 51 *bis*, p. 56.
16 oct. 1903 Description, *B. C.*, vol. spl., p. 991.

Illuminations.

4 juill. 1905 Inst., art. 44. Imputation des dépenses aux colonies, *B. C.*, p. 774.
8 fév. 1907 Dépense à la charge de la masse de chauffage et d'éclairage dans les corps, *B. G.*, E. M., vol. 5, p. 99.

Imprimés.

3 mars 1899 Art. 110. Imprimés à la charge de la masse de casernement en France, *B. G.*, E. R., vol. 51.
22 avril 1905 Art. 13. Imprimés à la charge des ordinaires, *B. G.*, E. M., vol. 7.
8 sept. 1905 Inst. relative à la fourniture des imprimés, etc., aux corps et services militaires aux colonies, *B. C.*, p. 982; modif. 23 août 1906, *B. C.*, p. 793.
23 avril 1906 Circ. Etablissement et envoi des demandes d'imprimés du service marine, *B. C.*, p. 392.
1er oct. 1906 Inst., art. 17. Fourniture des imprimés pour les emplois civils, *B. G.*, E. M., vol. 36, p. 68.
8 fév. 1907 Imprimés à la charge de la masse d'éclairage et de chauffage, *B. G.*, E. M., vol. 5, p. 99.
1er juil. 1907 Inst. générale pour la fourniture des imprimés de consommation courante, *B. G.*, p. 823.
1er juill. 1907 Inst. spéciale déterminant pour les corps et les divers services des T. C., le mode de perception et le taux des indemnités d'abonnement à payer sur les fonds de la solde pour l'achat direct des imprimés, *B. G.*, p. 925; modif. 3 décembre 1907, *B. G.*, p. 1717; err., *B. G.*, 1908, p. 480.
30 janv. 1908 Dépenses à la charge de la masse d'entretien aux colonies.

Incapacité électorale.

15 mars 1876 Cas dans lesquels les condamnations prononcées par les conseils de guerre entraînent l'incapacité électorale, *B. G.*, E. M., vol. 59-2, p. 3.

Indemnités.

(Voir: *Directions d'artillerie. — Frais de bureau. — Frais de représentation. — Frais de service. — Première mise de harnachement. — Première mise d'équipement. — Pertes d'effets. — Retenues pour pensions. — Service colonial dans les ports de commerce.*)

16 août 1894 Circ. Etablissement des états de perte d'effets à transmettre au département. Objets qui peuvent y être mentionnés, *B. C.*, p. 657.

Indemnités (*suite*).

26 nov. 1900 Déc. Indemnité sur le pied de 2.400 francs par an au médecin remplissant les fonctions de commissaire du gouvernement à bord des navires de la Compagnie nationale de navigation, *B. C.*, p. 1008.

18 janv. 1902 Circ. Suppression de l'indemnité allouée aux capitaines de tir de l'infanterie coloniale, *B. G.*, p. 161.

22 déc. 1902 Circ. relative à la suppression ou à la réduction des indemnités, primes et gratifications concédées à divers personnels militaires des T. C., *B. G.*, p. 2482.

1er mars 1903 Décr., art. 3. Taux de l'indemnité en rassemblement dans Paris au personnel rétribué sur le budget colonial, *B. C.*, p. 165.

29 déc. 1903 Décr. sur la solde des T. C. aux colonies, art. 15, *B. C.*, 1904, p. 368 et suiv.; modif., 28 janvier 1908, *B. C.*, p. 27; *B. G.*, p. 315.

Indemnité 1. Indemnité aux troupes en marche, et tarif 9.
2. — à l'occasion de la Fête nationale, et tarif 10.
3. — de résidence aux colonies, et tarif 11.
4. — pour frais de représentation, et tarif 12.
5. — pour frais de bureau, et tarif 13.
6. — aux officiers en retraite pourvus d'emplois dans le service du recrutement.
7. — aux officiers employés aux travaux topographiques ou géodésiques.
8. — de première mise d'équipement, et tarif 14.
9. — de première mise de harnachement.
10. — de monture.
11. — pour perte de chevaux.
12. — pour perte d'effets, et tarif 15.
13. — de départ colonial.
14. — de logement.
15. — aux vaguemestres, et tarif 16.
16. — en remplacement de vivres.
17. — aux enfants de troupe laissés dans leur famille.
18. — de fonctions aux cadres des corps de discipline, et tarif 17.

et circ. du 21 avril 1904, *B. C.*, p. 348.

29 déc. 1903 Déc. prés. Application du décret du 29 décembre 1903 en ce qui concerne l'attribution des indemnités de résidence, pour frais de représentation, de frais de bureau et des indemnités aux vaguemestres, *B. C.*, 1904, p. 428.

9 févr. 1904 Déc. prés. Indemnités spéciales à allouer aux officiers, fonctionnaires, agents ou militaires détachés à Paris pour la mise au net des travaux de mission, *B. C.*, p. 152.

28 févr. 1904 Déc. prés. maintenant le droit aux indemnités de vivres aux sous-officiers rengagés ou commissionnés dans toutes les positions où ils perçoivent la solde de présence sauf à l'hôpital, *B. C.*, p. 195.

26 mai 1904 Décr. sur la solde des T. C. en France, art. 14, *B. G.*, vol. spl., T. C.; modifié 11 juin 1905, *B. G.*, p. 744; 20 septembre 1906 ci-après.

Indemnité 1. Indemnité aux troupes en marche, et tarif 10.
2. — à l'occasion de la Fête nationale, et tarif 11.
3. — en rassemblement, et tarif 12.
4. — pour frais de service, et tarif 14.
5. — pour frais de bureau, et tarif 15.
6. — aux officiers en retraite pourvus d'emplois dans le service du recrutement, et tarif 8.
7. — en cas de service extraordinaire.
8. — de première mise d'équipement, et tarif 18.
9. — de première mise de harnachement.
10. — de monture, et tarif 13.
11. — pour perte de chevaux, et tarif 21.
12. — pour perte d'effets, et tarif 20.
13. — d'entrée en campagne, et tarif 19.
14. — de logement, et tarif 22.
15. — aux enfants de troupe laissés dans leur famille.
16. — de fonctions aux cadres de compagnies de discipline, et tarif 9.

Indemnités (*suite*).

Indemnité de fonctions aux sous-officiers élèves officiers, adjudants avant leur admission à l'école
17. — aux officiers employés comme vaguemestres aux armées, et tarif 17.
18. — aux convalescents.
19. — en remplacement de vivres.
— pour emplacement de bureau, tarif 16.

9 nov. 1904 Circ. Droit à l'indemnité en rassemblement des officiers des T. C. qui obtiennent la résidence libre, *B. G.*, p. 1622.

24 nov. 1904 Circ. Suppression des indemnités de caisse et de maniement de fonds aux colonies, *B. C.*, p. 1157.

20 sept. 1906 Décr. Revision des tarifs de solde des T. C. en France, *B. G.*, p. 1567.

Art. 5. Indemnité de fonctions aux chefs et sous-chefs armuriers des T. C.; aux maréchaux des logis premiers maîtres maréchaux, aux brigadiers maîtres maréchaux, et tarif 9.
13. Indemnité de marche, et tarif 10.
14. Indemnité de rassemblement aux sous-officiers à solde mensuelle, et tarif 12.
16. Voir indemnité de logement.

29 janv. 1907 Inst. Règles d'allocation de l'indemnité aux troupes en marche, de l'indemnité de résidence et des indemnités de route et de séjour, *B. C.*, p. 30.

Indemnité de départ colonial.

29 déc. 1903 Décr., art. 15. Indemnité 13. Indemnité égale à un mois de solde d'Europe pour les officiers et assimilés; un mois de solde sur le pied de l'infanterie coloniale et un mois de haute paye aux sous-officiers rengagés ou commissionnés mariés, *B. C.*, 1904, p. 397, et circ. du 21 avril 1904, *B. C.*, p. 359; modif., 28 janvier 1908, *B. C.*, p. 27; *B. G.*, p. 315.

19 sept. 1904 Circ. Inscription sur les livrets de solde, *B. C.*, p. 976.

14 nov. 1904 Décr., art. 6. Indemnité de départ de 2 mois de solde aux indigènes appelés à servir hors de l'Afrique occidentale, *B. C.*, p. 1092; *B. G.*, E. M., T. C., vol. 2, p. 78.

Indemnité journalière aux sous-officiers en instance d'emploi civil.

23 mars 1897 Inst. concernant le service de l'indemnité journalière allouée aux sous-officiers en instance d'emploi civil, art. 169 à 187, *B. G.*, E. R., vol. 66, p. 334; modif. art. 173 à 184, 25 mai 1901, *B. G.*, p. 867.

12 févr. 1901 Circ. Organisation du service des indemnités journalières pour les T. C., *B. G.*, p. 230.

Indemnité de logement.

29 déc. 1903 Décr., art. 15. Indemnité 14. Indemnité de logement aux sous-officiers et maîtres ouvriers; règles d'allocations aux colonies; taux, *B. C.*, 1904, p. 397; erratum, circ. du 12 août 1907, *B. C.*, p. 622; et circ. du 21 avril 1904, *B. C.*, p. 359; modif., 28 janvier 1908, *B. C.*, p. 27; *B. G.*, p. 315.

26 mai 1904 Décr., art. 14. Indemnité 14. Indemnité aux sous-officiers employés militaires, sous-officiers et maîtres ouvriers. Règles d'allocation en France. Taux, *B. G.*, vol. spl., T. C., p. 53; modifié 20 septembre 1906 ci-après.

11 août 1906 Circ. Les sous-oficiers mariés, veufs avec enfant ou vivant avec leur mère veuve peuvent seuls être autorisés à loger en ville et percevoir l'indemnité de logement, *B. G.*, p. 1104.

20 sept. 1906 Décr., art. 16 et tarif 22 (France). Indemnité de logement aux sous-officiers, *B. G.*, p. 1567.

3 mai 1908 Décr. accordant l'indemnité de logement aux caporaux et brigadiers mariés des T. C., *B. G.*, p. 739.

Indemnité de résidence aux colonies.

9 déc. 1903 Décr., art. 15. Indemnité 3 et tarif 11, *B. C.*, 1904, p. 392, et circ. du 21 avril 1904; modif. 28 janvier 1908, *J. O.*, 30 janvier 1908.

9 déc. 1903 Déc. prés., tableau A. Désignation des colonies, provinces, ou régions de colonies pour lesquelles l'indemnité est attribuée, *B. C.*, 1904, p. 428; modif. déc. prés., 7 août 1907, *B. C.*, p. 614.

9 mars 1906 Déc. prés. attribuant aux officiers en service à Dakar et non logés une indemnité de résidence de 2 francs par jour, *B. C.*, p. 227.

9 janv. 1907 Inst. Règles d'allocation, *B. C.*, p. 30.

4 août 1907 Déc. prés. attribuant l'indemnité de 3e zone au personnel militaire en Mauritanie, *B. C.*, p. 612.

0 août 1907 Dép. à l'Indo-Chine. L'indemnité de résidence reste acquise aux militaires qui jouissent d'une permission avec solde d'absence coloniale dans la zone où ils sont régulièrement affectés.

0 déc. 1907 Circ. Versement à l'ordinaire de la troupe de l'indemnité de résidence payée aux caporaux et soldats, *B. C.*, p. 840.

3 mars 1908 Déc. prés., attribuant une indemnité de résidence aux officiers en service à Rufisque (Sénégal), *B. C.*, p. 225.

Indemnités de route et de séjour.

1° *Dispositions spéciales au département de la guerre.*

4 févr. 1885 Précautions à prendre pour la conservation des feuilles de route et des mandats d'indemnités de route, *B. G.*, E. R., vol. 37, p. 117.

0 avril 1886 Note relative aux militaires isolés qui se présentent à l'état-major d'une place de passage déclarant manquer des ressources nécessaires pour continuer leur route, *B. G.*, E. R., vol. 37, p. 42; *B. G.*, E. M., vol. 31, p. 75.

3 févr. 1889 Mise en route des militaires passant dans les corps de troupe de la marine, *B. G.*, E. R., vol. 37, p. 105.

2 févr. 1901 Circ. Application aux T. C., de la réglementation en vigueur au département de la guerre pour le service de l'indemnité de route, *B. G.*, p. 390.

8 mars 1901 Règl. sur le service des frais de route, *B. G.*, E. R., vol. 37; err., *B. G.*, 1er sem. 1901, p. 564; modif. 6 juillet 1901, *B. G.*, p. 255; 11 juillet 1902, *B. G.*, p. 1518; 16 octobre 1902, *B. G.*, p. 1994; err., *B. G.*, p. 2562; 16 mai 1903, *B. G.*, p. 696; err., *B. G.*, p. 974; modif. 28 juin 1904, *B. G.*, p. 940; 10 novembre 1904, *B. G.*, p. 1603; 25 janvier 1906, *B. G.*, p. 106; 20 septembre 1906 (art. 8), *B. G.*, p. 1633.

Art. 1 - 2. Objet et dépenses du service des frais de route.
3 - 4. Modes de locomotion.
5 à 7. Décompte de la durée du voyage.
8 à 15. Indemnité de route.
16 à 18. Indemnité de séjour.
19. Allocations.
20. Positions donnant droit aux allocations.
21 à 23. Appréciation des droits. Centralisation et contrôle du service.
24 à 32. Formalités de mise en route.
33. Hommes arrêtés.
34. Perte de la feuille de route.
35. Allocation de l'indemnité représentative de fourrages.
36 à 44. Décompte des indemnités.
45 à 57. Formalités de paiement.
58 à 77. Ordonnancements au payeur. Liquidation et justification des dépenses.
78. Vérification dans les bureaux du ministère de la guerre.
79. Dépenses engagées.
80 à 84. Dépenses à la charge des ministères de la marine et des colonies.
91 à 105. Rapatriements.
106. Temps de guerre.

Règles générales d'allocation. Tarif général. Décret du 15 décembre 1906, *B. G.*, p. 1750.
Règles spéciales d'allocation.

Indemnités de route et de séjour (*suite*).

Tableau 1. Positions qui donnent droit aux frais de route.
2. Positions qui entraînent l'allocation de l'indemnité journalière exceptionnelle.
3. Positions qui donnent droit à l'indemnité de route.
4. Assimilation de grade des fonctionnaires et employés de la guerre et de la marine pour le droit à l'indemnité de route.

21 août 1901 Circ. Droit aux frais de route des militaires des T. C., envoyés aux eaux ou en congé de convalescence, *B. G.*, vol. spl., T. C., p. 223.

15 nov. 1901 Sursis de départ pour les militaires rapatriés à l'étranger et aux colonies, *B. G.*, p. 1356.

1er avril 1902 Circ. Conditions d'application des règles spéciales d'allocation et mode de decompte des indemnités partielles de repas et de découcher ou indemnités journalières dans les cas de déplacement prévus par le décret du 18 mars 1901, *B. G.*, p. 404.

12 mai 1902 Circ. Allocations à attribuer aux officiers d'ordonnance accompagnant des officiers généraux chargés d'une inspection spéciale, *B. G.*, p. 987.

9 juin 1902 Circ. Droit aux indemnités pour changement de garnison des officiers et hommes de troupe rengagés ou commissionnés et mariés qui ayant reçu une destination coloniale sont renvoyés du port d'embarquement à leur ancienne garnison pour y attendre de nouveaux ordres de départ, *B. G.*, p. 1223.

11 juill. 1902 Déc. prés. Concession des frais de route aux militaires allant en congé de convalescence aux eaux thermales et aux bains de mer, *B. G.*, p. 1518.

1er août 1902 Remboursement des frais de transport de mobilier par voie de mer, *B. G.*, p. 1605.

6 nov. 1902 Circ. Délai pendant lequel le droit à l'indemnité de bagages reste acquis aux militaires changeant de garnison ou de résidence, *B. G.*, p. 2115.

20 févr. 1903 Allocations dues aux jeunes soldats appelés sous les drapeaux, *B. G.*, p. 387.

30 mai 1903 Circ. Allocations de route payées par le département de la guerre à titre d'avances remboursables par les colonies. Règles concernant l'imputation des frais de route aux budgets colonial ou de la guerre, *B. G.*, p. 759.

11 juin 1903 Circ. Mode de décompte de l'indemnité de séjour pour les officiers déplacés au cours d'un stage ou d'une mission temporaire, *B. G.*, p. 875.

4 juill. 1903 Circ. Droits aux fraix de route des militaires déplacés pour la prestation de serment, *B. G.*, p. 992.

17 juill. 1903 Circ. Indications à donner au service de l'intendance pour le décompte des frais de route, *B. G.*, p. 1090.

3 août 1903 Circ. Allocation de l'indemnité de changement de résidence aux officiers et hommes de troupe rengagés ou commissionnés et mariés faisant mouvement entre une place et un fort détaché ou entre deux forts detachés, *B. G.*, p. 1150.

24 déc. 1903 Circ. Allocations à attribuer aux officiers généraux du cadre de réserve et aux officiers supérieurs ou subalternes de la réserve et de l'armée territoriale prenant part à des exercices, *B. G.*, p. 1832.

20 janv. 1904 Circ. Les déplacements des généraux de brigade allant présider les commissions de réforme ne donnent pas droit aux frais de route, *B. G.*, p. 39.

26 févr. 1904 Circ. Délai de six mois pendant lequel le droit à l'indemnité de route est acquis aux militaires rayés des contrôles à l'intérieur, *B. G.*, p. 219.

9 mars 1904 Circ. Allocation de frais de route aux militaires blessés dans le service se déplaçant pour être visités par un médecin militaire, *B. G.*, p. 259.

21 mars 1904 Circ. prescrivant de majorer le décompte de l'indemnité kilométrique allouée aux militaires ayant droit aux frais de route et partant d'une gare où il existe une surtaxe locale temporaire, *B. G.*, p. 374.

1er avril 1904 Circ. Mode de paiement des frais de route dus aux militaires qui ont quitté leur corps, *B. G.*, p. 450.

28 juin 1904 Circ. Allocation des frais de route aux hommes de troupe indigents allant en permission ou en congé dans leur famille. Application du décret du même jour, *B. G.*, p. 942.

7 juill. 1904 Circ. Responsabilité en cas de mise en route de jeunes gens dont l'acte d'engagement est irrégulier, *B. G.*, p. 970.

Indemnités de route et de séjour (*suite*).

oct. 1904 Circ. Application aux dépenses de frais de route de la spécialisation des crédits par exercice, *B. G.*, p. 1582.

nov. 1904 Circ. Délais de validité des mandats d'indemnité de route, *B. G*, p. 1604.

mars 1905 Circ. Allocations à attribuer à titre d'indemnités pour changement de résidence aux militaires des troupes métropolitaines et coloniales se rendant aux colonies ou en revenant, ainsi qu'aux familles de ces militaires, *B. G.*, p. 341.

nov. 1906 Circ. Allocation de l'indemnité de séjour en cas de déplacements spéciaux, *B. G.*, p. 1417.

2° *Dispositions spéciales au département des colonies.*

(Voir : *Gendarmerie.*)

ept. 1882 Circ. Mode de régularisation des avances faites aux officiers, fonctionnaires et agents du service colonial, soit au départ, soit en cours de voyage, *B. M.*, p. 436.

mai 1895 Dép. Le personnel de l'Indo-Chine, autorisé à rentrer en France par Hong-Kong, n'a pas droit aux indemnités de séjour s'il n'y a pas correspondance entre l'annexe et le courrier.

uill. 1897 Décr. sur les indemnités de route et de séjour, les passages et le transport des bagages du personnel colonial voyageant isolément pour raisons de service, *B. C.*, p. 892, et circ. du 11 août 1907, *B. C.*, p. 881; modif.: 20 octobre 1906, *B. C.*, p. 1046, 19 mars 1907, en ce qui concerne le personnel indigène de Madagascar, *B. C.*, p. 180.

1° En France.

Art. 1 à 10. Indemnité de route.
11 à 16. Indemnité de séjour.
17 à 30. Dispositions communes aux deux indemnités.

2° A l'étranger et à bord des bâtiments étrangers.

(Voir 21 oct. 1907 ci-après.)

Art. 42 à 51.

3° Aux colonies.

Art. 52 à 67. Indemnité fixe de route et indemnité de transport; art. 54, modif. décret 26 février 1908, *B. O.*, p. 197.
68 à 73. Indemnité de séjour.
74 à 92. Dispositions communes.

Tableau 1. Tarif des indemnités de route en France.

uin 1898 Circ. Allocations à attribuer aux militaires évacués d'une formation sanitaire sur une autre, *B. C.*, p. 461.

ept. 1898 Circ. Application à la gendarmerie coloniale, aux officiers et gardes d'artillerie du service des constructions du décret du 3 juillet 1897. Imputations : gendarmerie, budget supportant la solde; artillerie, chapitre travaux militaires, *B. C.*, p. 651.

ept. 1899 Circ. Interprétation, art. 70, § 5, du décret du 3 juillet 1897. Interdiction du cumul des indmenités de route et de séjour, *B. C.*, p. 1199.

évr. 1901 Déc. du Conseil d'Etat rejetant le pourvoi d'un officier des T. C. contre une décision lui refusant le droit à des indemnités de séjour pendant qu'il remplissait des fonctions intérimaires hors de sa résidence, *B. C.*, p. 157.

ars 1901 Circ., art. 3. Indemnité de route et de séjour au personnel civil, officiers et militaires appelés à prendre part aux opérations du tirage au sort et des conseils de revision aux colonies.
Art. 5. Indemnité de route aux militaires convoqués regagnant leur corps ou renvoyés dans leurs foyers aux colonies, *B. C.*, p. 202.

déc. 1901 Déc. prés. Application aux militaires détachés au service colonial en France, du décret du 18 mars 1901, sur le service des frais de route de la guerre, *B. C.*, p. 1120.

Indemnités de route et de séjour (*suite*).

21 déc. 1901 Dép. Les passagers qui séjournent à Colombo lorsqu'il n'y a pas coïncidence entre les paquebots des Messageries maritimes n'ont pas droit aux indemnités de séjour, la Compagnie les indemnisant des frais d'hôtel.

18 janv. 1902 Circ. Instructions relatives à l'application en France au personnel militaire ou assimilé, emprunté au département de la guerre, du décret du 18 mars 1901, *B. C.*, p. 57.

3 mars 1903 Circ. Instructions relatives aux dépenses imputables au chapitre « Frais de route et de séjour du personnel militaire », *B. C.*, p. 175.

6 juill. 1904 Décr. modifiant l'art. 45 du décret du 3 juillet 1897. Tableau de classement du personnel colonial, *B. C.*, p. 774.

7 avril 1905 Circ. Les médecins mobiles ne percevront plus d'indemnités fixes de déplacement, mais les frais de route et de séjour fixés par le décret du 3 juillet 1897, *B. C.*, p. 492.

12 août 1905 Circ. Interdiction d'engager des dépenses supplémentaires de représentation (indemnité de route et de séjour, à des officiers allant assister à des cérémonies civiles), *B. C.*, p. 911.

14 mai 1906 Décr. fixant les indemnités à accorder aux personnes chargées de missions spéciales, *B. C.*, p. 494.

27 nov. 1906 Inst. portant règlement sur le service des frais de route des corps et services militaires stationnés outre-mer et à la charge du Département des colonies, *B. C.*, p. 1081, et circ. d'envoi, *B. C.*, p. 1079.

Art. 1 à 2. Objet et dépenses du service des frais de route.
3 à 8. Modes de locomotion. Moyens de transport. Réquisitions.
9 à 13. Règles d'allocations des diverses indemnités.
14 à 31. Constatation des droits. Feuilles de route, etc.
32 à 36. Décompte des indemnités. Barèmes.
37 à 52. Payement des indemnités. Comptabilité. Remboursement.
53 à 60. Vérification. Centralisation. Contrôle. Redressements.

29 janv. 1907 Inst. Cumul des indemnités de route et de séjour avec la solde coloniale, règles d'allocation de ces indemnités et des indemnités de résidence et de marche (officiers et militaires aux colonies), *B. C.*, p. 30.

19 avr. 1907 Circ. Indemnité de séjour à allouer aux officiers appelés à remplir des fonctions intérimaires, *B. C.*, p. 270.

3 mai 1907 Décret classant à la 1re catégorie A le contrôleur financier en Indo-Chine, à Madagascar et en Afrique occidentale française pour les indemnités de route et de séjour, *B. C.*, p. 310.

8 mai 1907 Déc. prés. classant à la 5e catégorie du tableau 2 du décret du 3 juillet 1897 les brigadiers et caporaux fourriers pour les déplacements de service, *B. C.*, p. 317.

21 oct. 1907 Circ. Procédure à suivre pour l'établissement des comptes d'emploi, *B. C.*, p. 720.

Indemnité de travail.

(Voir : *Directions d'artillerie.* — *Primes de travail.*)

28 janv. 1908 Indemnité de travail aux stagiaires officiers d'administration d'artillerie, ouvriers d'état, chefs, sous-chefs armuriers, brigadier maître maréchal ferrant, ouvriers armuriers, *B. C.*, p. 27 ; *B. G.*, p. 315.

Indemnités pour changement d'uniformes.

(Voir : *Gendarmerie*, § 10.)

19 janv. 1903 Circ. Attribution d'une indemnité de 125 francs aux sous-chefs de musique des T. M. nommés chefs de fanfare dans les T. C., *B. G.*, p. 73.

Indemnité pour frais de représentation.

29 déc. 1903 Décr. sur la solde des troupes aux colonies.
Art. 15, indemnité 4 et tarif 12, *B. C.*, 1904, p. 368; circ. pour l'application, 21 avril 1904, *B. C.*, p. 357.

29 déc. 1903 Déc. prés., tableau B. Répartition par catégories des divers commandements ou emplois pour lesquels il est prévu une indemnité pour frais de représentation, *B. C.*, 1904, p. 429.

17 mars 1904 Déc. prés. Frais de représentation du personnel de l'inscription maritime, et circ. du 22 avril 1904, *B. C.*, p. 434.

3 août 1904 Déc. prés. Frais de représentation au sous-directeur d'artillerie à Saïgon, *B. C.*, p. 772.

8 août 1905 Déc. prés. Frais de représentation au sous-directeur d'artillerie à Dakar, *B. C.*, p. 897.

5 sept. 1906 Déc. prés. Frais de représentation au lieutenant-colonel commandant la place du Cap-Saint-Jacques, 2.412 fr., *B. C.*, p. 822.

21 janv. 1908 Déc. prés. Interprétation du décret du 29 décembre 1903, tarif 12. L'indemnité pour frais de représentation allouée aux officiers généraux promus à ce grade en occupant un emploi de la 2ᵉ catégorie passe à la 1ʳᵉ catégorie, *B. C.*, p. 26.

Indemnité pour frais de service.

26 mai 1904 Décr. sur la solde des T. C. en France.
Art. 14, indemnité 4 et tarif 14, *B. G.*, vol. spl., T. C.; modif. 11 juin 1905, *B. G.*, p. 744.

Indemnité représentative de vin.

1ᵉʳ mars 1901 Circ. Allocation d'une indemnité représentative de vin aux militaires des T. C. convalescents, présents au corps, *B. G.*, vol. spl., T. C., p. 104.

20 avril 1901 Circ. Allocation d'une indemnité représentative de vin aux militaires des T. C. autorisés à passer au corps leur congé de fin de campagne, *B. G.*, vol. spl., T. C., p. 110.

Indo-Chine.

(Voir : *Garde indigène*. — *Gendarmerie*. — *Tonkin*.)

7 oct. 1887 Décr. rattachant le protectorat de l'Annam et du Tonkin au ministère de la marine et des colonies, *B. C.*, p. 781.

1 avril 1891 Décr. fixant les attributions du gouverneur général, *B. C.*, p. 307.

3 juill. 1897 Décr. Réorganisation du conseil supérieur de l'Indo-Chine, *B. C.*, p. 643; modif. 8 août 1898, *B. C.*, p. 580; 12 décembre 1905, *B. C.*, p. 1163; adjonction de nouveaux membres, 19 janvier 1906, *B. C.*, p. 19; adjonction du commandant de la marine, 29 nov. 1906, *B. C.*, p. 1119.

1 juill. 1898 Décr. Création d'un budget général, *B. C.*, p. 534.

1ᵉʳ févr. 1902 Décr. Promulgation des actes officiels, *B. C.*, p. 125.

. sept. 1905 Décr. Organisation du conseil du contentieux de l'Indo-Chine, *B. C.*, p. 975.

8 déc. 1906 Décret supprimant le secrétariat général et créant une direction générale des finances et de la comptabilité, *B. C.*, p. 1131.

mars 1907 Décret instituant un contrôleur financier auprès du gouverneur général de l'Indo-Chine, *B. C.*, p. 185.

Infanterie coloniale.

juill. 1900 Loi portant organisation des T. C., art. 5 et 7, *B. C.*, p. 594; *B. G.*, E. M., T. C., vol. 1, p. 5.

janv. 1901 Circ. Nouveau numérotage des corps de l'infanterie coloniale, *B. G.*, p. 110; *B. C.*, p. 33; *B. G.*, vol. spl., T. C., p. 87.

4 févr. 1901 Circ. Organisation de deux divisions d'infanterie coloniale : 1ʳᵉ division, Brest; 2ᵉ division, Toulon; composition, *B. C.*, p. 120; *B. G.*, p. 222; *B. G.*, vol. spl., T. C., p. 95.

févr. 1901 Circ. Composition des états-majors des divisions d'infanterie coloniale, *B. C.*, p. 135; *B. G.*, p. 262; *B. G.*, vol. spl., T. C., p. 96.

Infanterie coloniale (*suite*).

19 sept. 1903 Décr. réorganisant l'infanterie coloniale : composition, effectif, répartition. Art. 4, groupement en 3 divisions, *B. C.*, p. 820; *B. G.*, p. 1417; err. *B. G.*, p. 1634; modif. en ce qui concerne l'Afrique occidentale, 29 mai 1906, *B. C.*, p. 504; *B. G.*, p. 774; modif 24 juillet 1906 (tableaux 4 et 13); *B. G.*, p. 1082; *B. C.*, p. 722; *B. G.*, E. M., T. C., vol. 1, p. 28.

16 nov. 1903 Circ. Personnel de l'infanterie coloniale à placer hors cadres en exécution du décret du 19 septembre 1903, *B. C.*, p. 975.

25 déc. 1903 Circ. Répartition de l'état-major particulier aux colonies, *B. C.*, p. 1239.

14 janv. 1904 Inst. Application au Congo du décret du 19 septembre 1903, *B. C.*, p. 29.

12 juill. 1905 Déc. prés. Rectification du décret du 19 septembre 1903. Le bataillon de tirailleurs chinois prend le nom de bataillon de tirailleurs de frontière, *B. C.*, p. 800; *B. G.*, p. 1083.

22 août 1905 Décr. modifiant celui du 19 septembre 1903 et créant des emplois de sapeurs français dans les régiments indigènes de Madagascar, *B. C.*, p. 913; *B. G.*, p. 1257.

25 août 1906 Décr. Attribution du titre de sergent fourrier à certains sergents secrétaires, *B. G.*, p. 1227; *B. C.*, p. 797.

Infirmeries ambulances.

4 nov. 1903 Décr., art. 12. Organisation et fonctionnement aux colonies, *B. C.*, p. 927; *B. G.*, p. 1627; *B. G.*, E. M., T. C., vol. 1, p. 215.

1er juin 1907 Inst. sur le fonctionnement et l'administration des infirmeries ambulances en campagne.

Infirmeries de garnison.

4 nov. 1903 Décr., art. 11. Organisation et fonctionnement aux colonies des infirmeries de garnison et postes médicaux, *B. G.*, p. 627; *B. G.*, p. 1627; *B. G.*, E. M., T. C., vol. 1, p. 215.

Infirmeries régimentaires.

25 nov. 1889 Service de santé à l'intérieur, art. 35 à 97.

Notice 6. Organisation des infirmiers et brancardiers régimentaires et des brancardiers d'ambulance (7 juin 1907), *B. G.*, p. 730.

10. Chapitre 2. Comptabilité des infirmeries régimentaires.

33. Nomenclature des dépenses à faire au compte de la masse d'infirmerie, *B. G.*, E. M., vol. 80.

20 oct. 1892 Service intérieur : Inf., art. 68 et 72; Artil., art. 62 et 66, *B. G.*, E. R., vol. 78.

27 sept. 1895 Circ. Application à l'infanterie de marine de la notice 6 du règl. du 25 novembre 1889, *B. C.*, p. 773; *B. M.*, p. 556; modifiée 6 janvier 1897, *B. M.*, p. 66.

6 mai 1899 Circ. Organisation des périodes d'instruction des infirmiers régimentaires, *B. M.*, p. 736.

13 août 1899 Inst. relative aux médicaments et au matériel des infirmeries régimentaires, *B. G.*, p. 956; *B. G.*, E. M., vol. 83, p. 274.

Modifiée 26 novembre 1903, *B. G.*, p. 1754; 11 février 1905, *B. G.*, p. 112; 6 janvier 1906, *B. G.*, p. 20; 2 mai 1906, *B. G.*, p. 651; modif. 4 mai 1907. Thermomètre médical, *B. G.*, p. 545.

Appliquée aux troupes de la marine dans les colonies. Circ. du 16 mai 1900, *B. C.*, p. 429; *B. M.*, p. 845.

8 févr. 1907 Tarif des allocations de combustible, éclairage et chauffage, *B. G.*, E M., vol. 5, p. 68-69, 71.

Infirmeries vétérinaires.

(Voir : *Service vétérinaire.*)

8 févr. 1907 Tarif des allocations de combustible, éclairage et chauffage, *B. G.*, E. M., vol. 5, p. 68-69, 71.

Infirmiers militaires des troupes coloniales.

(Voir : *Administration et comptabilité des corps de troupe*, 4 décembre 1907. — *Gratifications.* — *Hautes payes.* — *Primes de travail.*)

18 juill. 1903 Circ. Suppression de la section créée à Toulon par circ. du 28 juillet 1900, *B. G.*, p. 1063.

19 sept. 1903 Décr. réorganisant l'infanterie coloniale, art. 4, effectifs; tableau 7, *B. C.*, p. 820; *B. G.*, E. M., T. C., vol. 1, p. 28.

16 nov. 1903 Circ. La ration de vin des infirmiers militaires français aux colonies est abondée de 25 centil., *B. C.*, p. 976.

19 janv. 1904 Circ. Haute paye des sous-officiers provenant du corps des infirmiers coloniaux, *B. C.*, p. 55.

16 févr. 1904 Circ. relative à la situation des infirmiers de l'ancien statut inaptes au service, *B. G.*, p. 107; *B. G.*, E. M., T. C., vol. 1, p. 242.

21 juin 1906 Décr. sur le corps de santé des T. C., art. 8 et 9, *B. C.*, p. 595; *B. G.*, p. 820; *B. G.*, E. M., T. C., vol. 1, p. 220.

21 août 1906 Circ. Mode d'administration des infirmiers des T. C., hors cadres, *B. C.*, p. 786.

3 déc. 1906 Déc. prés. relative à l'application aux infirmiers coloniaux de l'ancien statut du décret du 29 décembre 1903, sur la solde, *B. C.*, p. 1128.

6 janv. 1907 Décret portant organisation de la section d'infirmiers, *B. G.*, p. 61; err., *B. G.*, p. 114: *B. G.*, E. M., T. C., vol. 1, p. 241.

4 déc. 1907 Inst. Organisation de la section, cadres. Recrutement, permutations, organisation du dépôt en France. Attributions du médecin principal ou médecin-major de 1re classe, de l'officier d'administration commandant, des chefs de détachement. Relève. Equipement, habillement, armement. Discipline. Instruction militaire et professionnelle. Avancement, *B. G.*, p. 1786.

30 déc. 1907 Circ. Mode d'alimentation des infirmiers militaires aux colonies, *B. C.*, p. 843.

Inscriptions des services.

23 déc. 1903 Arr. relatif aux inscriptions à porter sur les matricules, relevés et certificats de services, *B. G.*, p. 1948; modif. 13 février 1905, *B. G.*, p. 114; err., *B. G.*, 1905, p. 1715; *B. G.*, E. M., vol. 10, p. 57; err., art. 3, *B. G.*, 1906, p. 1449; modif.: 19 février 1907, art. 33 et 34, *B. G.*, p. 156; art. 28, 22 octobre 1907, *B. G.*, p. 1619.

15 déc. 1906 Circ. Inscription sur les pièces matriculaires des militaires, des affaires auxquelles ils prennent part, *B. G.*, p. 1564.

Insertions.

6 févr. 1908 Liste des publications ou journaux spéciaux qui consentent à insérer gratuitement les avis d'adjudication intéressant l'administration de la guerre, *B. G.*, r. s., p. 191.

Insignes.

0 sept. 1903 Description des uniformes.

Art. 54. Insignes spéciaux des officiers employés au service d'état-major; insigne distinctif des officiers d'état-major à placer sur la pèlerine mobile à capuchon.

Insignes (*suite*).

Art. 419. Insigne de tir. Prix de concours. Insigne pour prix d'observation, *B. G.*, vol. spl., T. C., p. 46, 51 et 236.

6 déc. 1903 Les frais de pose des insignes et attributs de première mise sont au compte de la masse générale d'entretien, *B. G.*, vol. spl., T. C., p. 225.

31 janv. 1908 Attribution d'un insigne de tir pour le personnel des sections de mitrailleuses, *B. G.*, p. 120; err., *B. G.*, p. 498.

Insoumission.

28 déc. 1895 Inst., art. 253 à 279. Insoumission des hommes des réserves et de l'armée territoriale, *B. G.*, E. R., vol. 71.

25 juin 1904 Circ. autorisant à faire entrer en déduction des périodes d'exercices le temps pendant lequel certaines catégories d'hommes des réserves, insoumis, ont été mis en subsistance dans un corps de troupe en attendant qu'une décision judiciaire intervienne à leur égard, *B. G.*, p. 930.

21 mars 1905 Loi sur le recrutement. Art. 83 et 84, insoumission des appelés; art. 85, insoumission des hommes des réserves, *B. C.*, p. 396; *B. G.*, E. M., vol. 68-1, p. 43; vol. 59-1, p. 3.

30 sept. 1905 Circ. fixant la date à partir de laquelle doivent courir les délais d'insoumission des jeunes soldats, *B. G.*, p. 1457.

20 mars 1906 Inst. sur l'insoumission, *B. G.*, E. M., vol. 59-1, p. 3; err., *B. G.*, p. 908; art. 6, modif. 18 février 1908, *B. G.*, p. 218.

7 avril 1906 Inst., art. 19. Décompte des services des insoumis.

23 mai 1906 Notification d'une décision du conseil de revision relative à la prescription du délit d'insoumission, *B. G.*, p. 670.

9 mars 1908 Circ. Notification de l'extrait d'un arrêt de la Cour de cassation relatif au mode de constatation du délit d'insoumission commis par les hommes dispensés au titre de l'art. 23 de la loi du 15 juillet 1889, qui n'ont pas obéi à l'ordre de route les rappelant à l'activité, *B. G.*, p. 302.

14 mars 1908 Circ. rappelant la procédure à suivre à l'égard des insoumis qui soulèvent une exception préjudicielle d'extranéité, *B. G.*, p. 378.

Inspections.

(Voir : *Non-activité*.)

20 oct. 1892 Service intérieur, *B. G.*, E. R., vol. 78.

Inf., art. 282 à 284; Artil., art. 299 à 301, inspection des généraux; Inf., art. 285 à 286; Artil., art. 302, 303, inspections administratives: Inf., art. 288; Artil., art. 305, inspections médicales; Artil., art. 306, inspections vétérinaires.

16 juin 1897 Inst., art. 55 à 61. Inspection des officiers de réserve et de l'armée territoriale, *B. G.*, E. R., vol. 72.

27 févr. 1901 Décr. supprimant en principe les inspections générales, *B. G.*, p. 269, et circ. du même jour, *B. G.*, p. 271.

Inspection des colonies.

(Voir : *Budgets locaux*, 30 déc. 1903.)

15 mars 1888 Décr. fixant l'uniforme des inspecteurs des colonies, *B. C.*, p. 316; modif. 12 décembre 1889, *B. C.*, p. 1533.

24 avril 1888 Arr. fixant les détails de l'uniforme, *B. C.*, p. 402; modif. 15 février 1905, *B. C.*, p. 255; 11 mai 1905, *B. C.*, p. 600.

13 mai 1891 Circ. Les inspecteurs en mission ont droit à l'indemnité spéciale pendant les voyages ou traversées qu'ils font pour se rendre d'un établissement à un autre d'une même colonie, *B. C.*, 1893, p. 469.

10 févr. 1893 Circ. Production d'un état mensuel des dépenses de chaque mission d'inspection aux colonies, *B. C.*, p. 161.

Inspection des colonies (*suite*).

17 août 1894 Décr. Création d'une direction du contrôle au ministère des colonies, *B. C.*, p. 660; erratum, *B. C.*, p. 707.

7 août 1896 Décr. Les dépenses de logement et d'ameublement des missions d'inspection mobiles sont classées dans les dépenses obligatoires des budgets locaux des colonies, Martinique, Guadeloupe et Réunion exceptées, *B. C.*, p. 493.

20 oct. 1896 Circ. Mode d'allocation et droit à l'indemnité de mission, *B. C.*, p. 586.

25 févr. 1901 Loi de finances, art. 54. Organisation du contrôle des services civils coloniaux et de la partie de l'armée coloniale dont les dépenses incombent au budget des colonies. Attributions. Fonctionnement. Direction du contrôle. Hiérarchie. Traitement. Pensions, *B. C.*, p. 179; modif. 31 mars 1903, *B. C.*, p. 265; 22 avril 1905, *B. C.*, p. 537.

31 mars 1903 Loi de finances, art. 80 et 81, modif. la loi du 25 février 1901. Assimilation au contrôle de l'armée. Recrutement. Inspecteurs adjoints, *B. C.*, p. 265.

15 sept. 1904 Décr. sur l'organisation du corps de l'inspection des colonies.

Concours pour inspecteur adjoint. Avancement. Mise hors cadres. Direction du contrôle. Visites. Attributions. Cadres. Indemnité de résidence à Paris. Indemnités de mission, *B. C.*, p. 968; art. 4 et 6 et tableau D, modifiés 16 avril 1905, *B. C.*, p. 502.

22 avril 1905 Loi de finances, art. 58, modif. art. 54, § 10 de la loi du 25 février 1905. Assimilation des inspecteurs généraux de 1re classe aux contrôleurs généraux de 1re classe de l'armée. Cadre de réserve, *B. C.*, p. 537.

3 mai 1905 Circ. (guerre). Droits des inspecteurs en mission, *B. C.*, p. 592.

19 mai 1905 Circ. Droits et attributions des inspecteurs en mission, *B. C.*, p. 612.

6 août 1905 Décr. Constatation à faire pour l'admission anticipée des inspecteurs généraux dans le cadre de réserve, *B. C.*, p. 892.

7 nov. 1905 Arr. réglant le fonctionnement de l'inspection des colonies, *B. C.*, p. 1151.

13 nov. 1905 Arr. déterminant le mode, les conditions et le programme du concours pour le grade d'inspecteur adjoint des colonies, *B. C.*, p. 1166; err., *B. G.*, 1906, p. 52.

21 juin 1906 Décr. Administration des T. C., art. 1. Contrôle de la partie du service placée sous l'autorité du Ministre des colonies, *B. C.*, p. 577; *B. G.*, E. M., T. C., vol. 1, p. 138.

19 oct. 1906 Décret sur la discipline du corps des inspecteurs des colonies et les honneurs dus à ces fonctionnaires. Conseils d'enquête, *B. C.*, p. 916.

Inspection générale du service de santé colonial.

17 août 1894 Décr. constituant au ministère des colonies une inspection générale du service de santé, *B. C.*, p. 662.

4 nov. 1903 Décr., art. 4. Attributions, *B. C.*, p. 927; *B. G.*, p. 1627; *B. G.*, E. M., T. C., vol. 1, p. 212.

Inspection permanente des écoles militaires.

26 janv. 1907 Décret. Création, *B. G.*, p. 751.

Instruction.

(Voir : *Cartes géographiques*. — *Ecole polytechnique*. — *Etat-major*. — *Manœuvres*. — *Masses des écoles*. — *Parcs d'artillerie*. — *Rapport annuel*. — *Service vélocipédique*. — *Stages*. — *Tir*. — *Travaux de campagne*.)

27 mars 1882 Instruction des troupes de forteresse, *B. G.*, E. M., vol. 55-1, p. 5.

1 janv. 1892 Circ. Instruction des militaires des compagnies d'ouvriers et d'artificiers de la marine, *B. M.*, p. 13; *B. C.*, p. 163.

0 oct. 1892 Service intérieur : Inf., art. 267 à 275; Artil., art. 289 à 291, *B. G.*, E. R., vol. 78.

4 juil. 1896 Circ. relative aux exercices de ravitaillement en munitions, *B. G.*, E. M., vol. 55-1, p. 69.

6 juin 1897 Art. 32. Instruction des officiers de réserve et de l'armée territoriale, *B. G.*, E. M., vol. 72; modif. 27 mars 1906, *B. G.*, p. 449.

Instruction (*suite*).

29 mai 1899 Circ. Les bourreliers des corps de troupe de l'artillerie reçoivent l'instruction à cheval et apprennent le maniement du mousqueton, *B. G.*, F. M., vol. 55-1, p. 243; appliquée à l'artillerie de marine, circ. du 13 février 1900, *B. C.*, p. 101; *B. M.*, p. 295.

12 mars 1900 Circ. relative à l'instruction des cadres, aux travaux d'études des capitaines et officiers supérieurs, aux conférences d'école et aux travaux d'hiver des lieutenants de l'artillerie, *B. G.*, E. M., vol. 55-1, p. 137.

17 mars 1900 Circ. Instruction des militaires, officiers et troupes, de la réserve et de l'armée territoriale, au cours des convocations, *B. G.*, E. M., vol. 55-1, p. 10.

6 mars 1901 Circ. Exercices de l'artillerie en terrains variés, *B. G.*, E. M., vol. 55-1, p. 158; modif. 26 mai 1905, *B. G.*, p. 669; 25 septembre 1905, *B. G.*, p. 1442.

5 févr. 1902 Inst. sur le fonctionnement des pelotons d'instruction dans les troupes d'artillerie coloniale, *B. G.*, E. M., T. C., vol. 3, p. 106.

19 juill. 1902 Circ. Instruction des militaires de l'infanterie (officiers et troupe), de la réserve et de l'armée territoriale au cours des convocations, *B. G.*, E. M., vol. 55-1, p. 73.

22 oct. 1902 Programme d'instruction des troupes composant la garnison des forteresses, *B. G.*, E. M., vol. 55-1, p. 70.

26 nov. 1902 Circ. Spécialisation de l'instruction des troupes de l'artillerie coloniale, *B. G.*, p. 2317; *B. G.*, E. M., T. C., vol. 3, p. 120.

4 mars 1903 Circ. Marche progressive de l'instruction et précautions à prendre pour sauvegarder la santé des hommes, *B. G.*, E. M., vol. 55-1, p. 9.

8 juin 1903 Règlement de manœuvre de l'artillerie de campagne.

12 août 1903 Règlement de manœuvre de l'artillerie à pied.
Feuille rectificative n° 1 du 9 février 1904.

3 oct. 1903 Inst. sur le port et le chargement des cartouchières et du havresac, *B. G.*, E. M., vol. 55-1, p. 167.

5 déc. 1903 Circ. relative aux notes à donner aux sous-lieutenants sortant de l'Ecole polytechnique accomplissant une année d'instruction dans les corps de troupe, *B. G.*, E. M., vol. 55-1, p. 49.

3 déc. 1904 Règl. de manœuvre de l'infanterie; modif., *B. G.*, 1905, p. 232.

22 mai 1905 Inst. relative au fonctionnement des compagnies d'instruction dans l'infanterie coloniale, *B. G.*, p. 682; *B. G.*, E. M., T. C., vol. 3, p. 100.

15 juin 1905 Liste des documents concernant les manœuvres et l'instruction des troupes de l'artillerie qui n'ont été ni mentionnés ni insérés au *B. O.*, *B. G.*, p. 909.

26 août 1905 Règl. de manœuvre de l'artillerie de montagne.

12 oct. 1905 Circ. relative à la reprise de l'instruction, *B. G.*, p. 1539.

21 oct. 1905 Règl. de manœuvre de l'artillerie à pied (tome II). Service des bouches à feu de siège et de place; matériels de siège et de place.

26 mars 1906 Circ. relative à l'emploi du temps et à l'instruction pendant les périodes de convocation des réserves.

31 mars 1906 Règl. de manœuvre de l'artillerie à pied (tome IV). Service des canons de 155 sous tourelle et sous casemate.

11 juin 1906 Circ. Envoi d'officiers généraux ou supérieurs aux écoles à feu et exercices divers de l'artillerie, *B. G.*, p. 762; modif. 3 avril 1907, *B. G.*, p. 377.

17 juill. 1906 Circ. relative au service des employés dans les corps de troupe, *B. G.*, p. 899.

25 août 1906 Circ. Instruction à donner aux hommes du service auxiliaire, *B. G.*, p. 1149.

12 oct. 1906 Circ. Instruction des sous-lieutenants d'artillerie coloniale sortant de l'Ecole polytechnique, *B. G.*, p. 1314.

9 févr. 1907 Circ. Participation aux exercices journaliers de la totalité des hommes aptes au service armé comptant à l'effectif des armes combattantes, *B. G.*, p. 105.

Instruction judiciaire.

(Voir : *Justice militaire.*)

9 juin 1857 Code de justice militaire, art. 83 à 107. Police judiciaire et instruction, *B. G.*, E. R., vol. 56.

Instruments vérificateurs.

0 août 1884 Règl. sur l'armement, art. 28. Instruments nécessaires aux chefs armuriers, *B. G.*, E. R., vol. 19.

4 oct. 1902 Inst. pour l'application du règl. du 30 août 1884 aux T. C. en France, *B. G.*, p. 2039.

6 oct. 1903 Règl. sur les directions d'artillerie coloniales, art. 50. Demandes en France, *B. C.*, vol. spl., p. 74.

8 déc. 1905 Règl. sur l'armement aux colonies, art. 61.

3 janv. 1908 Circ. Introduction dans la collection II d'instruments vérificateurs et d'outils spéciaux pour fusil mod. 1886 et mod. 1886 M. 93, d'un vérificateur des premières distances de la hausse modèle 1898, *B. G.*, p. 25.

Intendance.

3 févr. 1907 Inst., art. 93. Action et responsabilité en ce qui concerne le service du chauffage et de l'éclairage, *B. G.*, E. M., vol. 5, p. 182.

3 août 1907 Circ. Tenue dans les sous-intendances d'un carnet d'enregistrement des documents cotés et paraphés, *B. G.*, p. 1073.

Intendance militaire des troupes coloniales.

(Voir : *Administration des troupes coloniales. — Ameublement. — Casernement. — Procès-verbaux.*)

juill. 1900 Loi organisant les troupes coloniales, art. 11, *B. C.*, p. 594; *B. G.*, p. 1176; *B. G.*, E. M., T. C., vol. 1, p. 7.

déc. 1900 Circ. Constitution de la section administrative des T. C. en France, *B. C.*, 1901, p. 5; *B. G.*, vol. spl., T. C., p. 78.

sept. 1902 Circ. Création à Paris d'un bureau du commissariat des T. C., *B. G.*, p. 1910; *B. G.*, E. M., T. C., vol. 1, p. 177.

sept. 1902 Circ. Effectifs du personnel employé à la direction du corps d'armée des T. C. et au bureau de Paris, *B. G.*, p. 1910; *B. G.*, E. M., T. C., vol. 1, p. 178.

oct. 1903 Art. 3. Surveillance administrative des directions d'artillerie coloniales, *B. C.*, vol. spl., p. 41; modif. 2 octobre 1905, *B. C.*, p. 1056.

nov. 1903 Inst. Fonctionnement du service dans les colonies autres que la colonie principale d'un groupe (application du décret du 26 mai 1903), *B. C.*, p. 923.

janv. 1904 Inst. pour l'application au Congo du décret du 26 mai 1903 (groupement des forces militaires). Organisation du service, *B. C.*, p. 29.

avril 1906 Loi autorisant la transformation du commissariat des troupes coloniales en intendance des troupes coloniales, *B. C.*, p. 333; *B. G.*, p. 516; *B. G.*, E. M., T. C., vol. 1, p. 179.

juin 1906 Décr. sur l'administration des T. C., art. 2, 3, 5, *B. C.*, p. 577; *B. G.*, p. 803; *B. G.*, E. M., T. C., vol. 1, p. 136.

juin 1906 Décr. organisant l'intendance militaire des troupes coloniales, *B. C.*, p. 583; *B. G.*, p. 810; *B. G.*, E. M., T. C., vol. 1, p. 180.

Art. 1. Attributions.
2. Hiérarchie.
3 à 12. Recrutement du corps.
13. Avancement.
14 - 15. Officiers d'administration.
16 - 17. Section de commis et ouvriers militaires d'administration.
18. Répartition du personnel.
19 - 20. Propositions et établissements des tableaux d'avancement et de concours pour la Légion d'honneur et la médaille militaire.
21. Discipline.
22. Rang et préséances.
23 - 24. Première formation.
25. Mises hors cadres.

Intendance militaire des troupes coloniales (*suite*).

8 sept. 1906 Décr. Fixation des cadres : sous-intendants militaires, 1re classe, 12; 2e classe, 15; 3e classe, 45; adjoints, 20, *B. G.*, p. 1231; *B. G.*, E. M., T. C., vol. 1, p. 191.

2 févr. 1907 Création à Paris d'une 2e sous-intendance des T. C., chargée des services de l'habillement, du campement, des frais de route et des transports des T. C. Effectifs : 1 sous-intendant, 1 adjoint ou attaché, 1 officier d'administration, 5 secrétaires, *B. G.*, p. 109.

26 avr. 1907 Inst. relative aux concours d'admission dans le corps de l'intendance militaire des troupes coloniales, *B. G.*, p. 503; err., *B. G.*, 1908, p. 750.

18 juil. 1907 Circ. Répartition des effectifs en France et aux colonies, *B. G.*, p. 939; *B. C.*, p. 532.

15 nov. 1907 Création d'une sous-intendance à Cette, *B. G.*, p. 1716.

10 févr. 1908 Service courant, art. 146. Propositions pour l'intendance, *B. G.*, E. M., vol. 74.

23 mars 1908 Inst. prov. sur le service de l'intendance aux colonies.

23 mars 1908 Inst. relative à la comptabilité des travaux des ateliers et chantiers du chef-lieu des directions et sous-directions.

Inventions.

(Voir : *Brevets d'invention. — Commission d'examen des inventions.*)

3 août 1894 Circ. Les projets concernant les inventions émanant des militaires en activité de service doivent être transmis au Ministre (Cabinet), par la voie hiérarchique, *B. M.*, p. 327; *B. G.*, E. M., vol. 31, p. 80; appliquée aux troupes de la marine, circ. du 21 septembre 1894, *B. M.*, p. 327.

Itinéraires.

27 nov. 1906 Inst. sur le service des frais de route aux colonies, art. 7, *B. C.*, p. 1083.

Ivresse.

23 janv. 1873 Loi tendant à réprimer l'ivresse publique et à combattre les progrès de l'alcoolisme, *B. M.*, p. 290; *B. M.*, R., p. 139; *B. G.*, E. R., vol. 59-4, p. 11.

15 mars 1873 Circ. Application aux corps de troupe de la marine de la loi du 23 janvier 1873, *B. M.*, p. 287; *B. M.*, R., p. 167.

22 mai 1878 Circ. relative à la mise en liberté provisoire des hommes traduits en conseil de guerre pour contravention à la loi sur l'ivresse, *B. G.*, E. M., vol. 59-4, p. 16; modif. 9 novembre 1905, *B. G.*, p. 1693.

9 nov. 1905 Circ. Jurisprudence à suivre à l'égard des militaires poursuivis pour ivresse publique, *B. G.*, p. 1693.

J

Jambières.

ept. 1903 Description des uniformes.

Jambières en drap et en toile blanche et kaki, leggins, pour les officiers; art. 6, pour les adjudants; Inf. et Artil., art. 221.
Jambières en cuir pour les officiers montés et non montés, art. 36; pour les adjudants, art. 254.
Jambières en toile forte, Inf. et Artil., art. 222, *B. G.*, vol. spl., T. C.

Jardins potagers.

éc. 1903 Achat au compte de la masse générale d'entretien des effets nécessaires aux militaires employés à l'exploitation des jardins potagers, *B. G.*, vol. spl., T. C., p. 226.
vril 1905 Règl. sur les ordinaires, art. 13. Dépenses à la charge des ordinaires, *B. G.*, E. M., vol. 7, p. 18.
vril 1905 Inst. sur la gestion des jardins potagers pour l'ordinaire de la troupe, *B. G.*, E. M., vol. 7, p. 147.

Jeux.

(Voir : *Union des Femmes de France.*)

Jeux de bois.

éc. 1903 Achat au compte de la masse générale d'entretien, *B. G.*, vol. spl., T. C., p. 228.

Jeux de guerre.

nai 1902 Circ. Autorisation d'acheter des jeux de guerre, les corps de troupe sur la masse générale, les états-majors de trois grandes colonies sur les crédits du service géographique, *B. C.*, p. 493.
anv. 1908 Achat au compte de la masse d'entretien aux colonies.

Jeux de hasard.

ct. 1891 Service des places, art. 112. Interdiction aux militaires. Fréquentation des maisons de jeu, *B. G.*, E. R., vol. 75.

Journal des marches et opérations.

(Voir : *Historique des troupes coloniales.*)

5 déc. 1874 Instruction pour la rédaction, *B. G.*, E. M., vol. 76, p. 137.
20 oct. 1892 Service intérieur : Inf., art. 16; Artil., art .17. Le journal des marches et opérations est tenu par le lieutenant-colonel, *B. G.*, E. R., vol. 78.
24 juin 1902 Circ. Extraits des journaux de marches et opérations à envoyer au département de la guerre. Faits qu'ils doivent relater, *B. G.*, p. 1509.

Journal officiel.

(Voir : *Légion d'honneur.*)

10 juil. 1852 Déc. relative au paiement des abonnements par les soins de l'administration centrale par imputation sur les frais de service des intéressés, *B. G.*, E. M., vol. 10, p. 17.
10 août 1852 Lettre minist. Conservation des exemplaires. Réclamation des numéros non parvenus. Versement aux domaines des collections remontant à plus de deux années, complétée 7 juin 1895, *B. G.*, E. M., vol. 10, p. 17.
1er juin 1894 Circ. Distribution des journaux officiels aux chefs de service dans les colonies, *B. C.*, p. 457.

Journaux.

(Voir : *Cercles et bibliothèques militaires.*)

Journaux de mobilisation.

10 févr. 1908 Service courant, art. 63. Présentation à l'inspecteur, *B. G.*, E. M., vol. 74.

Jugements d'acquittement.

23 déc. 1903 Arr., art. 19. Non-inscription sur les matricules, *B. G.*, E. M., vol. 10 p. 64.

Jugements par contumace.

23 déc. 1903 Arr., art. 19. Inscription provisoire sur les matricules, *B. G.*, E. M., vol. 10, p. 64.

Jugements par défaut.

9 juin 1857 Code de justice militaire, art. 179, *B. G.*, E. R., vol. 56.

Jumelle.

30 sept. 1903 Art. 88. Description, *B. G.*, vol. spl., T. C., p. 60.

Jumelle télémètre Souchier.

12 juill. 1894 Circ. Les remplacements et les fournitures de télémètres seront effectués à l'avenir au moyen de jumelles-télémètres du capitaine Souchier, *B. M.*, p. 98.
4 sept. 1896 Vente aux officiers, au prix de 50 francs, par Baille-Lemaire, 22, rue Oberkampf, à Paris, *B. G.*, E. M., vol. 55-2, p. 100.
8 févr. 1903 Inst. sur le matériel de tir de l'infanterie. Description et mode d'emploi.

Jury.

) janv. 1873 D'après l'art. 3 de la loi du 21 novembre 1872 sur le jury, les officiers généraux du cadre de réserve et les officiers en disponibilité ne sont pas dispensés des fonctions de juré, *B. G.*, E. R., vol. 28, p. 136.

Justice maritime.

4 juin 1858 Code de justice militaire pour l'armée de mer, vol. spl.; modif.: 18 mai 1875; 31 décembre 1875, *B. M.*, 1876, p. 892; 9 avril 1895, *B. M.*, p. 608; *B. C.*, p. 376.

7 oct. 1895 Décr. sur le personnel, les archives et les dépenses du service de la justice maritime, *B. M.*, p. 607.

8 janv. 1905 Décr. relatif à l'application aux colonies du code de justice militaire pour l'armée de mer, *B. C.*, p. 783.

Justice militaire.

(Voir : *Casier judiciaire.* — *Commandant des troupes passagères.* — *Commission rogatoire.* — *Condamnations.* — *Condamnés.* — *Conseils de guerre.* — *Conseils de revision.* — *Espionnage.* — *Exécution capitale.* — *Exécution des jugements.* — *Exécution des peines.* — *Extradition.* — *Gendarmerie.* — *Grâces, commutations et réductions de peines.* — *Incapacité électorale.* — *Ivresse.* — *Jugements par défaut.* — *Pourvois en cassation.* — *Récidivistes.* — *Recours en grâce.* — *Réhabilitation.* — *Relégation.* — *Services militaires.* — *Temoins.*)

5 sept. 1828 Impression, aux frais de l'Etat, d'un tableau destiné à faire connaître les jugements qui seraient d'un effet exemplaire, *B. G.*, E. M., vol. 59-4, p. 20.

2 août 1850 Le rapporteur doit être assisté d'un interprète lors même qu'il entendrait la langue ou l'idiome du prévenu, *B. G.*, E. M., vol. 59-4, p. 52.

9 juin 1857 Code de justice militaire pour l'armée de terre, *B. G.*, E. R., vol. 56; modif. loi du 2 avril 1901, *B. G.*, p. 537.

Art. 2 à 25. Conseils de guerre permanents dans les circonscriptions territoriales.
26 à 32. Conseils de revision permanents dans les circonscriptions territoriales.
33 à 37. Conseils de guerre aux armées.
38 à 41. — de revision aux armées.
42. Dispositions communes aux conseils de guerre et de revision aux armées.
43 à 50. Conseils de guerre et de revision dans les régions en état de siège et dans les places de guerre assiégées ou investies.
51 - 52. Prévôtés.
53 - 54. Compétence des tribunaux militaires.
55 à 71. — des conseils de guerre.
72 à 74. — des conseils de revision.
75. — des prévôtés.
76 à 79. — en cas de complicité.
80 à 82. Pourvois devant la Cour de cassation.
83 à 158. Procédure devant les conseils de guerre.
159 à 172. — devant les conseils de revision.
173 à 174. — devant les prévôtés.
175 à 179. Contumace et jugements par défaut.
185 à 203. Peines et leurs effets.
204 à 266. Crimes, délits et leur punition.

juill. 1857 Inst. relatives à l'exécution du code de justice militaire, *B. G.*, E. R., vol. 56, p. 89.

sept. 1857 Les dossiers de procédure doivent être consultés au greffe par le Président et les personnes intéressées, *B. G.*, E. M., vol. 59-4, p. 52.

Justice militaire (*suite*).

12 mars 1860 En cas d'acquittement le ministère public a le droit de dénoncer au chef de la justice militaire les faits nouvellement révélés, *B. G.*, E. M., vol. 59-4, p. 53.

19 août 1861 Les demandes que les membres des parquets militaires peuvent avoir à adresser aux différents départements ministériels doivent être transmises par l'intermédiaire du Ministre de la guerre, *B. G.*, E. M., vol. 59-3, p. 9.

10 déc. 1862 Les militaires paraissant en justice doivent déposer leurs armes avant de se présenter devant le tribunal, *B. G.*, E. M., vol. 31, p. 71.

2 avril 1863 En cas de désistement d'un recours en revision, la peine ne doit commencer à courir que du jour où le conseil a donné acte du désistement, *B. G.*, E. M., vol. 59-4, p. 24.

9 sept. 1863 Les interprètes militaires ne sont pas astreints à répéter le serment chaque fois que leur ministère est réclamé, *B. G.*, E. M., vol. 59-4, p. 57.

6 janv. 1865 Les rapporteurs sont tenus de faire les procédures exemptes de toute cause d'annulation, qu'il s'agisse d'informations ou instructions faites par eux ou par d'autres, *B. G.*, E. M., vol. 59-4, p. 57.

13 nov. 1866 Les dépositions de témoins absents, rédigées dans une langue étrangère à l'accusé, doivent lui être traduites par un interprète. Constatation par le greffier des faits survenus après l'audience, *B. G.*, E. M., vol. 59-4, p. 58.

30 oct. 1867 Circ. Les pièces présentées par un accusé pour sa défense doivent être accueillies aussi bien pendant l'instruction qu'aux débats, *B. G.*, E. M., vol. 59-4, p. 60.

21 mai 1869 Circ. En cas de fait nouveau se produisant au cours de l'instruction, le rapporteur doit demander un ordre d'informer supplémentaire, *B. G.*, E. M., vol. 59-4, p. 61.

6 janv. 1870 Circ. Formalités pour obtenir communication des dépêches télégraphiques officielles nécessaires à l'instruction, *B. G.*, E. M., vol. 59-4, p. 62.

14 janv. 1870 Circ. Le chef de corps ou commandant de place qui a signé la plainte peut agir comme officier de police judiciaire, *B. G.*, E. M., vol. 59-4, p. 63.

9 juin 1870 Circ. Mode de transmission des plaintes en conseil de guerre, *B. G.*, E. M., vol. 59-4, p. 65.

16 nov. 1873 Circ. Application de l'art. 463 du Code pénal, *B. G.*, E. M., vol. 59-4, p. 67.

23 juin 1875 Circ. Application de la loi du 18 mai 1875. Instruction préparatoire au corps (insertion autorisée par circ. du 23 février 1903), *B. G.*, 1903, p. 187; *B. G.*, E. M., vol. 56 *bis*, p. 3.

9 déc. 1880 Instructions sur la procédure, *B. G.*, E. M., vol. 59-4, p. 70.

14 nov. 1882 Circ. Le lieutenant-colonel remplaçant le chef de corps peut déléguer ses pouvoirs judiciaires, *B. G.*, E. M., vol. 59-4, p. 73.

10 mars 1884 Circ. Mode de procéder pour l'incarcération des militaires ou jeunes soldats dans les prisons civiles, *B. G.*, E. M., vol. 59-4, p. 26.

5 juill. 1884 Circ. Les militaires inculpés de complicité avec des civils doivent être remis immédiatement à l'autorité judiciaire civile, *B. G.*, E. M., vol. 59-4, p. 75.

27 déc. 1884 Circ. Il est possible d'ouvrir la correspondance saisie en l'absence d'un contumax, *B. G.*, E. M., vol. 59-4, p. 76.

15 janv. 1889 Mention en marge du jugement et du casier judiciaire des arrêtés de mise en liberté conditionnelle et des arrêtés portant révocation de cette mesure, *B. G.*, E. R., vol. 59, p. 144.

17 juill. 1890 Circ. Condamnations aux travaux forcés. Renseignements à fournir pour permettre de désigner la colonie sur laquelle seront dirigés les condamnés, *B. G.*, E. M., vol. 59-4, p. 26.

26 mars 1891 Loi sur l'atténuation et l'aggravation des peines, *B. C.*, p. 262; *B. M.*, p. 426; *B. G.*, E. M., vol. 59-4, p. 28.

24 avril 1891 Décr. Application aux colonies de la loi du 26 mars 1891, *B. C.*, p. 317.

4 oct. 1891 Service des places, art. 126 à 128. Conseils de guerre. Exécution des jugements, *B. G.*, E. R., vol. 75.

23 nov. 1891 Circ. Les condamnations avec sursis prononcées contre les jeunes soldats ou les militaires doivent être inscrites sur les registres et folios matricules, *B. G.*, E. M., vol. 59-4, p. 30.

10 févr. 1892 Mention des décisions gracieuses en marge des jugements, *B. G.*, E. M., vol. 59-4, p. 20.

4 juill. 1892 Circ. Point de départ des peines prononcées contre des individus étrangers à l'armée, *B. G.*, E. M., vol. 59-4, p. 33.

Justice militaire (*suite*).

16 nov. 1892 Loi imputant la détention préventive sur la durée des peines prononcées, *B. M.*, p. 219.

30 mars 1893 Circ. Notice individuelle destinée à accompagner dans les lieux de détention les hommes condamnés par les conseils de guerre et remis à l'autorité civile, *B. G.*, E. M., vol. 59-4, p. 34.

28 sept. 1893 Circ. Possibilité de confier aux colonies les fonctions de ministère public aux militaires de la gendarmerie, *B. M.*, p. 460.

8 juin 1895 Loi sur la revision des procès criminels et correctionnels et les indemnites aux victimes des erreurs judiciaires, *B. M.*, p. 993.

12 août 1896 Décr. portant fixation des dépenses des tribunaux militaires, *B. G.*, E. M., vol. 59-3, p. 53; modif.: 1er septembre 1899 ci-après; 2 août 1906, *B. G.*, p. 1110; 28 janvier 1908, *B. G.*, p. 95.

15 févr. 1897 Circ. Notification d'un arrêt de la Cour de cassation du 17 septembre 1906, refusant le bénéfice de la loi sur la détention préventive au prévenu détenu en exécution d'une condamnation antérieure, *B. C.*, p. 100; *B. M.*, p. 132.

24 sept. 1897 Circ. Notification d'un arrêt de la Cour de cassation du 20 juin 1895. Le condamné, qui au cours d'une procédure d'appel ou de cassation se trouve avoir subi une détention préventive d'une durée égale ou supérieure au montant de la peine, ne peut être libéré avant la solution de cet appel ou pourvoi, *B. C.*, p. 990; *B. M.*, p. 331.

8 déc. 1897 Loi sur l'instruction préalable (extraits), *B. C.*, 1899, p. 703; *B. G.*, E. M., vol. 56 *bis*, p. 11.

30 sept. 1898 Circ. Les officiers détachés comme substituts dans les parquets militaires ne peuvent suppléer pour la même affaire le rapporteur et le commissaire du gouvernement, *B. G.*, E. M., vol. 59-3, p. 35.

15 juin 1899 Loi. Extension de certaines dispositions de la loi du 8 décembre 1897 à la procédure devant les conseils de guerre, *B. C.*, p. 702; *B. M.*, 2e sem., p. 4; *B. G.*, E. M., vol. 56 *bis*, p. 11.

20 juin 1899 Inst. pour l'application de la loi du 15 juin 1899, *B. G.*, E. M., vol. 56 *bis*., p. 12.

29 juill. 1899 Circ. Mandats de dépôt à délivrer contre les militaires en état d'arrestation, *B. G.*, E. M., vol. 59-4, p. 79.

29 juill. 1899 Circ. Les navires de commerce étrangers ne jouissent pas du privilège de l'exterritorialité, *B. G.*, E. M., vol. 59-4, p. 80.

1er sept. 1899 Décr. modifiant le décret du 12 août 1896 ci-dessus et fixant le mode d'administration des tribunaux militaires, *B. G.*, E. M., vol. 59-3, p. 60; modif. 2 août 1906, *B. G.*, p. 1110.

21 déc. 1899 Inst. pour l'application des décrets des 12 août 1896 et 1er septembre 1899, *B. G.*, E. M., vol. 59-3, p. 65; modif.: 10 février 1906, *B. G.*, p. 148; 18 juillet 1906 ci-après; 2 août 1906, *B. G.*, p. 1111; art. 4 et mod. 2, 8 août 1907, *B. G.*, p. 1135; 9 janvier 1908, *B. G.*, p. 8; art. 24 et 39, 28 mars 1908, *B. G.*, p. 427.

7 juill. 1900 Loi portant organisation des troupes coloniales, art. 11, § 5, *B. C.*, p. 594; *B. G.*, E. M., T. C., vol. 1, p. 7.

25 janv. 1901 Circ. Notification des dispositions prises par le Ministre de la justice pour la notification aux militaires présents sous les drapeaux de citations à comparaître délivrées à la requête des magistrats ou de mandats de comparution ou d'arrestation, ainsi qu'aux réquisitions des magistrats tendant à obtenir l'entrée des établissements militaires, *B. G.*, p. 282; *B. G.*, E. M., vol. 59-4, p. 82.

1er mars 1901 Circ. Application de l'art. 195 du code de justice militaire, *B. G.*, p. 320; *B. G.*, E. M., vol. 59-4, p. 18.

2 avril 1901 Loi modifiant l'art. 200 du code de justice militaire. Détention préventive, *B. G.*, p. 536; *B. G.*, E. M., vol. 56 *bis*, p. 27.

22 mai 1901 Circ. Application de la loi du 2 avril 1901, *B. G.*, p. 842; *B. G.*, E. M., vol. 56 *bis*, p. 28.

2 juill. 1901 Circ. prescrivant de spécifier sur les extraits des jugements (formule 18), en cas de condamnation pour vol, la nature des objets dérobés ou la valeur de la somme soustraite, *B. G.*, p. 208; *B. G.*, E. M., vol. 59-4, p. 43.

19 juill. 1901 Loi rendant applicable l'art. 463 du Code pénal relatif aux circonstances atténuantes à tous les crimes et délits réprimés par les codes de justice militaire de l'armée de terre et de l'armée de mer, *B. C.*, p. 724; *B. G.*, p. 419; *B. G.*, E. M., vol. 56 *bis*, p. 29.

4 oct. 1901 Circ. La loi du 19 juillet 1901 doit être promulguée dans les colonies, *B. C.*, p. 963.

27 nov. 1901 Circ. Interprétation de la loi du 19 juillet 1901 en ce qui concerne l'application des art. 213, § final; 232, § 2 et suivants; 236, § 3 et suivants; 241, § final, et 243, du code de justice militaire, *B. G.*, p. 1347; *B. G.*, E. M., vol. 59-4, p. 83.

Justice militaire (*suite*).

3 janv. 1902 Circ. relative aux devoirs imposés aux autorités militaires par l'art. 99 du code de justice militaire, *B. G.*, p. 195; *B. G.*, E. M., vol. 56 *bis*, p. 31.

13 nov. 1902 Circ. Interprétation de l'art. 110 du code de justice militaire en ce qui concerne le choix d'un défenseur pris parmi les militaires, *B. G.*, p. 2156; *B. G.*, E. M., vol. 56 *bis*, p. 33.

28 janv. 1903 Décr., art. 18. Les agents civils du commissariat et les comptables des matières des colonies sont justiciables des conseils de guerre pour tous les crimes et délits. Tableau B, composition des conseils de guerre en France, en Algérie et en Tunisie, *B. C.*, p. 107; modifié 30 mars 1904 ci-après; *B. G.*, E. M., T. C., vol. 1, p. 149.

29 janv. 1903 Circ. Interprétation de la loi du 15 juin 1899, étendant certaines dispositions de la loi du 8 juin 1897 sur l'instruction préalable à la procédure devant les conseils de guerre, *B. G.*, p. 43; *B. G.*, E. M., vol. 56 *bis*, p. 34.

23 févr. 1903 Circ. Notification de diverses formules à employer dans le service de la justice militaire (instruction préalable), *B. G.*, p. 195; *B. G.*, E. M., vol. 56 *bis*, p. 34; modif. 2 mai 1908, *B. G.*, p. 666.

23 févr. 1903 Modif. au mod. 5 *bis*. Procès-verbal d'interrogatoire au corps et solutions pour l'application de la circ. du 29 janvier 1903, *B. G.*, p. 209; *B. G.*, E. M., vol. 56 *bis*, p. 47.

12 mars 1903 Circ. Notification d'une décision du conseil de revision de Paris, relative à l'application de l'art. 200 du code de justice militaire. Imputation de la détention préventive, *B. G.*, E. M., vol. 59-4, p. 45.

19 mai 1903 Circ. Non-application de décimes additionnels aux amendes prononcées par les conseils de guerre aux colonies, *B. G.*, p. 706; *B. G.*, E. M., vol. 59-3, p. 140.

23 oct. 1903 Décr. Organisation du service de la justice militaire dans les troupes coloniales.

Application du code de justice militaire de l'armée de terre.
Conseils de guerre et de revision permanents aux colonies.
Conseils de guerre et de revision dans les colonies déclarées en état de siège et dans les places de guerre des colonies assiégées ou investies.
Conseils de guerre et de revision dans les troupes d'opérations aux colonies et dans les pays de protectorat.
Compétence spéciale des tribunaux militaires aux colonies.
Tableau des conseils de guerre et de revision permanents aux colonies, *B. G.*, p. 1593; *B. C.*, p. 1164; errata, *B. G.*, p. 1789; *B. G.*, E. M., vol. 56 *bis*, p. 56.

23 oct. 1903 Inst. pour l'application du décret du 23 octobre 1903, *B. G.*, p. 1602; *B. C.*, p. 1173; *B. G.*, E. M., vol. 56 *bis*, p. 66.

13 nov. 1903 Tableau des pièces périodiques de la justice militaire aux colonies, *B. G.*, p. 1645; *B. C.*, p. 1195; erratum, *B. G.*, p. 1810.

7 déc. 1903 Circ. Application du décret et de l'inst. du 23 octobre 1903, *B. C.*, p. 1163.

25 déc. 1903 Circ. Répartition du personnel de la justice militaire aux colonies, *B. C.*, p. 1259.

13 janv. 1904 Circ. relative aux vols, faux ou détournements suivis de restitution, *B. G.*, p. 30; *B. G.*, E. M., vol. 56 *bis*, p. 101.

30 janv. 1904 Peines dont est passible devant la juridiction militaire l'auteur d'incendie volontaire d'une tente ne servant pas à l'habitation. Arrêt de la Cour de cassation du 20 novembre 1903, *B. G.*, p. 59; *B. G.*, E. M., vol. 59-4, p. 46.

30 mars 1904 Décr. modifiant celui du 28 janvier 1903 ci-dessus. Composition des conseils de guerre appelés à juger dans les colonies et pays de protectorat les agents du commissariat et les comptables des matières des colonies, *B. C.*, p. 315; *B. G.*, p. 424; *B. G.*, E. M., T. C., vol. 1, p. 149.

27 avril 1904 Circ. Notification de l'extrait d'un arrêt de la Cour de cassation annulant partiellement une ordonnance de non-lieu rendue dans une affaire de faux en matières d'administration militaire et basée notamment sur le remboursement spontané fait par l'inculpé, *B. G.*, p. 502; *B. G.*, E. M., vol. 56 *bis*, p. 102.

19 mai 1904 Décr. modifiant l'art. 23 du décret du 20 novembre 1867 réorganisant le corps militaire des surveillants des établissements pénitentiaires coloniaux. Composition des conseils de guerre, *B. G.*, p. 651; *B. G.*, E. M., T. C., vol. 1, p. 261.

Justice militaire (*suite*).

25 juin 1904 Arr. créant un conseil de guerre aux armées pour les troupes du Tchad, *B. G.*, p. 952.

28 juin 1904 Loi modifiant la loi du 26 mars 1891 sur l'atténuation et l'aggravation des peines. Application aux tribunaux militaires, *B. C.*, p. 671; *B. G.*, p. 956; *B. G.*, E. M., vol. 56 *bis*, p. 103.

2 juill. 1904 Circ. Application de la loi du 28 juin 1904, *B. G.*, p. 957; *B. G.*, E. M., vol. 56 *bis*, p. 104.

18 juill. 1904 Circ. Interprétation de l'art. 200 du code de justice militaire, modifiée par la loi du 2 avril 1901, *B. G.*, p. 1169; *B. G.*, E. M., vol. 56 *bis*, p. 107.

21 juill. 1904 Circ. Notification et promulgation aux colonies de la loi du 28 juin 1904, *B. C.*, p. 670.

5 août 1904 Circ. Application de l'art. 200 du code de justice militaire modifié par la loi du 2 avril 1901, aux militaires qui, par suite d'une nouvelle condamnation, perdent le bénéfice du sursis précédemment accordé en vertu de la loi du 28 juin 1904, *B. C.*, p. 800; *B. G.*, p. 1268; *B. G.*, E. M., vol. 56 *bis*, p. 108.

26 déc. 1904 Circ. Format de la feuille de papier employée pour la rédaction des procès-verbaux soumis au visa pour timbre, *B. G.*, p. 1885; *B. G.*, E. M., vol. 85, p. 286.

27 déc. 1904 Circ. Interdiction de faire emploi de certains procédés d'instruction pour obtenir des aveux ou des déclarations d'ordre privé et de faire dans ce but un usage abusif du drapeau, *B. G.*, p. 1917; *B. G.*, E. M., vol. 31, p. 90.

5 janv. 1905 Circ. fixant la jurisprudence en matières d'exceptions préjudicielles d'extranéité soulevées par des prévenus d'insoumission et de désertion, *B. G.*, p. 4; *B. G.*, E. M., vol. 59-4, p. 47.

6 févr. 1905 Notification d'une décision du conseil de revision relative à l'application de la loi du 28 juin 1904, modifiant celle du 26 mars 1891 (loi de sursis), *B. G.*, p. 107; *B. G.*, E. M., vol. 56 *bis*, p. 109.

21 mars 1905 Loi sur le recrutement.

Art. 47. Juridiction des hommes des réserves.
79 à 88. Dispositions pénales concernant le recrutement.
Tableau D. Articles du code de justice militaire applicables dans les cas prévus par l'art. 47, *B. C.*, p. 359; *B. G.*, p. 263; *B. G.*, E. M., vol. 68-1.

26 avril 1905 Arr. créant un conseil de guerre aux armées pour les troupes en opérations dans le sud de Madagascar, *B. G.*, p. 581; *B. C.*, p. 555.

6 avril 1905 Arr. créant un conseil de guerre aux armées pour les troupes du Gabon et du Moyen-Congo, *B. G.*, p. 582; *B. C.*, p. 554.

5 mai 1905 Notification d'une décision du conseil de revision relative à l'application de la peine en cas d'admission des circonstances atténuantes, *B. G.*, p. 666.

3 juin 1905 Circ. Suppression sur le tableau des condamnations prononcées par les conseils de guerre de la colonne concernant les condamnations antérieures, *B. G.*, p. 835; *B. G.*, E. M., vol. 59-4, p. 43.

7 juin 1905 Circ. prescrivant de ne pas mettre en liberté les hommes condamnés avec le bénéfice de la loi du 28 juin 1904 (loi de sursis) quand un pourvoi a été formé par le commissaire du gouvernement, *B. G.*, p. 846; *B. G.*, E. M., vol. 56 *bis*, p. 112.

6 juin 1905 Modif. formule 13 de la circ. du 26 juillet 1880. Ordre d'incarcération au lieu d'ordre d'écrou, *B. G.*, p. 907.

7 avril 1906 Loi de finances, art. 44. Les recours formés contre les jugements des conseils de guerre en temps de paix seront transmis à la Cour de cassation au lieu et place des conseils de revision pour l'intérieur, l'Algérie et la Tunisie, *B. C.*, p. 348; *B. G.*, p. 586.

6 juin 1906 Décr. relatif aux recours formés contre les jugements des conseils de guerre et des tribunaux maritimes, *B. G.*, p. 760.

8 juill. 1906 Circ. relative à l'envoi au Ministre de l'état et des extraits des jugements rendus par les conseils de guerre, *B. G.*, p. 900.

août 1906 Arr. créant un conseil de guerre aux armées pour les troupes du territoire militaire du Niger, *B. G.*, p. 1160; *B. C.*, p. 796.

8 nov. 1906 Circ. Etendue du droit de délégation des pouvoirs d'officier de police judiciaire, *B. G.*, p. 1533.

2 févr. 1907 Circ. relative à la désignation des officiers d'administration de la justice militaire à employer dans les tribunaux militaires aux colonies pour y assurer le service des greffes, *B. G.*, p. 122.

Justice militaire (*suite*).

27 mars 1907 Notification d'un arrêt de la Cour de cassation interprétatif de la loi du 8 décembre 1897 rendue applicable par la loi du 15 juin 1899 à l'instruction devant les conseils de guerre, *B. G.*, p. 325.

27 juin 1907 Circ. dispensant de l'envoi aux bataillons d'Afrique des engagés et rengagés condamnés avec le bénéfice du sursis, *B. G.*, p. 804.

27 juin 1907 Circ. prescrivant la notification à l'inculpé et à son défenseur des ordonnances visées dans l'article 10 de la loi du 8 décembre 1897 (instruction préalable), *B. G.*, p. 805.

28 août 1907 Le temps passé en détention préventive par un militaire condamné avec le bénéfice du sursis ne doit pas être déduit des années de service exigées par la loi, *B. G.*, p. 1351.

29 oct. 1907 Circ. prescrivant l'envoi au Ministre des copies des arrêts rendus par la Cour de cassation sur les recours formés contre les jugements des conseils de guerre siégeant à l'intérieur du territoire, en Algérie et en Tunisie, *B. G.*, p. 1641.

16 nov. 1907 Circ. recommandant de faire procéder dans certains cas à l'examen mental des militaires en prévention de conseil de guerre, *B. G.*, p. 1701.

28 mars 1908 Circ. Droit qu'ont les généraux commandant les corps d'armée de décerner des ordres d'informer supplémentaires lorsqu'ils constatent que l'information est incomplète ou irrégulière, *B. G.*, p. 429.

9 mai 1908 Notif. Arrêt de la Cour de cassation fixant les termes dans lesquels doit être posée la question dans le cas de rébellion envers la force armée prévue et réprimée par l'art. 225 du Code de justice militaire, *B. G.*, p. 687.

K

Képi.

mai 1900 Circ. interdisant le port du képi mou dit « Saumur », *B. G.*, E. M., vol. 31, p. 68.
sept. 1903 Description des uniformes, *B. G.*, vol. spl., T. C.

Art. 23. Officiers modèle général.
74 - 75. — infanterie coloniale.
111 - 112. — artillerie coloniale.
142 - 143. — d'administration d'artillerie.
164. Stagiaires d'artillerie.
182 - 183. Commissariat des T. C., modif. 21 juin 1904.
193 - 194. Officiers d'administration du commissariat, modif. 21 juin 1904.
203 - 204. Corps de santé, modif. 21 juin 1904.
210 *bis* - 211. Officiers d'administration du service de santé, modif. 21 juin 1904.
245 à 248. Infanterie : troupes, sous-officiers, adjudants, chefs de fanfare.
296 à 299. Artillerie : troupes, sous-officiers, adjudants.
310. Elèves de Saint-Maixent.
319 - 320. — de Vincennes, infanterie.
336 - 337. — de Vincennes, artillerie.
328 - 329. — de Versailles.
344. Sous-officiers rengagés, infanterie.
350. Sous-officiers rengagés, artillerie.
363 - 364. Infirmiers militaires.
370 - 371. Secrétaires et ouvriers d'administration.

déc. 1906 Art. 74. Képi des officiers généraux et assimilés, *B. G.*, E. M., vol. 104, p. 97.

L

Laïcisation.

14 févr. 1903 Circ. Laïcisation des différents services et suppression des emblèmes religieux aux colonies, *B. C.*, p. 124.

Lanternes.

8 févr. 1907 Lanternes pour projections. Fourniture de combustible à la charge de la masse d'éclairage et de chauffage, *B. G.*, E. M., vol. 5, p. 99.
Inst., art. 81 à 83. Lanternes pour cantonnements et marches de nuit, p. 174.

Lanternes de distinction.

15 janv. 1905 Art. 70. Description, *B. G.*, E. M., vol. 53, p. 128, 222.
Fourniture, *B. G.*, E. M., vol. 53, p. 226.

Lard salé.

20 mai 1897 Inst. pour le traitement et la conservation du lard salé expédié aux colonies, *B. C.*, p. 485.

Latrines.

(Voir : *Hygiène.*)

Lavabos.

(Voir : *Hygiène.*)

Lavage des effets de campement.

15 janv. 1905 Notice 5. Inst. sur le lavage et les réparations, *B. G.*, E. M., vol. 53, p. 174.

Lavoirs.

(Voir : *Hygiène.*)

Légalisation des signatures.

(Voir : *Pensions*.)

8 oct. 1836 Arr. Signature des certificats de légalisation de pièces par le chef du Service intérieur au ministère de la guerre, *B. G.*, E. M., vol. 10, p. 145.

29 oct. 1844 Lettre du Ministre de l'intérieur aux préfets. Les expéditions d'actes de décès des individus qui meurent dans les hôpitaux civils et militaires ou dans d'autres établissements publics peuvent être légalisées sans aucun frais par les préfets et sous-préfets, *A. M.*, p. 1298; *B. M.* R., p. 131.

24 mai 1886 Circ. Les certificats médicaux destinés à être mis à l'appui des propositions de pensions en faveur de veuves ou d'orphelins doivent toujours être légalisés, *B. M.*, p. 937; et circ. (colonies), du 20 juin 1891, *B. C.*, p. 433.

7 mars 1887 Circ. Légalisation des pièces délivrées dans les colonies. Envoi des signatures types, *B. C.*, p. 89; et circ. des 21 août 1889 et 4 décembre 1889, *B. C.*, p. 825 et 1501.

20 avril 1893 Circ. Légalisation aux colonies des pièces qui doivent être produites en France, *B. C.*, p. 329.

26 juill. 1894 Inst. pour l'application des lois du 8 juin 1893. Légalisation par le gouverneur des actes dressés aux colonies en la forme militaire, *B. C.*, p. 724.

1er mai 1906 Inst. relative aux successions des militaires aux colonies, art. 7. Légalisation des actes de décès et certificats de genre de mort, *B. C.*, p. 424.

Légion d'honneur.

(Voir : *Avancement* 2°, 19 décembre 1904. — *Décorations*.)

29 floréal an X (19 mai 1802) Loi. Création, *B. des lois*, 2e sem., p. 319.

24 ventôse an XII (15 mars 1804) Arrêté portant que la qualité de membre de la Légion d'honneur se perd par les mêmes causes que celles qui font perdre la qualité de citoyen français.

11 avril 1809 Décret concernant la place des membres de la Légion d'honneur dans les cérémonies publiques, civiles et religieuses, *B. M.*, R., p. 302.

7 avril 1831 Inst. sur les propositions d'admission et d'avancement dans la Légion d'honneur, *B. G.*, E. R., vol. 30, p. 52; modif. 10 janvier 1901, *B. G.*, p. 41.

16 juin 1837 Loi. Les sous-officiers, soldats et marins amputés par suite de leurs blessures, nommés membres de la Légoin d'honneur depuis leur admission à la retraite ont droit au traitement de la Légion d'honneur, *B. des lois*, p. 373; *A. M.*, p. 544.

22 janv. 1852 Décret. Art. 10. Traitement de la Légion d'honneur.
11. Création de la médaille militaire.
12. Affectation d'une maison d'éducation aux filles de médaillés, *B. G.*, E. R., vol. 30, p. 22.

16 mars 1852 Décret organique de la Légion d'honneur, *B. G.*, E. R., vol. 30, p. 42.

24 nov. 1852 Décret. Discipline des membres de la Légion d'honneur et des médaillés militaires, *B. G.*, E. R., vol. 30, p. 7.

14 mars 1853 Décret. Délivrance des brevets de la Légion d'honneur et de la médaille militaire, *B. G.*, E. R., vol. 30, p. 18.

23 juin 1853 Inst. (Légion d'honneur). Délivrance des brevets aux membres de la Légion d'honneur et aux médaillés militaires, *B. M.*, 2e sem., p. 436; *B. M.*, R., p. 624; *B. G.*, E. R., vol. 30, p. 20.

23 juin 1853 Inst. (Légion d'honneur). Port des insignes de la Légion d'honneur, *B. M.*, 2e sem., p. 438; *B. M.* R., p. 625.

23 juin 1853 Inst. (Légion d'honneur) relative aux membres de l'ordre qui ont encouru la suspension des droits et prérogatives attachés à la qualité de membre de la Légion d'honneur, *B. M.*, 2e sem., p. 438; *B. M.*, R., p. 626; *B. G.*, E. R., vol. 30, p. 20.

0 sept. 1853 Circ. Pièces à produire pour obtenir les brevets de la Légion d'honneur, *B. M.*, p. 719; *B. M.*, R., p. 1147.

0 févr. 1854 Circ. Dispositions relatives à la délivrance des brevets destinés aux membres de la Légion d'honneur et aux titulaires de la médaille militaire, *B. G.*, E. R., vol. 30, p. 21.

Légion d'honneur (*suite*).

18 janv. 1858 Note. Les décorations et médailles à renvoyer à la grande chancellerie de la Légion d'honneur doivent être renfermées dans des boîtes, *B. G.*, E. R., vol. 30, p. 13; et circ. (marine), du 13 mars 1855, *B. M.*, R., p. 636.

30 avril 1859 Déc. Restitution des insignes et des brevets par les militaires déchus du droit de porter une décoration, *B. G.*, E. R., vol. 30, p. 13.

2 mars 1860 Circ. (Légion d'honneur). Renvoi à faire à la grande chancellerie des décorations, médailles et brevets qui n'auront pu être remis aux titulaires, *B. G.*, E. R., vol. 30, p. 14.

4 mai 1860 Note relative au renvoi soit à la grande chancellerie, soit au Ministre de la guerre, des décorations, médailles et brevets qui n'auront pu être remis aux titulaires, *B. G.*, E. R., vol. 30, p. 15; et circ. (marine), du 24 août 1861, *B. M.*, R., p. 189.

26 mai 1860 Circ. Pièces à transmettre au Ministre dans les cas de condamnations prononcées contre un membre de la Légion d'honneur, un décoré de la médaille militaire ou un titulaire d'une médaille commémorative, *B. M.*, p. 414; *B. M.*, R., p. 42.

11 mars 1861 Avis du conseil de l'ordre relatif à la supputation des campagnes pour l'admission ou l'avancement dans la Légion d'honneur, *B. G.*, E. R., vol. 30, p. 55.

14 mars 1861 Avis à transmettre des décès survenus parmi les membres de la Légion d'honneur en activité de service, *B. M.*, p. 153; *B. M.*, R., p. 138.

15 mai 1861 Dispositions relatives au nouveau mode de paiement du traitement de la Légion d'honneur et de la médaille militaire aux officiers sans troupe, aux militaires de tous grades détachés des corps, aux fonctionnaires et aux employés militaires, *B. G.*, E. R., vol. 30, p. 27.

28 mai 1861 Déc. (finances). Transmission en franchise des certificats de vie et d'inscription des membres de la Légion d'honneur et des médaillés militaires, *B. M.*, 2e sem., p. 19; *B. M.*, R., p. 160.

15 juill. 1861 Inst. (Légion d'honneur). Paiement des traitements par semestre, *B. M.*, p. 62; *B. M.*, R., p. 176.

18 juin 1862 Inst. concernant le paiement des traitements des légionnaires et médaillés militaires attachés au département de la marine et des colonies, *B. M.*, R., p. 306; *B. M.*, 2e sem., p. 4.

16 sept. 1862 Formules imprimées pour le paiement des traitements de la Légion d'honneur et de la médaille militaire, *B. M.*, p. 296; *B. M.*, R., p. 336.

16 déc. 1871 Décret. Droit au traitement de la Légion d'honneur et de la médaille militaire, *B. M.*, p. 503; *B. M.*, R., p. 765.

24 oct. 1872 Circ. (Légion d'honneur) aux conseils d'administration des corps concernant un nouveau mode de paiement des traitements des membres de la Légion d'honneur et des médaillés militaires placés sous leurs ordres, *B. G.*, E. R., vol. 30, p. 30.

9 janv. 1873 Compte à rendre au Ministre de toutes les extinctions qui se produisent parmi les membres de la Légion d'honneur et les médaillés militaires, *B. G.*, E. R., vol. 30, p. 41.

25 juill. 1873 Loi sur les récompenses nationales, *B. M.*, p. 296; *B. M.*, R., p. 341; *B. G.*, E. R., vol. 30, p. 16; modif. 25 janvier 1875, *B. M.*, p. 164; 10 juin 1879, *B. M.*, p. 50; 17 décembre 1892, *B. des lois*, p. 1283; 28 janvier 1897, *B. M.*, p. 80; 10 avril 1897, *B. M.*, p. 439.

30 oct. 1873 Faire connaître le 25 de chaque mois les décès survenus parmi les membres de la Légion d'honneur et les médaillés militaires, *B. M.*, p. 356; *B. M.*, R., p. 376.

14 avril 1874 Décret sur la discipline des membres de la Légion d'honneur, *B. M.*, p. 498; *B. M.*, R., p. 460; *B. G.*, E. R., vol. 30, p. 9.

22 mars 1875 Décret relatif à la délivrance des brevets aux membres de la Légion d'honneur, *B. G.*, E. R., vol. 30, p. 3.

10 mai 1886 Décret réglant le cérémonial à observer pour la remise de leurs insignes aux militaires nommés ou promus dans la Légion d'honneur et aux nouveaux décorés de la médaille militaire ou de la médaille d'honneur, *B. M.*, p. 44; *B. G.*, E. R., vol. 75, p. 173.

14 déc. 1886 Décret. Paiement par les membres de l'ordre national de la Légion d'honneur au titre civil de la décoration qui leur est décernée, *B. M.*, p. 997.

28 juill. 1887 Circ. Décorations à accorder aux indigènes des colonies non citoyens français, *B. C.*, p. 516.

22 mars 1890 Décompte du temps de service dans la marine avant l'âge de 16 ans au point de vue de la Légion d'honneur ou de la médaille militaire, *B. G.*, E. R., vol. 30, p. 56.

20 oct. 1892 Service intérieur. Inf., art. 228; Artill., art. 263. Remise des décorations, *B. G.*, E. R., vol. 78.

Légion d'honneur (*suite*).

17 déc. 1892 Loi relative à l'augmentation du nombre de décorations (Légion d'honneur et médaille militaire), accordées aux armées de terre et de mer, *B. G.*, E. R., vol. 30, p. 17.

2 févr. 1894 Circ. Décompte des campagnes pour les propositions pour la Légion d'honneur et la médaille militaire, *B. C.*, p. 170.

16 avril 1895 Loi de finances, art. 34. Nominations pour services exceptionnels dans la Légion d'honneur, *B. C.*, p. 359.

8 févr. 1896 Note relative aux titulaires de croix ou médailles qui s'attireraient une condamnation, *B. G.*, E. R., vol. 59-4, p. 4.

19 mai 1896 Décret modifiant l'art. 9, § 1, du décret du 14 avril 1874 ci-dessus, *B. M.*, 1er sem., 1897, p. 252; *B. C.*, p. 156.

11 déc. 1896 Circ. (Légion d'honneur) aux conseils d'administration des corps de troupe. Suppression du certificat d'activité de service. Indications à porter sur l'état de services, *B. M.*, p. 779; *B. G.*, E. R., vol. 30, p. 109.

30 déc. 1896 Loi. Fixation du contingent annuel de croix de la Légion d'honneur et de médailles militaires à attribuer aux différents corps de la réserve de l'armée navale, y compris les troupes de la marine, *B. M.*, p. 902.

28 janv. 1897 Loi sur les récompenses nationales, *B. M.*, p. 80; *B. G.*, E. R., vol. 30, p. 117.

23 mars 1897 Décret modifiant l'art. 9, § 1er du décret du 14 avril 1874 ci-dessus, *B. M.*, p. 252.

11 avril 1899 Statistique pour la répartition des croix et médailles militaires attribuées à l'armée, *B. G.*, E. R., vol. 30, p. 120; modif., *B. G.*, 2e sem. 1900, p. 1867.

29 sept. 1899 Décret relatif à l'établissement des propositions pour la Légion d'honneur concernant les officiers généraux, colonels et assimilés, *B. G.*, E. R., vol. 22, p. 182.

9 janv. 1900 Décret relatif à l'établissement annuel des tableaux de concours pour la Légion d'honneur et la médaille militaire, *B. G.*, p. 12.

6 févr. 1900 Circ. Etablissement des renseignements statistiques pour la répartition des croix de la Légion d'honneur attribuées à la réserve et à l'armée territoriale, *B. G.*, p. 137; modif. *B. G.*, 2e sem., 1900, p. 1867.

6 juin 1900 Décret. Renseignements à annexer aux projets de décret portant nomination, pour services exceptionnels, dans la Légion d'honneur, *B. des lois*, p. 1912.

0 janv. 1901 Circ. modifiant l'inst. du 7 avril 1831 ci-dessus relative aux propositions d'admission ou d'avancement dans la Légion d'honneur, *B. G.*, p. 41.

5 mars 1901 Décret relatif à l'établissement des tableaux de concours pour la Légion d'honneur et la médaille militaire, *B. G.*, p. 376.

1er juill. 1901 Inst. relative à l'établissement des tableaux de concours; art. 9 à 12, 14, 15, 129, *B. G.*, 1907, p. 1203.

2 avril 1904 Circ. relative aux propositions pour la Légion d'honneur et la médaille militaire à établir au titre de l'art. 4 de la loi du 17 décembre 1892. Expéditions lointaines, *B. G.*, p. 461.

4 oct. 1904 Circ. Décompte des annuités d'un officier proposé pour la Légion d'honneur. Temps passé en congé de trois ans sans solde, *B. G.*, p. 1564.

8 déc. 1905 Loi relative aux décorations sans traitement de la Légion d'honneur et de la médaille militaire destinées aux personnels de la réserve et de l'armée territoriale, *B. G.*, p. 1904.

18 juin 1907 Circ. Paiement dans les détachements des traitements de la Légion d'honneur et de la médaille militaire, à titre d'avances, les 1er juin et 1er décembre, en attendant l'envoi des fonds de la portion centrale, *B. G.*, p. 768.

9 août 1907 Circ. Les périodes d'exercice accomplies dans la réserve ou l'armée territoriale par des militaires libérés et rappelés ensuite à l'activité doivent être comptées pour l'obtention de la Légion d'honneur ou de la médaille militaire, *B. G.*, p. 1185.

0 févr. 1908 Service courant, art. 268. Renseignements à fournir sur les candidats à la Légion d'honneur et à la médaille militaire, *B. G.*, E. M., vol. 74.

Légion étrangère.

(Voir : *Troupes coloniales*, 7 juillet 1900.)

10 mars 1831 Loi qui autorise la formation d'une légion étrangère, *B. G.*, E. R., vol. 63, p. 136.
9 mars 1831 Ord. relative à la formation de la légion étrangère, *B. G.*, E. R., vol. 63, p. 136.
14 sept. 1864 Décret relatif aux engagements et rengagements dans la légion étrangère, *J. M.*, tome X, p. 964.
29 déc. 1901 Décret. Droits du lieutenant-colonel commandant le groupe des trois bataillons étrangers en Indo-Chine, *B. G.*, p. 1559.
20 févr. 1902 Inst. relative aux engagements des étrangers et des Français, *B. C.*, p. 227; *B. G.*, p. 136; err., *B. G.*, p. 482; modif.: 21 janvier 1904; *B. G.*, p. 40; 15 septembre 1905, *B. G.*, p. 1437.

Art. 1. Recrutement des régiments étrangers.
2 à 8. Engagements souscrits par des étrangers.
9 à 11. Engagements contractés par des Français.
12 à 16. Engagements contractés par des étrangers et des Français en résidence en Indo-Chine, à Madagascar ou à La Réunion.
17. Engagé volontaire ne se rendant pas directement à sa destination.

31 juill. 1903 Circ. Durée des engagements et des rengagements. Engagements des étrangers, 5 ans. Rengagements, 2 à 5 ans, *B. G.*, p. 1132.
21 janv. 1904 Arr. Conditions d'aptitude physique à exiger des hommes qui demandent à s'engager au titre des régiments étrangers, *B. G.*, p. 40.
11 mars 1904 Règl. sur la participation de la légion étrangère au service colonial.
2 mai 1904 Décret modifiant l'art. 3 du décret du 14 septembre 1864, et autorisant les militaires des régiments étrangers à se rengager pour une durée de 1 à 5 ans, *B. G.*, p. 587.
13 juin 1904 Arr. Application du décret du 2 mai 1904, *B. G.*, p. 846.
24 mars 1905 Décret. Groupement des bataillons de légion étrangère stationnés en Indo-Chine; 1 régiment de marche à 2 bataillons et 2 bataillons de marche formant corps, *B. G.*, p. 365; *B. C.*, p. 429.
4 août 1906 Décret. Les rengagements des caporaux et soldats servant au titre français sont renouvelables jusqu'à une durée totale de quinze années de service, *B. G.*, p. 1092.
14 août 1906 Décret relatif à la résiliation des actes d'engagement et de rengagement dans la légion étrangère, *B. G.*, p. 1115, modif. 10 mai 1908, *B. G.*, p. 690.
5 août 1907 Arr. relatif aux hommes qui s'engagent à la légion étrangère après avoir été réformés, *B. G.*, p. 1073.

Lettres.

(Voir : *Correspondance*. — *Décès*. — *Vaguemestres*.)

Lettres de service.

22 nov. 1904 Inst. relative à la suppression des lettres de service établies par l'administration centrale. Extraits du *J. O.*, *B. G.* p. 1748.
30 janv. 1905 Circ. Extension aux chefs de fanfare de l'infanterie coloniale de l'inst. du 22 novembre 1904, *B. G.*, p. 127.
13 mai 1905 Circ. Application du décret et de l'inst. du 22 novembre 1904, *B. G.*, p. 602; complétée 21 août 1905, *B. G.*, p. 1254.
8 nov. 1905 Circ. Application de l'inst. du 22 novembre 1904. Indication de la garnison à rejoindre par les officiers promus ou changés de corps ou de service, *B. G.*, p. 1683.
10 févr. 1908 Service courant, art. 219. Transmission des lettres de service, *B. G.*, E. M., vol. 74.

Libération définitive du service militaire.

15 mars 1887 Circ. Destination à donner aux militaires libérés du service actif, *B. G.*, E. M., vol. 31, p. 76.
7 avril 1906 Inst. relative à l'administration des réserves, art. 6.

Libération conditionnelle.

août 1885 Loi sur les moyens de prévenir la récidive (libération conditionnelle; patronage; réhabilitation), *B. M.*, p. 815.

Liberté provisoire.

mars 1906 Inst. relative à l'insoumission, art. 25, *B. G.*, E. M., vol. 59-1, p. 22.

Lieutenant et sous-lieutenant.

(Voir : *Adjoint au trésorier. — Officier d'armement. — Porte-drapeau.*)

oct. 1892 Service intérieur. Inf., art. 98 à 113. Artil., art. 122 à 137. Fonctions et attributions, *B. G.*, E. R., vol. 78; art. 106 abrogé, 15 juin 1907, *B. G.*, p. 789.

avril 1905 Règl. sur les ordinaires. Art. 6. Surveillance par le plus ancien lieutenant, *B. G.*, E. M., vol. 7.

déc. 1906 Règl. sur les ordinaires (colonies). Art. 6. Surveillance par le plus ancien lieutenant, *B. C.*, p. 1159.

Lieutenant-colonel.

oct. 1892 Service intérieur. Inf., art. 14 à 22. Artil., art. 15 à 21. Fonctions et attributions, *B. G.*, E. R., vol. 78.

3 févr. 1907 Inst., art. 97. Action en ce qui concerne le chauffage et l'éclairage, *B. G.*, E. M., vol. 5, p. 184.

Ligue française de l'enseignement.

oct. 1904 Conditions dans lesquelles la Ligue peut prêter son concours aux bibliothèques et conférences régimentaires, *B. G.*, p. 1550.

Limite d'âge.

(Voir : *Pensions*, 30 décembre 1903.)

août 1863 Note fixant les limites d'âge pour l'admission à la retraite à titre d'ancienneté de services, *B. G.*, E. R., vol. 22, p. 153; appliquée aux troupes de la marine; circ. du 14 novembre 1866, *B. M.*, p. 524; *B. M.* R., p. 116.

mars 1875 Loi des cadres, art. 37. Limite d'âge des officiers généraux, *B. G.*, E. R., vol. 63, p. 20.

1 mars 1905 Loi, art. 58. Maintien des militaires sous les drapeaux en qualité de commissionnés. Limite d'âge, *B. G.*, p. 263; *B. C.*, p. 359; *B. G.*, E. M., vol. 68-1, p. 32.

Liquidation des dépenses.

(Voir : *Arbitrage. — Comptabilité-finances.*)

mars 1901 Inst. sur la liquidation des dépenses du ministère de la guerre et la tenue des registres de comptabilité de l'administration centrale, *B. G.*, E. M., vol. 26 *bis*; modif. 9 décembre 1904, *B. G.*, p. 1824.

Art. 1. Liquidation des dépenses.
2. Etablissement des pièces justificatives de dépenses.
3. Mode de remboursement des frais de timbre et d'enregistrement avancés par l'administration militaire.

Liquidation des dépenses (*suite*).

4. Bordereaux trimestriels.
6. Etats de liquidation.
7. Rapports de liquidation.
8. Mode de liquidation d'une dépense qui a reçu primitivement une imputation inexacte.
9. Dispositions spéciales pour la liquidation de certaines dépenses.
10. Nomenclature des formules employées pour la liquidation des dépenses.

11 à 19. Dispositions concernant les services de l'administration centrale.

20. Liquidation des dépenses des troupes coloniales.

Listes d'adresses.

28 déc. 1898 Inst. sur l'administration des officiers de réserve et de l'armée territoriale. Art. 23. Listes d'adresses tenues dans les états-majors, *B. G.*, E. R., vol. 72.

Liste de classement des candidats aux emplois civils et militaires.

1er oct. 1906 Inst., art. 11. Publication de la liste de classement. Notification du classement et des emplois offerts, *B. G.*, E. M., vol. 36, p. 63.

Listes extraites du répertoire.

28 déc. 1895 Inst. sur l'administration des réserves, art. 59. Listes extraites du répertoire tenues dans les unités administratives, *B. G.*, E. R., vol. 71.

Lit de camp.

6 juill. 1899 Description, *B. G.*, E. R., vol. 51 *bis*, p. 56.
16 oct. 1903 Description, *B. C.*, vol. spl., p. 992.

Lit Herbet.

21 août 1889 Circ. Adoption pour le service des hôpitaux coloniaux du lit à sommier du système Herbet, *B. C.*, p. 827.
31 mai 1890 Circ. Adoption pour le couchage des troupes aux colonies, *B. C.*, p. 973.

Lits militaires.

(Voir : *Couchage*.)

21 nov. 1854 Règl. sur le service des lits militaires (applicable aux colonies), *B. M.*, p. 845; *B. M.*, R., p. 536; art. 55, modif. 16 mai 1882, *B. M.*, p. 637.
19 avril 1873 La situation générale du matériel devra être adressée trimestriellement, *B. M.*, p. 448; *B. M.*, R., p. 248.
16 nov. 1874 Circ. Paillasse de soldat. Substitution d'œillets faits à la main à ceux en métal prescrits par le règl. du 21 novembre 1854, *B. M.*, p. 345; *B. M.*, R., p. 528.
14 sept. 1880 Nouveau modèle de l'état-situation des lits militaires, *B. M.*, p. 450.
12 oct. 1881 Question de responsabilité. Compétence des commissaires aux revues et aux approvisionnements en matière de lits militaires, *B. M.*, p. 820.
1er sept. 1887 Circ. Tenue de la comptabilité du mobilier du service des lits militaires, *B. C.*, 1896, p. 358.

Livrets de solde.

(Voir : *Pensions*, 14 janvier 1887.)

22 juin 1847 Ord., art. 304 à 320. Livrets de solde des parties prenantes isolées et collectives, vol. spl.
22 nov. 1899 Circ. Tenue des livrets de solde du personnel, *B. C.*, p. 1384.
14 mars 1901 Circ. Inscription sur les livrets de paiement des officiers sans troupe, employés militaires, corps de troupe, détachements, agents ou comptables du département de la guerre de toutes les sommes qui leur sont payées à quelque titre que ce soit, *B. G.*, p. 423.
26 mai 1904 Art. 58 à 66. Livrets de solde des parties prenantes isolées et collectives (T. C. en France), *B. G.*, vol. spl., T. C., p. 96.

Livret d'ordinaire.

22 avr. 1905 Règl. sur les ordinaires (guerre), art. 53, *B. G.*, E. M., vol. 7, p. 35; mod. et inst. pour la tenue, p. 42.
11 déc. 1906 Règl. sur les ordinaires (colonies). Art. 15 et 16, mod. 1, *B. C.*, p. 1169-1173.
8 févr. 1907 Circ. Le total de la dépense pour lequel un émargement doit être donné sur le livret doit être arrêté en toutes lettres en regard du montant en chiffres avant l'émargement pour quittance, *B. G.*, p. 121.

Livrets matricules et individuels.

(Voir : *Compagnies de discipline.*)

1° *Dispositions communes.*

13 mars 1900 Tenue des livrets individuels et matricules des militaires ayant subi des condamnations effacées par la réhabilitation de droit, *B. G*, E. M., vol. 59-2, p. 37.
30 mai 1904 Délivrance aux corps des T. C. de couvertures de livrets matricules et individuels en remplacement, *B. G.*, p. 812.
20 mars 1905 Règles à suivre pour la délivrance des livrets des officiers, des hommes de troupes et des chevaux des T. C. et l'établissement du compte d'emploi de ces livrets, *B. G.*, p. 363.
28 oct. 1907 Circ. Tenue des livrets matricules et individuels (anciens modèles), *B. G.*, P. S., p. 1214, add. 8 avril 1908, *B. G.*, P. S., p. 440.

2° *Livret individuel.*

(Voir : *Cassation.* — *Certificat de bonne conduite.*)

22 juin 1847 Ord., art. 700 à 704, vol. spl.
23 déc. 1897 Circ. Délivrance aux militaires libérables rentrant des colonies d'une attestation indiquant qu'ils n'ont pu être mis en possession de leur livret et d'un certificat de bonne conduite, *B. M.*, p. 711.
31 déc. 1902 Circ. Mention à porter sur le livret des militaires commissionnés révoqués ou réformés par mesure de discipline, *B. G.*, p. 2530.
6 déc. 1903 Règl. sur l'administration des T. C. en France, art. 116, *B. G.*, vol. spl., T. C., p. 46.
Annexe D, § 6. Instruction pour la tenue, *B. G.*, vol. spl., T. C., p. 179.
1 mars 1905 Loi sur le recrutement, art. 31, *B. C.*, p. 359; *B. G.*, p. 263; *B. G.*, E. M., vol. 68-1, p. 18.
2 juin 1905 Circ. Lorsque le décès d'un militaire provient d'un suicide ou d'un accident, la cause du décès ne doit pas être mentionnée sur le livret, *B. G.*, p. 901.

3° *Livrets matricules.*

(Voir : *Carnets de notes.*)

2 juin 1847 Ord., art. 698. Livret des officiers et hommes de troupe; art. 698 *bis*, livret des chevaux, vol. spl.

Livrets matricules et individuels (*suite*).

15 déc. 1886 Circ. Les livrets matricules doivent toujours être renvoyés en France par le même courrier que les militaires rapatriés, *B. M.*, p. 917.
2 juin 1894 Circ. Envoi, au général commandant en chef, des livrets matricules des officiers destinés à l'Indo-Chine, *B. C.*, p. 458.
2 mars 1896 Note. Inscription, sur les livrets et états de services des officiers, de certaines actions de l'expédition de Madagascar, 1895, *B. G.*, E. M., vol. 10, p. 88; appliquée aux troupes de la marine, circ. du 1er avril 1896, *B. C.*, p. 467; *B. M.*, p. 423.
24 mai 1901 Circ. Tenue des livrets des officiers généraux et assimilés, *B. G.*, p. 882.
7 juill. 1902 Circ. Tenue des livrets des employés militaires d'artillerie coloniale ayant rang de sous-officiers, *B. G.*, p. 1587.
6 déc. 1903 Annexe D. Tenue des livrets matricules des officiers, des hommes de troupe et des chevaux, en France, *B. G.*, vol. spl., T. C., p. 161 et suiv.
7 août 1906 Circ. Remplacement des livrets matricules et feuillets de punitions portant la trace d'une plainte en conseil de guerre qui a été suivie d'un acquittement ou d'une ordonnance de non-lieu, *B. G.*, p. 1153.
15 sept. 1906 Inst. pour la tenue des registres et livrets matricules, *B. G.*, E. M., vol. 10, p. 75.

Locations.

3 mars 1899 Règl. sur le casernement en France, art. 79 à 89, *B. G.*, E. R., vol. 51.
16 oct. 1903 Règl sur le casernement aux colonies, art. 78 à 88, *B. C.*, vol. spl., p. 913.
4 juill. 1905 Inst. sur le service des loyers, de l'ameublement, etc., aux colonies. Art. 2. Locations d'immeubles, magasins, etc., *B. C.*, p. 764.

Logement.

(Voir : *Indemnité de logement.* — *Mouvements de troupes.* — *Retenue de logement.*)

7 juill. 1844 Ord. qui spécifie à l'égard des personnes logées dans les bâtiments affectés aux services publics les frais accessoires de l'habitation auxquels elles ont à subvenir, *A. M.*, p. 884; *B. M.*, R., p. 113; *B. G.*, E. R., vol. 48, p. 70.
4 oct. 1891 Service des places, art. 131. Logement chez l'habitant, *B. G.*, E. R., vol. 75.
20 oct. 1892 Service intérieur, *B. G.*, E. R., vol. 78.

Inf., art. 19; Artil., art. 19. Logement des officiers. Surveillance du lieutenant-colonel.
Inf., art. 427 et 428; Artil., art. 455. Logement chez l'habitant.
11 oct. 1898 Circ. Etat des logements concédés à des officiers, fonctionnaires ou agents coloniaux dans les bâtiments appartenant à l'Etat ou loués par lui, *B. C.*, p. 696.
25 févr. 1901 Loi de finances, art. 56. Conditions de concession des logements gratuits dans des bâtiments appartenant à l'État, *B. C.*, p. 181; *B. G.*, E. M., vol. 24, p. 109.

M

Machines à écrire.

3 juill. 1901 Circ. Attribution d'une machine à écrire aux états-majors d'armée et de corps d'armée, *B. G.*, p. 213; *B. G.*, E. M., vol. 86, p. 124.

25 août 1904 Circ. Imputation des dépenses d'achat et de réparations aux colonies. Corps de troupe, masse générale d'entretien. Etats-majors et service de l'intendance, chapitre loyers et ameublement. Service de santé, chapitre matériel des hôpitaux. Service de l'artillerie, chapitre travaux militaires, *B. C.*, p. 811.

Madagascar.

11 déc. 1895 Décr. Rattachement de l'administration de Madagascar au ministère des colonies, *B. C.*, p. 895; *B. M.*, p. 311.

11 déc. 1895 Décr. Pouvoirs du résident général, *B. C.*, p. 895; *B. M.*, p. 312.

6 janv. 1896 Décr. relatif aux officiers autorisés à remplir les fonctions de résident, *B. M.*, p. 60.

6 août 1896 Loi déclarant Madagascar et les îles qui en dépendent colonie française, *B. C.*, p. 493.

30 juill. 1897 Décr. instituant un gouverneur général de Madagascar et dépendances, *B. C.*, p. 749.

2 nov. 1902 Décr. Organisation, composition et compétence du conseil d'administration et du conseil du contentieux, *B. C.*, p. 1160.

2 mars 1907 Décr. instituant un contrôleur financier auprès du gouverneur général de Madagascar, *B. C.*, p. 188.

Magasins à poudre.

(Voir : *Munitions.*)

22 juin 1854 Loi établissant des servitudes autour des magasins à poudre de la guerre et de la marine, *B. G.*, E. R., vol. 12, p. 3.

Magasin central des colonies.

7 mai 1905 Arr. Suppression, *B. C.*, p. 611.

Maillet.

6 juill. 1899 Description, *B. G.*, E. R., vol. 51 *bis*, p. 58.

6 oct. 1903 Description, *B. C.*, vol. spl., p. 993.

5 janv. 1905 Art. 14. Description du maillet pour tentes, *B. G.*, E. M., vol. 53, p. 12.

Maintien de l'ordre public.

0 août 1907 Inst. relative à la participation de l'armée au maintien de l'ordre public, *B. G.*, p. 1361 et circ. du 31 août 1907, *B. G.*, p. 1371.

Maisons de jeu.

4 oct. 1891 Service des places, art. 112. Surveillance du commandant d'armes en ce qui concerne les militaires qui fréquentent les maisons de jeu, *B. G.*, E. R., vol. 75.

Maitres ouvriers.

(Voir : *Marchés.*)

20 oct. 1892 Service intérieur, *B. G.*, E. R., vol. 78.

Inf., art. 214. Fonctions des premiers ouvriers.
Artil., art. 171. Fonctions du maréchal des logis maître sellier et des brigadiers premiers ouvriers tailleurs et cordonniers. Art. 246. Maréchaux ferrants. Art. 247. Bourreliers.

6 déc. 1903 Règl. sur l'administration des T. C. en France, art. 67. Surveillance de l'officier d'habillement.

Annexe A. Organisation des ateliers régimentaires, *B. G.*, vol. spl., T. C., p. 127.

31 août 1905 Circ. Fournitures et confections que les maîtres ouvriers sont autorisés à effectuer en dehors de leur service normal, *B. G.*, p. 1369.

Major.

22 juin 1847 Ord., art. 615 à 626. Fonctions et attributions, vol. spl.
20 oct. 1892 Service intérieur : Inf., art. 37 à 44; Artil., art. 33 à 40. Attributions, *B. G.*, E. R., vol. 78.
1er déc. 1897 Déc. prés. Application à l'infanterie de marine des règles en usage dans l'armée de terre pour les nominations aux emplois de major, *B. C.*, p. 1135; *B. M.*, p. 657.
6 déc. 1903 Règl. sur l'administration des T. C. en France, art. 39 à 49. Fonctions et attributions, *B. G.*, vol. spl., T. C., p. 16.
28 déc. 1905 Règl. sur l'armement aux colonies, art. 19. Surveillance du major.
8 févr. 1907 Inst, sur l'éclairage et le chauffage (France), art. 99. Action du major, *B. G.*, E. M., vol. 5, p. 185.

Major de brigade.

11 mars 1903 Circ. Suppression des majors de brigade dans les T. C., *B. G.*, p. 335.

Major de garnison.

4 oct. 1891 Service des places, art. 24 à 30. Fonctions, service, *B. G.*, E. R., vol. 75.

Malades.

20 oct. 1892 Service intérieur, *B. G.*, E. R., vol. 78.

Inf., art. 20. Artil., art. 20. Officiers malades. Rapport du lieutenant-colonel.

Inf., art.	Artil., art.	
69.	63.	Visite du médecin-major.
— 405.	— 424.	Avis à donner par les officiers.
— 405.	— 424.	Sous-officiers autorisés à loger en ville.
— 67-68.	— 61-62.	Hommes de troupe malades.
— 143.	— 191.	Attributions du sergent-major ou maréchal des logis chef.
— 160.	— 210.	Détenus et malades à l'infirmerie.
— 423.	— 456.	Malades et éclopés dans les détachements en route.

Malades (*suite*).

31 oct. 1892 Service de santé en campagne, vol. spl.

Art. 5. Dépôts de convalescents. Dépôts d'éclopés.
55. Malades dans les cantonnements et bivouacs.
88. Classement des malades et blessés à évacuer.
96 à 98. Répartition des malades et blessés évacués sur l'intérieur.

27 févr. 1894 Règl. sur le service des convois militaires, art. 3. *B. G.*, E. M., vol. 100-1, p. 4.

11 mai 1895 Circ. Application de la circ. (guerre), du 20 avril 1895, aux troupes de la marine. Envoi de dépêches aux familles des militaires malades qui sont en danger de mort, *B. M.*, p. 866, et service de santé à l'intérieur, art. 280 *bis*, *B. G.*, E. M., vol. 80.

18 févr. 1899 Art. 84. Service de santé pendant les manœuvres, *B. G.*, E. M., vol. 55-3, p. 80.

20 déc. 1899 Règl. sur les mouvements de troupe à l'intérieur en temps de paix, art. 27, *B. G.*, E. M., vol. 100-1, p. 27, et inst. du 30 décembre 1899, art. 32, 43, 45, *B. G.*, E. M., vol. 100-1, p. 42 et 47.

7 oct. 1905 Circ. Avis de maladie grave ou de décès à adresser aux familles des militaires résidant à l'étranger, *B. G.*, p. 1505.

4 sept. 1907 Circ. concernant les admissions d'urgence des malades dans les hôpitaux, *B. G.*, p. 1380.

4 janv. 1908 Circ. relative aux avis à donner aux familles des militaires gravement malades, *B. G.*, p. 5.

Maladies vénériennes.

7 avril 1902 Circ. concernant la prophylaxie des maladies vénériennes dans l'armée, *B. G.*, p. 413; *B. G.*, E. M., vol. 83, p. 253; modif. 5 avril 1905, *B. G.*, p. 410, et inst. du 23 septembre 1907, *B. G.*, p. 1432; circ. du 16 novembre 1907, *B. G.*, p. 1694.

Manchons en toile.

6 déc. 1903 Achat au compte de la masse générale d'entretien des manchons en toile pour les manœuvres, *B. G.*, vol. spl., T. C., p. 226.

30 janv. 1908 Achat au compte de la masse d'entretien aux colonies.

Mandatement des dépenses.

14 janv. 1869 Règl. financier. Colonies, art. 101 à 113, vol. spl.

3 avril 1869 Règl. financier. Guerre, art. 124 à 136, et inst. du 30 juillet 1903, *B. G.*, E. M., vol. 24.

Mandats d'amener.

9 juin 1857 Code de justice militaire, art. 105, *B. G.*, E. R., vol. 56.

Mandats de comparution.

9 juin 1857 Code de justice militaire, art. 105, *B. G.*, E. R., vol. 56.

Mandats de dépôt.

9 juin 1857 Code de justice militaire, art. 105, *B. G.*, E. R., vol. 56.

29 juill. 1899 Mandats de dépôt à délivrer contre les militaires en état d'arrestation, *B. G.*, E. M., vol. 59-4, p. 79.

Mandats de solde.

22 juin 1847 Ord., art. 297. Mandats individuels pour les officiers sans troupe et en non-activité, vol. spl.

21 juin 1880 Circ. Les officiers sans troupe sont payés sur états collectifs émargés, *B. M.*, p. 1114.

26 mai 1904 Décret sur la solde et les revues des T. C. en France, art. 23, 27, 28, 30, 31. Mandats de solde individuels des officiers sans troupes, employés militaires, officiers en non-activité, *B. G.*, vol. spl., T. C., p. 81 et suiv.

Mandats-poste.

(Voir : *Vaguemestres.*)

28 oct. 1862 Mesures de précautions à prendre pour la remise des mandats-poste aux destinataires, *B. M.*, p. 370; *B. M.* R., p. 362.

14 déc. 1889 Note. Conditions dans lesquelles s'effectuera le paiement des mandats adressés à des militaires voyageant isolément, *B. G.*, E. M., vol. 85, p. 279.

30 janv. 1907 Loi de finances, art. 31 à 34. Délais de prescription réduits de trois à un an, *B. C.*, p. 42.

20 janv. 1908 Circ. Paiement aux colonies des mandats-poste adressés en France et en Algérie à des militaires et marins, *B. G.*, p. 58.

Mandats sur le Trésor.

(Voir : *Envois de fonds.*)

20 avril 1883 Circ. Visa par le chef du service administratif aux colonies des demandes de mandats sur le Trésor, *B. M.*, p. 639.

18 août 1883 Circ. Les mandats à délivrer aux officiers, fonctionnaires et agents en service aux colonies ne peuvent excéder le tiers des émoluments des intéressés, *B. M.*, p. 214.

8 nov. 1901 Circ. relative à la délivrance aux colonies de mandats sur le Trésor aux officiers et fonctionnaires métropolitains.

3 mars 1902 Circ. Délivrance des mandats sur le Trésor, *B. C.*, p. 237.

6 déc. 1903 Règl. sur l'administration et la comptabilité des T. C. en France, art. 109, *B. G.*, vol. spl., T. C., p. 40.

9 févr. 1904 Circ. (finances), autorisant les trésoriers-payeurs des colonies à payer à présentation les mandats sur le Trésor émis d'une colonie sur une autre pour le service des corps de troupe, *B. C.*, p. 256; et circ. (colonies), du 5 mars 1904, *B. C.*, p. 255.

Mandats télégraphiques.

20 août 1892 Remise des avis d'arrivée de mandats télégraphiques destinés à des militaires. Enregistrement par l'adjudant de semaine, *B. G.*, E. R., vol. 78, p. 651; appliqué aux troupes de la marine; circ. du 22 janvier 1898, *B. M.*, p. 74.

6 déc. 1903 Achat au compte de la masse générale d'entretien des carnets d'enregistrement des avis d'arrivée de mandats télégraphiques, *B. G.*, vol. spl., T. C., p 225.

Mangeoires.

6 juill. 1899 Description, *B. G.*, E. R., vol. 51 *bis*, p. 58.

16 oct. 1903 Description, *B. C.*, vol. spl., p. 993.

Manifestations politiques.

(Voir : *Discipline générale.*)

8 févr. 1889 Les manifestations politiques sont formellement interdites aux militaires, *B. G.*, E. M., vol. 31, p. 79.

Manœuvres.

18 févr. 1895 Inst. générale sur les manœuvres, *B. G.*, E. M., vol. 55-3; modif., art. 10, 69 à 71, 79; annexes 9 et 11; 29 mars 1906, *B. G.*, p. 441; 20 juillet 1906, *B. G.*, p. 912; 14 janvier 1907, *B. G.*, p. 38; 10 décembre 1907, *B. G.*, p. 1855.

8 avril 1903 Circ. Achat au compte de la masse générale du nouveau règlement de manœuvres, *B. C.*, p. 350.

21 juill. 1903 Circ. Envoi aux manœuvres d'automne des sous-lieutenants de l'artillerie coloniale, sortant de l'Ecole polytechnique, *B. G.*, p. 1121; *B. G.*, E. M., vol. 55-1, p. 166.

3 déc. 1904 Règl. sur les manœuvres de l'infanterie; err., art. 221, *B. G.*, 1905, p. 232; err. art. 13, *B. G.*, 1906, p. 1397.

16 oct. 1905 Circ. Renseignements à fournir sur les officiers qui, pour raisons de santé, n'ont pu prendre part aux manœuvres, *B. G.*, p. 1558.

Manteau.

30 sept. 1903 Description des uniformes, *B. G.*, vol. spl., T. C.

Art. 8. Manteau en drap des officiers montés.
98. Manteau en caoutchouc.
273. Manteau des hommes montés de l'artillerie coloniale.

Marches.

(Voir : *Exercices de nuit.* — *Hygiène.*)

20 oct. 1892 Service intérieur, inf., art. 269. Exercices de marche, *B. G.*, E. R., vol. 78.

28 mai 1895 Service en campagne, art. 45 et suiv., *B. G.*, E. M., vol. 76.

Marchés.

(Voir : *Achats sur factures.* — *Adjudications.* — *Cautionnements.* — *Chauffage.* — *Enregistrement.* — *Oppositions.* — *Ordinaires.* — *Timbre.* — *Vin.*)

1° *Dispositions générales.*

28 févr. 1872 Loi. Enregistrement des marchés, *B. G.*, E. M., vol. 25, p. 232.

18 nov. 1882 Décret relatif aux adjudications et marchés passés au nom de l'Etat, *B. C.*, 1899, p. 1149; *B. G.*, E. M., vol. 25; p. 5.

4 juin 1888 Décret fixant les conditions à remplir par les sociétés d'ouvriers français pour pouvoir soumissionner les travaux et fournitures faisant l'objet des adjudications de l'Etat, *B. C.*, 1899, p. 1157; *B. G.*, E. M., vol. 25, p. 186; appliqué à la Martinique, décret du 30 décembre 1901, *B. C.*, p. 1173; appliqué à la Guadeloupe, décret du 23 juin 1903, *B. C.*, p. 573.

2° *Dispositions spéciales au département de la guerre.*

(Voir : *Analyses chimiques.* — *Commission des cahiers des charges et marchés.*)

27 sept. 1828 Dép. Il ne doit être inséré dans les marchés aucune clause qui tendrait à dispenser les entrepreneurs et fournisseurs des différents services de matériel de la guerre de l'obligation de payer patente, *B. G.*, E. M., vol. 25, p. 167.

15 avril 1870 Exemption du timbre des copies de cahiers des charges, des extraits de marchés, etc., mis à l'appui des ordonnances et mandats de paiement, *B. G.*, E. M., vol. 25, p. 233.

22 avril 1881 Note relative au timbre des marchés, *B. G.*, E. M., vol. 25, p. 234.

Marchés (*suite*).

10 nov. 1883 Note. Notification des décisions concernant l'approbation des marchés, *B. G.*, E. M., vol. 25, p. 225.

10 sept. 1885 Circ. Pénalités pour retard dans l'exécution des marchés et la production des titres de créances, *B. G.*, E. M., vol. 25, p. 227.

16 avril 1887 Note. Renseignements à fournir par les ordonnateurs sur les mandats délivrés pour le paiement des fournitures et travaux en vertu de marchés ou d'adjudications, *B. G.*, E. M., vol. 25, p. 234.

25 nov. 1893 Note. Marchés à passer par les corps de troupe et dont la valeur excède 20.000 francs, *B. G.*, E. M., vol. 25, p. 227.

13 oct. 1894 Note. Enregistrement des marchés passés par les corps de troupe, *B. G.*, E. M., vol. 25, p. 239.

14 juin 1899 Circ. Approbation des marchés, *B. G.*, E. M., vol. 25, p. 221; modif. 21 janvier 1907 ci-après.

10 août 1899 Décret sur les conditions du travail dans les marchés passés au nom de l'Etat, *B. G.*, E. M., vol. 25, p. 278; inst. pour l'application, 21 août 1899, *B. G.*, E. M., vol. 25, p. 280; complément à l'inst., 3 octobre 1899, *B. G.*, E. M., vol. 25, p. 287; circ. du 11 décembre 1899, *B. G.*, E. M., vol. 25, p. 290.

26 avril 1901 Circ. fixant les règles relatives à la préparation, à la passation et à l'exécution des marchés pour les troupes coloniales, *B. G.*, E. M., vol. 25, p. 301.

24 mai 1901 Circ. Les frais d'impression des marchés concernant les T. C. sont considérés comme moyens de publicité et restent à la charge de l'Etat, *B. G.*, E. M., vol. 25, p. 303.

18 nov. 1901 Circ. Admission des sociétés d'ouvriers français aux adjudications du département de la guerre, *B. G.*, p. 1207; *B. G.*, E. M., vol. 25, p. 188.

15 avril 1902 Circ. Toutes les modifications apportées aux textes primitifs des marchés doivent être approuvées par les parties contractantes, il ne doit pas exister de surcharges, *B. G.*, E. M., vol. 25, p. 168.

7 sept. 1902 Circ. Les marchés concernant les T. C. doivent prévoir le minimum et le maximum de la fourniture, *B. G.*, E. M., vol. 25, p. 303.

6 oct. 1902 Circ. Application des dispositions concernant les conditions du travail dans les marchés passés au nom de l'Etat, *B. G.*, E. M., vol. 25, p. 300.

16 févr. 1903 Cahier des clauses et conditions générales imposées aux titulaires de tous les marchés du département de la guerre. (Travaux de constructions militaires exceptés.) *B. G.*, E. M., vol. 25, p. 67; addition à l'art. 28, 22 octobre 1906, *B. G.*, p. 1367; art. 44, abrogé 4 juillet 1907 ci-après.

15 juin 1903 Inst. pour la passation des marchés du département de la guerre (travaux de constructions militaires exceptés), *B. G.*, E. M., vol. 25, p. 92; interprétation, art. 16 et 38, circ. *B. G.*, p. 1505; err., *B. G.*, p. 1563; modif., art. 12 et 13, 23 mai 1904, *B. G.*, p. 631; art. 16, 12 décembre 1904, *B. G.*, p. 1828; art. 26, 13 octobre 1906, *B. G.*, p. 1339; addition art. 38, 11 juin 1907, *B. G.*, p. 738; addition art. 12, 16 juin 1907, *B. G.*, p. 791.

4 juill. 1903 Circ. Il ne doit pas être donné communication des prix auxquels ont été adjugées les fournitures à faire au département de la guerre, *B. G.*, E. M., vol. 25, p. 181.

6 déc. 1903 Décret. Administration et comptabilité des T. C. en France, art. 12 et 13, et annexe C. Marchés à passer par les corps de troupe, *B. G.*, vol. spl., T. C.

30 mai 1904 Circ. Application des dispositions du décret du 10 août 1899, sur les conditions du travail aux marchés passés avec les premiers ouvriers des corps lorsque ceux-ci peuvent recourir à la main-d'œuvre civile, *B. G.*, p. 643.

27 août 1904 Circ. Imputation des pénalités pour retards dans l'exécution des marchés, *B. G.*, p. 1341.

23 févr. 1905 Circ. Il est interdit aux cantinières de prendre part aux adjudications, *B. G.*, p. 142.

22 avril 1905 Règl. sur les ordinaires, art. 24 à 32. Passation des marchés, *B. G.*, E. M., vol. 7, p. 22.

21 janv. 1907 Circ. relative à la préparation des cahiers des charges, *B. G.*, p. 47.

21 janv. 1907 Circ. relative à la préparation et à la passation des marchés, *B. G.*, p. 49.

21 janv. 1907 Circ. rappelant les divers services de la guerre à l'exécution stricte des dispositions du décret du 10 août 1899 sur les conditions du travail dans les marchés passés au nom de l'Etat, *B. G.*, p. 52.

Marchés (*suite*).

1 janv. 1907 Circ. Mesures à prendre, en application du décret du 4 juin 1888, pour faciliter aux sociétés d'ouvriers français l'accession aux marchés de travaux ou de fournitures du Département de la guerre, *B. G.*, p. 54.

8 févr. 1907 Inst. Marchés pour la fourniture de combustibles et de matières de chauffage et d'éclairage. Art. 14, marchés régionaux; art. 15, marchés de garnison; art. 16, marchés spéciaux pour les fournitures de gaz et d'énergie électrique et annexe IV, *B. G.*, E. M., vol. 5, p. 111 et suiv.

4 juill. 1907 Circ. Suppression dans les cahiers des charges des clauses concernant la consignation d'office des sommes dues aux entrepreneurs et frappées de saisies-arrêt ou d'opposition, *B. G.*, p. 840.

6 sept. 1907 Circ. relative aux propositions de passation de marchés par défaut, *B. G.*, p. 1397.

5 avril 1908 Circ. Mesures destinées à favoriser l'agriculture et l'industrie nationales dans les adjudications et marchés du département de la guerre, *B. G.*, p. 487.

4 mai 1908 Circ. Interdiction aux officiers et sous-officiers en congé en attendant la liquidation de leur pension de prendre part aux adjudications et marchés de la guerre, *B. G.*, p. 669.

3° *Dispositions particulières au département des colonies.*

22 juin 1847 Ord. modif. le 14 janvier 1879, art. 582. Passation des marchés ou abonnements par les corps de troupe, vol. spl.; et circ. du 29 décembre 1894, *B. M.*, p. 905.

30 janv. 1850 Il ne doit être fait aucune addition ni rectification sur les expéditions des marchés qu'elle ne soit approuvée par tous les signataires, *B. M.*, p. 92; *B. M.*, R., p. 306.

12 févr. 1890 Circ. Interdiction d'insérer dans les marchés passés aux colonies des clauses ayant pour objet des paiements à effectuer en traites du Trésor, *B. C.*, p. 272.

13 oct. 1896 Circ. Marchés passés dans les colonies et dont l'exécution nécessite le concours de l'administration centrale, *B. C.*, p. 552.

26 nov. 1898 Décret. Application aux colonies des art. 1 à 4, 13 à 15, 17, 18, 20 à 25, 27 et les §§ 1 et 2 de l'art. 19 du décret du 18 novembre 1882 relatif aux adjudications et marchés à passer pour le compte de l'Etat, *B. C.*, p. 723; *B. C.*, 1899, p. 1156; *B. M.*, 1899, p. 47.

7 juill. 1899 Conditions générales pour les fournitures de toute espèce à exécuter en vertu de marchés passés en France, *B. C.*, p. 1113.

Art. 1 à 17. Dispositions générales applicables à tous les marchés.
18 à 34. Dispositions spéciales aux marchés passés par adjudication publique.
35 à 37. Dispositions spéciales aux marchés de gré à gré et aux achats sur facture. Art. 36, modif. 4 avril 1907, *B. C.*, p. 237.
38 à 63. Exécution du service. Recettes. Paiements; art. 40, § 3 modif. 18 décembre 1903, *B. C.*, p. 1229.
64 à 78. Application des clauses de garantie.

10 sept. 1900 Circ. Envoi dans les colonies des exemplaires des marchés passés dans les ports de commerce de la métropole, *B. C.*, p. 894.

13 mars 1903 Loi relative à l'enregistrement des marchés passés par le Ministre des colonies pour le compte des budgets locaux, *B. C.*, p. 191.

16 oct. 1903 Règl. sur les directions d'artillerie coloniales, *B. C.*, vol. spl., p. 87 et suiv.

Art. 75. Travaux à l'entreprise.
76. Marchés sur devis.
77. Marchés à forfait.
78. Marchés sur séries de prix.
145 à 149. Achats sur place.

16 oct. 1903 Inst. Fixation des clauses et conditions générales imposées aux entrepreneurs de travaux de constructions militaires aux colonies, *B. C.*, vol. spl., p. 589.

16 oct. 1903 Inst. Préparation des marchés de travaux à l'entreprise par les établissements de l'artillerie aux colonies, *B. C.*, vol. spl., p. 617.

25 mars 1905 Circ. prescrivant de réduire en France le nombre des traités de gré à gré, *B. C.*, p. 433.

Marchés (*suite*).

21 avril 1906 Inst. relative aux marchés passés par les corps de troupe stationnés aux colonies, y compris ceux de la gendarmerie coloniale (à l'exception des marchés passés pour le compte des ordinaires ou des achats d'animaux pour le compte de la masse de remonte), *B. C.*, p. 384; et circ. du même jour, *B. C.*, p. 383.
11 déc. 1906 Règl. sur les ordinaires, art. 17, 18. Passation des marchés. Achats, *B. C.*, p. 1166.
23 mars 1908 Inst. sur le service de l'intendance aux colonies, art. 65 et suiv.

Maréchal des logis.

(Voir : *Vaguemestres.*)

20 oct. 1892 Service intérieur. Artillerie, *B. G.*, E. R., vol. 78.

Art. 155. Maréchal des logis chef mécanicien et garde du parc.
156. — trompette.
166. — chargé de la bibliothèque et des écoles.
167. — chargé de l'infirmerie régimentaire.
168. — chargé de l'infirmerie vétérinaire.
169. — chargé de la remonte.
170. — garde magasin.
171. — maître sellier.
194. Fonctions des maréchaux des logis.
195 à 201. Maréchal des logis chef de pièce.
202 à 212. — de semaine.
214 à 216. — fourrier.

Maréchal des logis chef.

20 oct. 1892 Service intérieur Artil., art. 182 à 193, *B. G.*, E. R., vol. 78.
6 déc. 1903 Règl. sur l'administration et la comptabilité des T. C. en France.
Art. 74. Tenue des écritures des batteries.
133. Perception du prêt, *B. G.*, vol. spl., T. C., p. 26 et 52.

Maréchaux ferrants.

(Voir : *Gratifications.*)

20 oct. 1892 Service intérieur, Artil., art. 182; 193, *B. G.*, E. R., vol. 78.

Inf., art. 261. Aide-maréchal ferrant.
Artil., art. 246. Maréchaux ferrants. Nomination. Service.

1er sept. 1897 Arr. Recrutement des maîtres maréchaux ferrants des régiments d'artillerie de la marine, *B. M.*, p. 289; programme d'examen pour l'obtention du brevet de maître maréchal ferrant, *B. M.*, p. 291.
8 mars 1905 Manuel de maréchalerie.
8 mars 1905 Arr. Recrutement des maîtres maréchaux ferrants et organisation de l'école de maréchalerie de Saumur, *B. G.*, p. 1517; modif., 25 février 1906, *B. G.*, p. 306; 11 novembre 1907 ci-après.
31 janv. 1907 Circ. relative à l'amélioration de la situation des maréchaux ferrants. Prime mensuelle au compte de la masse de harnachement et de ferrage : brigadiers non abonnataires, 7 fr. 50; premiers aides rengagés ou commissionnés, 6 francs, *B. G.*, p. 92; appliquée aux T. C., 4 juillet 1907, *B. G.*, p. 939.
11 nov. 1907 Circ. relative aux cours de maréchalerie de Saumur, *B. G.*, p. 1660.
10 févr. 1908 Service courant, art. 202. Désignation d'élèves maréchaux pour l'école de maréchalerie, *B. G.*, E. M., vol. 74.
25 févr. 1908 Circ. relative au recrutement et à l'instruction des maréchaux ferrants des troupes non montées, *B. G.*, p. 295.

Mariage.

(Voir : *Etat civil.* — *Gendarmerie.*)

16 juin 1808 Décr. concernant le mariage des militaires en activité de service, *B. M.*, R., p. 297 ; *B. G.*, E. R., vol. 28, p. 99 ; appliqué aux troupes de la marine par décret du 3 août 1808, *B. M.*, R., p. 299.

29 avril 1836 Déc. Adoption d'un avis du Conseil d'Etat sur l'application à faire aux sous-officiers qui se marient sans permission des dispositions du décret du 16 juin 1808, *B. M.*, R., p. 306 ; *B. G.*, E. R., vol. 28, p. 111.

3 juill. 1840 Envoi au département de la guerre des avis de mariage, *B. G.*, E. R., vol. 28, p. 110.

27 janv. 1883 Décret relatif au mariage des Français en Cochinchine, *B. M.*, p. 323. Appliqué au Cambodge, en Annam et au Tonkin, décret du 27 janvier 1890, *B. C.*, p. 124.

28 nov. 1890 Modèle du certificat de mariage à adresser au Ministre de la guerre, *B. G.*, E. R., vol. 28, p. 111.

18 oct. 1891 Décr. Mariage des Français en Océanie, *B. C.*, p. 701.

13 févr. 1899 Note. Mariage sans autorisation des hommes de l'armée active en congé de réforme temporaire, *B. G.*, p. 72 ; *B. G.*, E. R., vol. 28, p. 150, et inst. du 19 février 1906, art. 48, *B. G.*, p. 219.

1er oct. 1900 Circ. Conditions de mariage des officiers, *B. G.*, p. 1577.

7 nov. 1900 Circ. Conditions de mariage des sous-officiers, *B. G.*, p. 1870 ; modif. 11 décembre 1907, *B. G.*, p. 1759.

30 janv. 1902 Circ. Les permissions de mariage accordées par les conseils d'administration sont valables pendant six mois à partir de leur date, sauf renouvellement sur la demande du titulaire, *B. G.*, p. 77.

7 mars 1902 Circ. complétant celle du 1er octobre 1900. Recours à la gendarmerie pour obtenir des renseignements, *B. G.*, p. 251.

2 oct. 1902 Circ. Conditions du mariage des officiers et hommes de troupe des T. C., *B. G.*, p. 190 ; addition 9 mars 1904, *B. G.*, p. 271 ; mariage des stagiaires d'artillerie coloniale ; modif. 11 décembre 1907, *B. G.*, p. 1849.

22 nov. 1902 Circ. Les certificats de mariage des officiers appartenant à un corps de troupe doivent être conformes au modèle annexé à la circ. du 3 juillet 1840 et être revêtus de la signature des membres du conseil d'administration, *B. G.*, p. 2185.

23 déc. 1903 Arr., art. 7. Mention sur les relevés de services matricules, etc., *B. G.*, E. M., vol. 10, p. 59.

21 mars 1905 Loi, art. 48. Les hommes de la réserve de l'armée active peuvent se marier sans autorisation, *B. G.*, p. 263 ; *B. C.*, p. 359 ; *B. G.*, E. M., vol. 68-1, p. 26.

16 nov. 1905 Circ. Les jeunes soldats devront demander l'autorisation pour contracter mariage à partir du 1er octobre de l'année d'incorporation, *B. G.*, p. 1714.

2 oct. 1906 Circ. Autorisation de mariage des officiers. Consentement des ascendants, *B. G.*, p. 1303.

Marins indigènes.

1° *Annam et Tonkin.*

26 mai 1895 Décr. Organisation, *B. C.*, p. 509 ; *B. M.*, p. 912, et arrêté du 26 mai 1895, *B. C.*, p. 513 ; *B. M.*, p. 917.

29 avril 1901 Déc. prés. Supplément de solde aux marins indigènes lorsqu'ils servent à bord des bâtiments qui naviguent en dehors des pays de l'Indo-Chine, *B. M.*, p. 1004.

2° *Cochinchine.*

5 juin 1892 Décr. Organisation, *B. C.*, p. 468 ; *B. M.*, p. 737, et arrêté du même jour, *B. C.*, p. 474 ; *B. M.*, p. 743.

9 avril 1901 Déc. prés. Supplément de solde aux marins indigènes lorsqu'ils servent à bord des bâtiments qui naviguent en dehors des pays de l'Indo-Chine et modification aux conditions d'obtention de la qualité de mécanicien par les chauffeurs indigènes, *B. M.*, p. 1004.

Marins indigènes (*suite*).

3° *Sénégal.*

25 août 1886 Décr. Réorganisation, *B. M.*, p. 335; modif. art. 7 et 11, 6 janvier 1890, *B. M.*, p. 8; *B. C.*, p. 75; art. 10, 19 juin 1891, *B. C.*, p. 455; *B. M.*, p. 979; art. 1 et 10, 21 mars 1895, *B. C.*, p. 330; *B. M.*, p. 547, et arrêté du 25 août 1886, *B. M.*, p. 349; modif. 14 décembre 1890, *B. C.*, p. 1226; *B. M.*, p. 779; circ. du 15 septembre 1886, *B. M.*, p. 332, et 15 janvier 1890, *B. C.*, p. 74.

Marmites de campement.

15 janv. 1905 Description, art. 30. Marmite pour 4 hommes. Art. 31, marmite de peloton, *B. G.*, E. M., vol. 53, p. 41; art. 30 modif. 2 avril 1908, *B. G.*, p. 751.

Marquage.

(Voir : *Boîte à marques.* — *Harnachement*, 28 octobre 1901.)

22 juin 1847 Ord., art. 781, 782, 784. Marques à apposer sur les effets du service de l'habillement, vol. spl.; et inst. du 8 novembre 1847, § 16, *B. M.*, R., p. 737.

26 nov. 1897 Circ. Les marques en cuivre sont substituées aux marques en caoutchouc pour le marquage des effets dans les corps de troupe de la marine, *B. M.*, p. 654.,

16 oct. 1903 Règl. sur les directions d'artillerie coloniales, art. 103. Marque des outils, *B. C.*, vol. spl., T. C., p. 101.

6 déc. 1903 Règl. sur l'administration des T. C. en France, *B. G.*, vol. spl., T. C.

Art. 166. Marquage des effets de harnachement.
228. Marquage des effets, objets et animaux.
Annexe B. Instruction sur la réception des matières et objets.
Marques à apposer par les entrepreneurs.
— des commissions de réception.
— à apposer à la vérification.
Annexe F. Marquage des instruments de musique, outils, clairons, plaques d'identité par le chef armurier au compte de la masse générale.
Annexe G. Achat au compte de la masse de harnachement des ustensiles nécessaires au marquage des effets de harnachement.

3 août 1904 Inst. sur la remonte aux colonies, art. 28. Marquage des animaux, *B. C.*, p. 944.

5 nov. 1904 Forme des marques et nature des encres qui doivent être employées pour le marquage des effets et objets du service du couchage et de l'ameublement, *B. G.*, vol. spl., T .C.

9 déc. 1904 Inst. sur le harnachement aux colonies, art. 16. Marquage des effets. Notice I. Achat au compte de la masse des ustensiles pour le marquage, *B. C.*, p. 1258 et 1280.

15 janv. 1905 Inst. sur le marquage des divers effets de campement, *B. G.*, E. M., vol. 53, p. 155.
Inst. sur le marquage des taches sur les couvertures de couchage, *B. G.*, E. M., vol. 53, p. 161.
Inst. sur le marquage des demi-couvertures dont le poids est inférieur à 1 kil. 200, *B. G.*, E. M., vol. 53, p. 162.
Inst. sur le marquage des couvertures de campement hors modèle, *B. G.*, E. M., vol. 53, p. 163.

28 déc. 1905 Règl., art. 49. Interdiction d'apposer des marques sur les armes aux colonies.

8 févr. 1907 Inst., art. 29. Marquage des appareils et objets divers de chauffage et d'éclairage, *B. G.*, E. M., vol. 5, p. 126.

Marques de respect.

7 févr. 1876 Décr. qui règle les marques extérieures de respect dues aux militaires décorés de la médaille militaire, *B. G.*, E. R., vol. 75, p. 183.

4 oct. 1891 Service des places, art. 309. Salut, *B. G.*, E. R., vol. 75.

0 oct. 1892 Service intérieur : Inf., art. 217 à 221 ; Artil., art. 252 à 256, *B. G.*, E. R., vol. 78 ; rappelé par circ. du 22 avril 1905, *B. G.*, p. 557.

2 déc. 1892 Circ. Marques de respect entre les officiers à bord des paquebots et bâtiments affrétés, *B. M.*, p. 623 ; *B. C.*, p. 821.

1 juill. 1898 Circ. relative à l'observation des prescriptions concernant les marques extérieures de respect, *B. G.*, E. R., vol. 78, p. 763.

Marques distinctives.

0 sept. 1903 Description des uniformes, art. 410 et 411, *B. G.*, vol. spl., T. C., p. 22.

Martinet.

0 sept. 1903 Description des uniformes, art. 456, *B. G.*, vol. spl., T. C., p. 282.

Masses.

2 juin 1847 Ord., art. 372, 373. Paiement des masses, vol. spl.

8 avril 1903 Circ. Situations trimestrielles à fournir au département des colonies *B. C.*, p. 359.

6 déc. 1903 Règl. sur l'administration et la comptabilité des T. C. en France. Art. 143 à 149, Généralités sur les masses, *B. G.*, vol. spl., T. C., p. 57.

9 déc. 1903 Décr. sur la solde des T. C. aux colonies, art. 17, *B. C.*, 1904, p. 400.

6 mai 1904 Décr. sur la solde des T. C. en France, art. 17, *B. G.*, vol. spl., T. C., p. 66.

9 janv. 1908 Comptabilité et régularisation des perceptions faites par les corps de troupe au titre des diverses masses, *B. C.*, p. 64, complétée *B. C.*, p. 167.

Masse de casernement.

(Voir : *Masses.*)

3 mars 1899 Règl. sur le casernement en France, art. 102 à 122, *B. G.*, E. R., vol. 51.

8 janv. 1907 Décr. créant une masse de casernement dans les corps de troupe de toutes armes aux colonies, *B. C.*, p. 13 et inst. du 20 janvier 1907, *B. C.*, n° 1 *bis*, modif. 20 janvier 1908, *B. C.*, p. 147.

Masse de chauffage et d'éclairage.

(Voir : *Chauffage et éclairage.*)

8 févr. 1907 Décr. Art. 1 à 7, *B. G.*, E. M., vol. 5, p. 13. Nomenclature des dépenses à la charge de la masse, p. 99. Inst. du 8 février 1907, art. 113 à 117. Paiement, régularisation et liquidation des allocations, *B. G.*, E. M., vol. 5, p. 191 ; err. mod. 19, *B. G.*, 1908, p. 72 ; mod. 12, modif. 26 janvier 1908, *B. G.*, p. 87.

Masse de couchage et de l'ameublement.

er juill. 1902 Décr. créant une masse de couchage et de l'ameublement dans les T. C. et fixant le taux des primes journalières de cette masse, *B. G.*, p. 401.

5 nov. 1904 Inst. provisoire sur le service du couchage et de l'ameublement dans les T. C., art. 4 à 12, *B. G.*, vol. spl., T. C. ; erratum, *B. G.*, p. s., 1904, p. 1121.

Notice A. Primes à la masse.

— B. Réparations et imputations à la charge des corps. Tarif des réparations aux couchettes en usage dans les T. C.

— C. Imprimés à la charge de l'Etat et imprimés à la charge de la masse.

— D. Tableau des objets d'ameublement à la charge de la masse.

Masse de ferrage et de harnachement.

(Voir : *Harnachement.*)

1° *France.*

6 déc. 1903 Règl. sur l'administration et la comptabilité des T. C. en France, art. 157 à 171, *B. G.*, vol. spl., T. C., p. 63.

Annexe G. Dispositions relatives à la masse de harnachement
Nomenclature des dépenses, *B. G.*, vol. spl., T. C., p. 230.
Tarif des allocations, *B. G.*, vol. spl., T. C., p. 303.

2° *Colonies.*

(Voir : *Masses.*)

9 déc. 1904 Décr. Création de la masse de ferrage et d'entretien du harnachement dans les corps de troupe de toutes armes et les dépôts de remonte aux colonies, *B. C.*, p. 1250.

9 déc. 1904 Inst. portant règlement pour l'application du décret ci-dessus, *B. C.*, p. 1253.

Art. 1. Dépenses de la masse.
2. Allocations et recettes.
3. Primes journalières et abonnements.
4. Vente des fumiers, des dépouilles et du matériel réformé.
5. Secours à la masse.
6. Mesures à prendre en cas de modification à la constitution ou à l'effectif du corps.
7. Gestion de la masse.
8. Répartition éventuelle entre les fractions des corps.
9. Payement de la masse.
10. Comptabilité.
59. Animaux en subsistance.
63. Recette du matériel.
64. Réforme.
68 - 69. Comptes de la masse.
73. Compte d'emploi.

Notice 1. Nomenclature des principales dépenses incombant à la masse Addition du 12 octobre 1905, *B. C.*, p. 1090.
— 2. Modèle du cahier des charges pour la vente des fumiers.
— 3. Vente des dépouilles des chevaux et mulets morts ou abattus.

9 déc. 1904 Circ. Notification du décret et de l'inst. du 9 décembre 1904, *B. C.*, p. 1249.

5 juin 1905 Circ. Imputation à la masse des salaires des manœuvres et coolies employés dans les écuries et à l'entretien du harnachement. *B. C.*, p. 664.

29 août 1907 Circ. Taux d'abonnement à la masse, *B. C.*, p. 637.

Masse d'entretien.

(Voir : *Masse générale d'entretien*, § 2°.)

Masse d'entretien de l'armement.

(Voir : *Masses.*)

28 déc. 1905 Décr. créant la masse d'entretien de l'armement dans les corps de troupe de toutes armes aux colonies, *B. C.*, p. 1318.

28 déc. 1905 Règl. sur le service de l'armement aux colonies, art. 1 à 14; modif. 11 mai 1907, *B. C.*, p. 326.

27 mars 1908 Circ. La prime mensuelle d'entretien de l'armement est portée à 0 fr. 15 par homme à partir du 1er mars 1908, *B. C.*, p. 263.

Masse d'alimentation et de ravitaillement.

(Voir : *Masses, Ordinaires.*)

25 nov. 1904 Inst. sur la masse de ravitaillement, *B. C.*, p. 1171; modif.: 11 décembre 1906, *B. C.*, p. 1155; 8 juillet 1907, *B. C.*, p. 491.

Masse d'alimentation et de ravitaillement (*suite*).

Art. 1. Objet de la masse.
2. Constitution de la masse.
3 à 5. Recettes et dépenses du fonds de ravitaillement.
6 à 9. Règles d'allocation et de paiement des prestations de la masse.
10 à 12. Complet réglementaire du fonds de ravitaillement.
13 - 14. Bonis trimestriels.
15 à 19. Moyens de ravitaillement.
20 à 25. Achats, marchés et cessions.
26 à 30. Approvisionnements en magasin.
31. Matériel et animaux.
32 à 34. Destination du matériel provenant d'unités, de détachements ou de postes supprimés.
35 à 40. Condamnation de denrées ou de matériel. Réforme des animaux.
41 - 42. Action du commandant supérieur des troupes.
43 à 46. Action du conseil d'administration, du chef de corps, des chefs de bataillon ou d'escadron et du major.
47 à 53. Action des commandants de compagnie ou de détachements.
54 à 64. Ecritures et comptes des détachements et des compagnies.
65 - 66. Ecritures et vérifications hors de la compagnie.
67 à 70. Surveillance administrative.

5 nov. 1904 Circ. Instructions pour l'application du décret et de l'instruction ci-dessus, *B. C.*, p. 1159.

5 juin 1905 Circ. Salaires de manœuvres et de coolies à imputer à la masse, *B. C.*, p. 604.

1 déc. 1906 Décr. créant une masse d'alimentation et de ravitaillement dans les corps de troupe stationnés aux colonies, *B. C.*, p. 1151.

1 déc. 1906 Circ. Notification des règlements relatifs à la masse d'alimentation et de ravitaillement, et à l'ordinaire des corps de troupe aux colonies en date du 11 décembre 1906, *B. C.*, p. 1146.

Masse de remonte.

(Voir : *Masses.*)

3 août 1904 Décret, art. 3. Création dans les corps de troupe et dépôts de remonte aux colonies, *B. C.*, p. 926.

3 août 1904 Inst. sur le service de la remonte aux colonies, *B. C.*, p. 936.

Art. 38-39. Recettes de la masse.
40. Mode de paiement des allocations.
41. Administration de la masse.
42. Dépenses à la charge de la masse.
43. Justification des dépenses.
44. Compte d'emploi.

9 août 1907 Circ. Taux d'abonnements à la masse de remonte, *B. C.*, p. 637.

Masse des écoles.

(Voir : *Ecoles régimentaires. — Fonds éventuels.*)

1° *France.*

1 janv. 1902 Déc. prés. créant la masse des écoles dans les T. C. qui ont des écoles régimentaires, *B. G.*, p. 156.

1er nov. 1902 Décret. Organisation du service du parc d'instruction dans les corps d'artillerie coloniale; art. 4. Dépenses imputables à la masse des écoles, *B. G.*, p. 2122; et inst. du 4 novembre 1902, art. 11, 12 à 15, *B. G.*, p. 2124; *B. G.*, E. M., T. C., vol. 3, p. 114 et suiv.

Masse des écoles (*suite*).

2 mars 1903 Déc. prés. Taux des allocations à la masse des écoles dans les corps de troupe des T. C., *B. G.*, p. 285.

2 mars 1903 Inst. relative au fonctionnement de la masse des écoles dans les T. C., *B. G.*, p. 287.

29 mai 1903 Décret et inst. relatifs à la masse des écoles, *B. G.*, E. M., vol. 2; err., *B. G.*, 1903, p. 993; modif. à l'inst., 13 juin 1905, *B. G.*, p. 836; décret art. 2 et 12 modif. 27 janv. 1908, *B. G.*, p. 115; inst. modif. 27 janv. 1908, *B. G.*, p. 117.

6 déc. 1903 Règl. sur l'administration et la comptabilité des T. C., art. 172 à 175; *B. G.*, vol. spl., T. C., p. 71.

2° *Colonies.*

30 janv. 1908 Les dépenses des écoles sont à la charge de la masse d'entretien aux colonies.

Masse générale d'entretien.

1° *France.*

1er juill. 1901 Circ. Versement, à la masse générale (2e portion), des fonds fixes des troupes coloniales, *B. G.*, p. 207; *B. G.*, vol. spl., T. C., p. 173.

6 déc. 1903 Règl. sur l'administration et la comptabilité, art. 150 à 156, *B. G.*, vol. spl., T. C., p. 59; annexe F, nomenclature des dépenses de la masse, *B. G.*, vol. spl., T. C., p. 224; modif. 11 juin 1905, *B. G*, p. 744; modif. 16 octobre 1907, *B. G.*, p. 1599; tarif des allocations, *B. G.*, vol. spl., T. C., p. 302; modif. 1er févr. 1908, *B. G.*, p. 191.

2° *Colonies.*

(Voir : *Emballages.* — *Masses.* — *Ouvrages.*)

30 janv. 1908 Décr. relatif à la masse d'entretien dans les corps de troupes aux colonies, *J. O.*, 1er février.

Inst. pour l'application du décret ci-dessus.

Art. 1. Masse d'entretien.
3 à 5. Fonctionnement.
6. Dépenses nomenclaturées.
7. Dépenses non nomenclaturées.
8. Classement des dépenses : 1° fanfares; 2° écoles; 3° bureaux; 4° divers.
9 à 11. Fixation des dépenses limites.
12 à 18. Comptabilité.
19. Compte d'emploi.
20. Contrôle.

Nomenclature des dépenses à la charge de la masse d'entretien.

Nomenclature des pièces justificatives à mettre à l'appui du registre-journal des recettes et des dépenses de la masse.

Masse individuelle.

1° *France.*

déc. 1903 Décret sur l'administration et la comptabilité des T. C., *B. G.*, vol. spl., T. C., p. 72 et suiv.

Masse individuelle (*suite*).

Art. 177 à 179. Objet, recettes et dépenses de la masse.
180 à 187. 1res mises et suppléments de 1res mises.
188 à 195. Primes journalières et recettes diverses.
196. Militaires en subsistance.
197. Feuilles de décompte.
198 à 201. Paiement de l'excédent et de l'avoir.
202 à 208. Masse des hommes faisant mutation.
209 à 211. Perceptions et régularisation des sommes acquises à la masse.
212 à 215. Distribution d'effets au compte de la masse.
216 à 223. Imputation au compte de la masse.

Annexe H. Dispositions spéciales au service de l'habillement, *B. G.*, vol. spl., T. C., p. 251.

Tarif des prestations, *B. G.*, vol. spl., T. C., p. 301.

4 oct. 1904 Inst. pour l'application du règl. du 6 décembre 1903, *B. G.*, P. s., p. 986.

Nomenclature des effets dont l'homme doit être pourvu au compte de la masse.

Nomenclature des effets métropolitains emportés par l'homme partant aux colonies.

Nomenclature des effets retirés aux hommes libérés, modif. 11 juin 1905, *B. G.*, p. 744.

3 mai 1905 Circ. Paiement des fonds de masse aux hommes libérés, *B. G.*, p. 679.

2° *Colonies.*

(Voir : *Masses.*)

4 avril 1896 Déc. autorisant la mise à la charge de la masse individuelle des couvre-pieds aux indigènes du régiment de tirailleurs sénégalais, *B. C.*, p. 219.

4 avril 1896 Déc. mettant diverses dépenses à la charge de la masse individuelle du régiment de tirailleurs et des spahis soudanais, *B. C.*, p. 220; modif. 5 août 1905 ci-après.

4 déc. 1898 Dép. Application aux tirailleurs libérés à Madagascar de la circ. du 21 juin 1897, *B. M.*, p. 830; *B. C.*, p. 599; concernant le paiement de la masse aux indigènes libérés du service, *B. C.*, 1899, p. 95.

5 mai 1899 Décret. Taux de la prime journalière d'entretien des tirailleurs malgaches, 0 fr. 15, *B. C.*, p. 650.

1 déc. 1903 Déc. prés. fixant les primes journalières de la masse des troupes sénégalaises de l'Afrique occidentale et de Madagascar: infant., 0 fr. 15; artill., 0 fr. 18; spahis et cavaliers du Congo, 0 fr. 23, *B. C.*, p. 1299.

1er févr. 1904 Circ. Les dépenses de la masse individuelle sont imputables au chapitre Habillement, art. 3, à compter du 1er janvier 1904, *B. C.*, p. 115.

4 févr. 1904 Déc. prés. Première mise à la masse des troupes sénégalaises et malgaches de l'Afrique occidentale et de Madagascar : infanterie, 75 fr.; artillerie, 80 fr.; spahis et cavaliers du Congo, 115 fr., *B. C.*, p. 141; modif. 26 mars 1907 ci-après.

7 nov. 1904 Règl. provisoire sur la masse individuelle des militaires européens dans les corps des T. C., stationnés aux colonies, *B. G.*, P. s., 1905, p. 36; *B. C.*, p. 1100; modif. 30 janvier 1908 ci-après; 18 mars 1908, *B. C.*, p. 232.

Chapitre 1er. Objet de la masse. Recettes. Dépenses.
2. Premières mises et supplément de première mise.
3. Primes journalières et recettes diverses.
4. Militaires en subsistance.
5. Feuilles de décompte.
6. Règlement des masses.
7. Masse des hommes faisant mutation.
8. Perception et régularisation des sommes acquises à la masse.
9. Distribution d'effets au compte de la masse.
10. Imputation au compte de la masse.

Tarif des allocations.

7 nov. 1904 Circ. Application du règl. du 17 novembre 1904, *B. G.*, P. s., 1905, p. 26; *B. C.*, p. 1120.

5 août 1905 Déc. Les frais de transport des effets d'habillement ne seront plus imputés à la masse individuelle du 2e régiment de tirailleurs sénégalais, *B. C.*, p. 890.

Masse individuelle (*suite*).

5 févr. 1906 Déc. prés. Tirailleurs tonkinois, 1re mise, 50 fr.; prime journalière, 0 fr. 09, *B. C.*, p. 119.

16 mai 1906 Déc. prés. fixant les allocations de la masse individuelle des militaires indigènes de l'Indo-Chine, autres que les tirailleurs tonkinois, *B. C.*, p. 497.

5 juin 1906 Circ. Délivrance aux corps de troupe par les magasins centraux de l'habillement d'effets et objets imputables à la masse individuelle, *B. C.*, p. 549.

20 juin 1906 Circ. Imputation à la masse individuelle des frais d'escorte des hommes ramenés à leur corps (européens et indigènes), *B. C.*, p. 573.

21 août 1906 Circ. Régime de l'habillement des infirmiers des T. C. hors cadres, *B. C.*, p. 786.

21 sept. 1906 Circ. Les bulletins de masse des hommes rapatriés doivent être expédiés en France par le même courrier que les intéressés, *B. C.*, p. 866.

5 nov. 1906 Dép. minist. Nomenclature des effets à la charge de la masse individuelle des militaires indigènes de l'Indo-Chine, *B. C.*, p. 1063; modif. 15 février 1908, *B. C.*, p. 186.

26 mars 1907 Déc. prés. Modification au décret du 5 juin 1889. Suppression de la prime journalière de la masse individuelle aux tirailleurs sénégalais et malgaches en position d'absence, *B. C.*, p. 196.

26 mars 1907 Déc. prés. modif. celle du 4 février 1904. Tirailleurs malgaches : première mise, 100 francs; prime journalière, 0 fr. 10; la masse individuelle comprendra la fourniture de literie, *B. C.*, p. 197.

20 juin 1907 Circ. Envoi en France des fonds de masse des militaires rapatriés. *B. C.*, p. 439.

3 oct. 1907 Nomenclature des effets à la charge de la masse individuelle des canonniers et conducteurs indigènes de l'Afrique occidentale française, *B. C.*, p. 703.

21 oct. 1907 Circ. Retenues à exercer sur la masse individuelle des militaires des T. C. rapatriés par anticipation, *B. C.*, p. 721.

1er nov. 1907 Déc. prés. Application du régime de la masse individuelle aux tirailleurs sénégalais, tirailleurs malgaches, artilleurs indigènes en service à Madagascar, *B. C.*, p. 740.

30 janv. 1908 Décr., art. 3. Le budget de l'État est substitué à la masse d'entretien pour tout ce qui concerne les rapports prévus entre cette masse et la masse individuelle par le règlement du 17 novembre 1904, *J. O.*, du 1er février.

Masses occultes.

10 févr. 1908 Service courant, art. 45. Surveillance par les généraux, *B. G.*, E. M., vol. 74.

Matériel d'artillerie.

(Voir : *Directions d'artillerie.*)

26 août 1901 Arr. (guerre, marine, colonies). Fourniture du matériel destiné aux colonies, *B. C.*, p. 827.

16 oct. 1902 Circ. (marine). Régularisation des cessions de matériel d'artillerie faites aux départements de la guerre et des colonies, *B. M.*, p. 346.

16 oct. 1903 Inst. sur la comptabilité du matériel d'artillerie, mis à la disposition des corps de troupe de l'artillerie aux colonies, *B. C.*, vol. spl., p. 1153; modif. 11 mai 1907, *B. C.*, p. 327.

28 déc. 1905 Règl. sur l'armement aux colonies, art. 128. Visite du matériel d'artillerie par l'inspecteur d'armes.

29 juin 1906 Arr. (guerre et colonies) concernant les fournitures de matériel, munitions et matières d'artillerie effectuées par le département de la guerre pour le compte du département des colonies, *B. C.*, p. 606.

18 juill. 1906 Circ. Envoi en France de matériel de guerre destiné à être réparé, *B. C.*, p. 670.

3 oct. 1907 Circ. Attributions des chefs des équipes de réparation de matériel de 75, *B. G.*, p. 1523.

Matières dangereuses.

12 avril 1874 Décret déterminant la nomenclature des matières considérées comme pouvant donner lieu soit à des explosions, soit à des incendies, *B. M.*, p. 144; *B. M. R.*, p. 498.

Matricules.

(Voir : *Agents civils du commissariat. — Engagements volontaires. Livrets matricules.*)

30 mars 1888 Note relative à la tenue du registre matricule des officiers, *B. G.*, E. M., vol. 10, p. 53.

23 sept. 1890 Inst. pour la tenue des matricules des officiers d'infanterie de marine, *B. C.*, p. 1083; *B. M.*, p. 367; modif. 25 août 1899; *B. C.*, p. 1188; *B. M.*, p. 276.

21 sept. 1893 Inst. pour la tenue des matricules des officiers, employés militaires et hommes de troupe de l'artillerie, *B. C.*, p. 677; *B. M.*, p. 364.

5 mai 1894 Circ. Etablissement du feuillet matriculaire des officiers d'artillerie changeant de corps ou de service par le corps qui reçoit l'officier, *B. C.*, p. 406; *B. M.*, p. 555.

17 janv. 1895 Circ. Visa des feuillets matriculaires des officiers par le major, *B. M.*, p. 23.

28 déc. 1898 Inst., art. 14. Immatriculation des officiers de réserve et de l'armée territoriale, *B. G.*, E. R., vol. 72.

13 mars 1900 Circ. Tenue des matricules des militaires ayant subi des condamnations effacées par la réhabilitation de droit, *B. G.*, E. M., vol. 59-2, p. 37.

23 mars 1901 Circ. Autorités et corps chargés de la tenue des feuillets matriculaires des officiers, officiers d'administration et employés militaires d'artillerie coloniale à l'exception de ceux qui sont détachés dans les services techniques de l'artillerie navale en France, *B. G.*, p. 486.

28 mai 1901 Circ. Adoption de nouvelles dispositions concernant la tenue de la matricule des sous-officiers des T. C., matricule centrale tenue au ministère de la guerre, *B. G.*, p. 887.

7 juill. 1902 Circ. Tenue des feuillets matricules des employés militaires de l'artillerie coloniale ayant rang de sous-officier, *B. G.*, p. 1587.

3 janv. 1903 Circ. Versement des archives matriculaires des officiers rayés des contrôles à l'administration centrale, *B. G.*, p. 25.

18 juin 1903 Circ. relative à la tenue du registre matricule des officiers de réserve et de l'armée territoriale, *B. G.*, p. 948.

23 juin 1903 Circ. Les archives matriculaires des troupes coloniales à verser au département de la guerre sont adressées sous le timbre du Service intérieur (Bureau des archives administratives), *B. G.*, p. 1013.

25 juill. 1903 Circ. Indications à porter sur les états de mutations matriculaires des T. C., *B. G.*, p. 1135.

31 oct. 1903 Indication des corps coloniaux en France chargés de la tenue de la matricule des officiers et hommes de troupe en garnison outre-mer, *B. G.*, p. 1550.

6 déc. 1903 Annexe D, § 2. Tenue du registre matricule des officiers. § 4. Tenue du registre matricule de la troupe; *B. G.*, vol. spl., T. C., p. 155; et inst. du 1er avril 1902, *B. G.*, p. 418; err., p. 1292; § 7 et 8. Registres matricules des chevaux et mulets.

3 déc. 1903 Arr. Inscriptions à porter sur les matricules, *B. G.*, E. M., vol. 10, p. 57; modif. 22 octobre 1907, *B. G.*, p. 1619.

6 août 1904 Circ. Conservation dans les archives des corps des feuillets des sous-officiers des T. C. promus officiers, *B. G.*, p. 1303.

5 sept. 1906 Inst. pour la tenue des registres et livrets matricules, *B. G.*, E. M., vol. 10, p. 75.

Médaille coloniale.

6 juill. 1893 Loi de finances, art. 75. Création, *B. C.*, p. 581; *B. G.*, E. R., vol. 30, p. 67.

6 mars 1894 Décret déterminant les actions ou campagnes de guerre donnant droit à la médaille coloniale, *B. C.*, p. 268; *B. M.*, p. 229; *B. G.*, E. R., vol. 30, p. 67.

6 mars 1894 Circ. (marine). Instructions relatives à la délivrance de la médaille coloniale, *B. C.*, p. 257; *B. M.*, p. 218.

6 mars 1894 Inst. (guerre) relative à la délivrance de la médaille coloniale, *B. G.*, E. R., vol. 30, p. 72.

0 avril 1894 Décret. Médaille coloniale aux troupes de la guerre qui ont pris part à la conquête de la Grande-Kabylie du 1er septembre 1856 au 15 juillet 1857, *B. C.*, p. 394; *B. M.*, p. 501.

2 mai 1894 Décret. Discipline des titulaires de la médaille coloniale, *B. C.*, p. 449; *B M.*, p. 599.

2 juin 1894 Circ. Droit à la médaille coloniale du personnel de la colonne qui a opéré au Soudan du 11 novembre 1892 au 11 juillet 1893, *B. C.*, p. 483; *B. M.*, p. 688.

Médaille coloniale (*suite*).

16 nov. 1894 Circ. La médaille sera concédée à tous les militaires ayant obtenu le bénéfice de campagne de guerre à l'occasion des opérations effectuées en Cochinchine du 5 juin 1862 au 1er juillet 1867 et du 30 avril au 2 décembre 1868, *B. C.*, p. 878; *B. M.*, p. 622.

26 nov. 1894 Circ. Règles à suivre pour l'établissement des brevets et la délivrance de la médaille coloniale aux ayants droit ayant servi successivement au titre des deux départements de la guerre et de la marine, *B. M.*, p. 759.

20 févr. 1895 Circ. Droit à la médaille du personnel ayant fait partie de l'expédition du Soudan français du 1er novembre 1893 au 1er juin 1894, *B. C.*, p. 151; *B. M.*, p. 307.

15 mars 1895 Circ. Instructions relatives à la délivrance de la médaille pour les expéditions postérieures au décret du 6 mars 1894, *B. C.*, p. 256; *B. M.*, p. 427.

7 juin 1895 Décret complétant celui du 6 mars 1894 (Madagascar, Nouvelle-Calédonie et Comores), *B. C.*, p. 525.

10 juin 1895 Circ. Délivrance de la médaille coloniale aux marins et militaires qui ont participé à des opérations de guerre depuis le 1er octobre 1893.

24 sept. 1895 Décret. Nouvelles actions donnant droit à la médaille (Soudan, Sénégal, Côte d'Ivoire, Guyane), *B. C.*, p. 769; *B. M.*, p. 554; et circ. du 4 octobre 1895, *B. M.*, p. 575.

27 sept. 1895 Circ. Délivrance de la médaille dans les corps de troupe de la marine, *B. C.*, p. 771; *B. M.*, p. 566.

30 sept. 1895 Circ. Droit à la médaille coloniale, au titre du Tonkin, des militaires déjà titulaires de la médaille commémorative, *B. C.*, p. 775; *B. M.*, p. 569; et circ. (guerre) du 4 octobre 1895, *B. G.*, E. R., vol. 30, p. 78.

30 déc. 1895 Circ. Droit à la médaille des militaires de la 1re compagnie de tirailleurs auxiliaires détachés du Soudan dans la Guinée, du 1er novembre 1893 au 1er juin 1894; agrafe Sénégal-Soudan, *B. C.*, 1896, p. 4; *B. M.*, p. 1149.

6 févr. 1896 Décret. Droit à la médaille. Mission Baud, Côte d'Ivoire, 26 mars au 15 juin 1895; Haut-Oubanghi, 1er janvier 1894 au 1er juin 1895, *B. C.*, p. 85; *B. M.*, p. 282; et circ. du 12 février 1896, *B. M.*, p. 288.

22 févr. 1896 Décret. Droit à la médaille. Moyen-Niger, 23 janvier au 2 août 1895 (mission Toutée), *B. C.*, p. 121; *B. M.*, p. 376; *B. G.*, E. R., vol. 30, p. 79; et circ. du 4 mars 1896, *B. C.*, p. 151; *B. M.*, p. 499.

2 avril 1896 Décret. Droit à la médaille. Nouvelle-Calédonie, octobre 1868 à avril 1869. Droit des militaires et marins blessés ou cités à l'ordre du jour dans les colonies et protectorats, *B. C.*, p. 228; *B. M.*, p. 656; *B. G.*, E. R., vol. 30, p. 80; et circ. du 23 avril 1896, *B. C.*, p. 226; *B. M.*, p. 655.

20 avril 1896 Décret. Droit à la médaille. Soudan, 21 novembre 1894 au 31 décembre 1895, *B. C.*, p. 225; *B. M.*, p. 755, et circ. du 25 avril 1896, *B. M.*, p. 799.

9 févr. 1897 Décret. Droit à la médaille. Personnel de la mission Hourst, Soudan et Niger, du 6 octobre 1895 au 23 octobre 1896; agrafe « Sénégal-Soudan » et « Dahomey », *B. C.*, p. 158; *B. M.*, p. 218; et circ. du 19 février 1897, *B. M.*, p. 217.

25 mars 1897 Décret. Droit à la médaille. Haut-Oubanghi, 1er juin 1895 au 31 décembre 1896, *B. C.*, p. 298; *B. M.*, p. 350; agrafe « Congo »; et circ. du 5 avril 1897, *B. C.*, p. 311; *B. M.*, p. 417.

19 mai 1897 Décret. Droit à la médaille. Personnel ayant fait partie de l'expédition dirigée par le capitaine de vaisseau Bayle à Raiatea-Tahaa (Iles-sous-le-Vent), du 1er janvier au 18 février 1897; agrafe « Iles de la Société », *B. C.*, p. 483; *B. M.*, p. 638; et circ. du 5 juin 1897, *B. M.*, p. 750.

16 juin 1897 Décret. Droit à la médaille. Soudan, année 1896, *B. G.*, E. R., vol. 30, p. 111; *B. C.*, p. 569; *B. M.*, p. 825; et circ. du 24 juin 1897, *B. M.*, p. 837.

17 août 1897 Décret. Droits à la médaille des militaires et marins qui ont pris part ou prendront part à des opérations de guerre à Madagascar, à partir du 1er novembre 1896, *B. G.*, E. R., vol. 30, p. 111; *B. C.*, p. 977; *B. M.*, p. 286; et circ. du 3 septembre 1897, *B. M.*, p. 285. Note (guerre), du 17 septembre 1897, *B. G.*, E. R., vol. 30, p. 112.

9 févr. 1898 Décret. Droit à la médaille. Soudan, 1897; agrafe « Sénégal-Soudan », *B. G.*, E. R., vol. 30, p. 112; *B. C.*, p. 80; *B. M.*, p. 197; et circ. du 15 février 1898; *B. M.*, p. 197.

28 févr. 1898 Décret. Droit à la médaille. Haut-Oubanghi, 1897, *B. G.*, E. R., vol. 30, p. 113; *B. C.*, p. 144; *B. M.*, p. 315; et circ. du 4 mars 1898 (agrafe Congo), *B. M.*, p. 314.

Médaille coloniale (*suite*).

3 avril 1898 Loi de finances, art. 77. Droit des fonctionnaires civils qui auront pris part à des opérations de guerre et du personnel civil et militaire des missions, *B. C.*, p. 247; *B. G.*, E. R., vol. 30, p. 113.

9 mai 1898 Décret. Droit à la médaille. Madagascar, 1er novembre 1896 au 31 décembre 1897, excepté les titulaires de la médaille commémorative pour le séjour à Madagascar qui leur a valu cette distinction, *B. C.*, p. 362; *B. M.*, p. 654; *B. G.*, E. R., vol. 30, p. 114; et circ. du 15 mai 1898, *B. C.*, p. 362.

6 janv. 1899 Décret. Droit à la médaille. Madagascar, 1898, *B. C.*, p. 48; *B. M.*, p. 226; et circ. du 31 janvier 1899, *B. C.*, p. 47; *B. M.*, p. 225.

1 févr. 1899 Décret. Droit à la médaille. Opérations effectuées dans le Haut-Dahomey, du 1er décembre 1896 au 1er janvier 1898, sous les ordres du capitaine Baud et du lieutenant de vaisseau Bretonnet; agrafe « Dahomey et Sénégal-Soudan », *B. C.*, p. 414; et *B. M.*, p. 318; et circ. du 17 février 1899, *B. C.*, p. 413; et *B. M.*, p. 317.

4 mars 1899 Circ. Instructions concernant la délivrance de la médaille coloniale accordée par la loi du 13 avril 1898, *B. C.*, p. 293.

1er mai 1899 Décret. Droit à la médaille. Soudan, 1898; agrafe « Sénégal-Soudan », *B. C.*, p. 532; *B. M.*, p. 723; et circ. du 4 mai 1899, *B. C.*, p. 531; *B. M.*, p. 722.

9 mai 1899 Décret. Droit à la médaille. Personnel de la mission du « Lagrandière », Haut-Mékong, 20 mai au 20 août 1897; agrafe « Haut-Mékong », *B. C.*, p. 345; *B. M.*, 2e sem., p. 67; et circ. du 5 juillet 1899, *B. M.*, p. 67.

9 juin 1899 Décret. Droit à la médaille. Haut-Oubanghi, 1898; agrafe « Congo », *B. C.*, p. 695; *B. M.*, p. 992; et circ. du 23 juin 1899, *B. C.*, p. 694; *B. M.*, p. 991.

1 juin 1899 Circ. Droit à la médaille coloniale, au titre de Madagascar, des militaires titulaires de la médaille commémorative, *B. C.*, p. 656; *B. M.*, p. 970.

4 juill. 1899 Loi accordant aux Français qui ont fait partie de la mission Marchand sur le haut Nil la médaille coloniale avec agrafe en or « de l'Atlantique à la mer Rouge », *B. C.*, p. 704; *B. M.*, p. 15.

24 août 1899 Décret. Droit à la médaille. Opérations de la Côte d'Ivoire du 1er mai au 30 septembre 1898; agrafe « Côte d'Ivoire », *B. C.*, p. 1190; *B. M.*, p. 275; et circ. du 30 août 1899, *B. C.*, p. 1189; *B. M.*, p. 275.

9 nov. 1899 Décret. Droit à la médaille. Personnel de la mission Ballot au nord du Dahomey, en 1894-1895, *B. C.*, p. 1370.

29 nov. 1899 Décret. Droit à la médaille des membres des missions accomplies par M. Pavie en Indo-Chine, pour la période comprise entre le 18 décembre 1880 et le 28 août 1895; agrafe « Laos et Mékong », *B. C.*, 1900, p. 23; *B. M.*, 1900, p. 80; et circ. du 30 janvier 1900, *B. C.*, p. 23; *B. M.*, p. 80.

16 janv. 1900 Décret. Droit à la médaille. Madagascar, 1899, *B. M.*, p. 56; *B. G.*, p. 264; et circ. du 23 janvier 1900, *B. M.*, p. 55.

6 févr. 1900 Décr. Droit à la médaille. Opérations de guerre à Kouang-Tchéou-Wan depuis le 22 avril 1898; agrafe « Tonkin », *B. C.*, p. 95; *B. M.*, p. 274, et circ. du 10 février 1900, *B. C.*, p. 95; *B. M.*, p. 274.

13 févr. 1900 Décr. Droit à la médaille. Opérations effectuées dans le Haut-Dahomey, du 8 novembre 1897 au 5 février 1899; agrafe « Dahomey », *B. C.*, p. 170; *B. M.*, p. 396, et circ. du 19 février 1900, *B. C.*, p. 169; *B. M.*, p. 396.

9 juill. 1900 Décr. Droit à la médaille. Soudan, 1899; agrafe « Sénégal-Soudan », *B. C.*, p. 746; *B. M.*, p. 62, et circ. du 23 juillet 1900, *B. C.*, p. 745; *B. M.*, p. 62.

2 août 1900 Décr. Concession de la médaille au personnel indigène de la mission Marchand; agrafe « de l'Atlantique à la mer Rouge », *B. C.*, p. 790; *B. M.*, p. 169, et circ. du 10 août 1900; *B. C.*, p. 790; *B. M.*, p. 168.

24 août 1900 Décr. Droit à la médaille. Membres de la mission Houdaille; Côte d'Ivoire, 1898-1899, *B. C.*, p. 806; *B. G.*, p. 1541.

24 août 1900 Décr. Droit à la médaille. Membres de la mission Hostains-d'Ollone; région du Cavally, 15 décembre 1898 - 25 février 1900, *B. C.*, p. 807; *B. G.*, p. 1542.

29 août 1900 Décr. Droit à la médaille. Côte d'Ivoire, 1899, *B. G.*, p. 1543; *B. C.*, p. 920; *B. M.*, p. 560, et circ. du 7 septembre 1900, *B. M.*, p. 560.

11 déc. 1900 Décr. conférant la médaille coloniale à la colonne de ravitaillement de la mission Foureau-Lamy, *B. G.*, p. 1977.

22 févr. 1901 Loi accordant au personnel militaire et civil (européens et indigènes) de la mission Foureau-Lamy, 1898 à 1900, la médaille coloniale avec agrafe en or « Mission saharienne », *B. C.*, p. 131; *B. G.*, p. 494.

Médaille coloniale (*suite*).

30 avril 1901 Décr. Droit à la médaille. Membres de la mission Mizon; personnel européen et indigène, militaire et civil, Congo 1890 à 1892; agrafe « Congo », *B. C.*, p. 356; *B. M.*, p. 782, et circ. du 30 mai 1901, *B. M.*, p. 782.

15 mai 1901 Décr. Droit à la médaille. Personnels civils et militaires. Haut-Oubanghi, 1899 et 1900; agrafe « Congo », *B. G.*, p. 792; *B. M.*, p. 781.

4 sept. 1901 Décr. Droit à la médaille. Mission Gendron, personnel militaire; Congo, 1899 et 1900, *B. C.*, p. 862.

30 janv. 1902 Décr. Droit à la médaille. Personnels militaires et civils qui ont servi en 1900, dans les territoires militaires de l'Afrique occidentale, dans la résidence de Say ou qui ont pris part aux opérations contre les Toumas (Haute-Guinée); agrafe « Afrique occidentale française », *B. G.*, p. 197.

7 avril 1902 Décr. accordant la médaille au personnel militaire et civil, européen et indigène, de la mission Plé, « Dahomey », 1898 à 1900, *B. C.*, p. 357.

28 mai 1902 Loi accordant la médaille coloniale, avec agrafe spéciale en or pour les officiers, militaires et civils européens; en argent pour les indigènes, au personnel des diverses missions ayant opéré dans le centre de l'Afrique avant le 5 septembre 1900, *B. C.*, p. 497.

12 sept. 1902 Décr. Droit à la médaille. Côte d'Ivoire, 1900-1901; les trois territoires militaires de l'Afrique occidentale, 1901, *B. G.*, p. 1859.

6 oct. 1902 Décr. Droit à la médaille. Mission Bonnel de Mézières, Congo, *B. C.*, p. 1119.

14 oct. 1902 Décr. Droit à la médaille. Mission Luce, « Haut-Mékong », 1893, *B. C.*, p. 1056.

10 déc. 1902 Décr. Droit à la médaille. Mission Braulot, « Côte d'Ivoire », 1893 et 1894, *B. C.*, p. 1253.

10 mars 1903 Décr. Droit à la médaille. Personnel militaire. Territoires du Haut-Oubanghi, du Tchad, de la Sangha, de l'Ogoué et région nord de Libreville, 1902; agrafe « Congo », *B. G.*, p. 481.

10 mars 1903 Décr. Droit à la médaille. Militaires qui ont servi, en 1902, dans les trois territoires militaires de l'Afrique occidentale, le Haut-Dahomey, la Haute-Guinée et la Côte d'Ivoire, *B. G.*, p. 320; erratum, *B. G.*, p. 600.

10 avril 1903 Décr. Modification à celui du 10 mars 1903. Droit à la médaille au titre du Tchad, du personnel militaire qui y a séjourné en 1901 et 1902, *B. G.*, p. 544.

30 juin 1903 Loi conférant aux membres des missions africaines et asiatiques des années 1875-1878 et suivantes, la médaille coloniale créée par la loi du 28 mai 1902, *B. C.*, p. 591; *B. G.*, p. 1139.

9 août 1903 Décr. Droit à la médaille des fonctionnaires qui ont séjourné au Tchad en 1901-1902; agrafe « Tchad », *B. G.*, p. 1166.

21 avril 1904 Décr. Droit à la médaille. Militaires européens et indigènes qui ont servi en 1903 dans le Haut-Dahomey, la Haute-Guinée, la Côte d'Ivoire, le pays Trarza et les trois territoires militaires de l'Afrique occidentale, *B. G.*, p. 495.

4 août 1904 Décr. Droit à la médaille. Territoires des pays et protectorats proprement dits du Tchad, 1903, *B. G.*, p. 1310.

22 sept. 1904 Décr. Droit à la médaille. Militaires de tous grades, pays Trarza (Mauritanie), 1902, *B. G.*, p. 1483.

3 oct. 1904 Décr. conférant la médaille à des fonctionnaires civils qui ont servi à la Côte d'Ivoire en 1900-1901, *B. G.*, p. 1513.

31 oct. 1904 Décr. Droit à la médaille des militaires et du personnel civil ayant servi en 1903 dans le pays Brakna et le Tagant (Mauritanie), *B. G.*, p. 1581.

10 nov. 1904 Décr. Droit à la médaille des militaires qui ont pris part, en 1902, à la répression de la révolte de l'île Mohéli (Comores), *B. G.*, p. 1606; err., *B. G.*, 1905, p. 352.

25 nov. 1904 Décr. accordant la médaille aux militaires qui ont pris part aux opérations militaires effectuées du 24 mars au 25 avril 1904 contre les Coniaguis (Guinée), *B. G.*, p. 1757.

29 déc. 1904 Décr. accordant la médaille aux militaires de la mission dirigée par le capitaine Théveniaut, dans le massif de l'Adrar, du 1er février au 12 juin 1904, *B. G.*, p. 1906.

20 janv. 1905 Décr. accordant la médaille avec agrafe « Afrique occidentale française » aux militaires européens et indigènes et au personnel civil qui ont participé, en 1904, à la mission d'organisation du Tagant (Mauritanie), *B. G.*, p. 59.

9 juin 1905 Décr. Concession de la médaille :

Médaille coloniale (*suite*).

1° Agrafe « Afrique occidentale française », aux militaires européens et indigènes qui ont séjourné, en 1904, dans le pays Trarza, la Mauritanie, les trois territoires militaires, le Haut-Dahomey, la Côte d'Ivoire, la Haute-Guinée (frontière libérienne);

2° Agrafe « Congo », aux militaires européens et indigènes qui ont séjourné, en 1904, dans le Congo français (dans toute son étendue), *B. G.*, p. 333.

1 déc. 1905 Déc. Droit à la médaille, des militaires qui ont pris part aux opérations des colonnes du Djoloff, du 7 mai au 11 juin 1890 et du Fouta, du 2 janvier au 29 mars 1891, *B. G.*, p. 1840.

5 mars 1906 Décr. Droit à la médaille, des gardes régionaux européens et indigènes qui ont pris part, en 1904, d'une manière effective aux opérations de N'Daki (Congo), *B. G.*, p. 313.

7 mars 1906 Décr. Droit à la médaille des membres de la Mission Monteil, qui a exploré les régions sahariennes du Soudan à la Tripolitaine par le Tchad (décembre 1890 à décembre 1892); agrafe « Sahara », *B. G.*, p. 316.

0 avril 1906 Décr. Concession de la médaille coloniale avec agrafe « Sahara » aux personnels militaires (européens et indigènes) et civils qui ont pris part, d'une manière effective, à la reconnaissance conduite par le capitaine Dinaux, en pays Touareg, du 8 mai au 29 octobre 1905, *B. G.*, p. 567.

0 juin 1906 Décr. Droit à la médaille des militaires européens et indigènes qui ont pris part, du 13 au 24 février 1872, à la répression des mouvements insurrectionnels entre Vinh-Long, Tra-Vinh et Soc-Trang; agrafe « Cochinchine », *B. G.*, p. 871.

0 sept. 1906 Décr. Droit à la médaille des personnels militaires (européen et indigène) qui ont servi, en 1905, dans les régions ci-après :

1° Avec l'agrafe « Afrique occidentale française » : territoire civil de la Mauritanie, territoire militaire du Niger, région de Bobo-Dioulasso, le Haut-Dahomey, la Haute-Guinée, la Côte d'Ivoire, la Casamance, le Sahel (du 19 juin au 30 août);

2° Avec l'agrafe « Congo » : Congo français et personnels qui ont assisté aux attaques contre la mission de délimitation de la frontière entre la Casamance et la Guinée portugaise dans les environs du cap Roxo, les 28 mars et 8 avril 1905, *B. G.*, p. 1272; modif. décret 19 novembre 1906, *B. G.*, p. 1442 (agrafe Afrique occidentale française, attaque mission).

6 sept. 1906 Décr. Droit à la médaille du personnel européen civil et militaire qui a été employé à la construction du chemin de fer de Kayes à Koulikoro; agrafe « Afrique occidentale française », *B. G.*, p. 1282.

4 oct. 1906 Décr. Droit à la médaille, avec agrafe en or « Congo », des membres des missions Gabon-Congo ci-après :
Mission de Brazza, 1875-1878 (Ogoué, Alima), 1879-1882.
Mission de l'Ouest africain, 21 avril 1883, 26 mai 1885, *B. C.*, p. 950.

5 août 1907 Décr. Droit à la médaille coloniale, avec agrafe « A. O. F. », des personnels militaires (européen et indigène), qui ont servi à Kati et à Koulikoro, du 1er au 22 novembre 1906, *B. G.*, p. 1142.

3 janv. 1908 Décr. Droit à la médaille coloniale, avec agrafe « Guinée », du personnel militaire de la mission d'études de la troisième section du chemin de fer de Konakry au Niger, du 1er février 1906 au 1er juillet 1907, *B. G.*, p. 53.

3 janv. 1908 Décr. Droit à la médaille coloniale des membres de la commission de délimitation de la frontière franco-siamoise entre le mois de décembre 1904 et mars 1907, *B. G.*, p. 85, *B. C.*, p. 160.

4 mai 1908 Décret concédant la médaille coloniale aux personnels civils et militaires, européens et indigènes ayant pris part aux opérations des missions chargées de la délimitation du Congo-Cameroun nord et sud en 1905-1906 et 1907, *B. G.*, p. 299.

4 mai 1908 Décret accordant la médaille coloniale avec agrafe « Afrique occidentale française et Sahara », *B. G.*, p. 774.

Médailles commémoratives.

(Voir : *Décorations.*)

1 août 1859 Décr. Médaille de la campagne d'Italie, *B. M.*, p. 240; *B. G.*, E. R., vol. 30, p. 63.

août 1863 Décr. Médaille du Mexique, *B. M.*, p. 187; *B. G.*, E. R., vol. 30, p. 64.

Médailles commémoratives (*suite*).

9 mai 1874 Décr. Application aux titulaires de médailles commémoratives du décret du 14 avril 1874 sur la discipline des membres de la Légion d'honneur, *B. M.*, p. 638; *B. M.*, R., p. 470; *B. G.*, E. R., vol. 30, p. 12.

30 sept. 1903 Description des uniformes, art. 385 à 395. Rubans de croix et médailles, *B. G.*, vol. spl., T. C., p. 214.

6 déc. 1903 Achat des rubans au compte de la masse générale d'entretien, *B. G.*, vol. spl., T. C., p. 227.

Médaille de Chine.

23 janv. 1861 Décr. créant la médaille commémorative de l'expédition de Chine, *B. G.*, E. R., vol. 30, p. 62.

15 avril 1902 Loi. Médaille de l'expédition de 1900-1901, *J. O.* du 17 avril; modif. 15 avril 1904, *J. O.* du 17 avril.

4 juin 1902 Décr. Discipline des titulaires, *J. O.* du 13 juin.

1er juill. 1902 Décr. relatif à la médaille commémorative de l'expédition de 1900-1901, *B. G.*, p. 1430.

4 sept. 1902 Circ. Mode de concession, *B. G.*, p. 1818.

Médaille de Madagascar.

31 juill. 1886 Loi. Médaille de Madagascar, *B. M.*, p. 152.

9 août 1886 Inst. pour la délivrance, *B. M.*, p. 151.

9 oct. 1886 Décr. Discipline des titulaires, *B. M.*, 1887, p. 734.

15 janv. 1896 Loi. Médaille commémorative de l'expédition de 1895, *B. C.*, p. 39; *B. M.*, p. 58; *B. G.*, E. R., vol. 30, p. 83.

20 févr. 1896 Décr. Discipline des titulaires, *B. C.*, p. 149.

18 avril 1896 Circ. Dispositions relatives à la délivrance aux troupes de la marine, *B. M.*, p. 664.

21 juill. 1897 Loi accordant la médaille de Madagascar aux militaires ayant fait partie du corps d'occupation, du 1er janvier au 31 octobre 1896, *B. C.*, p. 731; *B. M.*, p. 105; *B. G.*, E. R., vol. 30, p. 115.

Médaille des épidémies.

15 avril 1892 Décr. relatif à la concession, par le Ministre de la guerre, de médailles d'honneur aux militaires qui se sont signalés pendant les épidémies, *B. G.*, E. R., vol. 30, p. 93.

27 avril 1892 Arr. relatif à la concession de la médaille prévue par le décret ci-dessus, *B. G.*, E. R., vol. 30, p. 94; modif. 28 décembre 1899, *B. G.*, p. 1449.

22 août 1903 Circ. (colonies). Instruction des demandes, *B. C.*, p. 745.

Médailles d'honneur et de sauvetage.

21 mars 1832 Déc. roy. qui permet aux militaires le port ostensible des médailles de sauvetage, *A. M.*, p. 268; *B. M.*, R., p. 102.

12 févr. 1849 Circ. (marine). Récompenses pour sauvetages. Division en deux classes des médailles or ou argent. Modèle de diplôme. Dispositions diverses, *B. M.*, p. 77; *B. M.*, R., p. 155.

4 avril 1864 Circ. Règles relatives aux propositions de récompenses pour fait de sauvetage (marine), *B. M.*, p. 269; *B. M.*, R., p. 503.

13 nov. 1883 Circ. (marine). Les propositions de récompenses pour faits de sauvetage ne doivent plus être formulées pour des faits remontant à plus d'un an, *B. M.*, p. 596.

Médailles d'honneur et de sauvetage (*suite*).

16 déc. 1885 Circ. (marine). Récompenses pour faits de sauvetage. Partage d'attributions entre le Département de la marine et celui de l'intérieur, *B. M.*, p. 1206.

20 oct. 1892 Service intérieur : Inf., art. 228; Artil., art. 263. Remise des insignes, *B. G.*, E. R., vol. 78.

22 oct. 1897 Circ. (marine). Règles relatives à la constatation et à l'appréciation des faits de sauvetage en vue de l'attribution des récompenses à leurs auteurs, *B. M.*, p. 517; *B. C.*, p. 1092.

3 juin 1899 Décr. créant une médaille de bronze pour récompenser les actes de courage et de dévouement, *B. C.*, 1900, p. 19.

18 déc. 1899 Arr. (marine). Récompenses accordées pour faits de sauvetage par le Ministre de la marine, et circ. du même jour, *B. C.*, p. 1431; *B. M.*, p. 808.

22 janv. 1900 Circ. Propositions pour la médaille créée par le décret du 3 juin 1899 ci-dessus, *B. C.*, p. 19.

6 nov. 1901 Décr. (intérieur), coordonnant les dispositions réglant l'attribution des distinctions honorifiques décernées à l'occasion des traits de courage et de dévouement, *B. G.*, p. 1433, et règl. du même jour relatif aux propositions, *B. G.*, p. 1434; circ. du 1er décembre 1901, *B. G.*, p. 1435.

3 déc. 1901 Circ. (guerre). Propositions pour des récompenses honorifiques pour actes de courage et de dévouement, *B. G.*, p. 1432.

6 janv. 1902 Circ. (guerre). Etablissements des propositions. Pièces à produire, *B. G.*, p. 48.

Médaille du Dahomey.

4 nov. 1892 Loi. Création, *B. G.*, E. R., vol. 30, p. 66; *B. C.*, p. 826; *B. M.*, p. 595.

0 déc. 1892 Circ. Instructions relatives à la délivrance de la médaille, *B. C.*, p. 825; *B. M.*, p. 594.

4 janv. 1893 Décr. Discipline des titulaires, *B. C.*, p. 40; *B. M.*, p. 107.

3 janv. 1893 Circ. Application du décret du 14 janvier 1893. Pièces à adresser, *B. C.*, p. 40; *B. M.*, p. 107.

6 mars 1894 Décr., art. 2. Les droits à la médaille cesseront d'être acquis à partir du 5 février 1894, *B. G.*, E. R., vol. 30, p. 67; *B. C.*, p. 268; *B. M.*, p. 229.

Médaille du Tonkin.

6 sept. 1885 Loi. Création, *B. G.*, E. R., vol. 30, p. 81; *B. M.*, p. 1226; complétée par la loi du 26 juillet 1887, *B. M.*, p. 179.

3 déc. 1885 Circ. Instructions pour la délivrance, *B. M.*, p. 1122.

déc. 1885 Décr. Discipline des titulaires, *B. M.*, 1886, p. 79.

8 août 1887 Inst. pour l'application de la loi du 26 juillet 1887, *B. M.*, p. 176.

3 juill. 1893 Circ. Les droits à l'obtention de la médaille du Tonkin cesseront d'être acquis le 1er octobre 1893, *B. C.*, p. 558; *B. M.*, p. 56, et circ. (guerre) du 15 juillet 1893, *B. G.*, E. R., vol. 30, p. 83.

6 juin 1894 Circ. Concession de la médaille du Tonkin aux militaires et marins qui ont participé, en 1893, aux affaires du Siam, *B. C.*, p. 502; *B. M.*, p. 680.

Médaille militaire.

(Voir : *Légion d'honneur.*)

janv. 1852 Décr., art. 11. Création. Art. 12. Affectation d'une maison d'éducation aux filles de médaillés, *B. G.*, E. R., vol. 30, p. 22.

févr. 1852 Décr. Forme de la médaille et conditions d'obtention, *B. M.*, p. 261; *B. M.*, R., p. 122; *B. G.*, E. R., vol. 30, p. 56.

sept. 1852 Déc. relative à l'établissement des mémoires de propositions, *B. G.*, E. R., vol. 30, p. 59.

Médaille militaire (*suite*).

9 nov. 1852 Décr. La valeur de la médaille militaire sera imputée sur la première annuité à payer aux titulaires, *B. G.*, E. R., vol. 30, p. 23.
9 févr. 1855 Décr. Les sous-officiers et soldats amputés auxquels la médaille est conférée après leur admission à la retraite ont droit au traitement, *B. G.*, E. R., vol. 30, p. 25.
10 avril 1869 Déc. imp. Ancienneté de service exigée pour l'obtention, *B. G.*, E. R., vol. 30, p. 58.
20 oct. 1888 Déc. prés. La médaille militaire peut être conférée aux officiers généraux ayant commandé un corps d'armée, *B. G.*, E. R., vol. 30, p. 58.
1er juill. 1901 Inst. relative à l'établissement des tableaux de concours. Art. 9, 13, 14, 15, 27, 98, 129, *B. G.*, 1907, p. 1203.
10 févr. 1908 Service courant, art. 268. Renseignements à fournir sur les candidats, *B. G.*, E. M., vol. 74.

Médailles prix de tir.

29 mai 1903 Les médailles prix de tir sont fournies gratuitement par les soins du ministère de la guerre, *B. G.*, E. M., vol. 2, p. 11.

Médecins militaires.

(Voir : *Clientèle civile. — Corps de santé des troupes coloniales.*)

20 oct. 1892 Service intérieur : Inf., art 66 à 78; Artil., art. 60 à 72. Devoirs généraux. Attributions, *B. G.*, E. R., vol. 78.

Médicaments.

(Voir : *Cessions. — Service de santé.*)

23 juin 1854 Circ. Introduction du sulfate de quinine dans la nomenclature des médicaments destinés aux infirmeries régimentaires aux colonies, *B. M.*, R., p. 144.
28 avril 1885 Règles relatives à l'établissement des demandes aux colonies. Responsabilité en cas d'achat sur place. Prescriptions relatives à ces achats, *B. M.*, p. 845.
21 juill. 1890 Circ. Emploi du bromofer pepsique, *B. C.*, p. 892.
12 févr. 1892 Note (guerre). Précautions à observer dans la délivrance et la conservation des médicaments toxiques employés sous forme de solutions étendues, *B. C.*, p. 580; *B. M.*, p. 595; *B. G.*, E. M., vol. 83, p. 267; appliquée aux hôpitaux coloniaux et infirmeries régimentaires par circ. du 4 août 1892, *B. C.*, p. 579.
29 avril 1892 Circ. On ne doit pas acheter sur place les médicaments qui ont fait l'objet de réductions ou de suppressions lors de l'examen des demandes périodiques, *B. C.*, p. 321.
17 janv. 1895 Circ. Admission du peptonate de fer Robin dans la pharmacopée des hôpitaux coloniaux, *B. C.*, p. 69.
7 mars 1895 Circ. Réglementation de la cession des médicaments constituant l'approvisionnement du service de santé aux colonies, *B. C.*, p. 248.
7 mai 1895 Circ. Envoi immédiat des médicaments destinés aux hôpitaux coloniaux, *B. C.*, p. 433.
20 déc. 1898 Circ. Demandes de médicaments et de produits chimiques. Préparation des médicaments dans les laboratoires des colonies par les pharmaciens, *B. C.*, p. 876.
20 août 1899 Circ. Recommandations au sujet de l'emploi de certains médicaments d'un prix élevé, *B. C.*, p. 854.
8 juill. 1905 Inst. sur le fonctionnement administratif du service de santé colonial, art. 32, *B. C.*, p. 1356.
20 janv. 1908 Circ. Mesures à prendre pour prévenir les abus dans la délivrance des médicaments faite en exécution de la circ. du 18 juillet 1891, *B. G.*, p. 76.

Menottes.

déc. 1899 Description, *B. G.*, E. R., vol. 59, p. 372.

Menuiserie.

juill. 1899 Instruction technique sur l'exécution des travaux de réparation et d'entretien du casernement par les corps occupants en France, art. 2, *B. G.*, E. R., vol. 51 *bis*, p. 17.

oct. 1903 Instruction technique sur l'exécution des travaux de réparation et d'entretien du casernement par les corps occupants aux colonies, art. 2, *B. C.*, vol. spl., p. 959.

Mérite agricole.

juill. 1883 Décret instituant l'ordre du Mérite agricole, *B. lois*.

juin 1887 Décret. Création du grade d'officier, *B. lois*.

juill. 1896 Décret. Réorganisation de l'ordre, *B. lois*.

août 1900 Décret. Création du grade de commandeur, *B. lois*, p. 360.

févr. 1908 Service courant, art. 271. Propositions, *B. G.*, E. M., vol. 74.

Mess.

(Voir : *Assurances*.)

janv. 1905 Circ. Perception à titre remboursable du café destiné à la consommation des mess des sous-officiers, *B. G.*, p. 73.

févr. 1905 Circ. relative à la création de cercles et de mess pour les sous-officiers, *B. G.*, p. 134.

juill. 1906 Circ. relative à l'organisation de mess et de cercles pour les sous-officiers, *B. G.*, p. 872.

mars 1907 Circ. Avances qui peuvent être faites par les caisses des corps pour l'installation de cercles et de mess de sous-officiers, *B. G.*, p. 295.

Messageries maritimes.

juin 1886 Convention approuvée par la loi du 7 juillet 1887, *B. lois*.

nov. 1894 Convention additionnelle approuvée par la loi du 9 juillet 1895, *B. C.*, p. 628.

Ministère de la guerre.

(Voir : *Administrations centrales. — Direction des troupes coloniales.*)

oct. 1906 Décr. Attributions du Sous-Secrétaire d'Etat, *J. O.* du 29 octobre 1906.

Ministère des colonies.

(Voir : *Administrations centrales. — Télégraphie sans fil*, 27 mai 1907.)

oct. 1887 Arr. créant une caisse spéciale pour l'administration centrale des colonies, *B. C.*, p. 756.

janv. 1889 Déc. relative à la création du service géographique des colonies, *B. C.*, p. 33; et arr. du 31 janvier 1889, *B. C.*, p. 45.

mars 1894 Loi. Création du ministère des colonies, *B. C.*, p. 283.

août 1894 Décret créant une direction du contrôle, une inspection générale du service de santé, une inspection générale des travaux publics, *B. C.*, p. 658; err., *B. C.*, p. 707.

mai 1896 Décret sur l'organisation de l'administration centrale, *B. C.*, p. 290; modif., 22 janvier 1898, *B. C.*, p. 22.

févr. 1897 Arr. Attributions des bureaux et de l'inspection générale du service de santé, *B. C.*, p. 138

Ministère des colonies (*suite*).

7 avril 1897 Règl. de la bibliothèque du ministère des colonies, *B. C.*, p. 317.
5 mars 1893 Arr. Règl. intérieur de la salle des communications des archives et de la bibliothèque du ministère des colonies, *B. C.*, p. 145.
8 août 1899 Arr. Fonctionnement et attributions du bureau militaire, *B. C.*, p. 816.
6 déc. 1901 Circ. Application des arrêtés fixant les attributions des divers bureaux, *B. C.*, p. 1114.
15 avril 1902 Circ. Attributions des bureaux du cabinet du ministre, *B. C.*, p. 372.
22 févr. 1903 Circ. Attributions du bureau militaire, *B. C.*, p. 134.
8 juin 1906 Arr. créant, à la direction des affaires d'Afrique, une section spéciale des informations islamiques, *B. C.*, p. 811.
10 oct. 1907 Décr. modifiant la répartition des bureaux, *B. C.*, p. 772.
11 nov. 1907 Arr. Répartition des bureaux de la direction des affaires politiques et administratives, *B. C.*, p. 752.
11 nov. 1907 Arr. rattachant le bureau du secrétariat au cabinet du ministre, *B. C.*, p. 750.
11 nov. 1907 Arr. Répartition des bureaux de la direction du personnel, *B. C.*, p. 751.

Minium.

13 juin 1902 Circ. Précautions que doivent observer les ouvriers qui manipulent du minium, *B. G.*, p. 1226.
12 août 1907 Circ. Suppression de l'emploi du minium de plomb pour la peinture des fers et ferrures diverses entrant dans les constructions de bâtiments et pour la confection des joints des chaudières et tuyauteries, *B. G.*, p. 1359.

Miroir de pointage.

5 juill. 1900 Répartition et délivrance des miroirs de pointage pour mousqueton, mod. 1892, et carabine mod. 1874, *B. G.*, E. M., vol. 55-2, p. 227.

Mise en liberté.

(Voir : *Insoumission*. — *Ivresse*.)

Mise en subsistance.

19 août 1834 Circ. relative aux militaires qui sont mis en subsistances. Positions qui peuvent motiver la mise en subsistance, *B. G.*, 1906, p. 1140.
24 oct. 1887 Les mises en subsistances sont prononcées par les commandants d'armes. Note, *B. G.*, E. R., vol. 75, p. 184.
14 août 1906 Circ. Notification aux corps d'affectation des mises en subsistance, *B. G.*, p. 1115.

Missions et explorations.

(Voir : *Avances*.)

7 juill. 1900 Loi, art. 6, § 4. Le Ministre de la guerre ne pourra faire appel pour le personnel militaire des missions et explorations qu'aux officiers des T. C., *B. C.*, p. 594; *B. G.*, E. M., T. C., vol. 1, p. 6.
9 déc. 1907 Arr. Comptabilité à tenir par les chargés de mission, *B. C.*, p. 806.

Mobilier.

(Voir : *Ameublement*.)

Mobilisation.

21 mars 1905 Loi, art. 40, 42, 43, 46. Appel des hommes des réserves en cas de mobilisation, *B. G.*, p. 263 ; *B. C.*, p. 359 ; *B. G.*, E. M., vol. 68-1, p. 25.

10 févr. 1908 Service courant, art. 54 à 73. Inspection annuelle des parties du service relatives à la mobilisation, *B. G.*, E. M., vol. 74.

Modèles types.

6 déc. 1903 Art. 64. Conservation par l'officier d'habillement.
Annexe B, § 2 C. Conformité des effets avec les modèles-types, *B. G.*, vol. spl., T. C., p. 23 et 135.

Mont-des-Oiseaux.

11 déc. 1907 Création au Mont-des-Oiseaux, près Hyères (Var), d'un sanatorium destiné aux officiers convalescents, *B. G.*, p. 1760.

Monuments commémoratifs.

11 juin 1894 Circ. Concours que prêtent les membres de l'armée à des érections de monuments commémoratifs, *B. M.*, p. 95 ; *B. G.*, E. M., vol. 31, p. 35 ; appliquée à la marine par circ. du 10 juillet 1894, B. M., p. 94.

Morve

20 oct. 1892 Service intérieur, Artil., art. 79. Mesures à prendre au sujet des chevaux morveux, *B. G.*, E. R., vol. 78.

20 déc. 1906 Inst. Mesures à prendre en cas de morve, *B. G.*, p. 1701.

Mot d'ordre et de ralliement.

4 oct. 1891 Service des places, art. 92. Mot d'ordre et de ralliement. Art. 306. Port du mot d'ordre, *B. G.*, E. R., vol. 75.

28 mai 1895 Service en campagne, art. 39. Mot d'ordre aux avant-postes, *B. G.*, E. M., vol. 76.

Mouchoirs de poche.

30 sept. 1903 Art. 445. Description, *B. G.*, vol. spl., T. C., p. 266.

Moulin à café-filtre Klepper.

26 mars 1896 Circ. Adoption pour les troupes de la marine en remplacement de la gamelle moulin à café, *B. M.*, p. 642.

15 janv. 1905 Art. 29. Description, *B. G.*, E. M., vol. 53, p. 36.

Mousqueton.

(Voir : *Armement.*)

Mouvements de troupes.

20 déc. 1899 Décret. Règlement sur les mouvements de troupes à l'intérieur, en temps de paix, *B. M.*, p. 81; *B. G.*, E. M., vol. 100-1, p. 19.

Art. 1 à 8. Conditions dans lesquelles sont ordonnés les mouvements de troupes
9 à 11. Mouvements par voie de terre.
12 - 13. Mouvements par voie de fer.
14 - 15. Mouvements par eau.
16 à 29. Installation chez l'habitant.
30 à 33. Alimentation des troupes en marche (isolés et détachements).
34 à 36. Payement des indemnités et des prestations.
37 - 38. Dispositions spéciales aux rassemblements et aux grandes manœuvres.
39. Dispositions particulières au département de la marine.

30 déc. 1899 Inst. pour l'application du décret du 20 décembre 1899, *B. G.*, E. M., vol. 100-1, p. 33; err., *B. G.*, 1904, p. 1300.

4 juin 1902 Décret portant règlement sur les transports ordinaires, *B. G.*, E. M., vol. 100-3, p. 10.

Munitions.

17 févr. 1880 Les envois de cartouches aux colonies devront toujours être effectués dans des caisses métalliques, *B. M.*, p. 351.

30 août 1884 Règl. sur le service de l'armement en France, *B. G.*, E. R., vol. 19.

Art. 202 à 208. Munitions allouées aux corps; art. 204 modif. 4 décembre 1905 ci-après.
209. Comptabilité. Carnet de munitions.
210 à 211. Situation annuelle.
212 à 218. Demandes de munitions à l'artillerie.
219. Délivrances de cartouches de revolver aux officiers.
224. Transport de munitions.
235 à 237. Versements à un autre corps.
225 à 234. Versements à l'artillerie.
238 à 254. Conservation des munitions dans les corps, en magasin et dans les caissons.
255. Transport des munitions d'un corps qui change de garnison.
256 à 258. Munitions entre les mains des hommes.
259 à 265. Consommation de munitions. Carnet de tir. Etat trimestriel des cartouches tirées; art. 265 modif., 19 janvier 1906, *B. G.*, p. 36; art. 266 nouveau, 4 avril 1907, *B. G.*, p. 380.
270. Confection dans les corps de cartouches pour le tir réduit.
323 à 329. Visite annuelle des munitions.
367 à 375. Temps de guerre.

28 mai 1895 Service en campagne, art. 90 et suiv., remplacement des munitions, *B. G.*, E. M., vol. 76.

14 oct. 1902 Inst. pour l'application aux T. C. en France du règl. du 30 août 1884, *B. G.*, p. 2039.

12 déc. 1904 Inst. sur le service des munitions en temps de paix aux colonies, *B. C.*, 1904, fasc. 12 *bis*, modif. 20 janv. 1908, *B. C.*, p. 147.

Art. 1 à 3. Dispositions générales.

Constitution des approvisionnements :

Art. 4 à 9. Munitions pour armes portatives.
10 - 11. Munitions des groupes de mitrailleuses.
12 à 14. Munitions d'artillerie.

Répartition, consommation et remplacement des munitions :

Art. 15 à 20. Dispositions générales.

Art.	Munitions	
21 à 26.	Munitions pour armes portatives et mitrailleuses.	Cartouches confectionnées.
27 à 29.		Eléments de cartouches à mettre en œuvre.
30 à 34.	Munitions d'artillerie.	Batteries montées et de montagne.
35 à 37.		Batteries de côte et de place.

Munitions (*suite*).

Soins et précautions à prendre pour la conservation des poudres, munitions, artifices et explosifs.

Art. 38 à 43. Personnel chargé d'assurer la conservation des munitions.
44 à 50. Encaissage des munitions, manutention et entretien des récipients.
51 à 54. Construction, aménagement et entretien des magasins.
55 à 58. Emmagasinement des munitions.
59 à 63. Tenue des magasins.
64 à 67. Garde et surveillance extérieure des magasins.
68 à 70. Transport de munitions à l'intérieur.

Réception et surveillance technique des approvisionnements. — Visite des munitions :

Art. 71 à 78. Dispositions générales.
79 à 83. Règles à suivre pour la visite annuelle des poudres, munitions, artifices et explosifs divers.

12 déc. 1904 Circ. Application de l'inst. du même jour. Commentaires, *B. C.*, 1904, fasc. 12 *bis*.
15 févr. 1905 Circ. Allocations annuelles pour les exercices aux colonies, en cartouches à balles pour armes portatives et mitrailleuses, *B. C.*, p. 258.
19 mai 1905 Circ. Les munitions, artifices et explosifs appartenant à des services civils ou à des particuliers ne doivent plus être conservés par le service de l'artillerie aux colonies, *B. C.*, p. 613.
12 juill. 1905 Circ. (guerre). Règles d'allocation de munitions pour l'instruction du tir des armes portatives dans les corps de troupe de toutes armes, *B. G.*, p. 1064.
29 oct. 1905 Inst. (guerre), sur les armes et munitions en service.
4 déc. 1905 Substitution de faux paquets de cartouches aux cartouches mod. 78, employées pour le chargement des cartouchières, *B. G.*, p. 1774.
28 déc. 1905 Règl. sur l'armement aux colonies.

Art. 82 à 94. Munitions pour armes portatives.
95 à 105. Visite annuelle des armes et munitions des corps.
127. Visite des munitions.
129 à 131. Travail d'inspection.

14 janv. 1906 Inst. (guerre), sur la visite annuelle des munitions pour armes portatives.
29 juin 1906 Arr. (guerre et colonies) relatif aux fournitures de munitions effectuées par le département de la guerre pour le compte du département des colonies, *B. C.*, p. 606.
16 oct. 1906 Circ. Comptabilité des munitions, modif. 11 mars 1907.
20 déc. 1907 Inst. relative à la liquidation des perceptions de munitions pour armes portatives par les corps de troupe, *B. G.*, p. 1903.
23 janv. 1908 Circ. Etablissement des états de demande des munitions destinées aux écoles à feu de campagne, de montagne, de siège et de place, *B. G.*, p. 65.

Musette de pansage.

30 sept. 1903 Art. 446. Description de la musette de pansage garnie, *B. G.*, vol. spl., T. C., p. 267.

Musiciens.

(Voir : *Fanfares*. — *Soldats de* 1re *classe*.)

14 oct. 1872 Règl. pour l'application du décret du 5 octobre 1872 sur l'organisation des musiques d'infanterie et des écoles d'artillerie, *B. G.*, E. R., vol. 64, p. 327.
20 oct. 1892 Service intérieur. Inf., art. 79; Artil., art. 91 *bis*. Chefs de musique; inf., art. 202. Sous-chefs de musique, soldats, élèves, *B. G.*, E. R., vol. 78.
14 févr. 1903 Inst. réglant le mode de proposition pour les emplois de chef et de sous-chef de musique dans l'armée et fixant le programme et les conditions des épreuves exigées aux concours d'admission, *B. G.*, p. 108.

Musiciens (*suite*).

12 avril 1906 Inst. Autorisation de tirer parti de leurs talents professionnels ou de prêter leur concours en dehors du service militaire pour les sous-chefs de musique et soldats musiciens, *B. G.*, p. 524; *B. G.*, E. M., vol. 31, p. 18.

29 juin 1906 Circ. Les gratifications offertes aux musiques ayant prêté leur concours à des fêtes, cérémonies, etc., doivent profiter aux seuls musiciens, *B. G.*, p. 840; *B. G.*, E. M., vol. 31, p. 28.

Musiques militaires.

(Voir : *Ecoles de musique. — Fanfares.*)

26 messidor an III (14 juillet 1795). Loi portant que les airs et chants civiques qui ont contribué au succès de la Révolution seront exécutés par les corps de musique des gardes nationales et des troupes de ligne, *B. lois*, an III.

12 déc. 1863 Déc. Les médailles remportées à un concours par un corps de musique de régiment doivent rester dans les archives du corps, *B. G.*, E. R. vol. 64, p. 342.

28 mars 1887 Note relative à l'exécution des airs nationaux étrangers, *B. G.*, E. R., vol. 64, p. 340; modif. 8 juin 1907. Hymne national bulgare, *B. G.*, p. 786.

29 mars 1887 Audition des musiques militaires dans les hôpitaux militaires ou mixtes, *B. G.*, E. R., vol. 64, p. 341.

20 mai 1887 Note relative à l'exécution de la *Marseillaise* et de la sonnerie *Au drapeau*, *B. G.*, E. R., vol. 64, p. 342.

15 déc. 1889 Circ. Admission dans le répertoire des musiques de la *Retraite nationale française*, *B. G.*, E. R., vol. 64, p. 343; et circ. (marine), du 25 mars 1890, *B. M.*, p. 318.

31 oct. 1898 Note réglant pour chaque subdivision d'armes la nature et le nombre des instruments réglementaires des musiques et fanfares avec leur prix maximum, *B. G.*, E. R., vol. 64, p. 367.

17 avril 1899 Circ. Autorisation d'admettre dans le répertoire des musiques et fanfares des troupes de la marine une composition intitulée *Souhaits à la France*, *B. M.*, p. 589.

21 avril 1899 Circ. au sujet de la garantie des instruments de musique, trompettes et clairons, *B. G.*, E. R., vol. 52, p. 77.

3 mai 1899 Circ. Les musiques militaires se feront entendre dans les hôpitaux militaires et les hospices des villes de garnison, *B. G.*, E. R., vol. 64, p. 441.

3 sept. 1902 Circ. indiquant dans quelles circonstances les musiques militaires peuvent jouer la *Marseillaise*, *B. G.*, p. 1817.

20 août 1903 Tarif des réparations aux instruments de musique, *B. G.*, p. 1280.

12 avril 1906 Inst. Participation des musiques militaires à des fêtes et cérémonies civiles, concerts, retraites. Interdiction de recevoir des prix en nature dans les concours, *B. G.*, p. 524; *B. G.*, E. M., vol. 31, p. 13 et 28.

22 juin 1906 Inst. sur les batteries et sonneries de l'infanterie précédée d'une théorie de la musique pour les batteries et sonneries, err., *B. G.*, 1907, p. 1698.

21 août 1906 Circ. relative à l'ouverture et à la fermeture du ban, *B. G.*, p. 1148.

Mutations.

(Voir : *Avancement. — Cassation. — Changement de corps et d'arme. Permutations.*)

19 nov. 1887 Décr. qui délègue aux généraux commandant les corps d'armée le soin de prononcer certaines mutations dans l'étendue de leur région, *B. G.*, E. R., vol. 62, p. 95; art. 2, abrogé 25 août 1906, *B. G.*, p. 1195, abrogé en ce qui concerne l'infanterie; décret 2 mai 1907, *B. G.*, p. 493.

25 oct. 1891 Circ. (colonies). L'exécution des ordres de mutation concernant les officiers ou fonctionnaires ne peut être suspendue qu'en cas de nécessité absolue, *B .C.*, p. 563.

5 janv. 1894 Circ. La notification des mutations des officiers et employés militaires sera faite par la voie du *Journal officiel*, *B. C.*, p. 28; *B. M.*, p. 8.

Mutations (*suite*).

févr. 1891 Circ. Les généraux commandant les brigades en France et les commandants supérieurs des troupes aux colonies sont toujours chargés de la notification des mouvements concernant le personnel sous leurs ordres, *B. C.*, p. 162; *B. M.*, p. 120.

juin 1895 Circ. Les gouverneurs des colonies n'ont pas qualité pour prononcer des mutations dans le personnel militaire, *B. C.*, p. 543.

déc. 1895 Inst. sur l'administration des réserves, art. 25 à 29, *B. C.*, E. R., vol. 71.

août 1904 Circ. Les mutations entre les colonies d'un groupe, motivées par des cassations ou des nominations, sont prononcées par le commandant supérieur des troupes du groupe, *B. C.*, p. 862.

nov. 1904 Inst. relative à la suppression des lettres de service. Lettres de service et avis de mutation, *B. G.*, p. 1745 et circ. du 13 mai 1905, *B. G.*, p. 602.

avril 1905 Circ. Mutations du personnel militaire en service aux colonies. Mesures à prendre pour les réduire, *B. C.*, p. 505.

oct. 1906 Inst., art. 14. Mutation des candidats aux emplois réservés. Avis à donner au Ministre de la guerre, *B. G.*, E. M., vol. 36, p. 65.

févr. 1908 Service courant, *B. G.*, E. M., vol. 74.

Art. 220. Mutations dans les gouvernements militaires et les corps d'armée.
221. — aux colonies.
230. — des troupes coloniales en France.

N

Naissances.

(Voir : *Etat civil.* — *Service de santé colonial.*)

Naphtaline.

6 déc. 1903 Achat au compte de la masse générale d'entretien, *B. G.*, vol. spl., T. C., p. 225.

Nationalité.

30 août 1837 Ord. qui détermine la forme dans laquelle seront intentées et suivies les instances ayant pour objet de faire prononcer par jugement, contre un officier, la perte de la qualité de Français, *A. M.*, p. 390; *B. M.*, R., p. 347; *B. G.*, E. R., vol. 22, p. 106.

26 juin 1889 Loi sur la nationalité (modifie le Code civil), *B. C.*, p. 909; *B. M.*, 2e sem., p. 294; *B. G.*, E. R., vol. 28, p. 7.

16 août 1889 Décr. pour l'application de la loi du 26 juin 1889, *B. C.*, p. 989; *B. M.*, p. 298.

22 juill. 1893 Loi modifiant l'art. 8, § 3, et l'art. 9 du Code civil, *B. M.*, p. 187; *B. G.*, E. R., vol. 28, p. 7.

28 août 1893 Circ. (justice), relative à l'application de la loi du 22 juillet 1893, *B. G.*, E. R., vol. 68, p. 84.

Naturalisation.

23 déc. 1903 Inscription sur les états de services, matricules, etc., *B. G.*, E. M., vol. 10, p. 59.

Navires de commerce.

(Voir : *Commandant des troupes passagères.* — *Etat civil. Transports maritimes.*)

Nécessaire de chambrée.

11 nov. 1893 Inst. sur les accessoires d'entretien des armes à feu portatives, § 8.

Nominations.

(Voir : *Avancement.*)

20 oct. 1892 Service intérieur : Inf. et Artil., art. 2. Nominations faites par le colonel. Demandes soumises aux généraux, *B. G.*, E. R., vol. 78.

1er oct. 1906 Inst., art. 12. Nomination aux emplois civils et militaires réservés aux engagés et rengagés, *B. G.*, E. M., vol. 36, p. 63.

Non-activité.

(Voir : *Réforme.* — *Tableaux d'avancement et de concours. Tenue,* 1er février 1873, 12 avril 1892.)

19 mai 1834 Loi sur l'état des officiers, art. 16 et 17, *B. G.*, E. R., vol. 22.

16 mars 1838 Ord., art. 159 à 165. Officiers en non-activité, *B. G.*, E. R., vol. 22, p. 42.

16 avril 1847 Surveillance et autorité à exercer par les généraux commandant les divisions militaires sur les officiers de l'armée de mer en non-activité ou en congé, *A. M.*, p. 705; *B. M.*, R., p. 362; *B. G.*, E. R., vol. 60, p. 145.

27 juin 1872 Inspection des officiers en non-activité, *B. G.*, E. R., vol. 22, p. 147; addition, 30 avril 1906, *B. G.*, p. 566.

25 avril 1876 Les officiers en non-activité sont inspectés deux fois par an, *B. M.*, p. 949; *B. M.*, R., p. 216; *B. G.*, E. R., vol. 22, p. 150.

16 mai 1876 Circ. Marche à suivre par les officiers en non-activité pour obtenir l'autorisation de résider dans une localité où ils désirent fixer leur résidence, *B. M.*, p. 799; *B. M.*, R., p. 51.

30 sept. 1876 Note. Autorisation de résidence pour les officiers en non-activité, *B. G.*, E. R., vol. 22, p. 143; appliqué aux troupes de la marine, circ. du 8 novembre 1877, *B. M.*, p. 627.

17 mai 1878 Avis à donner par les commandants de corps d'armée en cas de changement de résidence des officiers en non-activité résidant sur leur territoire, *B. G.*, E. R., vol. 22, p. 144.

10 juin 1880 Mise en réforme des officiers en non-activité depuis plus de trois ans, qu'un conseil d'enquête a déclaré n'y avoir pas lieu de mettre en réforme comme reconnus non susceptibles d'être rappelés à l'activité, *B. G.*, E. R., vol. 22, p. 139.

22 nov. 1886 Circ. Propositions pour la mise en non-activité à titre d'infirmités temporaires et délivrance des congés et prolongations de congés de convalescence aux officiers malades, *B. G.*, E. R., vol. 22, p. 142.

23 mai 1891 Note concernant les officiers en non-activité par retrait d'emploi qui désirent fixer leur résidence dans le département de la Seine, *B. G.*, E. R., vol. 22, p. 145.

26 févr. 1892 Note concernant les officiers en non-activité pour infirmités temporaires qui désirent fixer leur résidence dans le département de la Seine, *B. C.*, p. 303; *B. M.*, p. 323; *B. G.*, E. R., vol. 22, p. 146 et circ. (marine), du 5 avril 1892, *B. C.*, p. 303; *B. M.*, p. 323.

20 oct. 1892 Service intérieur : Inf., art. 323; Artil., art. 341. Mise en non-activité par retrait ou suspension d'emploi, *B. G.*, E. R., vol. 78.

23 sept. 1898 Les certificats de visite et de contre-visite doivent, dans tous les cas, être joints aux rapports particuliers établis à la suite de chaque inspection semestrielle, *B. G.*, p. 1318.

17 févr. 1902 Circ. Inspection semestrielle le 1er janvier et le 1er juin, *B. G.*, p. 117.

28 déc. 1905 Circ. L'inspection doit avoir lieu aux dates réglementaires, *B. G.*, p. 1841.

10 févr. 1908 Service courant, art. 256 et 257. Propositions pour la non-activité, *B. G.*, E. M., vol. 74.

Non-affectation.

(Voir : *Non disponibles.*)

Non-disponibles.

(Voir : *Officiers de réserve et de l'armée territoriale.*)

1er oct. 1902 Chapitre XIII refondu de l'inst. du 28 décembre 1895.
Administration des hommes classés dans l'affectation spéciale, non affectés, non disponibles ou maintenus provisoirement dans leur emploi du temps de paix en cas de mobilisation et circ. du 2 octobre 1902, *B. G.*, p. 1931; err., *B. G.*, 1902, p. 2079; modif. 28 janvier 1903, *B. G.*, p. 42; 27 mai 1903, *B. G.*, p. 730 et 738; 21 juillet 1903, *B. G.*, p. 1115; 12 novembre 1903, *B. G.*, p. 1569; 10 avril 1905, *B. G.*, p. 414; 28 janvier 1904, *B. G.*, p. 53 et inst. du 7 avril 1906, art. 31 et nouveaux tableaux A, B. C., err., *B. G.*, 1906, p. 1225; modif. 20 novembre 1906, *B. G.*, p. 1444; 6 mars 1907, *B. G.*, p. 263.

1er sept. 1903 Circ. Les agents civils du commissariat sont classés dans les non affectés.

8 août 1903 Circ. (colonies). Administration des non disponibles, *B. C.*, p. 730.

21 mars 1905 Loi sur le recrutement, art. 42 et tableaux A, B, C, *B. G.*, p. 263; *B. C.*, p. 359; *B. G.*, E. M., vol. 68-1.

Notes.

(Voir : *Carnets de notes. — Dossiers du personnel. Feuillets de notes.*)

24 déc. 1890 Circ. Les notes confidentielles des officiers des troupes de la marine doivent être transmises sous pli fermé, *B. C.*, p. 1234.

16 juill. 1894 Circ. Dispositions relatives aux notes confidentielles, *B. C.*, p. 539.

21 sept. 1897 Circ. Les notes confidentielles doivent être rédigées de la main des chefs de service, *B. C.*, p. 987.

20 juin 1903 Circ. Notes à donner aux sous-officiers, caporaux, brigadiers ou soldats des T. C., *B. G.*, p. 996 et circ. du 23 octobre 1903, *B. G.*, p. 1548.

13 janv. 1905 Circ. relative à la communication aux officiers des notes du feuillet de personnel, *B. G.*, p. 54.

13 janv. 1905 Circ. portant application des mesures prescrites par la circ. ci-dessus, *B. G.*, p. 56.

13 janv. 1905 Notification des instructions données aux directions de l'administration centrale du ministère de la guerre pour l'application des circ. du 13 janvier 1905 ci-dessus, *B. G.*, p. 58.

22 avril 1905 Loi de finances, art. 65. Communication des notes, feuillets signalétiques et de tous autres documents composant le dossier des fonctionnaires civils et militaires, *B. C.*, p. 538.

9 mai 1905 Circ. Addition aux circ. du 13 janvier 1905. Application aux troupes coloniales, *B. G.*, p. 596.

30 sept. 1905 Circ. Application de l'art. 65 de la loi du 22 avril 1905, *B. G.*, p. 1456.

24 oct. 1905 Circ. Interprétation des circ. du 13 janvier 1905. Communication des notes. Revision préalable des dossiers, *B. G.*, p. 1645; complétée 14 novembre 1905, *B. G.*, p. 1708.

26 mars 1906 Circ. Notes à donner aux militaires qui prennent part à des opérations de guerre, *B. G.*, p. 515; *B. G.*, E. M., T. C., vol. 3, p. 6.

7 juill. 1906 Circ. Les refus d'informer, les ordonnances de non-lieu, les jugements d'acquittement ne doivent pas être portés sur les carnets de notes des sous-officiers des T. C., *B. G.*, p. 878.

18 avr. 1907 Circ. Application aux fonctionnaires et agents coloniaux et locaux de l'art. 65 de la loi du 22 avril 1905, *B. C.*, p. 267.

10 févr. 1908 Service courant, art. 110. Notes données aux officiers et hommes de troupe. Art. 111. Communication aux intéressés, *B. G.*, E. M., vol. 74.

Nouvelles-Hébrides.

28 févr. 1901 Décr. réglementant, au point de vue administratif et judiciaire, la situation des citoyens français établis dans les îles et terres de l'Océan pacifique ne faisant pas partie du domaine colonial de la France et n'appartenant à aucune puissance civilisée, *B. C.*, p. 136.

22 mars 1907 Décr. investissant le gouverneur de la Nouvelle-Calédonie des nouveaux pouvoirs qu'il aura à exercer en qualité de haut-commissaire de la France aux Nouvelles-Hébrides, *B. C.*, p. 190.

17 mars 1908 Décret fixant la situation, le rang et les allocations du commissaire résident de France aux Nouvelles-Hébrides, *B. C.*, p. 229.

O

Observations météorologiques.

17 avril 1888 Circ. Production de la statistique météorologique, *B. C.*, p. 332.
15 mai 1895 Circ. Observations à faire parvenir au Département des colonies, *B. C.*, p. 449, et circ. 30 déc. 1907, *B. C.*, p. 840.
20 mai 1897 Inst. sur l'établissement des documents techniques dans les hôpitaux coloniaux, *B. C.*, p. 499.

Œuvres civiles intéressant l'armée.

(Voir : *Discipline générale.*)

24 juin 1905 Circ. Production de renseignements sur les œuvres civiles intéressant l'armée, *B. G.*, p. 917.
9 févr. 1906 Circ. Récompenses à décerner aux personnes appartenant ou non à l'armée qui collaborent aux cours d'adultes et aux œuvres complémentaires de l'école, institués dans les casernes et hôpitaux militaires, *B. G.*, p. 231.

Officiers.

24 avril 1895 Situation des officiers promus pendant la période qui s'écoule entre l'insertion au *J. O.*, du décret les nommant et la réception de leur lettre de service, *B. G.*, E. M., vol. 31, p. 81; appliquée aux troupes de la marine, par circ. du 22 janvier 1898, *B. M.*, p. 74.
20 mai 1896 Note interdisant aux officiers toute participation aux fournitures faites à la troupe, *B. G.*, E. M., vol. 31, p. 84.

Officiers comptables.

27 déc. 1898 Interdiction de recourir à la publicité de la presse pour les demandes d'officiers comptables, *B. G.*, E. M., vol. 31, p. 42.
10 févr. 1908 Service courant, art. 157. Propositions pour officier comptable, *B. G.*, E. M., vol. 74.

Officiers d'administration.

(Voir : *Justice militaire. — Ordonnances.*)

1° *Dispositions générales.*

2 juill. 1900 Loi réglant et unifiant la situation des personnels ci-après : 1° archivistes des bureaux d'état-major; 2° gardes d'artillerie; 3° adjoints du génie; 4° officiers d'administration des divers services, *B. G.*, p. 1173; *B. M.*, p. 1015.
26 févr. 1901 Circ. réglant diverses questions de discipline générale en ce qui concerne les officiers d'administration. Subordination. Punitions. Salut. Appellations, *B. G.*, p. 267.

Officiers d'administration (*suite*).

26 juin 1902 Circ. concernant les appellations des officiers d'administration, *B. G.*, p. 1395.

15 juill. 1904 Décr. Droits en matière de punitions des officiers d'administration des différents services, des officiers interprètes et des chefs de musique, *B. G.*, p. 1161.

2° *Officiers d'administration d'artillerie coloniale.*

21 mai 1889 Règl. fixant les conditions d'admission à l'emploi de garde de 3e classe, *B. M.*, p. 757; modif. 15 juillet 1892, *B. M.*, p. 47.

7 déc. 1900 Décr. Application aux gardes d'artillerie de la marine de la loi du 2 juillet 1900, relative aux officiers d'administration. Recrutement. Avancement. Limite d'âge, *B. M.*, p. 1077.

26 janv. 1901 Circ. Les officiers d'administration conducteurs de travaux sont mis à la disposition des directions du génie pendant leur séjour en France, *B. G.*, p. 204; *B. G.*, E. M., T. C., vol. 1, p. 118.

28 nov. 1903 Circ. Répartition du personnel en service aux colonies, *B. C.*, 1904, p. 295.

25 sept. 1904 Décr. Effectif des officiers d'administration détachés à la marine : comptables, 21; artificiers, 18; ouvriers d'Etat, 50, *B. C.*, p. 982; *B. G.*, p. 1527; *B. G.*, E. M., T. C., vol. 1, p. 83.

6 juill. 1905 Décr. Effectifs et répartition des officiers d'administration d'artillerie, *B. C.*, p. 778; *B. G.*, p. 1067; *B. G.*, E. M., T. C., vol. 1, p. 93.

3° *Officiers d'administration de l'intendance coloniale,*

(Voir : *Première mise d'équipement.*)

7 sept. 1902 Décr. relatif à l'organisation du corps des agents et agents comptables du commissariat des T. C. Recrutement et nominations. Attributions et service. Limite d'âge, *B. C.*, p. 908; *B. G.*, p. 1844; *B. G.*, E. M., T. C., vol. 1, p. 143.

21 juin 1906 Décr. organisant l'intendance militaire des T. C. Art. 14, 15, organisation; art. 20, tableaux d'avancement et de concours; art. 21, discipline; art. 22, rang, *B. C.*, p. 583; *B. G.*, p. 810; *B. G.*, E. M., T. C., vol. 1, p. 180.

8 sept. 1906 Décr. Fixation des cadres : bureaux : principaux, 4; 1re classe, 16; 2e et 3e classes, 64; magasins : principaux, 3; 1re classe 13; 2e et 3e classes, 50, *B. G.*, p. 1231; *B. G.*, E. M., T. C., vol. 1, p. 191.

4 févr. 1907 Inst. relative à l'admission des agents civils du commissariat et des comptables des matières des colonies dans le corps des officiers d'administration de l'intendance et du service de santé des T. C., *B. C.*, p. 109; *B. G.*, p. 110; *B. G.*, E. M., T. C., vol. 1, p. 165; modif. 14 décembre 1907, *B. G.*, p. 1849.

18 juill. 1907 Circ. Répartition des effectifs en France et aux colonies, *B. G.*, p. 939; *B. C.*, p. 532.

10 déc. 1907 Inst. réglant les conditions des examens d'admissibilité des agents civils du commissariat et des comptables des matières des colonies candidats au grade d'officier d'administration de l'intendance et du service de santé des T. C., *B. G.*, p. 1845.

23 mars 1908 Inst. sur le service de l'intendance aux colonies, art. 16.

4° *Officiers d'administration du service de santé.*

(Voir : *Première mise d'équipement.*)

7 sept. 1902 Décr. relatif à l'organisation du corps des agents comptables du service de santé des T. C. Recrutement. Nominations. Attributions et service. Limite d'âge, *B. C.*, p. 908; *B. G.*, p. 1844; *B. G.*, E. M., T. C., vol. 1, p. 143.

21 juin 1906 Décr. organisant le corps de santé des T. C. Art. 5 et 6, organisation; art. 10, tableaux d'avancement et de concours; art. 13, discipline; art. 14, rang, *B. G.*, p. 820; *B. C.*, p. 593; *B. G.*, E. M., T. C., vol. 1, p. 217.

8 sept. 1906 Décr. Fixation des cadres : principaux, 2; 1re classe, 9; 2e et 3e classes, 27, *B. G.*, p. 1233; *B. G.*, E. M., T. C., vol. 1, p. 224.

4 févr. 1907 Inst. (Voir § 3° ci-dessus.)

10 déc. 1907 Inst. (Voir § 3° ci-dessus.)

Officiers d'approvisionnement.

(Voir : *Ordinaires.*)

1 févr. 1890 Circ. Application aux troupes de la marine des règles en vigueur au Département de la guerre pour la désignation, les attributions et le fonctionnement des officiers d'approvisionnement, *B. C.*, p. 507; *B. M.*, p. 226, et circ. (colonies), du 18 mars 1890, *B. C.*, p. 507.

6 janv. 1891 Circ. Stage d'instruction des officiers d'approvisionnement d'infanterie de marine dans les escadrons du train, *B. M.*, p. 109.

9 juin 1895 Circ. Un lieutenant sera désigné dans chaque régiment d'infanterie de marine pour être adjoint à l'officier d'approvisionnement, *B. M.*, p. 1002.

2 août 1899 Inst. concernant les officiers d'approvisionnement, *B. G.*, E. R., vol. 95; err., *B. G.*, 2e sem., 1901, p. 620; *B. G.*, 1904, p. 504; modif. 16 janvier 1903, *B. G.*, p. 17; 15 novembre 1904, *B. G.*, p. 1652; art. 10, 9 août 1907, *B. G.*, p. 1139.

Art. 1 à 5. Dispositions générales. Rôle. Désignation. Personnel en sous-ordre.
6 - 7. Attributions.
8 à 10. Mode de gestion.
11 à 26. Exécution du service.
27 à 29. Distributions.
30 à 32. Régularisation des perceptions faites par les officiers d'approvisionnement.
33 - 34. Comptabilité.

Annexe 1. Guide pour l'application de la loi du 3 juillet 1877 et du décret du 2 août 1877 sur les réquisitions.
— 2. Tarif en vigueur des rations de vivres, suppléments de rations et substitutions en ce qui regarde les vivres.
— 3. Matériel à la disposition des officiers d'approvisionnement pour les distributions et l'abatage du bétail.
— 4. Caractères distinctifs des denrées de bonne et de mauvaise qualité, modif. 3 avril 1902, *B. G.*, p. 778.
— 5. Dispositions concernant la viande fraîche.

mai 1901 Stages des officiers d'approvisionnement dans les escadrons du train, *B. G.*, p. 832.

Officiers d'armement.

0 août 1884 Règl. sur l'armement, art. 2, 3 et 9, *B. G.*, E. R., vol. 19.
0 oct. 1892 Service intérieur : Inf., art. 64. Fonctions, *B. G.*, E. R., vol. 78.
6 déc. 1903 Art. 73. Attributions et responsabilité en France, *B. G.*, vol. spl., T. C., p. 26.
8 déc. 1905 Règl. sur l'armement aux colonies, art. 10, 13, 14, 20.

Officiers de casernement.

0 oct. 1892 Service intérieur : Inf., art. 333 et suiv., *B. G.*, E. R., vol. 78.
3 mars 1899 Règl. sur le casernement en France, art. 11, *B. G.*, E. R., vol. 51.
6 oct. 1903 Règl. sur le casernement aux colonies, art. 11, *B. C.*, vol. spl., p. 887, et inst. du 20 janvier 1907, art. 17, *B. C.*, n° 1 *bis*.
6 déc. 1903 Art. 69 et 70. Service et responsabilité en France, *B. G.*, vol. spl., T. C., p. 25.
8 févr. 1907 Inst., art. 101. Attributions en ce qui concerne l'éclairage et le chauffage. Art. 102. Personnel mis à la disposition de l'officier de casernement pour ce service, *B. G.*, E. M., vol. 5, p. 186.

Officiers d'habillement.

2 juin 1847 Ord., art. 639 à 648. Fonctions et responsabilité aux colonies, vol. spl.
0 oct. 1892 Service intérieur : Inf., art. 60 à 63; Artil., art. 55 à 59. Fonctions. Responsabilité, *B. G.*, E. R., vol. 78, et circ., 2 mars 1895, remplacement en cas d'absence ou de maladie (artil.), *B. G.*, E. R., vol. 78, p. 651.
6 déc. 1903 Art. 60 à 68. Service et responsabilité en France, *B. G.*, vol. spl., T. C., p. 22.

Officiers de réserve et de l'armée territoriale.

(Voir : *Changement de corps et d'arme.* — *Commandement.* — *Conseils d'enquête.* — *Elèves officiers de réserve.* — *Première mise d'équipement.* — *Sociétés.* — *Solde.* — *Tenue.*)

31 août 1878 Décr. portant règlement sur l'état des officiers de réserve et de l'armée territoriale, *B. G.*, E. R., vol. 72, p. 47 ; art. 1er, modifié 16 janvier 1903, *B. G.*, p. 13.

24 oct. 1878 Décr. qui détermine les fonctions ou emplois civils pouvant faire placer hors cadre les officiers de réserve ou de l'armee territoriale qui en sont revêtus, *B. G.*, E. R., vol. 72, p. 57.

24 juin 1889 Convocation des officiers de réserve et de l'armée territoriale aux cérémonies officielles. Port de l'uniforme par ces officiers. Admission dans les cercles militaires, *B. G.*, E. M., vol. 31, p. 68.

3 sept. 1891 Réunions militaires auxquelles les officiers de réserve et de l'armée territoriale doivent toujours être admis en tenue. Moyens de publicité à employer pour faire connaître ces réunions aux intéressés, *B. G.*, E. R., vol. 75, p. 186.

3 oct. 1895 Circ. Affectation à l'armée de terre des officiers de réserve des troupes de la marine, domiciliés en Corse, en Algérie et en Tunisie, *B. G.*, E. R., vol. 72, p. 261.

16 juin 1897 Règl. sur le recrutement, la répartition, l'administration, l'instruction et l'inspection des officiers de réserve et de l'armée territoriale, *B. G.*, E. R., vol. 72, p. 12; modif.: 5 juillet 1900, *B. G.*, p. 1065: 16 juillet 1901, *B. G.*, p. 347; 7 novembre 1901 (art. 5), *B. G.*, p. 1070; 3 février 1902, *B. G.*, p. 97; 4 février 1902 (art. 56), *B. G.*, p. 78; 30 octobre 1904 (art. 13), *B. G.*, p. 1444; 19 juillet 1905 (art. 4), *B. G.*, p. 1077 et 1509; 7 août 1905 (art. 26 et 28), *B. G.*, p. 1212; 3 octobre 1905 (art. 56), *B. G.*, p. 1500; art. 32, 35, 36, 38, 47, 48, 55, 56, modif. 27 mars 1906, *B. G.*, p. 449; art. 40 nouveau, 6 octobre 1906, *B. G.*, p. 1307; modif. art. 47 et 48, 18 juillet 1907, *B. G.*, p. 980.

16 juin 1897 Circ. Envoi du règl. du 16 juin 1897, *B. G.*, E. R., vol. 72, p. 9; alinéa 4, modif. 7 août 1905, *B. G.*, p. 1212.

14 nov. 1898 Circ. Mise hors cadre des officiers de réserve et de l'armée territoriale occupant un poste de directeur de banque coloniale, *B. M.*, p. 641.

28 déc. 1898 Inst. sur l'administration des officiers de réserve et de l'armée territoriale, *B. G.*, E. R., vol. 72; modif. 18 juin 1900 (art. 20), *B. G.*, p. 914; 26 juillet 1900 (art. 24), *B. G.*, p. 1108; 16 juillet 1901, *B. G.*, p. 350; 31 décembre 1901 (mod. 4 et 5), *B. G.*, p. 1583; 15 janvier 1902 (mod. 6), *B. G.*, p. 48; 8 février 1903 (art. 24), *B. G.*, p. 92; 25 mai 1904 (art. 24), *B. G.*, p. 639; addition, art. 2 *bis*, 24 novembre 1904, *B. G.*, p. 1674; modif. 7 août 1905 (art. 24), *B. G.*, p. 1212; 19 octobre 1905 (art. 26, port de l'uniforme), *B. G.*, p. 1643; 21 mars 1907, art. 1 et 4, *B. G.*, p. 337; 4 avril 1907 (art. 7) ci-après.

31 mars 1899 Décr. Mise hors cadre des officiers de réserve et de l'armée territoriale titulaires des emplois énumérés dans les tableaux B et C de la loi du 15 juillet 1889, *B. G.*, E. R., vol. 72, p. 61.

28 avril 1899 Délivrance des bons et feuilles de réduction donnant droit au tarif militaire, *B. G.*, E. R., vol. 72, p. 312.

25 oct. 1899 Circ. Passage de droit dans l'armée territoriale des officiers de réserve pères de 4 enfants vivants, *B. G.*, E. R., vol. 72, p. 103.

3 nov. 1899 Circ. Mise hors cadre de certaines catégories d'officiers de réserve et de l'armée territoriale, *B. C.*, p. 1352; *B. G.*, E. R., vol. 72, p. 63.

22 févr. 1900 Suite à donner aux offres de démission des officiers de réserve et de l'armée territoriale selon qu'ils ont reçu ou non un ordre de convocation pour une période d'instruction, *B. G.*, E. R., vol. 72, p. 103.

14 mai 1901 Circ. Décompte des services des officiers de réserve et de l'armée territoriale, anciens élèves de certaines écoles, *B. G.*, p. 775.

10 déc. 1901 Circ. Affectation aux services de l'artillerie et du génie des officiers d'administration de réserve de l'artillerie coloniale, *B. G.*, p. 1422; *B. G.*, E. M., T. C., vol. 1, p. 119.

3 avril 1902 Catégories d'officiers de réserve et de l'armée territoriale susceptibles d'être proposés pour le service d'état-major ou pour le service des chemins de fer et des étapes, *B. G.*, p. 470.

31 juill. 1902 Etablissement des récépissés constatant la reprise momentanée des ordres de mobilisation, *B. G.*, p. 1643.

Officiers de réserve et de l'armée territoriale (*suite*).

27 oct. 1902 Circ. Présidence des commissions d'examen chargées de délivrer les certificats d'aptitude pour l'avancement des officiers d'artillerie de la réserve et de l'armée territoriale, *B. G.*, p. 2078.

18 juin 1903 Circ. Tenue du registre matricule des officiers de la réserve et de l'armée territoriale, *B. G.*, p. 948.

8 févr. 1904 Circ. relative aux demandes d'ajournement ou de dispense formulées par les officiers d'artillerie, *B. G.*, p. 94.

17 mars 1904 Circ. Manière de décompter, en ce qui concerne les propositions (avancement ou décorations), le temps de service des militaires de tous grades de la réserve et de l'armée territoriale, *B. G.*, p. 282.

24 août 1904 Décr. permettant de rayer soit sur leur demande, soit d'office, les officiers maintenus après limite d'âge, *B. G.*, p. 1355.

21 mars 1905 Loi sur le recrutement, art. 23 à 26. Nomination au grade d'officier de réserve de certains appelés pendant leur service dans l'armée active, *B. G.*, p. 263 : *B. C.*, p. 359 ; *B. G.*, E. M., vol. 68-1, p. 14.

23 janv. 1907 Arr. concernant les officiers de réserve et de l'armée territoriale dispensés d'office d'une période d'instruction, *B. G.*, p. 79.
Complétée, 2 mars 1907, *B. G.*, p. 213.

4 avril 1907 Circ. relative aux officiers des réserves qui sont l'objet d'une mutation au moment où ils viennent de recevoir une convocation, *B. G.*, p. 379.

10 déc. 1907 Décr. sur l'avancement, *B. G.*, p. 1755.

10 févr. 1908 Service courant, art. 107 et 108. Tenue des dossiers des officiers des réserves, *B. G.*, E. M., vol. 74.

Officiers étrangers.

(Voir : *Commandement.*)

4 oct. 1891 Service des places, art. 347. Honneurs à leur rendre, *B. G.*, E. R., vol. 75.

20 oct. 1892 Service intérieur : Inf., art. 220 ; Artil., art. 255. Salut aux officiers étrangers, *B. G.*, E. R., vol. 78.

Omis.

21 mars 1905 Loi sur le recrutement.
Art. 15. Inscription sur les tableaux de recensement. Art. 16 et 37. Incorporation dans les T. C., *B. G.*, p. 263 ; *B. C.*, p. 359 ; *B. G.*, E. M., vol. 68-1, p. 8 et 21.

7 avril 1906 Inst., art. 10. Décompte des services des omis.

Oppositions.

(Voir : *Marchés*, 4 juillet 1907.)

20 févr. 1828 Ord. Formalités à remplir pour la validité des oppositions formées au paiement de toutes les dépenses des colonies exigibles en France, *B. lois*, p. 308 ; *A. M.*, p. 555.

13 mai 1829 Ord. Les créanciers particuliers des entrepreneurs et adjudicataires des travaux publics dans les colonies ne peuvent faire aucune saisie-arrêt ou opposition entre les mains des trésoriers sur les fonds destinés à solder lesdits travaux, *A. M.*, p. 615 ; *B. M.*, R., p. 778.

9 juill. 1836 Loi, art. 13 à 15. Oppositions et saisies-arrêts sur les sommes dues par l'Etat, *A. M.*, p. 701 ; *B. M.*, R., p. 311.

16 sept. 1837 Ord. Cas et formes dans lesquels les payeurs, agents ou préposés chargés d'effectuer des paiements à la décharge de l'Etat peuvent se libérer en versant à la Caisse des dépôts et consignations les sommes saisies et arrêtées entre leurs mains, *B. M.*, R., p. 349.

8 mai 1847 Circ. aux ports. Mesures à prendre pour faciliter le travail des payeurs en ce qui touche les oppositions, *A. M.*, p. 682 ; *B. M.*, R., p. 367.

Oppositions (*suite*).

15 juin 1847 Circ. aux colonies. Mesures relatives au paiement à effectuer en présence d'oppositions aux officiers appartenant aux corps organisés, *A. M.*, p. 742; *B. M.*, R., p. 382.

18 nov. 1848 Saisies-arrêts qui peuvent être signifiées aux officiers payeurs des corps de troupe, *B. M.*, R., p. 134; *B. M.*, p. 465.

31 mai 1862 Décr. sur la comptabilité publique, art. 148 à 151 et 267, *B. G.*, E. M., vol. 23.

14 janv. 1869 Règl. financier (colonies), art. 161 à 168, vol. spl.

3 avril 1869 Règl. financier (guerre), art. 187 à 194, *B. G.*, E. M., vol. 24, p. 85, et inst. du 30 juillet 1903, *B. G.*, E. M., vol. 24, p. 169.

12 janv. 1895 Loi relative à la saisie-arrêt sur les salaires et petits traitements des ouvriers ou employés (extrait), *B. G.*, E. M., vol. 23, p. 112.

29 déc. 1903 Décr., art. 27. Retenues pour dettes en vertu d'oppositions ou saisies-arrêts (colonies), *B. C.*, 1904, p. 406.

26 mai 1904 Décr., art. 81. Retenues pour dettes en vertu d'oppositions ou saisies-arrêts (France), *B. G.*, vol. spl., T. C., p. 108.

22 avril 1905 Loi de finances, art. 8. Tous les actes, décisions, formalités relatifs à l'exécution de la loi du 12 janvier 1895 ci-dessus seront rédigés sur papier non timbré et enregistrés gratis, *B. C.*, p. 524.

1er mai 1905 Inst. sur les successions des militaires aux colonies, art. 39, *B. C.*, p. 424.

12 janv. 1907 Décr. Application aux colonies de la loi du 12 juillet 1905 relative à la signification d'oppositions et de cessions faites entre les mains des comptables de deniers publics et des préposés de la Caisse des dépôts et consignations, *B. C.*, p. 4.

26 janv. 1908 Décr. modifiant le décret du 20 octobre 1892 sur le service intérieur : Inf., art. 404; Artill., art. 423. L'indemnité et les primes d'engagement et de rengagement des militaires de tout grade sont saisissables en totalité par voie d'oppositions ou de saisies-arrêts, *B. G.*, p. 86.

Option.

23 déc. 1903 Arr., art. 5. Inscription sur les registres, matricules, états de services, etc., *B. G.*, E. M., vol. 10, p. 58.

Ordinaires.

(Voir : *Haricots*. — *Livret d'ordinaire*. — *Viande*.)

1° *Guerre*.

22 avril 1905 Règl. sur la gestion des ordinaires de la troupe, *B. G.*, E. M., vol. 7, p. 5; modif. (livret d'ordinaire, registre des distributions de la commission), 3 décembre 1906, *B. G.*, p. 1549; art. 13 et 22, modif. 2 juillet 1907, *B. G.*, p. 856; art. 11, § 9, modif. 28 mars 1908, *B. G.*, p. 464.

22 avril 1905 Inst. sur la distribution, la préparation et la consommation des conserves de viande, *B. G.*, E. M., vol. 7, p. 93.

22 avril 1905 Inst. sur la distribution, la préparation et la consommation du porc salé, *B. G.*, E. M., vol. 7, p. 97.

22 avril 1905 Mesures à prendre en vue de la formation et de l'entretien d'une partie des approvisionnements de riz, de légumes secs, de sel et de lard nécessaires à la mobilisation, *B. G.*, E. M., vol. 7, p. 100.

22 avril 1905 Inst. Principales dispositions à insérer dans les cahiers des charges pour la fourniture des denrées et l'exécution des services ressortissant aux ordinaires, *B. G.*, E. M., vol. 7, p. 102.

22 avril 1905 Inst. sur le contrôle et l'inspection de la viande, *B. G.*, E. M., vol. 7, p. 110; modif. 20 juillet 1906, *B. G.*, p. 923.

22 avril 1905 Inst. technique pour la reconnaissance et l'examen de la viande sur pied et abattue, *B. G.*, E. M., vol. 7, p. 113.

22 avril 1905 Inst. relative à la préparation des repas variés, *B. G.*, E. M., vol. 7, p. 129.

22 avril 1905 Inst. Gestion des jardins potagers pour l'ordinaire de la troupe, *B. G.*, E. M., vol. 7, p. 147.

1er déc. 1905 Circ. Prélèvement opéré sur les denrées de l'ordinaire pour assurer les distributions destinées aux sous-officiers et autres parties prenantes ne vivant pas à l'ordinaire, *B. G.*, p. 1737.

Ordinaires (*suite*).

16 mars 1906 Circ. indiquant aux commissions des ordinaires les laboratoires dans lesquels elles sont autorisées à faire pratiquer l'analyse des denrées alimentaires dont la qualité leur paraitrait suspecte, *B. G.*, p. 369; err., *B. G.*, p. 557.

29 juin 1906 Circ. Versement à l'ordinaire des sommes d'argent offertes à la troupe à l'occasion de fêtes, cérémonies, etc., *B. G.*, p. 840; err., *B. G.*, p. 1225.

24 nov. 1906 Circ. relative aux demandes d'augmentation des prix des marchés passés pour la fourniture des denrées d'ordinaire, *B. G.*, p. 1531.

20 déc. 1906 Circ. Interprétation de l'art. 11, § 8, du décret du 22 avril 1905, *B. G.*, p. 1715.

12 juin 1907 Circ. relative à la surveillance de la distribution des denrées et de leur conservation dans les corps de troupe, *B. G.*, p. 744.

18 oct. 1907 Circ. relative aux marchés et commandes pour le compte des ordinaires, *B. G.*, p. 1609.

19 mai 1908 Circ. précisant les conditions dans lesquelles doivent être fixés les prix-limites pour les marchés des ordinaires, *B. G.*, p. 779.

2° *Colonies.*

8 juill. 1905 Inst. sur le fonctionnement administratif du service de santé colonial, art. 39 à 42. Infirmeries-ambulances et ambulances soumises au régime de l'ordinaire, *B. C.*, p. 1356.

11 déc. 1906 Règl. sur la gestion des ordinaires aux colonies, *B. C.*, p. 1157, et circ. du même jour, *B. C.*, p. 1146, modif. 8 juillet 1907, *B. C.*, p. 491.

30 déc. 1907 Circ. Versement à l'ordinaire de la troupe de l'indemnité de résidence payée aux caporaux et soldats, *B. C.*, p. 840.

Ordonnancement.

22 juin 1847 Ord., art. 296 à 302, vol. spl.

14 janv. 1869 Règl. financier, colonies, art. 84 à 137. Ordonnancement des dépenses, vol. spl.

3 avril 1869 Règl. financier, guerre, art. 96 à 157. Ordonnancement des dépenses, *B. G.*; E. M., vol. 24.

26 mai 1904 Décr. sur la solde et les revues des T. C. en France, *B. G.*, vol. spl., T. C., p. 80 et suiv.

Art. 22. Fonctionnaires chargés de l'ordonnancement.
23 à 29. Ordonnancement des sommes dues aux officiers sans troupe.
32 à 40. Ordonnancement des sommes dues aux corps de troupe.
41 à 53. Ordonnancement des sommes dues à diverses parties prenantes.
54 à 57. Militaires payés au titre d'un autre budget ou d'une autre section du budget de la guerre.

23 mars 1908 Inst. sur le service de l'intendance aux colonies, art. 21 et suiv.

Ordonnances.

(Voir : *Chine*, 7 octobre 1902.)

1er sept. 1867 Déc. imp. réglementant le service des soldats ordonnances attachés aux officiers sans troupe à l'intérieur et en campagne, *B. G.*, E. R., vol. 63, p. 320.

9 oct. 1876 Déc. laissant aux chefs de corps ou de détachements de toutes armes la faculté de mettre des soldats ordonnances à la disposition des officiers sans troupe non montés employés dans la garnison, *B. G.*, E. R., vol. 78, p. 668.

15 déc. 1881 Les officiers et assimilés régulièrement montés sont autorisés à employer, pour panser les chevaux qui leur sont accordés par le règl., un soldat ordonnance par 2 chevaux; on pourra prendre un soldat ordonnance de plus pour chaque cheval en sus d'un nombre pair, *B. G.*, E. R., vol. 63, p. 306.

5 nov. 1882 Soldats ordonnances demandés par les officiers montés détachés de leurs corps à Paris, *B. G.*, E. R., vol. 78, p. 666.

5 déc. 1891 Circ. relative aux soldats ordonnances des officiers se rendant en congé et autorisés à emmener avec eux les chevaux qui leur sont réglementairement affectés, *B. G.*, E. R., vol. 63, p. 327; appliquée aux troupes de la marine par circ. du 9 mai 1896, *B. M.*, p. 822.

Ordonnances (*suite*).

20 oct. 1892 Service intérieur : Inf., art. 277; Artil., art. 294, *B. G.*, E. R., vol. 78.

22 mars 1894 Circ. Les soldats ordonnances des officiers des compagnies d'ouvriers et d'artificiers d'artillerie de marine peuvent être pris dans les batteries, *B. M.*, p. 354.

20 janv. 1900 Allocations auxquelles ont droit les soldats ordonnances des officiers lorsqu'ils les accompagnent en congé ou en permission pour soigner leurs chevaux, *B. G.*, p. 65.

22 févr. 1900 Circ. Les officiers désignés pour suivre les cours de l'école de Joinville pourront amener leurs ordonnances, *B. M.*, p. 399.

13 août 1901 Circ. Attribution aux officiers d'administration d'artillerie en service aux colonies d'un ordonnance, *B. C.*, p. 795.

24 mars 1902 Circ. Attribution de soldats ordonnances aux officiers et officiers d'administration de l'intendance et du service de santé des T. C. en France, *B. G.*, p. 415.

24 avril 1902 Les capitaines envoyés à l'Ecole normale de tir emmènent leur ordonnance, *B. G.*, p. 723.

21 mai 1902 Circ. Attribution de soldats ordonnances aux officiers et officiers d'administration de l'intendance et du corps de santé des T. C. aux colonies, *B. G.*, p. 1127.

29 nov. 1902 L'emploi d'effets de literie hors des casernes par les ordonnances des officiers non montés est interdit, *B. G.*, p. 2311.

18 janv. 1904 Circ. Les ordonnances des officiers doivent aller prendre leur repas à la caserne ou aller eux-mêmes chercher et rapporter leurs gamelles, à moins que les officiers ne préfèrent les nourrir à leurs frais, *B. G.*, p. 31.

10 juin 1904 Décr. Suppression de la tenue civile des soldats ordonnances, *B. G.*, p. 844, et circ. du 15 juin 1904, *B. G.*, p. 847.

2 juill. 1904 Circ. Les officiers supérieurs de l'infanterie et de l'artillerie coloniales peuvent seuls se faire accompagner de leurs ordonnances lorsqu'ils se rendent aux colonies, *B. G.*, p. 953.

12 avril 1905 Circ. Conditions dans lesquelles les officiers généraux et supérieurs de l'intendance et du service de santé des T. C. sont autorisés à se faire accompagner de leurs soldats ordonnances, *B. G.*, p. 438.

22 juill. 1905 Circ. Instruction des soldats ordonnances des officiers montés d'infanterie. Stages à accomplir, *B. G.*, p. 1112; modif. 4 août 1906, *B. G.*, p. 1145.

7 oct. 1905 Circ. Choix et emploi des soldats ordonnances aux colonies, *B. C.*, p. 1080.

18 déc. 1906 Circ. relative à la distraction des soldats du service armé pour remplir des emplois d'ordonnances. Services que les officiers peuvent exiger d'eux, *B. G.*, p. 1805.

10 févr. 1908 Service courant, art 238. Changement de corps ou d'arme des soldats ordonnances, *B. G.*, E. M., vol. 74.

Ordonnances de non-lieu.

23 déc. 1903 Arr., art. 19. Non-inscription sur les matricules, sauf pour les déserteurs et insoumis, *B. G.*, E. M., vol. 10, p. 64.

Ordonnateurs secondaires.

(Voir : *Comptabilité-finances.*)

14 janv. 1869 Règl. financier (colonies). Art. 95, vol. spl.

3 avril 1869 Règl. financier (guerre). Art. 108, 111, 113, *B. G.*, E. M., vol. 24.

20 nov. 1882 Décret. Régime financier des colonies, art. 4. Ordonnateurs secondaires du budget colonial aux colonies, *B. M.*, p. 858.

11 août 1900 Décret constituant le gouverneur de la Côte d'Ivoire ordonnateur secondaire des dépenses militaires, *B. C.*, p. 794.

25 févr. 1901 Circ. Fonctionnement du service administratif des T. C. de passage dans les ports de guerre et de commerce et paiement des dépenses sur le budget des colonies, *B. G.*, vol. spl., T. C., p. 97.

15 avril 1901 Circ. Les fonctionnaires de l'intendance à Dunkerque, Saint-Servan et Alger liquideront et mandateront les dépenses du budget colonial et des budgets locaux, *B. G.*, vol. spl., T. C., p. 109.

Ordonnateurs secondaires (*suite*).

19 avril 1901 Circ. Les chefs du service administratif des T. C. dans les ports militaires administrent le personnel en congé ou de passage relevant du ministère des colonies. *B. G.*, vol. spl., T. C., p. 109.

2 avril 1902 Désignation du directeur du commissariat du corps d'armée des T. C. comme ordonnateur secondaire du département de la guerre, *B. G.*, p. 433.

27 sept. 1902 Décret constituant les gouverneurs de la Guinée et du Dahomey ordonnateurs secondaires des dépenses militaires, *B. C.*, p. 964.

8 janv. 1903 Arr. constituant le chef du service administratif des T. C. à Paris, ordonnateur secondaire des dépenses du ministère des colonies, *B. C.*, p. 10; et arr. (guerre), du 15 janvier 1903.

12 août 1904 Décret constituant le gouverneur des établissements de l'Océanie, ordonnateur secondaire des dépenses militaires, *B. C.*, p. 802.

8 juill. 1905 Inst. sur le fonctionnement administratif du service de santé colonial, art. 47. Rôle de l'ordonnateur en ce qui concerne le remboursement des frais de traitement. Art. 48. Attributions au point de vue administratif, *B. C.*, p. 1356.

21 juin 1906 Décret sur l'administration des troupes coloniales, art. 5. Le directeur de l'intendance est chargé de l'ordonnancement des dépenses de tous les services militaires, *B. C.*, p. 577; *B. G.*, p. 803; *B. G.*, E. M., T. C., vol. 1, p. 140.

10 mars 1908 Déc. minist. constituant le sous-intendant militaire des T. C. à Cette ordonnateur secondaire des dépenses du ministère des colonies, *B. C.*, p. 222.

Ordres.

(Voir : *Publications*. — *Service intérieur*.)

17 mai 1895 Circ. Copie des ordres généraux à transmettre au ministère des colonies, *B. C.*, p. 485.

28 mai 1895 Service en campagne, art. 16 à 18, *B. G.*, E. M., vol. 76.

26 mars 1896 Circ. Les gouverneurs des colonies ne peuvent donner le titre d'ordre à leurs décisions concernant les services militaires, *B. C.*, p. 174.

20 févr. 1900 Inst. sur le service des états-majors, art. 24, 55 et 69, *B. G.*, p. 214.

25 juin 1901 Envoi au ministère de la guerre de deux exemplaires des ordres généraux, circulaires, notes circulaires, décisions, émanant des commandants supérieurs des troupes aux colonies, *B. G.*, 2e sem., p. 138.

3 avril 1907 Circ. relative à la publication des ordres adressés aux troupes et services, *B. G.*, p. 378.

Ordres de route.

20 mars 1906 Inst. relative à l'insoumission, art. 5, 8, 9, 11 à 14, *B. G.*, E. M., vol. 59-1.

Ordres coloniaux.

(Voir : *Décorations*.)

10 mai 1896 Décret. Mode de nomination dans les ordres coloniaux, *B. C.*, p. 267; *B. M.*, 2e sem., p. 5; *B. G.*, E. R., vol. 30, p. 118.

23 mai 1896 Décret relatif aux ordres coloniaux. Droits de chancellerie, *B. C.*, p. 308; *B. M.*, 2e sem., p. 6; *B. G.*, E. R., vol. 30, p. 118.

23 mars 1897 Circ. (marine). Propositions pour les ordres coloniaux, *B. C.*, p. 205.

5 déc. 1899 Décret. Couleurs des rubans des décorations coloniales, *B. C.*, p. 1426; *B. M.*, p. 998; *B. G.*, E. R., vol. 30, p. 126.

26 juin 1900 Décret. Renseignements à joindre aux projets de décrets portant nominations pour services exceptionnels, *B. lois*.

18 juin 1903 Circ. Propositions concernant les officiers, sous-officiers et hommes de troupe en service aux colonies, *B. C.*, p. 558.

16 mai 1907 Décr. réglementant les conditions de nomination et de promotion dans les ordres coloniaux, *B. G.*, p. 763; *B. C.*, p. 335.

10 févr. 1908 Service courant, art. 274. Propositions, *B. G.*, E. M., vol. 74.

Organisation de l'armée.

24 juill. 1873 Loi relative à l'organisation générale de l'armée, *B. M.* R., p. 329; *B. G.*, E. R., vol. 62, p. 3.

13 mars 1875 Loi relative à la constitution des cadres et des effectifs de l'armée active et de l'armée territoriale, *B. G.*, E. R., vol. 63, p. 3; modif. 9 décembre 1900, p. 2000.

17 avril 1901 Loi modifiant celle du 24 juillet 1873 et relative à l'exécution des exercices de tir par les troupes de toutes armes, *B. G.*, p. 585.

Orphelinat Hériot.

10 oct. 1901 Inst., *B. G.*, E. M., vol. 32-2, p. 20, modif. le 26 décembre 1901; *B. G.*, p. 1557, *B. G.*, E. M., T. C., vol. 3, p. 85, pour son application aux T. C.

Admission des enfants de troupe à l'orphelinat Hériot.

Art. 33 - 34. Conditions d'admission.
35 à 39. Instruction des demandes.
40. Admission à l'orphelinat.
41 - 42. Mise en route sur l'orphelinat.

Outillage.

8 mars 1899 Les outils pour l'entretien des cours sont fournis par la masse de casernement en France, *B. G.*, E. R., vol. 51, p. 75.

20 févr. 1901 Circ. Approvisionnement des corps de troupe aux colonies, *B. C.*, p. 130.

23 mai 1901 Inst. sur la composition, la marque, l'entretien, la réparation et le remplacement des outils en service dans les corps d'infanterie et de cavalerie, *B. G.*, 2ᵉ sem., p. 222; modif. 29 novembre 1901, *B. G.*, p. 1379; err., *B. G.*, 1901, 2ᵉ sem., p. 1440; modif. 26 juin 1906, *B. G.*, p. 905; modif. 24 octobre 1906.

Annexe 1. Composition des approvisionnements de remplacement des places, chefs-lieux de corps d'armée et des dépôts d'outils de remplacement des corps de troupe, *B. G.*, 2ᵉ sem., p. 237.
Annexe 2. Tarif des réparations par l'industrie civile et par la main-d'œuvre militaire des outils mis en service dans les corps.

10 sept. 1901 Circ. Application aux troupes d'infanterie coloniale de l'inst. du 23 mai 1901, *B. G.*, p. 1445; err., *B. G.*, 1901, p. 1585.

16 oct. 1903 Les outils pour l'entretien des cours sont fournis par l'allocation pour réparations locatives aux colonies, *B. C.*, vol. spl., p. 994.

16 oct. 1903 Règl. sur les directions d'artillerie coloniales, art. 82 à 84, 102 à 105 et 118, et annexe série A, n° 9, *B. C.*, vol. spl., modif. 2 octobre 1905, *B. C.*, p. 1056.

28 sept. 1904 Circ. Renseignements à porter sur les demandes de matériel faites par les colonies. Référence à la nomenclature du matériel du génie, *B. C.*, p. 983.

16 janv. 1905 Règl. sur la comptabilité-matières, art. 329, *B. C.*, p. 216.

8 juill. 1905 Inst. sur le fonctionnement administratif du service de santé colonial, art. 30 et annexe. Outillage de consommation courante, *B. C.*, p. 1356.

Outils de boucher.

29 oct. 1896 Circ. (marine). Nouvelle série d'outils de boucher, *B. M.*, p. 591.

22 août 1899 Annexe 3. Série régimentaire d'outils de boucher. Composition. Attribution, *B. G.*, E. R., vol. 95, p. 63.

23 mars 1908 Inst. sur le service de l'intendance. Outillage de consommation courante.

Ouvrages.

(Voir : *Publications.*)

30 mai 1904 Circ. Interdiction de l'envoi par des militaires d'ouvrages à des souverains étrangers, *B. G.*, p. 657; *B. G.*, E. M., vol. 31, p. 44.

Ouvrages (*suite*).

DÉCISIONS AUTORISANT L'ACHAT.	TITRE DES OUVRAGES.	NOM DE L'AUTEUR.	IMPUTATION de la DÉPENSE D'ACHAT.
25 février 1892 *B. C.*, p. 189....	Les vertus guerrières. — Livre du soldat.	Général Thoumas.	Masse générale.
10 février 1893 *B. C.*, p. 163.... 23 janvier 1893 *B. M.*, p. 116....	Guide postal.	M. Simonard.	Id.
19 décemb. 1892 *B. M.*, p. 723.... 6 mars 1893 *B. C.*, p. 207....	Manuel d'administration et de comptabilité.	Capitaine Nicolas.	Id.
22 mars 1894 *B. M.*, p. 334....	Commentaires des lois du 8 juin 1893 sur les actes de l'état-civil, etc.	MM. Wilhelm et Trayer.	Id.
12 octobre 1894 *B. M.*, p. 498....	Code de législation et d'administration militaire en vue du temps de guerre.	M. Lassalle.	Id.
24 octobre 1894 *B. C.*, p. 786....	Instruction du 23 juillet 1894 pour l'exécution des dispositions du Code civil.	»	Id.
	Campagne du Dahomey 1892-1894.	»	Id.
26 décemb. 1894 *B. C.*, p. 918....	Fêtes et cérémonies. — Honneurs militaires et civils.	M. Saumur.	Id.
9 février 1895 *B. M.*, p. 1215...	Grammaire dahoméenne.	Lieuten. Bonnaventure.	Id.
29 juillet 1895 *B. C.*, p. 653....	Les corps d'officiers des principales armées européennes.	»	Id.
30 juillet 1895 *B. C.*, p. 654....	Hygiène des troupes aux colonies et dans les expéditions coloniales.	»	Id.
	Dictionnaire français-malgache.	»	Id.
	La question du Touat.	»	Id.
5 janvier 1896 *B. M.*, p. 15..... *B. C.*, p. 36.....	Lois et décisions concernant les sous-officiers, caporaux, brigadiers et soldats rengagés ou commissionnés.	»	Id.
1er sept. 1896 *B. M.*, p. 360....	Dictionnaire malgache-français.	»	Id.
B. C., p. 513....	Nouveau cours de géométrie.	Capitaine Gilinet.	Id.
	Les commissions rogatoires exécutées par la gendarmerie	»	Id.
	La justice prévôtale aux armées.	»	Id.
6 novemb. 1896 *B. C.*, p. 652....	Recueil des lois, décrets et instructions concernant les fils et filles de militaires.	M. Saumur.	Id.
19 décemb. 1896 *B. M.*, p. 837.... *B. C.*, p. 745....	Petit manuel du fantassin.	»	Id.
4 février 1897 *B. M.*, p. 139....	Instruction théorique du soldat par lui-même.	»	Id.
9 mars 1897 *B. C.*, p. 170....	Les opérations militaires du Tonkin	Commandant Chabrol.	Id.
5 mai 1897 *B. M.*, p. 583.... 3 juillet 1897 *B. C.*, p. 646....	Manuel d'infanterie à l'usage des sous-officiers, caporaux et élèves.	»	Id.
	Questionnaire pour le manuel d'infanterie.	»	Id.
17 mai 1897 *B. C.*, p. 477....	Les expéditions anglaises en Asie.	Lieut Colonel Septans.	Id.
24 décemb. 1897 *B. C.*, p. 1238...	Commentaire du Code de justice militaire.	Capitaine Nicolas.	Id.
29 janvier 1898 *B. M.*, p. 86..... 16 février 1898 *B. C.*, p. 85.....	Tableau des uniformes de l'armée allemande.	»	Id.
30 juillet 1898 *B. M.*, p. 138....	Dictionnaire du recrutement.	M. Saumur.	Id.
25 août 1898 *B. C.*, p. 605....	Memento militaire.	id.	Id.
29 août 1898 *B. C.*, p. 732 ... 30 novemb. 1900 *B. C.*, p. 1009...	Recueil de questions posées par le général Pierron aux sous-officiers, caporaux et soldats lors des inspections générales.	»	Id.
25 août 1898 *B. C.*, p. 605....	Les dangers de l'alcool et de l'alcoolisme.	»	Id.
29 août 1898 *B. C.*, p. 732.... 12 sept. 1898 *B. M.*, p. 436....	Nouvel aide-mémoire des sous-officiers et caporaux en campagne et aux manœuvres.	Capitaine Gardin.	Id.
5 décemb. 1893 *B. M.*, p. 814....	Livre du gradé.	»	Id.
13 mai 1899 *B. M.*, p. 785....	Manuel pratique de l'officier de police judiciaire militaire en garnison et en campagne.	»	Id.
13 sept. 1899 *B. C.*, p. 1235...	Trois colonnes au Tonkin, 1894-1895.	Général Galliéni.	Id.
28 novemb. 1899 *B. C.*, p. 1395... 4 décemb. 1899 *B. M.*, p. 799....	Dictionnaire des communes administratif et militaire.	M. Lassalle.	Id.
27 décemb. 1899 *B. M.*, p. 1076...	Armes portatives françaises et étrangères.	Capitaine Bataille.	Id.
30 janvier 1900 *B. M.*, p. 242....	Manuel de l'organisation de l'armée.	M. Lassalle.	Id.
19 février 1900 *B. M.*, p. 369.... *B. C.*, p. 173....	Troubles et émeutes.	M. Saumur.	Id.
14 sept. 1900 *B. C.*, p. 895.... 24 août 1900 *B. M.*, p. 342.... *B. C.*, p. 879.... 3 mai 1901 *B. C.*, p. 433. ..	Emplois civils réservés aux sous-officiers.	id.	Id.
30 sept. 1900 *B. C.*, p. 910....	Grammaires et livres de langues indigènes.	»	Id.
10 décemb. 1900 *B. C.*, p. 1066...	L'Afrique politique en 1900.	M. E. L. Bonnefon.	Id.
27 sept. 1901 *B. C.*, p. 952....	Livret antialcoolique du soldat.	»	Id.
8 février 1902 *B. C.*, p. 133....	Notice sommaire sur les effets des explosifs réglementaires et le calcul des charges.	»	Id.
14 janvier 1902 *B. C.*, p. 39.....	Eléments de langue chinoise. — Dialecte cantonnais.	»	Id.

Ouvrages (*suite*).

DÉCISIONS autorisant l'achat.	TITRE DES OUVRAGES.	NOM DE L'AUTEUR.	IMPUTATION de la dépense d'achat.
6 juillet 1903 *B. C.*, p. 1062...	Histoire de la guerre de 1870-1871.	P. et V. Margueritte	Masse générale.
10 sept. 1904	Précis des successions coloniales.	M. Dejean de la Batie.	Id.
21 mars 1905 *B. C.*, p. 428....	Traité de droit pénal militaire.	Augier et le Poittevin.	Id.
16 juin 1905 *B. G.*, p. s. p. 587.	Almanach national de la mutualité française.	»	Masse des écoles.
2 août 1905 *B. G.*, p. s. p. 765.	L'officier éducateur national.	Lieutenant Mairetet.	Id.
4 août 1905 *B. G.*, p. s. p. 771.	Conférences mutualistes faites à l'école supérieure de guerre par M. Barberet.	»	Id.
28 sept. 1905 *B. G.*, p. s. p. 845.	Recueil de 10 chansons de route.	M. Blemant.	Id.
13 février 1906 *B. G.*, p. s. p. 66..	Manuel pratique de combat.	Adjudant Ringuet.	Id.
18 avril 1906 *B. G.*, p. s. p. 217.	Placard mutualiste illustré.	H. C. Lavauzelle éditeur.	Masse générale.
23 avril 1906 *B. G.*, p. s. p. 220.	Séries de cartes murales.	C. Delagrave éditeur.	Masse des écoles.
31 mai 1906 *B. G.*, p. s. p. 381.	La gloire des vaincus.	M. Armelin.	Id.
	Le livre d'or de 1870.	id.	Id.
	L'archange des batailles.	id.	Id.
23 juillet 1906 *B. G.*, p. s. p. 686.	Projet de règlement sur le tir de l'infanterie allemande.	Traduit par le lieutenant Rinckenbach.	Fonds éventuels.
1er août 1906 *B. G.*, p. s. p. 784.	Traité théorique et pratique de droit pénal militaire à l'usage des membres des conseils de guerre et des officiers de l'armée de terre.	»	Id.
18 janvier 1907 *B. C.*, p. 15......	Vade-Mecum des troupes coloniales.	Officier d'administration Beaunée.	Corps : Masse générale. Services : frais de bureau.
26 mars 1907 *B. G.*, p. s. p. 321.			Corps : Masse générale.
5 février 1907 *B. G.*, p. s. p. 88..	Hygiène du soldat.	Médecin-major de 2e cl. Ramally.	Fonds éventuels. ou masse des écoles.
15 avril 1907 *B. G.*, p. s. p. 331.	Règlement d'exercices pour l'infanterie allemande du 29 mai 1906.	Traduit par le capitaine Mayer. Traduit par le lieutenant Rinckenbach.	Masse des écoles.
15 mai 1907 *B. G.*, p. s. p. 394.	Application d'une méthode de travail pour la préparation aux écoles militaires et aux emplois civils.	Lieutenant Pujol.	Masse des écoles.
11 mai 1907 *B. C.*, p. 330.....	Traité de législation coloniale.	Dislère.	Corps de troupe : masse générale, 2e portion. Services : frais de bureau.
31 oct. 1907 *B. G.*, p. s. p. 1222	Le sous-officier dans l'armée de 2 ans.	Capitaine Mairetet.	Fonds dont disposent les corps.
12 novemb. 1907 *B. G.*, p. s. p. 1235	L'instruction militaire moderne.	Lieutenant Marceau.	Fonds dont disposent les corps.
24 octobre 1907 *B. C.*, p. 724.....	Décret du 3 juillet 1897 sur les indemnités de route et de séjour et les passages.	Lavauzelle, éditeur.	Corps de troupe : masse d'entretien. — Services: frais de bureau.
5 février 1908 *B. G.*, p. s. p. 182.	Instruction du 20 août 1907 sur la participation de l'armée au maintien de l'ordre public.	»	Écoles régimentaires.
9 mars 1908 *B. G.*, p. s. p. 314.	La composition française aux concours des écoles militaires d'élèves officiers.	Hachette, éditeur.	Fonds dont disposent les corps.
20 mars 1908 *B. G.*, p. s. p. 360.	Étude sur la gourme.	MM. Champetier et Payrou.	Corps de troupe à cheval. — Fonds dont ils disposent.
17 avril 1908 *B. G.*, p. s. p. 467.	Instruction du 8 juin 1906 sur les travaux de fortification de campagne.	Traduit de l'allemand par le capitaine Meyer.	Fonds dont disposent les corps.
27 avril 1908 *B. G.*, p. s. p. 508.	Manuel pratique et aide-mémoire à l'usage du personnel employé dans le service du recrutement et des officiers et sous-officiers des corps de troupe qui se destinent à ce service.	Capitaine Baunac et officier d'administration Jalley.	Id.
30 avril 1908 *B. G.*, p. s. p. 509.	Ce qu'il faut savoir de l'armée allemande.	Lavauzelle, éditeur.	Id.

Ouvriers d'état (*stagiaires*).

30 juill. 1899 Décret. Organisation des ouvriers d'état d'artillerie de marine, *B. O.*, p. 802; *B. M.*, p. 198; modif. 5 juillet 1905, *J. O.*, du 11 juillet.

19 sept. 1903 Décret réorganisant l'artillerie coloniale. Tableaux 1 et 9. Effectifs, répartition, *B. C.*, p. 842.

Ouvriers de batterie.

20 oct. 1892 Service intérieur, Artil., art. 245. Nomination, service, *B. G.*, E. R., vol. 78.

Ouvriers des corps de troupe.

(Voir : *Armuriers.* — *Ateliers régimentaires.* — *Maîtres ouvriers.*)

déc. 1903 Achat des effets des ouvriers militaires employés à certains travaux spéciaux au compte de la masse générale, *B. G.*, vol. spl., T. C., p. 226.

P

Paillassons.

6 déc. 1903 Achat au compte de la masse générale de paillassons de jonc destinés aux locaux communs du corps, *B. G.*, vol. spl., T. C., p. 228.
15 janv. 1905 Paillassons isolateurs. Paillassons en alfa et en diss. Description, *B. G.*, E. M., vol. 53, p. 145 et 153.

Paille de couchage.

14 juin 1900 Service des subsistances, art. 330 à 334, *B. G.*, E. R., vol. 91.
6 déc. 1903 Achat au compte de la masse générale de la paille pour les prisons, *B. G.*, vol. spl., T. C., p. 228.
15 janv. 1905 Notice 2. Paille de couchage à allouer aux troupes dans toutes les positions, *B. G.*, E. M., vol. 53, p. 141; err. *B. G.* 1908, p. 259.

Pain.

14 juin 1900 Service des subsistances, *B. G.*, E. R., vol. 91.

Art. 203 à 208. Panification.
209 à 212. Pain de troupe ordinaire.
213 à 216. Pain biscuité.
217 à 222. Pain de guerre.

11 juin 1905 Décret. Règles d'allocation (tableau 5), *B. G.*, p. 744.

Palmes universitaires.

23 déc. 1903 Arr., art. 34. Inscription sur les registres, états de services, etc., *B. G.*, E. M., vol. 10, p. 72.
10 févr. 1908 Service courant, art. 269. Propositions, *B. G.*, E. M., vol. 74.

Paniers.

16 nov. 1900 Notice sur le service de santé en campagne aux colonies. Paniers régimentaires. Paniers d'ambulance, *B. C.*, p. 993.

Pansage des chevaux.

20 oct. 1892 Service intérieur. Inf, art. 262 et 370. Artil., art. 388, *B. G.*, E. R., vol. 78.

Pansement individuel.

27 juin 1894 Circ. Attribution en cas de guerre d'un paquet individuel de pansement aux officiers et hommes de troupes, *B. G.*, E. M., vol. 83, p. 37.

6 déc. 1894 Circ. Manière dont les troupes de la marine porteront aux colonies le paquet individuel de pansement, *B. M.*, p. 784.

20 avril 1895 Circ. Les troupes coloniales européennes et indigènes porteront aux colonies un paquet de pansement individuel, *B. C.*, p. 395.

30 sept. 1903 Description des uniformes. Port du paquet individuel de pansement. Art. 215. Dans la capote. Art. 225 et 276. Dans le paletot kaki, *B. G.*, vol. spl., T. C.

5 févr. 1906 Circ. Suppression du tissu imperméable dans le paquet individuel de pansement, *B. G.*, p. 140.

Pantalons.

30 sept. 1903 Description des uniformes, *B. G.*, vol. spl., T. C.

Art. 10.	Pantalon	d'ordonnance des officiers non montés.
11.	—	d'ordonnance des officiers montés.
12.	—	en toile blanche ou kaki.
55.	—	d'ordonnance des officiers d'infanterie.
100.	—	d'ordonnance des officiers d'artillerie.
226.	—	d'ordonnance de soldat d'infanterie (drap et flanelle).
228-278.	—	de toile blanche. } artillerie et infanterie.
229-278.	—	de toile kaki.... } artillerie et infanterie.
230.	—	de cuisine en toile grise.
231-279.	—	de bord en toile rousse de chanvre ou de lin.
277.	—	d'ordonnance des hommes montés et des sous-officiers d'artillerie.
280.	—	d'ordonnance des hommes non montés d'artillerie.
281.	—	de flanelle bleue pour les hommes de troupes et les sous-officiers.
282.	—	de travail en toile bleue pour maréchaux-ferrants et ouvriers de batterie.
343.	—	de sous-officier rengagé, infanterie.
349.	—	de sous-officier rengagé, artillerie.
•376.	—	de gymnase.
447.	—	d'écurie ou de travail en treillis.
448.	—	de toile blanche.

1er déc. 1906 Art. 71. Pantalon des officiers généraux, *B. G.*, E. M., vol. 104, p. 95.

Paquet individuel de pansement.

(Voir : *Pansement individuel.*)

Parcs d'artillerie.

1er nov. 1902 Décret relatif à l'organisation du service des parcs d'instruction dans les corps d'artillerie coloniale, *B. G.*, p. 2122 ; *B. G.*, E. M., T. C., vol. 3, p. 114.

4 nov. 1902 Inst. Organisation et fonctionnement du service régimentaire du parc dans les corps d'artillerie coloniale, *B. G.*, p. 2124 ; *B. G.*, E. M., T. C., vol. 3, p. 116.

Passages.

(Voir : *Bagages.* — *Clairons.* — *Gendarmerie.* — *Rapatriement.*)

1° *Dispositions générales.*

27 juin 1891 Etablissement des réquisitions de passage des tirailleurs, miliciens, krowmen, laptots et de leurs familles, circ. *B. C.*, p. 440.

Passages (*suite*).

6 févr. 1892 Délivrance des réquisitions de passages aux officiers, fonctionnaires, agents ainsi qu'aux membres de leurs familles voyageant à leurs frais, circ., *B. C.*, p. 177.

24 oct. 1892 Circ. Il ne doit pas être délivré de réquisitions de passage aux personnes étrangères à l'administration ou n'ayant aucun lien de parenté avec celles qui y ont droit, *B. C.*, p. 714.

16 déc. 1892 Circ. Dispositions concernant les passagers militaires et agents coloniaux, non officiers ou assimilés revenant malades des possessions de la Côte occidentale d'Afrique, *B. C.*, p. 835; et circ. du 27 juin 1891, *B. C.*, p. 440.

21 déc. 1893 Circ. Les officiers subalternes voyageront en 1re classe sur les lignes subventionnées desservant la Méditerranée, la mer des Indes et l'Extrême-Orient, *B. C.*, p. 971; *B. M.*, p. 811; et circ. du 16 juillet 1894, *B. C.*, p. 541; *B. M.*, p. 383; 27 septembre 1894, *B. M.*, p. 383.

4 août 1894 Circ. Paiement des excédents de bagages. Modèle des réquisitions de passage, *B. C.*, p. 607.

17 juin 1895 Dép. Les gardes auxiliaires d'artillerie voyagent en 2e classe sur les paquebots des Messageries maritimes.

2 sept. 1895 Circ. Etablissement des réquisitions de passage. Déclaration des intéressés en ce qui concerne les bagages embarqués, *B. C.*, p. 720.

3 juill. 1897 Décret portant règlement sur les passages, *B. C.*, p. 905; modif. 6 juillet 1904 ci-après, et circ. du 11 août 1897, *B. C.*, p. 884.

Art. 31. Droit aux passages des officiers, fonctionnaires et agents et de leur famille, modif. 8 juin 1906, *B. C.*, p. 555.
32. Les congés pour affaires personnelles ne donnent pas droit aux passages gratuits.
33. Conditions du droit au passage des familles.
34. Concession de passages aux boursiers.
35. Concession de passages d'indigents, modif. 6 juillet 1904, *B. C.*, p. 774.
36. Concession de passages d'émigrants.
37. Concession de passages à charge de remboursement préalable.
40. Imputation des frais de passage.

Tableau 2. Assimilation en ce qui concerne les passages, modif. 6 juillet 1904, *B. C.*, p. 774; 8 mai 1907 en ce qui concerne les caporaux et brigadiers fourriers, *B. C.*, p. 317.

20 janv. 1898 Circ. Un état nominatif des militaires composant les détachements de relève doit être adressé au chef du service colonial du port d'embarquement.

24 avril 1898 Inst. Transports entre la France, l'Algérie, la Tunisie, la Tripolitaine et le Maroc. Droit à la gratuité de la traversée, *B. G.*, E. M., vol. 102, p. 98.

24 janv. 1899 Circ. Les officiers en activité hors cadres détachés dans les services civils aux colonies conservent à bord le classement auquel leur grade leur donne droit, *B. C.*, p. 24.

5 juill. 1900 Déc. Les caporaux et brigadiers fourriers seront assimilés au point de vue du classement à bord des navires aux sergents et maréchaux des logis, *B. C.*, p. 593. Voir 8 mai 1907, *B. C.*, p. 317.

16 juill. 1901 Circ. Délivrance des réquisitions de passage à des personnes n'y ayant aucun droit, *B. C.*, p. 700.

25 juill. 1902 Déc. prés. Les gardes auxiliaires d'artillerie sont régis par le décret du 3 juillet 1897 en ce qui concerne les passages, *B. C.*, p. 671.

1er sept. 1902 Inst. Transports entre le continent et la Corse. Droit à la gratuité de la traversée, *B. G.*, E. M., vol. 103, p. 82.

18 févr. 1903 Circ. Délivrance des réquisitions de passage à 7 francs par jour, *B. C.*, p. 128.

12 juin 1903 Circ. Délai de rapatriement des militaires libérés aux colonies, *B. C.*, p. 552.

6 juill. 1904 Décret relatif aux passages, *B. C.*, p. 774; et circ. du 4 août 1904, *B. C.*, p. 773.

Art. 2. Droit au passage des familles des fonctionnaires, etc., et des officiers et assimilés des T. M. ou des T. C.
4. Passage et transport des domestiques des officiers généraux, des officiers supérieurs et des fonctionnaires assimilés.
5. Quotité des bagages transportés gratuitement.
6. Passage entre la France, la Corse, l'Algérie et sur le littoral algérien.

Tableau de classement du personnel colonial, modif. 8 juin 1906, *B. C.*, p. 555.

Passages (*suite*).

8 juin 1905 Inst. pour les commandants des troupes passagères de toutes armes et les chefs de détachement à bord des navires de commerce, à jour au 1er novembre 1907, *B. G.*, 1907, p. 1721.
(Voir : *Commandants des troupes passagères.*)

4 déc. 1905 Déc. relative au classement des passagers à bord du vapeur faisant le service postal de Saint-Pierre et Miquelon à Sidney et Halifax, *B. C.*, p. 1241.

8 janv. 1906 Déc. prés. Classement à bord des paquebots des fonctionnaires mariés voyageant avec leur femme pourvue d'un emploi dans l'administration, *B. C.*, p. 10.

13 juill. 1906 Circ. Etablissement des réquisitions pour les passages à destination ou en provenance de Propriano (Corse), *B. C.*, p. 664.

14 août 1906 Déc. prés. Classement des femmes à bord des paquebots des Messageries maritimes, *B. C.*, p. 785.

3 sept. 1906 Circ. relative aux frais d'embarquement et de débarquement des officiers et assimilés aux colonies, *B. C.*, p. 815.

8 mai 1907 Décr. Classement à la première catégorie A du contrôleur financier en Indo-Chine, en Afrique occidentale française et à Madagascar pour les passages, *B. C.*, p. 310.

7 mai 1907 Décr. sur les passages du personnel de la marine à bord des bâtiments de commerce, *B. C.*, p. 314.

13 sept. 1907 Circ. Taxe de péage à percevoir à Saint-Nazaire au profit de la Chambre de commerce de cette ville, *B. C.*, p. 679.

2° *Dispositions particulières aux passages des familles.*

2 mars 1886 Déc. prés. Les sous-officiers mariés ne peuvent emmener leur femme aux colonies, *B. M.*, p. 616.

1er févr. 1896 Dép. Les officiers et fonctionnaires désignés pour le Soudan ne peuvent être autorisés à emmener leur famille, *B. C.*, p. 80.

6 sept. 1897 Circ. Concession de passages gratuits aux familles d'officiers en service à Madagascar, *B. C.*, p. 979; *B. M.*, p. 300.

6 juill. 1898 Circ. Concession de passages gratuits aux familles des officiers en service en Indo-Chine, *B. G.*, E. R., vol. 60, p. 151; *B. C.*, p. 507; *B. M.*, p. 54.

2 nov. 1898 Circ. Les demandes de passages pour les familles des militaires en service aux colonies doivent être transmises au Ministre des colonies par la voie hiérarchique, *B. C.*, p. 1052.

4 juill. 1900 Circ. Passage gratuit accordé aux familles des officiers trésoriers et d'habillement des corps du Tonkin, *B. C.*, p. 749; *B. M.*, p. 105.

2 nov. 1900 Circ. Les demandes de passage pour les familles des militaires en service aux colonies doivent être faites par ces militaires eux-mêmes et transmises au Ministre des colonies par la voie hiérarchique, *B. C.*, p. 1052; et circ. (marine), du 3 décembre 1900, *B. M.*, p. 938.

6 oct. 1902 Circ. Concession de passages gratuits aux familles des infirmiers militaires des T. C. provenant de l'ancienne formation, *B. C.*, p. 1184; et circ. du 20 novembre 1902, *B. C.*, p. 1183.

3 juill. 1903 Circ. Demandes formées par les officiers qui désirent emmener leur famille dans une colonie où il n'existe qu'un certain nombre d'emplois donnant ce droit. Remboursement des frais de câble par les officiers, *B. G.*, p. 1155.

8 nov. 1903 Inst., art. 5. Les adjudants gardiens de batterie coloniaux sont autorisés à emmener leur famille aux colonies, *B. C.*, p. 1148; *B. G.*, vol. spl., T. C., n° 1, p. 125.

6 juill. 1904 Décret, art. 2 et circ. du 4 août 1904, *B. C.*, p. 773.

9 déc. 1904 Circ. Interprétation, art. 2 du décret du 6 juillet 1904. L'autorisation du Ministre des colonies est indispensable pour l'embarquement des familles des militaires, *B. C.*, p. 1332.

3 janv. 1906 Circ. Les colonies doivent répondre par oui ou par non aux câblogrammes relatifs aux passages demandés par les officiers pour leur famille, *B. C.*, p. 144.

3 mars 1907 Circ. Renseignements à mettre à l'appui des demandes de passages pour les familles.

6 sept. 1907 Circ. Demandes de passages gratuits de retour en France formulées en faveur de leur famille par des sous-officiers des T. C., *B. C.*, p. 784.

7 déc. 1907 Décis. minist. Passage des familles des chefs de fanfare, *B. C.*, p. 833.

Passages (*suite*).

3° *Passages des domestiques.*

29 août 1895 Circ. Etablissement des réquisitions de passage sur les paquebots des Messageries maritimes pour les domestiques féminins, *B. C.*, p. 699.
5 mars 1901 Circ. Frais de rapatriement des domestiques originaires des colonies, *B. C.*, p. 201.
6 juill. 1904 Décret, art. 4, *B. C.*, p. 776.
31 oct. 1907 Circ. Application abusive de l'art. 4 du décret du 6 juillet 1904 relatif au transport des domestiques des officiers généraux et supérieurs et des fonctionnaires assimilés, *B. C.*, p. 725.

Patentes.

(Voir : *Marchés.*)

Patience.

30 sept. 1903 Art. 456. Description, *B. G.*, vol. spl., T. C., p. 282.

Pattes d'épaules.

30 sept. 1903 Description des uniformes, *B. G.*, vol. spl., T. C.

Art. 95. Officiers d'artillerie.
132. Officiers d'administration d'artillerie.
155. Stagiaires officiers d'administration.
178. Officiers du commissariat.
188. Officiers d'administration du commissariat.
199. Officiers du corps de santé.
208. Officiers d'administration du service de santé, modif. 21 juin 1904.
348. Sous-officiers rengagés d'artillerie coloniale.

Pavillons.

(Voir : *Drapeaux et étendards.*)

Payements.

14 janv. 1869 Règl. financier (colonies), art. 138 à 173, vol. spl.
3 avril 1869 Règl. financier (guerre), art. 158 à 203, et inst. du 30 juillet 1903, *B. G.*, E. M., vol. 24.
20 nov. 1882 Régime financier des colonies, *B. M.*, p. 857.
8 juill. 1905 Inst. sur le fonctionnement administratif du service de santé colonial, art. 26, *B. C.*, p. 1356.
31 mars 1906 Inst., art. 11 à 21. Payement des gratifications de réforme, *B. G.*, E M., vol. 66-2, p. 19.
27 nov. 1906 Inst., art. 37 à 52. Nouveau mode de paiement des indemnités de route et de séjour aux colonies, *B. C.*, p. 1090.
3 déc. 1907 Payement des entreprises ou fournitures embrassant plusieurs années, *B. C.*, p. 788.

Payements sur revues.

8 juill. 1837 Loi, art. 9, *B. lois*, p. 17.
30 sept. 1847 Circ. Paiement des rappels de solde sur exercice clos. Adoption d'une formule conforme aux dispositions de l'art. 9 de la loi du 8 juillet 1837, *A. M.*, p. 1041; *B. M.* R., p. 718.
30 nov. 1849 Justifications à produire en ce qui concerne les paiements faits à des militaires des corps de troupe de la marine pour rappel de solde sur exercices expirés, *B. M.*, p. 764; *B. M.* R., p. 267.
15 déc. 1849 Paiement sur l'exercice courant des dépenses d'exercices clos relatives à la solde en ce qui touche le service colonial, *B. M.*, p. 841; *B. M.* R., p. 285.

Payements sur revues (*suite*).

31 mai 1862 Décrt, art. 128, *B. G.*, E. M., vol. 23.
14 janv. 1869 Règl. financier (colonies), art. 184, vol. spl.
3 avril 1869 Règl. financier (guerre), art. 206, *B. G.*, E. M., vol. 24.
18 mars 1902 Circ. Envoi au département des colonies de l'état des paiements effectués sur revues, *B. C.*, p. 261.

Peau de bouc.

15 janv. 1905 Art. 32. Description, *B. G.*, E. M., vol. 53, p. 46.

Peintures.

6 juill. 1899 Inst. technique sur l'exécution des travaux d'entretien et de réparation du casernement par les corps occupants en France, art. 4, *B. G.*, E. R., vol. 51 *bis*, p. 20.
16 oct. 1903 Inst. technique sur l'exécution des travaux d'entretien et de réparation du casernement par les corps occupants aux colonies, art. 4, *B. C.*, vol. spl., p. 962.

Pelade.

(Voir : *Désinfections.*)

Pèlerine.

(Voir : *Collet à capuchon.*)

30 sept. 1903 Art. 2. Description de la pèlerine mobile à capuchon, *B. G.*, vol. spl., T. C., p. 4.

Pelisse.

30 sept. 1903 Description des uniformes, art. 13, *B. G.*, vol. spl., T. C., p. 15.

Pelisse coloniale.

15 mars 1902 Circ. Adoption d'un vêtement dit : « Pelisse coloniale », *B. G.*, p. 338; *B. C.*, p. 259.
30 sept. 1903 Art. 14. Description, *B. G.*, vol. spl., T. C., p. 17.

Pendules.

6 déc. 1903 Les frais de location des pendules pour les corps de garde sont à la charge de la masse générale, *B. G.*, vol. spl., T. C., p. 228.

Pensions.

(Voir : *Autopsies.* — *Blessures et infirmités.* — *Campagnes.* — *Certificats médicaux.* — *Certificats de cessation de paiement.* — *Chine*, 31 mars 1903. — *Conseil d'Etat.* — *Cumul.* — *Fonctionnaires.* — *Mariage.* — *Prescription.* — *Solde de réserve.*)

1° *Dispositions générales.*

25 mars 1817 Loi de finances, art. 22 à 27. Inscriptions des pensions au Trésor, *B. G.*, E. R., vol. 66, p. 11.

15 mai 1818 Loi de finances, art. 14 et 15. Déclarations de non-cumul sur les certificats de vie, *B. G.*, E. R., vol. 66, p. 12.

15 juill. 1819 Décompte des fractions d'années dans la liquidation des pensions militaires, *B. G.*, E. R., vol. 66, p. 12.

17 avril 1833 Loi relative aux crédits pour l'inscription des pensions militaires. Délai de 5 ans pour réclamer les pensions, *B. G.*, E. R., vol. 66, p. 41.

7 avril 1841 La réconciliation des époux et leur cohabitation fait cesser la séparation de corps et ses conséquences en ce qui concerne le droit à pension de la veuve d'un militaire, *B. G.*, E. R., vol. 66, p. 47.

8 juin 1852 Décr. Revision par le Conseil d'Etat des pensions liquidées par les Ministres de la guerre et de la marine, *B. lois*, p. 1451 ; *B. G.*, E. R., vol. 66, p. 51.

26 avril 1856 Loi relative aux pensions des veuves des militaires et marins tués sur le champ de bataille ou morts des blessures qu'ils auraient reçues, *B. G.*, E. R., vol. 66, p. 85.

27 janv. 1872 Décr. Le temps passé en 1870-1871 dans les gardes nationales mobiles, les gardes nationales mobilisées, les corps francs, ainsi que dans les gardes nationales sédentaires des villes assiégées, sera compté comme service dans l'armée active, *B. M.*, 1er sem. 1873, p. 370; *B. G.*, E. R., vol. 66, p. 114.

20 juin 1878 Loi relative aux pensions des veuves et aux secours des orphelins des militaires et marins, *B. M.*, 2e sem., p. 58; *B. M.*, R., p. 440; *B. G.*, E. R., vol. 66, p. 125.

18 août 1881 Loi relative aux pensions des anciens militaires et marins et de leurs veuves. Amélioration, *B. M.*, p. 309; *B. G.*, E. R., vol. 66, p. 162.

15 avril 1885 Loi modif. l'art. 19 des lois des 11 et 18 avril 1831. Pensions de veuves et application au Département de la marine et des colonies de l'art. 6 de la loi du 17 avril 1833, relatif aux délais de réclamation des pensions, *B. M.*, p. 787; *B. G.*, E. R., vol. 66, p. 186.

29 juin 1886 Décr. dispensant de l'autorisation de résidence les pensionnaires militaires domiciliés dans les pays de protectorat français, *B. M.*, p. 42, 2e sem.; *B. G.*, E. R., vol. 66, p. 189.

10 août 1886 Décr. qui fixe à cinq années le délai pour la production des demandes de pensions ou de revision de pensions à titre de blessures ou d'infirmités, *B. M.*, p. 987; *B. G.*, E. R., vol. 66, p. 190; modif. 15 mai 1889, *B. M.*, p. 779; *B. C.*, p. 532.

28 avril 1893 Loi de finances, art. 53. Admission dans la liquidation de la pension des services des écrivains temporaires ou auxiliaires du commissariat de la marine, accomplis du 23 décembre 1847 au 29 juin 1878, *B. C.*, p. 347; *B. G.*, E. R., vol. 66, p. 240.

16 avril 1895 Loi de finances, art. 40. Publication au *J. O.* et insertion au *Bulletin des lois* des décrets de concession de pensions. Rappels d'arrérages, *B. C.*, p. 360; *B. G.*, E. R., vol. 66, p. 246.

28 déc. 1895 Loi de finances, art. 41. Droit à pension des veuves des militaires des armées de terre et de mer retraités pour blessures ou infirmités. Mariage autorisé et antérieur à la blessure ou infirmité ou à son origine, *B. C.*, p. 918; *B. G.*, E. R., vol. 66, p. 250.

16 janv. 1896 Notification d'un arrêt du conseil d'Etat du 29 novembre 1895 rejetant un recours formé en matière de mise à la retraite d'office, *B. M.*, p. 7; *B. C.*, p. 42.

29 mars 1897 Loi de finances, art. 34. Pensions militaires pour infirmités. Allocations supplémentaires, *B. C.*, p. 240.

13 avril 1898 Loi de finances, art. 37, modif. art. 4 loi du 18 avril 1831; art. 38, reversion des pensions des militaires disparus, modifié 25 février 1901, *B. C.*, p. 641; art. 41 allocations supplémentaires pour les pensions à titre d'infirmités; art. 42, application aux gardes d'artillerie, archivistes, etc., des allocations supplémentaires pour les pensions à titre d'infirmités; art. 44, Pensions des veuves (militaires et civils), *B. C.*, p. 238 et suiv.

25 févr. 1899 Décr. Paiement des arrérages des pensions inscrites au Trésor, *B. C.*, p. 324.

Pensions (*suite*).

23 mars 1899 Circ. (finances). Application du décret du 25 février 1899 supprimant la formalité de l'ordonnancement préalable pour le paiement des arrérages de la dette viagère, *B. C.*, p. 316.

13 avril 1900 Loi de finances, art. 24, § 4. Le délai de recours au Conseil d'Etat est réduit de 3 à 2 mois, *B. C.*, p. 313.

26 juin 1900 Avis du Conseil d'Etat. Le délai de recours en matière de pension a été réduit à 2 mois par la loi du 13 avril 1900, *B. C.*, p. 792; *B. M.*, 2e sem., p. 99, et circ. du 10 août 1900, *B. C.*, p. 792; *B. M.*, 2e sem. p. 99.

25 févr. 1901 Loi de finances, art. 55. Aucune modification des conditions d'admission à la retraite et au taux des pensions du personnel, quel qu'il soit, des diverses administrations de l'Etat ne peut être autorisé que par une loi, *B. C.*, p. 178; *B. G.*, E. M., vol. 23, p. 136.

7 avril 1903 Loi. Pensions des veuves et orphelins des fonctionnaires civils et militaires qui ont trouvé la mort dans la catastrophe de la Martinique, *B. C.*, p. 346.

5 déc. 1905 Loi relative au droit à pension des veuves de militaires morts de maladies contagieuses, *B. C.*, p. 1266; *B. G.*, p. 1835.

17 avril 1906 Loi de finances, art. 31. Sont payés valablement entre les mains des veuves, sauf oppositions, les arrérages dus au décès des titulaires de pensions, *B. C.*, p. 345; *B. G.*, p. 584, et circ. (finances) du 22 mai 1906, *B. C.*, p. 630.

2° *Pensions militaires* (guerre).

(Voir : *Services militaires*, 12 septembre 1907.)

11 avril 1831 Loi sur les pensions de l'armée de terre, *B. M.*, R., p. 44; *B. G.*, E. R., vol. 66, p. 14; modif.: 26 avril 1856, 17 juill. 1856, 25 juin 1861, 20 juin 1878, 22 juin 1878, 18 août 1879, 23 juillet 1881, 15 avril 1885, 15 mars 1904, *B. G.*, p. 387.

2 juill. 1831 Ord. Justifications à faire en certains cas par les militaires, les veuves et orphelins pour établir leurs droits, *B. G.*, E. R., vol. 66, p. 30; modif.: 20 août 1864, *B. G.*, E. R., vol. 66, p. 104; 23 août 1903, *B. G.*, p. 1286.

24 févr. 1832 Ord. relative aux titulaires de pensions militaires résidant en pays étranger, *A. M.*, p. 215; *B. M.*, 1898, 1er sem., p. 680; *B. G.*, E. R., vol. 66, p. 36.

20 janv. 1841 Ord. concernant les sous-officiers, brigadiers et caporaux admis dans la gendarmerie. Liquidation de la pension sur leur ancien grade, *B. G.*, E. R., vol. 66, p. 46.

26 avril 1855 Loi relative aux pensions des sous-officiers, caporaux, brigadiers et soldats. Droit à 25 ans de service. Augmentation du taux, *B. G.*, E. R., vol. 66, p. 81.

25 juin 1861 Loi modifiant celle du 11 avril 1831, *B. M.*, 2e sem., p. 45; *B. M.*, R., p. 168; *B. G.*, E. R., vol. 66, p. 94.

22 juin 1878 Loi relative aux pensions des officiers de l'armée de terre. Tarifs, *B. M.*, p. 59; *B. M.*, R., p. 441; *B. G.*, E. R., vol. 66, p. 126.

18 août 1879 Loi sur les pensions des caporaux, brigadiers et soldats de l'armée de terre, *B. M.*, p. 29; *B. M.*, R., p. 660; *B. G.*, E. R., vol. 66, p. 146.

24 déc. 1881 Circ. Les officiers des corps de troupe de la marine qui se trouvent en cours de campagne aux colonies ne peuvent être admis à faire valoir leurs droits à la pension, *B. M.*, p. 1166.

15 nov. 1890 Loi modifiant les tarifs des pensions de certaines catégories d'officiers et d'employés militaires, *B. M.*, p. 638; *B. G.*, E. R., vol. 66, p. 223.

27 juill. 1895 Loi relative au droit à pensions militaires des fonctionnaires du service de la trésorerie et des postes aux armées, *B. C.*, p. 678; *B. G.*, E. R., vol. 66, p. 249.

23 mars 1897 Inst. générale concernant l'établissement des demandes et propositions de pensions, *B. G.*, E. R., vol. 66, p. 265.

Pensions militaires. Pensions civiles. Pensions de réforme. Pensions des veuves et orphelins.

1er appendice, 30 septembre 1897, *B. G.*, p. 322, et *B. G.*, E. R., vol. 66, p. 378.

2e appendice, 12 mai 1898, *B. G.*, p. 374, et *B. G.*, E. R., vol. 66, p. 380.

Modif. 23 août 1903, *B. G.*, p. 1287; err., *B. G.*, p. 1563; 10 juin 1904, *B. G.*, p. 809.

Pensions (*suite*).

30 mai 1899 Loi de finances, art. 29. Allocation supplémentaire aux militaires retraités pour blessures ou infirmités de la 6e classe, *B. C.*, p. 566.
7 juill. 1900 Loi, art. 22. Pensions des officiers des T. C. à 25 ans de services dont six ans de séjour à la mer ou dans les colonies, *B. C.*, p. 594; *B. G.*, E. M., T. C., vol. 1, p. 10.
5 févr. 1901 Attribution au bureau des pensions du ministère de la guerre, de l'instruction et de la liquidation des demandes de pension et de gratifications renouvelables des T. C., *B. G.*, vol. spl., T. C., p. 92.
21 nov. 1900 Circ. Les militaires proposés pour la réforme n° 1 ou la retraite ne peuvent être retenus sous les drapeaux contre leur gré au delà du temps de service qu'ils doivent à l'Etat, *B. G.*, p. 1895.
26 mai 1901 Décr. réglant les tarifs de pension des officiers d'administration et des interprètes militaires, *B. G.*, p. 916.
6 janv. 1902 Circ. (colonies). Justifications à fournir pour l'admission à la retraite des militaires des T. C. Application de l'inst. du 23 mars 1897, *B. C.*, p. 15.
27 févr. 1902 Inst. pour le paiement d'avances sur les pensions militaires en cours de liquidation, *B. G.*, p. 212, et circ. du 24 août 1903, *B. G.*, p. 1270.
17 févr. 1903 Décr. Arrêté des services dans la liquidation des pensions proportionnelles ou d'ancienneté en faveur des militaires rengagés et commissionnés, *B. G.*, p. 169.
23 août 1903 Décr. modif. l'art. 21 de l'ord. du 2 juilet 1831. Pensions des militaires blessés, non guéris un an après la blessure et pensions des veuves, *B. G.*, p. 1286; err., *B. G.*, p. 1563, et circ. du même jour, *B. G.*, p. 1287; err., *B. G.*, p. 1563.
15 mars 1904 Loi modifiant l'art. 8 de la loi du 11 avril 1831. Supputation des bénéfices de campagnes, *B. G.*, p. 387.
18 avril 1904 Circ. La durée du séjour en Chine ne sera pas comptée dans les six années de séjour aux colonies exigées pour avoir droit à la retraite après 25 ans de services, *B. G.*, p. 579.
24 août 1904 Circ. Constatation des services antérieurs dans l'armée de terre des militaires des T. C., *B. G.*, p. 1869.
21 mars 1905 Loi sur le recrutement, art. 65 à 67, *B. G.*, p. 263; *B. C.*, p. 359; *B. G.*, E. M., vol. 68-1, p. 35 et 37.
26 déc. 1905 Inst. pour l'application de la loi du 8 décembre 1905, *B. G.*, p. 1836.
1er avr. 1907 Circ. Mesures à prendre à l'égard des militaires libérés par voie de réforme ou autrement et qui refusent de rentrer volontairement dans leurs foyers, *B. G.*, p. 374; err., *B. G.*, 1907, p. 693.
31 déc. 1907 Loi de fin., art. 40, retraite par anticipation à 20 ans de services des officiers des T. C., *B. G.*, p. 1966, *B. C.*, p. 856.
10 févr. 1908 Service courant, *B. G.*, E. M., vol. 74.

Art. 250. Propositions pour la retraite à titre d'ancienneté de service. Officiers.
251. Propositions pour la retraite à titre d'ancienneté de service. Hommes de troupe.
252. Propositions pour la retraite à titre de blessures ou infirmités.
262. Règles à suivre pour l'établissement des mémoires de proposition.
263. Renseignements à fournir aux militaires réformés ou en instance de retraite.

3° *Pensions militaires* (marine et colonies).

18 avril 1831 Loi sur les pensions de l'armée de mer, *B. G.*, E. R., vol. 66, p. 23; *A. M.*, p. 318; *B. M.*, R., p. 70; modif. 13 avril 1898, *B. C.*, p. 230; 25 février 1901, *B. C.*, p. 641.
16 mai 1831 Lettre (marine). Notification de la loi du 18 avril 1831, *A. M.*, p. 360; *B. M.*, R., p. 83.
26 janv. 1832 Ord. Justifications à faire dans certains cas pour établir les droits à la pension, en exécution de la loi du 18 avril 1831, *A. M.*, p. 46; *B. M.*, R., p. 94.
11 sept. 1832 Ord. relative aux pensionnaires de la marine résidant en pays étranger, *B. M.*, 1898, 1er sem., p. 684; modif. 26 juin 1882, *B. M.*, p. 831.
31 déc. 1832 Lettre. Formalités à remplir pour les propositions de pensions, *A. M.*, 1833, p. 349, *B. M.*, R., p. 144.
30 oct. 1834 Solution de questions relatives aux pensions à régler d'après les lois de 1831, lorsqu'il y a des orphelins d'un premier lit, *A. M.*, p. 709; *B. M.*, R., p. 247.

Pensions (*suite*).

18 janv. 1839 Ord. Justifications à faire dans le but d'assurer l'examen du droit à pension ouvert en faveur des familles des officiers et marins embarqués sur des bâtiments de l'Etat qui seraient réputés avoir péri corps et biens, *A. M.*, p. 63; *B. M.*, R., p. 478.

17 sept. 1855 Le typhus contracté à la mer ou dans une expédition militaire étant réputé maladie contagieuse, ouvre à la veuve des droits à pension par application de l'art. 19 de la loi du 18 avril 1831, *B. M.*, p. 712; *B. M.*, R., p. 781.

26 juin 1861 Tarifs des pensions des officiers de marine, *B. G.*, E. R., vol. 66, p. 93, et circ. (marine), du 27 septembre 1861, *B. M.*, p. 302; *B. M.*, R., p. 194.

25 mars 1865 Justifications à produire pour établir le droit à pension dans les cas de blessures ou d'infirmités et autres prévus par la loi du 18 avril 1831, *B. M.*, p. 161; *B. M.*, R., p. 622.

10 avril 1869 Loi modifiant celle du 18 avril 1831. Pensions à 25 ans de services. Pensions des veuves après 25 ans de services du mari, *B. G.*, E. R., vol. 66, p. 94; *B. M.*, R., p. 447 et circ .du 5 juin 1869, *B. M.*, p. 454; *B. M.*, R., p. 465.

11 mars 1875 Décr. accordant le bénéfice de 2 ans à titre d'études préliminaires, aux aides-commissaires provenant des licenciés en droit, *B. M.*, p. 505; *B. M.*, R., p. 602.

5 août 1879 Loi relative aux pensions du personnel du Département de la marine et des colonies, *B. G.*, E. R., vol. 66, p. 131; *B. M.*, p. 265; *B. M.*, R., p. 636, modifiée 25 février 1901 ci-après, et inst. du 7 août 1879, *B. M.*, p. 262; *B. M.*, R., p. 650.

13 mars 1880 Circ. Recommandations : 1° en ce qui concerne les veuves en deuxième ou troisième noces qui sollicitent une pension; 2° à l'égard de toute veuve pouvant prétendre à pension et qui doit déclarer que son mari n'a laissé aucun enfant né d'un précédent mariage, *B. M.*, p. 465.

21 mai 1880 Décr. Fixation des pensions de retraite des fonctionnaires, employés et agents du service colonial, *B. M.*, p. 972; *B. G.*, E. R., vol. 66, p. 151, et circ. du 3 juin 1880, *B. M.*, p. 1052.

9 mars 1882 Circ. Interprétation de l'art. 19, § 4 de la loi du 18 avril 1831, *B. M.*, p. 611.

8 août 1883 Loi sur les pensions de retraite du personnel non officier de la marine. Augmentation du taux, *B. G.*, E. R., vol. 66, p. 179; *B. M.*, p. 231, et circ. du 23 août 1883, *B. M.*, p. 228.

22 mars 1885 Loi. La caisse des invalides de la marine cessera à partir du 1er janvier 1886 d'être chargée du service des pensions des militaires de l'armée de mer et du personnel civil du Département de la marine et des colonies, *B. G.*, E. R., vol. 66, p. 185, et circ. du 23 avril 1885, *B. M.*, p. 783.

30 nov. 1885 Inst. relative aux justifications à produire à l'appui des propositions de pensions militaires et de pensions civiles, *B. M.*, p. 1051; addition au tableau 13, 7 mai 1888, *B. C.*, p. 378; *B. M.*, p. 770; modif. 10 août 1893, 29 janvier 1904 ci-après.

15 avril 1886 Notification des avis du Conseil d'Etat des 15 décembre 1885 et 24 mars 1886, relatifs aux conditions que doivent remplir, pour avoir droit à pension, les marins et militaires ou autres proposés pour la retraite à titre de blessures ou d'infirmités reconnues équivalentes à la perte absolue de l'usage d'un ou de deux membres, *B. M.*, p. 734.

24 mai 1886 Circ. Légalisation des certificats médicaux à mettre à l'appui des propositions établies pour les veuves et orphelins conformément à la loi du 15 avril 1885, *B. M.*, p. 937.

28 déc. 1886 Circ. relative à l'offre de démission ou à la demande de retraite faite par un officier qui a reçu un ordre de départ, *B. M.*, p. 963.

29 nov. 1887 Classification des blessures ou infirmités ouvrant des droits à la pension de retraite. Instructions. *B. C.*, 1888, p. 498; *B. M.*, 2e sem. 1889, p. 400.

18 févr. 1890 Circ. (finances) : 1° avances sur les pensions en cours de liquidation des officiers, fonctionnaires, agents et employés dans les colonies; 2° paiement de la dette viagère concernant les exercices clos (pensions), *B. C.*, p. 516, et circ. (colonies) du 26 mars 1890, *B. C.*, p. 515.

15 déc. 1890 Circ. Notification d'une délibération du Conseil d'Etat du 29 juillet 1890, interprétative de l'art. 2 de la loi du 8 août 1883 ci-dessus (interruption dans les deux années de grade exigées pour le grade devant servir de base à la liquidation de la pension), *B. C.*, p. 1226; *B. M.*, p. 775.

17 avril 1891 Circ. Règles à suivre pour l'établissement des certificats médicaux à joindre aux mémoires de proposition de pensions, *B. C.*, 1892, p. 737.

Pensions (*suite*).

20 juin 1891 Circ. Légalisation des pièces à produire à l'appui des propositions de pensions en faveur des veuves ou des orphelins, *B. C.*, p. 433.

10 nov. 1892 Circ. Observations au sujet de l'établissement des certificats médicaux délivrés à l'appui des demandes de pensions, *B. C.*, p. 735.

10 août 1893 Circ. Certificat de non-divorce à produire par les veuves des pensionnaires militaires. Modèle, *B. M.*, p. 271.

16 oct. 1893 Circ. Etablissement des certificats de non-divorce à produire à l'appui des demandes de pensions de veuves, *B. C.*, p. 878.

8 juin 1899 Arr. Conditions d'accomplissement des services « de rade » pour la retraite, *B. M.*, p. 793.

8 juin 1899 Circ. Instructions touchant les caractères constitutifs et la définition de la rade au point de vue de la pension, le calcul des six années de mer et des bénéfices de campagne, *B. M.*, p. 794.

10 mai 1900 Circ. Utilité, au point de vue du droit à pension pour les veuves, d'un prompt examen des demandes de pensions à titre d'infirmités, *B. M.*, p. 676.

25 févr. 1901 Loi, art. 46, modifiant l'art. 2, § 1er de la loi du 5 août 1879. Droit à pension, après 25 ans de services, des fonctionnaires, agents et autres qui réunissent six ans de navigation au service de l'Etat tant sur les bâtiments de l'Etat que sur les navires de commerce au compte de l'Etat, ou de services aux colonies, *B. G.*, E. M., vol. 23, p. 136; *B. C.*, p. 176.

30 mai 1902 Décr. Les dossiers de pension du personnel colonial régi par la loi du 18 avril 1831 seront communiqués au conseil supérieur de santé des colonies, *B. C.*, p. 507.

31 mars 1903 Loi de finances, art. 58. Droit à pension des officiers et assimilés, fonctionnaires, employés et agents du Département des colonies visés à l'art. 14 de la loi du 5 août 1879 qui sont placés hors cadres pour trois ans au plus. Retenue à verser, *B. C.*, p. 259.

29 janv. 1904 Circ. Suppression de la formalité de l'apostille pour les demandes de pension formulées par les fonctionnaires et agents coloniaux, leurs veuves et leurs orphelins, *B. C.*, p. 71.

29 janv. 1904 Circ. Suppression de la production de l'état des services ou de l'extrait du brevet des agents coloniaux décédés en jouissance de pension, à l'appui des dimanches de leurs veuves ou de leurs orphelins, *B. C.*, p. 70.

22 avril 1905 Loi de finances, art. 37. Pensions des veuves ou orphelins des marins de l'Etat ou assimilés en cas de perte corps et biens du bâtiment sur lequel ils étaient embarqués, *B. C.*, p. 530.

4° *Dispositions particulières aux pensions civiles.*

2 févr. 1808 Décr. Pensions des chefs et employés du ministère de la marine, *B. M.*, R., p. 294.

4 mars 1808 Décr. concernant les pensions des employés et veuves d'employés du ministère de la marine et des colonies, *B. M.*, R., p. 296.

27 mai 1853 Déc. imp. Interprétation de l'art. 4 du décret du 2 février 1808, *B. M.*, 2e sem. 1889, p. 947.

9 juin 1853 Loi sur les pensions civiles, *B. G.*, E. R., vol. 66, p. 54; modif. 29 mars 1897 ci-après; 30 mai 1897 (loi de finances, art. 27), *B. C.*, p. 566; modif. art. 11 loi de finances du 30 janvier 1907, art. 55, *B. C.*, p. 48; *B. G.*, p. 87.

9 nov. 1853 Décr. pour l'exécution de la loi du 9 juin 1853, *B. G.*, E. R., vol. 66, p. 88; modif. 27 mai 1897 ci-après; art. 19 abrogé, décret du 10 avril 1907, *J. O.*, du 21 avril.

13 juill. 1880 Décr. Pensions des fonctionnaires et agents coloniaux ayant une parité d'office dans les services métropolitains, *B. M.*, p. 187, et inst. du 29 juillet 1880, *B. M.*, p. 186.

21 mars 1885 Loi de finances, art. 9 et 10. Pensions des fonctionnaires et employés de l'administration centrale du ministère de la marine et des colonies, *B. G.*, E. R., vol. 66, p. 185.

30 nov. 1885 Inst. (marine), relative aux justifications à produire à l'appui des propositions de pensions civiles, *B. M.*, p. 1051; addition du 17 mai 1888, *B. C.*, p. 378; *B. M.*, p. 770; modif. 10 août 1893, *B. M.*, p. 271; 29 janvier 1904, *B. C.*, p. 70 et 71.

10 mars 1886 Avis du Conseil d'Etat. Les services rétribués sur les fonds des budgets municipaux n'ouvrent pas de droits à une pension de l'Etat, et circ. du 6 avril 1886, *B. M.*, p. 633.

Pensions (*suite*).

14 janv. 1887 Circ. Inscription sur les livrets de solde des fonctionnaires et agents envoyés aux colonies, des retenues du 1er douzième de traitement ou d'augmentation de traitement, *B. C.*, p. 66.

27 juill. 1892 Circ. Retenues à opérer pour pensions civiles sur le traitement des agents en service détaché, *B. C.*, p. 551.

28 avril 1893 Loi de finances, art. 50. Calcul des services militaires compris dans la liquidation des pensions civiles. Pensions des veuves et orphelins des fonctionnaires décédés après 25 ans de services et 6 ans de mariage, *B. C.*, p. 347; *B. G.*, E. R., vol. 66, p. 240.

16 avril 1895 Loi de finances, art. 39. Droit à pension du personnel détaché dans les protectorats et auprès des gouvernements étrangers, *B. C.*, p. 360; *B. G.*, E. R., vol. 66, p. 246.

28 déc. 1895 Loi de finances, art. 40. Retenue à verser par les fonctionnaires en congé, en non-activité ou en disponibilité.

Art. 42. Bases de la pension des fonctionnaires coloniaux. Demi-traitement colonial moyen des six dernières années, *B. C.*, p. 918; *B. G.*, E. R., vol. 66, p. 250.

7 févr. 1896 Circ. Application de l'art. 42 de la loi du 28 décembre 1895. Droits à pension des agents locaux des colonies entrés au service avant le 1er janvier 1886, *B. C.*, p. 88.

23 mars 1897 Voir : Pensions militaires (guerre).

29 mars 1897 Loi de finances, art. 28, modifiant l'art. 3 de la loi du 9 juin 1853, *B. C.*, p. 239.

27 mai 1897 Décr. modifiant l'art. 47 du décret du 9 novembre 1853, *B. C.*, p. 528; *B. M.*, p. 822; *B. G.*, p. 820; *B. G.*, E. R., vol. 66, p. 370.

17 juill. 1897 Circ. (finances). Instruction pour l'exécution de l'art. 40 de la loi du 28 décembre 1895, *B. C.*, p. 707.

28 juill. 1897 Décr. pour l'exécution de l'art. 28 de la loi du 29 mars 1897. Retenue du premier douzième, *B. C.*, p. 744.

9 août 1897 Circ. (finances). Application de l'art. 28 de la loi du 29 mars 1897 et du décret du 28 juillet 1897, *B. C.*, p. 817; *B. G.*, E. M., vol. 24, p. 132.

13 avril 1898 Loi de finances, art. 43. Pensions du personnel de l'Indo-Chine, *B. C.*, p. 239.

31 mars 1903 Loi de finances, art. 54. Les fonctionnaires et employés du ministère de la marine qui sont passés à celui de la guerre en vertu du décret du 21 janvier 1901, conservent le droit au bénéfice de la loi du 21 mars 1885 (art. 9 et 10) s'ils l'avaient déjà, *B. C.*, p. 258.

30 déc. 1903 Loi de finances, art. 18. Il ne peut être fixé de limite d'âge au delà de laquelle les titulaires de certains emplois ne peuvent être maintenus en fonctions, *B. C.*, p. 1260.

26 mars 1906 Circ. Nouvelles instructions relativement au personnel civil susceptible d'être admis à la retraite, *B. C.*, p. 296.

8 oct. 1907 Circ. Services locaux donnant droit à pension sur le Trésor, *B. C.*, p. 704.

5° *Pensions proportionnelles.*

11 juill. 1899 Loi unifiant les pensions proportionnelles des sous-officiers, caporaux et soldats rengagés et commissionnés, *B. C.*, p. 720; *B. G.*, E. R., vol. 66, p. 383.

21 mars 1905 Loi sur le recrutement, art. 65 à 67, *B. C.*, p. 389; *B. G.*, p. 263; *B. G.*, E. M., vol. 68-1, p. 35 et 37.

25 sept. 1905 Décret. Pensions des militaires indigènes et tarifs, *B. G.*, p. 1510; *B. C.*, p. 1028.

10 févr. 1908 Service courant, art. 253. Propositions, *B. G.*, E. M., vol. 74.

6° *Pensions des militaires indigènes.*

8 juill. 1899 Loi accordant une pension de 50 francs aux tirailleurs de la mission Marchand, *B. C.*, p. 717.

7 juill. 1900 Loi portant organisation des T. C., art. 20, *B. C.*, p. 594; *B. G.*, E. M., T. C., vol. 1, p. 10.

5 sept. 1905 Décret. Conditions d'obtention des pensions. Imputations. Tarifs, *B. G.*, p. 1500; *B. C.*, p. 1028.

8 juill. 1906 Inst. pour l'application du décret du 25 septembre 1905 sur les pensions des militaires indigènes, *B. G.*, p. 866; *B. C.*, p. 626.

Pensions (*suite*).

7° *Pensions de réforme.*

19 mai 1834 Loi sur l'état des officiers, art. 9 à 11. Mise en réforme des officiers, *B. G.*, E. R., vol. 22; *B. G.*, E. R., vol. 66, p. 42.

17 août 1879 Loi. Solde et pensions des officiers en réforme, *B. M.*, p. 293; *B. M.* R., p. 659; *B. G.*, E. R., vol. 66, p. 145.

11 avril 1882 Notification d'un arrêt du Conseil d'Etat du 31 mars 1882, *B. M.*, p. 489; relatif à une demande de pension de réforme faite par un officier destitué, *B. M.*, p. 486.

25 sept. 1905 Décret. Pensions de réforme des militaires indigènes, *B. C.*, p. 1028; *B. G.*, p. 1510.

Percolateurs.

(Voir : *Casernement.* — *Chauffage.* — *Ordinaires.*)

11 juin 1905 Réparations aux percolateurs. Effets des soldats chargés des percolateurs au compte de la masse générale, *B. G.*, p. 744.

8 févr. 1907 Description, *B. G.*, E. M, vol. 5, p. 238 et suiv.

Périodes d'instruction.

(Voir : *Appel* — *Officiers de réserve et de la territoriale.* — *Réserves.*)

23 déc. 1903 Arr., art. 35. Inscription sur les registres, états de services, etc., *B. G.*, E. M., vol. 16, p. 74, et inst. du 15 septembre 1906, *B. G.*, E. M., vol. 10, p. 86.

Permissions.

(Voir : *Congés et permissions.*)

12 avril 1906 Inst. Permissions pour les travaux agricoles, *B. G.*, E. M., vol. 31, p. 15.

14 mai 1906 Circ. Adoption dans les corps de troupe, d'un titre de permission établi par la Société de préservation contre la tuberculose, *B. G.*, p. 609.

1er août 1906 Inst. réglant le régime des permissions à accorder aux hommes servant sous l'empire de la loi du 21 mars 1905, *B. G.*, p. 1057; addition 25 octobre 1906, *B. G.*, p. 1375; modif. 31 mars 1907, *B. G.*, p. 374.

24 mai 1907 Solutions pour l'application de l'art. 38 de la loi du 21 mars 1905, et de l'inst. du 1er août 1906, *B. G.*, p. 623; addition 21 novembre 1907, *B. G.*, p. 1697.

Permutations.

18 déc. 1894 Décret qui délègue aux généraux commandant les corps d'armée le soin de prononcer les permutations pour convenances personnelles entre les officiers subalternes des corps de troupe de même arme dans l'étendue de leur région, *B. G.*, E. R., vol. 62, p. 97, abrogé en ce qui concerne l'infanterie. Décret, 2 mai 1907, *B. G.*, p. 493.

7 juill. 1900 Loi, art. 13. Le passage des officiers des T. C. dans l'armée métropolitaine et réciproquement ne peut s'effectuer que par permutation pour convenances personnelles prononcée par décret, *B. C.*, p. 594; *B. G.*, E. M., T. C., vol. 1, p. 7.

16 juill. 1901 Inst. sur les permutations pour convenances personnelles entre des officiers ou des sous-officiers de l'armée métropolitaine et des officiers ou des sous-officiers des T. C., *B. G.*, p. 346; modif. 19 décembre 1902, *B. G.*, p. 2481; *B. G.*, E. M., T. C., vol. 1, p. 245.

Permutations (*suite*).

23 oct. 1901 Circ. Permutation des sous-officiers des T. M. et des T. C. Les chefs de corps donnent leur avis, le Ministre statue.

12 mars 1902 Circ. Permutations pour convenances personnelles entre les officiers du corps de santé des T. C. et les officiers du corps de santé des T. M., *B. G.*, p. 273.

30 déc. 1903 Décret, art. 10, 11, 18, 19, 25. Permutation de tour de service colonial. Officiers et hommes de troupe, *B. C.*, p. 1284; et inst. du 30 mai 1904, art. 6, 22, 28, *B. C.*, p. 611.

21 mars 1906 Circ. Permutation de tour de rentrée en France des officiers, sous-officiers et assimilés des troupes coloniales en service aux colonies, *B. G.*, p. 399.

10 avril 1906 Circ. Compte à tenir dans les demandes de permutations pour affaires personnelles des attaches de famille ou d'intérêts que les officiers peuvent avoir dans la résidence où ils demandent à tenir garnison, *B. G.*, p. 488.

4 juill. 1907 Dép. minist. à l'Indo-Chine. Les permutations de tour de rentrée en France entre les officiers en service au Tonkin et ceux en service en Cochinchine peuvent être admises.

10 févr. 1908 Service courant, art. 231. Permutation des officiers et sous-officiers des troupes coloniales et des troupes métropolitaines, *B. G.*, E. M., vol. 74.

Perruquiers.

20 oct. 1892 Service intérieur. Inf., art. 91; Artil., art. 103. Service, *B. G.*, E. R., vol. 78.

6 déc. 1903 Achat et entretien des instruments au compte de la masse générale, *B. G.*, vol. spl., T. C., p. 229.

Pertes.

22 juin 1847 Ord., art. 677. Pertes ou déficits de fonds aux colonies, vol. spl.

26 déc. 1902 Décret sur la comptabilité-matières (guerre), art. 30 à 33. Pertes de matériel et d'approvisionnements, *B. G.*, E. M., vol. 27, p. 21.

6 déc. 1903 Décret sur l'administration et la comptabilité des T. C. en France.

Art. 113. Pertes ou déficits de fonds.
233-234. Pertes de matériel par la faute des détenteurs.
235. Pertes par cas de force majeure, *B. G.*, vol. spl., T. C., p. 42 et 99.

16 janv. 1905 Inst. sur la comptabilité-matières (colonies).

Art. 200 à 202. Perte d'approvisionnements en magasin.
305 - 306. Perte de matériel en service, *B. C.*, p. 186 et 210.

28 déc. 1905 Règl. sur l'armement aux colonies, art. 48. Armes disparues.

Pertes d'effets.

(Voir : *Indemnités*.)

6 nov. 1907 Circ. Pertes d'effets éprouvées par les fonctionnaires, officiers, employés et agents des services coloniaux ou locaux. Objets qui peuvent être compris dans les demandes d'indemnités, *B. C.*, p. 757.

Pesée des hommes de troupe.

1 oct. 1904 Inst. sur la pesée régulière et périodique des hommes de troupe, *B. G.*, p. 1609; modif. 6 mars 1906, *B. G.*, p. 315.

Pétrole.

(Voir : *Eclairage.*)

6 déc. 1903 Achat au compte de la masse générale du pétrole pour la destruction des insectes, *B. G.*, vol. spl., T. C., p. 226.

Pharmaciens militaires.

(Voir : *Corps de santé des troupes coloniales.*)

Pièces à conviction.

9 juin 1857 Code de justice militaire, art. 86, *B. G.*, E. R., vol. 56.

21 déc. 1899 Inst. relative au mode d'administration des tribunaux militaires, art. 42, 43, 45, *B. G.*, E. M., vol. 59-3, p. 86.

Pièces d'armes.

30 août 1884 Règl. sur l'armement, art. 141 à 160. Recettes et consommations de pièces d'armes, *B. G.*, E. R., vol. 19.

16 oct. 1903 Règl. sur les directions d'artillerie coloniales, art. 50. Demandes en France, *B. C.*, vol. spl., p. 74.

28 déc. 1905 Règl. sur l'armement aux colonies, art. 62 à 65. Recette et consommations. Art. 117. Pièces réformées pendant la visite. Art. 121 à 123. Visite des pièces d'armes.

Pièces périodiques.

1° *Guerre.*

14 août 1903 Tableau des pièces périodiques. Dispositions spéciales aux troupes coloniales et services stationnés aux colonies, *B. G.*, p. 1173; modif. 13 novembre 1903. Pièces périodiques du service de la justice militaire aux colonies, *B. G.*, p. 1645; *B. C.*, p. 1195; err., *B. G.*, p. 1810; modif. 12 janvier 1904, *B. G.*, p. 29.

1er juin 1907 Tableau des pièces périodiques, *B. G.*, E. M., vol. 74 *bis;* modif. 16 décembre 1907, *B. G.*, p. 1834; err., *B. G.*, 1907, p. 1972; 1908, p. 72; modif. 17 février 1908, *B. G.*, p. 185; 29 février 1908, *B. G.*, p. 264; 25 mars 1908, *B. G.*, p. 464; 11 mai 1908, *B. G.*, p. 692.

2° *Colonies.*

(Voir : *Budget.*)

1er août 1903 Pièces à fournir au département des colonies par les corps et services stationnés aux colonies, *B. C.*, p. 698; modif. 5 novembre 1906, *B. C.*, p. 1050.

16 oct. 1903 Tableau des pièces périodiques à établir par les directions d'artillerie coloniales, *B. C.*, vol. spl., p. 139.

3 févr. 1904 Circ. Envoi mensuellement au bureau militaire, 4e section, d'un extrait du bordereau des opérations financières en ce qui concerne les chapitres administrés par ce service, *B. C.*, p. 116.

20 avril 1906 Circ. Suppression de pièces périodiques, *B. C.*, p. 382; modif. 2 octobre 1905, *B. C.*, p. 1056.

17 juill. 1906 Circ. Suppression des états de renseignements pratiques prévus par la circ. du 15 février 1902 (vivres et hôpitaux), *B. C.*, p. 666.

Pièges à rats.

6 déc. 1903 Achat au compte de la masse générale, *B. G.*, vol. spl., T. C., p. 226.

Pigeons vogageurs.

22 juill. 1896 Décret relatif aux pigeons voyageurs, *B. M.*, p. 383; *B. G.*, E. R., vol. 49, p. 127.

Piquets de tentes.

5 janv. 1905 Art. 15 et 16. Description, *B. G.*, E. M., vol. 53, p. 12.

Pistes pour salles d'escrime.

6 juill. 1899 Description, *B. G.*, E. R., vol. 51 *bis*, p. 60.
6 oct. 1903 Description, *B. C.*, vol. spl., p. 995.

Placards.

(Voir : *Théories et règlements.*)

Places de guerre.

(Voir : *Commandement. — Domaine militaire. — Expropriation. — Points d'appui de la flotte. — Service des places. — Servitudes militaires.*)

0 juill. 1791 Loi. Conservation et classement, *B. G.*, E. R., vol. 48, p. 129.
6 juill. 1792 Loi. Moyens de conserver les places fortes, *B. G.*, E. R., vol. 48, p. 214.
er brumaire an I Circ. Dispositions contre les vols et dégradations sur les ouvrages défensifs des places et postes de guerre, *B. G.*, E. R., vol. 48, p. 215.
4 déc. 1811 Décret, art. 95. Sur le service d'état-major et des places, *B. G.*, 1905, p. 643.
0 juill. 1851 Loi relative au classement des places de guerre et aux servitudes militaires, *B. G.*, E. R., vol. 48, p. 145.
0 août 1853 Décret. Classement des places de guerre et des postes militaires. Servitudes imposées à la propriété autour des fortifications, *B. M.*, p. 877 ; *B. M.* R., p. 1082 ; *B. G.*, E. R., vol. 48, p. 147 ; et inst. du 27 août 1853 ; *B. G.*, E. R., vol. 48, p. 165.
1 juin 1858 Interdiction de publier les plans des places fortes, *B. G.*, E. R., vol. 48, p. 214.
4 févr. 1894 Mesures à prendre pour assurer la sécurité des ouvrages fortifiés, *B. G.*, E. R., vol. 62, p. 70.
5 juill. 1901 Tableau de classement des places de guerre et ouvrages défensifs de la France, *B. G.*, p. 1233 ; err., *B. G.*, 1er sem. 1902, p. 268 ; 2e sem. 1902, p. 1758 ; 1903, p. 720.

Planches à bagages.

6 juill. 1899 Description, *B. G.*, E. R., vol. 51 *bis*, p. 58.
6 oct. 1903 Description, *B. C.*, vol. spl., p. 994.

Planches à pain.

6 juill. 1899 Description, *B. G.*, E. R., vol. 51 *bis*, p. 59.
16 oct. 1903 Description, *B. C.*, vol. spl., p. 994.

Planchettes diverses.

6 juill. 1899 Description, *B. G.*, E. R., vol. 51 *bis*, p. 59.
16 oct. 1903 Description, *B. C.*, vol. spl., p. 994.
6 déc. 1903 Achat au compte de la masse générale d'entretien :

1° Des planchettes pour listes d'appel et états de casernement ;
2° Des planchettes pour le nettoyage des effets de grand équipement, *B. G.*, vol. spl., T. C., p. 227 et 228.

Plan de campagne.

16 oct. 1903 Règl. sur les directions d'artillerie coloniales, art. 47 et 48, *B. C.*, vol. spl., p. 70.
8 juill. 1905 Inst. sur le fonctionnement administratif du service de santé colonial, art. 6 à 9, *B. C.*, p. 1356.
23 mars 1908 Inst. sur le service de l'intendance aux colonies, art. 35.

Plantations.

6 juill. 1899 Art. 7. Entretien des plantations, *B. G.*, E. R., vol. 51 *bis*, p. 73.
16 oct. 1903 Art. 7. Entretien des plantations, *B. C.*, vol. spl., p. 1005.

Plantons.

(Voir : *Chine.* — *Gens de service.*)

27 oct. 1891 Diminution du nombre des hommes distraits du service régimentaire.
Art. 2. Service de planton dans les différents bureaux.
4. Plantons des comptables, *B. G.*, E. R., vol. 62, p. 120.
20 oct. 1892 Service intérieur. Inf., art. 246 à 248. Artil., art. 282. Plantons régimentaires, *B. G.*, E. R., vol. 78.
16 avril 1894 Réduction des non-valeurs dans les corps de troupe. Surveillance des officiers généraux. Plantons, *B. G.*, E. R., vol. 62, p. 130.
8 juin 1897 Note relative aux plantons à employer pour le service régimentaire, *B. G.*, E. R., vol. 78, p. 759.

Plaque d'identité.

6 déc. 1903 Achat au compte de la masse générale des cordons et boîtes pour plaques d'identité, *B. G.*, vol. spl., T. C., p. 226 et 227.
15 janv. 1905 Description, art. 64, *B. G.*, E. M., vol. 53, p. 124.

Plateau isolateur.

15 janv. 1905 Description du plateau isolateur en planches de châlits, *B. G.*, E. M., vol. 53, p. 148, modif. 2 avril 1908, *B. G.*, p. 675.

Plâtre.

6 juill. 1899 Qualité, *B. G.*, E. R., vol. 51 *bis*, p. 5.
16 oct. 1903 Qualité, *B. C.*, vol. spl., p. 950.

Plombage des colis.

(Voir : *Douanes.* — *Emballages.*)

8 nov. 1847 Titre 5, § 6, *B. M.* R., p. 737.

Plumet.

30 sept. 1903 Description des uniformes, *B. G.*, vol. spl., T. C.

Art. 52. Plumet des officiers du service d'état-major.
75. — d'infanterie coloniale.
112. — d'artillerie coloniale.

Poêles.

3 mars 1899 Règl. sur le casernement en France, art. 34. Fourniture. Entretien. Nombre à attribuer, *B. G.*, E. R., vol. 51, p. 21.

16 oct. 1903 Règl. sur le casernement aux colonies, art. 34. Fourniture. Entretien. Nombre à attribuer, *B. C.*, vol., p. 897.

8 févr. 1907 Inst., art. 58 à 60. Installation, entretien et conduite dans les corps, *B. G.*, E. M., vol. 5, p. 146.
Notice 2. Choix, entretien et installation des appareils, p. 244.

Poids et mesures.

4 juill. 1837 Loi relative aux poids et mesures, *A. M.*, p. 597; *B. M.* R., p. 341; *B. G.*, E. M., vol. 85, p. 74.

16 juin 1839 Ord. sur la forme des poids et mesures et sur les matières admises pour les fabriquer, *B. G.*, E. M., vol. 85, p. 77.

7 juin 1890 Circ. (commerce et industrie). Emploi des instruments de pesage à ressort désignés sous les noms de romaine à cadran. Balances de ménage, pesons, etc., *B. M.*, 2e sem., p. 503.

16 janv. 1891 Note concernant la vérification des poids et mesures dans les établissements militaires, *B. G.*, E. M., vol. 85, p. 87.

14 juin 1900 Service des subsistances, annexe 6. Vérification des poids et mesures. Notice sur les instruments légaux de pesage, sur leur emploi et leur vérification, *B. G.*, E. R., vol. 91, p. 243, et 4 janvier 1890, *B. G.*, E. M., vol. 85, p. 87; modif. 22 janvier 1907, *B. G.*, p. 58.

11 juill. 1903 Loi relative aux unités fondamentales du système métrique, *B. lois*.

28 juill. 1903 Décr. fixant le tableau des mesures légales, *B. lois*.

2 mars 1907 Décr. Application en Afrique occidentale française de la loi du 11 juillet 1903 et du décret du 28 juillet 1903, *B. C.*, p. 161.

Points d'appui de la flotte.

2 mars 1903 Inst. Attributions des commandants de la défense dans les places de guerre. Points d'appui de la flotte aux colonies, *B. G.*, p. 294; *B. C.*, p. 286; *B. G.*, E. M., T. C., vol. 1, p. 256.

16 oct. 1903 Règl. sur les directions d'artillerie coloniales, art. 40, *B. C.*, vol. spl., p. 61.

16 oct. 1903 Inst. sur le fonctionnement des équipes côtières et sur l'organisation du service photo-électrique dans les points d'appui de la flotte aux colonies, *B. C.*, vol. spl., p. 1271; modif. 2 octobre 1905, *B. C.*, p. 1056.

3 nov. 1905 Décret organisant les points d'appui de la flotte aux colonies, *B. C.*, p. 1144.

3 nov. 1905 Décret. Attributions des commandants de la marine aux colonies, *B. C.*, p. 1146.

3 nov. 1905 Circ. (marine et colonies). Notification des décrets du même jour, *B. C.*, p. 1141 et 1140.

Poivre.

6 déc. 1903 Achat au compte de la masse générale du poivre pour l'entretien des effets, *B. G.*, vol. spl., T. C., p. 225.

Police judiciaire.

9 juin 1857 Code de justice militaire, art. 83 et 84, *B. G.*, E. R., vol. 56.

Pommes de terre.

26 nov. 1896 Note relative à des accidents observés à la suite de l'usage de pommes de terre avariées ou germées, *B. G.*, E. R., vol. 78, p. 709; *B. G.*, E. M., vol. 83, p. 256.

Pompons.

30 sept. 1903 Art. 75. Description, *B. G.*, vol. spl., T. C., p. 58.

Port de l'uniforme.

(Voir : *Uniforme*. — *Tenue*.)

1er févr. 1873 Port de l'uniforme par les officiers en non-activité, *B. G.*, E. M., vol. 31, p. 63.
25 avril 1891 Port de l'uniforme à l'étranger, *B. G.*, E. M., vol. 31, p. 66.
28 déc. 1898 Art. 26. Port de l'uniforme par les officiers de réserve et de l'armée territoriale, *B. G.*, E. R., vol. 72; modif. 19 octobre 1905, *B. G.*, p. 1643.
4 déc. 1905 Décr. relatif au port des uniformes étrangers sur le territoire de la République française, *B. G.*, E. M., vol. 31, p. 93.

Porte-cartes.

30 sept. 1903 Art. 36. Description, *B. G.*, vol. spl., T. C., p. 40.

Porte-drapeau et porte-étendard.

20 oct. 1892 Service intérieur. Inf., art. 65. Artil., art. 153. Fonctions, *B. G.*, E. R., vol. 78.

Portefeuille à serrure.

27 avril 1898 Portefeuille pour renfermer les notes des officiers. Description, *B. G.*, E. M., vol. 86, p. 151.
6 déc. 1903 Achat au compte de la masse générale, *B. G.*, vol. spl., T. C., p. 228.
10 févr. 1908 Service courant. Tenue des dossiers du personnel, art. 98, *B. G.*, E. M., vol. 74.

Porte-manteaux.

6 juill. 1899 Description, *B. G.*, E. R., vol. 51 *bis*, p. 60.
16 oct. 1903 Description, *B. C.*, vol. spl., p. 995.

Porte-selle ou porte-harnais.

6 juill. 1899 Description, *B. G.*, E. R., vol. 51 *bis*, p. 61.
16 oct. 1903 Description, *B. C.*, vol. spl., p. 995.

Portique avec échelle.

22 déc. 1902 Description, *B. G.*, E. M., vol. 55-2, p. 134.

Postes médicaux aux colonies.

4 nov. 1903 Décret organisant le service de santé colonial, art. 11. Organisation et fonctionnement, *B. C.*, p. 927 ; *B. G.*, p. 1627 ; *B. G.*, E. M., T. C., vol. 1, p. 215.

Postes placés aux prisons.

4 oct. 1891 Service des places, art. 146. Garde des prisons, *B. G.*, E. R., vol. 75.
30 nov. 1894 Consigne générale pour les postes placés aux prisons, *B. G.*, E. R., vol. 75, p. 171.

Poteaux mobiles pour sautoir.

22 déc. 1902 Description, *B. G.*, E. M., vol. 55-2, p. 134.

Pots de laitier.

16 mars 1906 Inst. pour le nettoyage des pots de laitier destinés au refroidissement et à la distribution de l'eau bouillie, *B. G.*, p. 371.

Poudre de pyrèthre.

20 oct. 1892 Service intérieur. Inf., art. 355. Artil., art. 373. Destruction des insectes dans les chambres deux fois par an au moyen de la poudre de pyrèthre, *B. G.*, E. R., vol. 78.

6 déc. 1903 Achat au compte de la masse générale, *B. G.*, vol. spl., T. C., p. 225.

Poudres à feu.

21 mai 1886 Décr. concernant l'exportation des poudres à feu, *B. lois*. Art. 9, modif. 6 avril 1907, *B. C.*, p. 240.

Poudres et salpêtres.

21 juin 1906 Décret sur l'administration des troupes coloniales, art. 2. Emploi éventuel des ingénieurs des poudres et salpêtres aux colonies, *B. C.*, p. 577; *B. G.*, p. 803; *B. G.*, E. M., T. C., vol. 1, p. 138.

Pourvois en cassation.

9 juin 1857 Code de justice militaire, art. 80 à 82, *B. G.*, E. R., vol. 56.

6 juin 1876 Circ. Les pourvois en cassation formés par les militaires doivent toujours être transmis, *B. G.*, E. M., vol. 59-4, p. 68.

19 avril 1900 Loi modifiant les art. 423, 424, 439, 532, du code d'instruction criminelle. Transmission directe des pourvois, *B. M.*, p. 510.

27 juin 1900 Circ. Mode d'envoi à la Cour de Cassation des pourvois formés contre les jugements rendus par les conseils de guerre ainsi que des requêtes en règlement de juges, *B. G.*, E. M., vol. 59-4, p. 81.

17 avril 1906 Loi de finances, art. 44. Les recours contre les jugements des conseils de guerre seront soumis à la Cour de Cassation aux lieu et place des conseils de revision, en temps de paix, pour l'intérieur, l'Algérie et la Tunisie, *B. C.*, p. 348; *B. G.*, p. 586.

6 juin 1906 Décret relatif aux recours formés contre les jugements des conseils de guerre et des tribunaux maritimes, *B. G.*, p. 760.

Poussières.

25 mai 1905 Circ. relative à l'application de l'article 6 du décret du 29 novembre 1904, concernant l'évacuation des poussières, *B. G.*, p. 668; err., *B. G.*, p. 721.

Pouvoir discrétionnaire.

9 juin 1857 Code de justice militaire, art. 125. Pouvoir discrétionnaire du président du conseil de guerre, *B. G.*, E. R., vol. 56.

Pouvoirs publics.

(Voir : *Constitution*.)

Préfets maritimes.

29 mars 1901 Décret réglant la situation des vice-amiraux, commandants en chef, préfets maritimes par suite du rattachement des T. C. à la guerre, *B. G.*, p. 529; *B. M.*, p. 524.

Première mise de harnachement.

29 déc. 1903 Décret sur la solde aux colonies, art. 15. Indemnité n° 9, taux 180 fr., *B. C.*, 1904, p. 393; et circ. du 21 avril 1904, *B. C.*, p. 348.

26 mai 1904 Décret sur la solde en France, art. 14. Indemnité n° 9, tarif 19, *B. G.*, vol. spl., T. C., p. 47; modif. 12 juillet 1904, *B. G.*, p. 1073; taux, 295 fr.; 11 juin 1905, *B. G.*, p. 744.

18 janv. 1908 Circ Droit des médecins aides-majors à la première mise de harnachement, *B. C.*, p. 23.

Première mise d'équipement.

28 déc. 1898 Art. 25. Indemnité aux militaires nommés officiers de réserve; corps de troupe à pied, 250 fr.; à cheval, 300 fr., *B. G.*, E. M., vol. 72.

4 avril 1903 Circ. 1re mise de 540 fr., aux officiers d'administration de l'intendance et du service de santé provenant des commis et magasiniers, *B. C.*, p. 722.

29 déc. 1903 Décret sur la solde (colonies), art. 15. Indemnité 8, et tarif 14, *B. C.*, 1904, p. 393 et 421.

26 mai 1904 Décret sur la solde (France), art. 14. Indemnité 8 et tarif 18, *B. G.*, vol. spl., T. C., p. 47 et 197; modif. 12 juillet 1904, *B. G.*, p. 1073; 11 juin 1905, *B. G.*, p. 744; 20 septembre 1906, *B. G.*, p. 1567.

Prescription.

(Voir : *Caisse des dépôts et consignations.* — *Désertion.* — *Insoumission.* — *Justice militaire.*)

31 mai 1862 Décret sur la comptabilité publique, art. 134, 136, 137, 141, 142, 146, 147, *B. G.*, E. M., vol. 23.

14 janv. 1869 Règl. financier (colonies), art. 185. Prescription quinquennale, vol. spl.

3 avril 1869 Règl. financier (guerre), art. 216. Prescription quinquennale, *B. G.*, E. M., vol. 24, p. 100.

29 déc. 1903 Décret sur la solde (colonies), art. 13, *B. C.*, 1904, p. 389.

26 mai 1904 Décret sur la solde (guerre), art. 12 et 145, *B. G.*, vol. spl., T. C., p. 39 et 144.

Presse.

(Voir : *Discipline générale*, 21 décembre 1906. — *Evénements graves. Provocation à l'indiscipline.*)

29 juill. 1881 Loi sur la liberté de la presse, *B. M.*, p. 927.

4 août 1881 Circ. Promulgation aux colonies de la loi du 29 juillet 1881, *B. M.*, p. 927.

12 déc. 1893 Loi punissant les auteurs de provocations adressées par discours ou par écrits à des militaires pour les détourner de leurs devoirs, *B. lois.*

19 oct. 1905 Décret rendant applicable en Indo-Chine les lois du 16 mars 1893 et 12 décembre 1893, modifiant celle du 29 juillet 1881, *B. C.*, p. 1092.

Presses régimentaires.

6 juill. 1903 Circ. réglementant l'emploi des presses régimentaires, *B. G.*, p. 1048; *B. G.*, E. M., vol. 86, p. 127.

6 déc. 1903 Dépenses des presses à la charge de la masse générale, *B. G.*, vol. spl., T. C., p. 228.

Prêt.

22 juin 1847 Ord., art. 711 à 721, vol. spl.
15 mars 1873 Les capitaines doivent gérer eux-mêmes le prêt des hommes placés sous leurs ordres, *B. M.*, p. 310; *B. M.* R., p. 169.
20 oct. 1892 Service intérieur, *B. G.*, E. R., vol. 78.

Inf., art. 83. Attributions du capitaine. Art. 137. Sergent-major.
Artil., art. 95. Attributions du capitaine. Art. 184. Maréchal des logis chef.

6 déc. 1903 Règl. sur l'administration et la comptabilité des T. C. en France, art. 131 à 139, *B. G.*, vol. spl., T. C., p. 51.

Prêt de matériel.

26 déc. 1902 Décret sur la comptabilité-matières (guerre), art. 15 et 77; inst. du 30 décembre 1902, *B. G.*, E. M., vol. 27; et circ. du 2 août 1905, *B. G.*, p. 1153.
16 oct. 1903 Inst. pour les prêts d'apparaux de matériel, etc., aux colonies (artillerie), *B. C.*, vol. spl., p. 421.
16 janv. 1905 Inst. sur la comptabilité-matières (colonies).

Art. 219 à 228. Prêt d'approvisionnements en magasin.
Art. 314. Prêt de matériel en service, *B. C.*, p. 190 et 212.

12 avril 1906 Inst. Prêt de matériel à des œuvres ou entreprises civiles, *B. G.*, E. M., vol. 31, p. 7.

Primes d'alimentation.

11 juin 1905 Décret modifiant celui du 26 mai 1904 sur la solde et les revues des T. C., en France, art. 18, tableau 5, tarif 11, *B. G.*, p. 744, modif. 18 mars 1908, *B. G.*, p. 453.

Primes d'arrestation.

1er sept. 1899 Décr. sur les dépenses des tribunaux militaires, art. 20, *B. G.*, E. M., vol. 59-3, p. 64; modif. 28 janvier 1908, *B. G.*, p. 95.
20 mars 1906 Des insoumis, art. 19, 25 fr., *B. G.*, E. M., vol. 59-1, p. 19.
21 mars 1906 Des déserteurs, art. 15, 25 fr., *B. G.*, E. M., vol. 59-1, p. 71.

Primes de travail.

(Voir : *Directions d'artillerie. — Gratifications. — Indemnité de travail. — Secrétaires d'état-major.*)

19 nov. 1902 Inst., art. 7, § 5. Primes de travail aux infirmiers des T. C., adjudant 0 fr. 50; sergent 0 fr. 40; caporal 0 fr. 30; soldat 0 fr. 20. Indigènes, prime réduite de moitié, *B. C.*, p. 1298; *B. G.*, E. M., T. C., vol. 1, p. 236.
17 févr. 1903 Inst., art. 7. Primes de travail au personnel de la section du commissariat. Adjudant 0 fr. 50; sergent 0 fr. 40; caporal 0 fr. 30; soldat 0 fr. 20. Indigènes, prime réduite de moitié, *B. C.*, p. 291; *B. G.*, E. M., T. C., vol. 1, p. 201.
21 avril 1904 Circ. pour l'application du décret du 29 décembre 1903 (solde aux colonies), *B. C.*, p. 355.
17 juill. 1906 Circ. Attribution de la prime de travail aux infirmiers aux écritures affectés à un service d'exploitation, *B. C.*, p. 667.
18 janv. 1908 Circ. Règles d'allocation des primes de travail aux militaires des sections de commis et ouvriers d'administration et d'infirmiers, *B. C.*, p. 21.
23 mars 1908 Tarif des primes de travail et gratifications mensuelles du personnel de l'intendance.

Primes d'engagement.

(Voir : *Engagements volontaires.* — *Spahis sénégalais.*)

29 déc. 1903 Décret sur la solde (colonies), tarifs 5 et 18, *B. C.*, 1904, p. 412 et 423.

26 mai 1904 Décret sur la solde (France), art. 15. Règles d'allocation, *B. G.*, vol. spl., T. C., p. 58 et 60; modif. 20 septembre 1906 ci-après.

14 nov. 1904 Décret. Organisation du recrutement indigène en Afrique occidentale, art. 2. Paiement des primes, *B. C.*, p. 1092; *B. G.*, E. M., T. C., vol. 2, p. 77.

21 mars 1905 Loi sur le recrutement, art. 61, *B. C.*, p. 359; *B. G.*, p. 263; *B. G.*, E. M., vol. 68-1, p. 34.

1er févr. 1906 Avis du Conseil d'Etat. Droit des anciens élèves des écoles militaires préparatoires aux primes d'engagement prévues par la loi du 21 mars 1905, *B. C.*, p. 572; et circ. du 20 juin 1906, *B. C.*, p. 572.

20 sept. 1906 Décret. Revision des tarifs applicables aux T. C. en France, art. 8 à 10 et tarif 7, *B. G.*, p. 1567. Tarif maintenu pour 1908, circ. 2 avril 1908, *B. G.*, r. s., p. 430.

22 oct. 1906 Solution à des questions relatives à l'application des art. 10 et 11 du décret du 20 septembre 1906. Transformation des contrats résiliables en engagements à terme fixe, *B. G.*, p. 1387; *B. G.*, E. M., T. C., vol. 2, p. 28.

27 mars 1907 Décr. fixant les tarifs de primes d'engagement des militaires sénégalais des corps et services de l'Afrique occidentale française, *B. C.*, p. 198; *B. G.*, p. 809.

16 mai 1907 Circ. Solutions à diverses questions posées pour l'application du décret du 20 septembre 1906, *B. G.*, p. 579.

28 janv. 1908 Décr. Nouveaux tarifs pour les troupes aux colonies, *B. C.*, p. 27; *B. G.*, p. 315.

Primes de rengagement.

(Voir : *Oppositions.* — *Rengagements.* — *Spahis sénégalais.* *Tirailleurs annamites.* — *Tirailleurs malgaches.*)

14 oct. 1897 Circ. Application de la loi du 6 février 1897 en ce qui touche le paiement des primes de rengagement, *B. C.*, p. 1069; *B. M.*, p. 408.

26 janv. 1900 Circ. Un rengagé qui se rengage pour parfaire une période de 5 ans sous le régime du décret du 4 août 1894, n'a droit qu'à la prime prévue pour son nouveau rengagement et non à la différence entre celle qu'il a perçue et celle allouée pour un rengagement de 5 ans. Paiement du complément de 100 francs à ceux qui ont touché en deux fois 500 francs et se rengagent à nouveau, *B. C.*, p. 60; *B. M.*, p. 228.

1er mai 1900 Circ. Paiement des primes aux sous-officiers promus officiers; application de la note (guerre) du 28 mars 1900, *B. G.*, p. 437; *B. C.*, p. 393; *B. M.*, p. 756.

29 déc. 1903 Décret sur la solde (colonies); tarifs 5 et 18, *B. C.*, 1904, p. 412 et 423.

26 mai 1904 Décret sur la solde (France), art. 15. Règles d'allocation, *B. G.*, vol. spl., T. C., p. 59 et 61; modif. 20 septembre 1906, ci-après.

21 mars 1905 Loi sur le recrutement, art. 61, *B. C.*, p. 359; *B. G.*, p. 263; *B. G.*, E. M., vol. 68-1, p. 34; modif. 10 juillet 1907, *B. G.*, p. 874.

1er mai 1906 Inst. sur les successions des militaires aux colonies. Art. 17, liquidation par les corps de la colonie des primes dues au décès. Art. 18, primes dues à des militaires de l'armée de terre. Art. 19, *B. C.*, p. 424.

21 août 1906 Circ. La prime de rengagement n'est acquise au rengagé au corps que du jour où son rengagement commence à courir, *B. G.*, p. 1162.

20 sept. 1906 Décret. Revision des tarifs applicables aux T. C. en France; art. 8, 9, 10 et tarif 7, *B. G.*, p. 1567. Tarif maintenu pour 1908; circ. 2 avril 1908, *B. G.*, r. s., p. 430.

Primes de rengagement (*suite*).

22 oct. 1906 Solution à des questions relatives à l'application des art. 10 et 11 du décret du 20 septembre 1906. Transformation des rengagements résiliables en contrats à terme fixe, *B. G.*, p. 1387; *B. G.*, E. M., T. C., vol. 2, p. 28.

27 mars 1907 Décr. fixant le tarif des primes de rengagement des militaires sénégalais des corps et services de l'Afrique occidentale française, *B. C.*, p. 198; *B. G.*, p. 809.

16 mai 1907 Circ. Solutions à diverses questions posées pour l'application du décret du 20 septembre 1906, *B. G.*, p. 579.

28 janv. 1908 Décr. Nouveaux tarifs pour les troupes aux colonies, *B. C.*, p. 27; *B. G.*, p. 315.

Prises.

26 juin 1901 Décret. Suppression des prises en temps de guerre, *B. G.*, p. 139.

Prisonniers de guerre.

21 mars 1893 Règl. sur les prisonniers de guerre, *B. G.*, E. M., vol. 77, p. 5; modif. 21 nov. 1907, *B. G.*, E. M., vol. 77, p. 77.

16 juill. 1901 Convention de La Haye, art. 4 à 20, *B. G.*, E. M., vol. 76, p. 122.

Prisons.

(Voir : *Etablissements pénitentiaires militaires.*)

4 oct. 1891 Service des places, art. 142 à 151. Surveillance du commandant d'armes sur les prisons militaires, *B. G.*, E. R., vol. 75.

10 avril 1897 Circ. L'administration des prisons militaires aux colonies est dévolue aux commissaires aux revues, *B. C.*, p. 331.

Prix de revient de la journée de traitement dans les hôpitaux coloniaux.

10 mars 1897 Inst. sur le fonctionnement des hôpitaux coloniaux, art. 60, *B. C.*, p. 194.

8 juill. 1905 Art. 37. Etablissement du décompte, *B. C.*, p. 1356.

Prix de tir.

(Voir : *Insignes. — Tir.*)

Procès-verbal de déclaration de décès.

(Voir : *Décès.*)

Procès-verbaux.

27 juin 1907 Circ. relative à la rédaction défectueuse des procès-verbaux rapportés ou homologués par les sous-intendants, *B. G.*, p. 820.

Procurations.

(Voir : *Rengagements.*)

8 juin 1893 Loi relative aux actes de procuration, de consentement et d'autorisation dressés aux armées ou dans le cours d'un voyage maritime, *B. C.*, p. 532; *B. M.*, p. 15, 2e sem., *B. G.*, E. R., vol. 28, p. 12.

8 juill. 1893 Circ. Notification des lois du 8 juin 1893. Mesures d'application, *B. C.*, p. 521; *B. M.*, p. 4.

3 oct. 1893 Inst. pour l'application de la loi du 8 juin 1893, 3e partie. Procurations, actes de consentement, etc., reçus à bord des navires de commerce pendant un voyage maritime. Modèles, *B. C.*, 1894, p. 75; *B. M.*, p. 981.

23 juill. 1894 Inst. (guerre), titre IV, section II, *B. G.*, E. R., vol. 28, p. 35.

26 juill. 1894 Inst. (marine), pour l'application de la loi du 8 juin 1893, 3e partie. Procurations, etc., reçues à bord ou aux armées, *B. M.*, p. 430; *B. C.*, p. 718.

Projet de budget.

16 oct. 1903 Règl. sur les directions d'artillerie coloniales, art. 46, *B. C.*, vol. spl., p. 67.

8 juill. 1905 Inst. sur le fonctionnement administratif du service de santé colonial, art. 4-5, *B. C.*, p. 1356.

Prolongation de séjour colonial.

2 mai 1901 Circ. Les demandes de prolongation de séjour colonial présentées par les militaires de tout grade de l'armée de terre en service aux colonies doivent être soumises au Ministre de la guerre par l'intermédiaire du Ministre des colonies, *B. C.*, p. 593.

18 mai 1901 Circ. Le personnel militaire des T. C. en service aux colonies peut obtenir plusieurs prolongations de séjour d'un an, *B. C.*, p. 733; *B. G.*, p. 819; *B. G.*, vol. spl., T. C., p. 117; et circ. (colonies), du 22 juillet 1902, *B. C.*, p. 732.

11 mai 1903 Circ. (marine). Un chef armurier ne peut être autorisé à prolonger son séjour aux colonies si cette autorisation a pour effet de le maintenir dans un corps de troupe au delà de trois ans, *B. C.*, p. 450.

30 déc. 1903 Décret sur le tour de service colonial. Officiers, art. 7 et 8. Sous-officiers, art. 16, *B. C.*, p. 1284; *B. G.*, p. 1857; et inst. du 30 mai 1904; art. 12, *B. C.*, p. 611.

Promulgation des lois.

(Voir : *Indo-Chine.*)

5 nov. 1870 Décret relatif à la promulgation des lois et décrets par le *Journal officiel*, *B. G.*, E. M., vol. 10, p. 51; et note du 9 octobre 1871, *B. G.*, E. M., vol. 10, p. 52.

26 sept. 1871 Lettre (justice). Mode de promulgation des lois, *B. M.*, p. 254; *B. M.* R., p. 715.

6 avril 1876 Décret relatif à la promulgation des lois. Formule de promulgation, *B. M.*, p. 571; *B. M.* R., p. 36.

Provocation à l'indiscipline.

(Voir : *Presse.*)

10 août 1904 Application, en ce qui concerne le délit de provocation à l'indiscipline, de la loi du 12 décembre 1893, modifiant celle du 29 juillet 1881, *B. G.*, p. 1314; *B. G.*, E. M., vol. 31, p. 89.

Publications.

(Voir : *Frais de bureau. — Ouvrages.*)

12 févr. 1819 Défense de publier et de laisser publier aucune proclamation ni aucun ordre du jour sur des objets étrangers au service, *B. G.*, E. M., vol. 13, p. 39.

3 mai 1853 Note relative aux publications d'ouvrages faites par des militaires en activité. Interdiction de mentionner l'autorisation ministérielle, *B. G.*, E. M., vol. 31, p. 40.

21 oct. 1871 Des punitions disciplinaires seront infligées aux militaires qui, sans autorisation préalable, feraient paraître des brochures ou écriraient dans les journaux, *B. G.*, E. M., vol. 31, p. 41.

31 janv. 1877 Note relative aux publications d'écrits par des militaires. Nouvelles demandes pour la publication d'éditions modifiées, *B. G.*, E. M., vol. 31, p. 41.

26 févr. 1891 Circ. Envoi au service central de l'inspection des colonies de deux exemplaires de toutes les publications des colonies et des ouvrages qui font l'objet d'une souscription, *B. C.*, p. 184.

20 oct. 1892 Service intérieur. Inf., art. 301. Artil., art. 319. Punitions en cas de publication sans autorisation, *B. G.*, E. R., vol. 78.

28 déc. 1898 Art. 29. Publications par les officiers de réserve, *B. G.*, E. R., vol. 72; modif. 11 juin 1906, ci-après.

10 nov. 1900 Interdiction de la publication des ordres du jour, *B. G.*, p. 1876; *B. G.*, E. M., vol. 31, p. 43.

5 mars 1903 Circ. Les officiers du corps de santé des T. C. sont libres de publier sans l'autorisation préalable du Ministre, des travaux scientifiques, sous forme d'articles de journaux, de notes académiques, de brochures ou de livres, *B. G.*, p. 355.

5 mars 1903 Inst. relative à la publication des travaux scientifiques des vétérinaires militaires, *B. G.*, p. 383.

11 juin 1906 Circ. relative aux demandes d'autorisation de publication d'ouvrages formées par les officiers et assimilés, *B. G.*, p. 765; *B. G.*, E. M., vol. 31, p. 45.

8 janv. 1907 Circ. L'autorisation de publier un ouvrage doit être demandée avant l'impression, *B. G.*, p. 23.

28 mai 1907 Circ. autorisant les officiers, membres de l'Association scientifique internationale d'agronomie coloniale, à publier leurs travaux dans le Bulletin de cette société, *B. G.*, p. 677.

28 mai 1907 Circ. autorisant les officiers, membres de l'école française d'Extrême-Orient, à faire et à publier des communications aux sociétés savantes, *B. G.*, p. 678.

Punchs.

(Voir : *Discipline générale.*)

Punitions.

(Voir : *Agents civils du commissariat*, 28 janvier 1903. — *Arrêts. Feuillets de punitions.*)

21 mars 1856 Les délégués du commandement doivent être informés des punitions infligées aux officiers de toutes armes et des divers services, *B. G.*, E. R., vol. 62, p. 109.

30 juin 1885 Comptes rendus des punitions d'officiers à fournir chaque mois par les commandants de corps d'armée, *B. G.*, E. R., vol. 62, p. 109.

21 janv. 1889 Modèle des comptes rendus de punitions d'officiers, *B. G.*, E. R., vol. 62, p. 110.

25 nov. 1889 Service de santé à l'intérieur, *B. G.*, E. M., vol. 80.

Art. 60. L'effet d'une punition infligée à un homme en traitement à l'infirmerie est suspendu jusqu'à sa sortie.

Art. 247. Suspension du droit de punir pour les gradés en traitement à l'hôpital.

4 oct. 1891 Service des places, art. 123 à 125, *B. G.*, E. R., vol. 75.

Punitions (*suite*).

20 oct. 1892 Service intérieur, *B. G.*, E. R., vol. 78.

Inf., art. 267. Artil., art. 289. Participation des hommes punis de prison aux exercices et à l'instruction.
Inf., art. 301. Artil., art. 319. Fautes contre la discipline.
Inf., art. 302. Artil., art. 320. Droit de punir; modif. 2 novembre 1902, *B. G.*, p. 2269.
Inf., art. 303. Artil., art. 321. Impartialité dans les punitions.
Inf., art. 304. Artil., art. 322. Dispositions communes aux divers grades. Punitions infligées à des militaires en congé ou en permission.
Inf., art. 305 à 311. Artil., art. 323 à 329. Punitions des officiers.
Inf., art. 312-313. Artil., art. 330-331. Punitions des sous-officiers; modif. 30 janvier 1897, *B. G.*, E. R., vol. 78, p. 758.
Inf., art. 314-315. Artil., art. 332-334. Punitions des caporaux et soldats; modif. 2 novembre 1902, *B. G.*, p. 2269.
Inf., art. 322. Artil., art. 340. Inscription des punitions des sous-officiers, caporaux et soldats.
Inf., art. 433-434. Artil., art. 464-465. Punitions en route.

27 févr. 1893 Circ. Le service supplémentaire des hommes maintenus sous les drapeaux conformément à l'art. 47 de la loi du 15 juillet 1889 commence à la date de l'envoi en congé de leur classe; l'art. 47 n'est pas applicable aux engagés de 4 et 5 ans, *B. M.*, p. 340; *B. C.*, p. 205.

9 mars 1895 Circ. Les sous-officiers des troupes de la marine punis de prison subiront leur peine dans les locaux du corps, *B. M.*, p. 377.

28 mai 1895 Service des armées en campagne, art. 85. Exécution des punitions dans les cantonnements et bivouacs, *B. G.*, E. M., vol. 76.

3 déc. 1895 Circ. Règles à suivre par les commandants des troupes aux colonies pour infliger une punition à un militaire sur la demande du gouverneur, *B. C.*, p. 876; et circ. (marine), du 7 décembre 1895, *B. M.*, p. 946.

28 déc. 1895 Art. 156. Punitions disciplinaires des hommes des réserves, *B. G.*, E. R., vol. 71; modif. 31 janvier 1905, *B. G.*, p. 78; et inst. du 7 avril 1906, art. 29 et 30.

30 janv. 1897 Décret modifiant ceux du 20 octobre 1892 en ce qui concerne les sous-officiers punis, *B. G.*, E. R., vol. 78, p. 758.

12 déc. 1898 Circ. Le temps passé en prison à la suite d'un jugement, par les hommes maintenus pour un service supplémentaire compte pour la durée de ce service, *B. G.*, E. R., vol. 68, p. 324.

2 nov. 1902 Décret réorganisant les compagnies de discipline, art. 14 et 15. Punitions à infliger aux disciplinaires, *B. G.*, p. 2227; *B. C.*, p. 1134; et inst. du 12 novembre 1902, *B. G.*, p. 2243.

12 nov. 1902 Inst. relative aux sections de discipline des corps spéciaux, art. 6, *B. G.*, p. 2257.

25 avril 1903 Le droit de punir en matière de réclamation est réservé à l'autorité à laquelle est adressée la réclamation, *B. G.*, p. 609; *B. G.*, E. M., vol. 31, p. 37.

2 mai 1904 Circ. Punition disciplinaire demandée par un supérieur contre un inférieur qui a cessé d'être sous ses ordres, *B. G.*, p. 554.

28 mai 1904 Décret. Sortie journalière des hommes punis de cellule simple ou de cellule de correction, *B. G.*, p. 656.

6 juin 1904 Circ. concernant les hommes punis reconnus malades, *B. G.*, p. 795.

15 juill. 1904 Décret réglant les droits en matière de punitions des officiers d'administration des différents services, des officiers interprètes et des chefs de musique, *B. G.*, p. 1161.

13 août 1904 Circ. Retenue au corps des militaires qui ont subi des punitions de prison ou de cellule, *B. G.*, p. 1317.

20 déc. 1904 Circ. Service des hommes punis de prison, *B. G.*, p. 1841.

11 janv. 1905 Circ. Application aux colonies de l'art. 47 de la loi du 15 juillet 1889 et des art. 314 (inf.), 305 (cav.), 332 (artil.) des décrets du 20 octobre 1892. La retenue au corps ne peut augmenter la durée du séjour colonial, rapatriement des hommes pour finir leur service en France, *B. G.*, p. 146.

21 mars 1905 Loi sur le recrutement, art. 85. Punitions des hommes des réserves, *B. G.*, p. 263; *B. C.*, p. 359; *B. G.*, E. M., vol. 68-1, p. 45.

8 juin 1905 Inst. pour les commandants des troupes passagères, art. 15 et 16. Punitions à bord, à jour au 1er novembre 1907, *B. G.*, p. 1721.

9 juin 1905 Circ. Mesures à prendre en ce qui concerne les hommes non reconnus malades. Exécution des punitions, *B. G.*, p. 720.

20 juill. 1905 Inst., art. 5. Droit de punition dans les sections de discipline du Tonkin, de Cochinchine et de Madagascar, *B. G.*, p. 1086; *B. C.*, p. 822.

Punitions (*suite*).

21 août 1905 Circ. Interprétation des décrets du 20 octobre 1892, art. 307, inf.; art. 298, cav.; art. 325, artil. Limite de la durée des arrêts de rigueur : 30 jours, *B. G.*, p. 1253.

31 août 1905 Circ. relative au droit de punir, *B. G.*, p. 1367.

8 janv. 1906 Circ. Répression des actes d'indiscipline commis par des hommes des réserves prenant part à des exercices ou présents à une revue, *B. G.*, p. 21.

14 août 1906 Circ. Régime cellulaire des hommes punis, *B. G.*, p. 1121.

15 oct. 1906 Circ. Maintien au corps, après la libération de la classe, des hommes punis de prison. Loi du 15 juillet 1889, *B. G.*, p. 1340.

6 mars 1907 Circ. Délivrance du relevé des punitions des militaires qui sollicitent leur réintégration ou leur admission dans les administrations de l'Etat, *B. G.*, p. 264.

9 avril 1907 Solutions à diverses questions posées pour l'application de l'art. 39 de la loi du 21 mars 1905. Maintien sous les drapeaux des hommes punis de prison, *B. G.*, p. 403.

31 mai 1907 Circ. Punitions susceptibles d'être infligées aux hommes des réserves pour retard aux convocations, *B. G.*, p. 711.

21 août 1907 Circ. Transmission, au fur et à mesure, des bulletins de punitions infligées aux officiers, *B. G.*, p. 1196.

Q

Quarts.

30 sept. 1903 Description des uniformes, art. 449, *B. G.*, vol. spl., T. C., p. 273.

Quincaillerie.

6 juill. 1899 Inst. technique sur l'exécution des travaux de réparation et d'entretien du casernement par les corps occupants en France, art. 3, *B. G.*, E. R., vol. 51 *bis*, p. 19.

16 oct. 1903 Inst. technique sur l'exécution des travaux de réparation et d'entretien du casernement par les corps occupants aux colonies, art. 3, *B. C.*, vol. spl., p. 961.

Quittances.

3 avril 1869 Règl. financier (guerre), art. 150, et inst. du 30 juillet 1903, *B. G.*, E. M., vol. 24, p. 65 et 153.

R

Radiation des contrôles.

(Voir : *Emplois civils*, 14 septembre 1906.)

Ramonage.

20 oct. 1892 Service intérieur, Inf., art. 338; Artil., art. 356, *B. G.*, E. R., vol. 78.

3 mars 1899 Règl. sur le casernement en France, art. 99. Les ramonages sont exécutés à la diligence et à la charge du service du génie, *B. G.*, E. R., vol. 51, et inst. du 8 février 1907, art. 59, *B. G.*, E. M., vol. 5, p. 148.

16 oct. 1903 Règl. sur le casernement aux colonies, art. 95. Les ramonages sont exécutés dans les mêmes conditions que les réparations locatives, *B. C.*, vol. spl., p. 919.

Rapatriement

(Voir : *Passages*.)

31 juill. 1889 Circ. Renseignements à fournir sur les officiers, fonctionnaires, etc., du service colonial envoyés en France, en convalescence. Possibilité de retourner aux colonies, *B. C.*, p. 805.

4 févr. 1890 Circ. Mesures à prendre pour le rapatriement des militaires rentrant en France en convalescence. Avis au conseil d'administration de l'entrée à l'hôpital et de la décision du conseil de santé, *B. C.*, p. 260.

18 mars 1901 Règl. sur les frais de route, art. 91 à 105, *B. G.*, E. R., vol. 37.

29 avril 1901 Circ. Rapatriement des militaires de la gendarmerie démissionnaires, *B. C.*, p. 355.

12 juin 1903 Circ. Délai de rapatriement des militaires libérés aux colonies. Application limitée de l'art. 31 du décret du 3 juillet 1897, *B. C.*, p. 552.

9 mai 1906 Circ. Rapatriement aux colonies ou à l'étranger des militaires libérés du service actif, *B. G.*, p. 606; *B. C.*, p. 490.

23 janv. 1907 Circ. Rapatriement des militaires qui ont devancé l'appel de leur classe pour entrer dans les T. C., *B. G.*, p. 75; *B. G.*, E. M., T. C., vol. 2, p. 33.

22 mai 1907 Circ. Etablissement des documents concernant les militaires rapatriés des colonies, *B. C.*, p. 339.

Rapport annuel.

16 oct. 1903 Règl. sur les directions d'artillerie coloniales, art. 72, *B. C.*, vol. spl., p. 86.

16 janv. 1905 Inst. sur la comptabilité-matières, art. 345; *B. C.*, p. 219.

8 juill. 1905 Inst. sur le fonctionnement administratif du service de santé colonial, art. 24, 38, *B. C.*, p. 1356.

5 avril 1907 Circ. Mode d'établissement des rapports annuels aux colonies, *B. G.*, p. 500.

10 févr. 1908 Service courant, art. 43. Rapport général annuel à fournir au Ministre de la guerre; *B. G.*, E. M., vol. 74.

23 mars 1908 Inst. sur le service de l'intendance aux colonies, art. 55.

Rapport de liquidation.

6 déc. 1903 Annexe F, § 7. Etablissement par le directeur du commissariat, *B. G.*, vol. spl., T. C., p. 218.
17 mars 1904 Inst. sur la liquidation des dépenses, art. 7, *B. G.*, E. M., vol. 26 *bis*, p. 18.

Rapport journalier.

26 juill. 1880 Modèle n° 10. Rapport journalier à fournir par la division au commandant de corps d'armée, *B. G.*, E. R., vol. 62, p. 201.
20 oct. 1892 Service intérieur, Inf., art. 216; Artil., art. 251, *B. G.*, E. R., vol. 78.

Rapport mensuel.

(Voir : *Punitions. — Situation-rapport.*)

29 nov. 1879 Substitution d'un rapport mensuel au rapport des dix jours, *B. G.*, E. R., vol. 62, p. 103.
30 juin 1885 Date d'envoi, *B. G.*, E. R., vol. 62, p. 109.

Râteliers.

6 juill. 1899 Description. Râteliers : d'armes, porte-brides, porte-revolver, d'écuries, *B. G.*, E. R., vol. 51 *bis*, p. 69 et suiv.
16 oct. 1903 Description. Râteliers : d'armes, porte-brides, porte-revolver, d'écuries, *B. C.*, vol. spl., p. 996 et suiv.

Ration.

14 févr. 1890 Circ. Suppression de la ration de tafia aux colonies. Remplacement par du sucre et du café ou du thé. Délivrance de tafia en remplacement de vin, *B. C.*, p. 276.
18 avril 1891 Circ. La ration de viande doit être majorée de 3 p. 100 aux colonies, *B. C.*, p. 307.

Recensements de matériel et d'approvisionnements.

16 janv. 1905 Inst. sur la comptabilité-matières (colonies), art. 106, 175, 234 à 243, 292, 301, 319 à 321, *B. C.*, p. 164 et suiv.
20 janv. 1907 Inst., art. 27. Recensement annuel du matériel de la masse de casernement, *B. C.*, n° 1 *bis*.

Réception.

(Voir : *Remise de décorations.*)

20 oct. 1892 Service intérieur, *B. G.*, E. R., vol. 78.

Inf., art. 227. Artil., art. 262. Réception des officiers.
Inf., art. 400. Artil., art. 419. Réceptions de corps.

Récidivistes.

27 mai 1885 Loi sur les récidivistes, *B. M.*, p. 278; *B. G.*, E. M., vol. 59-4, p. 85.
30 juin 1885 Circ. Application de la loi du 27 mai 1885, *B. G.*, E. M., vol. 59-4, p. 91.
9 nov. 1885 Circ. Promulgation aux colonies, *B. M.*, p. 1010.

Réclamations.

(Voir : *Congés et permissions*, 4 novembre 1902. — *Discipline générale. Solde* (3°), 11 mai 1903.)

22 juin 1847 Ord., art. 559. Réclamations relatives à la solde. A qui adressées (colonies), vol. spl.

17 juin 1871 Les demandes ou réclamations doivent parvenir au Ministre de la guerre par la voie hiérarchique, *B. G.*, E. M., vol. 31, p. 33.

4 janv. 1873 Nouvelles recommandations au sujet de la tendance qu'ont certains officiers à s'adresser au Ministre de la guerre sans suivre la voie hiérarchique, *B. G.*, E. M., vol. 31, p. 33.

20 oct. 1892 Service intérieur : Inf., art. 329 à 332; Artil., art. 347 à 350, *B. G.*, E. R., vol. 78.

29 nov. 1892 Circ. Les demandes ou réclamations adressées au Ministre ne peuvent être retenues par les autorités intermédiaires qui peuvent y joindre leur avis, *B. G.*, E. M., vol. 31, p. 35; appliquée aux troupes de la marine par circ. du 28 mars 1895, *B. M.*, p. 460, et *B. C.*, p. 332.

23 févr. 1895 Décr. Toute réclamation, tout écrit officiel adressé à l'autorité supérieure doit être transmis par la voie hiérarchique, *B. M.*, p. 316.

15 mars 1897 Avis motivé dont doivent être revêtues les demandes ou propositions concernant les officiers, *B. G.*, E. M., vol. 31, p. 36.

10 juin 1901 Circ. rappelant que les demandes ou réclamations doivent toujours être transmises par la voie hiérarchique, excepté au cas où un supérieur aurait retenu la demande qui lui aurait été remise, *B. G.*, p. 1019; *B. G.*, E. M., vol. 31, p. 37.

25 avril 1903 Circ. En matière de réclamation, le droit de punir, s'il y a lieu, le réclamant, est exclusivement réservé à l'autorité à laquelle la réclamation est adressée, *B. G.*, p. 609; *B. G.*, E. M., vol. 31, p. 37.

26 mai 1904 Décr. sur la solde en France, art. 128, *B. G.*, vol. spl., T. C.

17 janv. 1906 Circ. au sujet de réclamations formulées par des officiers concernant leur non-inscription au tableau d'avancement, *B. G.*, p. 33; *B. G.*, E. M., vol. 31, p. 38.

21 déc. 1906 Circ. concernant les demandes adressées au Ministre. Demandes non conformes au bien du service, *B. G.*, p. 1760.

Recommandations.

3 mars 1893 Interdiction de se faire recommander par des personnes étrangères à l'armée, *B. G.*, E. M., vol. 31, p. 47.

26 juill. 1894 Circ. (colonies). Interdiction de se faire recommander en dehors de la voie hiérarchique, *B. C.*, p. 561.

8 août 1899 Notification concernant les militaires qui se font recommander par des personnes étrangères à l'armée, *B. G.*, E. M., vol. 31, p. 48.

1er août 1906 Circ. relative aux recommandations qui sont adressées au Ministre de la guerre, *B. G.*, p. 1056; *B. G.*, E. M., vol. 31, p. 48.

1er oct. 1906 Inst., art. 10. Recommandations en faveur des candidats aux emplois réservées, *B. G.*, E. M., vol. 36, p. 62.

Récompenses de tir.

(Voir : *Tir.*)

Reconnaissances.

28 mai 1895 Service en campagne, art. 110 et suiv., *B. G.*, E. M., vol. 76.

Recours en grâce.

7 juin 1898 Circ. Mode de transmission des recours à la clémence du chef de l'Etat formés par les membres des conseils de guerre, *B. G.*, E. M., vol. 59-2, p. 62.

Recours en revision.

9 juin 1857 Code de justice militaire, art. 71, 81, 143, 156 et 159 à 172, *B. G.*, E. R., vol. 56.

Recouvrements.

25 juill. 1878 Note. Recouvrement par la poste des valeurs payables par des militaires, *B. G.*, E. R., vol. 78, p. 690.

Recrues.

28 sept. 1905 Circ. relative à la réception des recrues, *B. G.*, p. 1454; *B. G.*, E. M., vol. 31, p. 91.

Recrutement.

(Voir : *Punitions.*)

17 janv. 1885 Taux de l'indemnité à payer aux maires pour la réception des actes d'engagements volontaires, *B. G.*, E. R., vol. 68, p. 487.

15 juill. 1889 Loi sur le recrutement (non abrogées les dispositions du titre IX concernant les engagements et rengagements dans l'armée de mer), *B. C.*, p. 756; *B. G.*, E. R., vol. 68, p. 11.

3 juill. 1895 Circ. Inscription des jeunes gens résidant aux colonies sur le tableau de recensement de la commune dans laquelle leur famille est ou a été domiciliée en France, *B. C.*, p. 613.

20 juill. 1895 Loi. Obligations militaires des membres du Parlement, *B. M.*, p. 143; *B. C.*, p. 644; *B. G.*, E. R., vol. 68, p. 113.

24 sept. 1895 Décr. Organisation du service du recrutement à la Réunion, *B. M.*, p. 516; *B. C.*, p. 753; *B. G.*, E. R., vol. 68, p. 426.

28 mars 1896 Décr. relatif aux opérations de recrutement à la Réunion, *B. M.*, p. 643.

22 déc. 1898 Arr. fixant les colonies circonvoisines dans lesquelles les recrues de la Réunion peuvent être envoyées (Madagascar et dépendances), *B. C.*, 1899, p. 502; *B. G.*, E. R., vol. 68, p. 428.

3 févr. 1899 Décr. Organisation du service du recrutement à la Martinique et à la Guadeloupe, *B. G.*, p. 43; *B. G.*, E. R., vol. 68, p. 429.

6 nov. 1899 Circ. Affectation à donner aux jeunes gens du contingent de la Réunion, résidant en France, aux colonies ou dans les pays de protectorat. Incorporation dans un corps de leur résidence, *B. G.*, E. R., vol. 68, p. 432, et circ. (colonies), du 30 novembre 1899.

14 mai 1900 Circ. Application de la loi du 5 avril 1900, permettant aux conseils de revision de reviser les décisions entachées d'erreurs matérielles ou résultant d'un défaut de justification imputable aux autorités, *B. G.*, p. 757.

7 juill. 1900 Loi, art. 14 et 15. Recrutement des troupes coloniales, *B. C.*, p. 594; *B. G.*, E. M., T. C., vol. 1, p. 8.

8 mars 1901 Circ. Allocations diverses à attribuer aux fonctionnaires civils et aux militaires chargés d'assurer aux colonies le service du recrutement. Administration du personnel militaire de ce service. Solde et accessoires. Frais de bureau et d'impression. Indemnités. Frais de première installation. Militaires convoqués rejoignant leur corps ou renvoyés dans leurs foyers. Administration du personnel des bureaux de recrutement, *B. C.*, p. 202.

11 juin 1901 Décr. relatif à l'incorporation des contingents de la Réunion, *B. C.*, p. 509.

2 déc. 1901 Circ. Recherche des antécédents judiciaires des pupilles de l'Assistance publique, *B. G.*, p. 1393.

22 août 1902 Circ. relative à la date d'incorporation des jeunes gens admis au bénéfice de l'art. 81 de la loi du 15 juillet 1889, et résidant au Sénégal, *B. G.*, p. 1785.

28 janv. 1903 Arr. autorisant les jeunes gens résidant aux colonies ou pays de protectorat, lors de l'appel de leur classe, à y accomplir leur service militaire, *B. G.*, p. 41.

Recrutement (*suite*).

28 août 1903 Circ. Obligations militaires des jeunes gens résidant aux colonies, *B. C.*, p. 749; complétée 23 novembre 1903, *B. C.*, p. 991.

25 déc. 1903 Circ. Répartition du personnel du recrutement aux colonies, *B. C.*, p. 1239.

21 mars 1905 Loi sur le recrutement, réduisant à deux ans la durée du service militaire. Applicable : Guadeloupe, Martinique, Guyane et Réunion, *B. G.*, p. 263; *B. C.*, p. 359; *B. G.*, E. M., vol. 68-1; modif. 16 juillet 1906, *B. G.*, p. 895 (art. 23, 59 et tableaux A, B, C, H et I); modif. 10 juillet 1907, *B. G.*, p. 874; art. 41 et 64 modif. 14 avril 1908, *B. G.*, p. 484.

22 août 1905 Circ. Application de la loi du 21 mars 1905 en ce qui concerne les dates de passage dans la réserve des militaires libérés en 1905 et des jeunes gens des classes 1902 à 1904 incorporés en octobre 1905, *B. G.*, p. 1239.

16 févr. 1906 Arr. relatif aux frais qu'occasionne le service du recrutement et à la procédure à suivre en matière de recrutement, *B. G.*, p. 169; err., *B. G.*, 1906, p. 372.

16 févr. 1906 Circ. Emploi d'un nouveau modèle de registre matricule, *B. G.*, p. 182.

19 juin 1906 Décr. relatif à l'incorporation des élèves des écoles énumérées dans les art. 23 et 26 de la loi du 21 mars 1905, *B. G.*, p. 798.

7 déc. 1906 Arr. relatif à la durée du service accompli par certaines catégories de jeunes gens, devenus Français en vertu du Code civil ou des lois sur la nationalité, *B. G.*, p. 1781.

26 déc. 1906 Arr. prévu par le 3e alinéa de l'art. 90 de la loi du 21 mars 1905 sur le recrutement de l'armée et déterminant les colonies ou pays de protectorat non pourvus de troupes françaises où les Français qui y résident pourront être dispensés de la présence effective sous les drapeaux, *B. G.*, p. 1762; *B. C.*, p. 1201.

5 janv. 1907 Arr. Constatation des antécédents judiciaires des jeunes soldats des classes, *B. G.*, p. 18; err., *B. G.*, 1907, p. 94.

10 mai 1907 Circ. Application de l'art. 27 de la loi du 21 mars 1905, *B. G.*, p. 754.

26 juin 1907 Circ. relative à la durée du service effectif des Français et naturalisés Français résidant dans les colonies et pays de protectorat, *B. G.*, p. 814; *B. G.*, E. M., T. C., vol. 2, p. 61.

29 janv. 1908 Arr. Réorganisation du service du recrutement dans le département de la Seine, *B. G.*, p. 197.

19 févr. 1908 Inst. Fonctionnement du service du recrutement dans le département de la Seine, *B. G.*, p. 198.

Recrutement des militaires indigènes.

17 mars 1900 Décr. Recrutement des tirailleurs malgaches, *B. C.*, p. 274.

7 juill. 1900 Loi portant organisation des T. C., art. 16, *B. C.*, p. 594; *B. G.*, E. M., T. C., vol. 1, p. 9.

1er nov. 1904 Décr. Recrutement des militaires indigènes de race annamite au Tonkin et en Annam, *B. C.*, p. 1072; *B. G.*, p. 1595; art. 17, modif. 14 mai 1905, *B. C.*, p. 608; *B. G.*, p. 680; *B. G.*, E. M., T. C., vol. 2, p. 71.

14 nov. 1904 Décr., art. 1 à 10. Recrutement des indigènes en Afrique occidentale, *B. C.*, p. 1092; *B. G.*, p. 1813; *B. G.*, E. M., T. C., vol. 2, p. 77.

Rectifications d'état civil.

6 déc. 1903 Annexe D. Rectification sur les matricules, *B. G.*, vol. spl., T. C., p. 156.

23 déc. 1903 Arr., art. 2. Mention sur les matricules, livrets, relevés de services, etc., *B. G.*, p. 1948; *B. G.*, E. M., vol. 10, p. 58.

Réfectoires.

(Voir : *Ordinaires.*)

5 févr. 1894 Tenue et hygiène des casernements. Installation de réfectoires, *B. G.*, E. R., vol. 62, p. 138; *B. G.*, E. M., vol. 83, p. 203.
11 juin 1905 Dépenses à la charge de la masse générale, *B. G.*, p. 744.

Réflecteur à miroir.

4 août 1894 Déc. Adoption d'un nouveau modèle de réflecteur à miroir destiné à passer rapidement l'inspection des canons de fusil, *B. G.*, p. 299; *B. G.*, E. M., vol. 55-2, p. 97; appliquée aux troupes de la marine par circ. du 22 janvier 1898, *B. M.*, p. 74.

Réforme.

(Voir: *Commissions spéciales de réforme.* — *Conseils d'enquête.* — *Gendarmerie.* — *Gratifications de réforme.* — *Pensions* (2°), 21 novembre 1900 et 31 octobre 1903. — *Pensions de réforme.* — *Solde de réforme.*)

19 mai 1834 Loi sur l'état des officiers, art. 9 à 13, *B. G.*, E. R., vol. 22, p. 101.
10 août 1886 Visite des militaires en vue de la réforme. Transformation des titres de réforme en pension, *B. G.*, E. R., vol. 66, p. 190.
26 août 1888 Note. Observations présentées par le Conseil d'État au sujet des questions à poser aux conseils d'enquête appelés à se prononcer sur la mise en réforme des officiers, *B. G.*, E. R., vol. 22, p. 134.
17 oct. 1890 Circ. Contre-visite à laquelle devront être soumis les militaires qui demandent à contracter un rengagement, *B. G.*, E. M., vol. 83, p. 48.
20 oct. 1892 Service intérieur : Inf., art. 324; Artil., art. 342. Réforme des officiers, *B. G.*, E. R., vol. 78.
28 déc. 1895 Art. 30. Réforme des hommes des réserves, *B. G.*, E. R., vol. 71.
3 juin 1897 Circ. Réforme des militaires atteints d'aliénation mentale, *B. G.*, E. M., vol. 83, p. 373.
1er avril 1898 Loi portant adoption de la réforme temporaire pour les hommes de l'armée active, de la réserve et de la territoriale, *B. G.*, E. R., vol. 68, p. 466.
21 nov. 1900 Circ. relative au maintien sous les drapeaux des militaires libérables proposés pour la réforme n° 1, *B. G.*, p. 1895.
6 juill. 1901 Circ. La réforme des réservistes des T. C. est prononcée dans les mêmes conditions que celle des réservistes des troupes métropolitaines, *B. C.*, p. 695; *B. G.*, p. 218; *B. G.*, vol. spl., T. C., p. 180.
18 déc. 1901 Circ. Application de l'inst. du 6 juillet 1901, *B. G.*, p. 1492; *B. G.*, vol. spl., T. C., p. 267.
6 janv. 1901 Circ. Justifications à produire pour la réforme n° 1 des militaires des T. C., *B. C.*, p. 15.
5 avril 1902 Circ. relative à la réforme définitive ou temporaire des militaires des T. C., *B. G.*, p. 707.
2 mars 1903 Circ. Réforme temporaire ou définitive de tous les hommes reconnus incapables de supporter les fatigues du service militaire, *B. G.*, p. 223.
6 mars 1903 Circ. Réforme sur place des hommes impropres au service, *B. G.*, E. M., vol. 83, p. 375.
28 nov. 1904 Circ. Elimination de l'armée de tous les hommes inaptes à supporter les fatigues du service militaire, *B. G.*, p. 1674.
16 oct. 1905 Circ. Mise en réforme des officiers en non-activité pour infirmités temporaires, *B. G.*, p. 1557.
19 févr. 1906 Inst. sur la réforme des hommes de troupe, *B. G.*, p. 219; err., *B. G.*, p. 903; additions et modif.: art. 45, 46, 53, 60 à 62; 29 mars 1907, *B. G.*, p. 386; complétée, 11 juin 1907, *B. G.*, p. 740; art. 5, modif. 30 novembre 1907, *B. G.*, p. 1707; art. 6, 10, 11, 44 modif. 11 février 1908, *B. G.*, p. 183.

Réforme (*suite*).

Art. 1 - 2. Réforme définitive.
3. Cas de réforme n° 1.
4. Cas de réforme n° 2.
5 à 27. Commissions spéciales de réforme. Composition. Fonctionnement. Attributions.
29 à 33. Attributions des commandants de recrutement.
34. Réforme des insoumis.
41 - 42. Dispositions relatives aux imprimés de congé de réforme n° 1.
43 à 59. Réforme temporaire.
60 - 61. Classement dans les services auxiliaires.

20 mars 1906 Circ. Réforme des sous-officiers qui ne sont pas admis à se rengager, *B. G.*, p. 386.

20 sept. 1906 Inst. Mise en réforme définitive ou temporaire des hommes de troupe appartenant à des corps stationnés aux colonies. Siège des commissions. Composition. Fonctionnement, *B. G.*, p. 1268; modif. 20 novembre 1906, *B. G.*, p. 1538.

28 nov. 1906 Circ. Théories à faire aux hommes sur les formalités à accomplir en vue d'une présentation devant la commission de réforme, *B. G.*, p. 1532.

29 mars 1907 Circ. Interprétation de l'inst. du 19 février 1906 au sujet des engagés volontaires classés dans le service auxiliaire par application de l'art. 61 de l'inst. du 19 février 1906 et des gradés devenus impropres au service armé, *B. G.*, p. 389.

10 févr. 1908 Service courant, art. 254, 255. Proposition des officiers pour la réforme, *B. G.*, E. M., vol. 74.

Réforme des chevaux.

(Voir : *Remonte.*)

10 févr. 1908 Service courant, art. 75 et 76, *B. G.*, E. M., vol. 74.

Réforme du matériel.

(Voir : *Comptabilité-matières.*)

8 févr. 1907 Inst., art. 30 et 31. Réforme du matériel du service du chauffage et de l'éclairage, *B. G.*, E. M., vol. 5, p. 127.

Refus de denrées.

20 oct. 1892 Service intérieur, *B. G.*, E. R., vol. 78.
Inf., art. 382 à 385; Artil., art. 400 à 403. Refus de denrées des subsistances.
Inf., art. 397; Artil., art. 416. Refus de denrées d'ordinaires et *B. G.*, E. M., vol. 7.

27 sept. 1902 Circ. Application aux colonies des décrets du 20 octobre 1892. Composition des commissions d'examen des denrées refusées par les corps de troupe, *B. C.*, p. 965.

Refus d'informer.

23 déc. 1903 Arr., art. 19. Non-inscription sur les matricules, sauf pour les déserteurs et insoumis, *B. G.*, E. M., vol. 10, p. 64.

Régime alimentaire des hôpitaux.

(Voir : *Service de santé en campagne.*)

10 mars 1897 Régime alimentaire des hôpitaux coloniaux, *B. C.*, p. 370; modif. 22 décembre 1897 (régime des malades, officiers; ration de vin de 75 cl. aux infirmiers), *B. C.*, p. 1226, et 25 octobre 1898 (régime alimentaire des religieuses), *B. C.*, p. 721.

Régime financier des colonies.

(Voir : *Comptabilité-finances.*)

20 nov. 1882 Décret sur le régime financier des colonies, *B. M.*, p. 856.

12 déc. 1882 Inst. pour l'application du décret du 20 novembre 1882, *B. M.*, p. 842.

16 mai 1891 Décret modifiant l'art. 6 du décret du 20 novembre 1882. Crédits provisoires, *B. C.*, p. 395; et circ. du 23 mai 1891, *B. C.*, p. 393 et 31 janvier 1898, *B. C.*, p. 30.

13 avril 1900 Loi de finances, art. 33. Les dépenses civiles et de la gendarmerie sont supportées par les budgets locaux. Subventions. Contingents pour les dépenses militaires, *B. C.*, p. 314.

31 mai 1902 Décret fixant le maximum des caisses de réserve des colonies, *B. C.*, p. 521.

6 oct. 1902 Décrét fixant le maximum de la caisse de réserve de la Guinée, *B. C.*, p. 1031.

22 déc. 1902 Décret modifiant l'art. 155 du décret du 20 novembre 1882. Mode de nomination des trésoriers-payeurs et des trésoriers particuliers, *B. C.*, 1903, p. 5.

19 oct. 1903 Décret modifiant l'art. 160. Paiement aux illettrés, *B. C.*, p. 879.

30 déc. 1903 Loi de finances, art. 23. Mise à la charge des budgets locaux des frais des missions d'inspection, *B. C.*, p. 1261.

8 déc. 1904 Décret modifiant l'art. 100. Placement des fonds de réserve, *B. C.*, p, 1240.

4 août 1906 Décret fixant le maximum des caisses de réserve du Congo français, *B. C.*, p. 754.

30 janv. 1907 Loi de finances, art. 40. Les comptes définitifs des colonies dont les emprunts sont garantis par l'Etat seront soumis, chaque année, à l'approbation des Chambres, *B. C.*, p. 44.

Registres.

(Voir : *Centralisation des corps de troupe.* — *Matricules.*)

22 juin 1847 Ord., art. 678 à 699. Registre à tenir dans les corps de troupe ou fractions de corps aux colonies, vol. spl.

15 mars 1862 Circ. Registre matricule des chevaux aux colonies, *B. M.*, p. 272; *B. M.* R., p. 252.

15 déc. 1884 Circ. Tenue du registre des punitions des unités détachées, *B. G.*, E. R., vol. 78, p. 670.

25 nov. 1889 Service de santé à l'intérieur, annexe 10, *B. G.*, E. M., vol. 80, p. 321.

20 oct. 1892 Service intérieur, *B. G.*, E. R., vol. 78.

Inf., art. 16. Artil., art. 17. Registre des conférences régimentaires. } tenus par le lieut.-colonel.
Inf., art. 16. Artil., art. 17. Registre d'ordres...... }

Inf., art. 138. Artil., art. 143. Registre des punitions et registres tenus par le sergent-major.

28 déc. 1895 Art. 55. Registre d'effectif des hommes des réserves, *B. G.*, E. R., vol. 71.

29 juin 1898 Inst. relative à la tenue d'un registre médical du casernement, *B. G.*, E. M., vol. 83, p. 206.

22 août 1899 Registres à tenir par l'officier d'approvisionnement, *B. G.*, E. R., vol. 95.

6 déc. 1903 Art. 114, 115, 117, à 120. Registres tenus dans les corps, *B. G.*, vol. spl., T. C., p. 42.

Annexe D. Instruction pour la tenue des registres (France), *B. G.*, vol. spl., T. C., p. 155; modif. 20 septembre 1906, *B. G.*, p. 1632.

Registre des délibérations.
— de fonds divers.
— de route.
— de correspondance.
— journal des recettes et des dépenses.
— de centralisation.
— des distributions de vivres et de fourrages.
— des comptes courants avec le trésorier.
— de comptes courants du trésorier avec les unités.
— des entrées et des sorties du matériel des masses.
— des entrées et des sorties du matériel de la masse individuelle.

Registres (*suite*).

Registre général des distributions et réintégrations de la masse individuelle.
— des comptes ouverts avec les maîtres ouvriers.

Annexe F. Achat au compte de la masse générale, *B. G.*, vol. spl., T. C., p. 225 et suiv.

Registre des vaguemestres.
— des conférences.
— du personnel des officiers en campagne.
— des entrées après l'appel du soir et des punis.

23 déc. 1903 Arr. Inscriptions à porter sur les registres matricules, *B. G.*, E. M., vol. 10, p. 57.

22 avril 1905 Registre concernant les ordinaires, *B. G.*, E. M., vol. 7, p. 35.

16 févr. 1906 Circ. Emploi d'un nouveau modèle de registre matricule pour le recrutement, *B. G.*, p. 182; *B. G.*, E. M., vol. 10, p. 133, modif. 19 mai 1908, *B. G.*, p. 780, et 28 décembre 1895, art. 18 et 24, *B. G.*, E. M., vol. 71; 21 mars 1905, art. 31, *B. C.*, p. 359; *B. G.*, p. 263; *B. G.*, E. M., vol. 68-1, p. 18; 8 décembre 1899, *B. G.*, E. M., vol. 10, p. 138; versement annuel aux archives de la guerre; modèle, *B. G.*, E. M., vol. 10, p. 133.

15 sept. 1906 Inst. pour la tenue des registres et livrets matricules, *B. G.*, E. M., vol. 10, p. 75.

27 nov. 1906 Inst., art. 56. Registre des trop ou moins-perçus au titre des indemnités de route et de séjour, *B. C.*, p. 1094.

Réhabilitation.

(Voir : *Casier judiciaire.*)

14 août 1885 Loi sur les moyens de prévenir la récidive. Libération conditionnelle. Réhabilitation, *B. M.*, p. 815.

14 oct. 1885 Circ. (justice). Inst. concernant la loi du 14 août 1885, *B. M.*, 1er sem. 1886, p. 38.

13 mars 1900 Circ. Tenue des matricules et livrets des militaires ayant subi des condamnations effacées par la réhabilitation de droit, *B. G.*, E. M., vol. 59-2, p. 37.

19 mai 1900 Circ. (marine). Dispositions à prendre en vue d'assurer sur les documents d'ordre militaire les effets de la réhabilitation de droit instituée par la loi du 5 août 1899, *B. C.*, p. 483.

19 sept. 1900 Circ. Le principe institué par la loi du 5 août 1899 ne s'applique pas aux punitions disciplinaires, *B. M.*, p. 615.

5 mars 1906 Circ. Communication aux parquets civils des dossiers des procédures suivies devant les conseils de guerre lorsqu'il est procédé à l'instruction des demandes en réhabilitation, *B. G.*, p. 314.

Rejet de paiement.

4 janv. 1869 Règl. financier (colonies), art. 169. Rejet de paiement par la Cour des comptes, vol. spl.

3 avril 1869 Règl. financier (guerre), art. 195. Rejet de paiement par la Cour des comptes, *B. G.*, E. M., vol. 24, p. 92.

0 nov. 1882 Régime financier des colonies, art. 164. Recours en cas de rejet de paiement par la Cour des comptes, *B. M.*, p. 898.

Relégation.

7 mai 1885 Loi sur les récidivistes, *B. M.*, p. 278; *B. G.*, E. M., vol. 59-4, p. 85.

0 juill. 1906 Décret appliquant aux relégués individuels comme aux relégués collectifs le décret du 28 décembre 1900 relatif aux hommes exclus de l'armée, *B. G.*, p. 887.

Relève.

(Voir : *Tour de service colonial.*)

4 mars 1895 Circ. Relève des détachements stationnés à Tahiti, *B. M.*, p. 368; *B. C.*, p. 246.

20 janv. 1898 Circ. Envoi au chef du service colonial du port d'embarquement d'un état nominatif des militaires composant les détachements de relève, *B. M.*, p. 68.

10 juin 1904 Inst. Dates de départ des détachements de relève pour l'Indo-Chine, l'Afrique occidentale et Madagascar, *B. C.*, p. 647; modif. 4 décembre 1907, *B. G.*, p. 1771.

18 avril 1905 Circ. Remplacement aux colonies du personnel des T. C. employé hors cadre et ayant terminé sa période de séjour et circ. (guerre) du 29 juin 1905, *B. G.*, p. 1054.

20 mars 1906 Circ. Relève du personnel de l'artillerie coloniale en service aux colonies, *B. G.*, p. 399.

11 déc. 1906 Inst. sur la relève, par les soins de l'Afrique occidentale française, des Sénégalais en service à Madagascar et au Congo français, *B. G.*, p. 1689; *B. C.*, p. 1142.

Relevés de mandats.

(Voir : *Abondements.*)

25 oct. 1895 Circ. Production des relevés de mandats mensuels, *B. C.*, p. 809.

7 déc. 1896 Circ. Production des relevés de mandats et des états de mandats par les ordonnateurs secondaires de la métropole, *B. C.*, p. 715.

7 déc. 1896 Circ. Production des relevés de mandats mensuels pour tous les chapitres du budget par les ordonnateurs secondaires des colonies. Instructions pour l'établissement. Suppression des relevés trimestriels, *B. C.*, p. 716.

5 déc. 1901 Circ. Les relevés de mandats doivent être adressés au département des colonies sous le timbre des bureaux administrateurs des crédits, *B. C.*, p. 1114.

26 mai 1904 Décret sur la solde et les revues des T. C. en France, art. 72. Etablissement des relevés trimestriels de mandats, *B. G.*, vol. spl., T. C., p. 102.

Relevé des punitions.

(Voir : *Punitions.*)

Remise de décorations.

10 mai 1886 Décret réglant le cérémonial à observer pour la remise de leurs insignes aux militaires nommés ou promus dans la Légion d'honneur, et aux nouveaux décorés de la médaille militaire ou de la médaille d'honneur, *B. M.*, 2e sem., p. 44; *B. G.*, E. R., vol. 78, p. 173.

20 oct. 1892 Service intérieur, Inf., art. 228; Artil., art. 263, *B. G.*, E. R., vol. 78.

Remise volontaire de grade.

(Voir : *Rétrogradation.*)

Remontage des brodequins.

30 sept. 1891 Inst. sur le remontage des brodequins de troupe, *B. G.*, E. R., vol. 4, p. 36; appliqué aux troupes de la marine, circ. des 11 décembre 1891, *B. M.*, p. 839, et 4 février 1895, *B. M.*, p. 117.

Remonte.

(Voir : *Masse de remonte.*)

1° *Dispositions générales.*

1er déc. 1886 Note prescrivant la préparation au trait des chevaux de cavalerie à proposer pour la réforme, *B. C.*, 1895, p. 494; *J. M.*, p. 1059; appliqué aux colonies par circ. du 31 mai 1895, *B. C.*, p. 494.

20 oct. 1892 Service intérieur, Artil., art. 105. Répartition des chevaux, *B. G.*, E. R., vol. 78.

14 déc. 1894 Dénomination des chevaux de troupe de l'artillerie, *B. G.*, E. R., vol. 63, p. 192; appliqué à l'artillerie de marine par circ. du 19 février 1895, *B. M.*, p. 305; *B. C.*, p. 150.

2° *Dispositions particulières à la métropole.*

14 août 1896 Décret. Remonte des officiers et assimilés de tous grades et de toutes armes, *B. G.*, E. R., vol. 69, p. 160; modif. 1er novembre 1899, *B. G.*, p. 160; 5 septembre 1901, *B. G.*, p. 798; 4 juin 1903, *B. G.*, p. 858; 26 mars 1904, *B. G.*, p. 402; 8 février 1907, *B. G.*, p. 141.

14 août 1897 Décret. Modification à la remonte des capitaines d'infanterie, *B. G.*, E. R., vol. 69, p. 207; et circ. du 21 août 1897, *B. G.*, E. R., vol. 69, p. 208.

6 oct. 1897 Circ. Application aux médecins des corps d'infanterie de la circ. du 21 août 1897, *B. G.*, E. R., vol. 69, p. 208.

7 juin 1901 Circ. Application aux officiers généraux et supérieurs des T. C. du décret du 14 août 1896, relatif à la remonte par abonnement, *B. G.*, 2e sem., p. 134; *B. G.*, vol. spl., T. C., p. 161.

23 avril 1904 Remonte des officiers des T. C. rattachés au ministère de la guerre, à partir du 1er janvier 1904, *B. G.*, p. 479.

3 mai 1906 Circ. Décompte des versements effectués par les officiers remontés au titre de l'abonnement, *B. G.*, p. 643.

8 oct. 1906 Circ. Remonte des officiers du service d'état-major, *B. G.*, p. 1329; err., *B. G.*, 1906, p. 1421.

21 avril 1907 Décret fixant le nombre de chevaux dont les officiers, assimilés et employés militaires de tous grades doivent être pourvus en temps de paix, *B. G.*, p. 463; err., *B. G.*, p. 375.

13 sept. 1907 Circ. Envoi des procès-verbaux concernant le passage au titre onéreux des chevaux précédemment détenus au titre de l'abonnement, *B. G.*, p. 1403.

21 déc. 1907 Circ. Classement à assigner aux réceptions de versement au Trésor de la valeur des chevaux cédés à titre onéreux par le service de la remonte, *B. G.*, p. 1939.

31 janv. 1908 Circ. relative à l'établissement des procès-verbaux concernant les cessions de chevaux aux officiers des T. C. et à l'évaluation du prix des chevaux rétrocédés par le service des T. C. au service de la remonte des T. M., *B. G.*, p. 119.

10 févr. 1908 Service courant, art. 74 à 88; art. 89 et 90. Dispositions spéciales aux T. C., *B. G.*, E. M., vol. 74.

3° *Dispositions spéciales aux colonies.*

8 févr. 1904 Circ. Nombre de chevaux auxquels ont droit les officiers ou assimilés de tous grades en service aux colonies suivant leur position, *B. C.*, p. 148.

3 août 1904 Décret. Organisation du service de la remonte aux colonies, *B. C.*, p. 926.

3 août 1904 Inst. sur le service de la remonte aux colonies, *B. C.*, p. 936.

Art. 1 - 2.	Effectifs à entretenir.
3.	Mode de remonte des corps.
4 à 7.	Achats directs par les corps. Commissions de remonte.
8 à 14.	Envois d'animaux de la métropole.
15 - 16.	Remonte des corps par l'intermédiaire des dépôts.
17.	Réforme des animaux dans les corps.
18 à 20.	Dépôts de remonte. But. Personnel. Administration.
21 à 23.	Comités d'achat et comités éventuels.
24.	Tournées des comités d'achat.
25.	Opérations des comités.
26.	Taille et âge des chevaux.
27.	Achat.
28 - 29.	Marquage. Réception. Immatriculation.
30 - 31.	Achats pour le compte des corps.

Remonte (*suite*).

Art. 32. Immatriculation au corps.
33. Achats des comités éventuels.
34. Frais de déplacement du personnel des comités d'achat.
35. Rapport annuel des comités d'achat.
36. Réforme des chevaux des dépôts.
37. Vente.
38 à 44. Masse de remonte.

3 août 1904 Décret. Remonte des officiers de tous grades et assimilés en service aux colonies, *B. C.*, p. 928.

Art 1 - 2. Droit des officiers à la remonte.
3. Remonte à titre onéreux.
4. Remonte à titre gratuit.
5. Choix des montures.
6 à 8. Livraison des chevaux.
9. Surveillance des chevaux.
10 - 11. Responsabilité des détenteurs.
12 à 15. Réintégration des animaux.
16 à 18. Rétrocession.
19. Echanges.
20. Cessions de gré à gré (officiers généraux).
21. Changement de position des officiers.
22. Officiers en congé.
23 à 26. Entretien des chevaux des officiers. Logement. Nourriture. Ferrure. Tonte. Infirmerie.

10 sept. 1904 Circ. Application des décrets et de l'instruction du 3 août 1904, *B. C.*, p. 922.

7 oct. 1905 Circ. Cession aux corps et services des animaux devenus inaptes au service des régiments d'artillerie, *B. C.*, p. 1082.

30 déc. 1907 Circ. Livraisons de chevaux à des corps de troupe par le dépôt de remonte, *B. C.*, p. 842.

Rengagements.

(Voir : *Armuriers de la marine. — Commissionnés. — Conseils de régiment. — Engagements et rengagements. — Gratification annuelle aux rengagés. — Haute paye. — Indemnité de logement. — Primes de rengagement. — Rengagés. — Tirailleurs malgaches.*)

18 nov. 1899 Circ. Destination à donner aux rengagés au titre de l'artillerie coloniale provenant de l'armée de terre, *B. G.*, E. R., vol. 68, p. 574.

28 mai 1900 Circ. Application de la loi du 6 février 1897 sur le rengagement des sous-officiers. Dixièmes de prime. Rengagements d'un an. Gratification trimestrielle. — Application de la circ. (guerre) du 28 août 1897, *B. C.*, 1900, p. 438 — *B. C.*, p. 437.

2 août 1901 Circ. Instruction des demandes de rengagement des militaires des T. C. comptant plus de douze ans de service. Décision du Ministre en cas de refus du chef de corps, *B. G.*, p. 582; *B. G.*, E. M., T. C., vol. 2, p. 56.

20 mars 1902 Circ. Dispositions concernant les jeunes gens originaires de la Réunion qui contractent un rengagement dans les T. C., *B. C.*, p. 262; *B. G.*, p. 340; *B. G.*, E. M., T. C., vol. 2, p. 57.

28 nov. 1902 Circ. Rengagements contractés pour les régiments d'infanterie coloniale stationnés dans le gouvernement militaire de Paris, *B. G.*, p. 2318.

3 déc. 1902 Circ. Rengagement des militaires des troupes métropolitaines détachés aux colonies en dehors des corps de troupe de leur arme, *B. G.*, p. 2388.

4 mai 1903 Circ. Rengagement dans les T. C. des hommes sortant des compagnies de discipline et munis d'une attestation de repentir, *B. G.*, p. 646.

19 mars 1904 Décret autorisant le rengagement par procuration des militaires français des troupes coloniales et des militaires des régiments étrangers en garnison aux colonies, *B. C.*, p. 263; *B. G.*, p. 417; *B. G.*, E. M., T. C., vol. 2, p. 51.

30 juill. 1904 Circ. Tenue d'un registre à souche des autorisations d'engagement et de rengagement données par les chefs de corps, *B. G.*, p. 1257; modèle, *B. G.*, p. 1325.

Rengagements (*suite*).

1er nov. 1904 Décret. Mode de recrutement des militaires indigènes de race annamite au Tonkin et en Annam, art. 14 à 16. Rengagements, *B. C.*, p. 1072; *B. G.*, p. 1598; *B. G.*, E. M., T. C., vol. 2, p. 74.

14 nov. 1904 Décret, art. 1 et 2. Durée des rengagements des militaires indigènes en Afrique occidentale. Paiement des primes, *B. C.*, p. 1092; *B. G.*, p. 1814; *B. G.*, E. M, T. C., vol. 2, p. 77.

21 mars 1905 Loi sur le recrutement, art. 54 à 58, art. 61-63, *B. C.*, p. 359; *B. G.*, p. 263; *B. G.*, E. M., vol. 68-1, p. 30 et suiv.; modif. 10 juillet 1907, *B. G.*, p. 874.

22 mars 1905 Circ. relative au consentement du chef de corps pour les rengagements dans les T. C. Cette pièce est indépendante de l'autorisation prévue par la circ. du 30 juillet 1904 *B. G.*, p. 365.

26 juin 1905 Inst. relative au rengagement des sous-officiers, caporaux, brigadiers et soldats dans les troupes métropolitaines (art. 23, rengagements aux colonies), *B. G.*, p. 943; addition, § 8 et 24, 19 août 1905, *B. G.*, p. 1238; err., *B. G.*, 1905, p. 1459; complétée 8 décembre 1905, *B. G.*, p. 1783; modif. 9 décembre 1905, *B. G.*, p. 1787; modif. art. 21 et circ. 9 décembre 1905, 29 avril 1906, *B. G.*, p. 564; inst. et circ. du 8 décembre 1905, modif. 10 août 1906, *B. G.*, p. 1103; art. 15 nouveau, 5 août 1907, *B. G.*, p. 1075; addition 11 décembre 1907, *B. G.*, p. 1761.

25 août 1905 Décr. relatif aux engagements et rengagements dans les troupes coloniales, *B. C.*, p. 916; *B. G.*, p. 1395; modif. 21 juin 1906, *B. G.*, p. 845; *B. C.*, p. 598; *B. G.*, E. M., T. C., vol. 2, p. 5; art. 3, modif. 28 septembre 1907, *B. G.*, p. 1595.

Art. 1 à 5. Dispositions générales. Nature des rengagements, err., art. 1er, *B. G.*, 1906, p. 520.
14 à 27. Rengagements.
28. Commissions.
29. Avantages pécuniaires.

Modèles. 2. Certificat d'aptitude.
3. Certificat de bonnes vie et mœurs.
4. Attestation.
5. Consentement du chef de corps.
6. Acte de rengagement, err., *B. G.*, 1906, p. 520.

24 déc. 1905 Circ. Les sous-officiers élèves officiers ne peuvent se rengager que pour un an pendant leur séjour dans les écoles militaires, *B. G.*, p. 1842.

4 juill. 1906 Circ. Rengagements dans les troupes coloniales aux colonies, *B. G.*, p. 870; *B. G.*, E. M., T. C., vol. 2, p. 26.

14 août 1906 Circ. Mesures à prendre pour reconnaître les militaires renvoyés pour inconduite des troupes coloniales et de la légion étrangère (application du décret du 14 août 1906, *B. G.*, p. 1115), *B. G.*, p. 1120.

22 oct. 1906 Solution à des questions relatives à l'application de l'erratum au décret du 25 août 1905 et du décret du 20 septembre 1906 en ce qui concerne la transformation des rengagements résiliables en contrats à terme fixe, *B. G.*, p. 1387; *B. G.*, E. M., T. C., vol. 2, p. 28.

Rengagés.

23 févr. 1886 Décr. accordant de nouveaux avantages aux sous-officiers rengagés, *B. G.*, E. R., vol. 78, p. 653.

12 janv. 1895 Circ. Egards dus aux sous-officiers rengagés, *B. G.*, E. R., vol. 78, p. 655; appliquée aux troupes de la marine, 25 février 1895, *B. M.*, p. 364; *B. C.*, p. 244.

24 oct. 1905 Circ. Avantages matériels et moraux attribués aux militaires rengagés (sous-officiers, caporaux, brigadiers et soldats). Allocations. Logement. Ameublement. Tenue. Permissions, etc., *B. G.*, p. 1673; interprétation (tenue), 3 mars 1906, *B. G.*, p. 312; addition 22 mai 1907, *B. G.*, p. 657.

Réparations locatives.

16 oct. 1903 Règl. sur le casernement aux colonies, art. 98 à 110. Entretien du casernement par les corps ou services occupants. Allocation pour réparations locatives et entretien du mobilier de casernement, *B. C.*, vol. spl., p. 919.

Réparations locatives (*suite*).

Notice 3. Nomenclature des travaux de réparation et d'entretien qui sont exécutés par les corps au compte de l'allocation pour réparations locatives.
Notice 4. Ecritures à tenir pour l'exécution du service et la comptabilité de l'allocation pour réparations locatives.
Notice 5. Inst. technique sur l'exécution des travaux de réparation et d'entretien du casernement par les corps ou services occupants.
18 janv. 1907 Décret créant une masse de casernement aux colonies, art. 1, *B. C.*, p. 13, et inst. du 20 janvier 1907, *B. C.*, n° 1 *bis*.

Répertoire des décédés et de leurs successions.

1er mai 1906 Inst. sur les successions des militaires aux colonies, art. 6, *B. C.*, p. 424.

Répertoire par classe de mobilisation.

28 déc. 1895 Art. 56 à 63. Répertoire des disponibles, des réservistes et des hommes de l'armée territoriale, *B. G.*, E. R., vol. 71.

Repos hebdomadaire.

20 oct. 1892 Décr. sur le service intérieur : Inf., art. 284; Artil., art. 301, *B. G.*, E. R., vol. 78.
13 juill. 1906 Loi sur le repos hebdomadaire, *B. G.* 1908, p. 569.
24 août 1906 } Décrets sur le contrôle de l'application de la loi du 13 juillet 1906, *B. G.*,
13 juill. 1907 } 1908, p. 574.
16 mars 1907 Circ. Application de la loi du 13 juillet 1906 dans les cantines régimentaires, *B. G.*, p. 303; addition 21 août 1907, *B. G.*, p. 1196.
21 mai 1907 Circ. relative au repos du dimanche, *B. G.*, p. 621.
14 août 1907 Décret complétant la nomenclature des établissements admis à donner le repos hebdomadaire par roulement, *B. G.* 1908, p. 577.
16 mars 1908 Décret déterminant la nomenclature des catégories d'établissements admis à bénéficier des dérogations de l'art. 6 de la loi du 13 juillet 1906 en ce qui concerne les femmes et les enfants, *B. G.*, p. 596.

Réquisitions.

3 juill. 1877 Loi relative aux réquisitions militaires, *B. M.*, p. 282; *B. M.*, R., p. 247; *B. C.*, 1893, p. 721; *B. G.*, E. R., vol. 70, p. 3; modif. 17 avril 1901, *B. G.*, p. 585; 27 mars 1906, *B. G.*, p. 1185.
2 août 1877 Décr. pour l'exécution de la loi du 3 juillet 1877, *B. M.*, p. 300; *B. M.*, R., p. 273; *B. C.*, 1893, p. 736; *B. G.*, E. R., vol. 70, p. 17; modif. 24 décembre 1901, *B. G.*, 1er sem., 1902, p. 435; art. 108 et 110, décret 28 août 1907, *B. G.*, p. 1352, modif. 13 novembre 1907, *B. G.*, p. 1681.
9 avril 1878 Décr. désignant les catégories d'exemption à établir en exécution du titre 8 de la loi du 3 juillet 1877, *B. M.*, p. 902; *B. M.*, R., p. 390; *B. G.*, E. R., vol. 70, p. 53; modif. 20 septembre 1901, *B. G.*, p. 898; 7 juin 1902, *B. G.*, p. 1343.
17 sept. 1893 Décr. appliquant aux colonies la loi du 3 juillet 1877, *B. C.*, p. 720.
28 mai 1895 Service en campagne, art. 104 et suiv., *B. G.*, E. M., vol. 76.
8 mai 1900 Décr. concernant l'exercice du droit de réquisition pour le service de l'armée de mer, *B. C.*, p. 981, et circ. du 8 novembre 1900, *B. C.*, p. 979.
2 avril 1903 Circ. Réquisition des navires par les administrations coloniales, *B. C.*, p. 277.

30 juill. 1903 Inst., art. 137 *ter*, § 3. Exemption du timbre et des frais d'enregistrement des pièces relatives aux réquisitions militaires conformément à la loi du 18 décembre 1878, *B. G.*, E. M., vol. 24, p. 140.

Réquisitions de paiement.

(Voir : *Comptabilité-finances.*)

14 janv. 1869 Règl. financier (colonies), vol. spl.

Réquisitions de paiement (*suite*).

Art. 103. Réquisitions de paiement pour le service de la solde.
154. Réquisitions en cas de refus de paiement par un comptable.

3 avril 1869 Règl. financier (guerre).

Art. 31. Paiement sur réquisition des achats par anticipation pour le service des subsistances.
128. Réquisitions de paiement pour le service de la solde.
182. Réquisitions en cas de refus de paiement par un payeur, et inst. du 30 juillet 1903, *B. G.*, E. M., vol. 24.

3 mai 1907 Circ. Exercice du droit de réquisition pour le paiement d'allocations de masse ou de premières mises d'équipement et de harnachement, imputables sur les fonds de la solde, *B. G.*, p. 497.

Réserves.

(Voir : *Instruction. — Revues d'appel.*)

19 juill. 1894 Décr. Les sous-officiers des T. C. jouissant des pensions de retraite prévues par la loi du 18 mars 1889 sont pendant cinq ans à la disposition du Ministre, *B. C.*, p. 599; *B. M.*, p. 285, et circ. du 27 août 1894, *B. M.*, p. 283, et 16 décembre 1897, *B. M.*, p. 702.

28 déc. 1895 Inst. sur l'administration des hommes des différentes catégories de réserve dans leurs foyers, *B. M.*, 1896, p. 316; *B. G.*, E. R., vol. 71, p. 23; modifiée 26 juillet 1900, *B. G.*, p. 1107; art. 96, 8 janvier 1901, *B. G.*, p. 40; art. 128 à 130, 21 février 1901, *B. G.*, p. 249; art. 220, 21 mars 1901, *B. G.*, p. 440; 25 mars 1901, *B. G.*, p. 487; 15 mai 1901, *B. G.*, p. 776; art. 220, 21 juin 1901, *B. G.*, 2e sem., p. 136; 16 juillet 1901, *B. G.*, p. 352; art. 77, 14 septembre 1901, *B. G.*, p. 817; art. 81, 342, 47, 113, 118 et mod. 19 octobre 1901, *B. G.*, p. 983; art. 33 et 219, 10 janvier 1902, *B. G.*, p. 35; art. 205, 18 février 1902, *B. G.*, p. 203; mod. 52 et 60, 22 avril 1902, *B. G.*, p. 708; art. 234, 1er mai 1902, *B. G.*, p. 767; art. 20 et 84 (affectation des réservistes provenant des régiments étrangers), 11 septembre 1902, *B. G.*, p. 1833; art. 134, 2 octobre 1902, *B. G.*, p. 1931; chapitre XIII, refondu, 1er octobre 1902 (voir : Non disponibles); art. 205, 10 octobre 1902, *B. G.*, p. 1961; art. 77, 24 octobre 1902, *B. G.*, p. 2077; art. 84 (affectation des réservistes provenant des régiments étrangers), 16 novembre 1902, *B. G.*, p. 2179; art. 96 (affectation en cas de mobilisation des hommes en résidence dans certaines colonies), 8 février 1903, *B. G.*, p. 93; 21 février 1903, *B. G.*, p. 185; 30 avril 1903, chapitre XVIII, refondu, *B. G.*, p. 723; 9 mai 1903, *B. G.*, p. 666; art. 96, 27 mai 1903, *B. G.*, p. 738; art. 180 (prolongation du sursis d'appel accordé à la mobilisation aux ouvriers des exploitations houillères), 19 avril 1904, *B. G.*, p. 466; art. 96, 174, 217, 4 octobre 1904, *B. G.*, p. 1517; art. 149, 156, 31 janvier 1905, *B. G.*, p. 1517; art. 138 et tableau B, 8 août 1905, *B. G.*, p. 1234; art. 205 (dispenses d'office de périodes d'instruction), 6 janvier 1906, *B. G.*, p. 9; instruction du 7 avril 1906 pour la mise en harmonie de l'inst. du 28 décembre 1895 avec la loi du 21 mars 1905; art. 199, modif. 10 octobre 1906, *B. G.*, p. 1336. Inst. du 7 avril 1906, modif. 20 novembre 1906, *B. G.*, p. 1444; 14 mai 1907, art. 28, *B. G.*, p. 558; 8 septembre 1907, *B. G.*, p. 1425; 23 septembre 1907, *B. G.*, p. 1458; art. 242, 243, 251; 11 janvier 1908, *B. G.*, p. 20; 19 février 1908, *B. G.*, p. 203.

21 déc. 1897 Circ. Application aux colonies de l'inst. du 28 décembre 1895, *B. M.*, p. 817; *B. C.*, p. 1239.

23 avril 1900 Circ. Les gardes stagiaires d'artillerie et les ouvriers d'Etat retraités d'après la loi du 18 mars 1889 restent à la disposition du Ministre pendant cinq ans, *B. M.*, p. 712.

7 juill. 1900 Loi, art. 17. Emploi des réservistes des troupes coloniales, *B. C.*, p. 594; *B. G.*, E. M., T. C., vol. 1, p. 9.

26 févr. 1901 Circ. Les demandes de dispense formulées par les réservistes des T. C. dans leurs foyers sont instruites comme pour les T. M., conformément à l'art. 343 de l'inst. du 28 décembre 1895, *B. G.*, p. 268; addition, 23 avril 1901, *B. G.*, p. 629.

20 mars 1901 Inst. relative à l'emploi d'un ordre d'appel formant carte postale pour les convocations des hommes des différentes réserves, *B. G.*, p. 594.

29 juill. 1901 Circ. Les stagiaires et ouvriers d'Etat d'artillerie coloniale démissionnaires sont affectés à un régiment d'artillerie coloniale avec le grade d'adjudant, *B. G.*, p. 540; *B. G.*, E. M., T. C., vol. 1, p. 119.

Réserves (*suite*).

3 avril 1902 Circ. Envoi au Département des colonies de l'état numérique des hommes des différentes catégories de réserve et des officiers de réserve et de l'armée territoriale, *B. C.*, p. 347.

26 mai 1904 Inst. pour l'établissement des livrets individuels et des fascicules de mobilisation et la remise de ces documents aux hommes des différentes catégories de réserves, *B. G.*, p. 675.

4 oct. 1904 Circ. Périodes à accomplir par les hommes des réserves rentrant des colonies ou de l'étranger, ou rayés des contrôles de la non-affectation ou de la non-disponibilité, *B. G.*, p. 1517; *B. C.*, p. 1082, et circ. (colonies), du 4 novembre 1904, *B. C.*, p. 1081.

15 mai 1906 Circ. Proportion des ajournements à accorder aux réservistes et territoriaux, *B. G.*, p. 611.

23 janv. 1907 Circ. concernant les hommes des réserves disposés d'office d'une période d'instruction, *B. G.*, p. 79, complétée 2 mars 1907, *B. G.*, p. 213.

Réserve de guerre.

(Voir : *Approvisionnements de guerre. — Comptabilité matières* (guerre).

6 déc. 1903 Art. 225 et 226. Matériel de la réserve de guerre confié aux corps des T. C. en France, *B. G.*, vol. spl., T. C., p. 95.

6 août 1906 Inst. Mesures à prendre comme conséquence de la remise au service de l'intendance militaire des approvisionnements de réserve des T. C., *B. G.*, p. 1205; modif. 28 février 1907, *B. G.*, p. 211.

12 avril 1907 Circ. Emmagasinement du matériel de la réserve de guerre, *B. G.*, p. 442.

Réserves indigènes.

7 juill. 1900 Loi organisant les troupes coloniales, art. 18, *B. C.*, p. 594; *B. G.*, E. M., T. C., vol. 1, p. 9.

24 sept. 1903 Décr. Organisation à Madagascar, *B. C.*, p. 864; *B. G.*, p. 1465; *B. G.*, E. M., T. C., vol. 2, p. 65.

1er nov. 1904 Décr. Organisation en Indo-Chine, *B. C.*, p. 1077; *B. G.*, p. 1591; modif. art. 2, 21 juin 1906, *B. G.*, p. 848; *B. C.*, p. 603; *B. G.*, E. M., T. C., vol. 2, p. 67.

14 nov. 1904 Décr., art. 11 à 18. Organisation en Afrique occidentale, *B. C.*, p 1092; *B. G.*, p. 1813; modif. art. 13, 21 juin 1906, *B. G.*, p. 850, *B. C.*, p. 601; err., *B. G.*, p. 1160; *B. C.*, p. 733; *B. G.*, E. M., T. C., vol. 2, p. 76.

Résidence libre.

9 févr. 1902 Décr. relatif aux congés et permissions, art. 63 à 65, *B. G.*, p. 181; *B. G.*, E. M., vol. 86, p. 20.

29 déc. 1903 Décr. sur la solde (colonies), art. 7, *B. C.*, p. 1904, p. 371.

26 mai 1904 Décr. sur la solde (France), art. 7 et art. 10, position 18, *B. C.*, vol. spl., T. C., p. 6 et 18.

Responsabilité.

22 juin 1847 Ord., vol. spl. Art. 611 à 613, des conseils d'administration; art. 614, du président; art. 626, du major; art. 638, du trésorier; art. 648, de l'officier d'habillement; art. 649, des officiers payeurs et officiers chargés de l'habillement; art. 650, des commandants de corps ou de portions de corps n'ayant pas de conseil d'administration; art. 656, des commandants de compagnies ou de batteries; art. 660, 661, 664, responsabilité en ce qui concerne les valeurs en caisse.

Responsabilité (*suite*).

14 janv. 1869 Règl. financier (colonies), vol. spl. Art. 30, du Ministre; art. 66, des administrateurs; art. 93 et 105, des ordonnateurs pour la remise des lettres d'avis, d'ordonnance et des mandats de paiement aux ayants droit; art. 139, des comptables.

3 avril 1869 Règl. financier (guerre), *B. G.*, E. M., vol. 24. Art. 16, responsabilité du Ministre; art. 34, responsabilité des généraux, directeurs, chefs de service, etc.; art. 70, responsabilité des administrateurs.

22 juill. 1880 Circ. Détournements commis par un capitaine trésorier. Responsabilités encourues, *B. M.*, p. 118.

10 févr. 1900 Circ. Responsabilité administrative des officiers, fonctionnaires et agents divers, *B. C.*, p. 97.

6 déc. 1903 Décr. sur l'administration et la comptabilité des corps de troupe en France, *B. G.*, vol. spl., T. C.

Art. 35 - 36. Des conseils d'administration.
38. Du chef de corps.
49. Du major.
59. Du trésorier.
68. De l'officier d'habillement.
70. De l'officier de casernement.
73. Des agents des conseils autres que les officiers comptables.
78. Des commandants d'unités administratives.
83 à 85. Officiers commandant des détachements d'au moins 4 unités. Capitaine-major. Officier comptable.
86. Officiers commandant des détachements de moins de 4 unités.
88. Officiers commandant les corps organisés sous les noms de compagnies, sections ou dépôt.
113. Responsabilité en cas de perte ou de déficit de fonds.

26 mai 1904 Décr. sur la solde et les revues en France, *B. G.*, vol. spl., T. C., p. 136.

Art. 127. Responsabilité pécuniaire des généraux, directeurs et chefs de service.

21 juin 1906 Décr. sur l'administration des troupes coloniales, art. 8. Responsabilité des commandants supérieurs des troupes, ordonnateurs, directeurs et chefs de services, *B. C.*, p. 577; *B. G.*, p. 803; *B. G.*, E. M., T. C., vol. 1, p. 141.

27 nov. 1906 Inst. sur le service des frais de route aux colonies, art. 59. Responsabilité du commandement supérieur en ce qui concerne les dépassements de crédits, *B. C.*, p. 1095.

23 mars 1908 Inst. sur le service de l'intendance aux colonies, art. 23, responsabilité de l'ordonnateur.

Retenues.

(Voir : *Délégations.* — *Oppositions.*)

1° *Dispositions diverses.*

12 févr. 1836 Lettre relative aux femmes délaissées par les titulaires de pensions militaires. Les retenues sont admises dans les termes de l'art. 214 du code civil, par application de l'art. 30 de la loi du 18 avril 1831 (pensions) et 20 de la loi du 19 mai 1834 (état des officiers) combinés, *A. M.*, p. 258; *B. M.*, R., p. 295.

14 janv. 1869 Règl. financier (colonies), vol. spl.

Art. 80. Retenues à exercer sur les entrepreneurs, fournisseurs et autres créanciers.

3 avril 1869 Règl. financier (guerre), *B. G.*, E. M., vol. 24.

Art. 93. Retenues à précompter aux entrepreneurs et autres créanciers.

Retenues (*suite*).

6 juill. 1895 Circ. Retenues à opérer sur la solde et les indemnités des militaires indigènes punis de prison. Répartition de ces retenues en prix et gratifications, *B. C.*, p. 618; *B. M.*, p. 35; modif. 17 novembre 1896, *B. C.*, p. 665; *B. M.*, p. 675 et 9 mars 1906, *B. C.*, p. 229 (secours aux familles des décédés et aux militaires licenciés pour inaptitude physique).

23 déc. 1897 Décr. sur la solde du personnel colonial, art. 116 à 131, *B. C.*, 1898, p. 54 et suiv.

29 déc. 1903 Décr. sur la solde des troupes coloniales aux colonies, art. 18 à 27, *B. C.*, 1904, p. 401 et suiv., et circ. du 21 avril 1904, *B. C.*, p. 361.

26 mai 1904 Décr. sur la solde des troupes coloniales en France, art. 73 à 82, *B. G.*, vol. spl., T. C., p. 102 et suiv.

3 oct. 1907 Circ. Reprise des dettes du personnel de la marine aux colonies et circ. marine, 20 août 1907, *B. C.*, p. 707.

2° *Retenue de logement et d'ameublement.*

23 déc. 1897 Décr. sur la solde du personnel colonial, art. 120 à 124, *B. C.*, 1898, p. 57.

29 déc. 1903 Décr. sur la solde des troupes coloniales aux colonies, art. 21 à 23 et tarif 21, *B. C.*, 1904, p. 403, et circ. du 21 avril 1904, *B. C.*, p. 361.

26 mai 1904 Décr. sur la solde des troupes coloniales en France, art. 75 à 77 et tarif 24, *B. G.*, vol. spl., T. C., p. 104.

3° *Retenue d'hôpital.*

20 mars 1888 Circ. La retenue d'hôpital doit être faite sur la solde pour le jour du décès, *B. C.*, p. 319.

2 oct. 1891 Circ. Retenue d'hôpital aux colonies.
Officiers en non-activité ou en congé, taux colonial. Officiers retraités, taux colonial, d'après le dernier grade d'activité sans pouvoir dépasser les 9/10e de la pension. Sauf pour les retraités, la retenue ne doit jamais excéder la moitié des émoluments concédés, *B. C.*, p. 692.

20 avril 1895 Circ. Les familles des officiers et fonctionnaires sont admises dans les hôpitaux aux mêmes taux que leurs chefs, *B. C.*, p. 422.

23 déc. 1897 Décr. sur la solde du personnel colonial, art. 117 à 119, *B. C.*, 1898, p. 56.

7 janv. 1898 Circ. Versement au Trésor des frais de traitement dans les hôpitaux coloniaux, *B. C.*, p. 3.

1er févr. 1898 Circ. Prix de la journée d'hôpital des enfants des fonctionnaires et des familles des infirmiers coloniaux, *B. C.*, p. 62.

29 déc. 1903 Décr. sur la solde des troupes aux colonies, art. 20 et tarifs 19 et 20, *B. C.*, 1904, p. 402 et 424; modif. 28 janvier 1908, *B. C.*, p. 27; *B. G.*, p. 315.

2 juill. 1904 Décr. sur la solde des agents civils du commissariat. Tarif de la retenue, *B. C.*, p. 654; modif. 9 septembre 1907, *B. C.*, p. 666.

27 juill. 1905 Circ. Les retenues d'hôpital et les portions de solde non acquises par les militaires en traitement dans les hôpitaux doivent profiter au chapitre du budget colonial qui supporte leur solde, *B. C.*, p. 856.

20 févr. 1907 Dép. minist. à l'Indo-Chine (3e Direction, 3e Bureau). La retenue d'hôpital pour les familles des militaires doit être celle fixée par le décret du 29 décembre 1903.

4° *Retenues pour dettes.*

(Voir : *Oppositions*.)

20 août 1881 Circ. Retenues sur pensions pour débet envers l'Etat, *B. M.*, p. 538.

20 oct. 1892 Service intérieur : Inf., art. 402; Artil., art. 421. Retenue sur la solde des dettes des officiers, *B. G.*, E. R., vol. 78.

23 déc. 1897 Décr. sur la solde du personnel colonial, *B. C.*, 1898, p. 57 et suiv.

Art. 125. Pour dettes envers l'Etat.
126 à 128. Au profit de tiers.
129 à 131. Dispositions spéciales aux retenues pour dettes et pour aliments.

29 déc. 1903 Décr. sur la solde des troupes aux colonies, *B. C.*, 1904, p. 405; modif. 28 janvier 1908, *B. C.*, p. 27; *B. G.*, p. 315.

Retenues (*suite*).

Art. 24 - 25. Pour dettes envers l'Etat.
26 - 27. Au profit de tiers.

26 mai 1904 Décr. sur la solde des T. C. en France, *B. G.*, vol. spl., T. C., p. 106.

Art. 78 - 79. Pour dettes envers l'Etat.
80 à 82. Au profit de tiers.

5° *Retenues pour pensions.*

(Voir : *Abondements.* — *Pensions.*)

14 janv. 1869 Règl. financier (colonies), art. 74, 76, 77, 79, vol. spl.
8 avril 1869 Règl. financier (guerre), art. 87 à 92, *B. G.*, E. M., vol. 24.
20 janv. 1891 Circ. La retenue pour pensions doit être faite sur la solde avant déduction de la retenue d'hôpital, *B. C.*, p. 27 ; err., *B. C.*, p. 244.
23 déc. 1897 Décr. sur la solde du personnel colonial, art. 116, *B. C.*, 1898, p. 54, et circ. du 2 septembre 1899, *B. C.*, p. 1215.
29 déc. 1903 Décr. sur la solde des troupes aux colonies, art. 19, *B. C.*, 1904, p. 401.
26 mai 1904 Décr. sur la solde des T. C. en France, art. 74, *B .G*, vol. spl., T. C., p. 103.
12 déc. 1905 Circ. relative aux retenues pour pensions civiles effectuées sur les rétributions des agents détachés en vertu de l'art. 4, § 3, de la loi du 9 juin 1853, *B. C.*, 1906, p. 975.
27 déc. 1906 Circ. Suppléments de fonctions payés au personnel militaire et passibles de la retenue de 5 p. 100 pour pensions, *B. C.*, p. 1204.

Rétrogradation.

(Voir : *Conseil d'enquête.*)

20 oct. 1892 Service intérieur, *B. G.*, E. R., vol. 78.

Inf., art. 317 et 335; Artil., art. 322 et 340. Formes pour rétrograder et casser les sous-officiers, caporaux et brigadiers et pour faire descendre à la 2ᵉ classe les soldats de 1ʳᵉ classe; modif. 26 novembre 1898, *B. G.*, E. R., vol. 78, p. 764 ; *B. C.*, p. 777 ; *B. M.*, p. 786.
Inf., art. 326; Artil., art. 344. Rétrogradation volontaire.

9 oct. 1893 Note. Renvoi à la 2ᵉ classe de soldats de 1ʳᵉ classe jugés indignes de conserver leurs galons, *B. G.*, E. R., vol. 78, p. 684.
28 déc. 1895 Art. 143 à 149. Rétrogradation des hommes des réserves, *B. G.*, E. R., vol. 71, et inst. du 7 avril 1906, art. 24; modif. 20 novembre 1906, *B. G.*, p. 1443.
26 avril 1898 Circ. Renvoi en France des sous-officiers en service aux colonies susceptibles d'être cassés ou rétrogradés par décision spéciale du Ministre, *B. C.*, p. 335.
19 févr. 1904 Décr. Rétrogradation et cassation des militaires indigènes des T. C., *B. C.*, p. 176; *B. G.*, p. 223.
28 mars 1904 Circ. relative à la notification des décisions prononçant la rétrogradation ou la cassation des sous-officiers rengagés ou commissionnés, *B. G.*, p. 398.
21 mars 1905 Loi sur le recrutement, art. 68. Rétrogradation des militaires rengagés, *B. G.*, p. 263; *B. C.*, p. 359; *B. G.*, E. M., vol. 68-1, p. 37.

Révocation.

21 mars 1905 Loi sur le recrutement, art. 67. Révocation des militaires commissionnés, *B. G.*, p. 263; *B. C.*, p. 359; *B. G.*, E. M., vol. 68-1, p. 37.
5 juill. 1905 Circ. Formes à employer pour la révocation des caporaux ou brigadiers commissionnés, *B. G.*, p. 1035.

Revolver.

(Voir : *Armement.* — *Casernement* (16 juin 1906).

19 avril 1886 Paiement par versements mensuels de 5 francs du revolver délivré aux officiers, *B. G.*, E. R., vol. 19, p. 209.
10 mai 1886 Note. Délivrance des revolvers aux officiers à titre onéreux, *B. G.*, E. R., vol. 19, p. 209.
28 janv. 1894 Note. Réparations des revolvers appartenant aux officiers, *B. G.*, E R., vol. 19, p. 212.
15 janv. 1896 Circ. Suppression du revolver dans l'armement des spahis sénégalais et soudanais, *B. C.*, p. 40.
5 déc. 1898 Note. Délivrance à titre onéreux, aux officiers de réserve et de l'armée territoriale, du revolver mod. 92, *B. G.*, E. R., vol. 19, p. 216; modif. 17 avril 1903, *B. G.*, p. 555.
15 nov. 1906 Circ. Modification du verrou de barillet et de la porte du revolver modèle 1892, *B. G.*, p. 1677.

Revues.

20 oct. 1892 Service intérieur.

Inf., art. 282 à 284; Artil., art. 299 à 301. Revues et inspections des généraux, *B. G.*, E. R., vol. 78.

15 avril 1905 Inst. pour les revues et défilés des troupes de toutes armes.

Revue coloniale.

14 mars 1895 Déc. Création, *B. C.*, 1896, p. 166.
24 oct. 1898 Arr. Publication, *B. C.*, p. 718.
19 mai 1899 Arr. Rédaction, *B. C.*, p. 556.

Revues d'appel.

11 janv. 1908 Circ. relative aux revues d'appel de la réserve, de l'armée territoriale et des hommes des services auxiliaires, *B. G.*, p. 20, complétée 29 janv. 1908, *B. G.*, p. 98.

Revues d'effectif.

22 juin 1847 Ord., art. 462 à 471, vol. spl.; art. 462, modif. déc. prés. du 1er juin 1893, *B. C.*, p. 419; *B. M.*, p. 711, et circ. du 8 juin 1893, *B. C.*, p. 418.
20 oct. 1892 Service intérieur, *B. G.*, E. R., vol. 78.

Inf., art. 285; Artil., art. 302. Revues des fonctionnaires de l'intendance.

Inf., art. 287; Artil., art. 304. Revues des fonctionnaires du contrôle.

26 mai 1904 Décr. sur la solde et les revues des T. C. en France, art. 130, *B. G.*, vol. spl., T. C., p. 137.

Revues de liquidation.

(Voir : *Gratifications de réforme,* 31 mars 1906.)

10 avril 1847 Les revues de liquidation des corps de troupe doivent présenter les numéros des mandats et des ordres de paiement, *A. M.*, p. 350; *B. M.*, R., p. 360.
22 juin 1847 Ord., art. 496 à 545, vol. spl., et circ. du 10 août 1881, *B. M.*, p. 205.
19 déc. 1850 Envoi des décomptes provisoires de libération établis dans les colonies, *B. M.*, p. 847; *B. M.*, R., p. 288.
2 déc. 1886 Circ. Renseignements à porter sur les revues, *B. M.*, p. 869.

Revues de liquidation (*suite*).

19 nov. 1887 Circ. Il ne doit être établi de revues de liquidation que pour le personnel régi par l'ordonnance du 22 juin 1847, *B. C.*, p. 955.

25 janv. 1890 Circ. Les médecins des corps de troupe doivent être compris dans les revues, *B. C.*, p. 121.

26 mai 1904 Décr. sur la solde et les revues des T. C. en France, *B. G.*, vol. spl., T. C., p. 124.

Art. 107 à 115. Revues de liquidation concernant les officiers sans troupe et employés militaires.
116 à 125. Revues de liquidation concernant les corps de troupe.
126. Vérification à l'administration centrale de la guerre.

13 sept. 1907 Circ. Observations relatives à l'établissement des revues de liquidation et des comptes de développement, *B. C.*, p. 671.

29 janv. 1908 Etablissement des revues de liquidation des masses, *B. C.*, p. 64.

Revue des Troupes coloniales.

21 nov. 1905 Circ. Envoi au président du comité technique des troupes coloniales des travaux d'hiver susceptibles d'être insérés dans la *Revue*, *B. G.*, p. 1809.

Revue d'Histoire et Revue militaire des armées étrangères.

10 juin 1872 Circ. au sujet des études militaires et de la *Revue militaire des armées étrangères*, *B. G.*, E. M., vol. 55-2, p. 198.

10 nov. 1875 Circ. relative à l'envoi gratuit de la *Revue militaire des armées étrangères*, *B. G.*, E. M., vol. 55-2, p. 201.

3 mars 1902 Circ. Conservation des collections de la *Revue militaires des armées étrangères*, et de la *Revue d'Histoire*, *B. G.*, E. M., vol. 55-2, p. 204.

28 mai 1903 Circ. La *Revue militaire des armées étrangères* et la *Revue d'Histoire* sont adressées non à la personne, mais à la fonction et doivent être, à ce titre, conservées dans les archives du service intéressé, *B. G.*, E. M., vol. 55-2, p. 205.

6 déc. 1903 Abonnement à la *Revue militaire des armées étrangères*, et frais de reliure au compte de la masse générale d'entretien, *B. G.*, vol. spl., T. C., p. 228.

Revue générale d'administration.

3 févr. 1892 Circ. Collaboration des officiers et fonctionnaires de la marine, *B. M.*, p. 135.

Routes dans l'intérieur.

(Voir : *Troupes en route.*)

Ruban métrique.

6 déc. 1903 Achat au compte de la masse générale d'entretien, *B. G.*, vol. spl., T. C., p. 226.

Rubans.

(Voir : *Ordres coloniaux.*)

30 sept. 1903 Description des uniformes, art 383 à 405. Rubans de croix et de médailles, *B. G.*, vol. spl., T. C., p. 214.

6 déc. 1903 Achat au compte de la masse générale des rubans de médailles commémoratives, *B. G.*, vol. spl., T. C., p. 227.

S

Sable.

6 juill. 1899 Qualité du sable à employer en construction, *B. G.*, E. R., vol. 51 *bis*, p. 6.
16 oct. 1903 Qualité du sable à employer en construction, *B. C.*, vol. spl., p. 951.

Sabots galoches.

30 sept. 1903 Description des uniformes, art. 450, *B. G.*, vol. spl., T. C., p. 274.

Sabre.

30 sept. 1903 Description des uniformes, *B. G.*, vol. spl., T. C.

Art. 92. Sabre mod. 82 pour les officiers d'infanterie coloniale, et *B. G.*, E. M., vol. 104, p. 72.
Art. 129. Sabre mod. 1892 pour les officiers d'artillerie coloniale.

19 sept. 1905 Circ. Réparation en manufacture des lames faussantes des sabres de cavalerie de tous modèles, *B. G.*, p. 1441.
20 mars 1906 Circ. Réparation des dards de fourreaux des sabres de cavalerie de tous modèles, *B. G.*, p. 447.
1er déc. 1906 Art. 88. Sabre des officiers généraux. Description, *B. G.*, E. M., vol. 104, p. 100.
1er févr. 1908 Circ. rendant réglementaire une réparation aux fourreaux de sabre d'adjudant, mod. 1845, *B. G.*, p. 121.

Sac.

31 oct. 1892 Service de santé en campagne. Notice 2. Sac d'ambulance, modif. 27 mars 1900, *B. G.*, E. M., vol. 83, p. 46.
30 sept. 1903 Description des uniformes, *B. G.*, vol. spl., T. C.

Art. 234. Sac à distribution.
374. — à dépêches pour vélocipédistes.
451. — à avoine.
456. — de petite monture garnie.

Sac de couchage.

15 janv. 1905 Art. 5. Description, *B. G.*, E. M., vol. 53, p. 7.

Sachet à pain de guerre.

15 janv. 1905 Art. 63. Description, *B. G.*, E. M., vol. 53, p. 123.

Sachet à vivres.

15 janv. 1905 Art. 61. Sachet pour vivres de réserve.
62. Sachet à vivres collectif, *B. G.*, E. M., vol. 53, p. 122; art. 61 modif. 2 avril 1908, *B. G.*, p. 751.

Sacoches.

30 sept. 1903 Description des uniformes, *B. G.*, vol. spl., T. C.

Art. 90. Sacoche en cuir pour les officiers non montés.
256. Sacoche en cuir pour les adjudants d'infanterie coloniale.

6 déc. 1903 Achat au compte de la masse générale des sacoches pour vaguemestres, *B. G.*, vol. spl., T. C., p. 225.

Saint-Pierre et Miquelon.

4 févr. 1906 Décr. Réorganisation de la colonie, *B. C.*, p. 111.
Art. 5, modif. 15 avril 1906, *B. C.*, p. 336 (composition du Conseil d'administration).
4 oct. 1906 Décret. Composition du Conseil du contentieux, *B. C.*, p. 896.

Saisies.

10 juill. 1791 Loi. Les effets, les armes et les chevaux des officiers ne peuvent être saisis, *B. G.*, E. R., vol. 48, p. 129.

Saisies-arrêts.

(Voir : *Oppositions*. — *Retenues*.)

Salle de police.

(Voir : *Punitions*.)

Salles de récréation, de lecture et de correspondance.

(Voir : *Assurances*. — *Cercles*, 19 décembre 1904.)

25 mars 1903 Circ. Organisation dans les casernes de salles pour les soldats, *B. G.*, p. 373; *B. G.*, E. M., vol. 55-2, p. 213.
29 mai 1903 Décr., art. 1er. Les dépenses de la salle de lecture sont à la charge de la masse des écoles, *B. G.*, E. M., vol. 2, p. 5.
3 nov. 1903 Circ. relative à la pratique d'enseignements non militaires et de divertissement dans les casernes, *B. G.*, 1904, p. 1307.
13 août 1904 Circ. Etablissement de comptes rendus et de propositions au sujet de l'organisation des salles de lecture, *B. G.*, p. 1381.
9 nov. 1904 Mode d'imputation des dépenses d'achat de papier à lettres, enveloppes, livres et tous autres menus frais d'organisation, *B. G.*, p. 1601.
30 janv. 1905 Circ. Perception à titre remboursable du café destiné à la consommation des salles de récréation, *B. G.*, p. 73.

Salles d'honneur.

15 mars 1886 Note relative à l'installation des salles d'honneur dans les casernes et quartiers, *B. G.*, E. M., vol. 86, p. 138.
4 oct. 1886 Note relative aux armes et pièces d'armes servant à l'ornementation des salles d'honneur, *B. G.*, E. M., vol. 86, p. 140; appliquée aux troupes de la marine (France et colonies), par circ. du 5 avril 1894, *B. C.*, p. 345; *B. M.*, p. 449.
16 mars 1887 Décoration des salles d'honneur, *B. G.*, E. R., vol. 61, p. 70.

Salles d'honneur (*suite*).

3 mars 1899 Règl. sur le casernement en France. Les appareils de chauffage pour les salles d'honneur sont fournis pour le génie et entretenus et remplacés au compte de la masse de casernement, *B. G.*, E. R., vol. 51, p. 67.

16 oct. 1903 Règl. sur le casernement aux colonies. Notice 2. Les objets d'ameublement sont fournis aux salles d'honneur par l'artillerie et entretenus et remplacés au compte de l'allocation pour réparations locatives, *B. C.*, vol. spl., p. 935.

6 déc. 1903 Imputation à la masse générale des achats de matériel pour la salle d'honneur (1re mise), *B. G.*, vol. spl., T. C., p. 228.

Salut.

(Voir : *Marques de respect.*)

Salves d'artillerie.

(Voir : *Honneurs.*)

12 avril 1906 Inst. Conditions dans lesquelles elles sont exécutées, *B. G.*, E. M., vol. 31, p. 22.

Sangle.

15 janv. 1905 Art. 9. Description, *B. G.*, E. M., vol. 53, p. 9.

Sapeurs.

(Voir : *Infanterie coloniale*, 12 août 1905.)

20 oct. 1892 Service intérieur : Inf., art. 201. Caporal sapeur et sapeurs ouvriers d'art. Fonctions, *B. G.*, E. R., vol. 78.

Scellés.

4 nov. 1865 Inst. pour l'exécution de l'art. 633 de l'ord. de la marine du 25 mars 1865, relative à l'apposition des scellés sur les papiers des officiers de la marine, de l'administration et autres agents attachés au Département de la marine et des colonies, *B. M.*, p. 308; *B. M.*, R., p. 734.

16 août 1866 Règles à suivre pour l'application aux colonies de l'inst. du 4 novembre 1865, *B. M.*, p. 177; *B. M.*, R., p. 86.

22 janv. 1890 Décr. réglant les conditions dans lesquelles peuvent être apposés les scellés au décès des officiers de l'armée de terre, *B. G.*, E. R., vol. 28, p. 128, et circ. du 22 janvier 1890, *B. G.*, E. R., vol. 28, p. 130 et 30 août 1904, *B. G.*, p. 1373.

23 juill. 1894 Inst. (guerre) pour l'application des lois du 8 juin 1893, art. 128 à 131, *B. G.*, E. R., vol. 28, p. 35.

Annexe B. Catalogue des pièces de toute nature à remettre au Département de la guerre après le décès des officiers généraux, des officiers supérieurs chefs de corps ou de service et des intendants militaires, *B. G.*, E. R., vol. 28, p. 85.

1er mai 1906 Inst. sur les successions des militaires aux colonies, art. 8 et 10, *B. C.*, p. 424.

Seau en toile.

15 janv. 1905 Art. 36. Description, *B. G.*, E. M., vol. 53, p. 53; modif. 2 avril 1908, *B. G.*, p. 751.

Secours.

1° *Guerre.*

3 juill. 1880 Décr. relatif au paiement des secours. Acquit, *B. G.*, E. R., vol. 61, p. 29.
27 août 1880 Inst. relative au service des secours, *B. G.*, E. R., vol. 61, p. 16.
26 mars 1889 Circ. Timbre de quittance applicable au paiement des secours, *B. G.*, E. R., vol. 61, p. 32.
5 févr. 1901 Circ. Le service des secours sera assuré par la Direction des troupes coloniales, *B. G.*, vol. spl., T. C., p. 92.
10 févr. 1908 Service courant, art. 259. Proposition pour un secours permanent en faveur des militaires amputés ou aveugles n'ayant pas droit à pension, *B. G.*, E. M., vol. 74.

2° *Colonies.*

21 déc. 1896 Règl. sur le service des secours, *B. C.*, p. 750.
9 mars 1906 Circ. Secours aux familles des militaires indigènes décédés et aux militaires indigènes licenciés pour inaptitude physique, sur les fonds provenant de la retenue faite aux hommes punis de prison, *B. C.*, p. 229.

Secrétaire archiviste dans les places.

4 oct. 1891 Service des places, art. 30. Tenue des archives, *B. G.*, E. R., vol. 75.

Secrétaire de la commission des ordinaires.

22 avril 1905 Règl. sur les ordinaires, art. 17. Désignation, *B. G.*, E. M., vol. 7.

Secrétaires d'état-major.

18 juin 1901 Inst. Organisation de la section de secrétaires d'état-major coloniaux. Cadres. Administration. Relève. Rapatriement. Recrutement. Avancement. Insignes, *B. G.*, 2e sem., p. 47; *B. C.*, p. 534; art. 2, modif. 15 décembre 1903, *B. G.*, p. 1828; art. 9 et 10, modif. 27 juillet 1904, *B. G.*, p. 1280; art. 8, modif. 22 février 1905, *B. G.*, p. 147; *B. G.*, E. M., T. C., vol. 1, p. 169.
21 déc. 1901 Circ. Les secrétaires d'état-major et des bureaux de recrutement n'ont pas droit aux indemnités de travail, *B. C.*, p. 1154.
19 sept. 1903 Décr. réorganisant l'infanterie coloniale, art. 4 et tableau 3, *B. C.*, p. 820; modif. 19 janvier 1907. Création d'emplois de sergent-major, *B. G.*, p. 73; *B. G.*, E. M., T. C., vol. 1, p. 28.
25 déc. 1903 Circ. Répartition du personnel aux colonies, *B. C.*, p. 1239.

Secrétaires généraux des colonies.

21 mai 1898 Décr. Création des secrétariats généraux aux colonies, *B. C.*, p. 364.
11 oct. 1905 Décr. Conditions de nomination à l'emploi de secrétaire général des colonies, *B. C.*, p. 1088; modif. 20 janvier 1906, *B. C.*, p. 23.

Sections.

(Voir : *Commis et ouvriers militaires d'administration. — Infirmiers militaires. — Secrétaires d'état-major. — Télégraphistes coloniaux.*)

Sections de discipline.

(Voir : *Compagnies de discipline.*)

Section d'études du Comité consultatif de défense des colonies.

29 juill. 1902 Décr., art. 7. Organisation. Fonctionnement, *B. C.*, p. 674.

Sections hors rang.

20 oct. 1892 Service intérieur : Inf., art. 197. Petit état-major et section hors rang, *B. G.*, E. R., vol. 78.

Section technique des troupes coloniales.

31 juill. 1888 Décr. Composition et attributions des sections techniques, *B. G.*, E. R., vol. 61, p. 95; modif. 22 mars 1901, *B. G.*, p. 523.

22 mars 1901 Décr. Création de la section technique des troupes coloniales, *B. G.*, p. 523.

4 avril 1907 Composition : 1 officier supérieur, 3 capitaines, *B. G.*, p. 423.

Séjour colonial.

(Voir : *Tour de service colonial.*)

30 déc. 1903 Décr., art. 4. Durée du séjour colonial des officiers et assimilés. Art. 15, sous-officiers; art. 26, brigadiers, caporaux et soldats, *B. C.*, p. 1284.

Sénat.

24 févr. 1875 Loi relative à l'organisation du Sénat, *B. M.*, p. 264; *B. M.*, R., p. 567.

2 août 1875 Loi. Election des sénateurs, *J. M.*, p. 95.

9 déc. 1884 Loi modifiant celles ci-dessus, *J. M.*, p. 861.

Sépulture.

6 déc. 1903 Les frais de sépulture dans les places où il n'existe pas d'établissements hospitaliers sont à la charge de la masse générale, *B. G.*, vol. spl., T. C., p. 228.

Sergent.

20 oct. 1892 Service intérieur : Inf., *B. G.*, E. R., vol. 78.

Art. 146, sergent; art. 147 à 153, sergent de section; art. 154 à 162, sergent de semaine; art. 163 à 168, fourrier; art. 211, garde-magasin et secrétaires; art. 135 à 145, sergent-major (voir : Prêt).

Serges.

6 déc. 1903 Achat au compte de la masse générale des crêpes et serges pour les cérémonies funèbres, *B. G.*, vol. spl., T. C., p. 228.

Serment.

20 déc. 1854 Prestation de serment. Exécution de la loi du 22 juin 1854, *B. G.*, E. R., vol. 64, p. 108.

Serment (*suite*).

11 sept. 1870 Décr. relatif au serment professionnel des nouveaux fonctionnaires, *B. G.*, E. M., vol. 85, p. 134.

1er févr. 1876 Circ. Prestation de serment des officiers d'administration d'artillerie et des gardiens de batterie, *B. G.*, E. M., vol. 20, p. 3.

29 mars 1876 Circ. Les frais de prestation de serment des officiers d'administration et gardiens de batteries sont à la charge des intéressés, *B. G.*, E. M., vol. 20, p. 5.

27 sept. 1876 Note relative aux frais de prestation de serment des divers agents du Département de la guerre astreints à cette formalité par les lois et règlements en vigueur, *B. G.*, E. M., vol. 85, p. 135.

23 juin 1885 Note relative à la prestation de serment des gardes d'artillerie, adjoints du génie, portiers-consignes et gardiens de batterie, *B. G.*, E. M., vol. 85, p. 137.

20 mai 1903 Art. 5 et 6. Serment imposé aux militaires de la gendarmerie, *B. G.*, E. M., vol. 39, p. 5.

Serrurerie.

6 juill. 1899 Inst. technique pour l'exécution des travaux de réparation et d'entretien du casernement par les corps occupants en France, art. 3, *B. G.*, E. R., vol. 51 *bis*, p. 19.

16 oct. 1903 Inst technique pour l'exécution des travaux de réparation et d'entretien du casernement par les corps occupants aux colonies, art. 3, *B. C.*, vol. spl., p. 961.

Service auxiliaire.

21 mars 1905 Loi sur le recrutement, art. 18, 19, 49, *B. C.*, p. 359; *B. G.*, p. 263; *B. G.*, E. M., vol. 68-1.

25 août 1906 Circ. Instruction à donner aux hommes du service auxiliaire, *B. G.*, p. 1149.

10 sept. 1906 Circ. Tenue des hommes des services auxiliaires, *B. G.*, p. 1214; modif. 1er janv. 1907, *B. G.*, p. 14.

6 sept. 1907 Circ. Les hommes des services auxiliaires ne peuvent obtenir d'avancement, *B. G.*, p. 1382.

Service colonial dans les ports de commerce.

13 juin 1889 Décr. constituant un service colonial dans les quatre ports de commerce du Havre, de Nantes, de Bordeaux et de Marseille, *B. C.*, p. 641; *B. M.*, 2e sem., p. 311.

4 janv. 1902 Déc. prés. Indemnité de résidence de 300 francs par an aux commissaires de 2e et de 3e classes dans les ports, *B. C.*, p. 11.

13 mai 1903 Décr. Frais de service et abonnements pour frais de bureau, chauffage et éclairage alloués aux chefs du service colonial des ports de commerce, *B. C.*, p. 526.

18 juill. 1903 Déc. prés. Réorganisation du service médical. Suppression des indemnités aux médecins militaires affectés à ce service, *B. C.*, p. 642.

Service courant.

10 févr. 1908 Inst. sur le service courant, *B. G.*, E. M., vol. 74.

Service de santé à l'intérieur.

25 nov. 1889 Règl. sur le service de santé de l'armée à l'intérieur, *B. G.*, E. M., vol. 80; modif. 31 mars 1903, *B. G.*, p. 392; err., *B. G.*, 1904, p. 76; modif. 22 août 1904, *B. G.*, p. 1443; 22 octobre 1904, *B. G.*, p. 1561; 6 janvier 1906, *B. G.*, p. 17.

Art. 1 à 8. Organisation générale du service.
9 à 30. Directions dans les corps d'armée.
33. Action du contrôle de l'armée.
34. Fonctionnement du service dans les corps de troupe.
35 à 97. Infirmeries régimentaires (art. 83 et 84, modif. 6 janvier 1906, *B. G.*, p. 17).
98 à 105. Infirmeries-hôpitaux.
106 à 127. Dépôts de convalescents.
128 à 131. Service de santé dans les hôpitaux militaires, art. 274 *bis;* voir : 29 août 1904 ci-après.
332 à 354. Dispositions spéciales aux eaux minérales et aux bains de mer.
355 - 356. Hôpitaux annexes.
357 à 372. Bâtiments et locaux.
373 à 450. Matériel.
451 à 452. Effets des militaires décédés ou évadés, appartenant à l'Etat.
453 à 462. Effets et valeurs appartenant aux successions.
463 à 472. Dépenses.
473 à 510. Comptabilité.
511 - 512. Archives.
513 à 519. Surveillance du service dans les hôpitaux militaires.
520 à 550. Service de santé dans les hôpitaux mixtes et dans certains établissements spéciaux.
551 à 556. Matériel de mobilisation du service de santé.
557 à 570. Magasins d'approvisionnement du service de santé et pharmacies régionales.

Notice 2. Indemnités à allouer aux médecins civils requis, *B. G.*, E. M., vol. 80, p. 198.
3. Sur la pratique de la vaccination et de la revaccination dans l'armée, *B. G.*, E. M., vol. 80, p. 203.
4. Visites dans les corps de troupe et les établissements militaires, *B. G.*, E. M., vol. 80, p. 232; modif. 3 avril 1903, *B. G.*, p. 398; 23 octobre 1904, *B. G.*, p. 1563.
5. Certificats que les médecins militaires sont appelés à établir, *B. G.*, E. M., vol. 80, p. 256.
6. (7 juin 1907.) Organisation des infirmiers et brancardiers régimentaires et des brancardiers d'ambulance, *B. G.*, p. 730; err., *B. G.*, 1907, p. 1357.
7. Désinfections, *B. G.*, E. M., vol. 80, p. 292.
9. Inst. pour le blanchissage du linge et des couvertures de laine, *B. G.*, E. M., vol. 80, p. 312; modif. 3 déc. 1907, *B. G.*, p. 1711.
10. Du 30 juin 1903. Comptabilité, *B. G.*, p. 1157; err., *B. G.*, 1904, p. 98; modif. 23 octobre 1904, *B. G.*, p. 1563.
14. Remboursement des frais de traitement, *B. G.*, E. M., vol. 80, p. 375; modif. 30 juin 1903, *B. G.*, p. 990.
15. Voir : Aliénés.
18. Usage des eaux minérales naturelles et des bains de mer, *B. G.*, E. M., vol. 80, p. 408; err., *B. G.*, 1903, p. 1416; *B. G.*, 1905, p. 251; modif. 8 février 1906, *B. G.*, p. 146.
20. Loi du 12 juillet 1873. Envoi et traitement aux frais de l'Etat dans les établissements d'eaux minérales des anciens militaires et marins blessés ou infirmes, *B. G.*, E. M., vol. 80, p. 423.
26. Cessions remboursables et imputations, *B. G.*, E. M., vol. 80, p. 442; modif. 6 janvier 1906, *B. G.*, p. 18; err., *B. G.*, 1906, p. 53.
32. Inst. pour les cas d'empoisonnement, *B. G.*, E. M., vol. 80, p. 503.
33. Nomenclature des dépenses à faire au compte de la masse d'infirmerie, *B. G.*, E. M., vol. 80, p. 507; modif. 6 janvier 1906, *B. G.*, p. 18.
34. Entretien, conservation et renouvellement des approvisionnements de réserve, *B. G.*, E. M., vol. 80, p. 509.
35. Etude des eaux potables, *B. G.*, E. M., vol. 80, p. 518.

Service de santé à l'intérieur (*suite*).

Notice 36. Du 23 mars 1904. Application de la loi du 15 février 1902 relative à la protection de la santé publique, *B. G.*, p. 429.

Modèles, *B. G.*, E. M., vol. 81; modèle 22, modif. 31 octobre 1906, *B. G.*, p. 1397; 12 décembre 1907, *B. G.*, p. 1769.

16 déc. 1899 Circ. Application aux troupes de la marine du titre 2 du règl. du 25 novembre 1889 et de la notice 10, chapitre 2, *B. M.*, p. 1013.

16 mai 1900 Circ. Application aux troupes de la marine dans les colonies des chapitre 1er, sections 1 à 3 et chapitre 2 du titre 2 du règl. du 25 novembre 1889, sur le service de santé à l'intérieur, *B. C.*, p. 429; *B. M.*, p. 845.

25 févr. 1901 Circ. Mode de remboursement des dépenses résultant du traitement dans les établissements hospitaliers de la guerre des militaires des T. C. et des cessions faites à ces troupes par le service de santé, *B. G.*, p. 265.

29 août 1904 Décr. fixant les conditions dans lesquelles les malades peuvent sortir des hôpitaux avant complète guérison, *B. G.*, p. 1443.

4 mai 1907 Adoption d'un nouveau thermomètre médical ordinaire, *B. G.*, p. 545.

18 sept. 1907 Circ. Adoption de trois types de paquets de pansement complets et tout préparés (grand, moyen, petit) pour remplacer, dans les approvisionnements de réserve, des objets de pansement qui s'y trouvent disséminés, *B. G.*, 1908, p. 421.

Service de santé colonial.

(Voir: *Approvisionnements de guerre.* — *Corps de santé des troupes coloniales.* — *Laïcisation.* — *Régime alimentaire des hôpitaux.* — *Service de santé à l'intérieur*, 16 mai 1900.)

2 juin 1891 Circ. Les achats d'aliments légers et de menues denrées doivent faire l'objet d'un marché, *B. C.*, p. 417.

7 mai 1895 Circ. Envoi immédiat des médicaments et articles divers destinés aux hôpitaux, *B. C.*, p. 433.

4 mars 1896 Dép. Les déclarations de naissance sont faites dans les hôpitaux coloniaux par les mêmes autorités que les déclarations de décès.

10 mars 1897 Arr. Règlement sur le fonctionnement du service dans les hôpitaux coloniaux.

Objet du service.

Personnel. — Attributions : Chef du service de santé. Médecins chefs. Médecins en sous-ordre. Pharmaciens. Religieuses. Aumôniers. Personnel administratif. Commis aux entrées. Gestionnaire. Médecin résidant. Infirmiers. Gens de service.

Exécution du service. — Admissions. Alimentation. Mobilier des salles. Evacuations. Rapatriements. Cessions de bains et de médicaments. Délivrances aux médecins et pharmaciens résidents. Dons. Bâtiments et locaux. Matériel. Prix de remboursement de la journée d'hôpital. Attributions du service du commissariat, *B. C.*, p. 178.

Notice A. Régime alimentaire, *B. C.*, p. 370.
B. Pièces à produire, *B. C.*, p. 387.

10 mars 1897 Circ. Application de l'arrêté du même jour, *B. C.*, p. 176.

23 déc. 1897 Circ. Renseignements à fournir aux médecins des bâtiments qui rapatrient des malades convalescents, *B. C.*, p. 1228.

11 mars 1898 Circ. Surveillance administrative des comptables des hôpitaux, *B. C.*, p. 156.

14 juin 1898 Circ. Allocations à attribuer aux officiers et militaires évacués d'une formation sanitaire sur une autre, *B. C.*, p. 461.

16 nov. 1899 Circ. Evaluer approximativement les objets hors marché compris dans les demandes du service hospitalier, *B. C.*, p. 1382.

17 juill. 1902 Circ. Les états de frais de traitement du personnel de la marine dans les hôpitaux coloniaux doivent être soumis au visa du commandant de la marine, *B. C.*, p. 658.

3 nov. 1903 Inst. Application du décret du 26 mai 1903 (groupement des forces militaires). Fonctionnement du service de santé dans les colonies autres que les colonies principales, *B. C.*, p. 923.

4 nov. 1903 Décr. Organisation du service de santé colonial, *B. C.*, p. 927; *B. G.*, p. 1627, *B. G.*, E. M., T. C., vol. 1, p. 209.

Art. 1. Services de santé coloniaux.
2. Personnel des services militaires et des services généraux du Département des colonies.
3. Personnel hors cadres.

Service de santé colonial (*suite*).

Art. 4. Inspection générale du service de santé colonial.
5. Conseil supérieur de santé des colonies.
6. Services de santé coloniaux dans la métropole.
7. Directions du service de santé aux colonies. Attributions générales.
8. Conseils de santé aux colonies.
9. Services médicaux militaires proprement dits.
10. Service médical des corps de troupe.
11. Infirmeries de garnison et postes médicaux.
12. Infirmeries-ambulances.
13. Hôpitaux militaires.
14. Etablissements hospitaliers du service général.

18 janv. 1901 Inst. pour l'application au Congo du décret du 26 mai 1903 (groupement des forces militaires). Organisation du service de santé, *B. C.*, p. 29.

8 juill. 1905 Inst. sur le fonctionnement administratif du service de santé colonial, *B. C.*, p. 1356.

Art. 1 à 3. Organisation administrative du service.
4 - 5. Projet de budget.
6 à 9. Plan de campagne.
10 à 14. Constitution des approvisionnements.
15 - 16. Emploi des crédits.
17 - 18. Surveillance du directeur.
19 à 24. Comptes rendus au Ministre.
25 - 26. Gestion des établissements. Comptabilité des crédits.
27 - 28. Comptabilité des matières.
29 à 32. Comptabilités intérieures.
33 à 38. Situations administratives. Relevés détaillés. Décompte du prix de revient de la journée. Rapport annuel.
39 à 42. Dispositions spéciales aux établissements soumis au régime de l'ordinaire.
43 à 47. Remboursement des frais de traitement des malades traités à charge de remboursement.
48. Attributions du commandant supérieur et de l'ordonnateur.
49. Service du casernement.
50. Dispositions diverses.
Nomenclature de l'outillage de consommation courante.

Documents techniques.

(Voir : *Statistique médicale.*)

11 sept. 1893 Circ. Etablissement des feuilles de clinique aux colonies, *B. C.*, p. 716

20 mai 1897 Circ. Instruction pour la tenue des documents techniques dans les hôpitaux coloniaux. Rapports. Statistiques. Certificats médicaux Demandes d'approvisionnements, *B. C.*, p. 498.

31 janv. 1899 Circ. Envoi et tenue des documents techniques (statistiques), *B. C.*, p. 50.

13 avril 1900 Circ. Tenue des documents. Statistiques. Certificats de cause de décès, *B. C.*, p. 330.

30 janv. 1904 Circ. Les documents prévus par la circ. du 20 mai 1897 doivent toujours être adressés au Département des colonies (rapports, statistiques). La circ. du 26 août 1902 (statistique médicale) n'a pas abrogé les instructions antérieures, *B. C.*, p. 114.

Service de santé en campagne.

31 oct. 1892 Règl. sur le service de santé de l'armée en campagne, vol. spl.; modif. 12 avril 1895, 19 juillet 1896, 19 mars 1902, *B. G.*, p. 325 et 327.

Art. 1 à 10. Objet du service.
11 à 20. Direction du service.
21 à 42. Dispositions concernant le personnel et l'exécution du service.
43. Service de l'avant. Dispositions générales.
44 à 51. Service régimentaire.

Service de santé en campagne (*suite*).

Art. 52 à 66. Ambulances.
67 à 75. Hôpitaux de campagne.
76. Service de l'arrière. Dispositions générales.
77 à 81. Hôpitaux de campagne temporairement immobilisés.
82. Etablissements permanents des pays occupés.
83 à 88. Hôpitaux d'évacuation.
89. Infirmerie de gare.
90. Service sur les routes d'étapes.
91. Dépôts de convalescents et dépôts d'éclopés.
92 à 95. Transports d'évacuation.
96 à 98. Répartition des malades et blessés évacués sur l'intérieur.
99 à 116. Approvisionnements. Gestion et comptabilité.
117 à 123. Service de santé dans les sièges.
124 à 140. Sociétés d'assistance aux blessés et malades militaires.
141. Service de santé à l'intérieur.
142. Campagnes hors d'Europe.

Notice 1. Convention de Genève et *B. G.*, E. M., vol. 76.
2. Matériel du service de santé en campagne.
3. Marches. Cantonnements. Bivouacs.
4. Emplacement et fonctionnement des postes de secours et des ambulances pendant le combat.
5. Moyens de couchage.
6. Régime alimentaire.
7. Réquisitions militaires.
8. Traitement des malades chez l'habitant.
9. Prisonniers de guerre.
10. Service de santé des étapes.
11. Evacuation de malades ou de blessés.
12. Testaments des militaires.
13. Formalités à remplir en cas de décès.
14. Inhumations. Assainissement des champs de bataille.
15. Sociétés d'assistance.
16. Fonctions de l'officier payeur.
17. Tarif des indemnités de frais de bureau aux officiers d'administration gestionnaires des formations sanitaires.
18. Comptabilité du service de santé en campagne.
19. Nomenclature des règlements, registres et imprimés nécessaires à chaque formation sanitaire pour le service de campagne.

16 mai 1900 Circ. Application aux troupes de la marine aux colonies des titres 1 à 3 du règl. du 31 octobre 1892, *B. C.*, p. 429; *B. M.*, p. 845.
16 nov. 1900 Notice sur le service de santé en campagne aux colonies, *B. C.*, p. 993.
1er févr. 1901 Circ. Mode d'acquisition des trousses pour les médecins du service régimentaire. Exécution de l'inst. du 16 novembre 1900, *B. C.*, p. 104.
19 mars 1902 Décr. modifiant l'art. 21 du décret du 31 octobre 1892. Registre à souche des certificats d'origine de maladie, *B. G.*, p. 325, et circ. du 19 mars 1892, modifiant le mod. 4 *bis*, *B. G.*, p. 327; err., *B. G.*, p. 431.

Service des armées en campagne.

28 mai 1895 Décret portant règlement sur le service des armées en campagne, *B. G.*, E. M., vol. 76, à jour au 1er septembre 1907.
14 nov. 1895 Circ. Application aux troupes de la marine, *B. C.*, p. 822; *B. M.*, p. 726.
5 sept. 1902 Inst. pratique sur le service de l'infanterie en campagne, modif. 27 mai 1906, *B. G.*, p. 748.
8 juill. 1903 Circ. L'instruction du 5 septembre 1902 sur le service de l'infanterie en campagne est applicable aux troupes d'infanterie françaises et indigènes aux colonies, *B. G.*, p. 1063.

Service des étapes.

25 avril 1900 Inst. sur le service des étapes, *B. G.*, E. M., vol. 100-6, p. 17.

Service des places.

22 janv. 1883 Circ. Suppression des factionnaires fournis au Trésor dans les colonies, *B. M.*, p. 104.

4 oct. 1891 Décret sur le service dans les places de guerre et les villes ouvertes, *B. G.*, E. R., vol. 75; appliqué aux troupes de la marine par circ. du 27 octobre 1891, *B. M.*, p. 734; modif. art. 247, 260, 294, 320, 27 janvier 1900, *B. G.*, p. 103; *B. M.*, p. 260; art. 8, 29 août 1904, *B. G.*, p. 1368; art. 247 et 260, 7 mars 1905, *B. G.*, p. 411; art. 205 à 214, 1er mai 1906, *B. G.*, p. 576; art. 246, 247, 253, 260, 277 et 293, 19 juillet 1906, *B. G.*, p. 909.

Art. 1. Places de guerre.
2 à 8. Classement des places de guerre et villes ouvertes. Droit au commandement.
9. Etat de paix.
10 à 12. Commandant supérieur de la défense. Adjoint au commandant supérieur. Gouverneurs désignés.
13. Commission de défense.
14. Archives des places.
15. Moyens d'information des commandants supérieurs et des gouverneurs désignés.
16 à 23. Commandants d'armes.
24 à 27. Major de garnison. Officiers et sous-officiers adjoints au major.
29. Adjudants de garnison.
30. Tenue des archives.
31 à 33. Rapports du commandant d'armes avec les autorités militaires.
34 à 38. De l'arrivée des troupes et de leur établissement dans la place.
39 à 55. Service des troupes dans les places de guerre et villes ouvertes.
56 à 84. Service des gardes dans leur poste. Devoirs des chefs de postes.
85 à 91. Service des gardes dans leur poste. Devoirs des sentinelles.
92 - 93. Du mot et de la retraite.
94 à 106. Patrouilles, rondes et visite des postes.
107 à 122 Police militaire dans les places.
123 à 125. Punitions.
126 à 128. Conseils de guerre et exécutions.
129 à 131. Surveillance du commandant d'armes sur le casernement.
132 à 134. Surveillance du commandant d'armes sur les corps de garde.
135 à 141. Surveillance du commandant d'armes sur les hôpitaux.
142 à 151. Surveillance du commandant d'armes sur les prisons militaires.
152 à 158. Conservation du domaine militaire et des fortifications.
159 à 163. Troupes en route.
164 à 174. Rapports du commandant d'armes avec les autorités civiles.
175 à 177. Commandement et service dans les citadelles, forts, châteaux et postes militaires.
178 à 188. Service et police dans l'état de guerre.
189 - 190. Déclaration de l'état de siège.
191 à 194. Service et police dans l'état de siège.
195 à 197. De la défense.
198 - 199. Conseil de défense.
200 à 204. Comité de surveillance des approvisionnements de siège.
205 à 214. Service de la trésorerie dans les places de guerre, modif 1er mai 1906, *B. G.*, p. 576.
215 à 218. Conseils d'enquête.
219 à 245. Rapports entre l'autorité militaire et l'autorité maritime dans les places qui sont ports militaires.

Service des places (*suite*).

Art. 246 à 251. Rangs et préséances dans les armées de terre et de mer.
252 à 348. Honneurs militaires.

27 oct. 1891 Diminution du nombre des hommes distraits du service régimentaire. Service de place. Gardes de police. Plantons. Travailleurs en ville, *B. G.*, E. R., vol. 62, p. 120; appliqué aux troupes de la marine, 8 janvier 1892, *B. C.*, p. 159; *B. M.*, p. 10.

16 avril 1894 Réduction des non-valeurs dans les corps de troupe. Surveillance des officiers généraux, *B. G.*, E. R., vol. 62, p. 130.

16 mars 1898 Circ. Délivrance de cartouches libres aux factionnaires, *B. G.*, E. R., vol. 75, p. 172.

22 avril 1898 Décret. Attributions des commandants supérieurs de la défense, *B. G.*, E. R., vol. 62, p. 287; modif. 31 juillet 1902, *B. G.*, p. 1641; 9 octobre 1902, *B. G.*, p. 1981; et inst. du 4 mai 1898, *B. G.*, E. R., vol. 62, p. 290; modif. 9 octobre 1902, *B. G.*, p. 1987.

2 août 1901 Circ. Ordre de bataille des troupes coloniales, *B. C.*, p. 768.

Service des subsistances.

(Voir : *Masse de ravitaillement.* — *Subsistances.*)

22 août 1899 Inst. sur le service des subsistances militaires en campagne, *B. G.*, E. R., vol. 94, p. 3.

14 juin 1900 Inst. sur le service des subsistances militaires en temps de paix, *B. G.*, E. R., vol. 91; modif. art. 504 et 514, 6 août 1901; art. 513, 526, 532 (remboursement des vivres cédés aux T. C.), 7 décembre 1901, *B. G.*, p. 1458; art. 387 et 415, 6 mai 1902, *B. G.*, p. 963; annexe 5, 18 mai 1902, *B. G.*, p. 1755; art. 532, 5 septembre 1902, *B. G.*, p. 1830; 4 décembre 1903 (droit aux distributions remboursables), *B. G.*, p. 1773; art. 82, 387, mod. 67, 22 septembre 1905, *B. G.*, p. 1464; art. 530, 531, modif. 22 mai 1907, *B. G.*, p. 622.

Art. 1 à 8. Objet et organisation du service.
9 à 26. Personnel d'exécution.
27 à 49. Bâtiments et locaux.
50 à 62. Moyens d'approvisionnement de la gestion directe.
63 à 73. Des réceptions.
74 à 77. Manutention. Conservation.
78 à 97. Distributions.
98 - 99. Prêts et dépôts de matériel.
100 à 122. Versements d'un magasin sur un autre. Expéditions.
123 à 130. Déchets, pertes et avaries.
131 à 144. Existants en magasin.
145 à 151. Classement hors de service. Réforme.
152 - 153. Ventes.
154 - 155. Destruction du matériel qui ne peut être vendu.
156 à 161. Droits de douane, de régie et d'octroi.
162 à 172. Remises et reprises de service. Gestions intérimaires.
173 à 181. Matériel.
182 à 285. Service des vivres exécuté en gestion directe; add. art. 254 *bis* et 254 *ter*, 4 juill. 1907, *B. G.*, p. 860.
286 à 298. Service des vivres exécuté à l'entreprise.
299 à 334. Service des fourrages exécuté en gestion directe.
335 à 341. Service des fourrages exécuté à l'entreprise.
342 à 351. Chauffage et éclairage.
352 à 356. Surveillance du service. Visite des magasins. Inspections générales.
357. Comptabilité.
358 à 440. Comptabilité en deniers; art. 417 abrogé, 4 juill. 1907, *B. G.*, p. 840.
441 à 497. Comptabilité en matières.
498 à 544. Comptabilité des distributions et des cessions; art. 530 modif. 28 sept. 1907, *B. G.*, p. 1480.
545. Réglementation relative aux manœuvres.

Annexe 5. Tarifs des allocations en nature, modif. 18 mai 1902, *B. G.*, p. 1755; 21 juillet 1905, *B. G.*, p. 1081.
Annexe 6. (Voir : *Poids et mesures.*)

Notices concernant l'exécution des différentes branches du service des subsistances militaires, *B. G.*, E. R., vol. 92 et 93.
Modèles, *B. G.*, E. R., vol. 91 *bis;* modèles 78 et 80, modif. 22 mai 1907, *B. G.*, p. 622.

Service d'état-major.

(Voir : *Etat-major.*)

Service géographique.

24 mai 1887 Décret. Réorganisation du service géographique, *B. G.*, E. R., vol. 61, p. 44; modif. 26 avril 1901, *B. G.*, p. 690.
10 févr. 1908 Service courant, art. 142. Propositions pour le service géographique, *B. G.*, E. M., vol. 74.
7 mai 1908 Inst. relative à la désignation d'officiers des T. C. pour l'accomplissement d'un stage au service géographique de l'armée, *B. G.*, p. 743.

Service intérieur.

(Voir : *Gendarmerie.* — *Rengagés.*)

1er juill. 1889 Déc. relative à des questions de discipline générale concernant les sous-officiers rengagés ou commissionnés mariés et autorisés à loger en ville, *B. G.*, E. R., vol. 78, p. 654.
27 nov. 1889 Circ. Production aux directeurs des contributions indirectes d'un relevé trimestriel des livraisons de liquides faites par des fournisseurs aux corps de troupe, *B. G.*, E. R., vol. 78, p. 687.
20 oct. 1892 Service intérieur des corps de troupes, infanterie, cavalerie, artillerie (1), *B. G.*, E. R., vol. 78; modif. (infanterie), 15 juin 1907, *B. G.*, p. 789.
Modèles, *B. G.*, E. R., vol. 79.
27 mars 1893 Circ. Application aux troupes de la marine des décrets du 20 octobre 1892 sur le service intérieur de l'infanterie et de l'artillerie, *B. M.*, p. 415; *B. C.*, p. 242.
9 oct. 1905 Circ. Education morale et intellectuelle du soldat, *B. G.*, p. 1523.
17 juill. 1906 Circ. relative au service des employés dans les corps de troupe, *B. G.*, p. 899.
18 déc. 1906 Circ. relative à la distraction des soldats du service armé pour des emplois dans les magasins, dans les bureaux, comme ordonnances, *B. G.*, p. 1805.

Service marine.

31 déc. 1892 Décret. Organisation du service administratif de la marine aux colonies, *B. M.*, p. 666; *B. C.*, 1893, p. 271.
15 avril 1893 Inst. pour l'application du décret ci-dessus, *B. M.*, p. 458; *B. C.*, p. 274; erratum, *B. M.*, p. 671.
13 janv. 1906 Décret. L'administration du personnel entretenu de la marine et l'ordonnancement de toutes les dépenses de ce département en Cochinchine passent au commissaire de l'arsenal, *B. C.*, p. 13.

Services militaires.

(Voir : *Inscription des services.*)

11 août 1883 Déc. déterminant le point de départ de la reprise du service pour les militaires libérés ou graciés, *B. G.*, E. M., vol. 59-4, p. 101.
28 déc. 1895 Art. 10 à 16. Réservistes. Décompte des services. Déductions par suite de condamnations, *B. G.*, E. R., vol. 71; et inst. du 7 avril 1906, art. 8 à 19.
11 mai 1901 Circ. Décompte des services des officiers de réserve et de l'armée territoriale, anciens élèves de certaines écoles (polytechnique, école d'application du service de santé, écoles vétérinaires), *B. G.*, p. 775.
23 déc. 1903 Arr., art. 8 et suiv. Inscription sur les matricules, relevés et états de services, services civils : constatation, inscription; services militaires : constatation, décompte, inscription, *B. G.*, E. M., vol. 10, p. 60.
21 mars 1905 Loi sur le recrutement, *B. C.*, p. 359; *B. G.*, p. 263; *B. G.*, E. M., vol. 68-1.
3 nov. 1905 Tableaux indiquant les dates d'appel et de licenciement des vingt classes antérieures à la classe 1881 et des classes postérieures à la classe 1898, *B. G*, p. 1668.

---

(1) Les modifications aux décrets sur le service intérieur sont portées à leur rubrique dans le corps du volume.

Services militaires (*suite*).

12 sept. 1907 Dép. minist. guerre à l'Indo-Chine. Les services accomplis, sous un nom d'emprunt, dans les régiments étrangers, peuvent entrer dans le décompte des services effectifs au point de vue du droit à pension, sans condition d'âge (décis. du Conseil d'Etat du 1er mai 1903).

Service vélocipédique.

(Voir : *Bicyclettes.* — *Tenue.*)

14 nov. 1895 Circ. Application aux troupes de la marine de l'inst. (guerre) sur le service vélocipédique, *B. M.*, p. 811.

2 mars 1896 Circ. Instruction à donner aux vélocipédistes des corps d'infanterie, *B. G.*, E. M., vol. 86 *ter*, p. 43; appliquée à l'infanterie de marine, 15 avril 1896, *B. M.*, p. 748.

19 janv. 1903 Dép. minist. Instruction relative à l'application aux troupes de l'Indo-Chine du règlement du 5 avril 1895 sur le service vélocipédique de l'armée.

30 sept. 1903 Description des uniformes, art. 372 à 374. Effets spéciaux aux vélocipédistes, *B. G.*, vol. spl., T. C., p. 204.

6 déc. 1903 Achat au compte de la masse générale d'entretien des effets spéciaux aux vélocipédistes, *B. G.*, vol. spl., T. C., p. 226

8 juill. 1904 Circ. Taxe sur les vélocipèdes détenus par les corps ou appartenant à des particuliers et utilisés pour le service, *B. G.*, E. M., vol. 86 *ter*, p. 3.

20 mai 1905 Inst. sur l'organisation et l'emploi du service vélocipédique dans l'armée. *B. G.*, E. M., vol. 86 *ter*, p. 7; modif. art. 41, 3 octobre 1905, *B. G.*, p. 1498; 23 octobre 1905, *B. G.*, p. 1615; art. 24, 30 juin 1906, *B. G.*, p. 859; art. 31, 36, 38, 14 novembre 1907, *B. G.*, 1908, p. 499.

Service vétérinaire.

(Voir : *Hygiène des chevaux.*)

20 oct. 1892 Service intérieur. Inf., art. 249 à 266. Service dans les corps d'infanterie. Artil., art. 73 à 91. Attributions et service des vétérinaires, *B. G.*, E. R., vol. 78.

14 mars 1896 Décret portant règlement sur le service vétérinaire de l'armée, *B. G.*, E. R., vol. 84, p. 3.

15 août 1898 Inst. résumant les dispositions en vigueur qui régissent le service vétérinaire, *B. G.*, E. R., vol. 84, p. 11; modif, 22 mai 1906, *B. G.*, p. 854.

27 avril 1899 Circ. Achat de médicaments vétérinaires et de récipients par les corps de troupe, *B. G.*, E. R., vol. 84, p. 437.

1er avril 1902 Circ. prescrivant aux conseils d'administration des corps de troupe de recourir de préférence aux vétérinaires de réserve ou de l'armée territoriale pour les soins à donner aux chevaux de l'armée dans les places où il n'y a pas de vétérinaires militaires, *B. G.*, p. 406.

29 juill. 1904 Circ. Inspection des chevaux d'infanterie, *B. G.*, p. 1284; err., *B. G.*, p. 1377.

9 déc. 1904 Inst., titre 3. Fonctionnement du service vétérinaire dans les corps de troupe et dépôts de remonte aux colonies, *B. C.*, p. 1253.

Art. 37 à 44. Infirmeries vétérinaires des corps montés.
45 à 51. Infirmeries vétérinaires des dépôts de remonte.
52 - 53. Garnisons où n'existe pas de dépôt de remonte.
54 - 55. Montures non réglementaires des officiers. Animaux appartenant aux services publics ou aux particuliers.
56 à 58. Approvisionnements des infirmeries vétérinaires.

Serviette.

30 sept. 1903 Description des uniformes, art. 452, *B. G.*, vol. spl., T. C.

Servitudes militaires.

(Voir : *Places de guerre.*)

17 juill. 1819 Loi. Servitudes imposées à la propriété pour la défense de l'Etat, *B. G.*, E. R., vol. 48, p. 141.

Servitudes militaires (*suite*).

21 nov. 1833 Circ. Dispositions à prendre pour empêcher que le domaine militaire ne soit grevé de servitudes susceptibles d'être acquises par prescription, *B. G.*, E. R., vol. 48, p. 539.

10 août 1853 Décr. Servitudes imposées à la propriété autour des fortifications, *B. M.*, p. 877; *B. M.*, R., p. 1082; *B. G.*, E. R., vol. 48, p. 147.

Signalements.

(Voir : *Désertion et insoumission.*)

Signaleurs.

18 juin 1892 Circ. Suppression des signaleurs dans l'infanterie de marine, *B. M.*, p. 771.

29 mai 1903 Décr., art. 2. Les dépenses des signaleurs sont à la charge de la masse des écoles, *B. G.*, E. M., vol. 2, p. 6.

30 janv. 1908 Dépenses à la charge de la masse d'entretien aux colonies.

Signatures.

(Voir : *Légalisations.*)

8 oct. 1836 Arr. Signature des actes de l'état civil relatifs aux militaires et des certificats de légalisation de pièces, *B. G.*, E. M., vol. 10, p. 145.

30 mars 1838 Lettre. Invitation à tous les fonctionnaires et agents du département de la marine d'écrire lisiblement leur signature, *A. M.*, p. 584; *B. M.*, R., p. 430.

27 déc. 1841 Ordre prescrivant aux officiers, fonctionnaires et agents du département de la guerre de signer d'une manière lisible les pièces et actes sur lesquels ils ont à apposer leur signature, *B. G.*, E. M., vol. 10, p. 139.

8 juill. 1866 Interdiction de l'usage des griffes pour remplacer les signatures, *B. G.*, E. M., vol. 10, p. 139.

4 mars 1867 Note prescrivant aux fonctionnaires de l'intendance de fournir les types de leur signature et de leur cachet, *B. G.*, E. M., vol. 10, p. 140.

14 janv. 1869 Règl. financier (colonies), art. 95. La signature des ordonnateurs secondaires est au moment de leur entrée en fonctions accréditée auprès des agents du Trésor, vol. spl.

3 avril 1869 Règl. financier (guerre), art. 111. La signature des ordonnateurs secondaires est au moment de leur entrée en fonctions accréditée auprès des agents du Trésor, *B. G.*, E. M., vol. 24, p. 44.

8 sept. 1869 Circ. Signatures types des fonctionnaires chargés des légalisations, *B. M.*, p. 140; *B. M.*, p. 500.

7 mars 1887 Circ. Envoi des signatures types à l'administration des colonies, *B. C.*, p. 89; et circ. des 21 août 1889, *B. C.*, p. 825; 4 décembre 1889, *B. C.*, p. 1501; 20 avril 1893, *B. C.*, p. 329.

23 mars 1908 Inst. sur le service de l'intendance aux colonies, art. 15.

Situations administratives.

20 oct. 1892 Service intérieur. Inf., art. 216; Artil., art. 251. Situation et rapport journalier, *B. G.*, E. R., vol. 78.

16 oct. 1903 Règl. sur les directions d'artillerie coloniales, *B. C.*, vol. spl., p. 85.

Art. 69. Situations administratives mensuelles.
71. Situations administratives trimestrielles.

26 mai 1904 Décret sur la solde et les revues (France), art. 95, 98 à 101, *B. G.*, vol. spl., T. C., p. 118.

16 janv. 1905 Inst. sur la comptabilité-matières (colonies), art. 337 à 343. Situations administratives, mensuelles et trimestrielles, *B. C.*, p. 218.

8 juill. 1905 Inst. sur le fonctionnement administratif du service de santé colonial, art. 19, 20, 33 et 34, *B. C.*, p. 1377.

27 nov. 1906 Inst. sur le service des frais de route aux colonies, art. 57, *B. C.*, p. 1095.

23 mars 1908 Inst. sur le service de l'intendance aux colonies, art. 53, 54.

Situations d'effectifs.

(Voir : *Mutations.* — *Non-activité.* — *Situation de la force armée.*)

9 mai 1891 Circ. Renseignements à fournir sur les effectifs des garnisons coloniales. Situations mensuelles, *B. C.*, 1893; p. 156; et circ. du 4 février 1893, *B. C.*, p. 155.

3 oct. 1898 Inst. donnant les règles à suivre pour l'établissement de la situation mensuelle nº 1 des corps de troupe, *B. G.*, E. R., vol. 87, p. 3; modif. 6 mars 1901, *B. G.*, p. 407; 27 janvier 1902, *B. G.*, p. 196; 6 février 1903, *B. G.*, p. 86; 15 mai 1906, *B. G.*, p. 656.

29 août 1901 Circ. Etablissement par les corps de troupe coloniaux stationnés en France de situations mensuelles modèle 1, *B. G.*, p. 868.

7 nov. 1902 Circ. Modification à la situation A C prescrite par la circ. du 29 août 1901. Suppression de la stuation A. Situation B. Rapport mensuel, *B. G.*, p. 2128.

8 déc. 1904 Circ. relative à l'envoi des situations mensuelles d'effectif, *B. G.*, p. 1767.

Situation de la force armée.

27 nov. 1902 Circ. Etablissement aux colonies, *B. C.*, p. 1187.

20 avril 1906 Circ. La situation ne sera plus fournie qu'en une seule expédition adressée au bureau militaire, *B. C.*, p. 382.

Situation de l'armement.

30 août 1884 Règl., art. 50. Situation à adresser au Ministre de la guerre, *B. G.*, E. R., vol. 19.

28 déc. 1905 Règl. sur l'armement aux colonies, art. 42. Situations semestrielles à fournir par les corps.

Situation rapport.

14 janv. 1907 Modification à l'inst. du 30 mai 1904 sur le tour de service colonial. Etablissement, le 15 de chaque mois, d'une situation-rapport, mod. H, *B. G.*, p. 185.

Situation semestrielle des principaux approvisionnements de réserve.

16 oct. 1903 Règl. sur les directions d'artillerie coloniales, art. 123, *B. C.*, vol. spl., p. 110.

8 juill. 1905 Inst. sur le fonctionnement administratif du service de santé colonial, art. 23, 36, *B. C.*, p. 1356.

23 mars 1908 Inst. sur le service de l'intendance aux colonies, art. 58.

Société française de tempérance.

10 févr. 1908 Service courant, art. 275. Propositions pour les récompenses décernées par la Société, *B. G.*, E. M., vol. 74.

Société l' « Assistance aux animaux ».

10 févr. 1908 Service courant, art. 276. Propositions pour les récompenses accordées par cette Société, *B. G.*, E. M., vol. 76.

Société militaire d'escrime pratique.

22 févr. 1904 Circ. Création, *B. G.*, p. 141.

Société nationale d'encouragement au bien.

10 févr. 1908 Service courant, art. 280. Propositions pour des récompenses en faveur des militaires de la gendarmerie, *B. G.*, E. M., vol. 74.

Sociétés.

(Voir : *Coopératives.*)

27 mai 1895 Circ. relative aux règles à suivre pour les militaires en ce qui concerne les associations ou sociétés quelconques, *B. G.*, E. M., vol. 31, p. 51, complétée 15 novembre 1904. *B. G.*, p. 1649. *B. G.*, E. M., vol. 31, p. 52.

11 nov. 1905 Circ. Application pour les troupes des garnisons coloniales de la circ. du 15 novembre 1904 complétant celle du 27 mai 1895, *B. C.*, p. 1224, *B. G.*, p. 1702, *B. G.*, E. M., vol. 31, p. 56.

SOCIÉTÉS DONT LES MILITAIRES DE L'ARMÉE ACTIVE SONT AUTORISÉS A FAIRE PARTIE.

DATES DES AUTORISATIONS.		DÉSIGNATION DES SOCIÉTÉS.	PERSONNELS auxquels S'APPLIQUE L'AUTORISATION.	CONDITIONS DE L'AUTORISATION.
7 janvier 1887	*B. G.*, E. M., vol. 31 *bis*, p. 61.	Union des officiers d'instruction publique et d'académie.	Personnes relevant du Département de la guerre.	Etre décoré des palmes universitaires.
23 avril 1887	Id. p. 23	Association française de topographie, de gymnastique et de tir.	Les officiers peuvent être autorisés à prêter leur concours.	Les cours ne doivent pas entraver le service et être facultatifs et gratuits.
13 mai 1887	Id. p. 57	Société de topographie de France.	Les officiers peuvent prêter leur concours.	
27 mars 1889	Id. p. 28	Club alpin français.	Officiers.	
17 avril 1889	Id. p. 22	Association créole.	Id.	
2 mai 1889	Id. p. 4	L'Alliance française.	Id.	
11 mai 1889	Id. p. 32	Société contre l'abus du tabac.	Membres de l'armée.	
17 juillet 1889	Id. p. 59	Société des Touristes du Dauphiné.	Officiers.	
30 août 1889	Id. p. 55	Le Souvenir français.	Id.	
19 décem. 1890	*B. M.*, p. 785.....			
30 août 1890	*B. G.*, E. M., vol. 31 *bis*, p. 8.	Association amicale coopérative des officiers de terre et de mer.	Officiers et assimilés.	
15 septem. 1890	*B. M.*, p. 346.....			
8 février 1893	*B. G.*, E. M., vol. 31 *bis*, p. 33.	Croix-Verte française (ancienne association tonkinoise).	Militaires de tous grades.	
23 novemb. 1893	Id. p. 45	La Sabretache.	Officiers et assimilés.	
22 janvier 1893	*B. M.*, p. 74......			
19 avril 1895	*B. G.*, E. M., vol. 31 *bis*, p. 58.	Touring-Club de France.	Id.	
25 avril 1895	*B. M.*, p. 629....			
28 juin 1895	*B. G.*, E. M., vol. 31 *bis*, p. 41.	Groupe parisien des Anciens Elèves de l'Ecole polytechnique.	Officiers issus de l'Ecole.	
25 juillet 1895	Id. p. 63	Union vélocipédique de France.	Officiers et assimilés.	
29 juillet 1895	*B. M.*, p. 240.....			
22 février 1897	*B. G.*, E. M., vol. 31 *bis*, p. 32.	Société contre l'usage des boissons spiritueuses, 5, rue de Pontoise, Paris.	Membres de l'armée.	
29 octobre 1897	*B. M.*, p. 529....			
28 mars 1898	*B. G.*, E. M., vol. 31 *bis*, p. 30.	Comité de Madagascar, 44, rue de la Chaussée-d'Antin, Paris.	Officiers.	
21 février 1899	*B. M.*, p. 321, *B. C.*, p. 415.			
21 juillet 1898	*B. G.*, E. M., vol. 31 *bis*, p. 30.	Comité Dupleix, 26, rue de Grammont, Paris.	Id.	
3 septem. 1898	*B. M.* p. 381.....			
29 août 1898	*B. G.*, E. M., vol. 31 *bis*, p. 36.	Société de protection des engagés volontaires élevés sous la tutelle administrative.	Id.	
26 juin 1899	Id. p. 28	Club cévenol. 5, rue Las-Cases, Paris.	Id.	
18 août 1899	Id. p. 42	Société de l'Histoire de France.	Id.	
27 décemb. 1899	Id. p. 47	Ligue fraternelle des Enfants de France.	Officiers et militaires de tous grades.	
2 mars 1900	Id. p. 62	Union des Sociétés françaises de sports athlétiques.	Militaires en activité.	
26 mars 1900	Id. p. 37	L'Enseignement pratique, 284, boulevard Raspail, Paris.	Officiers et assimilés.	
29 juin 1900	Id. p. 49	Société nationale de tir des communes de France, d'Algérie et des colonies, 42, rue du Louvre, Paris.	Id.	
19 avril 1901	Id. p. 38	Société fraternelle des anciens officiers des armées de terre et de mer, membres de la Légion d'honneur, 22, rue Vivienne, Paris.	Officiers et assimilés en activité âgés de plus de 50 ans, membres de la Légion d'honneur.	Sous réserve de ne pas assister aux assemblées générales, mais pourront s'y faire représenter.
23 avril 1901	Id. p. 54	Réunion d'études algériennes, 70, rue d'Assas, Paris.	Officiers et assimilés.	
15 mai 1901	Id. p. 17 *B. G.*, p. 793.	Société des anciens Elèves de l'Ecole coloniale, 2, avenue de l'Observatoire, Paris.	Id.	
29 mai 1901	Id. p. 28 *B. G.*, p. 900	Comité de l'Asie française, 19, rue Cassette, Paris.	Id.	

Sociétés (*suite*).

DATES DES AUTORISATIONS.		DÉSIGNATION DES SOCIÉTÉS.	PERSONNELS auxquels S'APPLIQUE L'AUTORISATION.	CONDITIONS DE L'AUTORISATION.
18 octobre 1901	*B. G.* E. M., vol. 31 *bis*, p. 30.	Comité d'honneur des Sociétés des Anciens Militaires de leur régiment qui sont rattachées à l'Union des Sociétés régimentaires, 61, rue de Malte, à Paris.	Officiers.	
20 janvier 1902	Id. p. 50	Œuvre coloniale des Femmes françaises, 46, rue de l'Université, Paris.	Officiers et assimilés.	
17 février 1902	Id. p. 24	Association sténographique unitaire, 28, rue Serpente, Paris.	Id.	
24 février 1902	Id. p. 53	Société française de prophylaxie sanitaire et morale, 21, rue de Paradis.	Id.	
22 mai 1902	Id. p. 29	Comité d'honneur des Sociétés d'Anciens Militaires de leur régiment qui sont rattachées à l'Union des Sociétés régimentaires et d'Anciens Militaires de la Gironde, 53, rue des Trois-Conils, à Bordeaux.	Officiers.	
2 juin 1902	Id. p. 37	Sociétés qui composent la Fédération française des Sociétés d'aviron, 23, rue du Chemin-Vert, Paris.	Militaires de tous grades.	
3 juillet 1902	Id. p. 44	Institut sténographique de France, 150, boulevard Saint-Germain, Paris.	Officiers et assimilés.	
3 septemb. 1902	Id. p. 56	Association du tir universitaire de France, 220, rue Saint-Jacques, Paris.	Les officiers qui en feront la demande pourront être exceptionnellement autorisés à en faire partie.	
12 septemb. 1902 et 13 février 1905	Id. p. 31	Société nationale des Conférences populaires.	Officiers et assimilés, sous-officiers.	
19 janvier 1903	Id. p. 52	Société de préservation contre la tuberculose, 33, rue Lafayette, Paris.	Officiers.	
16 février 1903	Id. p. 49	Société d'océanographie du golfe de Gascogne, 3, cours du Jardin-Public, à Bordeaux.	Id.	
13 mars 1903	Id. p. 60	Union coloniale française, 44, rue de la Chaussée-d'Antin, Paris.	Id.	
16 mars 1903	Id. p. 55	Saint-Hubert-Club de France, 25, quai Voltaire, Paris.	Id.	
25 avril 1903	Id. p. 24	Société des Auteurs normands, à Alençon.	Officiers nés en Normandie ou y habitant.	
25 mai 1903	Id. p. 5	Alliance nationale pour l'accroissement de la population française, 26, avenue Marceau, Paris.	Officiers.	
30 juin 1903	Id. p. 55	Syndicat d'initiative de Carcassonne et de l'Aude.	Id.	
21 juillet 1903	Id. p. 15	Les Petits Volontaires de 1870-1871.	Id.	
21 juillet 1903	Id. p. 32	Association confraternelle des vétérinaires français.	Vétérinaires militaires.	
27 juillet 1903	Id. p. 53	Société pour la propagation des langues étrangères en France, 28, rue Serpente, à Paris.	Officiers et assimilés.	
24 septemb. 1903 complétée le 2 juin 1904.	Id. p. 51	Sociétés et Syndicats de pêcheurs à la ligne de France rattachés au Syndicat central à Paris, 4, rue Combes.	Officiers et assimilés, sous-officiers et soldats.	
8 octobre 1903	Id. p. 24	Association philomatique, 38, rue de la Verrerie, Paris.	Officiers et assimilés.	
4 décemb. 1903	Id. p. 62	Union des Sociétés de tir de France, 61, rue Caumartin, Paris.	Id.	
30 décemb. 1903	Id. p. 51	Société de pisciculture « La Morbihannaise », Vannes.	Id.	
14 janvier 1904	Id. p. 12	Association amicale des Anciens Elèves du Lycée de Marseille.	Officiers anciens élèves des lycées et collèges de France et d'Algérie.	
16 janvier 1904	Id. p. 25	Automobile-Club vosgien.	Officiers et assimilés.	
22 janvier 1904	Id. p. 26	Caisse de retraite des officiers de réserve et de l'armée territoriale, 5, rue de Maubeuge, Paris.	Officiers et assimilés de l'armée active.	Sous réserve qu'ils ne pourront assister aux assemblées générales, mais seulement s'y faire représenter.
19 février 1904	Id. p. 15	Les Allobroges, au Puy (Haute-Loire).	Officiers et assimilés, sous-officiers rengagés et commissionnés.	Limitée aux originaires de la Savoie, de l'Isère et de la Drôme.

Sociétés (*suite*).

DATES DES AUTORISATIONS.		DÉSIGNATION DES SOCIÉTÉS.	PERSONNELS auxquels S'APPLIQUE L'AUTORISATION.	CONDITIONS DE L'AUTORISATION.
7 mars 1904	*B. G.*, E. M., vol. 31 *bis*, p. 63.	Union fraternelle des Enfants de la Haute-Saône et de Belfort, 2, boulevard de Strasbourg, à Paris.	Militaires de tous grades.	Limitée aux originaires de la Haute-Saône et du territoire de Belfort.
7 mars 1904	Id. p. 42	Union des Sociétés de gymnastique de France, 9, passage Saulnier, Paris.	Officiers et assimilés.	
6 mai 1904	Id. p. 48	Société mycologique de France, 84, rue de Grenelle, Paris.	Id.	
16 mai 1904	Id. p. 50	Œuvre des Jeux du soldat, 4, rue Halévy, Paris.	Id.	
18 mai 1904	Id. p. 4	Action coloniale et maritime, 35, rue de Lille, Paris.	Id.	
21 mai 1904	Id. p. 46	Ligue contre la mortalité infantile, 7, rue Mondovi, Paris.	Id.	
2 juin 1904	Id p. 48.	La Mutuelle des Enfants de l'Ain, 26, rue du Quatre-Septembre, Paris.	Id.	Limitée aux originaires du département de l'Ain.
16 juin 1904	Id. p. 13	Association amicale et de prévoyance de l'administration centrale de la guerre.	Officiers, fonctionnaires militaires ou assimilés ou ayant la correspondance de grade.	En qualité de membres honoraires.
1er juillet 1904	Id. p. 42	Société d'Histoire de la Révolution de 1848, 79, rue Jouffroy, Paris.	Officiers et assimilés.	
6 juillet 1904	Id. p. 61	Union des Sociétés d'instruction militaire de France, 42, rue d'Argout, Paris.	Id.	
18 juillet 1904	Id. p. 40	Société de géographie d'Alger et de l'Afrique du Nord.	Officiers.	
30 juillet 1904	Id. p. 9	Société amicale des Anciens Elèves de l'Ecole nationale professionnelle de Vierzon (Cher).	Officiers et assimilés.	Anciens élèves de l'école.
22 août 1904	Id. p. 54	Société dunkerquoise pour l'encouragement des sciences, des lettres et des arts, 2, rue Benjamin-Morel, à Dunkerque.	Id.	
30 août 1904	Id. p. 36	Association des engagés volontaires mineurs de 1870-1871, 1, avenue de la République, Paris.	Militaires en activité de service.	Limitée à ceux qui étaient mineurs en 1870-71 et se sont engagés à cette époque.
8 octobre 1904	Id. p. 48	Association nationale de préparation des jeunes gens au service militaire, 3, rue de la Paix, Paris.	Officiers et assimilés.	Limitée à ceux qui en feront la demande.
19 octobre 1904	Id. p. 64	Société des visiteurs, 5, rue de Poitiers, Paris.	Id.	
19 octobre 1904	Id. p. 4	L'Africaine, 46, rue Saint-André-des-Arts, Paris.	Id.	
20 octobre 1904	Id. p. 5	Association pour l'aménagement des montagnes.	Militaires de tous grades.	
11 novemb. 1904	Id. p. 59	Section de Ternay (Isère), de la Société d'instruction et d'éducation militaires Touristes lyonnais.	Officiers et assimilés.	
15 décemb. 1904 complétée le 19 mai 1905	Id. p. 54	Société républicaine des Conférences populaires, 5, rue de l'Isly, Paris.	Officiers et sous-officiers.	
31 décemb. 1904	Id. p. 37	Comité d'honneur de la Fédération des Sociétés régimentaires et d'Anciens Militaires et des sociétés qui la composent.	Officiers et assimilés.	
30 janvier 1905	Id. p. 40	Société de géographie du Cher.	Id.	
30 janvier 1905	Id. p. 29	Comité d'honneur de l'Œuvre des Jeux du soldat.	Généraux membres du conseil supérieur de la guerre et généraux commandant les corps d'armée.	
30 janvier 1905	Id. p. 11	Association amicale des Anciens Elèves du lycée Malherbe, à Caen.	Militaires de tous grades.	Limitée aux anciens élèves de ce lycée.
3 février 1905	Id. p. 47	Société des médaillés militaires de France, 57, rue de Rennes, Paris.	Officiers et assimilés.	En qualité de membres d'honneur.
16 février 1905	Id. p. 52	Société pour la propagation de l'Espéranto et divers groupes espérantistes.	Militaires de tous grades.	
18 février 1905	Id. p. 27	Cercle parisien de la Ligue française de l'enseignement, 16, rue Miromesnil, Paris.	Officiers et assimilés.	Sous réserve qu'ils ne figureront pas dans le comité de ce cercle.

Sociétés (*suite*).

DATES DES AUTORISATIONS.		DÉSIGNATION DES SOCIÉTÉS.	PERSONNELS auxquels S'APPLIQUE L'AUTORISATION.	CONDITIONS DE L'AUTORISATION.
23 février 1905	*B. G.*, E. M., vol. 31 *bis*, p. 22.	Association coloniale française d'Algérie, 25, rue de l'Isly, à Alger.	Militaires de tous grades.	
27 février 1905	Id. p. 43	Société des 1, 52, rue de Clichy, Paris.	Officiers.	En qualité de membres correspondants.
6 mars 1905	Id. p. 19	Association des Anciens Elèves du lycée de Toulouse.	Militaires de tous grades.	Limitée aux anciens élèves.
8 mars 1905	Id. p. 12	Les Enfants de l'arrondissement de Vienne, à Grenoble, 15, rue du Lycée.	Id.	Limitée aux originaires de l'arrondissement.
8 mars 1905	Id. p. 23	Association fondatrice et fédératrice des Sociétés de préparation au service des armes à cheval.	Officiers et assimilés.	Sous réserve de ne pas remplir les fonctions d'instructeur ou de membre des bureaux.
20 mars 1905	Id. p. 52	Société de propagande coloniale, 21, rue Condorcet, Paris.	Officiers et sous-officiers.	
28 mars 1905 *B. G.*, p. 374 et circ. (marine) du 31 janvier 1899	Id. p. 47 *B. M.*, p. 321 et *B. C.*, p. 415	Ligue maritime française, 39, boulevard des Capucines, Paris.	Officiers et assimilés.	
8 avril 1905	*B. G.*, E. M., vol. 31 *bis*, p. 9.	Association amicale des Anciens Elèves de l'Ecole professionnelle de Nevers.	Militaires de tous grades.	Limitée aux anciens élèves.
10 avril 1905	Id. p. 10	Association amicale des Anciens Elèves du lycée Gambetta, à Cahors.	Id.	Limitée aux anciens élèves.
28 avril 1905	Id. p. 43	Association des ingénieurs et hygiénistes municipaux de France, Belgique, Suisse et grand-duché de Luxembourg, à Paris.	Médecins militaires.	
3 mai 1905	Id. p. 25	Automobile-Club d'Auvergne, à Clermont-Ferrand.	Officiers et assimilés.	
15 mai 1905	Id. p. 3	L'Abeille vosgienne, à Epinal.	Militaires de tous grades.	
15 mai 1905	Id. p. 11	Association amicale des anciens Elèves du collège et du lycée de Laon.	Id.	
15 mai 1905	Id. p. 45	La Macchia, 195, rue de Grenelle, Paris.	Id.	Limitée aux Corses ou originaires de la Corse.
16 mai 1905	Id. p. 33	La Côte d'Azur à Paris, 7, rue Edmond-Guillout.	Id.	Limitée aux originaires des Alpes-Maritimes, du Var et des Bouches-du-Rhône.
17 mai 1905	Id. p. 6	Association amicale des Anciens Elèves et Professeurs du collège de Honfleur.	Id.	
19 mai 1905		Voir 15 décembre 1904 ci-dessus.		
20 mai 1905	Id. p. 43	Société de l'Histoire de la Révolution Française, 3, rue Furstenberg, Paris.	Officiers et assimilés.	
25 mai 1905	Id. p. 16	Comité d'honneur de la Société Friedland.	Id.	
26 mai 1905	Id. p. 8	Association amicale des Anciens Elèves de l'Ecole municipale Diderot, 25, rue Béranger, Paris.	Militaires de tous grades.	Limitée aux anciens élèves.
7 juin 1905	Id. p. 10	Association amicale des Anciens Elèves du lycée de Châteauroux.	Officiers.	
14 juin 1905	Id. p. 6	Association amicale des Anciens Elèves du collège de Clermont (Oise).	Militaires de tous grades.	
24 juin 1905	Id. p. 7	Association amicale des Anciens Elèves du collège de Thiers.	Officiers et sous-officiers.	Limitée aux anciens élèves.
6 juillet 1905 *B. G.*, p. 1036	Id. p. 7	Association amicale des Anciens Elèves du collège de Valence.	Militaires de tous grades.	
6 juillet 1905 *B. G.*, p. 1037	Id. p. 6	Association amicale des Anciens Elèves du collège et du lycée d'Alger.	Id.	
11 juillet 1905 *B. G.*, p. 1063	Id. p. 56	Société timbrophile de Bordeaux.	Officiers et assimilés.	
18 juillet 1905 *B. G.*, p. 1076	Id. p. 10	Association amicale des Anciens Elèves de l'Ecole de médecine et de pharmacie de Reims.	Médecins et pharmaciens militaires.	Limitée aux anciens élèves.
16 août 1905 *B. G.*, p. 1236	Id. p. 46	Ligue du Progrès naval, 26, rue de Grammont, Paris.	Officiers, fonctionnaires et agents du Département de la guerre.	
21 août 1905	Id. p. 18	Association fraternelle des Anciens Elèves du lycée de Nîmes.	Militaires de tous grades.	
31 août 1905	Id. p. 18	Association des Anciens Elèves du collège de Commercy.	Officiers.	

Sociétés (*suite*).

DATES DES AUTORISATIONS.		DÉSIGNATION DES SOCIÉTÉS.	PERSONNELS auxquels S'APPLIQUE L'AUTORISATION.	CONDITIONS DE L'AUTORISATION.
15 septemb. 1905 *B. G.*, p. 1393	*B. G.*, E. M., vol. 31 *bis*, p. 18.	Association amicale des Anciens Elèves du lycée d'Evreux.	Militaires de tous grades.	
17 septemb. 1905 *B. G.*, p. 1439	Id. p. 17	Association amicale des Anciens Elèves du collège de Millau.	Id.	
18 septemb. 1905 *B. G.*, p. 1439	Id. p. 46	Ligue contre la poussière des routes, 6, place de la Concorde, Paris.	Officiers et assimilés.	
19 septemb. 1905 *B. G.*, p. 1442	Id. p. 19	Association des Anciens Soldats de la légion étrangère en résidence dans le département de Meurthe-et-Moselle, à Nancy.	Id.	En qualité de membres honoraires.
28 septemb. 1905 *B. G.*, p. 1453	Id. p. 31	La Colonisation française, 12, rue des Lombards, Paris.	Militaires de tous grades.	
30 septemb. 1905 *B. G.*, p. 1473	Id. p. 38	La France colonisatrice, 22, place Saint-Marc, à Rouen.	Officiers.	La collaboration par des conférences, par des publications, par la présidence des réunions est soumise chaque fois à l'autorisation du Ministre.
16 octobre 1905 *B. G.*, p. 1559	Id. p. 50	Œuvre des Vieux Militaires, 89, rue Lamarck, à Paris.	Id.	
17 octobre 1905 *B. G.*, p. 1560	Id. p. 62	Union fédérative des médecins de la réserve et de l'armée territoriale.	Médecins militaires.	
30 octobre 1905 *B. G.*, p. 1661	Id, p. 17	Association des Anciens Elèves du collège de Compiègne.	Militaires de tous grades.	
30 octobre 1905 *B. G.*, p. 1662	Id. p. 13	Association amicale des Anciens Professeurs et Elèves du collège Jules-Simon, de Vannes.	Id.	Limitée aux anciens élèves.
30 octobre 1905 *B. G.*, p. 1662	Id. p. 20	Société d'archéologie de Neufchâteau et de la région.	Id.	
8 novemb. 1905 *B. G.* p. 1701	Id. p. 11	Association amicale des Anciens Elèves du lycée du Mans.	Officiers et assimilés.	
22 novemb. 1905 *B. G.*, p. 1722	Id. p. 7	Association amicale des Anciens Elèves du collège de Verdun.	Militaires de tous grades.	Limitée aux anciens élèves.
1er décem. 1905 *B. G.*, p. 1758	Id. p. 25	Automobile-Club de Picardie, à Amiens.	Officiers et assimilés.	
13 décemb. 1905 *B. G.*, p. 1806	Id. p. 34	Les Enfants du Gard, 1, rue Papin, Paris.	Id.	Limitée aux originaires du département du Gard.
4 janvier 1906	*B. G.*, p. 3. ...	Association des Anciens Elèves du lycée de Lyon.	Militaires gradés.	Limitée aux anciens élèves.
15 janvier 1906	Id. p. 45	Association des Anciens Elèves du collège de Béthune.	Militaires de tous grades.	Limitée aux anciens élèves.
19 janvier 1906	Id. p. 35.....	Société Gambetta.	Officiers.	
19 janvier 1906	Id. p. 46.....	La Solidarité humaine, association maritime française, 5, rue de l'Alma, à Cherbourg.	Militaires de tous grades.	Sous réserve de ne pas figurer dans le conseil d'administration.
19 janvier 1906	Id. p. 47.....	Réunion amicale des Officiers coloniaux, 61, rue Buffon, Paris.	Officiers.	
19 janvier 1906	Id. p. 47.....	Association amicale des Anciens Elèves du lycée de Versailles.	Id.	Limitée aux anciens élèves.
27 janvier 1906	Id. p. 126	Société française d'émulation agricole contre la désertion des campagnes, 3, rue Baillif, Paris.	Officiers et militaires de tous grades.	
30 janvier 1906	Id. p. 126.....	Société Franklin, 1, rue Christine, Paris.	Officiers et assimilés.	Sous réserve de ne pas faire partie du bureau.
8 février 1906	Id. p. 145.....	La Mission laïque française, 6, rue des Ursulines, Paris.	Officiers.	
12 février 1906	Id. p. 163.....	Association amicale des Anciens Elèves du collège de Condé-sur-l'Escaut.	Id.	Limitée aux anciens élèves.
23 février 1906	Id. p. 304.....	Œuvre des Enfants de la garde républicaine.	Militaires de tous grades.	
9 mars 1906	Id. p. 361.....	L'Aéronautique-Club de France, 58, rue Jean-Jacques-Rousseau, Paris.	Officiers et assimilés.	
10 mars 1906	Id. p. 361.....	Société d'encouragement à l'élevage du cheval de guerre français, 20, boulevard de Courcelles, Paris.	Officiers de toutes armes.	Sous réserve de n'occuper aucune fonction de direction ou d'administration.
16 mars 1906	Id. p. 368.....	Association des Officiers de réserve de l'armée territoriale et en retraite du département du Gers, à Auch.	Officiers et assimilés.	

Sociétés (*suite*).

DATES DES AUTORISATIONS.	DÉSIGNATION DES SOCIÉTÉS.	PERSONNELS auxquels S'APPLIQUE L'AUTORISATION.	CONDITIONS DE L'AUTORISATION.
23 mars 1906 *B. G.*, p. 394.....	Aéro-Club de France, à Paris, 84, Faubourg-Saint-Honoré.	Officiers et assimilés.	Sous réserve de n'occuper aucune fonction de direction ou d'administration.
23 mars 1906 Id. p. 395.....	Automobile-Club de la Sarthe, au Mans.	Id.	Sous réserve de n'occuper aucune fonction de direction ou d'administration. Les officiers sont autorisés à prendre part aux concours de distance organisés par l'association. Circ. du 17 août 1907. *B. G.*, p. 1183.
9 avril 1906 Id. p. 842.....	Société des Anciens Elèves des Ecoles nationales d'arts et métiers, 6, rue Chauchat, Paris.	Id.	
23 avril 1906 Id. p. 842.....	Société hippique du Dauphiné, à Grenoble.	Id.	
1er mai 1906 Id. p. 842.....	La France hippique, rue de la Bienfaisance, 4, à Paris.	Id.	
30 mai 1906 Id. p. 842.....	Ligue nationale contre l'alcoolisme, 50, rue des Ecoles, Paris.	Militaires de tous grades.	
31 mai 1906 Id. p. 842	Association amicale des Anciens Elèves, des Fonctionnaires et Anciens Fonctionnaires du collège d'Epinal.	Id.	Limitée aux anciens élèves et anciens fonctionnaires du collège.
4 juin 1906 Id. p. 842.....	Association amicale des Anciens Elèves du collège de Perpignan.	Id.	Limitée aux anciens élèves.
6 juin 1906 Id. p. 843.....	Syndicat général d'initiative de la Bourgogne, 65, rue des Godrans, à Dijon.	Officiers et assimilés.	
18 juin 1906 Id. p. 843.....	Association amicale des Anciens Elèves du collège de Pamiers.	Militaires de tous grades.	Limitée aux anciens élèves.
4 juillet 1906 Id. p. 1300....	Escadron de Saint-Georges, 6, place de la Bourse, Paris.	Officiers et assimilés.	
30 juillet 1906 Id. p. 1300....	Société de Médecine militaire française.	Médecins militaires.	
31 juillet 1906 Id. p. 1300....	Ligue contre la désertion des campagnes, 52, rue de Ménilmontant, Paris.	Militaires de tous grades.	
14 août 1906 Id. p. 1300....	Association des jurés orphéoniques, 22, rue Rochechouart, Paris.	Chefs de musiques militaires	
1er sept. 1906 Id. p. 1300....	La Saumurienne.	Officiers et assimilés.	
14 septemb. 1906 Id. p. 1300....	Ligue des médecins et des familles pour l'hygiène scolaire, 64, rue de la Victoire, Paris.	Id.	
2 octobre 1906 Id. 1907, p. 39.	Société d'encouragement à l'éducation physique dans l'armée, 1, rue Turbigo, Paris.	Militaires de tous grades.	
10 décemb. 1906 Id. — p. 39.	Association générale des publicistes français, 15, Faubourg-Montmartre, Paris.	Id.	
12 décemb. 1906 Id. — p. 39.	Association amicale des Anciens Elèves du lycée Carnot, Paris.	Id.	
31 décemb. 1906 Id. — p. 39.	Réunion de la plume et de l'épée, 169, boulevard Malesherbes, Paris.	Officiers.	
31 décemb. 1906 Id. — p. 39.	Association amicale des Anciens Elèves du lycée Voltaire, 101, avenue de la République, Paris.	Militaires de tous grades.	
3 janvier 1907 Id. p. 445.....	Société « Lakanal » à Marseille.	Officiers et sous-officiers.	Limités aux personnels en garnison à Marseille.
17 janvier 1907 Id. p. 445.....	Les Cavaliers de Paris, à Paris, square de Latour-Maubourg.	Officiers.	
15 février 1907 Id. p. 446. ...	Le Jeune Soldat, Paris, rue de Louvois, 6.	Id.	
16 février 1907 Id. p. 446.....	Encyclopédie nationale, Paris, 19, rue J.-J.-Rousseau.	Militaires de tous grades.	
18 février 1907 Id. p. 446	Association amicale des Anciens Elèves de l'école municipale J.-B.-Say, Paris, 11 *bis*, rue d'Auteuil.	Officiers.	
2 mars 1907 Id. p. 446.....	Réunion des officiers de réserve de l'armée territoriale et en retraite d'Ajaccio.	Id.	
6 mars 1907 Id. p. 446.....	Œuvre des Cercles du soldat, Paris, 69, rue Montmartre.	Id.	
20 mars 1907 Id. p. 447.....	Société préhistorique de France, Paris, 21, rue Linné.	Militaires de tous grades.	

Sociétés (*suite*)

DATES DES AUTORISATIONS.	DÉSIGNATION DES SOCIÉTÉS.	PERSONNELS auxquels S'APPLIQUE L'AUTORISATION.	CONDITIONS DE L'AUTORISATION.
22 mars 1907 *B. G.*, p. 447.....	Association scientifique internationale d'agronomie coloniale, Paris, 34, rue Hamelin.	Officiers.	
15 avril 1907 Id p. 871.....	Société populaire des Beaux-Arts, 16, rue Grange-Batelière, Paris.	Militaires de tous grades.	
15 avril 1907 Id. p. 871....	Société de Géographie de Lyon.	Officiers et assimilés.	Avec autorisation de publier leurs travaux dans le Bulletin de cette société.
22 avril 1907 Id. p. 871.....	L'Union des Amis de l'école de Nancy.	Officiers.	
26 avril 1907 Id. p. 871.....	La Jeunesse vosgienne, à Épinal.	Militaires de tous grades.	
27 avril 1907 Id. p. 871.....	Association nationale française pour la protection légale des travailleurs, à Paris, rue Las Cases, 5.	Officiers et assimilés.	
25 mai 1907 Id. p. 1965....	Le Sport colombophile de Nantes.	Officiers de toutes armes.	
3 août 1907 Id. p. 1501....	Société protectrice des animaux, rue de Grenelle, 84.	Officiers de toutes armes.	
9 août 1907 Id. 1908, p. 471.	Toutes les sociétés scolaires de tir formées dans les établissements d'instruction secondaire de l'Etat et dans les écoles normales d'instituteurs.	Officiers et sous-officiers.	Sous réserve d'en rendre compte à leur chef de corps ou directeur de service.
30 septemb. 1907 Id. p. 1501....	Association amicale des Anciens Elèves du collège Prieur de la Côte-d'Or, à Auxonne.	Militaires de tous grades.	
22 octobre 1907 Id. p. 1965....	Comité d'honneur des Sociétés, d'anciens militaires des corps de troupe rattachés à la Fédération nationale des Sociétés d'anciens militaires (ancienne union des sociétés régimentaires).	Officiers de toutes armes.	
13 novemb. 1907 Id. p. 1965....	Société amicale des Anciens aérostiers militaires, 35, rue Boissy-d'Anglas, Paris.	Officiers et assimilés.	En qualité de membres honoraires.
3 décemb. 1907 Id. p. 1965...	Fédération sportive et de préparation militaire, 16, boulevard Saint-Michel, Paris.	Officiers de toutes armes.	
7 janvier 1908 Id. p. 471.....	Association amicale des Anciens élèves du collège et du lycée de Nevers.	Officiers et assimilés.	Anciens élèves.
7 janvier 1908 Id. p. 471.....	Association philotechnique du Pas-de-Calais à Arras.	Officiers de toutes armes.	
13 janvier 1908 Id. p. 471.....	Association des instituteurs, Paris, mairie du XIe.	Militaires de tous grades.	
15 janvier 1908 Id. p. 471.....	Société française de navigation aérienne, 19, rue Blanche.	Officiers et assimilés.	
15 janvier 1908 Id. p. 471.....	Association de l'ordre du Mérite agricole, 61, boulevard Barbès.	Officiers de toutes armes.	Officiers décorés du Mérite Agricole.
24 janvier 1908 Id. p. 471.....	Union des sociétés de préparation militaire de France, 23, rue de la Sourdière, Paris.	Officiers et sous-officiers.	
31 janvier 1908 Id. p. 471.....	Académie aéronautique de France, 14, rue des Goncourt, Paris.	Officiers de toutes armes.	
5 février 1908 Id. p. 471.....	Société symphonique *le Triton*, 11, square Moncey.	Officiers et assimilés.	

Sociétés d'assistance aux blessés et malades.

(Voir : *Association des Dames françaises.*)

19 oct. 1892 Décret réglant le fonctionnement général des sociétés d'assistance aux blessés et malades des armées de terre et de mer, *B. M.*, p. 575; et service de santé en campagne, notice 15, vol. spl., p. 300.

Sociétés hippiques.

30 août 1904 Circ. relative aux autorisations à accorder aux officiers de l'armée active de faire partie des sociétés hippiques, *B. G.*, E. M., vol. 31, p. 52.

12 avril 1906 Inst. Autorisations d'en faire partie à accorder aux militaires de l'armée active, *B. G.*, p. 524; *B. G.*, E. M., vol. 31, p. 7.

Sœurs hospitalières.

(Voir : *Laïcisation.*)

19 sept. 1882 Circ. Allocations à payer aux sœurs employées dans les colonies, *B. M.*, p. 442.

Soldats de 1re classe.

14 janv. 1889 Arr. relatif aux nominations de soldats de 1re classe dans les corps de troupe de toutes armes, *B. G.*, E. R., vol. 22, p. 86.

27 avril 1889 Note. Port du galon de 1re classe par les soldats musiciens, *B. G.*, E. R., vol. 22, p. 87; complétée 6 juillet 1889, *B. G.*, E. R., vol. 22, p. 88.

20 oct. 1892 Service intérieur, Inf., art. 191. Admission à la 1re classe. Service, *B. G.*, E. R., vol. 78.

Soldats ordonnances.

(Voir : *Ordonnances.*)

Soldats porteurs d'outils.

20 oct. 1892 Service intérieur, Inf., art.192. Désignation, *B. G.*, E. R., vol. 78.

Solde.

(Voir : *Avances de solde.* — *Chine.* — *Comptabilité-finances*, 3 juin 1902. — *Cumul.* — *Délégations.* — *Engagements volontaires.* — *Hautes payes.* — *Indemnités.* — *Prescription.* — *Primes d'engagement.* — *Primes de rengagement.* — *Rengagements.* — *Retenues.*)

1° *Dispositions diverses.*

10 déc. 1896 Circ. Envoi d'une circ. des finances. Les trésoriers généraux et receveurs des finances sont autorisés à payer la solde des officiers et assimilés le dernier jour du mois, *B. M.*, p. 747.

22 juin 1897 Circ. L'intendance militaire est seule chargée des paiements à faire aux officiers et militaires de l'armée de terre partant pour les colonies ou en revenant, *B. C.*, p. 601; notes (guerre) du 29 juillet 1897, *B. G.*, E. R., vol. 88, p. 241; *B. C.*, p. 816; 20 avril 1899; *B. G.*, E. R., vol. 88, p. 242; *B. G.*, p. 260; *B. C.*, p. 1305; circ. (colonies) du 18 octobre 1899, *B. C.*, p. 1305.

26 juin 1903 Circ. (colonies). Paiement des allocations dues aux militaires des T. M. provenant des colonies. Indications à porter sur les livrets ou certificats en vue de faciliter les opérations des sous-intendants, *B. C.*, p. 585; *B. G.*, p. 1129.

23 oct. 1903 Circ. Le paiement des sommes dues aux troupes de l'armée de terre allant aux colonies doit toujours être ordonnancé par les fonctionnaires de l'intendance à titre d'avances remboursables, *B. G.*, p. 1524.

18 avril 1905 Circ. (colonies). Imputation de la solde de congé des officiers et assimilés des T. C. hors cadres, *B. G.*, p. 1054; et circ. (guerre) du 29 juin 1905, *B. G.*, p. 1052.

21 nov. 1905 Circ. Droit des officiers à la solde progressive pour le temps qu'ils ont passé en congé de longue durée quand ils rejoignent leur corps ou service après ce congé, *B. G.*, p. 1720; appliquée aux troupes en service aux colonies, circ. du 3 sept. 1906, *B. C.*, p. 816.

17 avril 1906 Loi de finances, art. 31. Sont valablement payés entre les mains des veuves, sauf opposition, les prorata de traitement, solde, indemnités de toute nature, primes, fonds de masse, etc., dus au décès des fonctionnaires militaires, ouvriers et agents quelconques rétribués sur les fonds de l'Etat, des communes, des départements, des établissements de l'Etat, des budgets annexes ou des budgets locaux des colonies, *B. C.*, p. 345; *B. G.*, p. 584; et circ. (finances), du 22 mai 1906, *B. C.*, p. 630.

4 janv. 1908 Circ. Paiement de la solde de traversée des officiers de la légion étrangère, rentrant du Tonkin en France, en Algérie ou en Tunisie, *B. G.*, p. 4.

2° *Dispositions spéciales au département de la guerre.*

(Voir : *Congés*, 12 juin 1907.)

13 juill. 1901 Circ. Imputation de la solde acquise par les officiers de l'armée coloniale détachés dans les services d'état-major, *B. G.*, vol. spl., T. C., p. 184.

Solde (*suite*).

26 mai 1904 Décret sur la solde des T. C. en France, *B. G.*, vol. spl., T. C.; err., *B. G.*, 1905, p. 150; modif. 11 juin 1905, *B. G.*, p. 744; 20 septembre 1906 ci-après; 30 nov. 1906, *B. G.*, p. 1539.

Art. 1. Objet du service de la solde.
2 - 3. Prestations ressortissant au service de la solde; art. 2 modif. 11 juin 1905.
4 à 7. Positions; art. 4, modif. 20 sept. 1906.
8. Différentes espèces de solde.
9. Principes généraux sur les droits à la solde d'activité et de disponibilité.
10. Règles d'allocation, modif. 11 juin 1905, 20 sept. 1906.

Positions 1, 15 à 18, 21, 37, 39, 40, 45 à 47, A et B, modif. 11 juin 1905, 20 sept. 1906.

Art. 20. Mode de décompter la solde, les indemnités et les masses, modif. 11 juin 1905, 20 sept. 1906.
21. Epoques de perception et de paiement de la solde et des indemnités, modif. 20 sept. 1906.
22. Fonctionnaires chargés de l'ordonnancement.
23 à 31. Ordonnancement des sommes dues aux officiers sans troupe; art. 28 modif. 20 sept. 1906.
32 à 40. Ordonnancement des sommes dues aux corps de troupe, art. 34, modif. 11 juin 1905; art. 32, 33, 34, modif. 20 sept. 1906.
41 à 53. Ordonnancement des sommes dues à diverses parties prenantes, art. 46 et 48 modif., 11 juin 1905; art. 45, modif. 30 nov. 1906, *B. G.*, p. 421; art. 41, 43 à 46, 48, 52, modif. 20 septembre 1906; art. 46 *bis* nouveau, 30 mai 1908.
54 à 57. Militaires payés au titre d'un autre budget ou d'une autre section du budget de la guerre.
58 à 66. Livret de solde; art. 58-61, modif. 20 sept. 1906.
67 à 71. Paiement des mandats et états de solde.
72. Relevés trimestriels de mandats.
73 à 86. Retenues sur la solde; art. 78 à 84, modif. 20 septembre 1906.
87 à 94. Contrôles; art. 88, modif. 11 juin 1905; art. 87-88, modif. 20 septembre 1906.
95 à 102. Situations administratives. Etats de mutations. Intercalaires; art. 95, modif. 11 juin 1905, 20 sept. 1906.
73 à 86. Retenues sur la solde; art. 78 à 84, modif. 20 septembre 1906.
107 à 126. Revues trimestrielles de liquidation, art. 124 modif. 11 juin 1905; art. 118, modif. 20 septembre 1906.
127. Responsabilité pécuniaire des généraux, directeurs et chefs de service; modif. 20 septembre 1906.
128. Réclamations particulières à qui adressées.
129. Répertoire des absents.
130. Revues d'effectif.
131 à 145. Solde de réforme; art. 131, 133, 134, 136, 138, 142, modif. 20 septembre 1906.

Tarif 1. Solde des officiers, assimilés, employés militaires.
2. — des sous-officiers, élèves officiers, modif. 11 juin 1905, 20 septembre 1906.
3. — des sous-officiers, employés militaires, modif. 11 juin 1905, 20 septembre 1906.
4. — de la troupe, modif. 11 juin 1905, 20 septembre 1906.
5. — de disponibilité et de réserve.
6. — de non-activité.
A et B. Tarifs transitoires (commissaires et médecins).

Modèles, *B. G.*, vol. spl., T. C., modif. 20 septembre 1906.

2 juin 1904 Décret. Application aux T. C. en service aux colonies et entretenues sur le budget de la guerre du décret (colonies), du 29 décembre 1903, *B. G.*, p. 814.

20 sept. 1906 Décret. Revision des tarifs de solde applicables aux corps de troupe des T. C. en France. Solde mensuelle des sous-officiers après cinq ans de services. Indemnités aux engagés et rengagés, *B. G.*, p. 1567 et inst. du 5 octobre 1906, *B. G.*, p. 1635; err., tarif. 5, *B. G.*, 1908, p. 354.

Solde (*suite*).

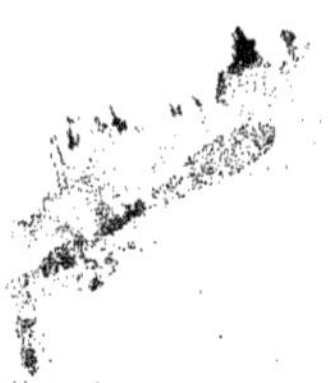

16 mai 1907 Circ. portant solution à diverses questions posées pour l'application du décret du 20 septembre 1906 ci-dessus, *B. G.*, p. 579.

27 sept. 1907 Circ. Les élèves officiers de réserve perçoivent la solde et les indemnités attribuées aux sergents et maréchaux des logis, *B. G.*, p. 1523.

3° *Dispositions particulières au département des colonies.*

A) Personnel militaire.

10 août 1841 Ord. Solde allouée aux officiers ou fonctionnaires suspendus de leurs fonctions aux colonies. Solde d'Europe, *A. M.*, p. 901; *B. M.*, R., p. 579.

22 juin 1847 Ordonnance, vol. spl.

Art. 280 à 292. Epoques des paiements.
293 à 295. Décompte des diverses allocations.
296 à 303. Ordonnancement des paiements.
304 à 320. Livrets de solde.
321 à 323. Paiement des mandats.
324 - 325. Rappels.
326 à 328. Classement des militaires sans troupe.
329 à 340. Etablissement des mandats de paiement.
341 à 344. Changement de destination.
345 - 346. Perte d'un mandat.
347 - 348. Rappels de solde de captivité.
349 à 363. Paiement des corps de troupe et détachements.
403 à 445. Contrôles, art. 436 modif. 10 avril 1888, ci-après.
446 à 509. Revues de liquidation.
510 à 537. Décomptes de libération.
538 à 552. Vérification des revues.
553. Inspections administratives des commissaires généraux ou ordonnateurs.
554. Responsabilité pécuniaire des officiers du commissariat.
555 - 556. Registre des revues et des pièces d'imputation.
557. Répertoire des procès-verbaux.
558. Mode d'envoi des pièces d'un commissaire aux revues à un autre.
559. Réclamations particulières à qui adressées.

24 janv. 1848 Formes à suivre pour le paiement de la solde et des accessoires aux isolés et aux détachements, *B. M.*, p. 55; *B. M.*, R., p. 11; et circ. du 10 février 1849, *B. M.*, p. 69; *B. M.* R., p. 153.

21 juin 1880 Circ. Les officiers sans troupe et employés militaires doivent être payés sur états collectifs émargés, *B. M.*, p. 1114.

26 août 1880 Déc. prés. Nouveaux tarifs de solde et indemnités des spahis et de la gendarmerie, *B. M.*, p. 434; et circ. du 10 septembre 1880, *B. M.*, p. 433; modif. primes et hautes payes des spahis, 27 mars 1907, *B. C.*, p. 198.

9 mai 1881 Circ. Les sommes inscrites au budget ne doivent pas servir de base pour l'allocation des soldes et indemnités, *B. M.*, p. 669.

27 juill. 1881 Circ. Mention sur les avis de dette de l'origine des trop-perçus, *B. M.*, p. 155.

10 avril 1888 Circ. Modification à l'art. 436 de l'ord. du 22 juin 1847. Exonération de présenter les militaires au commissaire, *B. M.*, p. 390.

7 juill. 1893 Circ. Solde et vivres à allouer aux militaires le jour de leur embarquement, *B. C.*, p. 569.

25 janv. 1895 Circ. Les militaires embarqués à destination de France doivent être payés intégralement de leur solde jusqu'à la veille de leur départ des colonies, *B. C.*, p. 87.

24 août 1901 Circ. Règles d'imputation de la solde et des indemnités du personnel militaire de tous grades et de toutes provenances en service aux colonies, *B. C.*, p. 859.

13 févr. 1903 Circ. Fixation de la solde et des indemnités diverses du personnel militaire rétribué sur les fonds du budget colonial. Interdiction d'allouer des suppléments par arrêtés locaux, *B. C.*, p. 123.

1er mars 1903 Décret plaçant le personnel du commissariat et du service de santé sous le régime de l'ordonnance du 22 juin 1847 et unifiant la solde en France du personnel militaire rétribué sur le budget colonial, *B. C.*, p. 165.

11 mai 1903 Circ. Toutes les demandes d'allocations soumises au Ministre doivent être accompagnées de l'avis du service de l'intendance, *B. C.*, p. 525.

29 déc. 1903 Décret sur la solde et les accessoires de solde des T. C. et des T. M. à la charge du département des colonies, *B. C.*, 1904, p. 368; modif. 28 janvier 1908 ci-après.

Solde (*suite*).

Art. 1. Objet du service de la solde.
2 - 3. Prestations ressortissant au service de la solde.
4 à 7. Positions.
8. Différentes espèces de solde.
9. Principes généraux du droit à la solde d'activité et de disponibilité.
10. Solde coloniale.
11. Solde d'Europe.
12. Règles d'allocations.
28. Troupes indigènes.
29. Services et établissements de la métropole dépendant du ministère des colonies.

Tarif 1. Solde d'Europe, officiers et assimilés.
2. — — sous-officiers, employés militaires et armuriers.
3. — — troupe, infanterie.
4. — — troupe, artillerie.
6. — coloniale, officiers et assimilés.
7. — — sous-officiers, employés militaires et armuriers.
8. — — troupe.
22. — des officiers indigènes.
23. — des militaires indigènes du groupe de l'Indo-Chine.
24. — des militaires indigènes du groupe de l'Afrique occidentale.
25. — des militaires indigènes du groupe de l'Afrique orientale.

21 avril 1904 Circ. pour l'application du décret du 29 décembre 1903, *B. C.*, p. 348.

2 juill. 1904 Décret sur la solde du personnel des agents civils du commissariat, *B. C.*, p. 650; modif. 9 septembre 1907, *B. G.*, p. 1507, *B. C.*, p. 666.

13 févr. 1905 Circ. Mode de remboursement des trop-payés, *B. C.*, p. 251.

1er mai 1905 Décret. Application aux gardes auxiliaires d'artillerie du décret du 29 décembre 1903, *B. C.*, p. 584.

15 mai 1905 Déc. prés. Application aux officiers de la gendarmerie coloniale du décret du 29 décembre 1903, *B. C.*, p. 610.

5 juin 1906 Circ. Les allocations restant dues au personnel militaire ne doivent pas être versées à la Caisse des dépôts et consignations, *B. C.*, p. 553.

3 sept. 1906 Circ. Application aux colonies de la circ. (guerre) du 21 novembre 1905, relative à la solde progressive des officiers qui ont joui d'un congé de trois ans, *B. C.*, p. 816.

28 nov. 1906 Déc. prés. Paiement de la solde des tirailleurs malgaches hospitalisés à terme échu et sans attendre leur sortie de l'hôpital (modifie art. 4 du décret du 8 juillet 1897), *B. C.*, p. 1114.

3 déc. 1906 Déc. prés. Application aux infirmiers coloniaux (ancien statut) du décret du 29 décembre 1903, *B. C.*, p. 1128.

29 janv. 1907 Inst. concernant la règle à suivre pour le paiement de la solde coloniale des indemnités de route et de séjour, de l'indemnité de zone ou de résidence et de l'indemnité aux troupes en marche acquises par les officiers et militaires en service aux colonies, *B. C.*, p. 30.

20 mars 1907 Dép. minist. à l'Indo-Chine. Un capitaine qui a permuté pour venir dans les T. C. conserve son ancienneté pour l'attribution de la solde progressive.

4 avril 1907 Dép. minist. à l'Indo-Chine. Les officiers de réserve, convoqués sur leur demande en dehors des périodes normales d'exercices pour un stage volontaire, n'ont droit à aucune solde; ceux régulièrement convoqués ont droit à la solde coloniale, qu'ils soient ou non fonctionnaires.

6 avril 1907 Dép. minist. à l'Indo-Chine. Imputation, au chapitre « Personnel du service de santé », des dépenses de solde des commis et magasiniers détachés au service de santé.

7 juin 1907 Déc. prés. Application aux militaires indigènes de l'Afrique occidentale française de la déc. prés. du 28 novembre 1906 ci-dessus, *B. C.*, p. 426.

28 janv. 1908 Décret sur la solde des sous-officiers et hommes de troupe de l'armée coloniale aux colonies. Indemnités d'engagement et de rengagement. Application de la loi du 21 mars 1905, et inst. du 28 janvier 1908, *B. C.*, p. 27; *B. G.*, p. 315.

Solde (*suite*).

B) Personnel civil.

23 déc. 1897 Décret portant règlement sur la solde et les accessoires de solde du personnel colonial, *B. C.*, 1898, fasc. 2, p. 17; et circ. du 7 février 1898, *B. C.*, fasc. 2, p. 3.

Art. 1. Allocations qui ressortissent au service de la solde.
2. Différentes espèces de solde.
3 à 11. Solde d'activité. Principes généraux.
12 à 22. — de présence.
23 à 28. — de permission.
29 à 81. — de congé.
82 à 84. — de détention.
85. — de captivité.
86. — de résidence libre.
87. — de disponibilité.
88. — de non-activité.
89. — de réforme.
90 à 92. Suppléments de solde.
93 à 110. Indemnités.
111 à 115. Privations de solde.
116 à 131. Retenues.
136. Mode de décompter la solde et les accessoires.
137 à 144. Epoques des paiements.
145 à 152. Avances de solde.
153 à 158. Constatation des droits. Livrets de solde.
159. Réclamations.

Tarif. 14. Personnel de l'inscription maritime.
20. Suppléments au personnel employé dans les ports de commerce. (Voir : *Service colonial dans les ports de commerce.*)
24. Solde des infirmiers coloniaux (ancien statut).

21 oct. 1903 Décret. Mode de paiement de la solde de congé des fonctionnaires, employés et agents des services coloniaux et locaux, *B. C.*, p. 1221; et circ. du 17 décembre 1903, *B. C.*, p. 1221.

4° *Personnel des troupes coloniales détaché à la marine.*

19 juin 1901 Circ. Le tarif de la solde progressive des capitaines et assimilés, approuvé par déc. prés. du 6 mai 1901 est applicable au personnel détaché de la marine, *B. C.*, p. 541.

Solde de réforme.

26 mai 1904 Décret sur la solde des T. C. en France, art. 131 à 145, *B. G.*, vol. spl., T. C., modif. 20 septembre 1906 ci-après.
21 mars 1905 Loi sur le recrutement, art. 65. Solde de réforme des sous-officiers, *B. C.*, p. 359; *B. G.*, p. 263; *B. G.*, E. M., vol. 68-1.
25 sept. 1905 Décret sur les pensions des militaires indigènes, art. 1. Solde de réforme des officiers et sous-officiers, *B. C.*, p. 1028; *B. G.*, p. 1510.
20 sept. 1906 Décret, art. 17. Solde de réforme des sous-officiers, *B. G.*, p. 1567.
11 mars 1907 Circ. La solde de réforme des sous-officiers des corps de troupe et des sous-officiers employés militaires n'est pas passible de la retenue de 2 p. 100 à exercer sur les soldes de réforme supérieures à 500 francs par an, *B. G.*, p. 292.

Solde de réserve.

14 janv. 1890 Loi portant la solde des officiers généraux du cadre de réserve au taux de leur pension de retraite, *B. G.*, E. R., vol. 66, p. 215.
31 mars 1903 Loi de finances, art. 67. Les officiers généraux placés dans la 2e section du cadre de l'état-major général avant la limite d'âge recevront une solde égale à la pension de retraite à laquelle ils auraient eu droit à la même date, *B. C.*, p. 262.

Soufflet entonnoir.

6 déc. 1903 Achat au compte de la masse générale d'entretien, *B. G.*, vol. spl., T. C., p. 226.

Soufre.

6 déc. 1903 Achat au compte de la masse générale d'entretien, *B. G.*, vol. spl., T. C., p. 225.

Souliers.

(Voir : *Chaussures.*)

30 sept. 1903 Description des uniformes, art. 453, *B. G.*, vol. spl., T. C., p. 275.

Soupe.

(Voir : *Ordinaires.*)

Sous-chef artificier.

20 oct. 1892 Service intérieur : Artil., art. 213. Fonctions, *B. G.*, E. R., vol. 78.

Souscriptions.

28 mars 1844 Aucune souscription ne peut être ouverte dans l'armée sans une autorisation préalable, *B. G.*, E. M., vol. 31, p. 58.

26 mars 1845 Les souscriptions autorisées dans l'armée doivent conserver leur caractère individuel, *B. G.*, E. M., vol. 31, p. 58.

Sous-pieds.

30 sept. 1903 Description des uniformes, art. 455. Sous-pieds en toile, *B. G.*, vol. spl., T. C.

Soutache d'ancienneté.

30 sept. 1903 Description des uniformes, art. 412 à 415. Manière de poser les soutaches, *B. G.*, vol. spl., T. C.

Soutiens de famille.

(Voir : *Congés.*)

21 mars 1905 Loi sur le recrutement, art. 22. Indemnité aux familles, *B. G.*, p. 263; *B. C.*, p. 359; *B. G.*, E. M., vol. 68-1, p. 13.

25 juin 1906 Inst. Mode d'attribution des allocations journalières prévues par l'art. 22 de la loi du 21 mars 1905, *B. G.*, E. M., vol. 68 *ter;* addition à l'art. 2, 16 août 1906, *B. G.*, p. 1123; modif. 10 janvier 1908, *B. G.*, p. 9.

28 mars 1908 Inst. prov. Mode d'attribution des allocations journalières aux familles des réservistes et des territoriaux désignés comme soutiens de famille, *B. G.*, p. 413, modif. 22 avril 1908, *B. G.*, p. 601.

14 avril 1908 Loi. Indemnité aux familles des réservistes et territoriaux désignés comme soutiens de famille, *B. G.*, p. 484, et loi de finances, 31 décembre 1907, art. 41, *B. C.*, p. 856.

Spahis sénégalais.

(Voir : *Avancement*, 8 mai 1901. — *Hautes-payes.* — *Primes d'engagement et de rengagement.* — *Solde.*)

29 août 1888 Déc. Adoption d'un attribut de casque pour les spahis du Sénégal, *B. C.*, p. 514.

15 août 1902 Décr. Organisation des deux escadrons, *B. C.*, p. 709; *B. G.*, p. 1759; modif. 29 mai 1906 ci-après.

29 mai 1906 Décr. Suppression du 2e escadron. Effectifs du 1er, *B. C.*, p. 511; *B. G.*, p. 783.

10 févr. 1908 Service courant, art. 173. Proposition pour les spahis sénégalais, *B. G.*, E. M., vol. 74.

Stages.

(Voir : *Conducteurs de voitures, de caissons et de mulets.* — *Ordonnances.* — *Service géographique.* — *Télégraphie militaire.*)

12 juill. 1902 Circ. Stages des officiers affectés en cas de mobilisation à des emplois du service de l'artillerie dans les places maritimes, *B. G.*, p. 1521; *B. G.*, E. M., vol. 55-1, p. 151.

18 nov. 1902 Stages que doivent faire les officiers des T. C. brevetés d'état-major à leur sortie de l'Ecole de guerre, *B. G.*, p. 2387; *B. G.*, E. M., T. C., vol. 3, p. 98.

19 mars 1906 Périodes de courte durée à effectuer par les officiers et les sous-officiers de l'infanterie et de l'artillerie coloniale dans celle des deux armes à laquelle ils n'appartiennent pas, *B. G.*, p. 397; *B. G.*, E. M., T. C., vol. 3, p. 98.

14 mai 1906 Circ. Périodes d'instruction régimentaire que les officiers admis à l'Ecole de guerre doivent accomplir dans les armes autres que leur arme d'origine, soit avant leur entrée à l'école, soit au cours du stage d'état-major, *B. G.*, p. 654.

19 juill. 1906 Circ. relative à la désignation des stagiaires à l'Ecole supérieure de guerre, *B. G.*, p. 902.

19 oct. 1906 Circ. et inst. relatives aux stages à accomplir dans les différentes armes par les lieutenants-colonels, commandants et capitaines, *B. G.*, p. 1360; modif. 13 décembre 1906, *B. G.*, p. 1681.

17 déc. 1907 Circ. Stages que devront accomplir à Bourges les officiers et les sous-officiers appelés à remplir aux colonies les fonctions de sous-inspecteur du matériel de 75 et celles de chefs d'équipes de réparations, *B. G.*, p. 1975.

Stagiaires officiers d'administration d'artillerie coloniale.

(Voir : *Feuillets de notes.* — *Réserves.*)

26 janv. 1901 Circ. Les stagiaires conducteurs de travaux sont mis à la disposition des directions du génie pendant leur séjour en France, *B. G.*, p. 204; *B. G.*, E. M., T. C., vol. 1, p. 118.

19 sept. 1903 Décr. réorganisant l'artillerie coloniale, tableaux 3 et 9. Effectifs et répartition, *B. C.*, p. 842; *B. G.*, E. M., T. C., vol. 1, p. 93.

3 févr. 1906 Décr. Réorganisation du personnel des stagiaires officiers d'administration d'artillerie coloniale, *B. C.*, p. 92; *B. G.*, E. M., T. C., vol. 1, p. 120.

3 févr. 1906 Inst. relative à l'établissement des tableaux d'avancement pour l'emploi de stagiaire officier d'administration de 2e classe et aux nominations à cet emploi, *B. C.*, p. 94; *B. G.*, E. M., T. C., vol. 3, p. 45.

Statistique médicale.

(Voir : *Service de santé colonial, documents techniques.*)

25 nov. 1889 Service de santé à l'intérieur, art. 28, *B. G.*, E. M., vol. 80.

7 juill. 1900 Loi organisant les troupes coloniales, art. 24, *B. C.*, p. 591; *B. G.*, E. M., T. C., vol. 1, p. 11.

6 mars 1901 Inst. pour l'établissement de la statistique médicale de l'armée, *B. G.*, E. R., vol. 83 *ter*; err., *B. G.*, 2e sem. 1901, p. 1122.

Statistique médicale (*suite*).

26 août 1902 Inst. pour l'établissement de la statistique médicale des troupes coloniales stationnées aux colonies, et circ. du même jour, *B. C.*, p. 754; complétée, 10 janvier 1905, *B. C.*, p. 8.

28 déc. 1902 Circ. Simplification à apporter à la statistique médicale de l'armée, *B. G.*, p. 2529.

29 avril 1903 Circ. relative à l'envoi des comptes rendus mensuels de la statistique médicale de l'armée, *B. G.*, p. 615.

3 mai 1905 Circ. Les rapports sanitaires concernant les expéditions coloniales (expéditions, opérations de police, etc.) doivent être transmis annuellement avec la statistique, *B. C.*, p. 591.

Stérilisateurs

19 févr. 1902 Circ. Emploi des stérilisateurs Gaillard-Desmaroux aux colonies, *B. C.*, p. 150.

8 févr. 1907 Inst., art. 38. Remboursement aux corps des dépenses de fonctionnement, *B. G.*, E. M., vol. 5, p. 131.

Stomatologie.

10 oct. 1907 Circ. Organisation d'un service de stomatologie dans l'armée, *B. G.*, p. 1605; appliquée aux T. C , 4 avril 1908, *B. G.*, p. 737.

Subordination.

20 oct. 1892 Service intérieur, chapitre préliminaire, *B. G.*, E. R., vol. 78.

Subsistances.

(Voir : *Approvisionnements de guerre. — Farine. — Masse de ravitaillement. — Service des subsistances. — Vivres.*)

8 mai 1891 Circ. Observations sur l'importance des différences que font ressortir les recensements de liquides. Soins à donner. Reprise en charge des rations non perçues. L'ouillage de 3 p. 100 ne doit pas être atteint, *B. C.*, p. 379.

31 août 1897 Circ. Achat sur place des vivres et liquides nécessaires aux rationnaires du service colonial. Stock de réserve à entretenir par les fournisseurs, *B. C.*, p. 869.

24 mai 1898 Décr. Paiement par anticipation sur les crédits de l'exercice suivant de tout ou partie des achats effectués pour les services des subsistances des administrations militaires et maritimes des colonies, *B. C.*, p. 383.

Substituts dans les parquets militaires.

10 févr. 1908 Service courant, art. 149. Désignation, *B. G.*, E. M., vol. 74.

Successions.

1° *En France.*

(Voir : *Caisses d'épargne.*)

3 avril 1869 Règl. financier (guerre), art. 193. Versement à la Caisse des dépôts et consignations des produits de successions des militaires décédés, *B. G.*, E. M., vol. 24, p. 90.

Successions (*suite*)

13 mars 1877 Le timbre de 0 fr. 10 doit être apposé sur les récépissés délivrés lors du versement des successions, *B. G.*, E. M., vol. 83, p. 397.

25 nov. 1889 Service de santé à l'intérieur, *B. G.*, E. M., vol. 80.

Art. 66. Décès au corps.
Art. 453 à 462. Successions des militaires décédés dans les hôpitaux militaires.

31 oct. 1892 Service de santé en campagne, vol. spl.

Art. 111. Dispositions concernant les militaires décédés.
Notice 18, chapitre 6. Comptabilité des successions.

18 juin 1894 Circ. Successions des militaires de l'armée de terre décédés dans les hôpitaux de la marine, *B. G.*, E. M., vol. 83, p. 397; modif. 2 juillet 1905, *B. G.*, p. 1035 (versement à la Caisse des dépôts au lieu de la Caisse des gens de mer).

23 juill. 1894 Inst. pour l'application des dispositions du Code civil en ce qui concerne les militaires, art. 128 et 131. Décès à l'intérieur. Décès aux armées, *B. G.*, E. R., vol. 28, p. 71.

2° *Aux colonies et à bord.*

22 nov. 1847 Arrêt de la Cour de cassation. Les successions mobilières des marins, officiers d'administration et employés de la marine doivent être recueillies aux colonies par les commissaires de l'inscription maritime, *A. M.*, p. 1575; *B. M.*, R., p. 791.

27 janv. 1855 Décr. sur l'administration des successions et biens vacants dans les colonies de la Martinique, de la Guadeloupe et de la Réunion, *B. lois*, p. 495. modif.: art. 7, 21 janvier 1882, *B. M.*, p. 191; art. 1, 12, 19, 26, 44, 46, 10 mars 1890, *B. C.*, p. 496; application à toutes les colonies, 14 mars 1890, *B. C.*, p. 496; modif., art. 25, décret du 2 septembre 1904, *B. C.*, p. 919, appliqué à toutes les colonies par décret du même jour, *B. C.*, p. 921.

25 juill. 1855 Inst. pour l'exécution du décret du 27 janvier 1855, *B. M.*, 1er sem. 1862, p. 120; *B. M.*, R., p. 749.

23 juin 1880 Circ. Envoi d'un arrêt de la Cour de cassation du 10 mai 1880, relatif aux créances non privilégiées en matière de successions maritimes. *B. M.*, p. 1196.

3 oct. 1893 Inst. relative aux actes de l'état civil, etc., dressés à bord des navires de commerce, 4e partie, *B. C.*, 1894, p. 91.

26 juill. 1894 Inst. concernant les actes de l'état civil, etc., à bord et aux armées. Procès-verbal d'inventaire, *B. C.*, p. 747.

7 juill. 1899 Circ. Notification d'un jugement du tribunal civil de Saïgon, du 16 mai 1899. Paiement des créanciers privilégiés, *B. C.*, p. 715.

6 juin 1901 Circ. L'administration de la marine est chargée de la liquidation des successions de toutes personnes mortes en mer à bord des bâtiments français, *B. M.*, p. 849.

8 juin 1905 Inst. pour les commandants des troupes passagères à bord des navires de commerce, art. 31, à jour au 1er novembre 1907, *B. G.*, p. 1721.

1er mai 1906 Inst. portant réglementation générale des successions des militaires de toutes armes et de tous grades décédés aux colonies, *B. C.*, p. 424, et circ. du 1er mai 1906, *B. C.*, p. 423.

Art. 1 à 3. Autorité militaire compétente pour la liquidation des successions.
4 à 30. Opérations préliminaires de liquidation des successions.
31 à 37. Liquidation provisoire des successions.
38. Successions litigieuses et immobilières.
39. Oppositions.
40. Liquidation des successions des militaires créoles ou indigènes.

20 juin 1906 Circ. Application, aux successions des fonctionnaires et agents civils des services coloniaux et locaux, de l'inst. du 1er mai 1906, *B. C.*, p. 574.

15 oct. 1906 Circ. Mode d'appréhension des successions des fonctionnaires, officiers et agents civils et militaires décédés hors de la colonie, *B. C.*, p. 905.

16 févr. 1907 Circ. Procédure à suivre en cas de refus par les héritiers des valeurs et produits en nature renvoyés en France, *B. C.*, p. 119.

17 août 1907 Dép. minist., marine. Gestion des successions du personnel de la marine en Cochinchine par le commissaire de l'arsenal de Saïgon.

Successions (*suite*).

29 janv. 1908 Circ. Délivrance aux familles des objets de souvenir provenant des successions du personnel colonial, lorsque les produits de ces successions sont frappés d'opposition, *B. C.*, p. 112.

6 févr. 1908 Circ. Destination à donner aux valeurs mobilières transmises dans les successions des fonctionnaires et agents civils et militaires décédés aux colonies, *B. C.*, p. 178.

Sursis d'incorporation.

21 mars 1905 Loi sur le recrutement, art. 20 et 21, *B. G.*, p. 263; *B. C.*, p. 359; *B. G.*, E. M., vol. 68-1, p. 12.

7 avril 1906 Inst., art. 13. Décompte des services des jeunes gens ayant obtenu des sursis d'incorporation.

Surveillance administrative des corps de troupe.

(Voir : *Administration et comptabilité des corps de troupe.*)

25 avril 1896 Circ. Rappel à l'observation des règlements relatifs à la surveillance administrative des corps de troupe, *B. C.*, p. 231.

23 mars 1908 Inst. sur le service de l'intendance aux colonies, art. 5, 80 à 82.

Syntaxe.

26 févr. 1901 Arr. (instruction publique). Simplification de la syntaxe, *B. G.*, p. 381; *B. C.*, p. 337, et circ. du 28 février 1901, *B. C.*, p. 335; *B. G.*, p. 379.

15 mars 1901 Circ. (guerre), relative à la simplification de la syntaxe, *B. G.*, p. 378.

3 avril 1901 Circ. (colonies). Application de l'arrêté du 26 février 1901, *B. C.*, p. 335.

Syphilis.

(Voir : *Maladies vénériennes.*)

26 sept. 1888 Circ. Mesures à prendre pour arrêter la propagation de la syphilis, *B. M.*, p. 386; *B. C.*, p. 629.

T

Tabac à fumer.

(Voir : *Bons de tabac.*)

Tableau du service journalier.

20 oct. 1892 Service intérieur : Inf. et Artil., art. 3, *B. G.*, E. R., vol. 78.

Tableaux d'avancement et de concours.

15 mars 1901 Décr. relatif à l'établissement annuel des tableaux d'avancement et de concours pour la Légion d'honneur et la médaille militaire, *B. G.*, p. 376.

1er juill. 1901 Inst. pour l'application du décret du 15 mars 1901 ; à jour au 25 août 1907, *B. G.*, p. 1203 et circ. du 25 août 1907, *B. G.*, p. 1200; err., *B. G.*, 1907, p. 1503.

21 juin 1906 Décr. organisant l'intendance coloniale, art. 20. Fonctionnaires de l'intendance et officiers d'administration, *B. C.*, p. 583; *B. G.*, p. 810; *B. G.*, E. M., T. C., vol. 1, p. 187.

21 juin 1906 Décr. organisant le corps de santé des T. C., art. 12. Médecins, pharmaciens et officiers d'administration, *B. C.*, p. 593; *B. G.*, p. 820; *B. G.*, E. M., T. C., vol. 1, p. 222.

Tableaux de recensement.

21 mars 1905 Loi sur le recrutement, art. 10 à 15, *B. C.*, p. 362; *B. G.*, p. 263; *B. G.*, E. M., vol. 68-1, p. 6.

20 oct. 1905 Inst. relative à l'établissement des tableaux de recensement, *B. G.*, p. 1565; err., *B. G.*, p. 1715; *B. G.*, E. M., vol. 68-1, p. 81.

Tableaux noirs.

6 juill. 1899 Description, *B. G.*, E. R., vol. 51 *bis*, p. 71.
16 oct. 1903 Description, *B. C.*, vol. spl., p. 1003.

Tables.

Tables de caserne. Table de sous-officiers à deux tiroirs. Table-toilette de sous-officier. Table de pension de sous-officier. Table de la salle de rapport. Table de magasin d'habillement. Tables légères à tréteaux. Tables de réfectoire. Table à claire-voie pour cuisine. Table d'enseignement avec banc adhérent; description, 6 juillet 1899, *B. G.*, E. R., vol. 51 *bis*, p. 66 et suiv.; 16 octobre 1903, *B. C.*, vol. spl., p. 999 et suiv.

Tables des officiers et des sous-officiers.

20 oct. 1892 Service intérieur, Inf., art. 398 et 399; Artil., art. 417 et 418, *B. G.*, E. R., vol. 78..

Tablier pour cuisinier.

6 déc. 1903 Achat au compte de la masse générale, *B. G*, vol. spl., T. C., p. 227; modif. 11 juin 1905, *B. G.*, p. 744.

Taille des hommes.

(Voir : *Aptitude physique. — Engagements volontaires.*)

Tannage.

27 avril 1894 Annexe 3. Vérification des matières premières.
Annexe 4. Inst. sur la fabrication des cuirs, *B. G.*, E. R., vol. 52, p. 30 et 38.

Tapis.

6 déc. 1903 Achat au compte de la masse générale du tapis pour la salle des séances du conseil d'administration, *B. G.*, vol. spl., T. C., p. 228

Tarifs de réparations et de confections.

22 mai 1907 Circ. Revision des tarifs de réparations des effets de chaussures et de grand équipement, fixation des prix maxima de fourniture ou confections desdits effets par les maîtres ouvriers des T. C., *B. G.*, p. 723; addition 7 décembre 1907, *B. G.*, p. 1804.

1er juin 1907 Tarif des confections, retouches et réparations des effets du service de l'habillement (habillement, grand équipement, chaussures, instruments de musique), *B. G.*, E. M., vol. 4 *bis;* err. tarif 6, *B. G.*, P. S., 1907, p. 1383; addition 21 octobre 1907, *B. G.*, p. 1618; modif. 9 décembre 1907, *B. G.*, p. 1754; addition 10 janvier 1908, *B. G.*, p. 20; err., *B. G.*, 1908, p. 150; modif. observations générale, 6 février 1908, *B. G.*, p. 179; add. 14 mars 1908, *B. G.*, p. 379; 6 avril 1908, *B. G.*, p. 470.

Tatouages.

11 févr. 1860 Recommandations à. adresser aux militaires au sujet du tatouage, *B. M.*, p. 85; *B. M.* R., p. 9.

Taxe des témoins.

1er sept. 1899 Décret sur les dépenses des tribunaux militaires, art. 14 et 18, et inst. du 21 décembre 1899; art. 15, 18, 22, 26, *B. G.*, E. M., vol. 59-3, p. 61 et suiv.

31 oct. 1903 Circ. Indemnité de séjour aux hommes de troupe autres que les adjudants cités comme témoins devant les tribunaux civils, *B. G.*, p. 1559.

Teintures.

17 sept. 1904 Inst. pour la vérification des teintures, *B. G.*, p. 1458; modif. 8 novembre 1905, *B. G.*, p. 1684.

Télégraphie militaire.

(Voir : *Télégraphistes coloniaux.*)

10 janv. 1905 Inst. sur les visites techniques du matériel de télégraphie militaire (art. 37 et 38, dispositions spéciales aux télégraphistes coloniaux), *B. G.*, p. 26.

28 déc. 1905 Règl. sur l'armement aux colonies, art. 128. Visite par l'inspecteur d'armes du matériel télégraphique des détachements de télégraphistes coloniaux.

Télégraphie sans fil.

7 janv. 1905 Circ. Organisation des stages d'instruction de télégraphie sans fil pour les militaires des T. C., *B. G.*, p. 145; *B. G.*, E. M., T. C., vol. 3, p. 121.

8 mars 1906 Notice provisoire sur la composition, l'emploi et l'entretien du matériel de télégraphie sans fil.

5 mars 1907 Décr. relatif à l'établissement et à l'exploitation des postes de télégraphie sans fil destinés à l'échange de la correspondance officielle ou privée, *B. G.*, p. 286.

27 mai 1907 Arr. plaçant dans les attributions du 1er bureau du secrétariat général au ministère des colonies le service de la télégraphie sans fil, *B. C.*, p. 365.

Télégraphistes coloniaux.

(Voir : *Télégraphie militaire.*)

25 janv. 1901 Circ. Télégraphistes fournis par les T. C. aux divers services du département de la marine, *B. G.*, p. 152.

14 mars 1902 Circ. relative à l'administration et au matériel de la section, *B. G.*, p. 273; modif. 10 janvier 1905, *B. G.*, p. 26.

19 sept. 1903 Décret réorganisant l'infanterie coloniale, art. 3. Tableau 4, effectifs, *B. C.*, p. 820; modif. 24 juillet 1906, *B. G.*, p. 1082; *B. C.*, p. 722; *B. G.*, E. M., T. C., vol. 1, p. 28.

14 janv. 1904 Inst. Application au Congo du décret du 19 septembre 1904. Composition du détachement de télégraphistes, *B. C.*, p. 29.

18 févr. 1904 Inst. sur l'organisation, le recrutement et le fonctionnement de la section de télégraphistes coloniaux, *B. C.*, p. 163; *B. G.*, p. 123.

Objet de la section. Dépôt en France. Détachements coloniaux. Recrutement. Administration. Rapatriement. Désignations coloniales. Discipline. Avancement. Insignes. Fonctionnement des dépôts au point de vue de l'instruction, modif. art. 10, 27 juillet 1904, *B. C.*, p. 1280; art. 6, 22 février 1905, *B. G.*, p. 148 : art. 6 et 8. 27 mai 1905 ; *B. G.*, p. 723; *B. C.*, p. 625; art. 5, 11 avril 1906, *B. G.*, p. 516; *B. G.*, E. M., T. C., vol. 1, p. 54.

28 oct. 1904 Dép. à l'Indo-Chine. Allocation aux télégraphistes titulaires et auxiliaires des primes de travail et gratifications attribuées aux ouvriers de la section du commissariat.

Témoignages officiels de satisfaction.

6 déc. 1903 Annexe D. Inscription sur les registres, *B. G.*, vol. spl., T. C., p. 159.

23 déc. 1903 Arr., art. 33. Inscription sur les matricules, livrets, certificats et relevés de services, *B. G.*, p. 1962 · *B. G.*, E. M., vol. 10, p. 71 ; modif. 19 février 1907, *B. G.*, p. 158.

10 févr. 1908 Service courant, art. 277, *B. G.*, E. M., vol. 74.

Témoins.

(Voir : *Justice militaire.* — *Taxe des témoins.*)

13 nov. 1866 Les dépositions des témoins absents, rédigées dans une langue étrangère à l'accusé, doivent lui être traduites par un interprète. Constatation par le greffier des faits survenus après l'audience, *B. G.*, E. M., vol. 59-4, p. 58.

14 oct. 1880 Audition des témoins dans les poursuites relatives à l'insoumission et à la désertion, *B. G.*, E. M., vol. 59-4, p. 68.

25 juill. 1883 Circ. La lecture à l'audience de la déposition d'un témoin absent est obligatoire, *B. G.*, E. M., vol. 59-4, p. 74.

15 oct. 1898 Admission des femmes comme témoins dans l'établissement des pièces militaires, *B. G.*, E. R., vol. 68, p. 367.

30 janv. 1905 Circ. Rôle des témoins devant les tribunaux militaires, *B. G.*, p. 66; *B. G.*, E. R., vol. 59-4, p. 84.

Tentes.

15 avril 1898 Circ. Adoption pour les troupes de la marine de la tente individuelle en tissu de coton imperméable, *B. C.*, p. 266.

15 janv. 1905 Description du matériel de campement, *B. G.*, E. M., vol. 53, p. 12 et suiv.

Art. 24. Tente conique de 6 mètres de diamètre à muraille.
25. Tente de marche pour les officiers.
26. Tente-abri individuelle, modif. 2 avril 1908, *B. G.*, p. 751.
14 à 23. Accessoires communs aux diverses tentes.

Notice 4. Inst. pour le tracé et l'érection des tentes, *B. G.*, E. M., vol. 53, p. 165.

Tarif des réparations, *B. G.*, E. M., vol. 53, p. 190.

Tenue.

(Voir : *Bicyclettes.* — *Casques.* — *Habillement.* — *Justice,* 10 décembre 1862. — *Officiers de réserve et de l'armée territoriale.* — *Services auxiliaires.* — *Tenue de ville des sous-officiers rengagés.* — *Uniformes.* — *Visites.*)

8 mai 1868 Déc. imp. réglant pour les officiers généraux le droit de porter la plume frisée au chapeau, *B. G.*, E. R., vol. 62, p. 94.

12 déc. 1871 Dispositions relatives à la tenue des officiers généraux, *B. G.*, E. M., vol. 31, p. 63.

1er févr. 1873 Tenue des officiers en non-activité, *B. G.*, E. M., vol. 31, p. 63.

8 juin 1881 Tenue des officiers, fonctionnaires et employés militaires assistant à des obsèques sans être commandés de service, *B. G.*, E. M., vol. 31, p. 64.

14 juin 1884 Inst. Tenue que doivent porter les militaires en permission ou en congé, modif. 3 mai 1888, *B. M.*, p. 930; *B. G.*, E. M., vol. 31, p. 64; appliquée aux troupes de la marine, 1er juin 1888, *B. M.*, p. 930, et circ. (marine), du 14 mai 1897, *B. M.*, p. 615.

24 juill. 1886 Déc. Tenue des officiers et assimilés en retraite ou en réforme pour infirmités, *B. M.*, 1891, 1er sem., p. 3; et note du 18 avril 1887, *B. G.*, p. 732; appliqués aux troupes de la marine, 15 janvier 1891, *B. M.*, p. 3.

25 avril 1891 Circ. Port de l'uniforme à l'étranger, *B. M.*, p. 779; *B. G.*, E. M., vol. 31, p. 66; et circ. (marine), 19 mai 1891, *B. M.*, p. 779; circ. (colonies), 4 juillet 1891, *B. C.*, p. 502; (autorisation accordée aux colonies par le gouverneur).

4 oct. 1891 Service des places, *B. G.*, E. R., vol. 75.

Tenue (*suite*).

Art. 49. Tenue des plantons et ordonnances.
62. Surveillance de la tenue des hommes de garde.
109. Surveillance de la tenue par les commandants d'armes.

20 oct. 1892 Service intérieur, Inf., art. 278 à 281; Artil., art. 295 à 298, *B. G.*, E. R., vol. 78.

20 déc. 1893 Tenue que porteront les officiers généraux dans les cérémonies particulières, *B. G.*, E. M., vol. 31, p. 66; appliqué aux troupes de la marine, circ. du 5 février 1894, *B. M.*, p. 488.

18 févr. 1895 Inst. générale sur les manœuvres, titre 3, art. 66. Tenue pendant les manœuvres, *B. G.*, E. M., vol. 55-3, p. 66.

8 mars 1899 Déc. fixant la tenue des officiers et hommes de troupe de toutes armes en campagne, *B. G.*, E. R., vol. 98; modif. 11 juillet 1899, *B. G.*, p. 532; 14 août 1899, *B. G.*, p. 649; 25 novembre 1899, *B. G.*, p. 1174; 9 juillet 1900, *B. G.*, p. 1080; 16 juillet 1901, *B. G.*, p. 407; 12 novembre 1901, *B. G.*, p. 1322; err., *B. G.*, p. 1583; 27 octobre 1902, *B. G.*, p. 2095; 23 janvier 1903, *B. G.*, p. 36; err., p. 46; 10 avril 1903, *B. G.*, p. 584, err., p. 1126; 30 avril 1904, *B. G.*, p. 558; err., p. 577; 6 septembre 1904, *B. G.*, p. 1445; 16 mars 1905, *B. G.*, p. 253; 8 mai 1905, *B. G.*, p. 593; 15 juin, *B. G.*, p. 841; 19 décembre 1907 - 7 avril 1908, add. 18 mai 1908, *B G.*, p. 778.

2 oct. 1899 Circ. Les officiers doivent porter une tenue strictement réglementaire dans toutes les prises d'armes, *B. G.*, E. M., vol. 31, p. 67.

4 déc. 1899 Circ. relative à la tenue du dimanche pour les officiers, *B. G.*, E. M., vol. 31, p. 67.

21 mai 1900 Circ. interdisant le port du képi mou dit « Saumur », *B. G.*, p. 1384; rappelés, 20 août 1900, *B. G.*, p. 1454; *B. G.*, E. M., vol. 31, p. 68.

23 oct. 1903 Circ. Tenue pendant l'escale de Saïgon des militaires se rendant au Tonkin ou en Chine (tenue bleue ou kaki), *B. G.*, p. 1781.

19 oct. 1905 Circ. Port de la tenue militaire par les officiers de réserve et de l'armée territoriale, *B. G.*, p. 1563.

12 avril 1906 Inst. Tenue des militaires participant à des fêtes ou cérémonies civiles. Tenue des militaires travaillant chez les cultivateurs, *B. G.*, p. 524; *B. G.*, E. M., vol. 31, p. 7.

16 janv. 1907 Modification à la tenue des officiers et officiers d'administration de l'artillerie coloniale, *B. G.*, p. 66.

3 avril 1907 Modification à la tenue de certaines catégories de sous-officiers de l'artillerie coloniale : élèves de l'Ecole de Versailles, stagiaires officiers d'administration, ouvriers d'Etat, sous-officiers rengagés, maîtres ouvriers, *B. G.*, p. 420.

13 janv. 1908 Circ. relative à la tenue des jeunes officiers nouvellement promus, *B. G.*, p. 25.

Tenue des chambres.

(Voir : *Hygiène*, 20 octobre 1892.)

Tenue de ville des sous-officiers rengagés.

(Voir : *Masse individuelle.*)

1er juin 1888 Note. Circonstances dans lesquelles les sous-officiers rengagés ou commissionnés pourvus d'une tenue de ville sont autorisés à porter cette tenue, *B. G.*, E. R., vol. 19, p. 207 et 273.

17 oct. 1901 Circ. autorisant les sous-officiers rengagés à porter une tenue spéciale dite tenue de ville des sous-officiers rengagés, *B. G.*, p. 969.

30 sept. 1903 Description, art. 341 à 347. Infanterie coloniale, art. 348 à 350. Artillerie coloniale, *B. G.*, vol. spl., T. C., p. 185.

Terrains militaires.

12 avril 1906 Inst. Prêt à des entreprises ou œuvres civiles, *B. G.*, p. 524; *B. G.*, E. M., vol. 31, p. 7.

Testaments.

(Voir : *Successions.*)

8 juin 1893 Loi modifiant les dispositions du Code civil relatives aux testaments faits soit aux armées, soit en cours d'un voyage maritime, *B. M.*, p. 7, *B. C.*, p. 524.

8 juill. 1893 Circ. Mesures d'application de la loi du 8 juin 1893, *B. M.*, p. 4; *B. C.*, p. 521.

3 oct. 1893 Inst. Application de la loi du 8 juin 1893 à bord des navires de commerce. 2e partie et modèles, *B. M.*, p. 981; *B. C.*, 1894, p. 75.

23 juill. 1894 Inst. (guerre), pour l'application aux militaires de la loi du 8 juin 1893, art. 108 à 127, *B. G.*, E. R., vol. 28, p. 64.

26 juill. 1894 Inst. (marine). Application de la loi du 8 juin 1893 à bord et aux armées; 2e partie et modèles, *B. M.*, p. 430; *B. C.*, p. 718.

1er mai 1900 Inst. sur les successions des militaires aux colonies, art. 22, *B. C.*, p. 424.

Thé.

29 déc. 1906 Circ. Les commissions des ordinaires doivent acheter dans le commerce, de préférence au thé en tablettes, des thés en nature, *B. G.*, p. 1765.

Théories et règlements.

13 avril 1889 Circ. Théories à abandonner aux sous-officiers et caporaux rentrant dans leurs foyers, *B. G.*, E. M., vol. 55-2, p. 211; appliquée aux troupes de la marine le 30 août 1889, *B. M.*, p. 436.

29 mai 1903 Inst. sur la masse des écoles. Fourniture gratuite aux corps des règlements, théories et placards. Achat d'un supplément au compte de la masse des écoles, *B. G.*, E. M., vol. 2, p. 14.

6 déc. 1903 Art. 244. Fourniture gratuite aux corps. Achats supplémentaires, *B. G.*, vol. spl., T. C., p. 105.

30 janv. 1908 Achat au compte de la masse d'entretien aux colonies.

Timbre.

(Voir : *Marchés.*)

13 brumaire an VII (4 sept. 1798) Loi sur le timbre, *B. M. R.*, p. 121.

16 juill. 1840 Circ. Les certificats concernant les hommes des armées de terre et de mer sont dispensés du droit et de la formalité du timbre, *A. M.*, p. 678; *B. M. R.*, p. 515.

29 mai 1846 Lettre. Les connaissements, lettres de voiture, factures, sont soumis à la formalité du timbre, *A. M.*, p. 631; *B. M. R.*, p. 281.

21 août 1846 Lettre. Les frais de timbre des lettres de voitures, connaissements, factures, incombent à ceux qui contractent envers l'Etat, *A. M.*, p. 748; *B. M. R.*, p. 303.

14 janv. 1869 Règl. financier (colonies), art. 152. Timbre des pièces justificatives de dépenses, vol. spl.

3 avril 1869 Règl. financier (guerre), art. 137 *bis*. Timbre de dimension des pièces justificatives de dépenses. Art. 158. Timbre des quittances et inst. du 30 juillet 1903, *B. G.*, E. M.. vol. 24.

23 août 1871 Loi sur le timbre, *B. lois*, p. 80.

27 nov. 1871 Décret. Timbre mobile (exécution de la loi du 23 août 1871), *B. M.*, p. 468; *B. M. R.*, p. 744.

1er déc. 1871 Inst. (finances), relative au timbre des quittances, *B. M.*, p. 462; *B. M. R.*, p. 755.

10 avril 1872 Circ. Pièces exemptes du droit de timbre, *B. G.*, 1902, p. 764.

14 avril 1872 Circ. (finances). Application de la loi du 23 août 1871, *B. M.*, 2e sem., p. 48; *B. M. R.*, p. 33.

24 févr. 1877 Circ. (finances). Arrérages des pensions après décès. Timbre du certificat de propriété, *B. M.*, p. 444; *B. M. R.*, p. 147.

13 mars 1877 Circ. Apposition du timbre de 0 fr. 10 sur les récépissés délivrés lors du versement des successions, *B. G.*, E. M., vol. 83, p. 397.

Timbre (*suite*).

5 avril 1877 Circ. Exemption du droit de timbre de 0 fr. 10 pour diverses allocations payées aux militaires au-dessous du grade d'officier, *B. M.*, p. 430; *B. M.* R., p. 156.

16 avril 1877 Circ. Les certificats de propriété délivrés par les notaires et juges de paix doivent être assujettis au timbre (voir 24 février 1877 ci-dessus), *B. M.*, p. 444; *B. M.* R., p. 157.

15 mai 1877 Timbre de quittance de 0 fr. 10. Personnel qui en est exempt. Versement des sommes provenant du fonds de masse, *B. M.*, p. 577; *B. M.* R., p. 207.

23 nov. 1877 Solutions à des questions relatives à l'application de la loi du 23 août 1871 en ce qui concerne le droit de timbre de 0 fr. 10, pour les paiements de sommes à répartir entre plusieurs ayants droit, *B. M.*, p. 696; *B. M.* R., p. 333.

27 mars 1897 Loi de finances, art. 4. Exemption du droit et de la formalité du timbre des certificats de maladie délivrés par les médecins non assermentés quand ces documents concernent des agents accomplissant un service actif de l'Etat, *B. C.*, p. 232.

3 mars 1899 Règl. sur le casernement (France), art. 82. Timbre des baux, *B. G.*, E. R., vol. 51.

30 avril 1902 Circ. relative à l'apposition du timbre de quittance pour le paiement de la solde des officiers, *B. G.*, p. 765.

16 oct. 1903 Règl. sur le casernement aux colonies, art. 81. Timbre des baux, *B. C.*, vol. spl., p. 915.

7 févr. 1907 Circ. relative à l'apposition du timbre de quittance sur les états de solde des officiers, *B. G.*, p. 100.

2 mai 1907 Circ. relative à l'apposition du timbre de quittance de 0 fr. 10 sur les états hebdomadaires de blanchissage du linge de la troupe, *B. G.*, p. 492.

Timbres et cachets.

25 sept. 1870 Décr. relatif au sceau de l'Etat et aux sceaux, timbres et cachets des cours, tribunaux, justices de paix et notaires, *B. G.*, E. R., vol. 61, p. 142.

5 juin 1888 Note relative aux demandes à l'administration centrale de timbres et cachets réglementaires, *B. G.*, E. R., vol. 61, p. 143; modif. 24 mai 1907, *B. G.*, p. 654.

23 mars 1897 Timbres et cachets des fonctionnaires de l'intendance. *B. G.*, E. R., vol. 64, p. 107, et 4 mars 1867, *B. G.*, E. M., vol. 10, p. 140.

30 juill. 1903 Inst. pour l'application du règlement (guerre), du 3 avril 1869, art. 125. Timbre sec à apposer sur les mandats de paiement, *B. G.*, E. M., vol. 24, p. 136; modif. 30 avril 1907 ci-après.

6 déc. 1903 Achat au compte de la masse générale des timbres humides et boîtes avec accessoires. *B. G.*, vol. spl., T. C., p. 226.

30 avril 1907 Circ. Obligation de l'emploi, par tous les ordonnateurs secondaires du Département de la guerre, d'un timbre sec d'ordonnancement du même modèle que celui employé par le service de l'intendance des T. M., *B. G.*, p. 628.

11 déc. 1907 Circ. prescrivant l'adoption, dans les services ou établissements du Département de la guerre, d'un timbre sec d'ordonnancement impersonnel dont feront usage les ordonnateurs intérimaires, *B. G.*, p. 1857.

23 mars 1908 Inst. sur le service de l'intendance aux colonies, art. 15.

Tir.

(Voir : *Cours pratique de tir.* — *Ecoles à feu.* — *Ecoles de tir.* — *Ecoles régimentaires de tir.* — *Miroir de pointage.* — *Munitions.* — *Tir à la mer.* — *Tir réduit.*)

19 juill. 1897 Circ. Un fusil dit de réglage sera attribué à chacun des régiments d'infanterie de marine pour être mis à la disposition de l'officier de tir, *B. M.*, p. 78.

2 févr. 1899 Circ. Approbation d'une nouvelle méthode de tir pour les batteries de côte desservies par le télémètre Audouard et tirant de plein fouet, *B. M.*, p. 234.

29 juin 1899 Circ. Allocations aux corps de troupe pour l'instruction du tir au canon, *B. G.*, E. M., vol. 55-1, p. 124; modif. 27 mars 1905, *B. G.*, p. 373; addition 16 juin 1905, *B. G.*, p. 845.

Tir (*suite*).

16 mars 1900 Circ. Approbation d'un projet de méthode de tir pour les batteries de côte desservies par le télémètre Audouard et faisant du tir indirect, ainsi qu'une note explicative, *B. M.*, p. 844.
19 oct. 1900 Circ. Dispositions complémentaires à prendre pour l'inspection des armes à magasin après les exercices de tir à répétition, *B. M.*, p. 728.
17 avril 1901 Loi relative à l'exécution des exercices de tir par les troupes de toutes armes, *B. G.*, p. 585, et inst. du 3 août 1901, *B. G.*, p. 585; modif. 9 avril 1902, *B. G.*, p. 438; 20 juin 1906, *B. G.*, p. 800; err., *B. G.*, p. 885.
9 mai 1902 Circ. Sécurité des marqueurs sur les champs de tir de l'infanterie, *B. G.*, E. M., vol. 55-2, p. 103.
8 févr. 1903 Inst. sur le matériel de tir et les champs de tir de l'infanterie, modif. 2 avril 1905, *B. G.*, p. 408.
22 avril 1903 Solutions pour l'application de l'inst. du 3 août 1901, modif. le 9 avril 1902, pour l'exécution de la loi du 17 avril 1901 sur les exercices de tir, *B. G.*, p. 588.
11 juin 1904 Inst. sur le tir (artillerie à pied), modif. 12 février 1906.
31 août 1905 Règl. sur l'instruction du tir dans l'infanterie.
12 déc. 1905 Circ. Création de cours de tir régionaux pour l'artillerie de campagne, *B. G.*, p. 1799.
17 janv 1906 Inst. sur la préparation au tir de guerre des troupes de l'artillerie de campagne et de l'artillerie à pied.
5 oct. 1906 Circ. relative aux déplacements des troupes d'infanterie pour l'exécution des tirs, *B. G.*, p. 1296.
22 juin 1907 Circ. relative à l'application, dans les T. C., du règlement du 31 août 1905 sur l'instruction du tir de l'infanterie, *B. G.*, E. M., T. C., vol. 3, p. 122.
3 août 1907 Circ. Surveillance à opérer dans la consommation des munitions, *B. G.*, p. 1070.
30 janv. 1908 Dépenses à la charge de la masse d'entretien aux colonies.

Tir à la mer.

11 juin 1906 Circ. Désignation des officiers généraux et supérieurs qui doivent assister aux tirs à la mer, *B. G.*, p. 762; modif. 3 avril 1907, *B. G.*, p. 377.

Tir réduit.

26 févr. 1897 Circ. Le tir réduit sera effectué dans les corps de troupe de l'artillerie de marine avec le mousqueton mod. 1892, *B. M.*, p. 225.
18 févr. 1902 Inst. sur l'organisation du tir réduit pour armes de 8^{mm}; modif. 2 avril 1905 ci-après.
2 avril 1905 Circ. Dotation à titre de première mise des compagnies d'infanterie et du génie en étuis mod. 86 M. pour la confection des cartouches de tir réduit, *B. G.*, p. 408.
15 mars 1906 Circ. relative aux inconvénients que peut présenter, au point de vue de la conservation des têtes mobiles des armes de 8^{mm}, un amorçage défectueux des étuis de cartouches de tir réduit, *B. G.*, p. 366.

Tirailleurs annamites.

4 déc. 1879 Décr. créant un régiment de tirailleurs annamites en Cochinchine, *B. M.*, p. 1007.
4 déc. 1879 Règl. relatif au recrutement, à l'organisation, à l'administration et à la discipline, *B. M.*, p. 1012; art. 6, modif. 10 juillet 1883, *B. M.*, p. 34; art. 42, modif. 4 janvier 1892, *B. C.*, p. 157; *B. M.*, p. 7.
10 juill. 1883 Circ. Les tirailleurs qui se rengagent pour la deuxième fois ont droit au paiement de la prime de 50 francs, *B. M.*, p. 34.
4 janv 1892 Avancement des militaires français, *B. M.*, p. 7; *B. C.*, p. 157.
3 fév. 1894 Décr. § 2. Situation des sergents interprètes. Ont envers les sergents l'autorité des adjudants. Portent les galons de sergent-major. Perçoivent une indemnité journalière de 1 franc, *B. M.*, p. 165; *B. C.*, p. 172.
19 sept. 1903 Décr. réorganisant l'infanterie coloniale, art. 5. Effectifs : 2 régiments, *B. C.*, p. 820; *B. G.*, p. 1417; *B. G.*, E. M., T. C., vol. 1, p. 28.

Tirailleurs cambodgiens.

28 mai 1902 Décr. Création. Recrutement. Allocations, *B. C.*, p. 498; *B. G.*, p. 1229.

19 sept. 1903 Décr. réorganisant l'infanterie coloniale, art. 5. Effectifs : 1 bataillon, *B. G.*, p. 1417; *B. C.*, p. 820; *B. G.*, E. M., T. C., vol. 1, p. 28.

Tirailleurs de frontière.

(Anciens tirailleurs chinois.)

20 juin 1902 Décr. Création. Recrutement. Allocations, *B. C.*, p. 608; *B. G.*, p. 1290.

19 sept. 1903 Décr. réorganisant l'infanterie coloniale, art. 5. Effectifs : 1 bataillon, *B. C.*, p. 820; *B. G.*, p. 1417; modif. 12 juillet 1905 ci-après, *B. G.*, E. M.. T. C., vol. 1, p. 28.

12 juill. 1905 Décr. Les tirailleurs chinois prennent le nom de tirailleurs de frontière, *B. C.*, p. 800; *B. G.*, p. 1083.

Tirailleurs malgaches.

(Voir : *Masse individuelle.* — *Recrutement indigène.*)

13 janv 1895 Décr. Création d'un régiment, *B. C.*, p. 62; *B. M.*, p. 11.

8 juill. 1897 Décr. Réorganisation du régiment. Recrutement. Organisation. Administration, *B. C.*, p. 652; *B. M.*, p. 34: modif. art. 4, 25 mai 1899, *B. C.*, p. 649; *B. M.*, p. 843; art. 3, 19 avril 1900, *B. M.*, p. 566; 19 novembre 1900 et 28 mai 1904 ci-après; art. 4, modif. 28 novembre 1906, *B. C.*, p. 1114; 26 mars 1907, *B. C.*, p. 197.

10 oct. 1897 Décr. Création d'un deuxième régiment, *B. C.*, p. 1608; *B. M.*, p. 404.

19 nov. 1900 Décr. Durée des engagements des indigènes, 1, 2, 3 et 5 ans. Rengagements 2 et 3 ans. Primes de rengagement : 2 ans, 40 francs; 3 ans, 100 francs. Mode de paiement des primes, *B. C.*, p. 1045; *B. M.*, p. 922.

19 sept. 1903 Décr. réorganisant l'infanterie coloniale, art. 5. Effectifs : 3 régiments, *B. C.*, p. 820; *B. G.*, p. 1417; *B. G.*, E. M., T. C., vol. 1. p. 28.

28 mai 1904 Décr. Rengagements d'un an sans prime, *B. G.*, p. 811.

Tirailleurs sénégalais.

(Voir : *Habillement.* — *Hautes payes.* — *Masse individuelle.* — *Primes d'engagement et de rengagement* — *Recrutement des militaires indigènes.* — *Relève.*)

5 juin 1889 Décr. Réorganisation du régiment, *B. C.*, p. 727; *B. M.*, 2e sem., p. 264; modif. 26 mars 1907, *B. C.*, p. 196; 27 mars 1907, hautes payes et primes d'engagement et de rengagement, *B. C.*, p. 198.

5 juin 1889 Règl. Recrutement. Organisation. Administration, *B. C.*, p. 738; *B. M.*, 2e sem., p. 274.

28 oct. 1895 Circ. Recrutement sur place des militaires indigènes des compagnies en garnison à la Côte d'Ivoire, *B. C.*, p. 811.

15 juin 1900 Circ. Signe distinctif des régiments de tirailleurs sénégalais, *B. C.*, p. 553; *B. M.*, p. 1192.

7 juin 1903 Déc. prés. Les tirailleurs sénégalais (sous-officiers, caporaux et tirailleurs) ont droit à la délivrance journalière d'une ration en nature dite indigène ou à une indemnité représentative de vivres égale au prix de revient de la ration, *B. C.*, p. 546.

19 sept. 1903 Décr. réorganisant l'infanterie coloniale, art. 5. Effectifs, *B. C.*, p. 820; *B. G.*, p. 1417; *B. G.*, E. M., T. C., vol. 1, p. 28.

Tirailleurs tonkinois.

(Voir : *Masse individuelle.* — *Recrutement des militaires indigènes.*)

12 mai 1884 Décr. Création de deux régiments, *B. M.*, p. 942.

28 juill. 1885 Décr. Création d'un troisième régiment, *B. M.*, p. 236.

10 déc. 1897 Décr. Création d'un quatrième régiment, *B. M.*, p. 695; *B. C.*, p. 1162.

Tirailleurs tonkinois (*suite*).

19 sept. 1903 Décr. réorganisant l'infanterie coloniale, art. 5. Effectifs : 4 régiments, *B. C.*, p. 820, *B. G.*, p. 1417; *B. G.*, E. M., T. C., vol. 1, p. 28.

5 févr. 1906 Déc. prés. Allocations de la masse individuelle des tirailleurs tonkinois : première mise, 50 francs; prime journalière, 0 fr. 09, *B. C.*, p. 119.

Titres nobiliaires.

23 déc. 1830 Circ. Aucun officier ne doit être officiellement appelé par son titre nobiliaire, mais par la dénomination de son grade, *B. G.*, 1902, p. 2037; *B. G.*, E. M., vol. 31, p. 3.

5 mars 1859 Décr. relatif à l'autorisation pour les Français de porter en France un titre conféré par un souverain étranger, *B. G.*, E. R., vol. 10, p. 77.

23 déc. 1903 Arr., art. 4. Inscription sur les états de services des officiers généraux, *B. G.*, p. 1948; *B. G.*, E. M., vol. 10, p. 58.

Toiles.

15 janv 1905 Description : art. 6, toile à tentes; art. 7, toile à pourrir; art. 8, toile pour garnitures de chapeau de tente; art. 10, toile à seau; art. 12, toiles servant au garnissage des caisses; art. 13, toile pour sachets à vivres de réserve, *B. G.*, E. M., vol. 53, p. 8 et suiv.; art. 12, modif. 2 avril 1908, *B. G.*, p. 751.

Toise.

6 déc. 1903 Achat au compte de la masse générale du double mètre étalonné pour mesurer la taille des hommes nouvellement incorporés, *B. G.*, vol. spl., T. C , p. 226.

Tombereaux à bascule.

8 févr. 1907 Inst., art. 7. Achat au compte de la masse de chauffage et d'éclairage pour le transport du combustible, *B. G.*. E. M., vol. 5, p. 109.

Tondeuse.

6 mai 1886 Circ. Achat d'une nouvelle tondeuse au compte de la masse générale, *B. M.*, p. 835; (application de la déc. guerre du 9 décembre 1885).

6 déc. 1903 Annexe F. Achat et entretien au compte de la masse générale en France des instruments de perruquier, *B. G.*, vol. spl., T. C., p. 229.
Annexe G. Achat, remplacement, réparation, graissage et repassage des tondeuses pour chevaux au compte de la masse de harnachement (France), *B. G.*, vol. spl., T. C., p. 231.

9 déc. 1904 Règl. sur la masse de harnachement aux colonies. Notice 1. Achat, remplacement, réparation, graissage et repassage des tondeuses pour chevaux, *B. C.*, p. 1281.

Tonkin.

(Voir : *Garde indigène.* — *Indo-Chine.* — *Troupes métropolitaines.*)

8 août 1898 Décr. Réorganisation du conseil de protectorat, *B. C.*, p. 583.

Tonneaux d'arrosage.

6 juill. 1899 Description, *B. G.*, E. R., vol. 51 *bis*, p. 71.

16 oct. 1903 Description, *B. C.*, vol. spl., p. 1004.

Tour de service colonial.

(Voir : *Congés*. — *Permutations*. — *Prolongations de séjour colonial*. *Relève*. — *Séjour colonial*.)

7 juill. 1900 Loi portant organisation des troupes coloniales, art. 12, *B. C.*, p. 594; *B. G.*, E. M., T. C., vol. 1, p. 7.

24 mai 1901 Circ. Les décisions ayant pour objet le renvoi en France des militaires sont immédiatement exécutoires, *B. C.*, p. 462.

26 avril 1902 Circ. Règles à suivre pour l'envoi en France des créoles des Antilles et de la Guyane incorporés dans les T. C., *B. G.*, p. 772; *B. G.*, E. M., T. C., vol. 2, p. 59.

5 sept. 1902 Circ. Conditions dans lesquelles les militaires peuvent être désignés hors tour pour être libérés aux colonies, *B. G.*, p. 1840.

20 févr. 1903 Circ. Conditions de désignation des officiers et employés militaires pour un emploi conférant la dispense du service colonial, *B. G.*, p. 239.

27 févr. 1903 Circ. Fonctionnement de la relève des troupes aux colonies. Déduction des incomplets, *B. C.*, p. 143.

30 déc. 1903 Décret. Tour de service colonial des officiers et assimilés, sous-officiers, caporaux, brigadiers et soldats des T. C., *B. C.*, p. 1284; *B. G.*, p. 1857; err., *B. G.*, 1904, p. 108 et 585; modif. 12 décembre 1905 ci-après; 26 août 1906, *B. G.*, p. 1229; *B. C.*, p. 802.
Tour de service colonial des officiers et assimilés. Affectations. Listes de tour de service colonial. Durée du séjour réglementaire. Prolongations de séjour colonial. Congés de six mois. Permutations de tour de service colonial.
Tour de service colonial des sous-officiers et assimilés.
Tour de service colonial des brigadiers, caporaux et soldats.

26 mars 1904 Circ. Obligations de service colonial des sous-officiers commissionnés des T. C., *B. G.*, p. 423; complétée et étendue aux sous-officiers commissionnés des régiments étrangers; circ. du 22 août 1904, *B. G.*, p. 1523.

30 mai 1904 Inst. pour l'application du décret du 30 décembre 1903. Ajournés du service colonial, *B. C.*, p. 611; *B. G.*, p. 853; err., tableaux 4 et 5, *B. G.*, 1904, p. 1281; addition à l'art. 14, *B. G.*, p. 1524; err., *B. G.*, 1904, p. 1528; addition à l'art. 1, 29 octobre 1902, *B. G.*, p.. 1576; err. à la notification du 29 octobre 1904 (listes de départ des lieutenants et sous-lieutenants d'artillerie), *B. G.*, 1905, p. 439; modif. 21 mars 1905, *B. G.*, p. 364 (le lieutenant adjoint au trésorier des 4e, 8e, 22e et 24e régiments d'infanterie coloniale sont ajournés du service colonial pour deux ans); err., tableau 5, *B. G.*, 1905, p. 584 (les stagiaires d'artillerie employés à l'administration centrale de la guerre sont dispensés du service colonial pendant deux ans); modif. 8 décembre 1905, *B. G.*, p. 1815 (les magasiniers détachés à l'administration centrale de la guerre ou des colonies sont dispensés du service colonial pendant deux ans); modif. 21 mars 1906, *B. G.*, p. 401; *B. C.*, p. 295 (dispense de service colonial de deux ans aux officiers d'administration du service de santé détachés à l'administration centrale de la guerre ou des colonies); 18 mai 1906, *B. G.*, p. 773; addition aux tableaux 3 et 4; 3 juillet 1906, *B. G.*, p. 1063 (addition au tableau 4); addition aux art. 15 et 23, addition, art. 15, 14 janvier 1907, *B. G.*, p. 499; modif. tableau 5, 2 mars 1907, *B. G.*, p. 315; *B. C.*, p. 164; tableau 2 nouveau, 7 janvier 1908, *B. G.*, p. 189.

10 juin 1904 Inst. réglant les dates de départ de France des détachements de relève pour l'Indo-Chine, l'Afrique occidentale et Madagascar, *B. C.*, p. 647; *B. G.*, p. 895; modif. 4 décembre 1907, *B. G.*, p. 1771.

21 oct. 1904 Inst. relative aux désignations et à l'embarquement pour les colonies des militaires des T. C., *B. G.*, p. 1571.

3 déc. 1904 Circ. Les militaires des T. C. ayant servi aux colonies comme marins embarqués à bord d'un bâtiment de l'Etat seront considérés comme ayant accompli un premier séjour colonial, *B. G.*, p. 1870.

19 déc. 1904 Circ. Application du décret du 30 décembre 1903 et de l'inst. du 30 mai 1904 aux armuriers de la marine et aux officiers d'administration contrôleurs d'armes, *B. C.*, p. 1233.

12 déc. 1905 Décret modifiant celui du 30 décembre 1903, art. 2 et 14. Il n'y a pas de tour de service pour les officiers généraux, *B. G.*, p. 1815.

25 août 1906 Circ. Application du décret du 26 août 1906. Listes de tour de départ des officiers d'administration d'artillerie coloniale, *B. C.*, p. 799.

8 oct. 1906 Circ. Dispenses de service colonial pour raisons de santé, *B. G.*, p. 1386.

Trains régimentaires.

(Voir : *Equipages régimentaires. — Masse de ferrage et de harnachement.*)

Composition des trains régimentaires (service de la gendarmerie en campagne, annexe 6), *B. G.*, E. R., vol. 45, p. 95.

26 juill. 1904 Inst. sur la constitution et l'organisation des trains régimentaires aux colonies. Effectifs, *B. C.*, p. 674.

9 déc. 1904 Décret, art. 1. Les dépenses d'entretien et de renouvellement des voitures incombent à la masse de ferrage et de harnachement, *B. C.*, p. 1250; et inst. du 9 décembre 1904, art. 1, § 6, et art. 61, *B. C.*, p. 1253.

28 déc. 1905 Règl. sur l'armement aux colonies, art. 128. Visite du matériel par l'inspecteur d'armes.

29 août 1907 Circ. Taux des abonnements pour les trains régimentaires, *B. C.*, p. 637.

Traites sur le Trésor.

(Voir : *Marchés.*)

Tramways.

(Voir : *Troupes en route.*)

Transports.

18 juin 1870 Lettre. Transport des marchandises dangereuses par eau et par voies de terre autres que les chemins de fer, *B. M.*, p. 647.

26 fév. 1892 Circ. Les frais de transport des vivres et du matériel destinés aux colonies sont à la charge des chapitres de vivres et de matériel, *B. C.*, p. 190.

16 janv 1901 Circ. prescrivant de prendre, le cas échéant, les dispositions nécessaires pour assurer en temps voulu le départ et le transport des T. C., *B. G.*, p. 109; *B. G.*, vol. spl., T. C., p. 86.

4 juin 1902 Décret portant règlement sur les transports ordinaires, *B. G.*, E. M., vol. 100-3, p. 10.

12 nov. 1902 Inst. pour l'application du décret du 2 novembre 1902 sur les compagnies de discipline. Conduite des disciplinaires, *B. G.*, p. 2231.

16 oct. 1903 Règl. sur les directions d'artillerie coloniales, art. 119, 120, *B. C.*, vol. spl., p. 107.

16 janv 1905 Inst. sur la comptabilité-matières (colonies), art. 75 à 102, 182 à 198. Envois, *B. C.*, p. 157 et suiv.

3 mai 1905 Inst. sur l'exécution des transports du matériel des corps de troupe et des services militaires aux colonies, *B. C.*, p. 588.
Prescriptions générales. Exécution des transports à l'entreprise. Exécution des transports en régie.

23 mars 1908 Inst. sur le service de l'intendance aux colonies, art. 69 et 70.

Transports des restes mortels.

(Voir : *Décès.*)

25 janv 1856 Inst. (agriculture, commerce et travaux publics) sur l'admission dans les lazarets, le transport et la réinhumation dans l'intérieur de la France des personnes mortes hors du territoire continental, *B. M.*, p. 100; *B. M.* R., p. 4.

8 juin 1887 Inst. Transport en France des restes mortels des personnes décédées dans les colonies ou à bord des bâtiments de l'Etat, *B. C.*, p. 291; *B. M.*, p. 797.

11 déc. 1903 Inst. Transport des restes des militaires décédés sous les drapeaux ou pavillons, *B. G.*, p. 1892; *B. G.*, E. M., vol. 100-3, p. 132; modif. 5 juin 1906, *B. G.*, p. 1045; addition 20 juin 1907, *B. G.*, p. 769; 25 février 1908, *B. G.*, p. 249.

Transports maritimes.

(Voir : *Compagnie générale transatlantique.* — *Condamnés.* — *Indemnités de route et de séjour.* — *Messageries maritimes.* — *Passages.* — *Rapatriement.* — *Union des Femmes de France (jeux et bibliothèques).*

1° *Guerre.*

16 déc. 1896 Convention pour l'exécution des services maritimes postaux entre la France, l'Algérie, la Tunisie, la Tripolitaine et le Maroc, *B. G.*, E. M., vol. 102, p. 3.

16 déc. 1896 Cahier des charges pour l'exécution des services maritimes postaux entre la France, l'Algérie, la Tunisie, la Tripolitaine et le Maroc, *B. G.*, E. M., vol. 102, p. 6; modif. annexes 1 et 2, 6 décembre 1906, *B. G.*, p. 1779; itinéraires, modif. 16 avril 1907, *B. G.*, p. 448; modif. 10 août 1907, *B. G.*, p. 1113; modif. 25 juillet 1907, *B. G.*, p. 986; err., p. 1134.

1er mai 1897 Inst. pour l'exécution des transports de la guerre par navires de commerce, *B. G.*, E. M., vol. 101, p. 10.

1er mai 1897 Inst. sur les affrétements, *B. G.*, E. M., vol. 101, p. 68.

1er mai 1897 Inst. sur l'embarquement et le débarquement des troupes transportées par navires de commerce, *B. G.*, E. M., vol. 101, p. 99.

1er mai 1897 Inst. sur les expéditions de matériel par navire de commerce, *B. G.*, E. M., vol. 101, p. 123.

1er mai 1897 Inst. sur les soins à donner aux animaux et leur alimentation pendant la traversée, *B. G.*, E. M., vol. 101, p. 128.

24 avril 1898 Inst. pour l'application en ce qui concerne les transports de la guerre, du cahier des charges du 16 décembre 1896 ci-dessus, *B. G.*, E. M., vol. 102, p. 97; addition 4 octobre 1905, *B. G.*, p. 1501.

26 nov. 1902 Circ. Débarquement à Toulon et à Marseille des militaires des T. C. rapatriés de l'Indo-Chine, *B. G.*, p. 2315.

20 janv 1903 Cahier des charges pour l'exécution des services maritimes postaux entre le continent et la Corse, *B. G.*, E. M., vol. 103, p. 3; addition 22 septembre 1905, *B. G.*, p. 1452; itinéraires, modif. 6 mai 1908, *B. G.*, p. 763.

7 mai 1903 Inst. pour l'exécution des transports par mer de courte durée, *B. G.*, E. M., vol. 101, p. 155.

1er sep. 1904 Inst. pour l'application du cahier des charges du 20 janvier 1903, *B. G.*, E. M., vol. 103, p. 81.

11 mai 1905 Circ. Réductions de tarif consenties par les compagnies de navigation en faveur des parents de militaires gravement malades, *B. G.*, p. 600; addition, 9 août 1905, *B. G.*, p. 1215.

8 juin 1905 Inst. pour les commandants des troupes passagères de toutes armes et les chefs de détachement à bord des navires de commerce. Commandant des troupes passagères. Discipline et juridiction des passagers. Chefs de détachements. Débarquement des malades en France. Conduite des détachements de discipline embarqués, à jour au 1er novembre 1907, *B. G.*, p. 1721.

2° *Colonies.*

(Voir : *Frais de bureau*, 30 août 1907.)

23 oct. 1849 Les chartes-parties, connaissements et factures relatifs à des envois aux colonies devront contenir les clauses indiquant le mode et le lieu de paiement du fret, *B. M.*, p. 683; *B. M.*, R., p. 259.

30 mars 1850 Recommandation de mentionner sur les contrats d'affrétement tous les cas de relâche qui peuvent être prévus, *B. M.*, p. 244; *B. M.* R., p. 331.

11 mai 1860 Les connaissements devront indiquer le nombre et la nature des pièces relatives au chargement remises au capitaine chargé du transport, *B. M.* R., p. 340.

22 sept. 1873 Recommandations pour l'envoi aux colonies de matières inflammables, *B. M.*, p. 357; *B. M.* R., p. 365.

23 févr. 1887 Circ. Classement des officiers, fonctionnaires, employés et agents des divers départements ministériels admis comme passagers à bord des bâtiments de l'Etat et des navires affrétés, *B. C.*, p. 147.

Transports maritimes (*suite*).

16 juin 1891 Circ. Les permis d'embarquement ne doivent être délivrés dans les ports de commerce aux officiers, fonctionnaires, etc., que sur le vu du certificat constatant la visite médicale prévue par les circ. des 23 août, 9 octobre et 22 novembre 1890, *B. C.*, p. 433.

8 janv 1894 Circ. Embarquement du personnel colonial sur les paquebots de la Méditerranée. Etablissement des permis d'embarquement, *B. C.*, p. 28.

13 janv 1894 Décret. Admission à la 1re classe sur les paquebots des lignes d'Australie, de la mer des Indes, de l'Indo-Chine et de la Côte occidentale d'Afrique, des officiers subalternes des corps militaires relevant de l'administration des colonies et jouissant du bénéfice de la loi de 1834 (voir : *Passages*), *B. C.*, p. 42.

30 avril 1895 Circ. Escorte des condamnés militaires voyageant par paquebots ou bâtiments de commerce, *B. C.*, p. 420; *B. G.*, 1905, p. 1812.

23 déc. 1895 Circ. Voie à employer pour diriger sur Tahiti les officiers, fonctionnaires, etc., relevant du Département des colonies, *B. C.*, p. 904; *B. M.*, p. 540.

16 mars 1896 Circ. Voyage annuel entre Papeete et Nouméa et vice versa. Mode d'envoi du personnel et du matériel destinés à Tahiti, *B. M.*, p. 538.

23 sept. 1897 Circ. Mesures à prendre relativement à l'embarquement des militaires en service aux colonies qui rentrent en France. Avis à adresser. Bagages, *B. C.*, p. 987; *B. M.*, p. 355.

2 avril 1900 Circ. Dispositions relatives : 1° au décompte des surestaries à prévoir dans les contrats de transports maritimes; 2° à la réquisition des navires de commerce par les administrations coloniales, *B. C.*, p. 277.

21 janv 1901 Circ. Instructions relatives à l'acquit des connaissements et aux mentions spéciales à inscrire sur ces documents en vue du paiement du fret, *B. C.*, p. 44.

5 juin 1901 Circ. Transport des objets divers et du matériel commandé directement en France par les conseils d'administration des corps stationnés aux colonies, *B. C.*, p. 500.

15 juin 1901 Circ. Le matériel du service local et des services locaux expédié en France doit être adressé aux chefs du service colonial des ports de commerce, *B. C.*, p. 532.

15 déc. 1904 Circ. Les passagers militaires seront embarqués sur les paquebots des Messageries maritimes trois heures avant le départ des paquebots. La compagnie fournira gratuitement la nourriture des détachements lorsque ceux-ci s'embarqueront à l'heure des repas, *B. C.*, p. 1307.

1er mai 1906 Inst. sur les successions des militaires aux colonies, art. 26. Transport au compte de l'Etat des objets provenant des successions, *B. C.*, p. 424.

Transports par chemin de fer.

(Voir : *Condamnés*. — *Mouvements de troupe*.)

1° *Dispositions diverses.*

13 juin 1887 Règl. pour les transports militaires par le chemin de fer de Dakar à Saint-Louis, *B. C.*, p. 459.

16 janv 1902 Circ. relative à la préparation des transports militaires par chemin de fer en temps de paix, *B. G.*, E. M., vol. 100-3, p. 8.

11 déc. 1903 Inst. Conditions dans lesquelles s'effectue en temps de paix le transport, sur les voies ferrées, du personnel relevant du Département de la guerre, des animaux de l'armée ainsi que des voitures, des bagages et du matériel des corps de troupe, *B. G.*, p. 1873; *B. G.*, E. M., vol. 100-3, p. 109.

Dispositions préliminaires.

Application de l'arrêté du Ministre des travaux publics du 9 mai 1903.

Art. 2. Feuille de route.
4. Cartes d'identité.
13. Voitures, caissons, prolonges, affûts.
17. Détenus.
18. Bagages.
20. Chevaux et voitures des cantinières et cantiniers.
24. Chevaux et mulets. Modif. 2 avril 1907, *B. G.*, p. 376.

Transports par chemin de fer (*suite*).

Application du règl. du 4 juin 1902 sur les transports ordinaires.

Art. 15. Tracé des itinéraires.
20. Bons de chemin de fer.
23. Transport des militaires isolés. Dispositions générales; addition, 22 février 1905, *B. G.*, p. 173.
43. Matériel à employer pour le transport des hommes.

Dispositions particulières.

I. — Officiers de réserve et de l'armée territoriale se déplaçant pour suivre les cours des écoles d'instruction, pour faire un stage volontaire ou pour prendre part ou assister aux manœuvres, exercices, etc.
II. — Militaires de la disponibilité de la réserve et de l'armée territoriale se rendant à des réunions de tir.
III. — Anciens militaires appelés à se présenter devant une commission de réforme, en vue : de l'admission à la gratification de réforme renouvelable, du maintien en jouissance de cette allocation, ou de la conversion de la gratification renouvelable en gratification permanente.
IV. — Anciens militaires autorisés à faire usage des eaux minérales aux frais de l'Etat.
V. — Militaires malades ou blessés transportés dans les wagons de marchandises spécialement aménagés.
VI. — Réduction de tarif pour les familles des militaires déplacés pour le service, modif. 22 mars 1905, *B. G.*, p. 351.
VII. — Transport des restes des militaires décédés sous les drapeaux ou pavillons, modif. 5 juin 1906, *B. G.*, p. 1045.

Annexes.

N° 1. Tarif des prix à payer aux compagnies de chemin de fer d'intérêt général pour le transport des militaires, des animaux de l'armée, ainsi que des voitures, des bagages et du matériel voyageant avec la troupe.
N° 2. Arrêté du Ministre des travaux publics du 9 mai 1903, *B. C.*, p. 500; modif. additions 20 septembre 1906, *B. G.*, p. 1264.
N° 3. Note sur la délivrance et le retrait des cartes d'identité, modif. 26 janvier 1905, *B. G.*, p. 72.
N° 4. Traité passé avec les compagnies de chemins de fer pour le transport des chevaux et mulets de l'armée, 14 octobre 1890.
N° 5. Etat des agents supérieurs des compagnies de chemins de fer ayant qualité pour viser les feuilles de réduction à délivrer aux officiers de réserve et de l'armée territoriale se rendant aux réunions des écoles d'instruction.

2° *Personnel.*

30 juin 1890 Circ. Utilisation par les passagers de l'Etat des trains spéciaux transatlantiques entre Paris (Saint-Lazare) et Saint-Nazaire, *B. C.*, p. 814; *B. M.*, p. 721.
23 déc. 1892 Circ. Transport à prix réduit des membres des congrégations religieuses, *B. C.*, p. 858.
30 mars 1893 Circ. Réduction de tarif sur les voies ferrées en faveur des familles des officiers, fonctionnaires et agents du service colonial ayant droit au quart de place et voyageant pour raisons de service, *B. C.*, p. 257.
11 avril 1894 Circ. Règle à suivre pour la demande des bons de réduction de demi-place sur les voies ferrées, *B. C.*, p. 350.
20 févr. 1902 Inst. fixant les règles relatives à l'exécution du transport par chemin de fer des troupes de toutes armes, *B. G.*, E. M., vol. 100-7, p. 3.
9 mai 1903 Arr. (travaux publics) réglant l'application aux militaires et marins du tarif réduit prévu par les cahiers des charges des concessions de chemins de fer, *B. C.*, p. 500; *B. G.*, p. 1899; *B. G.*, E. M., vol. 100-3, p. 77; art. 4, modif. 30 juillet 1907, p. 1359.
11 mai 1905 Circ. relative aux réductions de tarif consenties par les compagnies de chemins de fer et de navigation en faveur des parents des militaires gravement malades, *B. G.*, p. 600; addition, 9 août 1905, *B. G.*, p. 1215.
25 avril 1906 Circ. relative au maintien de l'ordre dans les gares, *B. G.*, p. 554; addition, 5 octobre 1906, *B. G.*, p. 1296.
30 avril 1907 Circ. Transport des détachements sur les compagnies secondaires de chemins de fer. Entente préalable, *B. G.*, p. 491.

Transports par chemin de fer (*suite*).

3° *Matériel*.

17 mars 1889 Tarif fixant : 1° le maximum de poids à allouer aux corps de troupe pour le transport des effets, outils et armes; 2° le cube maximum à allouer pour chacun desdits objets, *B. G.*, E. M., vol. 100-4, p. 7.

15 juill. 1891 Traité pour l'exécution des transports ordinaires du matériel de la guerre, *B. G.*, E. M., vol. 100-4, p. 29; modif. 28 janvier 1905, *B. G.*, p. 83; 11 avril 1905, *B. G.*, p. 443; 24 juin 1905, *B. G.*, p. 919; modif. 14 mai 1906, *B. G.*, p. 793; add. 1er mai 1908, *B. G.*, p. 682.

28 mai 1895 Inst. pour l'application du traité du 15 juillet 1891, *B. G.*, E. M., vol. 100-4, p. 103; modif. 7 novembre 1904, *B. G.*, p. 1628; 10 janvier 1905, *B. G.*, p. 9; 28 janvier 1905, *B. G.*, p. 83; 7 novembre 1905, *B. G.*, p. 1683; additions, 20 juin 1906, *B. G.*, p. 796; 6 févr. 1908, *B. G.*, p. 147; 1er mai 1908, *B. G.*, p. 682.

27 juin 1896 Circ. Application du barème 2 du traité des transports de la guerre aux bagages et au mobilier des officiers, employés et agents du service colonial ayant droit au quart de place sur les voies ferrées, *B. C.*, p. 372.

12 nov. 1897 Règl. sur le transport par chemin de fer des matières dangereuses et des matières infectes, *B. G.*, E. M., vol. 100-4, p. 163; modif. 29 mars 1906, *B. G.*, p. 457; add. 15 avril 1908, *B. G.*, p. 598.

16 juill. 1898 Inst. (travaux publics) concernant la surveillance des expéditions d'explosifs, munitions et matières assimilées, *B. G.*, E. M., vol. 100-4, p. 235.

6 mars 1903 Circ. Groupement des expéditions de matériel, rappel de l'art. 58 de l'inst. du 28 mai 1895, *B. G.*, E. M., vol. 100-4, p. 241.

Travail.

9 sept. 1848 Décr. modifié par la loi du 30 mars 1900, relatif aux heures de travail dans les manufactures et usines, *B. G.*, E. M., vol. 65, p. 188.

2 nov. 1892 Loi sur le travail des enfants, des filles mineures et des femmes dans les établissements industriels, modif. 30 mars 1900, *B. G.*, E. M., vol. 65, p. 189.

13 mai 1893 Décr. sur les travaux dangereux pour les enfants, complété et modifié 21 juin 1897, 20 avril 1899, 3 mai 1900, 22 novembre 1905, *B. G.*, E. M., vol. 65, p. 206; modif. 7 mars 1908, *B. G.*, p. 368.

12 juin 1893 Loi concernant l'hygiène et la sécurité des travailleurs dans les établissements industriels, modif. 11 juillet 1903, *B. G.*, E. M., vol. 65, p. 221.

15 juill. 1893 Décr. sur les tolérances et exceptions prévues par la loi du 2 novembre 1892, modifié 26 juillet 1895, 29 juillet 1897, 24 février 1898, 1er juillet 1899, 18 avril 1901, 4 juillet 1902, 14 août 1903, 23 novembre et 24 décembre 1904, *B. G.*, E. M., vol. 65, p. 214.

8 août 1893 Loi relative au séjour des étrangers en France et à la protection du travail national, *B. des lois*.

10 août 1899 Décret sur les conditions du travail dans les marchés passés au nom de l'Etat, *B. G.*, E. M., vol. 25, p. 278.

21 août 1899 Inst. pour l'application du décret du 10 août 1899, *B. G.*, E. M., vol. 25, p. 280.

8 sept. 1899 Circ. relative à l'applic. du décret du 10 août 1899, *B. G.*, E. M., vol. 25, p. 290; complétée 2 décembre 1905, *B. G.*, p. 1762, en ce qui concerne la revision des bordereaux des salaires normaux.

3 oct. 1899 Complément à l'instruction pour l'application du décret du 10 août 1899, *B. G.*, E. M., vol. 25, p. 287.

28 mars 1902 Décret sur la durée du travail journalier des ouvriers adultes, *B. G.*, p. 1024; *B. G.*, E. M., vol. 65, p. 202.

16 oct. 1903 Inst. Durée du travail dans les ateliers aux colonies (artillerie), *B. C.*, vol. spl., p. 437.

29 nov. 1904 Décr. relatif à l'hygiène et à la sécurité du travail des ouvriers et employés, complété 6 août 1905 et 22 mars 1906, *B. G.*, E. M., vol. 65, p. 226; modif. 11 juillet 1907 ci-après, 29 novembre 1907, *B. G.*, p. 1853.

2 mars 1905 Décret. Application dans les établissements de l'Etat de la loi du 12 juin 1893, modif. le 11 juillet 1903, concernant l'hygiène et la sécurité des travailleurs, *B. G.*, p. 391; *B. G.*, E. M., vol. 65, p. 242.

11 juill. 1907 Décr. sur la protection des travailleurs dans les établissements qui mettent en œuvre des courants électriques, *B. G.*, p. 903.

10 févr. 1908 Service courant, art. 29. Suspension du travail le dimanche, sauf nécessité absolue, *B. G.*, E. M., vol. 74.

Travailleurs.

4 oct. 1891 Service des places, art. 51. Travaux militaires. Auxiliaires fournis par l'infanterie, *B. G.*, E. R., vol. 75.

27 oct. 1891 Circ. relative à la diminution des hommes distraits du service régimentaire. Chapitre 3. Travailleurs au génie, à l'artillerie, aux services administratifs et de santé en ville, *B. G.*, E. R., vol. 62, p. 120.

20 oct. 1892 Service intérieur, Inf., art. 276; Artil., art. 293, *B. G.*, E. R., vol. 78.

12 avril 1906 Inst. Conditions dans lesquelles l'armée ou ses membres peuvent prêter un concours effectif à des œuvres ou entreprises civiles et se livrer à des occupations non militaires. Travailleurs agricoles, grèves, etc., *B. G.*, p. 524; *B. G.*, E. M., vol. 31, p. 7; modif. 16 juillet 1906, *B. G.*, p. 893; 27 juin 1907, *B. G.*, p. 803.

Travaux de campagne.

(Voir : *Ecole des travaux de campagne.*)

23 mars 1878 Inst. sur les travaux de campagne à exécuter dans les corps de troupe de l'infanterie, *B. G.*, E. M., vol. 55-1, p. 65.

24 oct. 1906 Inst. pratique sur les travaux de campagne à exécuter dans les corps de troupe d'infanterie, err., *B. G.*, 1907, p. 1114.

Travaux de constructions.

(Voir : *Directions d'artillerie.*)

Travaux d'études.

(Voir : *Revue des troupes coloniales.*)

12 juill. 1877 Recommandations relatives au mode à suivre pour l'envoi des mémoires et projets préparés par les officiers d'artillerie, *B. M.*, p. 50; *B. M.* R., p. 464.

12 mars 1900 Circ. relative à l'instruction des cadres, aux travaux d'études des capitaines et officiers supérieurs, aux conférences d'école et aux travaux d'hiver des lieutenants, *B. G.*, E. M., vol. 55-1, p. 137.

18 août 1906 Circ. relative aux travux d'étude exécutés par des officiers et sous-officiers rengagés de l'infanterie, *B. G.*, p. 1146.

10 févr. 1908 Service courant, art. 277. Récompenses, *B. G.*, E. M., vol. 74.

Travaux mixtes.

(Voir : *Conseils de défense aux colonies.*)

Travaux publics.

(Voir : *Exécution des jugements. — Justice militaire.*)

Treillis pour étuis d'ustensiles.

15 janv. 1905 Art. 11. Description, *B. G.*, E. M., vol. 53, p. 10.

Trésorerie et postes aux armées.

24 mars 1877 Décret sur le service de la trésorerie et des postes aux armées, *B. G.*, E. M., vol. 99, p. 3.
23 mai 1877 Arr. Traitements et indemnités des payeurs d'armée, *B. G.*, E. M., vol. 99, p. 18.
28 mai 1877 Arr. Désignation et fixation du traitement des sous-agents, *B. G.*, E. M., vol. 99, p. 20.
28 mai 1895 Service en campagne, art. 13, *B. G.*, E. M., vol. 76.
14 avril 1902 Décret. Uniforme du personnel, *B. G.*, p. 633.
31 oct. 1904 Inst. sur la comptabilité et le service des payeurs d'armée, *B. G.*, E. M., vol. 99, p. 145.
1er mai 1906 Décret modifiant le service des places, art. 205 à 214. Service de la trésorerie dans les places de guerre, *B. G.*, p. 756.

Trésorier.

22 juin 1847 Ord., art. 627 à 638, vol. spl.
20 oct. 1892 Service intérieur, *B. G.*, E. R., vol. 78.
Inf., art. 52 à 58. Artil., art. 50 à 53. Capitaine trésorier.
Inf., art. 59. Artil, art. 54. Adjoint au trésorier.
6 déc. 1903 Décret, art. 50 à 59, *B. G.*, vol. spl., T. C., p. 20.

Trompette.

20 oct. 1892 Service intérieur, Artil., art. 248. Nomination, service, *B. G.*, E. R., vol. 78.
6 déc. 1903 Achat des instruments au compte de la masse générale, *B. G.*, vol. spl., T. C., p. 226.

Trop-perçu.

(Voir : *Retenues*.)

22 juin 1847 Ord. (colonies). Mode de remboursement des sommes payées en trop ou en moins.
Art. 710. Rations perçues en trop. Retenues sur la solde des capitaines, vol. spl.
6 déc. 1903 Décret. Administration et comptabilité des T. C. en France.
Art. 129. Mode de remboursement des trop ou moins-payés sur le traitement des officiers et sur les indemnités spéciales aux sous-officiers rengagés ou commissionnés.
Art. 141 et 142. Régularisation des perceptions en nature, *B. G.*, vol. spl., T. C., p. 51 et 55.
13 févr. 1905 Circ. Mode de remboursement des trop-payés aux colonies, *B. C.*, p. 251.
27 nov. 1906 Inst. sur le service des frais de route aux colonies, art. 55. Remboursement des trop-payés, *B. C.*, p. 1094.
19 juin 1907 Circ. Reprise des trop-payés faits en France aux militaires en service aux colonies, *B. C.*, p. 438.

Troupes coloniales.

7 juill. 1900 Loi organisant les troupes coloniales, *B. C.*, p. 594; *B. G.*, p. 1176; *B. G.*, E. M., T. C., vol. 1, p. 3.
Art. 1. Rattachement à la guerre. Emploi.
2. Autonomie. Budget. Création d'une direction spéciale au ministère de la guerre.
3. Responsabilité des gouverneurs et commandants supérieurs, correspondance du commandant supérieur.
4-5. Organisation et composition.
6. Emploi des troupes métropolitaines. Personnel des missions et explorations.

Troupes coloniales (*suite*).

Art. 7. Troupes indigènes.
8. Emploi de la légion étrangère, des bataillons d'Afrique, des tirailleurs algériens et des compagnies de discipline.
9. Etat-major général.
10. Service d'état-major.
11. Services du commissariat (intendance), de santé, du recrutement, justice militaire, gendarmerie.
12. Relève.
13. Permutations.
14-15. Recrutement. Engagements. Rengagements.
16. Recrutement indigène.
17. Réserves européennes.
18. Réserves indigènes.
19. Milices.
20. Pensions des indigènes.
21. Exclus.
22. Personnel pour la marine. Pensions.
23. Matériel et casernement en France et aux colonies.
24. Rapport annuel sur les expéditions coloniales. Statistiques médicales.
25. Mise en vigueur.

29 déc. 1900 Inst. Conditions dans lesquelles la loi du 7 juillet 1900 doit être mise en vigueur à la date du 1er janvier 1901, *B. G.*, 1901, p. 126; *B. G.*, E. M., T. C., vol. 1, p. 12.

21 févr. 1901 Circ. Aucune création de corps ou modification dans l'organisation des troupes ou services militaires ne peut être faite par l'autorité locale sans l'assentiment des Ministres de la guerre et des colonies, *B. C.*, p. 434; et circ. (guerre), du 24 avril 1901, *B. C.*, p. 435.

11 juin 1901 Décret constituant un corps d'armée des T. C., *B. G.*, p. 1023; *B. G.*, E. M., T. C., vol. 1, p. 18.

3 juin 1902 Convention ayant pour objet : 1° de fixer les dépenses incombant pour l'entretien complet des T. C. ou des T. M. soit au budget de la guerre (partie métropolitaine ou coloniale), soit au budget des colonies, soit au budget de la marine; 2° de préciser les bases devant servir à la préparation de ces budgets, de définir le mode de règlement de ces dépenses au cours de l'exercice, *B. G.*, p. 1191; *B. C.*, p. 579.

Troupes en route.

4 oct. 1891 Service des places, art. 115. Une troupe en marche ne doit pas se laisser couper. Art. 159 à 163. Dispositions spéciales aux troupes en route, *B. G.*, E. R., vol. 75.

20 oct. 1892 Service intérieur, Inf., art. 406 à 438; Artil., art. 426 à 466, *B. G.*, E. R., vol. 78.

7 févr. 1899 Circ. Circulation des tramways et chemins de fer sur route en présence des troupes en marche, *B. G.*, E. R., vol. 78, p. 804; *B. G.*, E. M., vol. 100-2, p. 12; et circ. du 18 avril 1902, *B. G.*, p. 645; *B. G.*, E. M., vol. 100-2, p. 14.

31 juill. 1906 Circ. relative à la circulation des troupes sur la voie publique, *B. G.*, p. 1055.

Troupes métropolitaines.

(Voir : *Solde.* — *Cavalerie.*)

29 avril 1890 Décret réglant la situation des officiers et sous-officiers du département de la guerre mis à la disposition du service du protectorat de l'Annam-Tonkin, *B. C.*, p. 561; *B. G.*, E. M., vol. 85, p. 25.

29 nov. 1897 Circ. relative aux propositions pour l'envoi des officiers et sous-officiers dans les colonies et pays de protectorat, complétée 3 avril 1898, 30 mai 1898 et 24 mars 1902, *B. C.*, p. 691; *B. G.*, E. M., vol. 85, p. 27.

7 juill. 1900 Loi, art. 8. Emploi aux colonies de la légion étrangère, des bataillons d'Afrique, des tirailleurs algériens et des compagnies de discipline, *B. C.*, p. 594; *B. G.*, E. M., T. C., vol. 1, p. 6.

Trousses.

1er févr. 1901 Circ. Mode d'acquisition des trousses pour les médecins du service régimentaire aux colonies, prix 126 fr. 66, *B. C.*, p. 104.

30 sept. 1903 Description des uniformes, art. 456. Trousse en basane garnie, *B. G.*, vol. spl., T. C., p. 282.

Tuberculose.

(Voir : *Hygiène.*)

12 sept. 1890 Circ. Mesures à prendre pour arrêter les progrès de la tuberculose pulmonaire parmi les militaires des troupes de la marine, *B. M.*, p. 558.

19 févr. 1904 Circ. Mesures prophylactiques contre la tuberculose aux colonies, *B. C.*, p. 178.

Tunique.

30 sept. 1903 Description des uniformes, modif.: 21 juin 1904, 24 octobre 1904, 8 mai 1905, *B. G.*, vol. spl., T. C.

Art. 15 à 17. Tunique de drap, de flanelle, de toile blanche, de toile kaki, modèle général.
67. Tunique de drap, officiers d'infanterie coloniale.
104. Tunique de drap léger, officiers d'artillerie coloniale, modif. 21 juin 1904.
178. Tunique de drap, officiers du commissariat.
188. Tunique de drap, officiers d'administration du commissariat, modif. 21 juin 1904.
199-200. Tunique de drap et de toile blanche et kaki des officiers du corps de santé.
208. Tunique des officiers d'administration du service de santé, modif. 21 juin 1904.
236-237. Tunique des adjudants et chefs de fanfare d'infanterie coloniale.
284-285. Tunique des adjudants d'artillerie coloniale.
309. Tunique ample des élèves de l'école de Saint-Maixent.
353. Tunique des maîtres ouvriers d'artillerie coloniale.

1er déc. 1906 Description des uniformes des officiers généraux. Art. 74, tunique de grande tenue; 20, tunique; 21, tunique sans broderies, *B. G.*, E. M., vol. 104, p. 95, 35, 39.

Tutelle.

23 juill. 1894 Inst. sur les actes de l'état civil aux armées, art. 107. Tutelle temporaire, *B. G.*, E. R., vol. 28.

Typomètre.

6 déc. 1903 Modèles. Annexe H. Instruction sur la manière de prendre les mesures au typomètre, *B. G.*, vol. spl., T. C., p. 633.

U

Uniformes.

(Voir : *Habillement.* — *Inspection des colonies.* — *Tenue.* — *Trésorerie et postes aux armées.*)

26 nov. 1893 Circ. Les brigadiers des batteries de montagne seront équipés en hommes montés, *B. M.*, p. 725.

29 nov. 1897 Circ. Tenue des musiciens des écoles d'artillerie, *B. G.*, p. 585; appliquée à l'artillerie de marine, 26 mars 1898, *B. M.*, p. 443.

21 sept. 1899 Circ. Application aux troupes de la marine de l'inst. (guerre) du 8 août 1899. Tenue de campagne, de manœuvre et de jour des sous-officiers et brigadiers fourriers d'artillerie de marine, *B. M.*, p. 390.

25 mai 1900 Circ. Attribution aux troupes indigènes d'Afrique de deux paires de jambières en toile, une bleue et une blanche, *B. C.*, p. 487.

5 mai 1903 Circ. Application à l'artillerie coloniale de l'art. 2 de la loi du 1er juillet 1900. Port du pantalon de cheval avec la bottine ou le brodequin éperonné, *B. G.*, p. 751; descriptif 9 mai 1901, *B. G.*, p. 781.

30 sept. 1903 Description des uniformes des T. C. en France et aux colonies, *B. G.*, vol. spl., T. C.; fascicules modificatifs : n° 1, 21 juin 1904; n° 2, 24 octobre 1904; n° 3, 21 janvier 1905; n° 4, 8 mai 1905; n° 5, 29 septembre 1905; n° 6, 31 décembre 1905; n° 7, 16 mars 1906; n° 8, 20 juin 1906; n° 9, 16 janvier 1907; n° 10, 3 avril 1907; n° 11, 27 mai 1907, n° 12, 16 avril 1908.

6 juin 1904 Circ. Attribut à porter au collet et au képi par les officiers et hommes de troupe de l'infanterie coloniale et les officiers d'artillerie détachés dans les divers services, *B. G.*, p. 818.

7 oct. 1904 Circ. Substitution de l'ancre et de la grenade au numéro de régiment comme attribut dans les troupes coloniales aux colonies. Application de la circ. du 6 juin 1904 ci-dessus, *B. C.*, p. 1020.

4 déc. 1905 Décr. relatif au port des uniformes étrangers sur le territoire de la République, *B. G.*, p. 1833; *B. C.*, p. 1224; *B. G.*, E. M., vol. 31, p. 98.

15 mai 1906 Décr. réglant l'uniforme du corps du contrôle de l'administration de l'armée, *B. G.*, p. 648.

1er déc. 1906 Description des uniformes, *B. G.*, E. M., vol. 104.
Des officiers généraux, art. 65 à 89.
Des officiers en non-activité, art. 59.
Des officiers, assimilés et employés militaires en retraite à la disposition du Département de la guerre, art. 60-61.
Des officiers généraux et assimilés en retraite ou en réforme, art. 62.
Des officiers, assimilés et employés militaires rendus définitivement à la vie civile, art. 63.
Des officiers en réforme par mesure de discipline ou destitués, art. 64.

Union des Femmes de France.

22 oct. 1906 Inst. relative à l'organisation des bibliothèques et des jeux, dons de l' « Union des Femmes de France », à l'usage des hommes de troupe voyageant à bord des navires de commerce reliant la France aux colonies, *B. G.*, p. 1399.

Urne et accessoires.

6 déc. 1903 Achat au compte de la masse générale, *B. G.*, vol. spl., T. C., p. 228.

Ustensiles de campement.

15 janv. 1905 Description, *B. G.*, E. M., vol. 53, p. 34 à 54.

Ustensiles en aluminium.

8 juin 1908 Inst. Réparations aux ustensiles en aluminium, add. 18 mai 1908, *B. G.*, p. 777.

18 mai 1908 Inst. pour le nettoyage et l'entretien des ustensiles en aluminium, *B. G.*, p. 778.

V

Vacances.

(Voir : *Bulletin des emplois vacants.*)

Vaccination.

25 nov. 1889 Service de santé à l'intérieur.
Notice 3 sur la pratique de la vaccination et de la revaccination dans l'armée, *B. G.*, E. M., vol. 80, p. 203.

26 janv. 1895 Circ. Il y a lieu de revacciner avant leur départ pour les colonies les hommes dont la revaccination a été opérée sans succès à leur arrivée au corps, *B. M.*, p. 54.

Vaguemestres.

(Voir : *Indemnités.*)

31 oct. 1854 Circ. Les vaguemestres sont autorisés à vendre des timbres-poste, *B. M.*, p. 661; *B. M.*, R., p. 522.

23 janv. 1855 Inst. pour la vente des timbres-poste aux vaguemestres avec la remise de 2 p. 100, *B. G.*, E. R., vol. 78, p. 659.

13 nov. 1877 Note relative aux délais de validité et de remboursement des mandats-poste et à la vente des timbres, *B. G.*, E. R., vol. 78, p. 660.

20 oct. 1892 Service intérieur : Inf., art. 203 à 208 ; Artil., art. 160 à 165, *B. G.*, E. R., vol. 78.

10 juil. 1893 Note. Recouvrement par les vaguemestres des valeurs dues par des militaires stationnés dans des forts détachés et présentés par l'administration des postes et télégraphes, *B. G.*, E. R., vol. 78, p. 661.

6 déc. 1903 Annexe F. Gratifications aux vaguemestres des T. C. en France; modif. 11 juin 1905, *B. G.*, p. 744.

30 janv. 1908 Dépenses à la charge de la masse d'entretien aux colonies.

Vareuse.

30 sept. 1903 Art. 238. Vareuse de bord en toile rousse de chanvre ou de lin. Description, *B. G.*, vol. spl., T. C., p. 116.

Vélocipèdes.

(Voir : *Bicyclettes.*)

30 janv. 1907 Loi de finances, art. 23 à 25. Nouvelle réglementation de la taxe sur les vélocipèdes, *B. C.*, p. 40.

30 avril 1907 Circ. Paiement de la taxe sur les vélocipèdes détenus par les corps et les établissements ou appartenant à des militaires et utilisés pour le service dans les conditions déterminées par les règlements en vigueur, *B. G.*, p. 482.

Ventes.

(Voir : *Fumiers.*)

9 juin 1831 Ord. Vente des effets mobiliers déposés dans les greffes des cours et tribunaux, *B. G.*, E. M., vol. 59-4, p. 127.

14 janv. 1869 Règl. financier (colonies), art. 21, 211 à 217. Vente des objets mobiliers ou immobiliers, vol. spl.

3 avril 1869 Règl. financier (guerre), art. 247 à 253. Ventes de chevaux réformés, d'objets mobiliers ou immobiliers, etc.

Art. 254. Vente des fumiers des corps de troupe, et inst. du 30 juillet 1903, *B. G.*, E. M., vol. 24.

29 mars 1881 Circ. Interprétation de l'art. 211 du règl. du 14 janvier 1869. Droit attribué aux officiers du commissariat d'ajourner les ventes d'objets immobiliers remis au Domaine, *B. M.*, p. 413.

16 janv. 1905 Règl. sur la comptabilité-matières (colonies), art. 214 à 217. Sortie des matières, denrées, objets, etc., remis aux domaines pour être vendus, *B. C.*, p. 189 et suiv.

1er mai 1906 Inst. sur les successions des militaires aux colonies, art. 29 et 30. Vente des objets provenant des successions, *B. C.*, p. 424.

17 juin 1907 Circ. Dispositions à prendre pour empêcher les abus susceptibles de se produire en ce qui concerne les ventes aux enchères publiques, *B. G.*, p. 765; complétée 20 janvier 1908, *B. G.*, p. 59.

Vestes.

19 juin 1899 Circ. Substitution de la veste au dolman dans la tenue de manœuvres des sous-officiers et brigadiers fourriers d'artillerie (régiments, compagnies d'ouvriers et d'artificiers). Application de la note (guerre) du 22 avril 1899, *B. G.*, p. s., p. 262; *B. M.*, p. 969; *B. C.*, p. 652.

30 sept. 1903 Description des uniformes, *B. G.*, vol. spl., T. C.

Art. 287. Veste en drap. Artillerie coloniale.
288. Veste de travail des sous-officiers des compagnies d'ouvriers et d'artificiers.
289. Veste de travail en toile bleue.
377. Veste de gymnase.

6 déc. 1903 Achat au compte de la masse générale des vestes de gymnase, *B. G.*, vol. spl., T. C., p. 226.

Veston en cuir.

30 avril 1902 Circ. autorisant le port facultatif par les officiers de toutes armes d'un veston en cuir, *B. G.*, p. 766; autorisation pour les adjudants, 20 juin 1902, *B. G.*, p. 1283.

30 sept. 1903 Description des uniformes, art. 18. Port par les officiers et adjudants, *B. G.*, vol. spl., T. C., p. 22.

Vétérinaires.

(Voir : *Clientèle civile.* — *Service vétérinaire.*)

Viande.

(Voir : *Alimentation.* — *Ordinaires.* — *Service des subsistances.*)

22 avril 1905 Inst. sur la distribution, la préparation et la consommation des conserves de viande, *B. G.*, E. M., vol. 7, p. 93.

27 févr. 1907 Circ. Réception de la viande dans les corps de troupe, *B. G.*, p. 180.

10 juin 1907 Circ. Rappel du principe de l'adjudication publique pour la fourniture de la viande, *B. G.*, p. 737.

28 mars 1908 Circ. relative à l'inspection et à la réception des viandes destinées à l'alimentation des troupes, *B. G.*, p. 411.

22 avril 1908 Instr. relative aux principales dispositions à observer dans les cahiers des charges pour la fourniture de la viande aux corps de troupe, *B. G.*, p. 517.

22 avril 1908 Circ. Passation des marchés pour la fourniture de la viande fraîche. Fixation du taux de la prime de viande, *B. G.*, p. 529.

22 avril 1908 Circ. Dispositions à adopter pour la fourniture de la viande aux corps de troupe, *B. G.*, p. 540.

2 mai 1908 Inst. sur le contrôle et l'inspection de la viande destinée à la troupe, *B. G.*, p. 625.

Viande (*suite*).

16 mai 1908 Inst. technique pour la reconnaissance de la viande sur pied et abattue, *B. G.*, p. 701.
19 mai 1908 Circ. sur la provenance du bétail à admettre dans les fournitures de viande pour l'armée, *B. G.*, p. 736.

Villa des officiers (fondation Furtado-Heine).

18 janv. 1896 Décr. relatif à l'organisation de la fondation Furtado-Heine, *B. G.*, E. R., vol. 85, p. 148.
7 avril 1902 Inst. pour l'application du décret du 18 janvier 1896. Conditions d'admission, *B. G.*, p. 472; modif. 23 octobre 1906, *B. G.*, p. 1368.

Vin.

6 oct. 1887 Circ. Emploi de la bonde Piaubert-Lescure, *B. C.*, p. 763.
8 févr. 1890 Circ. Quantité de chlorure d'argent à tolérer dans les vins, 2 grammes par litre. La présence du baryum est proscrite, *B. C.*, p. 253.
20 mai 1897 Circ. Traitement et conservation des vins expédiés aux colonies, *B. C.*, p. 485.
9 avril 1902 Circ. Clause à insérer dans les cahiers des charges pour la fourniture des vins nécessaires aux colonies. Les barriques doivent être exclusivement de fabrication française, *B. C.*, p. 361.
16 nov. 1903 Circ. La ration de vin des infirmiers européens aux colonies est majorée de 25 centilitres, *B. C.*, p. 976.
6 févr. 1904 Circ. Suppression des allocations de vin aux ouvriers du service de l'artillerie, *B. C.*, p. 148.
30 avril 1906 Circ. Contrôle spécial à exercer sur le vin vendu dans les cantines des corps de troupe, *B. G.*, p. 571.
29 juin 1907 Loi tendant à prévenir le mouillage des vins et les abus du sucrage, *B. C.*, p. 453.

Visites.

(Voir : *Honneurs. — Inspection des colonies.*)

30 juin 1876 Circ. Tenue des magistrats et de l'autorité militaire dans les visites officielles qu'ils ont à échanger, *B. G.*, E. R., vol. 75, p. 266.
8 août 1876 Circ. Tenue des préfets et des sous-préfets dans les visites officielles qu'ils ont à échanger avec les représentants de l'autorité militaire, *B. G.*, E. R., vol. 75, p. 266.
13 janv. 1884 Circ. Visites individuelles entre les autorités civiles et les autorités militaires, *B. G.*, E. R., vol. 75, p. 195.
30 août 1884 Règl. sur l'armement (France), art. 280. Visites des inspecteurs d'armes aux autorités militaires, *B. G.*, E R., vol. 19.
22 juin 1886 Circ. (affaires étrangères). Visites, *B. M.*, 2e sem., p. 14.
27 mai 1890 Tenue des officiers pour les visites officielles. Grande tenue de service, *B. G.*, E. M., vol. 31, p. 65.
4 oct. 1891 Service des places, art. 307, 308. Visites individuelles entre les autorités militaires et maritimes, *B. G.*, E. R., vol. 75, et circ. du 26 juillet 1897, *B. G.*, E. R., vol. 75, p. 196.

Art. 108. Visites des officiers généraux, fonctionnaires, employés militaires et marins arrivant dans une place et *B. G.*, E. R., vol. 60, p. 111.

20 oct. 1892 Service intérieur, *B. G.*, E. R., vol. 78.

Inf., art. 224; Artil., art. 259. Visites de corps.
Inf., art. 225; Artil., art. 260. Visites individuelles.
Inf., art. 432; Artil., art. 463. Troupes en route. Visites de corps.

8 nov. 1895 Décr. Visites à échanger entre les autorités militaires et maritimes aux colonies, *B. M.*, p. 703; *B. C.*, p. 813.
16 juin 1897 Art. 53. Visite des officiers de réserve promus ou nommés à leur chef de corps, *B. G.*, E. R., vol. 72.
16 août 1898 Décr. Visites des contrôleurs de l'armée en mission, *B. G.*, E. R., vol. 64, p. 39.
28 déc. 1905 Inst. sur le service de l'armement aux colonies, art. 100. Visite des inspecteurs d'armes aux autorités militaires, vol. spl.

Visite des établissements militaires.

25 nov. 1889 Notice 4. Visites des directeurs du service de santé dans les corps de troupe et dans les établissements militaires, *B. G.*, E. M., vol. 80, p. 232.

21 juin 1895 Note. Visite des établissements militaires. Désignation de ceux que les officiers peuvent visiter, *B. M.*, p. 111; *B. G.*, E. M., vol. 31, p. 82; et circ. (marine), 21 juillet 1895, *B. M.*, p. 111.

Visite médicale.

(Voir : *Maladies vénériennes.*)

2 nov. 1882 Circ. Visite médicale du personnel appelé à servir aux colonies, *B. M.*, p. 744.

25 oct. 1890 Circ. Visite médicale des officiers, fonctionnaires, etc., du service colonial préalablement à leur embarquement pour les colonies, *B. C.*, p. 1113; *B. M.*, p. 517.

20 oct. 1892 Service intérieur, Inf., art. 71; Artil., art. 65. Visite générale mensuelle. Visite des hommes qui arrivent au corps, qui le quittent ou qui s'absentent, *B. G.*, E. R., vol. 78; modif. le 6 mai 1898 en ce qui concerne la visite des hommes allant en permission et note du 6 mai 1898, *B. G.*, E. R., vol. 78, p. 762.

30 mai 1905 Circ. Modification à la note du 6 mai 1898. Prolongations de congé ou de permission, *B. G.*, p. 707.

26 août 1905 Décr., art. 3. Visite médicale des candidats aux emplois réservés, *B. G.*, E. M., vol. 36, p. 6.

31 mars 1906 Inst., art. 25 et suiv. Visite bisannuelle des titulaires de gratifications de réforme, *B. G.*, E. M., vol. 66-2, p. 27.

Vivres.

(Voir : *Approvisionnements de guerre.* — *Cessions.* — *Lard salé.* — *Masse de ravitaillement.* — *Service des subsistances.* — *Subsistances.* — *Tirailleurs sénégalais.* — *Vin.*)

17 juill. 1893 Circ. Vivres à allouer aux militaires le jour de leur embarquement, *B. C.*, p. 569.

Voitures.

(Voir : *Service de santé en campagne.* — *Trains régimentaires.* — *Transports par chemin de fer*, 15 juillet 1891, 9 mai et 11 décembre 1903.)

18 févr. 1895 Transport des voitures des corps pendant les manœuvres, *B. G.*, E. M., vol. 55-3, p. 40.

23 sept. 1903 Règl. de manœuvres du train des équipages, art. 272 à 281. Description des voitures en usage dans l'armée.

Vote.

21 mars 1905 Loi, art. 9. Conditions dans lesquelles les militaires peuvent voter, *B. C.*, p. 359; *B. G.*, p. 263; *B. G.*, E. M., vol. 68-1, p. 6.

Voyages d'état-major.

20 févr. 1895 Inst. sur les travaux et les exercices des officiers du service d'état-major, art. 18 à 37, *B. G.*, E. M., vol. 55-1, p. 185.

Z

Zone frontière.

16 août 1853 Décret concernant la zone frontière, *B. M.*, p. 655; *B. M.*, R., p. 1101; *B. G.*, E. R., vol. 48, p. 228.

17 févr. 1898 Note. Obligations respectives des brigades des douanes et des personnes qui circulent dans la zone frontière, *B. G.*, E. M., vol. 31, p. 85.

Paris et Limoges. — Imprimerie militaire Henri CHARLES-LAVAUZELLE.